Entscheidungen

des

Reichsgerichts.

Herausgegeben

von

den Mitgliedern des Gerichtshofes und der Reichsanwaltschaft.

Entscheidungen in Civilsachen.

Dreiundvierzigster Band.

Leipzig,
Verlag von Veit & Comp.
1899.

Entscheidungen

des

Reichsgerichts

in

Civilsachen.

Dreiundvierzigster Band.

Leipzig,
Verlag von Veit & Comp.
1899.

Druck von Metzger & Wittig in Leipzig.

Inhalt.

I. Reichsrecht.

II. Gemeines Recht.

III. Preußisches Recht.

IV. Rheinisches Recht.

V. Prozeßrecht.

I. Reichsrecht.

1. Ist in der nachträglichen Vergrößerung des Ruderblattes eines für die Überführung über See versicherten Flußdampfschiffes ohne weiteres eine Vergrößerung oder Veränderung der Gefahr für die versicherte Reise zu erblicken?

Allgem. Seeversicherungs-Bedingungen §§ 60. 61. H.G.B. Artt. 817. 818.

I. Civilsenat. Urt. v. 12. November 1898 i. S. Sch. (Kl.) w. die Patriotische Assekuranz-Compagnie u. Gen. (Bekl.). Rep. I. 228/98.

I. Landgericht Hamburg.
II. Oberlandesgericht daselbst.

Die sieben Beklagten hatten neben einer Reihe anderer Versicherer das Kasko des auf der Werft der Klägerin erbauten, zum Schleppdienst auf dem Rhein bestimmten Schleppdampfers M. VII zum taxierten Werte von 314000 ℳ für die zum Zwecke seiner Überführung von Elbing nach Rotterdam auszuführende Seereise nach den Allgemeinen Seeversicherungs-Bedingungen von 1867 versichert. In dem Orderbriefe vom 17. März 1897, auf Grund dessen die Versicherung zu stande gekommen war, hatte die Klägerin erklärt, daß die Überführung des Dampfers bei Eröffnung der Schiffahrt und günstiger Witterung in der zweiten Hälfte des März oder zu Anfang des April erfolgen solle. Der Dampfer verließ Elbing am 24. oder 25. März. Weil er auf der Fahrt durch das Haff schlecht steuerte, wurde in Pillau das Ruderblatt durch eine aufgesetzte Eisenplatte vergrößert. Am 29. März vormittags 11 Uhr ging der Dampfer von

Pillau in See, und befand sich vor der Küste von Hinterpommern, als um 8 Uhr abends eine südwestliche Brise aufsprang, die sich in den nächsten Stunden der Nacht zum Sturm aus Westen steigerte. Der Führer des Dampfers behielt zunächst seinen westlichen Kurs bei, ließ jedoch um $1^3/_4$ Uhr das Schiff wenden und einen östlichen Kurs nehmen. Etwa um $2^1/_2$ Uhr zerbrach die Hauptwelle des Dampfsteuerapparates, sodaß eine Notsteuerung eingerichtet werden mußte. Zu diesem Zwecke wurde wiederholt die Fahrt des Schiffes für einige Zeit gestoppt. Mit Hilfe der Notsteuerung wurde die östlich gerichtete Fahrt bei fortdauernd schlechtem Wetter und hoher See fortgesetzt, bis um 9 Uhr morgens das Schiff in der Höhe von Scholpin quer durchbrach und versank.

Die Klägerin erhob gegen die Beklagten Klage mit dem Antrage, dieselben zur Zahlung ihrer Anteile im Gesamtbetrage von 138980,17 *M* nebst 6 Prozent Zinsen seit dem 29. Juni 1897 zu verurteilen. Die Beklagten beantragten Abweisung der Klage, indem sie gegen die Klageforderung folgende Einwendungen erhoben:

1. Sie behaupteten, daß, entgegen der in dem Orderbriefe der Klägerin vom 17. März 1897 gegebenen Zusage, daß das Schiff nur bei günstiger Witterung übergeführt werden solle, die Reise schon bei bedenklichem Wetter angetreten und auch nach Eintritt des Sturmes fortgesetzt worden sei.

2. Sie machten ferner geltend, daß, das Ruderblatt ohne Wissen und Genehmigung der Versicherer nachträglich vergrößert, hierdurch aber die Gefahr der Reise gesteigert worden sei.

Das Gericht erster Instanz erkannte auf einen Eid für die Klägerin; das Berufungsgericht verurteilte aber die Beklagten unbedingt. Die Revision der Beklagten ist zurückgewiesen worden.

Aus den Gründen:

... „Übereinstimmend mit dem Seeamte zu Danzig, vor welchem eine Verhandlung über den Untergang des Schleppdampfers M. VII stattgefunden hat, hält das Oberlandesgericht für erwiesen, daß das für die Flußschiffahrt gebaute, sehr flach gehende Schiff dem während seiner Fahrt auf der Ostsee ausgebrochenen schweren Wetter nicht habe standhalten können und seinen Untergang in der Weise gefunden habe, daß es vorn und hinten gleichzeitig von zwei hohen Wellenbergen gehoben worden, infolgehiervon aber die frei über dem Wellenthale schwebende Mitte des Schiffsbodens unter dem großen Gewichte der auf ihr lastenden Maschinen nebst Kessel und der Kohlenladung durchgebrochen sei. Hierin findet das Oberlandesgericht mit Recht einen Seeunfall, dessen Gefahr die Versicherer nach § 69 Ziff. 1 der Allgemeinen Seeversicherungs-Bedingungen an sich zu tragen hatten."

(Es folgt zunächst eine Ausführung, welche die Gründe billigt, aus denen das Berufungsgericht den ersten Einwand der Beklagten verworfen hatte. Dann fahren die Gründe fort:)

„Dagegen müssen die Erwägungen des Berufungsgerichtes, welche den aus der in Pillau vorgenommenen Erhöhung des Ruderblattes hergeleiteten Einwand betreffen, Bedenken erregen. Dieser Einwand geht davon aus, daß durch die Vergrößerung des Ruderblattes eine Steigerung der Gefahr herbeigeführt worden sei. Unter dieser Voraussetzung wären die Beklagten von der Haftung für den später eingetretenen Unfall frei geworden, wenn nicht festzustellen wäre, daß diese Vergrößerung der Gefahr keinen Einfluß auf den Eintritt des Unfalles habe ausüben können (§ 61 Ziff. 1 der Allgemeinen Seeversicherungs-Bedingungen). Es greift jedoch auch hier zu Gunsten der Klägerin die Erwägung Platz, daß die Vergrößerung des Ruderblattes die Rechte der Klägerin nicht beeinflußt, wenn sie von dem Kapitän Sch. nach dessen nautischem Ermessen bewirkt worden ist. Da jedoch die Beklagten unter Eideszuschiebung behauptet haben, daß der Inhaber der klagenden Firma selbst die Vergrößerung des Ruderblattes angeordnet oder doch genehmigt habe, so kann dieser im ersten Urteile dem Firmeninhaber auferlegte Eid nur beseitigt werden, wenn entweder festgestellt wird, daß die in der Vergrößerung des Ruderblattes zu findende Gefahrveränderung für den später eingetretenen Unfall nicht von Einfluß hat sein können, oder wenn die Vergrößerung des Ruderblattes eine Veränderung der Gefahr nicht in sich schließt. In ersterer Beziehung hat zwar das Berufungsgericht auf das vor dem Seeamte abgegebene Gutachten des Sachverständigen J. Bezug genommen, welches dahin ging, daß der Bruch der Welle des Dampfsteuerapparates nicht notwendig auf die Vergrößerung des Ruderblattes zurückzuführen, sondern wahrscheinlicher die Folge einer vorausgegangenen Verdrehung des Ruderstammes gewesen sei. Das Berufungsgericht gründet jedoch auf dieses Gutachten keine Feststellung und glaubt einer solchen nicht zu bedürfen, weil es zu der Überzeugung gelangt ist, daß der Bruch des Steuerapparates zum Verluste des Schiffes nicht mitgewirkt habe. Es erwägt, daß das Zerbersten des Schiffes in der für erwiesen erachteten Weise auch bei unverletztem Steuerapparate eingetreten wäre, und nichts dafür vorliege, daß das Schiff durch den Bruch des Steuerapparates dem Seegange mehr ausgesetzt gewesen sei, als vorher, oder einen rettenden Hafen erreicht haben würde, wenn das Steuer nicht gebrochen wäre. Das Berufungsgericht führt in letzterer Richtung aus, durch die Einrichtung der Notsteuerung sei zwar eine Verzögerung der Fahrt eingetreten, hierdurch aber die Erreichung des Nothafens Stolpmünde nicht vereitelt worden; denn es sei anzunehmen, daß das Schiff bei Eintritt der Katastrophe sich bereits über Stolpmünde hinaus auf der Fahrt nach der Danziger Bucht befunden habe, entweder weil der Kapitän Sch. seine Absicht, Stolpmünde anzulaufen, geändert habe, oder weil er wider seinen Willen durch den Sturm an Stolpmünde vorbeigetrieben worden sei.

Diese Ausführungen werden von den Revisionsklägern nicht ohne Grund angegriffen. Die M ö g l i c h k e i t eines ursächlichen Zusammenhanges zwischen der mangelhaften Steuerfähigkeit des Schiffes überhaupt oder doch bis zur Herstellung einer einigermaßen sicher funktionierenden Notsteuerung und dem Nichtanlaufen des Nothafens Stolpmünde kann mit den Gründen des Berufungsgerichtes nicht beseitigt werden. Wenn der Kapitän Sch. seine Absicht, Stolpmünde anzulaufen, geändert hat oder wider seinen Willen an diesem Hafen vorüber getrieben worden ist, so kann der Grund für das eine wie für das andere darin gelegen haben, daß die Steuerung des Schiffes ungewöhnliche Schwierigkeiten machte, welche auf den Bruch des Steuerapparates, und dieser wiederum auf die Vergrößerung des Ruderblattes zurückgeführt werden können. Daß die letztere keinen Einfluß auf den späteren Unfall habe üben k ö n n e n, ist mithin nicht in haltbarer Weise dargethan.

Diese Bedenken gegen die Begründung des Berufungsurteiles führen jedoch nicht zur Aufhebung desselben, weil die angefochtene Entscheidung aus anderem Grunde gerechtfertigt erscheint und deshalb aufrecht zu erhalten ist (§ 526 C.P.O.).

Der § 61 der Allgemeinen Seeversicherungs-Bedingungen entspricht dem Art. 818 H.G.B., welcher ebenso wie der vorhergehende Art. 817 (§ 60 der Allgemeinen Seeversicherungs-Bedingungen) hauptsächlich den

Fall der Deviation behandelt. Die Entstehungsgeschichte der Allgemeinen Seeversicherungs-Bedingungen ergiebt, daß die §§ 60. 61 (die §§ 76. 77 des ersten Entwurfes) ausschließlich aus dem Gesichtspunkte der Regelung der Deviation erörtert worden sind. Soweit dieselben also von „in anderer Weise . . . veranlaßter Vergrößerung oder Veränderung der Gefahr" handeln, welche den Versicherer von der Haftung für später sich ereignende Unfälle befreien soll, ist der Sinn dieser Bestimmung aus dem Handelsgesetzbuche und dessen Materialien zu entnehmen. Nun ergeben die Protokolle der Hamburger Handelsgesetzkommission (Bd. 7 S. 3170. 3173 bis 3181), daß dabei an jede Handlung oder Unterlassung des Versicherten gedacht worden ist, wodurch die Gefahr eine größere oder eine andere werde, als der Versicherer bei dem Abschlusse des Vertrages voraussetzen mußte. Unter diesen Gesichtspunkt wurde insbesondere auch die mangelnde Seetüchtigkeit des Schiffes bei dessen Aussendung gebracht, welche jetzt an anderer Stelle (Art. 825 Ziff. 1 H.G.B., § 70 Ziff. 1 der Allgemeinen Seeversicherungs-Bedingungen) als Grund der Befreiung des Versicherers von den daraus entstandenen Schäden erscheint. Wird die Sachlage nach dieser Richtung geprüft, so ist ohne weiteres klar, daß an die Seetüchtigkeit des Dampfers M. VII als an eine Voraussetzung der Versicherer beim Abschlusse des Versicherungsvertrages nicht gedacht werden kann, da die Beklagten wußten, daß es sich um die Versicherung eines Flußschiffes handelte, von dem Seetüchtigkeit, auch bezüglich der Steuervorrichtung, nicht erwartet werden durfte. Vielmehr konnten die Beklagten, als sie die Versicherung dieses nicht seetüchtigen Schiffes für die Seefahrt nach Rotterdam übernahmen, bezüglich der sich hieraus für sie ergebenden Gefahr, abgesehen von der in dem Orderbrief vom 17. März 1897 enthaltenen besonderen Zusage, daß das Schiff ein festes eisernes Deck und feste Luken wie ein Seeschiff habe, nichts anderes voraussetzen, als daß das Schiff wie ein ordentlicher Flußschleppdampfer gebaut sei und insbesondere auch eine zur Steuerung eines solchen Fahrzeuges in Binnengewässern geeignete Steuervorrichtung habe. Es wäre ihre Sache gewesen, sich für die Seefahrt eine bestimmte Einrichtung des Steuers auszubedingen, wenn sie sich in dieser Beziehung sichern wollten. Nun ist aber im Laufe der Verhandlungen in den Vorinstanzen niemals die Meinung vertreten worden, daß durch die

Erhöhung des Ruderblattes die Steuereinrichtung des Schiffes eine für die Fahrt auf Binnengewässern ungeeignete oder auch nur ungewöhnliche geworden wäre. Vielmehr ist sie vorgenommen worden, um die auf der Fahrt durch das frische Haff hervorgetretenen Mängel der Steuerfähigkeit des Schiffes zu beseitigen, und der Sachverständige J. hat sich vor dem Seeamt dahin ausgesprochen, „daß die Vergrößerung des Steuers für die Flußfahrt ratsam gewesen sei". Unter diesen Umständen kann in der Vergrößerung des Ruderblattes keine Handlung erblickt werden, durch welche die von den Versicherern übernommene Gefahr eine größere oder eine andere wurde, als die beim Abschlusse des Vertrages von ihnen vorausgesetzte. Eine Veränderung der Gefahr im Sinne des Art. 818 H.G.B. oder des § 61 der Allgemeinen Seeversicherungs-Bedingungen liegt also nicht vor. Damit fällt aber der von den Beklagten in Anspruch genommene Befreiungsgrund fort." . . .

2. 1. Voraussetzungen für die Haftung des Kaskoversicherers für Totalschaden im Falle öffentlichen Verkaufes des versicherten Schiffes. 2. Beweisführung für die Höhe eines an dem versicherten Schiffe durch Seeunfall entstandenen Schadens.

Allgem. Seeversicherungs-Bedingungen §§ 127. 128. 129. 131.

I. Civilsenat. Urt. v. 14. November 1898 i. S. H. & D. (Kl.) w. die Norddeutsche Versicherungsgesellschaft u. Gen. (Bekl.). Rep. I. 204/98.

I. Landgericht Hamburg.
II. Oberlandesgericht daselbst.

Die Kläger hatten laut einer Zeitpolize das Kasko ihres Barkschiffes A. zum taxierten Werte von 32000 *M*, wovon 10000 *M* auf eigene Gefahr der Kläger gingen, bei den Beklagten nach den Allgemeinen Seeversicherungs-Bedingungen von 1867 versichert. Am 17. Oktober 1894 verließ der A., mit einer Ladung Salz für Rio de Janeiro befrachtet, den Hafen von Lamarão de Macau an der Nordküste von Brasilien, erlitt jedoch noch an demselben Tage bei stürmischem Wetter schwere Havarie und kehrte deshalb am folgenden

Tage nach Macau zurück. Dort beantragte der Kapitän R., weil ein deutscher Konsul nicht am Orte war, bei dem schwedisch-norwegischen Konsul die Ernennung von Sachverständigen zur Besichtigung von Schiff und Ladung. Die Besichtigung hatte das Ergebnis, daß der Wert des Schiffes in unbeschädigtem Zustande auf 20000 Milreis, der Wert des beschädigten Schiffes auf 1800 Milreis, die erforderlichen Reparaturen auf 38660 Milreis geschätzt wurden. Sämtliche Sachverständige erklärten, daß die Beschädigungen des Schiffes durch den starken Sturm und durch Aufstoßen des Schiffes entstanden seien. Die zugezogenen Schiffszimmerleute und Kalfaterer gaben an, daß die erforderlichen Reparaturen mindestens 190 Tage beanspruchen würden, da es unmöglich sei, dieselben in Macau vorzunehmen, weil es dort an den erforderlichen Hilfsmitteln fehle. Bei einer zweiten, mehrere Wochen später erfolgten Besichtigung wurden zwar einzelne Teile des Mastenwerkes wie des Schiffskörpers als verfault befunden, trotzdem aber das erste Gutachten in allen Stücken bestätigt. Nachdem das Schiff in der Nacht vom 12. zum 13. Dezember 1894 gekentert war, gab der Kapitän R. vor dem schwedisch-norwegischen Konsul die Erklärung ab, daß er das Schiff zu Gunsten der Versicherer oder dessen, den es angehe, abandonniere. Von dieser Erklärung gab der Konsul dem von ihm bestellten Kurator der abwesenden Interessenten Kenntnis. Dieser beantragte den öffentlichen Verkauf des Schiffes, der am 19. Dezember 1894 stattfand und einen Erlös von 103 Milreis = 90 ℳ ergab.

Auf Grund dieses Sachverhaltes beantragten die Kläger, nach deren Meinung eine Kondemnation der Bark wegen zunächst relativer, dann absoluter Reparaturunfähigkeit oder ein Totalverlust infolge des vorgenommenen Verkaufes vorlag, die Verurteilung der Beklagten zur Zahlung von 22646,24 ℳ nebst Zinsen. Schlimmstenfalls hielten die Kläger ihren Anspruch insoweit für berechtigt, als die festgestellten Schäden nicht Altersschäden gewesen seien. Die Beklagten bestritten, daß der Verkauf zu ihren Lasten gehe oder einen Totalverlust des Schiffes begründe. Sie lehnten ferner ihre Haftung für Partialschaden ab, weil die Besichtigungs- und Schätzungsdokumente nicht ordnungsmäßig seien.

Das Landgericht ließ auf Grund der vorgelegten Dokumente eine Dispache aufmachen und verurteilte die Beklagten zur Zahlung von

12817,20 M, indem es die weitergehenden Ansprüche der Kläger abwies. Nur die Kläger legten Berufung ein, und behaupteten in der Berufungsinstanz unter Benennung von Sachverständigen, daß das Schleppen des A. nach einem der beiden nächsten für die Reparatur des Schiffes in Betracht kommenden Häfen, Pernambuco oder Bridgetown auf Barbados, mindestens 1000 £ gekostet haben würde, welcher Betrag mithin den Reparaturkosten hinzutreten müsse. Die Beklagten widersprachen.

Die Berufung wurde zurückgewiesen, ebenso auch die Revision aus nachstehenden

Gründen:

. . . . „Der § 131 der dem Versicherungsvertrage zu Grunde liegenden Allgemeinen Seeversicherungs-Bedingungen von 1867 schreibt vor, daß der Versicherte, wenn durch ordnungsmäßige Besichtigung und Begutachtung absolute oder relative Reparaturunfähigkeit des Schiffes festgestellt sei, befugt sei, das Schiff mit Verbindlichkeit für den Versicherer zum öffentlichen Verkauf zu bringen, wogegen bloße Reparaturunwürdigkeit den Versicherten zum Verkaufe des Schiffes für Rechnung des Versicherers nicht berechtige, und giebt in Abs. 3 unter Nr. 1 bis 4 die Voraussetzungen an, unter denen der Verkauf von dem Versicherer als für ihn verbindlich anzuerkennen sei, nämlich:

1. die gehörig begründete, nach Form und Inhalt dem § 129 entsprechende Erklärung der gemäß § 128 ernannten Sachverständigen, daß das Schiff reparaturunfähig sei (wobei die relative Reparaturunfähigkeit nur unter gewissen Beschränkungen genügt);
2. die Erklärung der Sachverständigen, daß die Reparaturunfähigkeit allein durch solche Unfälle der Reise verursacht sei, für welche der Versicherer nach dem Versicherungsvertrage zu haften habe;
3. die Ermächtigung zum Verkaufe des Schiffes durch das Ortsgericht oder eine andere Behörde;
4. den ordnungsmäßigen öffentlichen Verkauf.

Unbedenklich ist nun dem Berufungsgerichte darin beizustimmen, daß diese Voraussetzungen nicht bloß beispielsweise aufgestellt sind, sondern notwendig vorhanden sein müssen, wenn der Verkauf des Schiffes zu Lasten der Versicherer gehen soll, sodaß daneben von anderen Fällen eines für die Versicherer verbindlichen Verkaufes nicht die Rede sein kann. Das geht aus dem Zusammenhange und der Fassung der Vorschriften des § 131 der Allgemeinen Seeversicherungs-Bedingungen klar hervor und ergiebt sich nicht minder deutlich aus der von Voigt (Seeversicherungsrecht S. 705 flg.) dargestellten Rechtsentwickelung, aus welcher der § 131 hervorgegangen ist.

Ist es hiernach eine zwingende Voraussetzung für einen den Versicherer verbindenden Verkauf des Schiffes, daß die zugezogenen Sachverständigen auf Grund der von ihnen vorgenommenen Besichtigung die (absolute oder relative) Reparaturunfähigkeit ausgesprochen haben, so muß die auf den Verkauf des Schiffes gestützte Klage des Versicherten schon dann versagen, wenn es an einem solchen dem Verkaufe vorhergegangenen Ausspruche fehlt. Daß im vorliegenden Falle die Sachverständigen sich nicht für absolute Reparaturunfähigkeit des A. erklärt haben, folgt unmittelbar daraus, daß sie die Höhe der erforderlichen Reparaturkosten geschätzt haben. Mit Recht nimmt aber das Berufungsgericht an, daß die Sachverständigen auch die relative Reparaturunfähigkeit des A. nicht ausgesprochen haben. Relative Reparaturunfähigkeit liegt vor, wenn das Schiff sich in einem Hafen befindet, wo die erforderliche Reparatur nicht ausgeführt werden kann, und wenn es auch nicht nach einem Hafen gebracht werden kann, wo die Reparatur ausführbar ist. Daß der A. in Macau einer definitiven Reparatur nicht unterzogen werden konnte, weil es dort an den erforderlichen Einrichtungen und Hilfsmitteln fehlte, haben die Sachverständigen erklärt; dagegen haben sie weder ausdrücklich, noch versteckt erklärt, daß das Schiff nicht nach einem Reparaturhafen verbracht werden könne. Daraus, daß eine ordnungsmäßige Reparatur in Macau nicht möglich war, kann nicht gefolgert werden, daß es ebensowenig möglich gewesen wäre, das Schiff notdürftig für den Transport in einen Reparaturhafen in Stand zu setzen. Vielmehr geht, wie das Berufungsgericht zutreffend ausführt, daraus, daß die Sachverständigen 190 Tage als Zeitraum für die Reparatur angeben und die Länge dieses Zeitraumes damit begründen, daß die Reparatur nicht in Macau ausgeführt werden könne, gerade hervor, daß die Sachverständigen die Möglichkeit der Verbringung des Schiffes nach einem anderen Hafen zum Zwecke der Reparatur vor Augen gehabt haben müssen. Damit ist aber die auf den Verkauf des Schiffes gestützte Klagebegründung beseitigt. Ein jetzt nachträglich erbrachter Beweis, daß das Schiff nicht nach einem anderen Hafen hätte geschafft werden können, würde an der Sachlage nichts ändern, weil er die fehlende Voraussetzung des Verkaufes, daß die Reparaturunfähigkeit von den zugezogenen Sachverständigen erklärt sein mußte, nicht zu ersetzen vermöchte. Deshalb kommt es auf die Erörterung der übrigen die Ordnungsmäßigkeit des Verkaufes betreffenden Streitfragen nicht weiter an.

Daß, von dem Verkaufe des Schiffes abgesehen, sich aus der Sachlage ein Totalverlust nicht herleiten läßt, und daß auch eine Begründung des Klaganspruches auf nützliche Geschäftsführung gegenüber den Vorschriften des Versicherungsvertrages unzulässig ist, hat das Berufungsgericht aus zutreffenden Gründen angenommen, gegen welche auch von der Revision Angriffe nicht gerichtet worden sind.

Es kann sich also nur noch um den eventuellen Anspruch der Kläger auf Vergütung des Partialschadens handeln, den das Schiff durch Seeunfall erlitten hat. Dieser Schade ist im Laufe der ersten Instanz auf der Grundlage des Gutachtens der Sachverständigen über die Höhe der zur Wiederherstellung des Schiffes aufzuwendenden Kosten, nach Abzug des auf Altersschäden zu rechnenden Betrages von 500 ℳ, dispachiert, und die Beklagten zu 1 bis 9 sind nach dem Verhältnis ihrer Anteile an der Versicherung zur Zahlung des gemäß der Dispache auf die versicherten 22000 ℳ fallenden Betrages von 12817,20 ℳ nebst Zinsen verurteilt worden. Da gegen dieses Urteil von den Beklagten ein Rechtsmittel nicht eingelegt ist, kommt nur in Frage, ob die Kläger eine höhere Entschädigung für den entstandenen Partialschaden beanspruchen können. Als solche fordern sie den auf die Beklagten fallenden Teil des nach ihrer Angabe wenigstens 1000 £ betragenden Schlepplohnes für die Verbringung des A. in einen der beiden Macau zunächst gelegenen Reparaturhäfen, Pernambuco oder Bridgetown auf Barbados. Für die Angemessenheit der Höhe dieses Schlepplohnes ist Beweis und Gegenbeweis angeboten. Das Berufungsgericht hat jedoch die Erhebung dieser Beweise als unzulässig abgelehnt und die durch die Berufung erfolgte Mehrforderung der Kläger abgewiesen. Auch diese Entscheidung wird von der Revision ohne Grund angegriffen.

Die Allgemeinen Seeversicherungs-Bedingungen schreiben vor, daß Beschädigungen eines versicherten Schiffes alsbald durch Sachkundige besichtigt und urkundlich festgestellt, auch der Kostenbetrag der erforderlichen Reparatur geschätzt werden soll, und geben eingehende Vorschriften über das hierbei zu beobachtende Verfahren (§§ 127. 128. 129). Sie lassen jedoch dem Versicherten für den Fall, daß nicht nach diesen Vorschriften verfahren worden ist, frei, den Beweis für den unter die Versicherung fallenden Schaden anderweit zu führen, allerdings unter erheblicher Beschränkung der für diese Beweisführung zulässigen Beweismittel, als welche insbesondere die unter Verletzung der gegebenen Vorschriften errichteten Besichtigungs- und Taxationsdokumente, sowie das Zeugnis der zugezogenen Sachverständigen ausgeschlossen sind (§ 127 Abs. 3). Für den Fall aber, daß Kondemnation und Verkauf des Schiffes stattgefunden haben, jedoch zur Last des Versicherten bleiben, wird in § 131 Abs. 5 der Allgemeinen Seeversicherungs-Bedingungen zugelassen, daß der Schade, soweit er den Versicherer trifft, auf der Grundlage der von dem Versicherten beizubringenden ordnungsmäßigen Besichtigungs- und Schätzungsdokumente aufzumachen ist, und zwar auch dann, wenn Kondemnation und Verkauf wegen Mängel im Verfahren für den Versicherer nicht verbindlich geworden sind. Zutreffend führt das Berufungsgericht aus, daß diese Vorschrift bei der „Ordnungsmäßigkeit" der der Schadensrechnung zu Grunde zu legenden Dokumente nur deren Form und Inhalt im Auge habe, wie schon die Verweisung auf den § 129 allein ergebe, nicht aber die sonstigen in den §§ 127 und 128 aufgestellten Erfordernisse. Andererseits ist dem Berufungsgericht auch darin beizustimmen, daß die Worte „auf der Grundlage der ..... beizubringenden ..... Dokumente" nicht jede den Inhalt der vorgelegten Dokumente ergänzende Beweisführung ausschließen, sofern dieselbe nur in den Dokumenten eine genügende thatsächliche „Grundlage" findet, weil eine weitergehende Beschränkung das im § 127 Abs. 3 dem Versicherten grundsätzlich eingeräumte Recht ohne genügenden Grund übermäßig verkürzen würde. Nach diesen Gesichtspunkten, von denen sowohl das Oberlandesgericht wie das Reichsgericht auch bei der Entscheidung in S. S. w. Norddeutsche Versicherungs-Gesellschaft u. Gen., Rep. I. 91/97, ausgegangen sind, erscheint aber die jetzt angegriffene Entscheidung des Berufungsgerichts gerechtfertigt.

Die im vorliegenden Falle beigebrachten Besichtigungs- und Schätzungsdokumente enthalten, abgesehen davon, daß sie auf die Meinung der Sachverständigen schließen lassen, der A. hätte zum Zwecke der Reparatur in einen anderen Hafen verbracht werden können, nichts, was für die Schätzung der Kosten dieser Verbringung als thatsächlicher Anhalt dienen könnte. Es liegt nahe, daß für die Wahl des Reparaturhafens der Zustand, in welchen das Schiff durch die in Macau vorzunehmende Notreparatur versetzt werden konnte, von maßgebender Bedeutung sein mußte, weil das Maß der erlangten Seefähigkeit zwar die Aufsuchung eines, nicht aber die Aufsuchung anderer Häfen gestatten konnte. Hierüber, und demgemäß über den zu wählenden Reparaturhafen selbst sagen die Dokumente nichts. Sie bieten also nicht diejenige thatsächliche Grundlage dar, welche für eine nach § 131 Abs. 5 der Allgemeinen Seeversicherungs-Bedingungen zulässige Ergänzung der Beweisführung über die Höhe des zu ersetzenden Schadens immer erforderlich wäre. Mit Recht hat deshalb das Berufungsgericht, obgleich es die Meinung der Beklagten, daß die Kosten der Verbringung des Schiffes in den Reparaturhafen von den Sachverständigen bei der Schätzung der Reparaturkosten bereits berücksichtigt seien, verwirft, die beantragte Beweisaufnahme über die Höhe der Schleppkosten als der erforderlichen Grundlage in den Besichtigungs- und Schätzungsdokumenten entbehrend für unzulässig erachtet." . . .

---

3. 1. Ist gesetzlicher Vertreter des Reichsmilitärfiskus in solchen Angelegenheiten, in denen es sich um das zu einer Festung gehörige Gelände handelt, der preußische Kriegsminister?
2. Gilt dies auch dann, wenn eine in Elsaß-Lothringen gelegene Festung in Frage steht?

II. Civilsenat. Urt. v. 6. Dezember 1898 i. S. der israelit. Kultusgemeinde in Metz (Bekl.) w. den Reichsmilitärfiskus (Kl.). Rep. II. 238/98.

I. Landgericht Metz.
II. Oberlandesgericht Colmar.

Der Reichsmilitärfiskus, vertreten durch das preußische Kriegsministerium in Berlin und das Festungsgouvernement in Metz, erhob gegen die israelitische Kultusgemeinde zu Metz Klage auf Feststellung seines Eigentums an einem in deren Besitz befindlichen Streifen Landes. Das Landgericht sprach die Klage zu, und das Oberlandesgericht wies die Berufung der Beklagten zurück. In der Revisionsinstanz beanstandete die Beklagte die Vertretungsbefugnis des preußischen Kriegsministeriums wie die des Festungsgouvernements. Die Revision wurde in der Hauptsache zurückgewiesen; der Einwand der mangelnden gesetzlichen Vertretung wurde für unbegründet erklärt aus folgenden

Gründen:

... „Die von der Revisionsklägerin angeregte, nach § 54 C.P.O. übrigens auch von Amts wegen zu prüfende Frage, ob der Reichsmilitärfiskus in diesem Rechtsstreite in gesetzlicher Weise vertreten sei, gab allerdings zu Zweifeln Veranlassung; überwiegende Gründe sprachen aber für ihre Bejahung.

Wie das Reichsgericht schon öfters ausgesprochen hat, wird der Reichsmilitärfiskus, soweit nicht besondere Vorschriften bestehen, in den von ihm geführten Prozessen von den Kontingentsverwaltungen der einzelnen Bundesstaaten vertreten, die im allgemeinen die Reichsmilitärverwaltung (abgesehen von der Marineverwaltung) für Rechnung des Reiches führen.

Vgl. Entsch. des R.G.'s in Civils. Bd. 20 S. 148 flg., Bd. 24 S. 36 flg., Bd. 35 S. 13 flg., sowie das Urteil des Reichsgerichts vom 1. November 1898 i. S. H. w. Reichsmilitärfiskus, Rep. II. 201/98.[1]

Soweit der Kontingentsverwaltung eines Bundesstaates die gesetzliche Vertretung des Reichsmilitärfiskus zusteht, richtet sich die Vertretungsbefugnis nach den in diesem Staate geltenden Gesetzen und Verwaltungsvorschriften. Die im allgemeinen mit der Verwaltung bestimmter Angelegenheiten betrauten Behörden sind regelmäßig zur gesetzlichen Vertretung in allen Prozessen befugt, die sich auf diese Angelegenheiten beziehen. Die Vertretungsbefugnis kann einer bestimmten Behörde auch auf dem Wege der Verordnung oder einer besonderen Geschäftsordnung übertragen werden, sofern die getroffene Anordnung mit gesetzlichen Vorschriften nicht in Widerspruch steht.

[1] S. Bd. 42 dieser Sammlung Nr. 16 S. 66. D. R.

Vgl. Entsch. des R.G.'s in Civils. Bd. 35 S. 13 flg., bes. S. 15, und Urteil vom 1. November 1898 a. a. O.

Soweit es sich um Festungsangelegenheiten handelt, und eine in Preußen gelegene Festung in Frage steht, hat das Reichsgericht in dem ... Urteile vom 7. März 1895,

Entsch. des R.G.'s in Civils. Bd. 35 S. 13 flg.,

ausgesprochen, daß die Vertretung des Reichsmilitärfiskus den nach dem preußischen Staatsrechte und den darauf beruhenden Verwaltungsvorschriften zuständigen Behörden zustehe, also nicht etwa der Reichskanzler als gesetzlicher Vertreter auftreten müsse; dieser Auffassung schließt sich der erkennende Senat an. Bedenken ergeben sich nun allerdings daraus, daß es sich im vorliegenden Falle nicht um eine in Preußen, sondern um eine im Reichsland gelegene Festung handelt. Ob auch hier das preußische Kriegsministerium als die maßgebende Kontingentsverwaltung anzusehen ist, und die für Preußen geltenden Vorschriften ohne weiteres für das Reichsland maßgebend sind, kann als zweifelhaft erscheinen, läßt sich aber doch annehmen. Ein besonderes „Kontingent" besteht in Elsaß-Lothringen nicht; vielmehr wurde die Militärverwaltung, soweit es sich um das Reichsland handelt, von vornherein thatsächlich als ein Teil der preußischen Militärverwaltung behandelt und durch das preußische Kriegsministerium geführt. Es wurde ebenso verfahren, wie in denjenigen Bundesstaaten, deren Militärverwaltung durch eine besondere Militärkonvention auf das Königreich Preußen übertragen worden ist.

Vgl. Leoni u. Mantel, Das öffentliche Recht des Reichslandes Bd. 1 § 34 S. 89.

Daß dies mit Zustimmung der gesetzgebenden Faktoren des Reiches geschah und noch geschieht, kann nicht bezweifelt werden; es ergiebt sich insbesondere daraus, daß die Einnahmen und Ausgaben der Militärverwaltung im Reichslande im Reichshaushaltsetat unter dem Abschnitte „Etat für das Königlich Preußische Reichs-Militär-Kontingent und für die in die Preußische Verwaltung übernommenen Kontingente anderer Bundesstaaten" erscheinen. Der thatsächlich bestehende Zustand muß daher auch als ein von allen maßgebenden Faktoren anerkannter Rechtszustand gelten. Ist dies aber der Fall, so entspricht im vorliegenden Falle die Vertretung des Reichsmilitärfiskus durch das preußische Kriegsministerium den bestehenden Vorschriften.

Ob auch dessen Vertretung durch das Festungsgouvernement, abgesehen von den bisherigen Ausführungen, aus der gemäß Art. 64 der Reichsverfassung erfolgten Ernennung des Gouverneurs durch den Kaiser oder aus § 42 des Reichsgesetzes vom 21. Dezember 1871, betreffend die Beschränkungen des Grundeigentums in der Umgebung von Festungen, gerechtfertigt werden könnte, braucht hiernach nicht untersucht zu werden." . . .

4. Inwieweit ist bei der richterlichen Festsetzung der Entschädigung für Festungsrayonbeschränkungen auf Veränderungen (Erleichterungen) der Beschränkungen Rücksicht zu nehmen, die erst nach der Festsetzung der Entschädigung durch die Verwaltungsbehörde eingetreten sind?

Festungsrayongesetz v. 21. Dezember 1871 §§ 35. 36. 38. 41.

V. Civilsenat. Urt. v. 7. Dezember 1898 i. S. Stadtgemeinde M. (Kl.) w. Reichsmilitärfiskus (Bekl.). Rep. V. 174/98.

I. Landgericht Magdeburg.
II. Oberlandesgericht Naumburg a. S.

Zwei der Klägerin gehörige Parzellen, die eine in der Gemarkung N., die andere (Parzelle Nr. 94) in der Gemarkung R. belegen, waren infolge der Anlegung des Forts 8 und des Zwischenforts 8a der Festung Magdeburg mit Rayonbeschränkungen belastet worden. Nachdem von diesen die aus § 21 des Rayongesetzes vom 21. Dezember 1871 hervorgehenden durch Beschluß der Reichsrayonkommission vom 12. Mai 1891 aufgehoben worden waren, wurde die der Klägerin zu leistende Entschädigung (§§ 35 flg. des Rayongesetzes) durch Beschluß des Bezirksausschusses zu Magdeburg vom 28. Februar 1894 für die Parzelle Nr. 94 auf 57971,28 ℳ, zahlbar in einer sechsprozentigen Rente für die Dauer von 37 Jahren, festgesetzt. Hiergegen beschritt Klägerin rechtzeitig den Rechtsweg. Im Laufe der ersten Instanz wurden ferner durch Beschluß der Reichsrayonkommission vom 13. Dezember 1894 die Beschränkungen der Parzelle Nr. 94 dahin ermäßigt, daß die Parzelle auf Kies und Thon ohne jede rayongesetzliche Behinderung ausgebeutet werden dürfe. Das

Gericht erster Instanz ließ beide vorerwähnten Ermäßigungen der Rayonbeschränkungen unberücksichtigt und setzte die der Klägerin zu leistende Entschädigung für die Parzelle 94 auf 103197,60 ℳ, zahlbar mit Zinsen in Kapital, fest. Der zweite Richter erkannte auf die Berufung des Beklagten, welcher sich die Klägerin angeschlossen hatte, abändernd dahin, daß für die Parzelle Nr. 94 drei Entschädigungsbeträge von 282,42 ℳ, 27136,11 ℳ und 18865,22 ℳ zu zahlen seien, und zwar die beiden ersten in Kapital, der dritte in einer sechsprozentigen Rente vom 1. Februar 1889 ab auf die Dauer von 37 Jahren.

Die hiergegen von der Klägerin eingelegte Revision ist insoweit, als die vom zweiten Richter zugesprochene Entschädigung weniger beträgt, als die vom Bezirksausschuß festgesetzte, für begründet erachtet, und in diesem Umfange das Berufungsurteil aufgehoben worden.

Aus den Gründen:

. . . „Begründet ist . . . die Beschwerde der Revisionsklägerin darüber, daß der Berufungsrichter mit seiner Entscheidung unter die vom Bezirksausschusse festgesetzte Entschädigung heruntergegangen sei.

In thatsächlicher Beziehung steht für diesen Angriff folgendes fest. Der Beschluß des Bezirksausschusses (Rayongesetz § 41, preußisches Zuständigkeitsgesetz vom 1. August 1883 § 153) erging am 28. Februar 1894. Durch ihn wurde die Entschädigung für die Parzelle Nr. 94 auf 57971,28 ℳ, zahlbar in einer sechsprozentigen Rente durch 37 Jahre (Rayonges. § 36 Abs. 3), festgesetzt. Damals war der Beschluß der Reichsrayonkommission, durch welchen diese Parzelle zur Ausbeutung auf Kies und Thon ohne jede rayongesetzliche Beschränkung freigegeben wurde, noch nicht ergangen. Er erging erst am 13. Dezember 1894, und lediglich mit Rücksicht auf ihn ist der Berufungsrichter, welcher im übrigen die Entwertung der Parzelle höher berechnet, als der Bezirksausschuß, dazu gelangt, die Entwertung auf 18865,22 ℳ herabzusetzen. Hierdurch fühlt sich die Revisionsklägerin beschwert; sie weist darauf hin, daß, wenn man die drei Entschädigungspositionen, die der Berufungsrichter für die Parzelle Nr. 94 zuspricht, zusammenrechnet, nur 46283,75 ℳ herauskommen, von denen allerdings 27418,53 ℳ in Kapital, und nur der Rest von 18865,22 ℳ in Rente gezahlt werden sollen, während der Bezirksausschuß die Entschädigung auf

57971,28 ℳ, diese freilich nur zahlbar in Rente, festgesetzt habe. Die Revision vertritt dabei die Meinung, daß eine nachträglich gewährte Erleichterung in den Rayonbeschränkungen, d. h. eine solche, die erst nach Festsetzung der Entschädigung durch den Bezirksausschuß gewährt worden sei, bei der richterlichen Festsetzung der Entschädigung überhaupt nicht berücksichtigt werden dürfe, wenigstens dann nicht, wenn der Grundstücksbesitzer, weil die Wertverminderung mehr als ein Drittel des bisherigen Wertes beträgt, nach § 36 Abs. 1 a. a. O. Entschädigung in Kapital verlange und verlangen dürfe.

Dieser Meinung kann nun allerdings nicht beigepflichtet werden. Sie widerspricht zunächst dem Grundgedanken, auf welchem die in §§ 34 flg. des Rayongesetzes geregelte Entschädigungspflicht des Reiches beruht. Hierüber hat sich der erkennende Senat in dem in S. S. wider den Reichsfiskus am 22. Januar 1898 ergangenen Urteile (Rep. V. 233/97) wie folgt ausgesprochen:

„Der Gesetzgeber hat die Rechtslage so angesehen, daß er in der Belastung eines Grundstückes mit den Rayonbeschränkungen einen Schaden erblickt, den dessen bisheriger Eigentümer erleidet, und der sich in der Wertsverminderung darstellt, den das Grundstück durch die Rayonbeschränkungen gerade für diesen Eigentümer erfährt. Das ergiebt sich mit Sicherheit aus der Entstehungsgeschichte des Gesetzes. Im § 16 der Regierungsvorlage (Nr. 16 der Drucksachen des Reichstages 1871 S. 29) war bestimmt worden, daß behufs Feststellung der Entschädigungsrente der gemeine Kaufwert des Grundstückes, sowie derjenige Kaufwert ermittelt werden solle, welchen es nach Auferlegung der Rayonbeschränkungen voraussichtlich behalten werde, und daß die Bestimmung des gemeinen Kaufwertes nach den für Grundstücke von ähnlicher Lage und Beschaffenheit ortsüblich allgemein bezahlten Preisen sich richten solle. In der Begründung des § 16 (a. a. O. S. 34) war gesagt, dem Eigentümer sei Ersatz für diejenigen Nachteile zu leisten, welche ihm durch die Anlage der Festungsrayons und die infolgedessen eintretenden Beschränkungen in der Benutzung, bezw. Verwertung seines Grundstücks an seinem Vermögen zugefügt würden. Das Geldäquivalent für diese Nachteile drücke sich am einfachsten in dem Unterschied des vor Auferlegung der Rayonbeschränkungen vorhandenen und des verbleibenden gemeinen Kaufwerts aus. In der Kommission wurde der Vorlage die jetzige

Fassung (§ 35) gegeben, wonach die Entschädigung im Ersatz derjenigen Verminderung des Wertes des Grundstücks besteht, welche für den Besitzer dadurch entsteht, daß das Grundstück fortan Beschränkungen in der Benutzung unterliegt, denen es bisher nicht unterworfen war. Diese Änderung, insbesondere die Ersetzung des Ausdrucks „Kaufwert" durch „Wert" und die Weglassung der Bestimmung des Wertes nach den ortsüblichen allgemeinen Preisen, ist in der Kommissionsberatung (Nr. 93 der Drucksachen des Reichstages 1871 S. 227) mit der Erwägung begründet worden, daß es sich um den Kaufwert an und für sich schon deswegen nicht handeln könne, weil ein Verkauf (Zwangsverkauf, Expropriation) überhaupt nicht in Rede stehe, daß es sich vielmehr um Ersatz des **Schadens** handle, welcher dadurch entstehe, daß das Grundstück fortan Beschränkungen in der Benutzung unterliege, denen es bis dahin nicht unterworfen gewesen. Hieraus folge, daß, wenn für diese Beschädigung Entschädigung gegeben, also der entstandene Schade gut gemacht werden solle, es nicht auf den Wert ankomme, den das Grundstück ortsüblich allgemein für eine beliebige Person habe, sondern auf denjenigen, den es für den Beschädigten habe." Auf Grund dieser Erwägungen, die auch jetzt wieder für den erkennenden Senat ausschlaggebend waren, ist bereits in jener Sache als der rechtlich festzuhaltende Standpunkt der gekennzeichnet worden, daß es sich bei der Entschädigung des von Rayonbeschränkungen betroffenen Grundstücksbesitzers **um einen Schadensersatz im Sinne des gemeinen Civilrechtes** handele, also für das landrechtliche Gebiet um einen Schadensersatz im Sinne des Tit. 6 Tl. I A.L.R., und daß daher ein Schade, der zur Zeit der Urteilsfällung nicht mehr besteht, weil inzwischen die Rayonbeschränkungen weggefallen sind, nicht als fortbestehend angesehen werden könne. Zugleich ist darauf hingewiesen worden, daß damit auch der prozeßrechtliche, vom Reichsgericht wiederholt als richtig anerkannte Grundsatz, daß das Urteil auf Grund der zur Zeit seines Erlasses vorhandenen Sachlage zu fällen sei, im Einklange stehe.

Die Revision macht dagegen geltend, daß bei Beratung des Rayongesetzes in der Kommission des Reichstages erkennbar die Absicht zu Tage getreten sei, einen nachträglichen Wegfall der Rayonbeschränkungen dann nicht zu berücksichtigen, wenn für den Grundstücksbesitzer die Entschädigung in **Kapital** festgesetzt worden sei; denn in der Kommission sei der Antrag gestellt worden, die Bestimmung der Regierungsvorlage, nach welcher die Zahlung der Rente erlöschen solle, wenn das Grundstück aufhöre, rayonpflichtig zu sein, zu streichen, und dieser Antrag sei von der Kommission mit der Begründung abgelehnt worden:

„Es werde zwar nicht verkannt, daß unter Umständen die Auferlegung der Rayonbeschränkungen an sich einen Schaden herbeiführen könne, welcher durch die spätere Aufhebung der Rayonbeschränkungen keineswegs beseitigt würde; indessen scheine diese Bestimmung nunmehr, nachdem eine Wahl zwischen Kapitals- und Rentenentschädigung gewährt worden, ihr Hauptbedenken verloren zu haben" (vgl. Kommissionsbericht S. 24).

Damit stimme es denn auch überein, daß im Rayongesetz (§ 36 Abs. 3) nur bezüglich der **Rente** vorgeschrieben werde, daß sie erlischt, sobald das Grundstück aufhört, den Beschränkungen der ersten beiden Rayons oder der Zwischenrayons unterworfen zu sein, woraus per argumentum a contrario und in Verbindung mit der vorstehenden Äußerung der Kommission folge, daß die **Kapitalsabfindung** von einer solchen späteren Veränderung der Umstände unberührt bleiben solle. Letzteres ist in gewissem Sinne richtig; es wird unrichtig an dem Punkte, welchen die Revision übersehen hat. Stellt man nämlich eine **endgültig festgesetzte** Kapitalsabfindung der **endgültig festgesetzten** Abfindung in Rente gegenüber, so ist es allerdings richtig, daß das Gesetz nur für letztere den nachträglichen Wegfall der Rayonbeschränkungen wirksam werden läßt. Ob es in der Rechtskonsequenz gelegen hätte, diesen Unterschied zu beseitigen und entweder für beide Fälle die Berücksichtigung, oder für beide Fälle die Nichtberücksichtigung des späteren Wegfalles der Rayonbeschränkungen vorzuschreiben, ist hier nicht zu erörtern; denn so wie das Gesetz einmal lautet, ist der Unterschied vorhanden. Er besteht aber auch nur, wenn die Entschädigung — sei es in Kapital, sei es in Rente — **endgültig festgesetzt** ist. Nur diesen Fall hatte die Kommission im Auge, und dabei mag die legislatorische Erwägung, daß es nicht angängig sei, den Grundstücksbesitzer der Gefahr einer künftigen Zurückzahlung des Abfindungskapitals auszusetzen, mitgewirkt haben. Es besteht aber kein Grund, den Satz, daß der spätere Wegfall der Rayonbeschränkungen unberücksichtigt zu bleiben habe, noch weiter auszudehnen und ihm, wie die Revision will, auch dann schon Geltung zu verschaffen, wenn die Entschädigung in Kapital noch nicht endgültig festgesetzt ist. Hier greifen vielmehr die allgemeinen über die Festsetzung von Schadensersatzansprüchen geltenden Rechtsgrundsätze ein, die — wie oben ausgeführt — nach der Natur des Entschädigungsanspruches für Rayonbeschränkungen zur Anwendung kommen müssen, und die dazu führen, die Entschädigung nach demjenigen Zustande zu bemessen, der thatsächlich zur Zeit ihrer Festsetzung vorhanden ist. Daß dies auch vom Standpunkte des materiellen Rechtes aus kein unbilliges Ergebnis ist, liegt auf der Hand; denn mehr als einen Entgelt für denjenigen Schaden, der wirklich existiert, kann billigerweise der Grundstücksbesitzer nicht verlangen, die Entschädigung mag ihm in Rente, oder in Kapitalsabfindung gewährt werden, und es ist daher sachgemäß, daß, so lange die Parteien über die Höhe der Entschädigung streiten, und hierüber eine endgültige Festsetzung nicht erfolgt ist, auch diejenigen Veränderungen berücksichtigt werden, die bis zu dieser Festsetzung in den thatsächlichen Verhältnissen, aus denen der Schade hervorgehen soll, eingetreten sind.

Ein Bedenken hiergegen läßt sich auch aus § 41 des Rayongesetzes nicht herleiten, wenn nur die Grenze, die in dieser Vorschrift für die richterliche Kognition liegt, richtig innegehalten wird. Dort ist in Abs. 3 bestimmt, daß dem Entschädigungsberechtigten gegen den Festsetzungsbeschluß der Rechtsweg innerhalb einer Präklusivfrist von neunzig Tagen offenstehe, und in Abs. 4 ist vorgeschrieben, daß innerhalb derselben Präklusivfrist die Militärbehörde berechtigt sei, die Enteignung des Grundstückes zu verlangen. Der Revision ist ohne weiteres zuzugeben, daß hiernach das Gesetz nur dem Entschädigungsberechtigten den Rechtsweg, und zwar zu dem Zwecke eröffnet hat, um eine höhere Entschädigung zu erlangen, als welche der Bezirksausschuß festgesetzt hat, und daß die Militärbehörde, wenn sie nicht von ihrer Befugnis, die Enteignung des Grundstückes zu verlangen, Gebrauch machen will, schlechthin den Beschluß des Bezirksausschusses, auch was die Höhe der festgesetzten Entschädigung anlangt, gegen sich gelten lassen muß. Ihr steht insbesondere die Beschreitung des Rechtsweges gegen die Höhe der von der Verwaltungsbehörde festgesetzten Entschädigung nicht zu. Aber mit dieser Regelung steht die Annahme, daß das Gericht, wenn es rechtzeitig von dem Entschädigungsberechtigten angerufen worden ist, auch eine Veränderung der thatsächlichen Verhältnisse zu berücksichtigen hat, die erst nach dem Beschlusse der Verwaltungsbehörde eingetreten ist und von dieser daher nicht berücksichtigt werden konnte, nicht im Widerspruch, wenn dabei festgehalten wird, daß das Gericht bei seiner Festsetzung der Entschädigung nicht unter die vom Bezirksausschuß festgesetzte Entschädigung heruntergehen darf. Daß trotzdem die Berücksichtigung der späteren Veränderung wirksam werden kann, zeigt der vorliegende Fall. Hier hat der Berufungsrichter im Anschluß an die Gutachten der Sachverständigen die Entwertung, welche die Parzelle 94 durch die Rayonbeschränkungen erleidet, wenn man hierbei die durch den Beschluß der Reichsrayonkommission vom 13. Dezember 1894 gewährte Erleichterung nicht in Betracht zieht, auf 95744,36 ℳ festgestellt, und er ist nur durch die Berücksichtigung dieser Erleichterung dazu gelangt, eine Entschädigung festzusetzen, die in ihren drei Positionen zusammengerechnet hinter der vom Bezirksausschuß festgesetzten um mehr als 11600 ℳ zurückbleibt. Hierdurch fühlt sich die Klägerin mit Recht beschwert, nicht deshalb, weil (wie sie annimmt) diese nachträgliche Erleichterung in den Rayonbeschränkungen vom Gericht überhaupt nicht zu berücksichtigen gewesen wäre, sondern deshalb, weil ihre Berücksichtigung nicht in der vom Bezirksausschuß festgesetzten Entschädigung ihre Grenze gefunden hat. Der Berufungsrichter hat die Entschädigung der Klägerin in Berücksichtigung der durch den Beschluß vom 13. Dezember 1894 veränderten Sachlage so festgesetzt, als ob er hierbei völlig freie Hand hätte; er ist sich, wie die Begründung seiner Entscheidung ergiebt, dessen nicht bewußt gewesen, daß er unter die vom Bezirksausschuß festgesetzte Entschädigung zum Nachteil der Klägerin nicht heruntergehen dürfe, und er hat daher auch nicht geprüft, in welchem Verhältnisse die von ihm zugebilligte Entschädigung, die teils als Rente, teils als Kapital zu zahlen ist, zu der vom Bezirksausschuß festgesetzten, nur in Rente zu zahlenden Entschädigung steht. Insofern — aber auch nur mit dieser Einschränkung — ist der Vorwurf der Revision, daß der Berufungsrichter den § 41 des Rayongesetzes mit seiner Entscheidung verletzt habe, begründet.

Der Beklagte glaubt zwar auch diesem Angriffe durch Bezugnahme auf das obenerwähnte Urteil des erkennenden Senats vom 22. Januar 1898 begegnen zu können, indem er darauf hinweist, daß auch in dem dort entschiedenen Falle der Berufungsrichter unter die vom Bezirksausschuß festgesetzte Entschädigung heruntergegangen sei. Dabei ist aber übersehen, daß der damalige Fall wesentlich anders lag, als der vorliegende, und daß gerade bei demjenigen Punkte, in welchem sich beide unterscheiden, das Gesetz mit einer positiven Vorschrift eingreift. Damals handelte es sich um ein Grundstück, welches den Beschränkungen des ersten Rayons unterlag, und für welches der Bezirksausschuß eine in Rente zahlbare Entschädigung festgesetzt hatte. In Bezug auf dieses Grundstück erging nach Verkündigung des ersten Urteils ein Beschluß der Reichsrayonkommission, nach welchem dasselbe fortan nur den Beschränkungen des dritten Rayons unterworfen sein sollte. Mit Rücksicht hierauf machte damals der Fiskus in zweiter Instanz geltend, daß dem Kläger eine Entschädigung überhaupt nicht mehr gebühre, weil nach § 38 des Rayongesetzes für die gesetzlichen Beschränkungen im dritten Rayon Entschädigung nicht gewährt werde. Dies erkannte der Berufungsrichter als richtig an und sprach daher dem Kläger eine Entschädigung in Rente (übrigens von einem bedeutend höheren Entschädigungskapital, als es der Bezirksausschuß festgesetzt hatte) nur für diejenige Zeit zu, in welcher das Grundstück den Beschränkungen des ersten Rayons unterworfen gewesen war. Dieser Entscheidung stand die Vorschrift in § 36 Abs. 3 des Rayongesetzes, wonach die Rente erlöschen soll, sobald das Grundstück aufhört, den Beschränkungen der ersten beiden Rayons oder der Zwischenrayons unterworfen zu sein, direkt zur Seite. Die Rente wäre auch erloschen, wenn sie bereits rechtskräftig zuerkannt gewesen wäre, und deshalb stand die Entscheidung des Bezirksausschusses der Berücksichtigung des Umstandes, aus welchem sich ergab, daß die Rente erloschen sei, nicht entgegen. Von alledem ist im vorliegenden Falle nicht die Rede; hier handelt es sich nicht darum, daß die Rente erloschen sei. Das Gesetz enthält auch keine Vorschrift, auf Grund deren eine rechtskräftig zuerkannte Rente ermäßigt werden könnte, wenn nachträglich Erleichterungen in den Rayonbeschränkungen eintreten; es giebt eben nur für den Fall, daß das Grundstück aufhört, denjenigen Beschränkungen überhaupt zu unterliegen, für welche Entschädigung gewährt wird, eine Spezialbestimmung. Ob diese bei konsequenter Ausgestaltung des ihr zu Grunde liegenden Gedankens dazu hätte führen müssen, auch eine Ermäßigung der Rente vorzuschreiben, wenn nach ihrer rechtskräftigen Festsetzung Erleichterungen in den Rayonbeschränkungen gewährt werden, kann unerörtert bleiben; das Gesetz ist eben in dieser Weise nicht ausgestaltet worden, und deshalb muß der Fall, in welchem die Rente erlischt, eine andere Beurteilung finden, wie der hier vorliegende Fall, in welchem von einem solchen Erlöschen nicht die Rede sein kann, weil Rayonbeschränkungen, für welche Entschädigung gewährt werden muß, bestehen geblieben sind.

Hiernach war die Vorentscheidung insoweit aufzuheben, als sie die der Klägerin für die Parzelle Nr. 94 zu gewährende Entschädigung auf weniger als die vom Bezirksausschuß für dieselbe durch Beschluß vom 28. Februar 1894 festgesetzte Rente bestimmt." ...

5. Konkurrenzklausel. Hat der § 74 H.G.B. vom 10. Mai 1897 rückwirkende Kraft?[1]

I. Civilsenat. Urt. v. 7. Dezember 1898 i. S. Sch. (Bekl.). w. G. (Kl.). Rep. I. 409/98.

I. Landgericht Hamburg, Kammer für Handelssachen.
II. Oberlandesgericht daselbst.

Der Beklagte, der zu Anfang Januars 1894 die Stellung eines Handlungsgehilfen und Reisenden in dem Geschäft des Klägers angetreten hatte und mit Ablauf des genannten Jahres auf seinen Wunsch aus dieser Stellung entlassen wurde, hatte sich bei seinem Eintritt in das Geschäft unter Konventionalstrafe verpflichtet, innerhalb 5 Jahre nach Austritt aus dem Geschäft keine Holzgeschäfte „von Übersee" zu betreiben, noch in ein anderes Geschäft einzutreten, welches Hölzer, die der Kläger von überseeischen Plätzen beziehe, führe, noch Anderen die Geschäftsgeheimnisse mitzuteilen. Die Vereinbarung sollte sich jedoch nicht auf pitch-pine-Holz beziehen.

Der Beklagte betrieb alsbald nach seinem Ausscheiden aus dem Geschäfte des Klägers von New-Orleans aus Geschäfte in überseeischen

[1] Vgl. auch Bd. 42 dieser Sammlung Nr. 24 S. 97. D. R.

Hölzern nach Deutschland und begründete im Jahre 1896 mit einem gleichfalls im Geschäft des Klägers thätig gewesenen R. K. ein Holzexportgeschäft in New-Orleans, von wo er auch Hölzer nach Deutschland exportierte. Der Kläger verlangte deshalb mit der im November 1897 erhobenen Klage die Zahlung der Strafe.

Der Beklagte machte geltend, daß die Vereinbarung unklar oder doch ungültig sei.

Das Landgericht verurteilte den Beklagten dem Klagebegehren gemäß, und die Berufung des Beklagten wurde vom Oberlandesgericht als unbegründet zurückgewiesen. Auch die Revision des Beklagten ist zurückgewiesen worden, aus folgenden

Gründen:

... „Der Ausgang des Rechtsstreites hängt ... davon ab, ob der vom Beklagten eingegangenen Verpflichtung die Rechtsverbindlichkeit abzusprechen ist.

Letzteres muß vom Standpunkte des bisher geltenden Rechtes aus verneint werden. Ungültig wäre danach das Konkurrenzverbot, wenn es gegen die guten Sitten verstieße, und daß dies der Fall ist, läßt sich mit Grund nicht behaupten. Das Verbot ist zeitlich beschränkt, und zwar auf den nicht übermäßigen Zeitraum von 5 Jahren, und außerdem ist es gegenständlich beschränkt. Die Revision verweist auf die vom Beklagten aufgestellte Behauptung, daß alle großen Holzhandlungen überseeische Hölzer führten. Aber auch, wenn dies richtig sein sollte, so konnte doch der Beklagte in kleineren Holzhandlungen thätig sein, die solche Hölzer nicht führen, und es stand ihm ferner frei der Handel mit pitch-pine-Holz und mit sonstigen überseeischen Hölzern, sofern deren Absatz nicht in Europa erfolgte.

Die Revision hat nun aber die Ansicht vertreten, daß die für die Beurteilung der Gültigkeit des Konkurrenzverbotes maßgebende Norm der § 74 H.G.B. vom 10. Mai 1897 sei. Der die §§ 59—83 umfassende sechste Abschnitt des ersten Buches dieses Gesetzbuches ist mit Ausnahme des § 65 nach Art. 1 Einf.-Ges. bereits am 1. Januar 1898 in Kraft getreten, und die Revision meint, daß die Bestimmungen des § 74, als dem öffentlichen Recht angehörend, auch auf die vor dem 1. Januar 1898 getroffenen Vereinbarungen über Konkurrenzausschließung Anwendung finden müßten.

Die Frage der rückwirkenden Kraft des § 74 und anderer Bestimmungen des sechsten Abschnittes des neuen Handelsgesetzbuches ist in der Litteratur bereits mehrfach erörtert worden.

Vgl. insbes. Cosack, Lehrbuch des Handelsrechts 4. Aufl. S. 768; Staub, Supplement zum Kommentar zum Handelsgesetzbuch S. 5—22 Anm. 10—24; Pappenheim bei Gruchot, Beiträge Bd. 42 S. 323 flg.

Für den vorliegenden Fall stellt sie sich dahin, ob der § 74 Anwendung findet, obwohl nicht nur der Abschluß des Parteiabkommens und die Beendigung des Dienstverhältnisses, in welchem der Beklagte bei dem Kläger stand, sondern auch die Zuwiderhandlung des Beklagten gegen sein Versprechen in die Zeit vor dem Inkrafttreten des § 74 fällt.

Setzt man voraus, daß mit den am 1. Januar 1898 in Kraft getretenen Vorschriften des neuen Handelsgesetzbuches außer den in ihnen ausdrücklich in Bezug genommenen Bestimmungen des Bürgerlichen Gesetzbuches nicht zugleich auch irgend welche andere Vorschriften des neuen Rechtes bereits vom 1. Januar 1898 an Geltung erlangt haben, und daß demnach die Frage der Rückwirkung des § 74 lediglich auf Grund des bisher geltenden Rechtes zu beantworten ist, dann kann der von der Revision vertretenen Ansicht jedenfalls mit Beziehung auf den hier gegebenen Sachverhalt nicht zugestimmt werden. In der Regel ist neues Recht auf bereits vor seinem Inkrafttreten entstandene Thatsachen und Rechtsverhältnisse nicht anzuwenden. Auch nicht ausdrücklich angeordnete Ausnahmen können sich aber aus Grund und Zweck der Gesetze ergeben. Wenn hinsichtlich des § 74 die Revision hervorhebt, daß er dem öffentlichen Recht angehöre, so kann damit richtigerweise nur gemeint sein, daß seine Bestimmungen zwingende seien. Nicht richtig aber ist es, daß alle zwingenden Rechtssätze rückwirkende Kraft haben. Es kommt vielmehr darauf an, „welche Wichtigkeit und Bedeutung der Urheber eines (derartigen) neuen Rechtssatzes diesem aus Gründen der Sittlichkeit und des Gemeinwohls beilegt," und deshalb insbesondere auch darauf, in welchem Maße schon das bisherige Recht dem Bedürfnisse genügt, dem der neue Rechtssatz zu dienen bestimmt ist. Es darf angenommen werden, daß bisher in allen Rechtsgebieten Deutschlands Vereinbarungen der hier in Betracht kommenden Art dann als ungültig angesehen wurden, wenn sie den guten Sitten widersprachen. Wenn anstatt dessen der § 74 des neuen

Handelsgesetzbuches eine Konkurrenzausschließungs-Vereinbarung zwischen dem Prinzipal und dem Handlungsgehilfen nur insoweit für diesen für verbindlich erklärt, als die auferlegte Beschränkung nach Zeit, Ort und Gegenstand nicht die Grenzen überschreitet, durch welche eine unbillige Erschwerung des Fortkommens des Handlungsgehilfen ausgeschlossen wird, so soll nicht verkannt werden, daß damit in Bezug auf die Zulässigkeit derartiger Vereinbarungen dem richterlichen Ermessen ein nicht unerheblich weiterer Spielraum gewährt wird, und hinzu treten dann die Neuerungen, die sich aus den Bestimmungen in Abss. 2 und 3 des § 74 ergeben. Immerhin ist aber der Abstand zwischen dem neuen und dem alten Recht kein so großer, daß aus ihm allein schon auf die Absicht des Gesetzgebers geschlossen werden müßte, eine vor dem 1. Januar 1898 auferlegte Konkurrenzbeschränkung selbst dann dem neuen Recht zu unterwerfen, wenn das Dienstverhältnis, mit welchem sie im Zusammenhang stand, bereits vor diesem Zeitpunkt beendet, oder gar dann, wenn, wie im vorliegenden Fall, vor demselben Zeitpunkt auch der Beschränkung zuwidergehandelt, und dadurch ein Anspruch des Prinzipals auf die Vertragsstrafe erwachsen war.

An und für sich wäre zwar denkbar, daß es beabsichtigt sei, den Schutz des § 74 vom Inkrafttreten der Gesetzesvorschrift an den Betroffenen gleichmäßig zu teil werden zu lassen, und eine Ungleichmäßigkeit ist es, wenn vielleicht manche von ihnen auf Grund älterer Verpflichtungen in ihrer Erwerbsthätigkeit länger und enger beschränkt bleiben, als andere, die sich erst nach dem Inkrafttreten der neuen Vorschriften gebunden haben. Allein einmal handelt es sich dabei doch nur um einen vorübergehenden Zustand von nicht allzulanger Dauer, und sodann waren nicht lediglich die Interessen der auf der einen Seite stehenden Personen zu berücksichtigen. Bildete es einen Teil der Gegenleistung für eine sonst vorteilhafte Anstellung, daß sich der Angestellte einer Konkurrenzklausel unterworfen hatte, die nach dem bisherigen Recht nicht zu beanstanden war, dann würde es eine nicht wohl zu rechtfertigende Härte gegen den Prinzipal sein, wenn nunmehr die Klausel auf Grund des neuen Rechtes zu Gunsten dessen für unwirksam erklärt werden müßte, dem gewährt worden war, was er zu beanspruchen hatte.

Aus diesen Gründen ist nicht anzunehmen, daß es in der Tendenz des § 74 liegt, sich dasjenige Maß von Rückwirkung beizulegen, welches erforderlich wäre, um ihn als die für den gegenwärtigen Rechtsstreit entscheidende Norm ansehen zu können. Zu dem Ergebnis, ihn auf einen Thatbestand, wie den gegebenen, für anwendbar zu erachten, würde man aber auch dann nicht gelangen, wenn man etwa davon auszugehen hätte, daß es die Absicht des Gesetzes gewesen sei, die im Art. 1 Abs. 2 Einf.-Ges. zum neuen Handelsgesetzbuche bezeichneten Vorschriften so in Wirksamkeit treten zu lassen, wie sie ohne ihre vorzeitige Einführung am 1. Januar 1900 in Wirksamkeit getreten sein würden. Die Frage der Rückwirkung regelnde Bestimmungen enthält das Einführungsgesetz zum neuen Handelsgesetzbuche nicht. Es ist aber nicht wohl zu bezweifeln, daß, wie nach Art. 2 dieses Gesetzes die Vorschriften des Bürgerlichen Gesetzbuches selbst, so auch die Vorschriften des zu ihm erlassenen Einführungsgesetzes, soweit sie ihrem Inhalte nach dazu geeignet sind, in Handelssachen ergänzende Anwendung finden werden, und nach Art. 170 dieses Einführungsgesetzes sollen für ein Schuldverhältnis, das vor dem Inkrafttreten des Bürgerlichen Gesetzbuches entstanden ist, die bisherigen Gesetze maßgebend bleiben. In den folgenden Artikeln sind verschiedene Ausnahmen angeordnet, von welchen nur die in bestimmter Weise eingeschränkte des Art. 171 sich auf Dienstverhältnisse bezieht. Zuzugeben mag sein, daß dessenungeachtet einzelnen Vorschriften des die Handlungsgehilfen und Handlungslehrlinge betreffenden Abschnittes des neuen Handelsgesetzbuches auch im Fall ihres Inkrafttretens am 1. Januar 1900 über die im Art. 171 gezogenen Grenzen hinaus rückwirkende Kraft beizulegen gewesen wäre. Irgendwie zwingende Gründe sprechen aber nicht dafür, daß zu ihnen auch der § 74 hätte gerechnet werden müssen." . . .

---

6. 1. Dauer der Aufbewahrungspflicht des Käufers nach Art. 348 Abs. 1 H.G.B.

2. Voraussetzungen des Rechtes zum Notverkauf nach Art. 348 Abs. 5 H.G.B.; Verkauf gegen ein Verbot des Verkäufers.

3. Verliert der Verkäufer, wenn der von ihm vorgenommene Verkauf der zur Verfügung gestellten Ware wegen Mangels der in Art. 348 Abs. 5 H.G.B. bezeichneten Voraussetzungen als Notverkauf

nicht anzuerkennen ist, ohne weiteres alle Ansprüche wegen der Fehlerhaftigkeit der Ware?

4. Verliert der Käufer, der auf Grund seines Zurückbehaltungsrechtes (Art. 313 H.G.B.) zum Verkauf schreitet, ohne die Befugnis hierzu nach Art. 315 bei dem zuständigen Gerichte erwirkt zu haben, das Zurückbehaltungsrecht, bezw. den Anspruch auf Zahlung der Differenz zwischen dem Betrage seiner Forderung und dem Verkaufserlöse?

VI. Civilsenat. Urt. v. 8. Dezember 1898 i. S. J. (Bekl. u. Widerkl.) w. T. (Kl. u. Widerbekl.). Rep. VI. 262/98.

I. Landgericht Würzburg.
II. Oberlandesgericht Bamberg.

Aus den Gründen:

„Kläger, Kaufmann T. in Magdeburg, verkaufte am 15. November des Futternotjahres 1893 an den Beklagten, Kaufmann J. in Würzburg, 4000 Centner Weizenstroh (Futterstroh), zur Hälfte gepreßt, zur Hälfte gebunden, Lieferung November und Dezember 1893, zum Preise von 2,20 ℳ pro Centner, Frachtparität Magdeburg, Kassa drei Viertel des Betrages bei Vorlage des Frachtbriefduplikates in Magdeburg, Rest zu zahlen bei Empfang der Ware. Die Versendung sollte in der Weise vor sich gehen, daß Beklagter nach Empfang der Anzeige des Klägers von den Stationen, von denen das Stroh abgehe, Frachtbriefe für die Wagen zu schicken, sowie die bedungene Anzahlung gegen Vorlegung der Frachtbriefduplikate bei Bankier Sch. in Magdeburg zu leisten habe. Trotz wiederholten Drängens des Beklagten verzögerte sich die Lieferung des Strohes, weil, wie Kläger behauptet, zur Beförderung des in Mecklenburg gekauften Strohes von der dortigen Bahnverwaltung Waggons nicht zu bekommen waren. Am 28. Dezember 1893 ließ Kläger den ersten Waggon mit 11920 kg Preßstroh der Bestimmung des Beklagten gemäß nach Kissingen abgehen, wofür er am 30. Dezember bei Bankier Sch. 375,48 ℳ erhob. Ein zweiter Waggon mit 12590 kg Preßstroh ging am 29. Dezember 1893, und ein dritter Waggon mit 9870 kg Preßstroh am 2. Januar 1894 nach Kissingen ab. Für letztere beiden Waggons erhielt Kläger von Sch. am 4. Januar 1894 auf Vorlegung der Frachtbriefduplikate nur 424,52 ℳ ausbezahlt, weil der Beklagte nur 800 ℳ angewiesen hatte. Der erste Waggon kam am 2. Januar 1894 in Kissingen an. Am 4. Januar telegraphierte Beklagter an den Kläger von dort: „Refüsiere Strohwaggon, naß, schwarz, schlecht, erwarte Disposition Würzburg", was Kläger mit Brief vom gleichen Tage bestätigte. Der zweite und dritte Waggon kamen am 7. Januar 1894 in Kissingen an. Auch den zweiten Waggon lehnte Beklagter mit Telegramm vom 7. Januar aus gleicher Ursache ab. Den dritten Waggon (9870 kg) behielt der Beklagte. Zu weiteren Lieferungen und Zahlungen ist es nicht gekommen. Es entstanden Differenzen zwischen den Parteien, indem der Beklagte den Ersatz der bei Sch. von dem Kläger erhobenen 800 ℳ verlangte und weitere Kassa-Anweisung vor Lieferung anderen Strohes verweigerte, worauf Kläger nicht einging. Kläger hatte ferner dem Beklagten mitgeteilt, daß sein Verkäufer (B. aus Mecklenburg) nach Kissingen komme, um das abgelehnte Stroh zurückzunehmen. B. reiste auch dorthin, jedoch nach einem mehrtägigen Aufenthalt wieder ab, ohne daß es zu einer Zurücknahme des Strohes gekommen ist. Der Beklagte, der schon mit Brief vom 4. Januar 1894 dem Kläger geraten hatte, den ersten Waggon nach Würzburg rollen und dort versteigern zu lassen, sowie mit Brief vom 8. Januar dem Kläger angedroht hatte, die beiden refüsierten Waggons gerichtlich versteigern zu lassen und den Kläger für die Differenz und Schadensersatz wegen Nichtlieferung in Anspruch zu nehmen, schrieb am 16. Januar dem Kläger, er sei jederzeit bereit gewesen und noch bereit, das Stroh (der beiden ersten Waggons) an Kläger, oder an wen dieser wolle, gegen Ersatz seines Guthabens auszuliefern. Er sei, um mit dem Herrn aus Mecklenburg zusammenzutreffen, nach Kissingen gefahren; der Herr sei aber schon abgereist gewesen. Hiernach sei Kläger im Unrecht, liefere aber trotzdem nicht weiter. Das Stroh in Kissingen sei dem Verderben ausgesetzt, und Gefahr im Verzuge. Demgemäß werde zur öffentlichen Versteigerung auf Gefahr und im Interesse des Klägers geschritten. Weiter werde Kläger benachrichtigt, daß, nachdem er sich immer noch im Verzuge befinde, Beklagter vom Vertrage abgehe und Schadensersatz wegen Nichterfüllung beanspruche. Am 18. Januar 1894 schrieb Kläger an Beklagten: da dieser der Aufforderung, Kasse bei Sch. für den dritten Waggon anzuweisen, nicht entsprochen, trotzdem aber den Waggon empfangen und abgenommen und ihm somit die Möglichkeit, drei Vierteile des Betrages in Magdeburg zu erheben, entzogen habe, erkläre er hiermit den Rücktritt vom Vertrage, da Beklagter mit Kasse im Verzuge sei. Beklagter hat, der Ankündigung vom 16. Januar entsprechend, den Gerichtsvollzieher in Kissingen „nach Artt. 348. 343 H.G.B." mit der öffentlichen Versteigerung des Strohes der zwei ersten Waggons beauftragt. Der Gerichtsvollzieher nahm nach vorgängiger Benachrichtigung der Parteien die Versteigerung am 20. Januar 1894 vor. Sie ergab einen Erlös von nur 222 *M*, nach Abzug der Kosten von 202,59 *M*. Dieser Betrag ist bei der Bahn-Güterexpedition in Kissingen hinterlegt.

Mit der erhobenen Klage verlangt Kläger die Bezahlung des ihm nach seiner Behauptung nach Abzug der Zahlung von 800 *M* und des ihn selbst treffenden Frachtanteiles noch zukommenden Kaufpreisrestes für die drei Sendungen Stroh mit 577,72 *M* nebst 6 Prozent Verzugszinsen seit dem 7. Januar 1894. Er behauptet, das sämtliche Stroh sei in fehlerfreier Qualität an den Beklagten abgegangen und in Kissingen angekommen, und erst dadurch verdorben, daß Beklagter es in Kissingen auf der Bahn im Freien vom 6. bis zum 20. Januar habe stehen lassen. Beklagter sei im Zahlungsverzuge gewesen, und er, Kläger, deshalb mit Grund mit seinem Schreiben vom 18. Januar vom Vertrage zurückgetreten. Der Notverkauf vom 20. Januar berühre die Rechte des Klägers nicht, da er nicht im Lieferungsverzuge sich befunden habe. Beklagter macht hiergegen geltend: das Stroh der zwei ersten Sendungen sei gänzlich unbrauchbar angekommen und von ihm deshalb mit Recht dem Kläger sofort zur Verfügung gestellt worden. Kläger habe die Dispositionsstellung auch angenommen. Durch die in Händen des Klägers befindlichen 800 *M* (Barzahlung) und die vom Kläger für die zwei ersten zurückgewiesenen Sendungen insgesamt zu tragende Fracht sei nicht bloß der Kaufpreis für die dritte, angenommene Sendung mit 434,28 *M* gedeckt gewesen, sondern es habe hiermit Kläger auch schon die Barzahlung für weitere Sendungen in Händen gehabt, weshalb er mit Recht weitere Kassenanweisung verweigert habe. Kläger habe hiernach ohne Grund fernere Lieferung verweigert, und Beklagter sei deshalb beim Vorhandensein der in Art. 348 Abs. 5 H.G.B. bezeichneten Voraussetzungen zum Notverkauf berechtigt gewesen, wie seine Erklärung vom 16. Januar, daß er wegen Lieferungsverzuges Schadensersatz wegen Nichterfüllung verlange, vollkommen begründet sei. Er sei überdies wegen des ihm an dem Stroh nach Art. 313 H.G.B. zugestandenen Retentionsrechtes zu dem Verkaufe auch nach Art. 315 befugt gewesen. Kläger könne hiernach jetzt nur fordern den Versteigerungserlös mit 202,59 ℳ und den Kaufpreis für den dritten Waggon mit 434,28 ℳ, zusammen 636,87 ℳ, wogegen Beklagter jedenfalls zu fordern habe die von dem Kläger für die zwei ersten Waggons bei Bankier Sch. erhobenen 800 ℳ, 135 ℳ und 142 ℳ Frachtauslagen für diese Waggons, 41 ℳ Frachtdifferenz für den dritten Waggon, sowie 10 ℳ Standgeld (in Kissingen), zusammen 1128 ℳ, sodaß hiervon für die Widerklage 591,13 ℳ als liquid entfallen. Beklagter macht aber weiter für das gesamte vom Kläger nicht gelieferte Stroh einen im einzelnen näher liquidierten Schadensersatzanspruch geltend, wonach er schließlich unter Verrechnung der klägerischen Forderung im bezeichneten Betrage die Abweisung der Klage und widerklagend die Verurteilung des Klägers zur Bezahlung von 2820,79 ℳ nebst Prozeßzinsen beantragt.

Durch das Urteil erster Instanz ist Beklagter klagegemäß verurteilt, die Widerklage abgewiesen. Die Berufung des Beklagten ist zurückgewiesen. In der Berufungsinstanz hat Beklagter eventuell Preisminderung verlangt, unter Beweisantretung dafür, daß das Stroh der beiden ersten Waggons nicht mehr als 222 ℳ wert gewesen sei.

Der Revision des Beklagten mußte stattgegeben werden.

Das Berufungsgericht prüft zunächst die Frage, ob der von dem Beklagten vorgenommene Verkauf des Strohes nach Art. 348 Abs. 5 oder Art. 315 H.G.B. als ein gesetzlich zulässiger anzusehen sei, und gelangt zur Verneinung dieser Frage, woraus es die Folgerung zieht, daß der Beklagte der Rechte aus der Dispositionsstellung, insbesondere des Anspruches auf Preisminderung, verlustig gegangen sei, also auch den Preis für die erstgelieferten zwei Waggons ungeschmälert zu zahlen habe. Festgestellt ist, daß der Beklagte die in diesen Waggons gelieferte Ware rechtzeitig zur Disposition gestellt, der Kläger die Dispositionsstellung zunächst angenommen und sodann die Verfügung getroffen hat, daß das Stroh an seinen Verkäufer B. in Kissingen ausgeliefert werde. Das Berufungsgericht führt weiter aus: da der erste Waggon am 4. Januar, der zweite am 7. Januar 1894 telegraphisch zur Verfügung gestellt, und die Telegramme je an diesen

Tagen auch dem Kläger zugestellt worden seien, so sei der Beklagte von da an zur Aufbewahrung des Strohes nicht mehr verpflichtet gewesen. Die Waggons hätten jetzt auf Wag und Gefahr des Klägers in Kissingen gestanden, und der Beklagte habe nicht mehr darüber verfügen und das Stroh auch dann nicht mehr verkaufen lassen dürfen, wenn dasselbe dem Verderben ausgesetzt, und Gefahr im Verzuge gewesen wäre. Schon diese Auffassung ist rechtsirrig. Zunächst ist zu bemerken, daß die Aufbewahrungspflicht des Käufers (Art. 348 Abs. 1 H.G.B.) nicht schon mit der Ankunft der Dispositionsstellung bei dem Verkäufer, sondern erst dann endigt, wenn der letztere auf die ihm zugekommene Beanstandung der Ware nicht so bald als möglich seinerseits für die Aufbewahrung derselben sorgt oder sonst über sie verfügt. Weiter aber ist in Art. 348 Abs. 5 H.G.B. dem Käufer unter der einzigen Voraussetzung, daß die Ware dem Verderben ausgesetzt, und Gefahr im Verzuge ist, die Befugnis zum Verkaufe nach Maßgabe der Vorschriften des Art. 343 beigelegt, ohne Unterschied, ob der Verkäufer sich bereits seinerseits in der Lage befindet, über die Ware zu verfügen, oder nicht, und ob er im ersteren Falle eine solche Verfügung zu treffen unterlassen hat. Der Umstand allein, daß der Verkäufer keine Verfügung getroffen hat, obwohl er eine solche treffen konnte, giebt dem Käufer das Verkaufsrecht nach Art. 348 Abs. 5 allerdings nicht; hiermit entfällt nur die fernere Pflicht zur Aufbewahrung. Trifft aber die bezeichnete, in Art. 348 Abs. 5 bestimmte Voraussetzung thatsächlich zu, so kann der Käufer, obwohl der Verkäufer in der Lage sich befindet, über die Ware zu verfügen, zum sogenannten Notverkauf schreiten.

Vgl. Staub, Kommentar zum Handelsgesetzbuch zu Art. 348 § 9; Entsch. des R.O.H.G.'s Bd. 16 S. 324 flg.

Das Berufungsgericht ist aber der Ansicht, daß die erwähnte Voraussetzung zum Verkaufe nicht vorgelegen habe. In dieser Beziehung erwägt es: wenn auch nach den Aussagen der vernommenen Zeugen das Stroh naß, theilweise schimmelig und schwarz, und deshalb als Futterstroh nicht verwendbar gewesen, so habe der Beklagte doch dadurch, daß er nach Besichtigung des Strohes nicht zum Notverkaufe geschritten sei, sondern am 4. Januar dem Kläger brieflich geraten habe, es nach Würzburg zu schaffen und dort zu verkaufen, zu erkennen gegeben, daß er einen sofortigen Verkauf nicht für geboten erachte. Auch erwähne der Beklagte in den folgenden Briefen vom 5., 8. und 11. Januar 1894 nichts davon, daß das Stroh dem Verderben ausgesetzt, und Gefahr im Verzuge sei, sondern bemerke am 5. Januar nur, Kläger werde gut thun, baldmöglichst über das Stroh zu verfügen, weil anderen Tages ein Feiertag sei, und der Waggon immer mehr Kosten verursache, und am 8. Januar habe er mit der gerichtlichen Versteigerung beider Waggons gedroht, wenn Kläger nicht die erhobenen 800 ℳ bei Sch. zur Verfügung stelle und weitere Ware expediere; am 11. Januar endlich habe er dem Kläger angezeigt, er habe den Gerichtsvollzieher mit der Versteigerung zu Lasten des Klägers beauftragt, mit dem Telegramm vom gleichen Tage jedoch bekannt gegeben, daß er die Versteigerung eingestellt habe. Erst in dem Briefe vom 16. Januar habe Beklagter erklärt, daß das Stroh dem Verderben ausgesetzt, und Gefahr im Verzuge sei, und das Stroh deshalb zur Versteigerung gebracht werde. Es könne nun dahingestellt bleiben, ob sich das Stroh bis zum 16. Januar derart verschlechtert habe, daß es unter keinen Umständen länger aufbewahrt werden konnte. Denn wäre dies auch der Fall gewesen, so habe der Beklagte das Stroh doch nicht versteigern dürfen, weil Kläger schon am 5. Januar brieflich über das Stroh durch das an den Beklagten gerichtete Verlangen, dasselbe an seinen demnächst in Kissingen erscheinenden Verkäufer B. auszuliefern, verfügt gehabt habe. Diese Verfügung sei .. auch auf den zweiten Waggon ausgedehnt worden. Kläger habe allerdings mit Brief vom 14. Januar dem Beklagten erklärt, er erkenne die Dispositionsstellung nicht mehr an, weil trotz seiner Weisung Beklagter das Stroh nicht an B. herausgegeben habe. Allein diese Erklärung sei ohne rechtliche Wirkung; denn Kläger habe wissen müssen, daß Beklagter das Stroh nur gegen Rückerstattung des Kaufpreises und Vergütung seiner Auslagen — Zug um Zug — herauszugeben verpflichtet, anderenfalls zur Retention berechtigt sei; gleichwohl habe weder Kläger noch B. sich zur Berichtigung des Guthabens des Beklagten erboten. Letzterer habe von seiner Anwesenheit in Kissingen, woselbst er nicht einmal das Stroh besichtigt habe, dem Beklagten auch keine Kenntnis gegeben. Beklagter sei, obwohl von der beabsichtigten Reise des B. nach Kissingen in Kenntnis gesetzt, nicht verpflichtet gewesen, sich zu erkundigen, ob B. wirklich eingetroffen sei, habe vielmehr die entsprechende Mitteilung desselben oder des Klägers erwarten dürfen. Nachdem Kläger einmal die Dispositionsstellungen des Beklagten angenommen gehabt, habe er „aus diesen Gründen" die Annahmeerklärung nicht mehr rückgängig machen können. Beklagter aber habe keine weitere Verpflichtung gehabt, sich des Strohes anzunehmen, selbst wenn es zu Grunde gegangen wäre. Habe er im Interesse des Klägers sich noch weiter des Strohes annehmen zu sollen geglaubt, so hätte er es in einem eigenen Raume unterbringen und dort auseinandernehmen lassen können. Überdies habe Kläger mit der auch auf den zweiten Waggon ausgedehnten Weisung, das Stroh an B. zu verabfolgen, seinen Willen, daß das Stroh nicht verkauft werde, unzweideutig ausgesprochen, und gegen dieses Verbot habe Beklagter nicht zum Verkaufe schreiten dürfen. Hätte er gefürchtet, haftbar gemacht zu werden, so wäre ihm unbenommen gewesen, durch Erwirkung einer einstweiligen Verfügung den Verkauf des Strohes herbeizuführen. Da Beklagter trotz seiner Annahmeweigerung und des entgegenstehenden Verbotes des Klägers das Stroh veräußert habe, so gelte dies als Zurücknahme der Bemängelung und als Genehmigung der Ware.

Das Berufungsgericht hält hiernach den Kläger an der von ihm ausgesprochenen Annahme der Dispositionsstellungen des Beklagten fest, weil Kläger diese Annahme einseitig ohne gerechten Grund nicht habe zurückziehen können, und ein solcher Grund nicht vorgelegen habe, insbesondere in dem Umstande nicht zu finden sei, daß Beklagter das Stroh nicht an B. ausgeliefert habe. Kläger habe aus dieser nach Lage der Sache berechtigten Nichtauslieferung keinen Grund zum Widerruf der einmal erklärten Annahme der Dispositionsstellungen entnehmen können, und es sei diesem Widerruf deshalb die rechtliche Wirksamkeit abzusprechen. Diese Auffassung beschwert an sich den Beklagten nicht. . . . Der Revision muß aber darin beigetreten werden, daß die Annahme, dem am 20. Januar vorgenommenen Notverkauf habe ein Verbot des Klägers entgegengestanden, durch dasjenige, was das Berufungsgericht in dieser Beziehung ausführt, nicht begründet wird. In der Weisung des Verkäufers an den Käufer, die beanstandete Ware an einen Dritten auszufolgen, kann zweifellos, wie in einer anderen von dem Käufer zu befolgenden Verfügung des Verkäufers über die Ware, ein Verbot des Notverkaufes liegen, und gegen ein solches Verbot darf der Käufer zum Notverkaufe, durch den wesentlich die Interessen des Verkäufers wahrgenommen werden sollen, nicht schreiten. Dafür, ob die Voraussetzungen des Notverkaufes vorlagen, und ob Kläger dem Verkaufe widersprochen hatte, kommt es aber auf den Zeitpunkt des stattgehabten Verkaufes, hier auf den 20. Januar, an. An eine bestimmte Zeit ist die Vornahme des Verkaufes nach Art. 348 Abs. 5 H.G.B. nicht gebunden. Das Berufungsgericht erblickt nun das Verbot des Klägers lediglich in der mit dem Brief vom 5. Januar ausgesprochenen, später auch auf den zweiten Waggon ausgedehnten Weisung des Klägers, das Stroh an B. auszuliefern. Es nimmt jedoch selbst an, daß die Auslieferung an B. aus Gründen unterblieben sei, welche lediglich von dem Kläger oder B. zu vertreten seien, sowie daß Beklagter die Weisung deshalb zu befolgen nicht verpflichtet gewesen sei, weil ihm nicht gleichzeitig der Ersatz des vorausbezahlten Kaufpreises und seiner Auslagen angeboten wurde, ja daß Beklagter lediglich infolge des Verhaltens des B. diesem nicht einmal das Stroh auszuliefern in der Lage gewesen wäre. Es erscheint nicht angängig, in einer Verfügung des Verkäufers, welche der Käufer zu befolgen nicht verpflichtet, und die zu befolgen er thatsächlich (ohne sein Verschulden) außer stande ist, einen Widerspruch des Verkäufers gegen den Notverkauf zu finden, wenn nicht der Widerspruch gleichzeitig oder in der Folge unzweideutig besonders zum Ausdruck gebracht ist. Hiervon liegt aber im vorliegenden Falle nichts vor. Im Gegenteil hat Kläger, was das Berufungsgericht übersehen hat, am 14. Januar in Kenntnis von der Ergebnislosigkeit der Reise des B. an den Beklagten geschrieben, er bedauere, nun in der Sache nichts mehr thun zu können, er erkenne (jetzt) die Dispositionsstellungen nicht an. Diese Zurückziehung der Annahme der Dispositionsstellung stand dem Notverkauf nicht im Wege. Im übrigen kann diese Erklärung nur so aufgefaßt werden, daß Kläger selbst seine Verfügung, das Stroh an B. auszuliefern, für erledigt erachte; jedenfalls stand nunmehr der Beklagte vor der durch den Kläger herbeigeführten neuen Sachlage, daß an die Stelle der für den Beklagten nicht bindenden und erledigten Verfügung vom 5. Januar eine andere Verfügung nicht getreten war. Überdies hat Kläger auf den Brief des Beklagten vom 16. Januar 1894, mit dem letzterer den bevorstehenden Verkauf unter Hinweisung darauf anzeigte, daß das Stroh dem Verderben ausgesetzt, und Gefahr im

Verzuge sei, gegen den Verkauf nicht protestiert, sondern mit seinem Brief vom 18. Januar, ohne über den angedrohten Verkauf ein Wort zu verlieren, nur seinen Rücktritt wegen des angeblichen Zahlungsverzuges des Beklagten erklärt. Keinesfalls erscheint nach alledem die Annahme begründet, der Beklagte habe in den Briefen und dem Verhalten des Klägers einen Widerspruch desselben gegen den Verkauf nach Art. 348 H.G.B. erblicken müssen. Darauf endlich, ob der Beklagte durch dieses Verhalten der weiteren Aufbewahrungs- und Fürsorgepflicht in Ansehung der beanstandeten Ware enthoben war, kommt es so wenig an, als darauf, ob der Beklagte für die Ware im Interesse des Klägers in anderer Weise sorgen, oder welche Maßregeln er in seinem eigenen Interesse ergreifen konnte. Lag ein Verbot des Klägers nicht vor, so konnte Beklagter zum Verkaufe nach Art. 348 Abs. 5 schreiten, wenn die Ware wirklich dem Verderben ausgesetzt, und Gefahr im Verzuge war. Ob diese Voraussetzung vorgelegen, hat das Berufungsgericht dahingestellt gelassen. Dasselbe geht sodann davon aus, daß in einem Verkaufe gegen den Widerspruch des Verkäufers die Zurücknahme der zuvor vom Käufer ausgesprochenen Bemängelung und die Genehmigung der Ware zu finden, und demzufolge der Käufer den Kaufpreis voll zu bezahlen verpflichtet sei, insbesondere Preisminderung nicht geltend machen könne. Das Berufungsgericht wird, wie zu vermuthen, dieselbe Rechtsfolge auch an einen Verkauf zu knüpfen geneigt sein, dem die Eigenschaft eines Notverkaufes deshalb abzusprechen ist, weil thatsächlich die Ware nicht dem Verderben ausgesetzt, und nicht Gefahr im Verzuge war. Diese Ansicht findet sich allerdings in der Litteratur,

so z. B. Puchelt-Förtsch, zu Art. 348 Abs. 5; vgl. aber Staub, zu Art. 348 §§ 10. 11, zu Art. 347 § 39,

im vermeintlichen Anschlusse an das Urteil des I. Civilsenats des Reichsgerichts vom 3. November 1886,

Entsch. des R.G.'s in Civils. Bd. 17 S. 65 flg.,

vertreten. Der I. Civilsenat hat jedoch diesen allgemeinen Satz nicht aufgestellt. Der von ihm entschiedene Fall unterschied sich von dem vorliegenden zunächst darin, daß der Käufer die von ihm bemängelte Ware ohne Beobachtung der Vorschriften in Art. 348 Abs. 5 für eigene Rechnung verkauft hatte. Sodann erkennt der I. Civilsenat an, daß weder nach gemeinem Rechte, vgl. hierzu Windscheid, Pandektenrecht Bd. 2 § 394 Anm. 12a, und Entsch. des R.O.H.G.'s Bd. 22 S. 35 flg.,

noch nach Handelsrecht der Käufer durch Weiterveräußerung der Ware alle wegen Mängel derselben zu erhebenden Ansprüche verliere, auch eine Handelssitte dieses Inhaltes nicht bestehe. Es könne vielmehr, da die Veräußerung der gekauften Ware auch im Handelsverkehre mit der Geltendmachung eines Anspruches auf Preisminderung (oder Schadensersatz wegen mangelhafter Beschaffenheit) vereinbar sei, die Weiterveräußerung für sich allein die Bedeutung einer Genehmigung der Ware oder des Verzichtes auf alle Ansprüche wegen Mängel der Ware nicht haben, sondern nur in Verbindung mit anderen, im Einzelfalle zu prüfenden Umständen. In dieser Richtung legt der I. Civilsenat Gewicht darauf, ob der Verkäufer die beanstandete Ware zur Verfügung gestellt, also den Empfang verweigert habe, oder nicht. Sei dies geschehen, so setze sich der Käufer durch einen ohne Ermächtigung des Käufers und ohne die Voraussetzungen des Art. 348 Abs. 5 in eigenem Namen vorgenommenen Weiterverkauf der Ware in Widerspruch mit der Dispositionsstellung, und es werde in diesem Falle regelmäßig eine jeden Anspruch wegen Mängel der Ware, besonders die Preisminderung, ausschließende Genehmigung derselben anzunehmen sein. Sei die Ware dagegen zwar bemängelt, aber nicht zur Disposition gestellt, so könne in Ermangelung besonderer Umstände in der nachherigen Weiterveräußerung eine derartige Genehmigung nicht gefunden werden. Im wesentlichen erachtet der I. Civilsenat hiernach die konkreten Umstände für maßgebend, worin ihm nur beizutreten ist, und nicht einmal für den Fall der stattgehabten Dispositionsstellung stellt er (abweichend anscheinend von der allgemeinen, positiven Behauptung von Gareis [Das Stellen zur Disposition § 50 und bei Endemann, Handbuch des Handelsrechts Bd. 2 S. 720]) den Rechtssatz auf, daß die nachherige Weiterveräußerung immer als Genehmigung der Ware und Verzicht auf die Bemängelung zu gelten habe. Wo aber der Käufer den nachherigen Verkauf unter klarer Beziehung auf das ihm nach Art. 348 Abs. 5 eingeräumte Recht und in gutem Glauben an das Vorhandensein des dort aufgestellten Erfordernisses dem Verkäufer angedroht und sodann ausgeführt hat, kann vollends eine derartige Fiktion der Genehmigung aus dem Grunde allein nicht durchgreifen, weil er sich in der Annahme, daß jenes Erfordernis vorhanden, d. h. die Ware dem Verderben ausgesetzt, und Gefahr im Verzuge, sei, getäuscht hat. Nach der bis jetzt festgestellten Sachlage könnte also dem Beklagten das eventuell geltend gemachte Recht auf Preisminderung nicht versagt werden. Wenn man freilich die Erklärung der Dispositionsstellungen des Beklagten und die Erklärung des Klägers, er nehme dieselben an, dahin auffassen müßte, die Parteien seien darüber einig, daß insoweit redhibiert werden solle, dann könnte allerdings, zumal da dem Wahlrecht zwischen Redhibition und Preisminderung durch den Prozeßbeginn ein Ende gesetzt wird,

vgl. Entsch. des R.G.'s in Civils. Bd. 34 S. 174,

das Zurückgreifen auf die Preisminderung ausgeschlossen erscheinen. Allein der Beklagte hat nach der vorliegenden Korrespondenz in der That nicht die Redhibition verlangt, vielmehr das ihm von dem Kläger in den beiden ersten Waggons behufs der Vertragserfüllung angebotene Stroh zurückgewiesen, weil es zur Erfüllung des Vertrages nicht geeignet sei, und zugleich von dem Kläger an Stelle dieses Strohes zum Zwecke richtiger Vertragserfüllung die Lieferung anderen, fehlerfreien Strohes gefordert, wozu er an sich berechtigt war. Die Dispositionsstellung und deren Annahme stehen also der Preisminderung nicht im Wege.

Die Berufung des Beklagten auf das in Art. 315 H.G.B. normierte Verkaufsrecht fertigt das Berufungsgericht mit dem Satze ab: habe der Beklagte das Retentionsrecht an dem Stroh ausüben und durch den Verkauf desselben seine Befriedigung erreichen wollen, so hätte er nach Art. 315 vorgehen müssen. Es ist nicht klar zu erkennen, ob hierin eine thatsächliche Erwägung dahin liegt, aus den Umständen sei zu entnehmen, daß Beklagter an die Ausübung seines Retentionsrechtes und an einen Verkauf nach Art. 315 nicht gedacht habe, oder die Aufstellung der Rechtsansicht, Beklagter könne diese Gesetzesbestimmung nicht für sich anrufen, weil er versäumt habe, im Wege der Klage, wie dort vorgeschrieben ist, gegen den Kläger den Verkauf des Strohes zu beantragen. Diese Ansicht wäre nicht zu billigen. Durch Nichtbeobachtung dieser Formvorschrift wäre Beklagter weder des Retentionsrechtes, noch des Rechtes, die Differenz zwischen seiner Forderung und dem Verkaufserlös von dem Kläger zu fordern, verlustig gegangen, vielmehr dem Kläger nur schadensersatzpflichtig geworden.

Vgl. Staub, a. a. O. zu Art. 315 § 10; v. Hahn, Kommentar, 2. Aufl. Bd. 2 S. 189; Entsch. des R.O.H.G.'s Bd. 25 S. 224; Entsch. des R.G.'s in Civils. Bd. 1 S. 185.

Daß hier die Voraussetzungen des Retentionsrechtes (Art. 313 H.G.B.) des Beklagten an dem Stroh der beiden ersten Waggons, nachdem er dasselbe zur Disposition gestellt, und Kläger diese Dispositionsstellung angenommen hat, für seine fällige Forderung auf Rückerstattung des hierauf vorausgezahlten Kaufpreises und seiner Frachtauslagen gegeben sind, scheint das Berufungsgericht mit Recht nicht zu bezweifeln.

Vgl. hierzu Staub, a. a. O. zu Art. 348 § 9, zu Art. 313 § 5; Entsch. des R.G.'s in Civils. Bd. 12 S. 81 flg. 83, Bd. 18 S. 161.

Hervorzuheben bleibt nur, daß beide Teile Kaufleute sind, und es sich um eine Forderung des Beklagten an den Kläger aus einem zwischen ihnen geschlossenen beiderseitigen Handelsgeschäfte handelt, in thatsächlicher Beziehung aber, daß Beklagter zunächst — im Brief vom 8. Januar 1894 — dem Kläger den Verkauf des Strohes für den Fall angedroht hat, daß Kläger nicht die 800 *M* bei Sch. decke und weitere Ware für ihn expediere. Das Berufungsgericht, das jedoch kaum zu bezweifeln scheint, daß der Beklagte das Retentionsrecht an dem Stroh ausüben wollte, hätte erforderlichen Falles zu prüfen, ob in dieser Erklärung nicht die deutliche Erklärung solcher Ausübung gelegen hat, andererseits ob Beklagter hierauf etwa durch das Telegramm vom 11. Januar, daß er die gemäß dem Briefe vom 8. Januar schon angeordnete Versteigerung wieder rückgängig gemacht habe, sowie durch den später auf Grund des Art. 348 Abs. 5 H.G.B. vorgenommenen Verkauf verzichtet hat." . . .

7. 1. Umfang der Rechtskraft bei Klagabweisung wegen mangelnder Wechsellegitimation.

2. Einrede der Rechtskraft aus einem den Wechselinkassomandatar abweisenden Urteile gegen einen neuen Inkassomandatar.

3. Ist der Wechselcessionar zur Begebung des Wechsels durch Indossament befugt?
W.O. Artt. 10. 13. 16. 82.

I. Civilsenat. Urt. v. 10. Dezember 1898 i. S. M. (Kl.) w. L. (Bekl.). Rep. I. 342/98.

I. Landgericht I Berlin.
II. Kammergericht daselbst.

Der Kläger klagte aus zwei Accepten des Beklagten vom 12. November 1894 über 5000 ℳ und 1800 ℳ auf Zahlung der Wechselsummen nebst Zinsen. Beide Wechsel waren von der Kommanditgesellschaft S. & Co. an eigene Ordre gezogen und trugen die Blankogiros von S. & Co. und von E. T. Der Beklagte erhob die Einrede der rechtskräftig entschiedenen Sache.

Im Januar oder Februar 1896 war über das Vermögen von S. & Co. der Konkurs eröffnet. E. T. hatte beide, mit dem Blankogiro von S. & Co. versehene, Wechsel nebst anderen Wechseln von dem Verwalter der Konkursmasse, F., im eigenen Namen, aber für Rechnung des Kaufmanns E. K. in Br. im April 1896 gekauft und ausgeliefert erhalten. Mit Klage vom 21. April 1896 hatte T. die Wechsel als legitimierter Wechselinhaber, aber für Rechnung des E. K. gegen den Acceptanten im Wechselprozeß eingeklagt. Durch Urteil vom 2. Juni 1896 wurde die Klage rechtskräftig abgewiesen, weil der Kläger durch das Blankogiro von S. & Co., da diese Gesellschaft durch die Konkurseröffnung erloschen, und ihr Blankogiro wertlos geworden sei, keine Rechte habe erwerben können, der Konkursverwalter vielmehr die Wechsel mit seinem Giro hätte versehen müssen. Nach Erlaß dieses Urteils gab E. T. die Wechsel an E. K. zurück und girierte sie auf dessen Veranlassung in blanco. Unter dem 1. Juli 1896 erhob der jetzige Kläger die Klage.

Der Beklagte behauptete, daß der Kläger nur Inkassomandatar des E. K. sei, was der Kläger ebenso bestritt, wie daß er von der rechtskräftigen Abweisung des T. im Vorprozeß Kenntnis gehabt habe.

Der erste Richter verwarf die Einrede der rechtskräftig entschiedenen Sache; auf die Berufung des Klägers und die Anschließung des Beklagten an dieselbe wurde dagegen auf Grund der Einrede der rechtskräftig entschiedenen Sache die Klage abgewiesen. Die Revision des Klägers ist zurückgewiesen aus folgenden

Gründen:

„Nach Artt. 13. 16 W.O. ist durch den Besitz der Wechsel und die Blankogiros von S. & Co. und T. die wechselrechtliche Legitimation des Klägers an sich hergestellt. Unstreitig ist das Blankogiro des T. nach Abweisung der Klage des Vorprozesses im Juni 1896 auf die im Februar 1896 fälligen und nicht protestierten Wechsel gebracht. Nach Art. 16 Abs. 1 W.O. erlangte der Wechselerwerber durch dieses Giro eigenes selbständiges Wechselrecht gegen den Acceptanten. Daß der Verwalter der Konkursmasse von S. & Co. die in der Konkursmasse vorgefundenen Wechsel unter Benutzung der darauf befindlichen Blankogiros der Gemeinschuldnerin begeben konnte, unterliegt nach Art. 13 W.O. keinem Bedenken, wie das Reichsgericht in seinen Urteilen vom 14. Juni 1897 i. S. L. w. S. (Rep. I. 49/97 und 105/97) bereits ausgesprochen hat. Hat der Kläger eigenes Wechselrecht, so steht ihm die Einrede der Rechtskraft aus dem Urteil in dem Vorprozeß zwischen T. und dem Beklagten vom 2. Juni 1896 nach Art. 82 W.O. und den Grundsätzen von der Rechtskraft nicht entgegen, weil er nicht Partei im Vorprozeß war und wechselrechtlich zwar als Nachmann des T. gilt, nicht aber als dessen Rechtsnachfolger, sondern durch das Giro die Rechte aus dem Wechsel unabhängig von der Person des T. erworben hat (Art. 10 W.O.).

Von diesen Grundsätzen geht auch der Berufungsrichter aus. Er weist die Klage aber auf Grund der Einrede der rechtskräftig entschiedenen Sache ab, indem er feststellt, daß der Kläger beim Erwerbe der Wechsel das abweisende Urteil des Vorprozesses gekannt habe, und daß er Inkassomandatar des E. K. sei. Die Feststellung, daß der Kläger Inkassomandatar des K. sei, beruht auf thatsächlichen Erwägungen und läßt einen Rechtsirrtum nicht erkennen. . . . Sie ist danach für diese Instanz maßgebend, und durch sie wird das Berufungsurteil gegen alle erhobenen Angriffe getragen, ohne daß es auf die Entscheidung der Frage ankommt, ob dem Kläger die Kenntnis von dem Urteil des Vorprozesses entgegenstehen würde.

Durch das rechtskräftige Wechselurteil vom 2. Juni 1896 in dem Vorprozeß zwischen T. und dem Beklagten steht gegen T. fest, daß Wechselrechte aus den beiden damals wie jetzt im Streit befangenen

Wechseln gegen den Beklagten aus dem Blankogiro von S. & Co. nicht geltend gemacht werden können. Die Gründe des Urteils, die zur Feststellung des Inhaltes der auf Abweisung der Wechselklage lautenden Formel des Urteils herangezogen werden müssen, lassen gar keinen Zweifel darüber, daß die Klage abgewiesen ist, weil die wechselmäßige Legitimation des T. verneint ist, und daß diese Legitimation verneint ist, weil der Verwalter im Konkurse von S. & Co., von dem T. die Wechsel für Rechnung des E. K. gekauft und mit dem Blankogiro von S. & Co. übergeben erhalten hat, die Rechte aus den Wechseln nur durch sein eigenes Giro habe übertragen können, das durch die Konkurseröffnung wertlos gewordene Giro von S. & Co. dazu nicht habe dienen können. Aus den allgemeinen Grundsätzen von der Wirkung der Rechtskraft folgt, daß T. eine neue Klage gegen den verklagten Acceptanten nur dann erheben könnte, wenn er das Giro des Verwalters beibrächte.

Vgl. C.P.O. § 293; Entsch. des R.G.'s in Civils. Bd. 3 S. 210.

Daran wird dadurch nichts geändert, daß der Rechtsgrund, auf dem das Wechselurteil vom 2. Juni 1896 beruht, irrig ist. Die Rechtskraft des Urteils wird durch die Rechtsirrigkeit seiner Begründung nicht berührt. Selbst wenn es richtig wäre, was geltend gemacht wird, daß der Wechselerwerber im vorliegenden Falle dadurch in die Lage kommen könnte, sein Wechselrecht zu verlieren, weil der Verwalter der Konkursmasse nicht gezwungen werden könne, die Wechsel nachträglich zu girieren, würde er dies selbst dadurch herbeigeführt haben, daß er das Wechseljudikat vom 2. Juni 1896 hat rechtskräftig werden lassen.

Da T. unstreitig den Vorprozeß als Inkassomandatar des E. K. für dessen Rechnung und in dessen Interesse geführt hat, so würde die Einrede der rechtskräftig entschiedenen Sache in dem obigen Sinne nach dem, was das Reichsgericht wiederholt ausgesprochen hat,

vgl. Entsch. des R.G.'s in Civils. Bd. 36 S. 54, Urteil vom 14. Juni 1897 i. S. L. w. S. (Rep. I. 105/97),

auch dem E. K. entgegenstehen, wenn er selbst von neuem ohne neue Legitimation klagte. Sie steht auch dem jetzigen Kläger entgegen, nachdem ... festgestellt ist, daß auch er nur Inkassomandatar des E. K. ist. Als solcher macht er nur die Rechte des E. K.

aus den Wechseln geltend, und gegen diesen steht rechtskräftig fest, daß er Rechte aus den Wechseln gegen den Beklagten durch das Blankogiro von S. & Co. ohne das des Verwalters der Konkursmasse nicht erworben hat.

Daß E. K. durch das auf seine Veranlassung nach Erlaß des Wechselurteils vom 2. Juni 1896 auf die Wechsel gebrachte Blankogiro seines abgewiesenen Inkassomandatars T. kein neues eigenes Wechselrecht erwerben konnte, ist klar. Die Revision macht dagegen nur geltend, daß T. die Wechsel als Kommissionär des E. K. zunächst für sich erworben, im Vorprozeß für sich geltend gemacht, das Eigentum an den Wechseln demnächst durch sein Giro gemäß Art. 373 H.G.B. auf E. K. übertragen, und dieser dadurch eigenes, neues und selbständiges Wechselrecht erworben habe. Ob dem beizutreten wäre, wenn ein Kommissionsgeschäft zwischen T. und K. vorläge, kann auf sich beruhen. Denn die Behauptung, daß K. und T. im Verhältnis von Kommittenten zum Kommissionär standen, ist eine neue Behauptung, die in dieser Instanz nicht mehr berücksichtigt werden kann. In den Vorinstanzen ist nichts weiter behauptet, als daß T. die Wechsel im Auftrage des K. im eigenen Namen für dessen Rechnung erworben hat. Nach Art. 360 H.G.B. ist nicht jeder, der im eigenen Namen für fremde Rechnung handelt, Kommissionär. Es erhellt weder, daß T. gewerbsmäßiger Kommissionär, oder daß er das Geschäft als Kaufmann im Betriebe seines nicht in Kommissionsgeschäften bestehenden Handelsgewerbes geschlossen hat (Art. 378), noch daß es als Handelsgeschäft im Sinne des K. oder des T. geschlossen ist. Alles dies unterstellt die Revision, ohne daß in den Vorinstanzen darüber etwas vorgebracht ist. Auf solches Vorbringen unter Anwendung des § 130 C.P.O. hinzuwirken, lag gegenüber der unstreitigen Thatsache, daß T. den Vorprozeß als Inkassomandatar des K. geführt hat, kein Anlaß vor. Die Revision macht ferner geltend, daß K., T. und der Kläger, wenn nicht wechselmäßig, doch durch die in der vorgetragenen Verhandlung vom 16. April 1896, in welcher der Verwalter F. dem T. die Wechsel gegen Zahlung des verabredeten Kaufpreises übereignet und ausgeliefert hat, enthaltene Cession legitimiert seien, und daß K. sich nach der rechtskräftigen Abweisung der Wechselklage wegen mangelnder Wechsellegitimation auf diese neue Legitimation durch Cession habe stützen können.

Aber auch dies ist unhaltbar. Denn der Berufungsrichter stellt als unstreitig fest, daß T. die ihm durch den Verwalter angebotene Cession abgelehnt hat. Und selbst wenn man in der Verhandlung vom 16. April 1896 eine Cession finden wollte, würde dadurch der jetzigen Klage nicht aufgeholfen werden. T. war als Cessionar zur Girierung der Wechsel nicht befugt. Die jetzige Klage ist auch nicht auf Cession des T. oder K., sondern lediglich auf die Wechsel und die Legitimation durch den Besitz derselben und die Blankogiros gestützt, aus dem einleuchtenden Grunde, weil der Wechselerwerber den Einreden entgehen wollte, die der Beklagte ihm als Cessionar von S. & Co. aus deren Person würde entgegensetzen können." . . .

8. Kann der Versicherte Rechte aus einem Seeversicherungsvertrage herleiten, den er auf Grund der Angaben seines auswärtigen Agenten in gutem Glauben an die Richtigkeit dieser Angaben abgeschlossen hat, wenn diese Angaben unwahr und von dem Agenten arglistigerweise zu Gunsten seines Prinzipales gemacht waren?

I. Civilsenat. Urt. v. 17. Dezember 1898 i. S. K. (Kl.) w. Oberrhein. Versicherungsgesellschaft (Bekl.). Rep. I. 349/98.

I. Landgericht Hamburg.
II. Oberlandesgericht daselbst.

Die Entscheidung ist unten unter „Gemeines Recht" Nr. 35 S. 142 abgedruckt.

9. Begriff der Empfangnahme im Sinne des Art. 343 H.G.B.

I. Civilsenat. Urt. v. 17. Dezember 1898 i. S. D. (Bekl.) w. C. (Kl.). Rep. I. 355/98.

I. Landgericht Danzig.
II. Oberlandesgericht Marienwerder.

Durch Vertrag vom 18. Juli 1895 übernahm der Beklagte für Ost- und Westpreußen sowie Posen vom Kläger den Alleinverkauf der

Marke „Bibundi“ seines Kamerun-Kakaos zunächst auf zwei Jahre und verpflichtete sich, während dieser Zeit im ganzen 60 Centner in Quartalsraten zu bestimmten Preisen abzunehmen und binnen 30 Tagen zu bezahlen. Auf Grund dieses Vertrages sandte der Kläger unter dem 25. und 27. August 1897 eine Anzahl Kisten Kakao cif Danzig an den Beklagten, der sie nach dem Eintreffen am 27. August, bezw. 3. September 1897 von der Bahn ab- und auf sein Lager nahm, mit Schreiben vom 1., 6. und 10. September aber dem Kläger wegen vertragswidriger Beschaffenheit zur Verfügung stellte. Der Kläger lehnte die Stellung zur Verfügung ab, verlangte Zahlung, drohte zunächst unter dem 15. September und dann durch seinen Anwalt am 5. Oktober den Verkauf an und ließ am 20. Oktober die Ware durch einen Gerichtsvollzieher öffentlich versteigern, nachdem der Beklagte sich auf die Anfrage vom 5. Oktober am 9. Oktober bereit erklärt hatte, den Kakao dem Kläger herauszugeben, und auf Ersuchen des Anwaltes, dem mit der Vollziehung des öffentlichen Verkaufes beauftragten Gerichtsvollzieher den Kakao herauszugeben, diesem den Kakao herausgegeben hatte.

Der Kläger forderte sodann Zahlung der unstreitigen Differenz zwischen Kaufpreis und Erlös des Verkaufes.

Der Beklagte beantragte Abweisung der Klage, weil der Kläger aus Artt. 343. 354 H.G.B. zum Selbsthilfeverkauf nicht berechtigt, eventuell weil die Ware nicht vertragsmäßig beschaffen gewesen sei.

Der erste Richter wies die Klage ab; auf die Berufung des Klägers aber wurde die Entscheidung von einem Eide des Klägers darüber abhängig gemacht, daß der Kläger nicht die Garantie dafür übernommen habe, daß der Kakao die vom Beklagten angegebenen Bestandteile von Eiweiß, Fett und Asche enthalte. Auf die Revision des Beklagten ist dieses Urteil aufgehoben, und das erste Urteil wieder hergestellt worden, aus folgenden

Gründen:

„Der Berufungsrichter geht davon aus, daß der Kakao dem Beklagten übergeben, Art. 354 H.G.B. deshalb nicht anwendbar sei. Er nimmt aber an, daß der Beklagte, nachdem er die Ware zur Verfügung gestellt und durch die Herausgabe an den Gerichtsvollzieher zu erkennen gegeben habe, daß er sie nicht bezahlen wolle, **mit der Empfangnahme** in Verzug geraten, der Selbsthilfeverkauf auf Grund des Art. 343 H.G.B. deshalb berechtigt gewesen sei, wenn die Bemängelung der Ware ungerechtfertigt war.

Die Revision rügt mit Recht, daß dadurch der Art. 343 H.G.B. verletzt ist.

Daß dem Beklagten die Ware körperlich übergeben, ist außer Frage. Der Beklagte hat die von ihm beorderte und an ihn abgesandte Ware vom Bahnhof abgeholt, auf sein Lager genommen und die thatsächliche Verfügungsgewalt über das Gut so erlangt, daß er es auf seine vertragsmäßige Beschaffenheit hin wiederholter chemischer Analyse hat unterziehen können (§§ 1. 3. 58 A.L.R. I. 7). Wenn der Berufungsrichter trotzdem verneint, daß der Beklagte die Ware in Empfang genommen, weil er sie demnächst zur Verfügung gestellt und nicht als Erfüllung angenommen habe, so beruht dies auf einer offensichtlichen Verkennung des Begriffes der Empfangnahme im Sinne des Art. 343 H.G.B. Der Art. 343 hat mit der Annahme der Ware als Erfüllung, also deren Billigung, überhaupt nichts zu thun, sondern mit der Empfangnahme als dem Akt, der die abgelieferte Ware vom Verkäufer entgegennimmt, den Verkäufer von der Verpflichtung zur Aufbewahrung befreit und den Käufer nach Art. 348 H.G.B. zur Sorge um die einstweilige Aufbewahrung verpflichtet.

Vgl. Entsch. des R.O.H.G.'s Bd. 7 S. 356. 358.

Es ist völlig unerfindlich, welchen Sinn die dem Verkäufer im Art. 343 Abs. 2 H.G.B. gegebene Befugnis, die Ware auf Gefahr und Kosten des Käufers niederzulegen und öffentlich zu verkaufen, da haben soll, wo, wie hier, der Käufer die Ware in seinen Händen und auf seinem Lager hat. Etwas Gegenteiliges ist weder aus dem Urteile des Reichsgerichtes in seinen Entsch. in Civils. Bd. 3 S. 87. 89, noch aus dem bei Bolze, Praxis Bd. 5 Nr. 652, mitgeteilten Urteile zu entnehmen, auf welche das angefochtene Urteil sich beruft. In jenem Urteil handelte es sich um Tradition durch Konnossement und um die Frage, ob in der Annahme des Konnossementes die Empfangnahme der Ware enthalten, in diesem um noch nicht aus dem Schiff gelöschte Ware, deren Empfang der Käufer abgelehnt, und die er nur im Interesse des Verkäufers und für dessen Rechnung und Gefahr auf Lager nehmen zu wollen erklärt hatte. In beiden Fällen verblieb die thatsächliche Verfügungsgewalt dem Verkäufer, wie der Art. 343 Abs. 2 H.G.B. klar voraussetzt. Hier, wo der Käufer die thatsächliche Verfügungsgewalt über die abgelieferte Ware erlangt und die Ware in seinen Besitz genommen hat, kann von Verzug in der Empfangnahme nicht die Rede sein. Es handelt sich vielmehr lediglich darum, ob der Käufer die Ware, wie er will, nach Art. 347 H.G.B. wegen unkontraktlicher Beschaffenheit zurückgeben kann, und der Verkäufer sie zurücknehmen muß, oder ob der Käufer sie behalten und den Kaufpreis zahlen muß. Der erste Richter hat danach ganz richtig die Anwendbarkeit auch des Art. 343 H.G.B. verneint. Der Kläger hatte gegenüber dem Redhibitionsverlangen des Beklagten auf Zahlung des Kaufpreises zu klagen, kann aber nicht Zahlung der Differenz zwischen dem Kaufpreis und dem Erlös des unberechtigten Selbsthilfeverkaufes fordern, durch den er sich zur Erfüllung außer stande gesetzt hat. Daran wird dadurch nichts geändert, daß der Beklagte sich auf die Anfrage des Klägers bereit erklärt hat, den Kakao dem Kläger herauszugeben, und ihn dem Gerichtsvollzieher herausgegeben hat. Damit geschah nichts weiter, als was der Beklagte vom Kläger verlangen zu können glaubte, die Rücknahme der Ware. Ein vertragsmäßiges Abkommen der Parteien dahin, daß der Verkauf durch den Gerichtsvollzieher für Rechnung desjenigen erfolgen solle, dessen Vorbringen über die Beschaffenheit der Ware sich im Rechtsstreit als unbegründet herausstellen würde, kann in dem festgestellten Hergang nicht gefunden werden." . . .

10. 1. Kann der den Zeugen und Sachverständigen nach Maßgabe der Gebührenordnung vom 30. Juni 1878 — R.G.Bl. S. 173 — zustehende Gebührenanspruch, abgesehen von dem in § 17 a. a. O. vorgesehenen Verfahren, auch im ordentlichen Rechtswege geltend gemacht werden?

2. Ist der ordentliche Rechtsweg wenigstens dann eröffnet, wenn es sich um den Gebührenanspruch eines als Sachverständigen vernommenen öffentlichen Beamten nach Maßgabe landesgesetzlicher, in § 13 Abs. 1 a. a. O. aufrechterhaltener Taxvorschriften handelt, und landesgesetzlich wegen solcher Gebühren der ordentliche Rechtsweg zulässig ist?

IV. Civilsenat. Urt. v. 22. Dezember 1898 i. S. Dr. L. (Kl.) w. preuß. Fiskus (Bekl.). Rep. IV. 204/98.

I. Landgericht Breslau.
II. Oberlandesgericht daselbst.

Der Kläger ist als Gerichtsphysikus für den Stadtkreis Breslau angestellt. Bei Erledigung der ihm in dieser Eigenschaft vom Gericht und von der Staatsanwaltschaft erteilten Aufträge zur Untersuchung von Personen auf ihre geistige Gesundheit ist es mehrfach vorgekommen, daß er letztere bei den zu ihrer Beobachtung behufs Vorbereitung des Gutachtens erforderlichen Besuchen in ihrer Behausung überhaupt nicht oder wenigstens nicht in einem Zustande, der eine erfolgreiche Untersuchung zuließ, angetroffen hat, sodaß die Wiederholung des Besuches notwendig wurde. Kläger hat sich für berechtigt gehalten, für solche vergebliche Vorbesuche die in § 6 Abs. 1 des preußischen Gesetzes vom 9. März 1872, betr. die den Medizinalbeamten für die Besorgung gerichtsärztlicher, medizinal- oder sanitätspolizeilicher Geschäfte zu gewährenden Vergütungen, für besondere notwendige Vorbesuche überhaupt vorgesehene Gebühr von je 3 *M* zu berechnen, ist aber demnächst, infolge einer Erinnerung der Oberrechnungskammer und einer in gleichem Sinne ergangenen Entscheidung des Kammergerichtes, zur Zurückzahlung der erhaltenen Beträge, bis zum 5. Juni 1897 zusammen 66 *M*, an die Gerichtskasse veranlaßt worden. Von dieser mit Vorbehalt erstatteten Summe fordert Kläger, der nach wie vor der Meinung ist, daß dem beamteten Arzte die unentgeltliche Aufwendung seiner Zeit bei Erledigung gerichtlicher Aufträge nicht zugemutet werden könne, den Betrag von 12 *M*, welche er mit je 3 *M* in drei Entmündigungs- und einer Strafsache erstattet hat, mit der jetzt erhobenen Klage zurück.

Das Landgericht hat auf Abweisung der Klage erkannt, indem es in erster Reihe, gegenüber der Bestimmung in § 17 der Gebührenordnung für Zeugen und Sachverständige vom 30. Juni 1878, die Klage für unzulässig, sodann aber auch den Anspruch selbst für unbegründet erachtete. Die Berufung des Klägers ist zurückgewiesen, und zwar aus dem vom Landgerichte in erster Reihe gegebenen Grunde, während das Berufungsgericht in eine Erörterung über den Anspruch selbst nicht eingetreten ist.

Die Revision ist zurückgewiesen aus folgenden

Gründen:

... „Die Entscheidung auf die Revision ... hängt von dem gesetzgeberischen Inhalte des § 17 der Gebührenordnung für Zeugen und Sachverständige vom 30. Juni 1878 ab. Das Berufungsgericht nimmt, in Übereinstimmung mit dem Landgerichte, an, daß durch den § 17 in abschließender und erschöpfender Weise das Verfahren der Gebührenfestsetzung auch für Sachverständige geregelt sei, und daß der Sachverständige, der sich durch die Festsetzung oder deren Ablehnung in seinem Gebührenanspruche geschmälert fühle, zwar im Beschwerdewege das im Instanzenzuge höhere Gericht anrufen, nicht aber durch Erhebung der Klage Abhilfe suchen könne. Demgegenüber macht die Revision dem Berufungsgerichte in erster Reihe den Vorwurf, verkannt zu haben, daß der § 17 nur das Verfahren der Festsetzung der Gebühren, also der Bestimmung der Höhe derselben, regele, während er das für den Fall der gänzlichen Ablehnung der Gebühren einzuschlagende Verfahren und somit auch den dafür gemäß § 13 G.V.G. zu Gebote stehenden ordentlichen Rechtsweg unberührt lasse.

Der Auffassung der Revision läßt sich nicht beitreten. Der den Zeugen und Sachverständigen infolge Erfüllung ihrer öffentlichrechtlichen Zeugnis- und Begutachtungspflicht zustehende Entschädigungsanspruch ist seinem Grunde, wie seinem Umfange nach, in letzterer Beziehung abgesehen von dem in § 15 a. a. O. vorgesehenen Falle, ein gesetzlicher. Mit der grundsätzlichen Anerkennung des Anspruches in den §§ 366. 378 C.P.O. und §§ 70. 84 St.P.O. ist zugleich der Ausspruch verknüpft, daß der Anspruch „nach Maßgabe der Gebührenordnung" zusteht, und letztere selbst schreibt in § 1 ebenfalls vor, daß „die Zeugen und Sachverständigen Gebühren nach Maßgabe der folgenden Bestimmungen erhalten". Wenn daher die Gebührenordnung, nach der Bestimmung der Höhe der Entschädigung in den §§ 2—15 und der Bestimmung in § 16, daß die Gebühren nur auf Verlangen gewährt werden, und daß der nicht geltend gemachte Anspruch darauf binnen drei Monaten erlischt, neben dem § 18 über den Zeitpunkt des Eintrittes der Geltungskraft des Gesetzes, nur noch den § 17 enthält, dahin lautend:

„Die einem Zeugen oder Sachverständigen zu gewährenden

Beträge werden durch das Gericht oder den Richter, vor welchem die Verhandlung stattfindet, festgesetzt.

Sofern die Beträge aus der Staatskasse gezahlt und dieser nicht erstattet sind, kann die Festsetzung von dem Gericht oder dem Richter, durch welchen sie erfolgt ist, sowie von dem Gerichte der höheren Instanz von Amts wegen berichtigt werden.

Gegen die Festsetzung findet Beschwerde nach Maßgabe der §§ 531 bis 538 C.P.O. und des § 4 Abs. 3 G.K.G., in Strafsachen nach Maßgabe der §§ 346 bis 352 St.P.O. statt",

so ergiebt sich daraus unzweideutig auch die Maßgabe des Anspruches, daß seine Geltendmachung allein in dem in § 17 vorgesehenen Verfahren zu erfolgen hat. Nur diese Behandlung entspricht auch der Wirklichkeit der Verhältnisse, die ihrer Natur nach auf thunlichst alsbaldige endgültige Erledigung hinweisen, und deren sachgemäße Würdigung für die Bemessung der Höhe des Anspruches am ersten dem Gerichte oder dem Richter möglich ist, vor welchem die Verhandlung stattgefunden hat. Die Bestimmung in Abs. 2 des § 17 steht aber der Geltendmachung des Anspruches im ordentlichen Rechtswege geradezu entgegen, da sie mit den Wirkungen der Rechtskraft eines den Anspruch zuerkennenden Urteiles unvereinbar sein würde. Wie die Gebührenordnung vom 30. Juni 1878, so läßt auch die Begründung, mit welcher der im wesentlichen zu unveränderter Annahme gelangte Entwurf des Gesetzes dem Reichstage vorgelegt ist, einen ausdrücklichen Ausspruch über die Ausschließung des ordentlichen Rechtsweges vermissen; immerhin tritt die dahin gehende Auffassung auch aus ihr deutlich hervor. „In Übereinstimmung mit den bestehenden Vorschriften", so heißt es in der Begründung, „ist die Festsetzung der den Zeugen und Sachverständigen zu gewährenden Beträge in die Hand des Richters, bezw. des Gerichts gelegt. Gegen die Festsetzung der Höhe der Gebühren ist in einzelnen Landesrechten ein Rechtsmittel nicht gewährt. . . . Hierfür läßt sich auch geltend machen, daß es sich meistens nur um geringe Beträge handelt, und die Entscheidung selten rechtliche Schwierigkeiten bietet. Andererseits kommt dagegen in Betracht, daß in einzelnen Fällen eine unrichtige Entscheidung das Interesse sowohl des Zeugen oder Sachverständigen, als auch der Staatskasse und des Erstattungspflichtigen erheblich schädigen kann. Deshalb läßt der Entwurf gegen die Festsetzung das Rechtsmittel der

Beschwerde zu. Neben der Beschwerde ist auch im Interesse der Staatskasse, welches mit dem des Ersatzpflichtigen zusammentrifft, die Möglichkeit einer Berichtigung von Amts wegen gegeben.“ . . . (Nr. 76 der Drucksachen des Reichstages aus der Session 1878 S. 219 und 220.) Die Hervorhebung der Unanfechtbarkeit der durch das Gericht oder den Richter, vor welchem die Verhandlung stattgehabt hat, erfolgten Festsetzung in einzelnen Landesrechten, und demgegenüber die Rechtfertigung der Zulassung des Rechtsmittels der Beschwerde zur Wahrung des berechtigten Interesses der Beteiligten, in Verbindung mit der Zulässigkeit der jederzeitigen Änderung von Amts wegen, läßt darüber keinen Zweifel, daß jede andere Anfechtung der Festsetzung seitens des Zeugen oder Sachverständigen hat ausgeschlossen werden sollen. Bei der Vorberatung des Gesetzentwurfes in der damit betrauten Kommission und bei den Beratungen im Reichstage selbst ist nach den darüber vorliegenden Berichten eine abweichende Auffassung nicht zu Tage getreten. Bei solchem Inhalte des § 17 der Gebührenordnung vom 30. Juni 1878 ergiebt sich ohne weiteres auch die Unhaltbarkeit der von der Revision gemachten Unterscheidung zwischen dem durch § 17 nur geregelten Verfahren der Festsetzung der Höhe der Gebühren und dem davon unberührt gebliebenen Verfahren im Falle deren gänzlicher Ablehnung. An sich enthält die Befugnis zur Festsetzung der Gebühren von selbst auch die Befugnis zur Entscheidung darüber, ob überhaupt eine Gebühr beansprucht werden kann, da die Begründetheit des Anspruches die unerläßliche Voraussetzung zur Festsetzung des Anspruches in einer gewissen Höhe ist. Es hätte daher einer besonderen Bestimmung bedurft, falls neben dem in § 17 vorgesehenen Festsetzungsverfahren der ordentliche Rechtsweg dann eröffnet werden sollte, wenn der Gebührenanspruch seinem Grunde nach abgelehnt würde. Wollte man ohne eine solche Bestimmung den ordentlichen Rechtsweg zulassen, so würde sich die bedenkliche Folge ergeben, da die Festsetzung der Höhe der Gebühren angesichts der Vorschrift in § 17 Abs. 1 dem hier bestimmten Gerichte nicht entzogen werden darf, daß die Entscheidung über einen und denselben Anspruch unter verschiedene Gerichte verteilt, und dabei die Möglichkeit nicht ausgeschlossen wäre, daß in derselben Rechtssache das Gericht der höheren Instanz an die der seinigen widersprechende Entscheidung des nachgeordneten Gerichtes gebunden würde. Steht hiernach den Zeugen und Sachverständigen für die Geltendmachung ihres Gebührenanspruches nur der im § 17 der Gebührenordnung vom 30. Juni 1878 vorgesehene, den ordentlichen Rechtsweg ausschließende Weg zur Verfügung, so entfällt damit auch der gleichzeitigen Berufung der Revision auf den § 13 G.V.G. die Unterlage.

Der Kläger und mit ihm die Revision halten den ordentlichen Rechtsweg aber auch noch aus einem anderen Grunde für zulässig. Im § 13 Abs. 1 der Gebührenordnung vom 30. Juni 1878 ist bestimmt:

„Soweit für gewisse Arten von Sachverständigen besondere Taxvorschriften bestehen, welche an dem Orte des Gerichts, vor welches die Ladung erfolgt, und an dem Aufenthaltsorte des Sachverständigen gelten, kommen lediglich diese Vorschriften in Anwendung." ...

Durch diese Bestimmung ist für Preußen das ... Gesetz vom 9. März 1872 in seinen Taxvorschriften aufrecht erhalten, und der Kläger hat schon in der Berufungsinstanz die Auffassung vertreten, daß damit auch die frühere, nach dem Gesetze vom 24. Mai 1861, betr. die Erweiterung des Rechtsweges, in den §§ 1 flg. gewährte Verfolgbarkeit von Gebührenansprüchen der Medizinalbeamten aus ihrem Dienstverhältnisse, wohin auch der hier erhobene Anspruch gehöre, im ordentlichen Rechtswege aufrecht erhalten sei. Das Berufungsgericht hält das Gesetz vom 24. Mai 1861 auf den vorliegenden Fall schon deshalb nicht für anwendbar, weil hier ein vermögensrechtlicher Anspruch eines Staatsbeamten aus seinem Dienstverhältnisse nicht in Frage stehe, auch die Eigenschaft des Klägers als Staatsbeamten unerheblich sei, da er nicht als Staatsbeamter, sondern lediglich als „Sachverständiger" beauftragt gewesen, und seine Beamtenqualität an sich mit den Aufträgen nichts gemein gehabt hätte. Da, wo der Medizinalbeamte als Staatsbeamter auftrete und seine Thätigkeit im allgemeinen staatlichen Interesse entfalte, bleibe ihm der Rechtsweg zufolge der Gesetze vom 24. Mai 1861 und 9. März 1872 gesichert, unberührt von den Bestimmungen der deutschen Gebührenordnung. Die Revision erhebt hiergegen die Rüge, daß die Annahme des Berufungsgerichtes, Kläger sei bei der hier in Rede stehenden Thätigkeit nicht als Staatsbeamter, sondern lediglich als Sachverständiger beauftragt gewesen, der erforderlichen Begründung ermangele und jedenfalls auf einer rechtsirrtümlichen Auffassung der amtlichen Stellung des Klägers als Gerichtsphysikus beruhe. Als solcher sei er Medizinalbeamter und unmittelbarer Staatsbeamter, und die von ihm auf Ersuchen der Gerichte ausgeführten gerichtsärztlichen Verrichtungen, insbesondere auch die Erstattung von Sachverständigengutachten, seien amtliche Handlungen, und die ihm dafür zustehenden Gebühren als ein vermögensrechtlicher Anspruch aus seinem Dienstverhältnisse anzusehen. Das Berufungsgericht habe daher auch, so meint schließlich die Revision, die §§ 1 flg. des Gesetzes vom 24. Mai 1861 durch Nichtanwendung verletzt.

Auch dem hier erhobenen Angriffe der Revision muß der Erfolg versagt bleiben. Es kann dahingestellt bleiben, ob es richtig ist, wovon das Berufungsgericht ausgeht, daß der vom Gericht in einer Entmündigungs- oder Strafsache um Erstattung eines Sachverständigengutachtens über den Geisteszustand einer Person ersuchte Gerichtsarzt nicht als Beamter, sondern lediglich als Sachverständiger bei Erledigung des Ersuchens thätig ist. Auch wenn der gegenteiligen Auffassung der Revision, für welche die Ausführungen bei v. Rönne, Staatsrecht der Preußischen Monarchie, 4. Aufl. Bd. 3 § 234 bei Anm. 1 u. 2 und unter I, bei Wernich, Zusammenstellung der gültigen Medizinalgesetze Preußens, 3. Aufl. S. 97. 106. 109, sowie bei Löwe-Hellweg, Strafprozeßordnung, 9. Aufl. Anm. 4b zu § 87, sprechen, beigetreten, und angenommen wird, daß der Gerichtsarzt bei Erledigung gerichtlicher Ersuchen der vorbezeichneten Art zwar als Sachverständiger, zugleich aber in seiner Eigenschaft als Medizinalbeamter innerhalb seines amtlichen Geschäftskreises thätig ist, so läßt sich daraus doch eine Einschränkung der Geltung des § 17 der Gebührenordnung vom 30. Juni 1878 und die Zulässigkeit des ordentlichen Rechtsweges für die Geltendmachung des Gebührenanspruches des Gerichtsarztes nicht herleiten. Allerdings ist hier auch weiter zu unterstellen, daß die dem Gerichtsarzt für die Erledigung gerichtlicher Ersuchen der mehrerwähnten Art zustehenden Gebühren einen Anspruch aus seinem Dienstverhältnisse darstellen, und ein solcher Anspruch wäre auch der vom Kläger geltend gemachte. Über vermögensrechtliche Ansprüche der Staatsbeamten aus ihrem Dienstverhältnisse findet unterschiedslos und ohne Rücksicht auf die Art der Ansprüche nach § 1 des erwähnten Gesetzes vom 24. Mai 1861 der ordentliche Rechtsweg statt. Da es sich aber im vorliegenden Falle um einen Gebührenanspruch nach Maßgabe der Reichs-Gebührenordnung vom 30. Juni 1878 handelt, und Reichsgesetze den Landesgesetzen vorgehen — Art. 2 der Reichsverfassung —, so würde gegenüber dem § 17 dieser Gebührenordnung, durch welchen, wie oben dargelegt, in abschließender und erschöpfender Weise das Verfahren der Gebührenfestsetzung für Zeugen und Sachverständige geregelt ist, der von dem Kläger beschrittene ordentliche Rechtsweg nur zugelassen werden können, wenn die Auffassung der Revision zuträfe, daß mit der Aufrechterhaltung gewisser landesgesetzlicher Taxvorschriften durch die oben wiedergegebene Bestimmung in § 13 Abs. 1 der Gebührenordnung vom 30. Juni 1878 auch die landesgesetzlichen Vorschriften über die Geltendmachung der nach jenen Taxvorschriften zustehenden Gebühren im ordentlichen Rechtswege ebenfalls in Kraft geblieben seien. Für eine solche Annahme fehlt es aber an jedem Anhalt. Von vornherein ist ein innerer Grund, welcher die Zulassung einer Verschiedenheit in dem Verfahren für die Geltendmachung des Gebührenanspruches rechtfertigen könnte, nicht erkennbar. Während die Berücksichtigung landesgesetzlicher Taxvorschriften in der Verschiedenheit der in Betracht kommenden örtlichen Verhältnisse ihre Rechtfertigung findet, müßte eine Abweichung von dem der Natur des Anspruchs entsprechend geordneten Verfahren für dessen Geltendmachung jeder Berechtigung entbehren. Insbesondere ist auch die Beamteneigenschaft des zu dem Gebührenanspruche Berechtigten nicht geeignet, ein abweichendes Verfahren zu rechtfertigen, wie dies auch in der Gebührenordnung selbst dadurch anerkannt ist, daß für den Gebührenanspruch der als Zeugen oder Sachverständige zugezogenen öffentlichen Beamten aus § 14 der Gebührenordnung vom 30. Juni 1878 ein von dem in § 17 vorgesehenen Verfahren abweichendes nicht zugelassen ist. Nun ist allerdings richtig, worauf die Revision unter Bezugnahme auf eine dementsprechende Hervorhebung in der Begründung zu dem Entwurfe des Gesetzes vom 9. März 1872 (zu § 10 in Nr. 20 S. 11 der Sammlung sämtlicher Drucksachen des Herrenhauses aus der Session von 1871/72) hinweist, daß durch das letztere Gesetz an den Bestimmungen des mehrerwähnten Gesetzes vom 24. Mai 1861 nichts hat geändert werden sollen und nichts geändert ist. Indes daraus folgt doch andererseits nicht, daß aus der Aufrechterhaltung des Gesetzes vom 9. März 1872 in § 13 der Gebührenordnung vom 30. Juni 1878 etwas dafür hergeleitet werden kann, daß die nach dem Gesetze vom 9. März 1872 zu berechnenden Sachverständigengebühren in anderer als in der in § 17 der Gebührenordnung vom 30. Juni 1878 vorgesehenen Weise geltend gemacht werden dürfen, zumal da das Gesetz vom 9. März 1872 sich mit dem Verfahren der Geltendmachung des danach zustehenden Anspruchs überhaupt nicht befaßt. Auch weist das Berufungsgericht zutreffend darauf hin, daß in § 13 der Gebührenordnung vom 30. Juni 1878 nur die besonderen Taxvorschriften, also nur die die Höhe der Gebühren betreffenden Vorschriften der Landesgesetze, aufrecht erhalten werden, womit zugleich zum zweifellosen Ausdruck gebracht wird, daß andere, das Verfahren der Geltendmachung des Gebührenanspruchs betreffende landesgesetzliche Vorschriften in der ausgesprochenen Aufrechterhaltung nicht begriffen sind. Die Anwendbarkeit der Taxvorschriften des Gesetzes vom 9. März 1872 ist somit nicht geeignet, die Geltendmachung des Gebührenanspruches des Klägers im ordentlichen Rechtswege, nach Maßgabe des mehrerwähnten Gesetzes vom 24. Mai 1861, zu rechtfertigen. Die Bezugnahme der Revision auf die Urteile des Reichsgerichts vom 19. Januar 1880 und 3. Juni 1897,

Entsch. des R.G.'s in Civils. Bd. 1 S. 152 und Bd. 39 S. 312,

ist unzutreffend, weil es sich in den damals entschiedenen Fällen nicht um Gebühren für die Erledigung von Ersuchen in vor die ordentlichen Gerichte gehörigen Rechtssachen handelte, die Anwendbarkeit der Gebührenordnung vom 30. Juni 1878 daher ausgeschlossen war. Aus der Bestimmung in § 70 Abs. 3 G.V.G., wonach der Landesgesetzgebung überlassen ist, Ansprüche der Beamten aus ihrem Dienstverhältnisse gegen den Staat den Landgerichten ausschließlich zuzuweisen, mit der Revision einen Grund für die Zulässigkeit des ordentlichen Rechtsweges behufs Geltendmachung eines Anspruchs der hier in Rede stehenden Art zu entnehmen, ist angesichts der entgegenstehenden unzweideutigen Bestimmung in § 17 der Gebührenordnung vom 30. Juni 1878 und der mit dieser Bestimmung verfolgten, oben aus den Materialien des Gesetzes dargelegten Absicht des Gesetzgebers nicht angängig.

Nach alledem bleibt Kläger für die Geltendmachung des von ihm erhobenen Gebührenanspruches auf den in § 17 der Gebührenordnung vom 30. Juni 1878 bezeichneten Weg auch dann beschränkt, wenn er die den Anspruch begründende Thätigkeit nicht lediglich als Sachverständiger, sondern zugleich in amtlicher Eigenschaft, als Medizinalbeamter, vorgenommen hat, und somit der Anspruch als ein solcher anzusehen ist, der aus dem Dienstverhältnisse des Klägers herrührt. Auch für diesen Fall ist daher dem Kläger der von ihm betretene ordentliche Rechtsweg nicht eröffnet. Bei solcher Sachlage erübrigt sich ein Eingehen auf die Rüge der Revision, daß das Berufungsgericht seine Annahme, der Kläger sei lediglich als Sachverständiger, und nicht als Staatsbeamter beauftragt gewesen, nicht ausreichend begründet habe." ...

11. Darf der Inhaber eines Patentes auf ein Verfahren als Entschädigung für die Verletzung seines Patentrechtes den Gewinn fordern, der durch die unbefugte Anwendung des geschützten Verfahrens erzielt worden ist?

Patentgesetze vom 25. Mai 1877 § 34, vom 7. April 1891 § 35.

I. Civilsenat. Urt. v. 31. Dezember 1898 i. S. Br. (Kl.) w. W. (Bekl.). Rep. I. 360/98.

I. Landgericht Halle a. S.
II. Oberlandesgericht Naumburg a. S.

Als Inhaber des deutschen Reichspatentes Nr. 44372, durch das vom 21. Januar 1888 ab ein Verfahren zur Vergärung von Maischen unter Anwendung von Wärm- und Kühlschlangen geschützt ist, forderte der Kläger von dem Beklagten wegen Verletzung dieses Patentes eine Entschädigung, die er auf 5400 ℳ bezifferte. In den Vorinstanzen wurde ihm zwar eine Entschädigung zuerkannt, jedoch nur in Höhe von 325 ℳ nebst 5 Prozent p. a. Prozeßzinsen.

Die Revision beider Parteien führte zur Aufhebung und Zurückverweisung.

Aus den Gründen:

„Zur Begründung seines Anspruches ... behauptet Kläger, daß das ihm geschützte Verfahren von dem Beklagten in dessen Brennerei seit dem Jahre 1891 ohne Unterbrechung wissentlich angewendet worden, Beklagter also nach § 34 des Patentgesetzes vom 25. Mai 1877 und § 35 des Patentgesetzes vom 7. April 1891 zur Entschädigung verpflichtet sei, und zwar wegen der Bestimmung in § 38, bezw. § 39 a. a. O. für die drei Jahre bis zur Klagerhebung, die unbestritten am 27. April 1894 erfolgt ist. Die Höhe anlangend ist Kläger der Ansicht, daß Beklagter den Gewinn herausgeben müsse, den er durch die unbefugte Anwendung des patentierten Verfahrens erzielt habe. Hierzu aber behauptet Kläger, daß Beklagter eine Brennerei betreibe, die der Maischbottichsteuer unterliege, daß er, seinem Kontingent entsprechend, 180000 Liter Alkohol im Jahr erzeugt und infolge der Anwendung jenes Verfahrens 1 ₰ auf den Liter gespart, mithin im Jahr einen Gewinn von 1800 ℳ erzielt und deshalb 5400 ℳ zu zahlen habe.

Das Landgericht hielt eine Benutzung des Patentes nur in der Zeit vom 27. April bis Mitte Mai 1891 für dargethan, dagegen für erwiesen, daß die Benutzung wissentlich ohne Erlaubnis geschehen sei. Als Entschädigung aber sprach es den von ihm auf 325 ℳ festgestellten einmaligen Betrag einer Lizenzgebühr zu und ging, da eine nach des Klägers Verlangen zu berechnende Entschädigung geringer sein würde, auf die Frage, ob die von ihm aufgestellten Grundsätze zutreffend seien, nicht ein.

In zweiter Instanz wurde unstreitig, daß das patentierte Verfahren in der Brennerei des Beklagten während der drei Jahre vor der Klagerhebung angewandt worden sei; jedoch bestritt Beklagter auch jetzt ein ihm zuzurechnendes Verschulden. Das Berufungsgericht ließ unentschieden, ob Beklagter bis zum 1. Oktober 1891 — mit welchem Tage das Patentgesetz vom 7. April 1891 in Kraft trat — sich einer wissentlichen Patentverletzung schuldig gemacht, nahm jedoch an, daß er seitdem, und zwar schon seit dem Juli 1891, grob fahrlässig gehandelt habe und deshalb zur Entschädigung verbunden sei. Als Schadensersatz aber hielt es die einmalige Zahlung einer Lizenzgebühr, ohne Rücksicht auf die Zeitdauer der Anwendung des Verfahrens, für angemessen und lehnte die Forderung des Klägers als unberechtigt ab. Diese Entscheidung ist nicht haltbar.

1. Die Revision des Klägers setzt ihre Beschwerde darein, daß der Begriff der Entschädigung verkannt sei. Das Berufungsgericht

geht davon aus, daß im vorliegenden Fall als Schade nur entgangener Gewinn in Frage komme, und erkennt an, daß auch ein derartiger Schade von dem Begriff der nach § 34, bezw. § 35 der Patentgesetze zu leistenden „Entschädigung" umfaßt werde. Dagegen ist es der Ansicht, daß hierher nur ein solcher entgangener Gewinn gerechnet werden dürfe, den der Patentinhaber selbst hätte erzielen können. Mit Rücksicht hierauf hält es den Anspruch des Klägers auf Herausgabe des vom Beklagten erzielten Gewinnes für unberechtigt, da Kläger niemals in der Lage gewesen wäre, das ihm patentierte Verfahren in der Brennerei des Beklagten anzuwenden, der hierdurch von dem letzteren gemachte Gewinn also nicht dem Kläger entgangen sei. Entgangen sei dem Kläger nur die Lizenzgebühr, die er, falls Beklagter ordnungsmäßig um Erlaubnis nachgesucht hätte, erhalten haben würde, und die nach Lage der Sache so wie geschehen zu bemessen sei. Das Berufungsgericht nimmt hierbei an, daß die Bestimmung der Patentgesetze über die Entschädigung von dem Landesrecht unabhängig sei, ist jedoch des Erachtens, daß jedenfalls das preußische Allgemeine Landrecht mit seiner Ansicht übereinstimme, und weist darauf hin, daß der unredliche Besitzer sogar im Falle des § 229 Tl. I Tit. 7 zur Herausgabe nur derjenigen Früchte und Nutzungen verbunden sei, die auch der Eigentümer hätte ziehen können.

Diesen Erwägungen ist darin beizustimmen, daß der Anspruch auf Entschädigung wegen Patentverletzung ausschließlich nach den Patentgesetzen zu beurteilen ist. Es folgt dies aus denselben Gründen, aus denen für die Auslegung der entsprechenden Bestimmungen des Reichsgesetzes vom 11. Juni 1870, betr. das Urheberrecht an Schriftwerken &c, das Landesrecht nicht unmittelbar maßgebend ist.

Vgl. Entsch. des R.G.'s in Civils. Bd. 12 S. 105, Bd. 35 S. 71.

Auszugehen ist ferner davon, daß für die Anwendung der Patentgesetze unter „Entschädigung" zu verstehen ist, was aus dem allgemein anerkannten Begriffe des Schadens folgt, und daß danach der Unterschied in der Vermögenslage zu ersetzen ist, der durch ein beschädigendes Ereignis verursacht wurde. Was aber das beschädigende Ereignis sei, läßt sich von verschiedenen Standpunkten aus beantworten: es kann als solches die Thatsache der Benutzung eines fremden Patentes schlechthin, oder die Benutzung ohne Genehmigung des Berechtigten, oder die Aneignung des aus der Benutzung zu erzielenden Gewinnes angesehen werden. Welcher Standpunkt eingenommen, und wie alsdann der Schade gefunden werden soll, darf der Geschädigte bestimmen. Es gelten in dieser Beziehung die Grundsätze, die von dem erkennenden Senat in Ansehung des Nachdruckes in dem Urteil Rep. I. 13/95,

Entsch. des R.G.'s in Civils. Bd. 35 S. 64,

entwickelt worden sind, und auf die hier verwiesen werden kann.

In dem vorliegenden Falle handelt es sich um eine Patentverletzung, die dem Kläger insofern keinen Schaden gebracht hat, als durch die Thatsache der Patentverletzung allein eine Veränderung in seiner Vermögenslage nicht bewirkt worden ist. Kläger kann deshalb nur die Wahl haben, ob er Lizenzgebühr fordern, oder Herausgabe des Gewinnes verlangen will. Er hat bisher das letztere gewählt, und dieser Standpunkt ist berechtigt.

In dem Urteile des Reichsgerichtes zu der Sache I. 350/89,

Juristische Wochenschrift 1890 S. 162 Nr. 17,

wird ausgesprochen, daß „für die Ermittelung der Schadenshöhe bei einer Patentverletzung" davon ausgegangen werden dürfe, es sei „dem Patentberechtigten entzogen, was der Nichtberechtigte in unberechtigter Anwendung des Gegenstandes der patentierten Erfindung gewerbsmäßig produziert und abgesetzt" habe. Es handelte sich damals um die unbefugte Benutzung einer patentierten Maschine für Herstellung von Drahtunterbügeln zu Flaschenverschlüssen. Dasselbe wird gelten, wenn unbefugte Herstellung und Vertreibung patentierter Erzeugnisse in Frage steht. Dieser Grundsatz kann zwar in Fällen der vorliegenden Art nicht unmittelbar zur Anwendung kommen, da es sich hier um die Anwendung eines Verfahrens handelt, durch die dem Patentberechtigten nicht Konkurrenz gemacht wird. Gleichwohl ist auch hier die Verpflichtung zur Herausgabe des erzielten Gewinnes anzuerkennen, und zwar deshalb, weil hier, wie dort, eine Bereicherung aus fremdem Vermögen vorliegt. Der Begriff einer solchen Bereicherung beschränkt sich nicht auf den Gewinn, den auch der Berechtigte selbst hätte ziehen können. Aus allgemeinen Grundsätzen folgt dies nicht, und in dem positiven Recht findet ein derartiger Satz, von dem das Berufungsgericht ausgeht, keinen Anhalt. In den Quellen des römischen Rechtes wird vielfach eine ungerechtfertigte Bereicherung und die Pflicht zur Herausgabe in Ansehung eines Gewinnes anerkannt, den der Berechtigte nicht gezogen hat, ohne daß zur Bedingung

gemacht wird, daß er ihn hätte ziehen können (vgl. l. 10 § 24 Dig. quae in fr. cred. 42, 8; l. 35 Dig. de O. et A. 44, 7; l. 18 Dig. quod met. causa 4, 2; l. 22 Dig. de H. P. 5. 3; l. 13 § 1 Dig. commod. 13, 6; l. 65 § 7 Dig. de cond. ind. 12, 6; l. 17 pr. Dig. de R. V. 6, 1; l. 23 Dig. de R. C. 12, 1[1]), und auch das preußische Allgemeine Landrecht enthält eine derartige Beschränkung nicht. Insbesondere läßt sich eine solche aus § 229 Tl. I Tit. 7 nicht ableiten, da diese Bestimmung, in deren Auslegung dem Berufungsgericht nicht beigetreten werden kann, keineswegs eine Schranke zu Gunsten des unredlichen Besitzers enthält, und ebensowenig aus den Bestimmungen über Geschäftsführung und nützliche Verwendung in § 230 und § 262 Tl. I Tit. 13. Vgl. Entsch. des R.G.'s in Civils. Bd. 37 S. 41.
Eine Bereicherung aus fremdem Vermögen ist daher auch dann erfolgt, wenn sie durch Benutzung oder Gebrauch fremden Eigentumes erlangt wird (vgl. l. 13 § 1 Dig. 13, 6, l. 65 § 7 Dig. 12, 6 citt.; l. 84 pr. Dig. de furt. 47, 2), und dieser allgemeine Begriff darf deshalb auch dem § 34, bezw. § 35 der Patentgesetze zu Grunde gelegt werden. Hiernach steht nichts im Wege, den angeblich von dem Beklagten erzielten Nutzen als einen Gewinn zu betrachten, der aus dem Vermögen des Klägers gemacht ist. Ebensowenig kann die Verpflichtung des Beklagten zur Herausgabe zweifelhaft sein, wenn der vom Kläger behauptete Thatbestand der Wahrheit entspricht. Unter welchen Voraussetzungen eine aus fremdem Vermögen erlangte Bereicherung herauszugeben sei, ist aus den Vorschriften des positiven Rechtes zu entnehmen, und es versteht sich von selbst, daß für andere Verhältnisse gegebene Vorschriften, insbesondere die in § 18 Abs. 6 und § 55 Abs. 4 des Reichsgesetzes vom 11. Juni 1870, auf den Entschädigungsanspruch wegen Patentverletzung nicht anzuwenden sind. Kläger hat jedoch sowohl den objektiven, als den subjektiven Thatbestand, den die §§ 34 und 35 der Patentgesetze voraussetzen, behauptet.

Aus diesen Gründen war das Urteil, soweit es dem Kläger ungünstig ist, aufzuheben, und die Sache zurückzuverweisen. Bei der erneuten Prüfung, die in vollem Umfange zu erfolgen hat, wird das von dem Professor Dr. W. erstattete Gutachten in Betracht kommen, nach dem durch die Anwendung des in Rede stehenden Verfahrens

[1] Vgl. jedoch Bd. 25 dieser Sammlung S. 136 flg. D. R.

eine größere Ausbeute an Schlempe und Spiritus nicht gewonnen, dagegen ermöglicht wird, daß die Maischbottiche höher, als bei dem bisher bekannten Verfahren angängig war, gefüllt werden können, sodaß aus demselben Material dieselbe Ausbeute in weniger Bottichen erzielt wird, und dadurch ein Gewinn durch Ersparung an Generalunkosten der Erzeugung einschließlich der Maischraumsteuer eintritt. Sollte dies wahr sein, so würde der so eingetretene Gewinn allerdings dem Kläger gebühren; es versteht sich indes, wie der Revisionsbeklagte zutreffend hervorgehoben hat, von selbst, daß das Berufungsgericht, ohne an sein bisheriges Urteil und darin vorkommende Äußerungen gebunden zu sein, frei zu entscheiden und insbesondere gegenüber dem abweichenden Gutachten des Brennereiverwalters B. zu prüfen hat, ob jenes Verfahren Nutzen brachte. Auch die vom Beklagten immer noch bestrittenen Behauptungen über das Verschulden desselben sind erneut zu prüfen.

2. Die Anschließung des Beklagten macht ... geltend, daß seine Verurteilung zur Zahlung einer Lizenzgebühr hinfällig werde, sobald des Klägers Anspruch auf Herausgabe des Gewinnes zur Anerkennung gelange. Dies ist richtig. Kläger hat die Wahl, ob er seinen Schaden in der Vorenthaltung einer Lizenzgebühr, oder in der Vorenthaltung des Gewinnes finden will, kann jedoch beides nebeneinander nicht verlangen. Überdies kommt in Betracht, daß Kläger bisher nur Herausgabe des Gewinnes verlangt hat. Dies schließt zwar nicht aus, daß Kläger, ohne dem Einwand der Klagänderung ausgesetzt zu sein, statt dessen die Lizenzgebühr fordern könnte, da dies die Verfolgung desselben Anspruches, nur unter anderer rechtlicher Begründung, sein würde. So lange dies jedoch nicht geschieht, ist der Antrag des Klägers für die zu fällende Entscheidung maßgebend." ...

12. Steht die Bestimmung in § 56 Ziff. 4 K.O. der Geltendmachung des Anspruches des Legatars in dem Konkursverfahren über das Vermögen des vorbehaltlosen Erben entgegen?

IV. Civilsenat. Urt. v. 9. Januar 1899 i. S. der Nachlaßkonkursmasse der Witwe Sch. (Bekl.) w. B. (Kl.). Rep. IV. 222/98.

I. Landgericht Görlitz.
II. Oberlandesgericht Breslau.

Die Entscheidung ist unten unter „Preußisches Recht" Nr. 57 S. 228 abgedruckt.

13. 1. Haftet der Staat dem Konkursverwalter für die ihm nach § 77 K.O. gebührende Vergütung?
2. Zu welcher Art von Massekosten gehört diese Vergütung?

VI. Civilsenat. Urt. v. 9. Januar 1899 i. S. D. (Kl.) w. hamb. Fiskus (Bekl.). Rep. VI. 360/98.

I. Landgericht Hamburg.
II. Oberlandesgericht daselbst.

Die unter 1 aufgestellte Frage ist vom Reichsgerichte verneint worden aus folgenden

Gründen:

„Der Kläger fordert vom hamburgischen Staate die ihm als Verwalter im Konkurse der Aktiengesellschaft X. vom Amtsgerichte zu Hamburg nach Maßgabe des § 77 K.O. zugebilligte Vergütung, soweit er damit bei der nach § 53 daselbst vorgenommenen Verteilung der Masse unter die Massegläubiger ausgefallen ist. Mit Recht haben jedoch die vorderen Instanzen diesen Anspruch abgewiesen, da es an jedem Rechtsgrunde fehlt, den Staat auch nur subsidiär zur Bezahlung des Konkursverwalters für seine Mühwaltung für verpflichtet zu halten, insofern nicht etwa eine vertragsmäßige Zusicherung in dieser Richtung erfolgt sein sollte, wovon hier so wenig etwas vorliegt, wie es im allgemeinen üblich ist. Es hat freilich Eccius (Beiträge zur Erläuterung des deutschen Rechts Bd. 33 S. 743 flg. und Bd. 34 S. 152 flg.) sich für eine solche Haftung des Staates dem Konkursverwalter gegenüber ausgesprochen, indem er sich dafür auf § 79 Ziff. 6 G.K.G. berufen hat, wo unter den baren Auslagen des Gerichtes die an andere Behörden oder Beamte für deren Thätigkeit zu zahlenden Beträge aufgeführt werden; aber abgesehen davon, daß der Konkursverwalter, obgleich er einen öffentlichen Auftrag, ein Amt im weiteren Sinne hat, ebensowenig ein Beamter im technischen Sinne ist, wie der Vormund, bestimmt jener § 79 nichts darüber, welchen

Beamten vom Gerichte Beträge für ihre Thätigkeit zu zahlen seien, sondern sagt nur, daß, wenn solche Beträge vom Gerichte zu zahlen seien, sie als bare Auslagen von den Parteien erhoben werden sollen. Jedenfalls also fehlt es an einer positiven Gesetzesbestimmung, welche den Staat zum Schuldner des Honorars des Konkursverwalters machte, und wenn man auch nicht sagen kann, daß die Vorschriften der §§ 50. 51. 53 K.O. eine solche Annahme geradezu ausschlössen, so sprechen sie doch sicher nicht dafür. Innere Gründe aber für eine auch nur subsidiäre Bezahlung der Konkursverwalter durch den Staat können mindestens so lange keinesfalls anerkannt werden, als nicht einmal die Vormünder, die doch nicht, wie jene, freiwillig ihr Amt übernehmen, nötigenfalls vom Staate Honorar erhalten. Daher haben sich auch Petersen u. Kleinfeller (Konkursordnung [3. Aufl.] Bem. II, 2 zu § 51 S. 259 flg. und Bem. 1 zu § 77 S. 327), v. Wilmowski (Reichs-Konkursordnung [4. Aufl.] Bem. 2 zu § 51 S. 238) und Wolff (Zeitschrift für deutschen Civilprozeß Bd. 22 S. 302 flg.) gegen die von Eccius aufgestellte Ansicht erklärt. Ob die Annahme des Oberlandesgerichts richtig ist, wonach der Gemeinschuldner dem Konkursverwalter für den etwaigen Ausfall an Honorar haften soll, braucht hier nicht entschieden zu werden.

Eccius hat sich noch auf die Analogie des Verwalters bei der preußischrechtlichen Zwangsverwaltung von Grundstücken berufen (a. a. O. Bd. 33 S. 744), dessen Honorar „in steter Rechtsübung als bare Gerichtsauslage behandelt" werde, und auch Krech u. Fischer (Die preußische Gesetzgebung, betr. die Zwangsvollstreckung in das unbewegliche Vermögen [3. Aufl.] Bem. 4 zu § 144 des Gesetzes vom 11. Juli 1883 S. 451) sagen, daß der Verwalter sein Honorar nötigenfalls aus der Gerichtskasse bezahlt erhalte. Es kann hier dahingestellt bleiben, inwiefern eine solche Rechtsübung dem Sinne der preußischen Gesetzgebung entsprechen würde, oder nicht; denn jedenfalls liegt dort die Sache insofern wenigstens praktisch anders, als bei der Konkursverwaltung, als der die Zwangsverwaltung betreibende Gläubiger für die Kosten derselben, also auch für das Honorar des Verwalters, aufzukommen hat (vgl. Urteil des Reichsgerichts in der Sache V. 177/89, Juristische Wochenschrift von 1889 S. 532 Nr. 15) und nach § 11 Abs. 1 des Gesetzes, betr. die Gerichtskosten bei Zwangsversteigerungen u. s. w., vom 18. Juli 1883 einen die baren Auslagen voraussichtlich deckenden Vorschuß leisten muß. Für die jetzt zur Enscheidung stehende Frage dürfte hieraus keinesfalls ein Schluß gezogen werden; denn das Honorar des Konkursverwalters gehört jedenfalls zu den in § 51 K.O. als zweite Abteilung der Massekosten genannten „Ausgaben für die Verwaltung, Verwertung und Verteilung der Masse," kann also nicht zu den dort unter Ziff. 1 aufgeführten „gerichtlichen Kosten für das gemeinschaftliche Verfahren" gerechnet werden." . . .

14. Verpflichtung des Käufers zur Untersuchung der Ware und zur Mängelanzeige, wenn die Ware in mehreren, nicht gleichzeitig zum Abgange gebrachten Posten geliefert wird. Enthält, wenn der Käufer die Ware als mangelhaft zur Verfügung gestellt hat, nachträglich aber über einen Teil verfügt, dies eine nachträgliche Genehmigung der ganzen Warenpartie?

VI. Civilsenat. Urt. v. 12. Januar 1899 i. S. Sch. (Kl.) w. R. (Bekl.). Rep. VI. 361/98.

I. Landgericht Leipzig.
II. Oberlandesgericht Dresden.

Der Beklagte hatte im Januar 1897 bei der Klägerin 20000 Stück Albums mit Ansichten von der damals bevorstehenden Sächsisch-Thüringischen Industrie- und Gewerbeausstellung bestellt. Es gingen bei ihm 650 Stück am 15. Mai, 9000 Stück am 20. Mai, 10350 Stück am 25. Mai ein; er stellte aber die Albums, weil die darin enthaltenen Bilder den wirklichen Ausstellungsbauten fast gar nicht entsprachen, durch Brief vom 26. Mai der Klägerin zur Verfügung. Trotzdem verkaufte er 1000 Stück davon. Das Oberlandesgericht verurteilte ihn zur Bezahlung des Preises für diese 1000 Stück; im übrigen wies es die Klage ab. Die dagegen von der Klägerin eingewandte Revision wurde zurückgewiesen.

Aus den Gründen:

. . . „Anlangend den . . . Angriff der Revision, der Beklagte habe dadurch, daß er bezüglich der ihm am 15. und 20. Mai 1897 zugegangenen Albums bis zum 26. Mai keine Mängelanzeige erstattet habe, das Rügerecht bezüglich der sämtlichen Albums, oder doch zum mindesten bezüglich der beiden ersten Sendungen verloren, so ist zuzugeben, daß der Grund, aus dem die Vorinstanz dies hinsichtlich der zweiten Sendung, also derjenigen vom 20. Mai, verneint hat, nicht zutreffend erscheint, da nicht abzusehen ist, warum, dafern der Beklagte die ihm am 20. Mai zugegangenen Albums nach Maßgabe von Art. 347 H.G.B. ohne Verzug zu untersuchen verpflichtet gewesen wäre, eine erst am 26. Mai abgesendete Mängelanzeige als rechtzeitig angesehen werden könnte. Indes erscheint dieses Bedenken nicht geeignet, eine Änderung der angefochtenen Entscheidung zu Gunsten der Klägerin zu rechtfertigen, da unter den obwaltenden Umständen die am 26. Mai abgesendete Mängelanzeige selbst bezüglich der Sendung vom 15. Mai noch als rechtzeitig anzusehen ist.

Zwar muß, wenn bei einem Distanzkaufe der Verkäufer die bestellte Ware in mehreren Teilsendungen liefert, der Käufer regelmäßig jede einzelne Sendung ohne Verzug untersuchen und, wenn er sie als nicht gesetz- oder vertragsmäßig befindet, hierüber dem Verkäufer alsbald Anzeige machen, widrigenfalls bezüglich derjenigen Teilsendungen, bei denen dies unterlassen ist, die in Art. 347 Abs. 2 H.G.B. getroffene Bestimmung Platz greift. Indes setzt dies voraus, daß wirkliche Teillieferungen vorliegen; das aber ist nur der Fall, wenn die Zusendungen der einzelnen Posten als selbständige Akte der Vertragserfüllung vom Verkäufer gewollt sind, und dieser Wille auch dem Käufer erkennbar gemacht ist. Dies aber kann nicht ohne weiteres angenommen werden, wenn der Verkäufer bei Zusendung einer Warenmenge, die er auf einmal zu liefern hat, lediglich aus Gründen geschäftlicher Zweckmäßigkeit oder Bequemlichkeit die verschiedenen Behältnisse (Kisten, Pakete rc), in welche die Ware ihrer Menge wegen verpackt werden muß, nicht absolut gleichzeitig, sondern nacheinander in kurzen Zwischenräumen zum Abgang bringt, und die Ware dementsprechend auch nicht auf einmal bei dem Käufer eintrifft.

Im vorliegenden Falle ist nun, wie zwischen den Parteien nicht streitig ist, bei der Bestellung eine Abrede dahin, daß die Albums nach und nach in Teilsendungen geliefert werden sollten, nicht getroffen worden; die Klägerin hat auch nicht etwa später dem Beklagten mitgeteilt, daß sie in dieser Weise liefern wolle; ebensowenig hat sie ihm über die beiden zunächst abgeschickten Albums besondere Rechnung zugehen lassen; vielmehr hat sie solche erst nach Absendung der letzten

Kiste über die gesamten 20 000 Albums erteilt. Die Absendung ist in der Weise erfolgt, daß bei dem Beklagten zunächst am 15. Mai 1897 drei Postpakete mit zusammen 650 Albums, am 20. eine Kiste mit 9000, und am 25. eine solche mit 10 350 Albums eingegangen ist.

Bei dieser Sachlage kann nicht angenommen werden, daß die Klägerin die Erfüllung des Vertrages durch mehrere selbständige Teillieferungen in dem oben bezeichneten Sinne beabsichtigt habe; jedenfalls aber brauchte der Beklagte nicht anzunehmen, daß die Klägerin eine solche, von dem Vertrage abweichende Art der Erfüllung im Sinne habe. Er durfte, als die drei Postpakete eingingen, erwarten, daß die Hauptmasse der Albums gleichzeitig oder doch ganz kurz nach Abfertigung der Pakete als Bahnfrachtgut abgesendet sein würde; zu der Meinung, daß die Klägerin, statt durch eine einheitliche Lieferung, durch mehrere selbständige Teillieferungen erfüllen wolle, brauchte der Beklagte auch dann noch nicht zu gelangen, als am 20. Mai eine Kiste mit nur 9000 Albums einlief, da er immer noch darauf rechnen konnte, daß der Rest in kurzer Frist eintreffen werde. Wenn er unter diesen Umständen mit der Prüfung der Ware bis bis zum 26. Mai Anstand genommen und erst an diesem Tage die Mängelanzeige bezüglich der ganzen Warenmenge abgeschickt hat, so kann hieraus eine stillschweigende Genehmigung der am 15. und 20. Mai eingetroffenen Sendungen nicht gefolgert werden. Die Annahme der Vorinstanz, daß eine solche bezüglich der Sendung vom 20. Mai nicht vorliege, ist also, wenn auch aus anderen Gründen, zu billigen.

Hiermit erledigt sich zugleich ein Eingehen auf die Meinung des Revisionsklägers, unter den obwaltenden Umständen müsse die Genehmigung der in den Sendungen vom 15. und 20. Mai 1897 enthalten gewesenen Albums zugleich als Verzicht auf die Rüge der Unähnlichkeit der Bilder in der letzten Sendung angesehen werden.

Die Revision macht weiter geltend, jedenfalls habe sich der Beklagte des Rechtes, den Vertrag aufzuheben, dadurch begeben, daß er nach seiner eigenen Angabe „eine Partie“ Albums an Kolporteure gegeben habe, und durch diese 1000 Stück verkauft worden seien. Da der Beklagte die ganze Sendung nach seinen Behauptungen erst am 25. und 26. Mai geprüft habe, so müsse die erwähnte Verfügung über die Ware geschehen sein, nachdem der Beklagte die Mangelhaftigkeit der Bilder erkannt und die Albums der Klägerin zur Verfügung gestellt gehabt. Dadurch habe er die letzterwähnte Erklärung widerrufen und die Ware nachträglich genehmigt, und zwar nicht nur bezüglich der verkauften 1000 Stück, sondern im vollen Umfange. . . .

Auch dieser Angriff kann keinen Erfolg haben.

Das Handelsgesetzbuch enthält keine Vorschriften darüber, welche Rechte dem Käufer zustehen, der die Mängel der ihm gelieferten Ware rechtzeitig gerügt hat, und ebensowenig darüber, welchen Einfluß es auf diese Rechte ausübt, wenn der Käufer über die mangelhafte Ware verfügt hat.

Vergl. auch Lutz, Protokolle der Kommission zur Beratung eines allgemeinen Handelsgesetzbuchs Bd. 1 S. 653.

Auch ein allgemeiner Handelsgebrauch (Art. 1 H.G.B.), nach welchem der Käufer, der Mängel der Ware rügt, aber trotzdem über diese verfügt, hierdurch seiner aus der Mangelhaftigkeit der Ware folgenden Rechte verlustig gehe, kann nicht anerkannt werden. In dem in den

Entsch. des R.G.'s in Civils. Bd. 17 S. 65 flg.

abgedruckten Urteile vom 3. November 1886 ist dies bereits nach der Richtung dargelegt worden, daß ein Handelsgebrauch, nach welchem der Käufer in dem bezeichneten Falle das Recht auf Preisminderung verliere, nicht bestehe. Im gegenwärtigen Falle handelt es sich nun allerdings nicht um Preisminderung, sondern um das Recht des Käufers, den Vertrag wegen Mangelhaftigkeit der Ware aufzuheben, und es kann nicht zweifelhaft sein, daß für einen solchen Fall wesentlich andere Erwägungen in Betracht kommen, als bei dem Verlangen nach Preisminderung.

Andererseits ist aber zu berücksichtigen, daß im gegebenen Falle der Beklagte nur über einen, und zwar relativ unbedeutenden, Teil der ihm gelieferten Albums verfügt hat, und eine teilbare Ware in Frage ist. Zu einer der Klägerin günstigen Folgerung würde daher von dem jetzt in Rede befangenen Gesichtspunkte aus nur zu gelangen sein, wenn ein Handelsgebrauch dahin bestünde, daß der Käufer, der die Ware als mangelhaft zur Verfügung gestellt hat, bezüglich der ganzen ihm gelieferten Warenmenge des Rechtes, vom Vertrage abzugehen, verlustig sei, auch wenn es sich um eine teilbare Leistung des Verkäufers handele, und der Käufer nach jener Erklärung nur über einen Teil der Ware verfügt habe. Daß ein solcher allgemeiner Handelsgebrauch — auf einen örtlich beschränkten hat die Klägerin nirgends Bezug genommen — bestehe, kann nicht anerkannt werden.

In den Fällen, in denen das vormalige Reichsoberhandelsgericht in Leipzig angenommen hat, daß der Käufer sich des Rechtes, den Vertrag wegen Mangelhaftigkeit der Ware aufzuheben, durch Verfügung über diese begeben habe, hatte der Käufer entweder über die ganze ihm gelieferte Ware verfügt,

vgl. Entsch. des R.O.H.G.'s Bd. 10 S. 273 flg., Bd. 11 S. 201 flg., Bd. 12 S. 180, Bd. 16 S. 321 flg., Bd. 18 S. 330 flg.,

oder es war eine Verfügung über eine Ware in Frage, die im Verhältnisse der Parteien zu einander als unteilbares Ganzes anzusehen war, und es ist gerade hierauf das entscheidende Gewicht gelegt worden (ebenda Bd. 6 S. 329 flg.). Übrigens ist in keinem dieser Urteile auf einen Handelsbrauch Bezug genommen, die Entscheidung vielmehr zum Teil ausdrücklich, zum Teil mindestens anscheinend auf das subsidiär anwendbar gewesene bürgerliche Recht gestützt worden. Ebenfalls nur auf dieses, nämlich auf das preußische Allgemeine Landrecht, ist die Entscheidung in dem in Striethorst's Archiv Bd. 76 S. 32 abgedruckten Urteile des vormaligen preußischen Obertribunals gestellt; es ist hier sogar ausdrücklich ausgesprochen, daß ein Handelsbrauch, wie ihn die Klägerin damals behauptet und nachzuweisen unternommen hatte, nicht dargethan sei.

In dem bereits oben angeführten, in Bd. 16 S. 321 flg. der Entsch. des R.O.H.G.'s abgedruckten Urteile hat auch dieser Gerichtshof anerkannt, daß ein Handelsbrauch des hier in Frage befangenen Inhaltes nicht bestehe, indem er ausgesprochen hat, daß in dem dort entschiedenen Falle der Käufer dadurch, daß er von 50 Sack Roggen zwei vermahlen und verbacken habe, bei der Teilbarkeit des Kaufgegenstandes das Recht der Redhibition bezüglich der übrigen 48 Sack nicht verloren haben würde (S. 323 unter 2).

Dieselbe Auffassung ist vertreten in den Urteilen des vormaligen Oberappellationsgerichts zu Oldenburg in Seuffert's Archiv Bd. 25 S. 88 flg., des vormaligen Oberappellationsgerichts zu Dresden ebenda Bd. 18 S. 202 und des Oberlandesgerichts zu Hamburg in der Hanseat. Gerichtszeitung Bd. 8 S. 147 flg. Vgl. ferner Staub, Komm. zum Handelsgesetzbuch 5. Aufl. § 34 zu Art. 347, und Ende mann, Handbuch des Handelsrechts Bd. 2 S. 696 Anm. 92. (Nach dem dort Bemerkten soll die a. a. O. S. 720 unter 5 ersichtliche Ausführung eine beschränktere Bedeutung haben, als es nach dem Wortlaut scheinen könnte.)

In der Judikatur des Reichsgerichts ist allerdings der Satz ausgesprochen worden, daß, wer eine gekaufte Sache dem Verkäufer als mangelhaft zur Verfügung stelle, gegen Treue und Glauben verstoße, wenn er sie gleichwohl wie seine eigene behandele, und daß er sich regelmäßig so ansehen lassen müsse, als habe er auf das Recht, den Empfang der Sache abzulehnen, verzichtet.

Vgl. Entsch. des R.G.'s in Civils. Bd. 22 S. 78 flg.; Seuffert, Archiv Bd. 48 S. 22 flg.

Allein in beiden Fällen, in deren einem ein Verzicht dieser Art übrigens nicht angenommen wurde, handelte es sich — ebenso wie bei dem Urteil des Oberlandesgerichts zu Hamburg in Seuffert's Archiv Bd. 42 S. 189 Nr. 132 — darum, daß der Käufer die wegen Mängel zur Disposition gestellte Maschine nachher dauernd fortbenutzt und abgenutzt hatte, also um eine Verfügung über einen unteilbaren Kaufgegenstand. Ebenso ist in dem in Seuffert's Archiv Bd. 42 S. 190 flg. Nr. 133 veröffentlichten Urteile, obwohl eine Anzahl Ballen Wolle den Kaufgegenstand gebildet hatte, nach der besonderen Gestaltung des Falles angenommen worden, daß die beanstandete Ware als ein „einheitliches Ganzes" zu betrachten sei, und hierauf entscheidendes Gewicht gelegt worden. Übrigens ist in keinem dieser Fälle auf handelsrechtliche Normen, insbesondere auf einen Handelsbrauch, Bezug genommen, die Entscheidung vielmehr, soviel ersichtlich, nur auf das bürgerliche Recht gestützt worden.

Ausschließlich aus diesem, nämlich aus den §§ 327. 328 A.L.R. I. 5, ist auch die Unzulässigkeit der Redhibition bei Verfügung des Käufers über einen Teil des an sich teilbaren Kaufgegenstandes abgeleitet in zwei Urteilen des I. Civilsenates vom 12. Juni 1895 und 15. April 1896, Rep. I. 94/95 und 450/95.

Es mag nicht bezweifelt werden, daß, obwohl ein Handelsbrauch des in Rede stehenden Inhaltes hiernach nicht anerkannt werden kann, im einzelnen Falle nach den besonderen Umständen der Richter in der Verfügung des Käufers über einen Teil der an sich teilbaren Ware den Ausdruck seines Willens, die ganze Ware zu behalten, wird finden dürfen;

vgl. Seuffert, Archiv Bd. 37 S. 201 flg.;

allein jedenfalls kann ein Verstoß gegen handelsrechtliche Normen nicht darin erblickt werden, wenn die Vorinstanz im gegenwärtigen Falle eine solche Annahme nicht für zulässig befunden und daher den Beklagten nur zur Bezahlung derjenigen Albums verurteilt hat, die von ihm weiter verkauft worden sind. Die Frage aber, ob nach dem subsidiär zur Anwendung zu bringenden bürgerlichen Rechte der Käufer durch Verfügung über einen Teil der von ihm als mangelhaft zur Verfügung gestellten Ware das Recht auf Redhibition verliere, ist im vorliegenden Falle der Nachprüfung des Reichsgerichts entzogen, da ... diese Frage hier nach dem irrevisiblen sächsischen Landesrechte zu beurteilen gewesen ist." ...

15. Einrede, bezw. Replik der Arglist eines Teilnehmers einer Vereinigung zu einzelnen Handelsgeschäften in Fällen, wo ein anderer Teilnehmer derselben die ihm nach Art. 269 Abs. 2 H.G.B. zustehende Rechtsstellung mit dem Wissen oder Wissenmüssen des Gegenkontrahenten zum Nachteile des ersteren mißbraucht hat.

VI. Civilsenat. Urt. v. 19. Januar 1899 i. S. B. Nachl. Konkursverw. (Kl.) w. Gr. B.-Aktiengesellschaft (Bekl.). Rep. VI. 316/98.

I. Landgericht Hamburg.
II. Oberlandesgericht daselbst.

Die Entscheidung ist unten unter „Gemeines Recht" Nr. 40 S. 164 abgedruckt.

16. Kann, wenn der Eigentümer von Waren, die ein Anderer für ihn in Verwahrung hat, seine Forderung gegen den Verwahrer auf Auslieferung der Waren an einen Dritten zum Zweck der Sicherung einer diesem gegen ihn zustehenden Forderung abtritt oder für diese

Forderung verpfändet und später in Konkurs verfällt, der erst nach der Konkurseröffnung in den Besitz der Waren gelangte Dritte abgesonderte Befriedigung aus den letzteren verlangen?

I. Civilsenat. Urt. v. 21. Januar 1899 i. S. M. S. Sohn Konkursverw. (Kl.) w. M. & Co. (Bekl.). Rep. I. 377/98.

I. Landgericht Frankfurt a. M.
II. Oberlandesgericht daselbst.

Für die im Dezember 1896 in Konkurs geratene Firma M. S. Sohn lagerte zur Zeit der Konkurseröffnung in der Zollniederlage zu F. Kaffee. Die ihr ausgestellten 25 Niederlagescheine hatte sie der Beklagten, ihrer Gläubigerin, zum Zweck der Gewährung einer Sicherheit übergeben. Die Niederlagescheine waren von ihr vorher auf der Rückseite mit ihrer Firmenbezeichnung versehen worden. Nach der Konkurseröffnung ließ die Beklagte ohne Wissen des Konkursverwalters gegen Vorlegung der Niederlagescheine, die nunmehr auf der Rückseite über der Firmenbezeichnung „M. S. Sohn" einen auf die Beklagte lautenden, von ihr daraufgesetzten Übertragungsvermerk enthielten, den Kaffee im Niederlageregister auf sich überschreiben. Die Beklagte beanspruchte dann für ihre in Höhe von 36604 *M* anerkannte Forderung an die Gemeinschuldnerin das Recht auf abgesonderte Befriedigung aus dem Kaffee, welches der Konkursverwalter bestritt. Nach einer mit diesem getroffenen Vereinbarung hat die Beklagte den Kaffee freihändig für 19799,43 *M* verkauft. Der Erlös sollte in Ansehung der Ansprüche der Konkursmasse und des von der Beklagten beanspruchten Absonderungsrechtes an die Stelle der Waren treten.

In einer von ihm erhobenen Klage verlangte der Konkursverwalter die Zahlung der genannten Summe. Die Beklagte machte dagegen geltend, daß ihr das beanspruchte Recht auf abgesonderte Befriedigung zustehe, weil ihr vermittelst der Niederlagescheine die Ware verpfändet, oder doch die Rechte, welche die Firma M. S. Sohn aus dem Niederlegungsvertrage gegen das Hauptsteueramt gehabt habe, zu ihrer Sicherheit abgetreten oder doch verpfändet worden seien.

Das Landgericht verurteilte die Beklagte der Klage gemäß. Das Oberlandesgericht wies dagegen die Klage ab. Auf die Revision des Konkursverwalters wurde das Urteil des Oberlandesgerichts aufgehoben, und die Berufung gegen das landgerichtliche Urteil zurückgewiesen, aus folgenden

Gründen:

„Nach § 14 Abs. 1 E.G. z. K.O. bestehen Faustpfandrechte im Sinne des § 40 K.O. an beweglichen Sachen nur, wenn der Pfandgläubiger oder ein Dritter für ihn den Gewahrsam der Sache erlangt oder behalten hat. Ohne Übergabe der Sache kann das Absonderungsrecht nach Abs. 2 des § 14 u. a. dann zur Entstehung gelangen, wenn nach den Reichsgesetzen oder den Landesgesetzen die Übergabe von Konnossementen und ähnlichen Papieren über Waren oder andere bewegliche Sachen der Übergabe derselben gleichsteht, und im § 5 des preußischen Ausf.-Ges. z. K.O. ist für das Geltungsgebiet des gemeinen Rechtes bestimmt, daß bei Verpfändung von aufgespeicherten oder niedergelegten Waren u. s. w., sowie auf dem Transport befindlichen Gütern die Übergabe des auf den Gläubiger übertragenen Konnossementes, Ladescheins, Lagerscheins oder ähnlichen Papieres der Übergabe der Sache gleichsteht, sofern der Gläubiger mittels des Papiers in der Lage ist, über den Gegenstand der Verpfändung zu verfügen.

Die Niederlagescheine, welche die Beklagte empfangen hatte, waren aber keine Papiere, die sie in den Stand setzten, über die niedergelegten Waren zu verfügen. Die Scheine lauteten nicht an Ordre und konnten daher durch Indossament nicht übertragen werden (Art. 302 H.G.B.). Ebensowenig waren sie Inhaberpapiere; denn nach § 12 des Niederlage-Regulativs ist die Zollverwaltung zwar befugt, nicht aber verpflichtet, die Waren an den Vorleger der Urkunde als solchen herauszugeben. Daraus folgt, daß vermittelst der Übergabe der Niederlagescheine die niedergelegten Waren selbst der Beklagten nicht rechtswirksam verpfändet werden konnten.

Das Berufungsgericht ist aber gleichwohl zur Abweisung der Klage gelangt, und zwar auf Grund der Annahme, daß die Firma M. S. Sohn ihre durch die Niederlagescheine beurkundeten Forderungen auf Auslieferung der niedergelegten Waren entweder an die Beklagte zum Zwecke der Sicherung der dieser zustehenden Forderungen abgetreten, oder doch der Beklagten rechtsgültig verpfändet habe. Diese Entscheidung ist rechtsirrtümlich. Mag das eine, oder das andere der beiden bezeichneten Rechtsgeschäfte zustande gekommen sein, so hat doch die Beklagte das von ihr in Anspruch genommene

Absonderungsrecht nicht erworben. Die niedergelegten Waren standen im Eigentume der Firma M. S. Sohn; die Forderungen, die ihr gegen die Zollverwaltung zustanden, gingen nur auf thatsächliche Auslieferung der Waren. Unterstellt man nun, daß die Firma M. S. Sohn diese ihre Forderungen zum Zwecke der Gewährung einer Sicherheit an die Beklagte abgetreten hatte, so mag die Absicht der Parteien die gewesen sein, daß die Beklagte, wenn sie die Forderungen einzog, mit der Erlangung des Besitzes der Waren auch deren Eigentümerin werden sollte. Bis dahin aber, wo sie den Besitz erlangte, blieben die Waren im Eigentume der Firma M. S. Sohn, während die Beklagte auf den Erwerb dieses Eigentumes nur einen persönlichen Anspruch hatte, und der Besitzerwerb konnte den Eigentumserwerb dann nicht zur Folge haben, wenn inzwischen die Firma M. S. Sohn die Befugnis zur Verfügung über die Waren verloren hatte. Letzteres ist eingetreten. Die Beklagte hat sich zwar den Besitz der Waren verschafft, und zwar dadurch, daß sie die Waren im Niederlageregister auf ihren Namen hat umschreiben lassen. Dies ist indes erst geschehen, nachdem bereits das Konkursverfahren über das Vermögen der Firma M. S. Sohn eröffnet worden war. Der Konkursverwalter konnte nunmehr mit der Eigentumsklage die Herausgabe der Waren von der Beklagten verlangen; eine wirksame Einrede hatte die Beklagte weder auf Grund ihres persönlichen Anspruches auf den Erwerb des Eigentumes zum Zwecke der Sicherung ihrer Forderung, wie sich aus § 10 K.O. ergiebt, noch auf Grund eines Zurückbehaltungsrechtes, da keine der Bestimmungen des § 41 K.O. hier zutrifft.

Nicht anders ist aber die Rechtslage der Beklagten, wenn man davon ausgeht, daß ihr die durch die Niederlagescheine beurkundeten Forderungen verpfändet waren. Allerdings, wären diese Verpfändungen nur nach gemeinem Rechte zu beurteilen, so müßte anerkannt werden, daß die Beklagte durch sie, sei es auf Grund allein, oder doch zugleich gewollter Verpfändung der Waren, an diesen ein vollkommen wirksames Pfandrecht erworben habe, weil nach gemeinem Rechte schon die bloße Willenseinigung zur Begründung auch des Pfandrechtes an einer Sache genügt. Da aber der § 14 Abs. 1 Einf.-Ges. z. K.O. hier eingreift, so konnte die Beklagte ein Pfandrecht im Sinne des § 40 K.O. an den Waren erst dadurch erwerben, daß sie selbst oder ein Dritter für sie deren Gewahrsam erlangte, und dieser Pfandrechtserwerb war angesichts der Vorschrift des § 12 K.O. nach der Eröffnung des Konkursverfahrens über das Vermögen der Firma M. S. Sohn nicht mehr möglich. Das Ergebnis ist also auch hier, daß die erst nach der Eröffnung des Konkursverfahrens in den Besitz der Waren gelangte Beklagte zu deren Herausgabe auf eine Eigentumsklage des Konkursverwalters hätte verurteilt werden müssen.

Vgl. Hellwig, Die Verpfändung und Pfändung von Forderungen § 27.

Wäre die Beklagte darauf verfallen, nach der Eröffnung des Konkursverfahrens die ihr, wie hier vorausgesetzt wird, verpfändeten Forderungen auf Grund ihres Forderungspfandrechtes an einen Dritten zu verkaufen, so hätte auch der Erwerber, wenn sich ein solcher gefunden, allenfalls den Besitz der Waren sich verschaffen, sich aber nicht der Eigentumsklage des Konkursverwalters gegenüber in diesem Besitze behaupten können.

Übrigens ist an der Unrichtigkeit der berufungsgerichtlichen Entscheidung umsoweniger zu zweifeln, als man sonst dem praktischen Erfolge nach dahin gelangen würde, den sogenannten Dispositionspapieren solche Urkunden, die dies nicht sind, hinsichtlich der Möglichkeit mittelbarer Sachübergabe vollkommen gleichzustellen." ...

17. Ist die Verantwortlichkeit des Unternehmers einer elektrischen Straßenbahn für Schaden, der durch den Übertritt des Starkstromes in den Schwachstromdraht einer Fernsprechanlage entsteht, nur von dem Bestehen einer Schutzpflicht nach § 12 des Gesetzes über das Telegraphenwesen des Deutschen Reichs vom 6. April 1892 oder von der Nichteinhaltung einer Konzessionsbedingung abhängig? Kann konkurrierendes Verschulden des Unternehmers der Fernsprechanlage vorliegen, auch wenn diese der elektrischen Bahn gegenüber nicht schutzpflichtig im Sinne des § 12 des Telegraphengesetzes ist?

VI. Civilsenat. Urt. v. 26. Januar 1899 i. S. Allg. Lokal- u. Straßenbahn-Gesellsch. (Bekl.) w. Reichs-Post- u. Telegraphenverwaltung (Kl.). Rep. VI. 323/98.

I. Landgericht Dortmund.
II. Oberlandesgericht Hamm.

Die Entscheidung ist unten unter „Preußisches Recht" Nr. 62 S. 252 abgedruckt.

18. Ist der Rechtsanwalt, der zugleich Notar ist, verpflichtet, ein ihm als Anwalt erteiltes Mandat niederzulegen, wenn er als Notar entgegengesetzten Interessen gedient hat?

VI. Civilsenat. Urt. v. 26. Januar 1899 i. S. D. (Bekl.) w. K. (Kl.). Rep. VI. 373/98.

I. Landgericht Halle a. S.
II. Oberlandesgericht Naumburg a. S.

Die Entscheidung ist unten unter „Preußisches Recht" Nr. 63 S. 262 abgedruckt.

19. Briefliches Vertragsanerbieten unter Kaufleuten mit Setzung einer Frist für die Annahme. Bezieht sich diese Frist im Zweifel auf den Zeitpunkt, bis zu welchem der Empfänger die Annahmeerklärung absenden, oder auf den Zeitpunkt, bis zu welchem sie bei dem Anbietenden eintreffen muß?

I. Civilsenat. Urt. v. 28. Januar 1899 i. S. W. (Kl. u. Widerbekl.) w. D. (Bekl. u. Widerkl.). Rep. I. 414/98.

I. Landgericht Bromberg.
II. Oberlandesgericht Posen.

Mit Schreiben vom 4. September 1897 bot der Beklagte, ein Gutsbesitzer und Kaufmann zu Bro. in der Provinz Posen, der Klägerin, einer Handelsfirma in Breslau, Kartoffelmehl f. o. b. Danzig von Kahn zu Kahn zum Kaufe an. Das Schreiben schloß mit den Worten:

„Indem ich Ihnen diese Offerte bis zum 6. d. M. incl. an Hand lasse, erwarte ich Ihre baldgefällige Nachricht."

Die Klägerin nahm dieses Angebot mittels eines Telegrammes an, das am 6. September 9 Uhr abends in Breslau aufgegeben, aber erst am folgenden Tage morgens um 7 Uhr 12 Minuten in Bro. angekommen und 5 Minuten später dem Beklagten behändigt ist. Der Beklagte hat sofort zurückdepeschiert:

„Telegramm erst heute erhalten; ich kann nicht acceptieren, da den Posten anderweit fest anstellte."

Die Klägerin erwiderte:

„Bestehe auf Lieferung."

Die Parteien stritten im Prozesse darüber, ob die Annahmeerklärung des Beklagten rechtzeitig erfolgt, und infolgedessen ein Vertrag zustande gekommen ist, oder nicht.

Die Klägerin klagte auf Verurteilung des Beklagten zur Lieferung des Mehles gegen Zahlung und behielt sich Schadensersatzansprüche wegen Verspätung der Lieferung vor. Der Beklagte trug auf Abweisung der Klage an und erhob eine Widerklage dahin, die Klägerin zu der Anerkennung zu verurteilen, daß ihr aus der Offerte des Beklagten vom 4. September 1897 keinerlei Ansprüche gegen den Beklagten zustehen. Der erste Richter verurteilte den Beklagten nach dem Klagantrage und wies die Widerklage ab. In der Berufungsinstanz aber wurde umgekehrt die Klage abgewiesen, und nach der Widerklage erkannt.

Die Revision ist zurückgewiesen aus folgenden

Gründen:

„Auf Antrag der Parteien hatte der erste Richter von zwei kaufmännischen Korporationen, denen er die Akten zugeschickt hatte, Auskunft über die Bedeutung der in dem Anerbietungsschreiben des Klägers enthaltenen Fristsetzung erfordert. Die Handelskammer in Breslau hat erklärt, daß durch den Schlußsatz des Briefes nach allgemeinem Handelsbrauch dem Kläger der ganze 6. September zur Absendung der Annahmeerklärung offengestellt worden sei, sodaß das abends um 9 Uhr in Breslau aufgegebene und anderen Morgens nach 7 Uhr in die Hände des Beklagten gelangte Annahmetelegramm den Beklagten rechtzeitig und zu einer Zeit erreicht habe, wo er frühestens den Eingang der Erklärung der Klägerin erwarten konnte. Ähnlich haben sich auch die Ältesten der Kaufmannschaft von Berlin ausgesprochen. Sie sagen, nach kaufmännischem Sprachgebrauche sei der Offerent, der einem Geschäftsfreunde eine Anstellung „bis zum Ablaufe eines bestimmten Tages an Hand läßt', so lange an seine Offerte gebunden, bis die vor Ablauf der gestellten Frist abgegebene und zur Beförderung aufgegebene Annahmeerklärung bei ordnungsmäßigem Geschäftsgange in den Besitz des Offerenten gelangen könne. Wolle der Ansteller die Verbindlichkeit für seine Offerte davon abhängig machen, daß die Annahmeerklärung bis zum Ablaufe der gestellten Frist in seinen Besitz gelangt sein müsse, so sei es gebräuchlich, der Offerte den Zusatz zu geben: „Zusage bis . . . in meinen Händen". Gestützt auf diese Auskünfte und auf das angebliche Verständnis der gewählten Worte selbst, hatte der erste Richter angenommen, daß die Annahmeerklärung, weil sie vor Mitternacht abgesandt und ordnungsmäßig übergekommen, rechtzeitig erfolgt, und der Vertrag daher zum Abschlusse gelangt sei.

Demgegenüber hat der Berufungsrichter seine abweichende Auffassung, wie folgt, begründet. Es widerspreche den Erfahrungen des geschäftlichen Lebens, eine Fristsetzung „bis zum 6. September incl." dahin zu verstehen, daß auch noch die späteren Abendstunden bis zur Mitternacht zwischen dem 6. und 7. in die Frist einzurechnen seien. In diesen Stunden ruhe der geschäftliche Verkehr, und man müsse daher annehmen, daß eine Frist dieser Art jedenfalls immer mit Eintritt der abendlichen Geschäftsruhe ende, wie dies auch vom Reichsgerichte in dem bei *Bolze*, Praxis Bd. 9 Nr. 202 mitgeteilten Falle angenommen sei. Die Handelskammer in Breslau äußere sich nicht darüber, in welchem Zeitpunkte der „ganze" Tag endige, und habe sogar in ihrer Auskunft die Worte „bis Mitternacht dieses Tages" wieder durchgestrichen, was auf die Meinung deute, daß die Frist bis dahin wohl jedenfalls nicht zu erstrecken sei. Die Ältesten von Berlin aber unterstellten den Fall, daß der Offerent die Anstellung „*bis zum Ablaufe*" eines bestimmten Tages an Hand lasse, während es hier bloß heiße „bis zum 6. incl." Wenn man daher auch annehmen wollte, daß die Frist dahin zu verstehen sei, bis zu welchem Zeitpunkte die Annahmeerklärung hätte *abgesandt* werden müssen, so sei die Erklärung doch verspätet abgesandt, da um 9 Uhr abends in Breslau die ortsübliche Geschäftszeit längst vorbei gewesen sei. In Wahrheit aber sei jene Unterstellung nicht gerechtfertigt; vielmehr habe die Fristsetzung den Sinn gehabt, daß die Annahmeerklärung am 6. September beim Beklagten eintreffen mußte. Welche Bedeutung sonst im Handelsverkehre mit dem Ausdrucke „eine Offerte bis zum . . . incl. an Hand lassen" verbunden werde, könne auf sich beruhen bleiben. Im vorliegenden Falle habe der Beklagte unzweifelhaft diesen Sinn mit den gewählten Worten verbunden, und für die Klägerin sei das auch erkennbar gewesen. Dies schließt das Berufungsgericht aus folgenden Umständen. Die starken Preisschwankungen, denen die gehandelte Ware unterworfen sei, hätten von vornherein eine möglichst kurze Frist nötig gemacht. Auch spreche hierfür der Zusammenhang der gewählten Worte: „Indem ich an Hand lasse, erwarte ich Ihre baldgefällige Nachricht", endlich aber die Thatsache, daß sich die Klägerin des Telegraphen bedient und die Antwort nicht einfach brieflich gegeben habe. Der um $11^1/_2$ Uhr abends von Breslau abfahrende Zug würde einen Brief der Klägerin so befördert haben, daß er am anderen Morgen mit der ersten Post in den Händen des Beklagten gewesen, also ungefähr zu derselben Zeit angekommen sein würde, wie das von der Klägerin abgesandte Telegramm. Die Klägerin habe offenbar geglaubt, daß das Telegramm zur Nachtzeit bestellt werden würde, und habe deswegen den Telegraphen gewählt in dem Bewußtsein, daß der Beklagte noch am 6. September im Besitze der Antwort sein müsse.

Die Revision erhebt Angriffe gegen beide Entscheidungsgründe des Berufungsurteils. Sie macht geltend, daß, wenn die Fristsetzung so zu verstehen sei, wie die beiden befragten Handelskammern angenommen haben, aus Art. 319 H.G.B. abgeleitet werden müsse, daß der Beklagte so lange an sein Angebot gebunden gewesen sei, als er eine vor Ablauf der Frist abgesandte Antwort habe erwarten können. Da aber der Beklagte telegraphische Antwort nicht gefordert habe, so habe er unter allen Umständen bis zum Morgen des 7. September auf die erste Post warten müssen. Die Antwort der Klägerin aber sei vor diesem Zeitpunkte eingetroffen. Es könne der Klägerin nicht zum Nachteile gereichen, daß sie sich eines noch rascheren Beförderungsmittels bedient habe, als der Beklagte habe erwarten dürfen.

Die Argumente aber, die das Berufungsgericht dafür angebe, daß die Fristsetzung hier anders gemeint sei, bezeichnet die Revision als unschlüssig, und rügt, daß dabei andere Briefe des Beklagten, die dem Gerichte vorgelegen hätten, nicht genügend beachtet seien. In diesen anderen, ebenfalls Offerten enthaltenden Briefen bediene sich der Beklagte u. a. des Ausdruckes: „Die Offerte gebe Ihnen bis 9. d. M. incl. an Hand, Drahtzusage hierhabend."

Der Revision kann zugegeben werden, daß die Ausführungen des Berufungsgerichtes teilweise zu rechtlichen Bedenken Anlaß geben können, und daß dies namentlich auch von der Ausführung gilt, daß nach der besonderen Belegenheit des vorliegenden Falles die Frist von beiden Teilen in dem Sinne verstanden worden sei, daß die Antwort vor deren Ablauf beim Beklagten habe eintreffen müssen. Aber diese Bedenken können nicht zur Aufhebung des Urteiles führen. Wenn es auch an besonderen Merkmalen ganz fehlen sollte, auf die für den Einzelfall eine Schlußfolgerung auf den konkreten Parteiwillen gegründet werden könnte, so würde im Endergebnisse dem Berufungsgericht doch zugestimmt werden müssen. Denn im Zweifel muß die Willenserklärung des Beklagten jedenfalls so ausgelegt werden, wie der Berufungsrichter sie thatsächlich ausgelegt hat.

Das Handelsgesetzbuch giebt im Art. 319 für die Gebundenheit des Antragenden beim Kontraktschlusse unter Abwesenden eine feste Norm, die sich im Handelsverkehre mittlerweile fest eingelebt hat und — soweit sie hier interessiert — im wesentlichen auch vom Bürgerlichen Gesetzbuche für das Deutsche Reich als allgemein gültig übernommen worden ist (§ 147 Abs. 2). Das Handelsgesetzbuch sagt, daß bei einem unter Abwesenden gestellten Antrage der Antragende bis zu dem Zeitpunkte gebunden bleibt, in welchem er bei ordnungsmäßiger rechtzeitiger Absendung der Antwort den Eingang der letzteren erwarten darf. Das Gesetz normiert also eine Frist, bis wohin der Antragende an seinen Antrag gebunden bleibt; es normiert nicht eine Frist, innerhalb deren der andere Teil die Annahmeerklärung spätestens absenden muß, wenn sie noch als rechtzeitig und wirksam gelten soll. Allerdings spielt das Moment der rechtzeitigen Absendung der Antwort eine Rolle in der Bestimmung der Frist, die für die Gebundenheit des Antragenden läuft; mit anderen Worten: die Absendung der Antwort so, wie sie bei ordnungsmäßigem Geschäftsgange und unter regelmäßigen Umständen erwartet werden darf, ist ein Element, mittels dessen die Frist bestimmt wird, bis zu deren Ablauf der Antragende gebunden bleibt. Rechtlich aber handelt es sich immer um die Zeitgrenze für die Gebundenheit des Offerenten, nicht um die Zeitgrenze für die Erklärung des Oblaten. Praktisch tritt das z. B. darin zu Tage, daß, wenn sich der regelmäßige Geschäftsgang mit brieflicher Antwort begnügen würde, der Oblat durch Benutzung des Telegraphen die Überlegungsfrist zu seinen Gunsten um einiges erstrecken kann.

Nun enthält freilich das Handelsgesetzbuch über die gewillkürte Annahmefrist keine besondere Regel (anders das Bürgerliche Gesetzbuch § 148 in Verbindung mit § 130). Gleichwohl muß davon ausgegangen werden, daß im Zweifel auch eine gewillkürte Fristbestimmung in demselben Sinne auszulegen ist: der Antragende will von vornherein den Zeitpunkt normieren, bis wohin er sich als gebunden ansieht; er will aber nicht dem anderen Teile vorschreiben, wann dieser die Antwort spätestens absenden muß. Daß auch in dieser Hinsicht eine Abweichung von dem dispositiven Rechtssatze des Art. 319 gewollt sei, wird stets eines besonderen Nachweises bedürfen, darf aber umsoweniger vermutet werden, als das Gesetz darin dem Offerenten günstig ist, daß er sich um den Zeitpunkt der Abgabe der Erklärung (im Regelfalle) nicht zu kümmern, sondern bloß darauf zu sehen braucht, wann die Antwort bei ihm einläuft.

Daß unter Umständen eine solche Abweichung von der gesetzlichen Norm, auch ohne daß eine ausdrückliche Erklärung vorliegt, aus der Lage des Einzelfalles abgeleitet werden kann, soll nicht verkannt werden. Man denke etwa an den Fall, wo der Antragende die Frist so kurz gesteckt hat, daß es nach der Beschaffenheit der Verkehrsmittel gar nicht möglich gewesen sein würde, daß auch eine prompte Antwort bis dahin zurück sein konnte. Von derartigen besonderen Umständen liegt hier aber nichts vor. Daß Kaufleute gelegentlich ihren Willen, daß es auf die Ankunft der Zusage innerhalb der Frist ankommen solle, noch besonders betonen („Zusage bis . . . in meinen Händen" oder ähnliche Wendungen), und daß sich auch der Beklagte in anderen Fällen derartiger Wendungen bedient hat, gestattet keinen Schluß darauf, daß das Gegenteil gemeint sei, wenn diese besondere deutliche Betonung fehlt. Noch weniger aber darf aus den Worten:

„Die Offerte bis zum . . . an Hand lassen", etwas zu Gunsten der klägerischen Auffassung gefolgert werden. Die Wendung „an Hand lassen" ist seit lange üblich und bezeichnet nichts weiter als den Zustand der Gebundenheit des Offerenten.

Hiernach muß angenommen werden, daß der Beklagte, wenn er, wie geschehen, sein Vertragsanerbieten an eine Frist knüpfte, damit die gesetzliche Frist — d. h. die Frist, bis wohin die Zusage bei ihm eingetroffen sein mußte — anderweitig selbständig normiert hat. Das folgt aus dem dispositiven Inhalte des Gesetzes selbst. Und daher hat das Reichsgericht in der vorliegenden Sache auf die gutachtlichen Äußerungen der Handelskammern, die von der ersten Instanz veranlaßt worden sind, ein Gewicht nicht legen können." . . .

20. Können die nämlichen Personen mehrere offene Handelsgesellschaften bilden, und unter welchen Voraussetzungen? Würdigung des Sachverhaltes mit Beziehung auf die Frage, ob eine offene Handelsgesellschaft aufgelöst, oder nur ein Mitglied aus ihr ausgeschieden ist.

I. Civilsenat. Urt. v. 28. Januar 1899 i. S. D. (Bekl.) w. N. (Kl.). Rep. I. 423/98.

I. Landgericht Breslau.
II. Oberlandesgericht daselbst.

Aus den Gründen:

„Das Berufungsgericht geht . . . . davon aus, daß die drei Brüder Georg, Otto und Arthur D. nur eine offene Handelsgesellschaft gebildet hätten, und daß diese Gesellschaft aufgelöst, demnach aber die Beklagte eine neue, am 1. Oktober 1896 ins Leben getretene Gesellschaft sei. Beides steht indes mit den jetzt feststehenden Thatsachen nicht im Einklang. In dem privatschriftlichen Auseinandersetzungsvertrage vom 30. Juli 1896 ist zwar nur von einer Gesellschaft die Rede, und diese wird als aufgelöst bezeichnet. Demgegenüber steht aber zunächst fest, daß die genannten drei Brüder nach ihrer gesellschaftlichen Vereinigung das bis dahin von Georg D. in Braunschweig unter der Firma B. & J. betriebene Handelsgewerbe in Braunschweig unter der bisherigen Firma B. & J., und daß sie ebenso das bis dahin von Otto D. in Breslau unter der Firma O. D. betriebene Handelsgewerbe in Breslau unter der bisherigen Firma O. D. weiter betrieben haben. Daraus ergiebt sich, daß sie in Wahrheit nicht eine, sondern zwei offene Handelsgesellschaften bildeten. Personen, die eine offene Handelsgesellschaft gründen, schaffen damit zwar keine neue Rechtspersönlichkeit, aber sie schaffen ein geschlossenes, von ihrem sonstigen Vermögen zu unterscheidendes Gesellschaftsvermögen, dessen Selbständigkeit insbesondere darin zu Tage tritt, daß aus ihm im Falle des Konkurses der Gesellschaft die Gesellschaftsgläubiger abgesondert befriedigt werden. Gegeben ist die Geschlossenheit und Abgrenzung des Gesellschaftsvermögens dadurch, daß die Gesellschafter unter einer gemeinschaftlichen Firma ein Handelsgewerbe betreiben. Das für die Zwecke des so betriebenen Handelsgewerbes eingebrachte Vermögen mit seinem etwaigen Zuwachs, insbesondere dem durch namens der Firma geschlossene Geschäfte für die Gesellschaft Erworbenen, bildet das Gesellschaftsvermögen. Alsdann läßt sich aber, wenn, wie es hier der Fall gewesen ist, gesellschaftlich vereinigte Personen von verschiedenen Orten aus und unter verschiedenen Firmen mehrere Handelsgewerbe betreiben, die Folgerung nicht ablehnen, daß so viele verschiedene Gesellschaftsvermögen, und mithin so viele offene Handelsgesellschaften vorhanden sind, als in der angegebenen Weise getrennte Handelsgewerbe betrieben werden.

Vgl. Entsch. des R.G.'s in Civils. Bd. 16 Nr. 4.

Daß ein Einzelkaufmann unter verschiedenen Firmen verschiedene Handelsgewerbe betreiben kann, ist richtig. Daraus kann aber ein Gegenargument nicht entnommen werden, weil bei einem Einzelkaufmann überhaupt nicht so, wie bei einer offenen Handelsgesellschaft, zwischen dem Geschäftsvermögen und dem Privatvermögen unterschieden wird. Hiernach bestand eine offene Handelsgesellschaft unter der Firma B. & J. mit dem Sitze in Braunschweig, und eine zweite, davon verschiedene unter der Firma O. D. mit dem Sitze in Breslau. Nach dem Auseinandersetzungsvertrage vom 30. Juli 1896 sollte Georg D. das Geschäft in Braunschweig übernehmen, das Geschäft in Breslau mit seiner bisherigen Firma seinen Brüdern Otto und Arthur D. verbleiben. Wenn demnach auch nach dem 1. Oktober 1896 eine offene Handelsgesellschaft unter der Firma O. D. bestehen sollte, dann war es das Nächstliegende, daß die unter dieser Firma schon bestehende Gesellschaft nicht aufgelöst wurde, sondern erhalten blieb, und nur Georg D. aus ihr ausschied, und schon damit drängt sich, da der sachliche Inhalt des Auseinandersetzungsvertrages mit einer solchen Regelung des Verhältnisses sehr wohl vereinbar ist, der Gedanke auf, daß es dies war, was die Beteiligten wirklich wollten, und in dem Vertrage nur nicht richtig zum Ausdruck gebracht haben. Jeder Zweifel wird aber ausgeschlossen durch die unbestrittene Thatsache, daß im Gesellschaftsregister des Amtsgerichtes Breslau mit Beziehung auf die Gesellschaftsfirma O. D. eingetragen ist: „Der Fabrikbesitzer Georg D. ist aus der Gesellschaft ausgeschieden. Eingetragen zufolge Verfügung vom 2. Oktober am 10. Oktober 1896." Daß diese Eintragung der bei dem Registerrichter erfolgten Anmeldung nicht entsprochen habe, ist von der Beklagten nicht geltend gemacht worden. Das Ergebnis ist daher, daß die jetzt verklagte Gesellschaft dieselbe Gesellschaft O. D. ist, die vor dem 1. Oktober 1896 bestand, und daß nur Georg D. aufgehört hat, ihr Mitglied zu sein." . . .

21. Kann eine Klage aus § 3 des Anfechtungsgesetzes vom 21. Juli 1879 gegen denjenigen gerichtet werden, welchem ein Dritter auf Verlangen des Schuldners ein dem letzteren aus einem Tauschvertrage geschuldetes Grundstück aufgelassen hat? Darf der Klagantrag dahin gestellt werden, den Beklagten zur Duldung der Zwangsvollstreckung in das Grundstück zu verurteilen?

II. Civilsenat. Urt. v. 3. Februar 1899 i. S. M. Ehefr. (Bekl.) w. N. u. Gen. (Kl.). Rep. II. 369/98.

I. Landgericht I Berlin.
II. Kammergericht daselbst.

Der Schuldner M., gegen welchen seitens der Kläger auf Grund vollstreckbarer Schuldtitel vergeblich die Zwangsvollstreckung versucht worden war, hatte aus einem Tauschvertrage gegen den Kaufmann S. den Anspruch auf Auflassung zweier Grundstücke; auf sein Verlangen ließ S. die Grundstücke der Ehefrau des M. auf, gegen welche demnächst die Kläger auf Grund des § 3 Ziff. 1. 4 des Anfechtungsgesetzes vom 21. Juli 1879 Klage mit dem Antrage erhoben, die Beklagte zu verurteilen, die Zwangsvollstreckung wegen der klägerischen Forderungen in die genannten Grundstücke zu dulden.

Das erstinstanzliche Urteil, welches die Beklagte nach dem Klagantrage verurteilte, wurde in der Berufungsinstanz bestätigt. Die Revision der Beklagten wurde zurückgewiesen.

Aus den Gründen:

... „Die Beklagte sucht in erster Linie, unter Berufung auf mehrere Reichsgerichtsentscheidungen, das Rechtsmittel durch die Ausführung zu begründen, daß, selbst wenn man die Anfechtung als begründet ansehen dürfe, doch die ausgesprochene Verurteilung, die Zwangsvollstreckung in die Grundstücke zu dulden, nicht gerechtfertigt sei, weil die Grundstücke niemals zum Vermögen des Schuldners gehört hätten, und daß sie eventuell nur den Wert der Grundstücke abzüglich der darauf haftenden Hypotheken zurückzugewähren habe.

Es ist nun allerdings richtig, daß die erwähnten Grundstücke niemals Eigentum des Schuldners M. gewesen, und daß sie direkt aus dem Eigentum des S. in das der Beklagten übergegangen sind; darum ist aber nicht minder wahr, daß durch die Umstände, unter denen dieser Eigentumsübergang von S. auf die Beklagte erfolgte, mit dem Willen des M. zum Nachteile seiner Gläubiger zugleich eine Verminderung seines Vermögens herbeigeführt wurde, die der Entziehung jener Grundstücke gleichkommt; denn indem M. den S. aufforderte, die Grundstücke nicht, wie er nach dem Tauschvertrage verpflichtet war, ihm, dem M., selbst, sondern der Beklagten aufzulassen, erklärte er zugleich, daß S. durch Befolgung dieser Aufforderung sich von der erwähnten Verpflichtung befreie, und es wurde, indem die Beklagte hierauf einging, so der Vorteil aus der dem M. gebührenden Leistung — der Erwerb des Eigentumes an den Grundstücken — der Beklagten zugeführt; es wurde also dem Erfolge nach derselbe Zustand herbeigeführt, der entstanden wäre, wenn zuerst S., seiner Verpflichtung entsprechend, die Grundstücke dem M., und sodann dieser sie der Beklagten aufgelassen hätte. Daß dieses Rechtsgeschäft als die Gläubiger des M. benachteiligend an sich der Anfechtung gemäß § 3 des Anfechtungsgesetzes ausgesetzt ist, kann einem Zweifel nicht unterliegen, da durch das rechtsgeschäftliche Zusammenwirken der drei genannten Personen den Gläubigern des M. die Möglichkeit entzogen worden ist, den gegen S. bestehenden Anspruch auf Auflassung der Grundstücke und sodann diese selbst zu ihrer Befriedigung heranzuziehen. Es kann sich nur fragen, ob auch der vom Berufungsgerichte anerkannte Anspruch der Kläger, daß die Beklagte die Zwangsvollstreckung zu dulden habe, mit der Vorschrift des § 7 des Anfechtungsgesetzes in Einklang zu bringen ist, nach welcher der Gläubiger, soweit es zu seiner Befriedigung erforderlich ist, beanspruchen kann, daß dasjenige, was durch die anfechtbare Handlung aus dem Vermögen des Schuldners veräußert, weggegeben oder aufgegeben ist, als noch zu demselben gehörig von dem Empfänger zurückgegeben werde. Dem Wortlaute nach entspricht die ausgesprochene Verurteilung dieser Vorschrift allerdings nicht; denn wenn auch die der Beklagten auferlegte Duldung der Zwangsvollstreckung gleichbedeutend ist mit der Herausgabe der Grundstücke zur Zwangsvollstreckung, so ist doch diese Herausgabe insofern nicht eine Rückgewähr, als die Grundstücke noch nicht Eigentum des M. gewesen sind. Daß aber die Duldung der Zwangsvollstreckung seitens der Gläubiger des M. oder die Herausgabe zum Zwecke einer solchen Zwangsvollstreckung materiell einer Rückgewähr des Grundstückes an M. gleichkommt, ist oben dargethan, und es muß angenommen werden, daß das Gesetz, um den Ränken besonders schlauer Schuldner entgegen zu treten, mit den in § 7 gebrauchten Worten auch solche Fälle treffen will, in denen der Schuldner es verstanden hat, die rechtlichen Formen des wirtschaftlich Gewollten so zu gestalten, daß Schuldner und Erwerber äußerlich in keine direkten Beziehungen zu einander treten, materiell aber das Vermögen des Schuldners zu Gunsten des Erwerbers vermindert wird, und demzufolge letzterer, wenn er gezwungen wird, die Zwangsvollstreckung in den Gegenstand des Erwerbes zu dulden, nur das zurückgewährt, was dem Schuldner entzogen worden ist. Die gleiche Entscheidung würde zum Beispiel auch zutreffen, wenn in denjenigen Rechtsgebieten, wo die Übergabe zur Übertragung des Eigentumes an beweglichen Sachen gehört, der Schuldner, welcher eine bewegliche Sache gekauft hat, statt die Sache sich erst übergeben zu lassen und dann einem Dritten zu übergeben, vor der Übergabe den Verkäufer angewiesen hätte, dieselbe dem Dritten direkt zu übergeben; auch hier müßten die Gläubiger des Käufers, wenn sonst die Voraussetzungen der Anfechtungsklage vorliegen, für berechtigt erachtet werden, von dem Dritten die Herausgabe der Sache zum Zwecke der Zwangsvollstreckung zu verlangen, obgleich die Sache niemals Eigentum des Schuldners gewesen ist, dieser vielmehr nur ein Forderungsrecht auf Übertragung des Eigentumes hatte. In denjenigen Rechtsgebieten, in denen die Übertragung des Eigentumes Übergabe der Sache nicht erfordert, würde der § 7 sogar dem Wortlaute nach anwendbar sein. Ein Grund, aus welchem lediglich infolge der verschiedenartigen Regelung des derivativen Eigentumserwerbes Fälle der in Rede stehenden Art hier der Anwendung des § 7 unterworfen, dort entzogen sein sollten, ist nicht ersichtlich.

Die Revisionsklägerin beruft sich für ihre abweichende Ansicht auf einige Urteile des Reichsgerichtes, denen jedoch Rechtsfälle zu Grunde liegen, die in wesentlichen Punkten mit dem gegenwärtigen nicht übereinstimmen. So war der in dem Urteile Bd. 39 S. 344 der Entsch. des R.G.'s in Civils. ausgesprochene Satz: „Da das Grundstück vor der fraglichen Rechtshandlung niemals dem F. H. (dem Schuldner) gehört hat, also auch durch dieselbe nicht aus dessen Vermögen herausgekommen sein kann, ist die Anwendung des Anfechtungsgesetzes vom 21. Juli 1879 ausgeschlossen", dadurch gerechtfertigt, daß in dem damals entschiedenen Falle der Schuldner nicht einmal einen Anspruch auf Auflassung des Grundstückes hatte, sondern nur einen angeblichen Anspruch auf Rückgewähr des auf einen mündlichen Kaufvertrag gezahlten Preises; sein Vermögen war also nicht durch Aufgeben eines Anspruches auf Auflassung vermindert worden. In dem von der Revisionsklägerin weiter angezogenen Falle Rep. II. 368/97 aber wurde es den Gläubigern versagt, im Wege der Anfechtung auf ein Grundstück zu greifen, das die Beklagte von einem Dritten gekauft hatte, dem sie zur Tilgung des Kaufpreises mehrere ihr vom Schuldner bestellte Hypotheken cediert hatte." . . .

22. Ist ein auf zwei verschiedene Personen gezogener Wechsel gültig?

II. Civilsenat. Urt. v. 3. Februar 1899 i. S. G. (Kl.) w. Eheleute D. (Bekl.). Rep. II. 424/98.

I. Landgericht Bonn.
II. Oberlandesgericht Köln.

Auf Grund eines von ihm auf beide Beklagte gezogenen, von diesen acceptierten und am 2. Juni 1898 gegen beide mangels Zahlung protestierten Wechsels klagte der Kläger im Wechselprozeß mit dem Antrage, die Beklagten als Gesamtschuldner zur Zahlung von 2857,10 ℳ (darunter 37,10 ℳ Wechselunkosten) nebst 6 Prozent Zinsen von 2820 ℳ seit dem 1. Juni 1898 und vom Reste seit dem Klagetage zu verurteilen.

Der vorgelegte Wechsel lautete:

Angenommen.
Frau A. M. D.
A. D.

Frankfurt a. M., den 1. Februar 1898. Für ℳ 2820.
Am ersten Juni 1898 zahlen Sie für diesen Prima-Wechsel an die Ordre Eigene die Summe von Mark Zweitausend achthundert und zwanzig den Werth in Rechnung und stellen solchen auf Rechnung lt. Bericht.
Herrn A. D. und Frau A. M. D. in B., G.'straße 7.
L. G.
Falls bei Herren G. & Co.

Die Beklagten beantragten, die Klage abzuweisen, weil der Wechsel ungültig sei. Sie machten geltend, der Wechsel sei aus dem doppelten Grunde ungültig, weil in demselben zwei verschiedene Personen bezogen seien, und weil nur bei einer dieser Personen der Wohnort angegeben sei. Beide vordere Instanzen wiesen die Klage ab, das Oberlandesgericht mit der Begründung:

„Einen bestimmten und einheitlichen Zahlungsort (Art. 4 Nr. 8 W.O.) läßt allerdings der der Klage zu Grunde liegende Wechsel nicht vermissen, weil sich aus der Verbindung der Namen der beiden Bezogenen durch „und" klar und unzweideutig ergiebt, daß die darunter stehende Angabe des Wohnortes und der Wohnung sich auf beide bezieht. . . . Dagegen ist die Gültigkeit des Wechsels in Übereinstimmung mit dem ersten Richter aus dem Grunde zu verneinen, weil in dem Wechsel zwei Personen als Bezogene bezeichnet sind."

Die Revision wurde zurückgewiesen aus folgenden

Gründen:

„Die Revision hält die Ansicht des Oberlandesgerichtes, daß in einem Wechsel nicht zwei verschiedene Personen als Bezogene benannt werden dürfen, für unrichtig und sucht auszuführen, daß in der Deutschen Wechselordnung keine Bestimmung enthalten sei, welche die Ziehung eines Wechsels auf zwei Personen untersage, und da eine solche Ziehung auch mit dem Wesen und der rechtlichen Bedeutung des Wechsels nicht in Widerspruch trete, so müsse sie für statthaft erklärt werden. Diese Auffassung werde unterstützt durch den Art. 81 W.O., welcher die Mitunterschrift eines Wechsels durch einen Bürgen mit der Wirkung gestatte, daß den Bürgen dieselbe wechselmäßige Verpflichtung treffe, wie den Acceptanten. Daraus müsse gefolgert werden, daß die Wechselordnung die Aufstellung von zwei nebeneinander gleichmäßig verpflichteten Bezogenen bei Ausstellung eines Wechsels zulassen wolle.

Wenn nun auch nicht verkannt werden kann, daß manche Gründe für die Zulässigkeit der Benennung mehrerer Bezogenen in einem Wechsel sprechen, sowie ja auch diese Zulässigkeit insbesondere in früherer Zeit vielfach in Doktrin und Rechtsprechung angenommen worden ist, so hat doch der erkennende Senat die Ansicht gewonnen, daß es mit den Bestimmungen der Deutschen Wechselordnung nicht verträglich ist, die Ziehung eines Wechsels auf mehr als eine Person zuzulassen, daß sonach die Entscheidung des Oberlandesgerichtes zutreffend und die Revision unbegründet ist.

Zunächst kann aus dem Art. 81 W.O. nicht gefolgert werden, daß dieser die Benennung mehrerer Trassaten habe für statthaft erklären wollen. Wenn das frühere preußische Obertribunal in der Entscheidung vom 3. November 1868,

Striethorst, Archiv Bd. 72 S. 357,

seine Auffassung, daß ein Wechsel auf mehrere Personen gezogen werden könne, mit der Erwägung begründet, daß nach Art. 81 jeder gezogene Wechsel von mehreren Personen acceptiert werden könne, daher auch die Zulässigkeit, einen Wechsel auf mehrere Personen zu ziehen, keinem Bedenken unterliege, so kann diese Begründung nicht für genügend erachtet werden. Der Art. 81 spricht aus, daß die wechselmäßige Verpflichtung den Aussteller, Acceptanten und Indossanten des Wechsels, sowie jeden trifft, welcher den Wechsel, die Wechselkopie, das Accept oder das Indossament mitunterzeichnet hat. Hierdurch wird in Bezug auf die verschiedenen Arten von Verpflichteten bestimmt, daß Wechselverpflichtung nur durch Unterschrift auf dem Wechsel begründet wird. Wenn hierbei zugleich Mitunterzeichner auch eines Acceptes für wechselmäßig verhaftet erklärt werden, so ist bei der Mitunterzeichnung vorausgesetzt, daß schon ein gültiges Accept eines Bezogenen vorhanden ist. Aus dieser Bestimmung kann daher nicht gefolgert werden, daß auch in gültiger Weise auf zwei oder mehrere Personen gezogen werden könne. Der Art. 81 setzt einen nach der Wechselordnung gültigen Wechsel voraus, und wenn die Ziehung auf mehrere Personen überhaupt unzulässig ist, so finden die Bestimmungen des Art. 81 keine Anwendung (Art. 7 W.O.). Aus demselben Grunde ist auch die Berufung der Revision auf den durch den Art. 81 gestatteten Zutritt eines zweiten Wechselverpflichteten in der Person eines Wechselbürgen ohne Bedeutung für die streitige Frage. Die Beantwortung derselben muß vielmehr ohne Rücksicht auf den Art. 81 aus den übrigen Bestimmungen der Wechselordnung, insbesondere den Vorschriften über die Erfordernisse eines gezogenen Wechsels (Art. 4), geschöpft werden.

Zunächst ist nun hervorzuheben, daß die Deutsche Wechselordnung, wie aus Art. 4 Ziff. 7 und zahlreichen anderen Artikeln, in welchen der Ausdruck „der Bezogene" vorkommt, hervorgeht, offenbar nur an einen Bezogenen gedacht hat. Wenn auch hieraus allein nicht geschlossen werden darf, daß die Wechselordnung die Benennung mehrerer Bezogenen ausschließen wollte, so muß diese Folgerung doch dann für zutreffend erachtet werden, wenn sich aus der Zulassung dieser Benennung Konsequenzen ergeben würden, welche mit den Grundsätzen der Wechselordnung nicht verträglich sind. Das ist aber anzunehmen.

Auf jeden Fall müßten, wenn die Zulassung überhaupt für statthaft erachtet werden sollte, mehrere Ausnahmefälle statuiert werden, in welchen die Ziehung auf mehr als eine Person offensichtlich mit einzelnen Bestimmungen des Art. 4 in Widerspruch treten würde. So bei mehreren alternativ oder successiv benannten Bezogenen, ferner bei Sichtwechseln und in den Fällen, wo die mehreren Bezogenen verschiedene Wohnorte haben würden, und kein einheitliches Domizil für den Wechsel bestimmt wäre.

Vgl. Rehbein, 5. Aufl. zu Art. 4 Bem. 34.

In allen diesen Fällen würde es an der nötigen Bestimmtheit in Bezug auf die durch die Ziffern 7, 4 und 8 des Art. 4 vorgeschriebenen

Angaben im Wechsel fehlen. Was insbesondere Wechsel mit verschiedenen Wohnorten der mehreren Bezogenen betrifft, so ist in der Rechtsprechung anerkannt, daß jeder Wechsel nur einen bestimmten Zahlungsort haben darf,

vgl. Entsch. des R.G.'s in Civils. Bd. 25 S. 61,

worauf allein auch die Bestimmungen der Wechselordnung über Protesterhebung mangels Zahlung passen. Durch die Zulassung mehrerer Trassaten mit verschiedenen Wohnorten würde sich thatsächlich die Wechselobligation in mehrere Wechselobligationen auflösen, was mit der Einheitlichkeit des durch den Wechsel geschaffenen obligatorischen Verhältnisses nicht vereinbar wäre.

Wenn nun auch von den vorerwähnten Ausnahmefällen keiner bei dem streitigen Wechsel zutrifft, so muß doch schon die Notwendigkeit ihrer Aufstellung und die dadurch für die Anwendung entstehende Unsicherheit es bedenklich erscheinen lassen, den von der Revision gewollten Satz in die zum großen Teile auf formalen Vorschriften beruhende Wechselordnung einzuführen, obgleich diese selbst hierüber nichts bestimmt. Aber auch abgesehen von den Ausnahmefällen ergeben sich, wie das Oberlandesgericht mit Recht hervorgehoben hat, bei der Ziehung eines Wechsels auf mehr als eine Person erhebliche Zweifel über die Art und das Maß der Haftbarkeit der einzelnen Bezogenen. Es bleibt ungewiß, ob sie gemeinschaftlich, und in welcher Weise, ob jeder für das Ganze, oder nur verhältnismäßig für seinen Teil, oder ob sie etwa alternativ haften sollen. Denn auch das letztere würde, falls nicht eine entgegenstehende Bestimmung des Wechselziehers vorhanden ist, als möglicher Inhalt seines Willens angenommen werden können. Die gemäß Art. 81 eintretende Solidarhaft der einzelnen Wechselverpflichteten entsteht erst mit der Unterschrift des Wechsels. Aber auch vor der Unterschrift des Bezogenen besteht die Wechselobligation zwischen Aussteller, Remittenten und Indossanten, und für die Bemessung der diesen aus der Wechselobligation erwachsenden Rechte und Pflichten ist die Feststellung der nach dem Willen des Ausstellers die Trassaten treffenden Zahlungsverbindlichkeit unerläßlich. Auf das Civil- und Landesrecht zurückzugreifen, um die vorhandene Lücke auszufüllen, erscheint unzulässig, weil das Maß der vom Bezogenen zu erfüllenden Zahlungspflicht bestimmt aus der Wechselurkunde selbst hervorgehen muß (Art. 4 Ziff. 2).

Demnach ist der in dem oben erwähnten Urteile des Reichsgerichtes,

Entsch. des R.G.'s in Civils. Bd. 25 S. 62,

allerdings nur mit Rücksicht auf zwei in einem Domizilwechsel alternativ benannte Domiziliaten ausgesprochene Satz, daß nach Wechselrecht nur eine bestimmte Person gegeben sein darf, bei welcher die Wechselzahlung zu fordern ist, auch in Bezug auf den in einem gezogenen Wechsel zu benennenden Trassaten für zutreffend zu erachten. Der streitige, auf zwei Personen gezogene Wechsel ist daher mit Recht für ungültig erklärt worden." ...

23. Finden nach § 68 des Börsengesetzes vom 22. Juni 1896 die Bestimmungen des § 66 auch dann Anwendung, wenn von Nichteingetragenen im Auslande nach den Geschäftsbedingungen auswärtiger Börsen Börsentermingeschäfte abgeschlossen sind?

III. Civilsenat. Urt. v. 7. Februar 1899 i. S. K. (Kl.) w. Sch. (Bekl.). Rep. III. 262/98.

I. Landgericht Stuttgart, Kammer für Handelssachen.
II. Oberlandesgericht daselbst.

Der in Stuttgart wohnende Kläger hatte im Auftrage und für Rechnung des ebenfalls in Stuttgart wohnenden Beklagten in New-York in Rio-Kaffee durch Gebrüder L. Geschäfte nach den Bedingungen der New-Yorker Kaffeebörse gemacht, die nach Lösung der Engagements durch Verkauf zu einem Verluste für den Beklagten geführt hatten. Er verlangte vom Beklagten den Betrag von 6604,65 ℳ, den er für den Beklagten an Gebrüder L. bezahlt haben wollte, und stützte diesen Anspruch auf das Recht des Kommissionärs gegen den Kommittenten und auf angebliche ausdrückliche Zusagen und Versprechungen des Beklagten.

Keine der Parteien war in einem Börsenregister eingetragen.

Unstreitig waren die zur Frage stehenden Geschäfte Börsentermingeschäfte im Sinne der New-Yorker Kaffeebörse.

Die Klage wurde abgewiesen, und die Berufung des Klägers zurückgewiesen. Auch die Revision des Klägers ist zurückgewiesen worden aus folgenden

Gründen:

... „Es handelt sich um die Frage, ob die Vorschrift in § 68 des Börsengesetzes vom 22. Juni 1896, nach welcher „die Bestimmungen des § 66 auch dann Anwendung finden, wenn das Geschäft im Auslande geschlossen — oder zu erfüllen — ist", auch für Termingeschäfte gilt, die von Nichteingetragenen im Auslande nach den Geschäftsbedingungen auswärtiger Börsen abgeschlossen werden. Daß bei der Vorschrift des § 68 im Rahmen des ganzen Gesetzes zunächst an Börsentermingeschäfte zu denken ist, die im Auslande nach den von einem deutschen Börsenvorstande festgesetzten Geschäftsbedingungen abgeschlossen werden, ist nicht zu verkennen. Der erkennende Senat ist aber der Ansicht, daß eine Beschränkung der Vorschrift auf die in dieser Art im Auslande abgeschlossenen Geschäfte dem Willen des Gesetzgebers nicht gerecht werden würde. Mit Recht hat schon das Berufungsgericht darauf hingewiesen, daß der Zweck des Registerzwanges nur sehr unvollkommen erreicht werden würde, wenn die von Nichteingetragenen im Auslande an auswärtigen Börsen oder nach den Geschäftsbedingungen auswärtiger Börsen abgeschlossenen Termingeschäfte für gültig erachtet werden müßten, und nach der Begründung des Entwurfes zu § 65 will der jetzige § 68 auch gerade dafür Vorkehrung treffen, daß nicht der Inländer unter Umgehung der Eintragung seine Börsentermingeschäfte nach dem Auslande verlege. Der Zweck der Vorschrift des § 68 wird daher nur erreicht, wenn man unter „den im Auslande geschlossenen Geschäften" nicht bloß etwaige im Auslande nach den von einem deutschen Börsenvorstande für den Terminhandel festgesetzten Bedingungen geschlossene Geschäfte, sondern überhaupt die im Auslande geschlossenen Börsentermingeschäfte versteht, mögen sie nun nach den Geschäftsbedingungen deutscher, oder auswärtiger Börsen abgeschlossen sein. Für die verhältnismäßig jedenfalls seltenen Fälle, daß im Auslande Börsentermingeschäfte nach den Geschäftsbedingungen deutscher Börsen abgeschlossen werden, wäre auch kaum eine besondere gesetzliche Vorschrift geboten gewesen, während § 68 in dem eben angenommenen Sinne sich als eine zur Durchführung des Registerzwanges nicht zu entbehrende Vorschrift darstellt.

Unter den „im Auslande geschlossenen Geschäften" des § 68 sind daher auch die im Auslande nach den Geschäftsbedingungen auswärtiger Börsen geschlossenen Termingeschäfte zu verstehen.

Daß unter die in § 66 Abs. 3 genannten „Schuldanerkenntnisse" auch die vom Kläger behaupteten Schuld- oder Zahlungsversprechen des Beklagten fallen, ist vom Berufungsgericht mit Recht angenommen." . . .

24. Kann der Inhaber eines eingetragenen Warenzeichens gegen einen Anderen, der ein nicht eingetragenes, mit dem ersteren an sich nicht verwechselbares Zeichen gebraucht, die Rechte aus §§ 12. 14. 19 des Gesetzes zum Schutz der Warenbezeichnungen vom 12. Mai 1894 lediglich deshalb geltend machen, weil Verwechslungsgefahr (§ 20) besteht, wenn man der Vergleichung das eingetragene Zeichen in einer nicht eingetragenen, aber vom Inhaber gebrauchten Kolorierung zu Grunde legt?

II. Civilsenat. Urt. v. 7. Februar 1899 i. S. C. (Bekl.) w. Sch. (Kl.). Rep. II. 394/98.

I. Landgericht Fürth, Kammer für Handelssachen.
II. Oberlandesgericht Nürnberg.

Im Jahre 1890 ließ der Kläger im Handelsregister des Landgerichtes Fürth ein Warenzeichen für die Pakete seiner Cichorienfabrikate eintragen, welches zwei kreisrunde, den Ritter Georg als Drachentöter auf schwarzem Grunde enthaltende Medaillons zeigte, und über den Medaillons die Überschrift „Doppel-Ritter-Kaffee". Am 10. April 1895 wurde dieses Warenzeichen in die Zeichenrolle des Patentamtes eingetragen; in der beigegebenen Darstellung waren aber einige Abweichungen enthalten; insbesondere war angegeben, daß die die Medaillons umrahmenden Kreise rot seien.

Auch die Beklagte hatte, und zwar schon im Jahre 1884, beim Landgerichte Fürth die Eintragung eines Warenzeichens für die Verpackung von Cichorienfabrikaten erwirkt, das in Schwarzdruck in kreisrundem Medaillon einen reitenden Postillon mit der Überschrift

„Aechter Post-Kaffee“ zeigte, und im Jahre 1885 eine Ergänzung dieser Eintragung u. a. dahin erwirkt, daß der Reiter auf kreisförmigem roten Felde erschien. Seit April 1895 brachte die Beklagte aber auch Cichorienpakete in den Handel, auf deren Umhüllung das rote Medaillon mit dem reitenden Postillon zweimal angebracht war mit der Überschrift „Aechte Doppel-Post-Cichorie“ oder „Aechter Doppel-Post-Kaffee“. Auf Grund der Behauptung, daß die Beklagte durch Gebrauch dieses Zeichens die Rechte des Klägers wissentlich oder aus grober Fahrlässigkeit verletzt habe, und daß die Gefahr der Verwechslung mit der Ware des Klägers begründet sei, sowie unter Vorlegung einer neuerdings von ihm geführten Verpackung, auf der die Medaillons ebenfalls rote Füllung tragen, erhob der Kläger Klage mit dem Antrage, der Beklagten den ferneren Gebrauch des Warenzeichens bei Vermeidung einer Geldstrafe zu verbieten und sie zum Ersatz des durch den Gebrauch des Warenzeichens ihm zugefügten Schadens zu verurteilen, wozu später noch der Antrag trat, die Vernichtung der mit dem beanstandeten Zeichen der Beklagten versehenen Umhüllungen auszusprechen. Die Beklagte beantragte Abweisung der Klage, indem sie folgendes einwendete: sie habe auf den beanstandeten Umhüllungen lediglich das ihr zustehende Zeichen zweimal nebeneinander gestellt und damit nur von ihrem Rechte Gebrauch gemacht. Bis kurz vor der Klage habe der Kläger den Ritter auf schwarzem Grunde im Medaillon geführt, weshalb durch Verwendung der den Postillon auf rotem Grunde enthaltenden Medaillons Verwechslungsgefahr für den Kläger nicht entstehe. Die Verwendung roter Medaillons habe Kläger erst kurz vor der Klage begonnen, um die Chancen seines Prozesses zu verbessern; ihm stehe die exceptio doli entgegen.

In der ersten Instanz wurde die Klage abgewiesen, auf Berufung des Klägers aber die Beklagte verurteilt, sich des Gebrauches des beanstandeten Warenzeichens zu enthalten, die mit diesem Zeichen versehenen Umhüllungen zu vernichten und dem Kläger den mit dem Gebrauche desselben seit Zustellung der Klage entstandenen Schaden zu ersetzen. In dem Berufungsurteile wurde u. a. ausgeführt:

Wenn man auch nicht bezweifeln könne, daß Kläger gegen Ende 1895 zur roten Kolorierung der Medaillons in seinem Zeichen lediglich in der Absicht übergegangen sei, sich bessere Chancen für den

Prozeß zu schaffen, so könne doch die Beklagte daraus keine exceptio doli entnehmen; denn Kläger habe ein Recht zu seinem Thun gehabt. Nach der mit der Anmeldung von 1895 überreichten Darstellung sei das klägerische Warenzeichen als koloriertes — Ritterbilder in schwarzen, rotgefärbten Rändern — angemeldet und demzufolge auch mit dieser Kolorierung eingetragen. Hiermit habe der Kläger sich des in § 12 vgl. mit § 20 des Gesetzes vom 20. Mai 1894 gewährten Schutzes zu erfreuen gehabt und sei an sich gemäß §§ 14 und 19 zur Klage berechtigt, und andererseits umfasse der Schutz die Kolorierung nach Maßgabe der mit der Anmeldung vorgelegten Darstellung; durch die Anmeldung des kolorierten Zeichens habe aber der Kläger nicht, wie Beklagte wolle, das ihm wie jedem Besitzer eines eingetragenen Zeichens zustehende Recht, dasselbe koloriert zu gebrauchen, eingeschränkt, sondern den Schutz auf bestimmte Merkmale erweitert. Hieraus folge auch, daß bei Prüfung der Frage, ob Verwechslungsgefahr bestehe, das Warenzeichen der Beklagten auch mit dem seit 1895 in Verkehr gebrachten kolorierten Warenzeichen verglichen werden müsse. Diese Prüfung sei notwendig, weil der Einwand der Beklagten, daß das beanstandete Zeichen geschützt sei, nicht zutreffe, da sie nicht etwa das für sie eingetragene Zeichen des reitenden Postillons im Medaillon zweimal auf den Paketen verwende, sondern durch die Nebeneinanderstellung zweier solcher Medaillons, welche durch ein Band mit der Inschrift „Preisgekrönt", durch Ausfüllung der Zwischenräume mit Arabesken und die Überschrift „Aechter Doppel-Post-Kaffe" oder „Aechte Doppel-Post-Cichorie" verbunden seien, ein neues selbständiges Gesamtbild geschaffen habe. . . . Gehe man nun bei Prüfung der Verwechslungsgefahr davon aus, daß die zum guten Teil den unteren Ständen angehörigen Kaufliebhaber von Cichorie vielfach nicht auf die Einzelheiten des Zeichens Gewicht legen, sondern von dem Eindrucke des Gesamtbildes geleitet werden, so komme man zu der Ansicht, daß die Übereinstimmung im Arrangement — zumal mit Rücksicht auf die cylindrische Form der Pakete — keine Verwechslungsgefahr begründe; eine solche Gefahr bestehe aber für das Warenzeichen des Klägers allerdings, wenn es mit roten Medaillons angebracht werde, da sich trotz aller Verschiedenheit zwischen dem Ritter Georg und dem reitenden Postillon infolge der leuchtenden roten Grundfarbe die Reiterfigur einem oberflächlichen oder minder sorgfältigen Beobachter als das Wesentliche einpräge. Die Medaillons mit schwarzem Grund ließen dagegen die Reiterfigur nicht so plastisch hervortreten; weshalb für das mit solchen Medaillons verwendete Warenzeichen des Klägers Verwechslungsgefahr nicht bestehe; nur stehe dieser Umstand, da die Beklagte gerade rote Medaillons verwendet habe, dem nach §§ 12 und 20 des Gesetzes vom 12. Mai 1894 begründeten Antrage I des Klägers nicht entgegen.

Auf Revision der Beklagten wurde das Berufungsurteil aufgehoben.

Aus den Gründen:

„Die Revision mußte für begründet erachtet werden.

Alle im Tenor des Berufungsurteiles unter I, II, III ausgesprochenen Verurteilungen zur Sache beruhen auf der Annahme, daß, ungeachtet der Verschiedenheiten, welche zwischen dem vom Beklagten benutzten, in der Klageschrift beanstandeten Zeichen und dem für die Klägerin am 10. April 1895 unter Nr. 5040 in die Zeichenrolle des Patentamtes eingetragenen Zeichen bestehen, doch die Gefahr einer Verwechslung vorliege, also die Voraussetzungen des § 20 des Gesetzes zum Schutz der Warenbezeichnungen gegeben seien. Diese Annahme beruht auf Rechtsirrtum, woraus sich ohne weiteres die Aufhebung des gesamten Urteils ergiebt.

Der Rechtsirrtum besteht darin, daß das Berufungsgericht die Unterlage zur Feststellung der Verwechslungsgefahr nicht aus einer Vergleichung des vom Beklagten benutzten Zeichens mit dem eingetragenen Bilde des klägerischen Zeichens gewonnen hat, sondern aus einer Vergleichung des ersteren mit der dem letzteren Zeichen durch nicht eingetragene Kolorierung gegebenen Erscheinung, wobei das Berufungsgericht ausdrücklich anerkennt, daß, wenn man das beanstandete Zeichen des Beklagten mit dem Warenzeichen der Klägerin in der Darstellung der Ritterfiguren in Medaillons auf schwarzem Grunde — und so ist das Zeichen eingetragen — vergleiche, eine Verwechslungsgefahr nicht erkennbar sei. Daß mit Feststellung dieser letzteren Thatsache die Unterlage zur Anwendung der §§ 12. 14. 19 des Gesetzes vom 12. Mai 1894 im vorliegenden Falle wegfiel, sucht das Berufungsgericht allerdings zu bekämpfen, aber mit unzureichenden Gründen.

Der Schutz, welchen in den genannten Paragraphen das Gesetz

den Warenbezeichnungen gewährt, ist an die Eintragung in die Zeichenrolle des Patentamtes geknüpft, welche nach § 3 Abs. 1 Ziff. 2 die nach § 2 Abs. 1 der Anmeldung beizufügenden Angaben enthalten soll; der Anmeldung aber muß eine deutliche Darstellung und, soweit erforderlich, eine Beschreibung des Zeichens beigefügt sein. Über die Farbe der Warenzeichen enthält das Gesetz so wenig eine Bestimmung, wie — von den Vorschriften des § 4 abgesehen — über die Gestalt oder sonstige Merkmale der Zeichen, und es wird nicht in Zweifel gezogen werden können, daß die Farbe geeignet ist, als charakteristisches Merkmal eines Warenzeichens zu dienen. Geschützt ist aber die Erscheinung des Warenzeichens in seinen charakteristischen Eigenschaften. Wer ein bestimmtes Figurenbild als Zeichen wählt und dasselbe in Schwarzdruck anmeldet, ist freilich nicht gehindert, dieses Bild auch koloriert zu gebrauchen; auch entbehrt er trotz unterlassener Eintragung der Kolorierung nicht des gesetzlichen Schutzes; nur darf die Gefahr der Verwechslung zwischen seinem Zeichen und dem des Dritten, gegen welchen er die Anwendung des vorerwähnten Paragraphen des Gesetzes vom 12. Mai 1894 anruft, nicht lediglich durch Übereinstimmung der angewendeten Färbung herbeigeführt sein; vielmehr muß, um jenen Schutz zu begründen, trotz und abgesehen von aller Kolorierung die Verwechslungsgefahr bestehen, was recht gut möglich ist, wenn gegenüber den charakteristischen Figuren der Zeichen die Kolorierung als Nebensache empfunden wird. Im vorliegenden Falle ist aber der von der Klägerin den Medaillons gegebene rote Grund nach der Feststellung des Berufungsgerichtes gerade von charakteristischer Bedeutung; nur infolge dieses roten Grundes geht der Unterschied zwischen einem Drachen tötenden Ritter und einem reitenden Postillon für das Auge des oberflächlichen Beschauers verloren. Wollte die Klägerin auch gegen eine Verwechslungsgefahr geschützt sein, die lediglich durch rote Kolorierung des Grundes der Medaillons bewirkt würde, so hätte sie die Eintragung eines derartig kolorierten Zeichens herbeiführen sollen, woran sie freilich infolge der vom Berufungsgericht festgestellten Verwechslungsgefahr verhindert worden wäre, wenn die Beklagte vorher die Eintragung des jetzt von der Klägerin beanstandeten Zeichens erlangt hätte. Ob die Aussprüche der Schriftsteller, auf welche sich das Berufungsgericht für seine Ansicht beruft, mit obigen Ausführungen in Widerspruch stehen, kann dahingestellt bleiben; jedenfalls kann der Ausspruch, daß derjenige, welcher ein Zeichen koloriert eintragen läßt, in anderweiter Kolorierung nicht beschränkt werde, nicht in dem Sinne als richtig anerkannt werden, daß eine Verwechslungsgefahr, die lediglich für das anderweit kolorierte Zeichen, nicht auch für das gemäß der Eintragung kolorierte Zeichen besteht, die Anwendung der §§ 12. 14. 19 begründe. Der Umstand, daß in der Eintragung den Medaillons des klägerischen Zeichens ein roter Rand gegeben ist, hat für die Entscheidung des gegenwärtigen Rechtsstreites überhaupt keine Bedeutung; solche würde ihm nur beiwohnen, wenn schon infolge des roten Randes die Verwechslungsgefahr für das eingetragene Zeichen der Klägerin und das von dem Beklagten benutzte Zeichen bestanden hätte, was ja aber das Berufungsgericht verneint." ...

25. Hat der Adressat eines Geldbriefes gegen die Postanstalt nach Ankunft des Geldbriefes am Bestimmungsorte einen Anspruch auf Auslieferung? Unverletzlichkeit des Briefgeheimnisses.

III. Civilsenat. Urt. v. 17. Februar 1899 i. S. Meckl. H.- u. W.-B. (Kl.) w. Reichspostfiskus (Bekl.). Rep. III. 280/98.

I. Landgericht Schwerin.
II. Oberlandesgericht Rostock.

Gründe:

„Durch Beschluß des Amtsgerichtes zu Güstrow vom 15. September 1897 ist der Anspruch des früheren Gutspächters A. zu G. gegen die Kaiserliche Post auf Aushändigung eines vom Großherzoglichen Amte zu W. an ihn abgesendeten Geldbriefes mit 2000 ℳ Inhalt für die Klägerin, die ein vollstreckbares Urteil gegen A. erwirkt hatte, gepfändet und der Klägerin zur Einziehung überwiesen. Die Post hat jedoch trotz Kenntnis der Zustellung dieses Beschlusses an den Postdirektor G. zu G. den in G. angelangten Geldbrief dem Adressaten A. ausgehändigt, und dieser hat, bevor ihm Pfändungs- und Überweisungsbeschluß zugestellt war, über den Inhalt des Geldbriefes zu Gunsten anderer Gläubiger verfügt. Bei der Zahlungsunfähigkeit des A. macht die Klägerin den Reichspostfiskus für den ihr entstandenen Schaden verantwortlich, und nach ihrem Antrage ist die Kaiserliche Oberpostdirektion in Schwerin, als Vertreterin des Reichspostfiskus, verurteilt, an die Klägerin 2000 *M* nebst 5 Prozent Zinsen seit dem Tage der Klagezustellung zu zahlen. Die Berufung der Beklagten ist zurückgewiesen.

Die Revision der Beklagten hat für begründet erachtet werden müssen.

Die Klage ist abzuweisen, wenn dem A. als Adressaten des Geldbriefes ein selbständiger Anspruch gegen die Post auf Aushändigung dieses Geldbriefes nach Ankunft desselben am Bestimmungsorte überhaupt nicht zugestanden hat. Mit Recht hat nun das Berufungsgericht angenommen, daß die Beförderung eines Geldbriefes durch die Post sich als ein Frachtgeschäft darstellt, und daß nach Artt. 405. 421 Abs. 2 H.G.B. an sich der Empfänger nach Ankunft der Wertsendung am Bestimmungsorte berechtigt ist, die Post auf Auslieferung des Gutes zu belangen, „sofern nicht durch besondere Gesetze oder Verordnungen für die Postanstalten ein Anderes bestimmt ist". Die Beklagte behauptet, daß das postalische Sonderrecht einen Auslieferungsanspruch des Empfängers nicht anerkennt; die Klägerin nimmt dagegen an, daß der Anspruch des Empfängers aus Art. 405 durch das Sonderrecht der Post nicht ausgeschlossen ist. Jede dieser Ansichten ist in der Litteratur von hervorragenden Schriftstellern vertreten. Eine herrschende Ansicht hat sich nicht gebildet, und eine Entscheidung des Reichsgerichtes über die Rechtsfrage ist bisher nicht ergangen.

Das Berufungsgericht nimmt an, daß das Sonderrecht der Post den Auslieferungsanspruch des Empfängers aus Art. 405 H.G.B. nicht beseitigt hat. Der erkennende Senat ist entgegengesetzter Ansicht.

Daß weder das Postgesetz vom 28. Oktober 1871, noch die neueste Postordnung vom 11. Juni 1892, der das Berufungsgericht in Übereinstimmung mit der Rechtsprechung des Reichsgerichtes die rechtliche Natur und Wirksamkeit einer allgemeinen Rechtsnorm beilegt, den Anspruch des Empfängers aus Art. 405 ausdrücklich beseitigt hat, ist unbestritten.

In Frage ist daher nur, ob nicht das Sonderrecht Bestimmungen getroffen hat, die erkennen lassen, daß das Sonderrecht einen Auslieferungsanspruch des Empfängers nicht anerkennt. Der erkennende Senat nimmt an, daß solche Bestimmungen vorhanden sind.

Nachdem bereits durch § 6 des Postgesetzes vom 28. Oktober 1871 der Art. 405 H.G.B. für die Postanstalten dahin abgeändert war, daß der Entschädigungsanspruch für Verlust und Beschädigung ausschließlich dem Absender zusteht, ist in § 35 der Postordnung weiter bestimmt, daß der Absender einer Postsendung dieselbe zurücknehmen kann, so lange die Sendung dem Empfänger noch nicht ausgehändigt ist. Ist nicht zu bezweifeln, daß den gesetzgebenden Faktoren bei Erlaß der Postordnung der Art. 405 H.G.B. in vollem Umfange gegenwärtig gewesen ist, so kann jene, ihrem Wortlaute nach völlig klare, Bestimmung nur dahin aufgefaßt werden, daß für die Postanstalten eine Klagerhebung des Empfängers nicht die ihr in Art. 405 beigelegte Bedeutung haben, der Absender vielmehr bis zur Aushändigung des Gutes an den Empfänger rückforderungsberechtigt sein soll. Der Empfänger kann daher nicht mehr durch Klagerhebung den Rückforderungsanspruch des Absenders beseitigen, und die Post bleibt auch nach einer etwaigen Klagerhebung verpflichtet und berechtigt, dem Absender auf dessen Begehren die Sendung zurückzugeben, wie sie auch diesem allein für Verlust und Beschädigung haftet. Aus dieser Gestaltung des Rechtsverhältnisses der Post zum Absender muß gefolgert werden, daß das postalische Sonderrecht einen selbständigen Auslieferungsanspruch des Empfängers überhaupt nicht hat anerkennen und den Art. 405 H.G.B. von der Anwendung auf die Postanstalten hat ausschließen wollen.

Die Klage würde aber auch abzuweisen sein, selbst wenn man einen Auslieferungsanspruch des Adressaten in gewissem Umfange anerkennen wollte. Denn jedenfalls ist die Pfändung eines Anspruches auf Ausliefernng eines Geldbriefes unzulässig, weil die Ausführung der nach § 746 C.P.O. bei der Pfändung zu treffenden Anordnung, daß der Geldbrief an einen von dem Gläubiger zu beauftragenden Gerichtsvollzieher herauszugeben sei, unmittelbar zu einer Verletzung des in § 5 des Reichspostgesetzes aufgestellten Rechtsgrundsatzes der Unverletzlichkeit des Briefgeheimnisses führen würde. Zwar ist in § 5 vorgesehen, von diesem Grundsatze für strafgerichtliche Untersuchungen und in konkurs- und civilprozessualischen Fällen Ausnahmen durch ein Reichsgesetz festzustellen, und es sind in der Folge auch durch § 99 St.P.O. und durch § 111 K.O. für strafgerichtliche Untersuchungen und für Konkursfälle Ausnahmen durch Reichsgesetz gegeben. Für civilprozessualische Fälle ist aber durch Reichsgesetz eine Ausnahme nicht festgestellt worden. Wenn sich in § 749 C.P.O. unter den der Pfändung nicht unterworfenen Ansprüchen der Anspruch des Adressaten auf Herausgabe einer an ihn gerichteten brieflichen Sendung gegen die Postanstalt nicht aufgeführt findet, so ist dadurch die Pfändung dieses Anspruches nicht zugelassen, so wenig durch Nichtaufführung des Inventariums der Postanstalten unter den in § 715 von der Pfändung ausgenommenen Sachen die Bestimmung des § 20 des Postgesetzes beseitigt ist, nach welcher das Inventarium der Posthaltereien im Wege des Arrestes oder der Exekution nicht mit Beschlag belegt werden darf. Die Civilprozeßordnung hat nicht den allgemeinen Rechtsgrundsatz aufgestellt, daß alle Sachen und alle Forderungen, soweit sie nicht selbst Ausnahmen aufstelle, der Pfändung unterworfen seien. Es sind daher nach § 13 Einf.-Ges. zur C.P.O. die in früheren Reichsgesetzen aufgestellten oder aus früheren Reichsgesetzen sich unmittelbar ergebenden Ausnahmen von der Pfändung durch die Civilprozeßordnung nicht beseitigt worden.

Es war daher unter Aufhebung des angefochtenen Urteiles und unter Abänderung des landgerichtlichen Urteiles auf Klagabweisung zu erkennen."

26. Ist bei einem sog. komplizierten Spezifikationskaufe der Verkäufer befugt, im Falle des Art. 354 H.G.B. den Selbsthilfeverkauf vorzunehmen, und zwar in der Weise, daß er eine nach den Vereinbarungen des Hauptvertrages zu liefernde Ware versteigern läßt?

II. Civilsenat. Urt. v. 21. Februar 1899 i. S. G. (Bekl.) w. Aktienges. M.-Sch. (Kl.). Rep. II. 345/98.

I. Landgericht Hagen.
II. Oberlandesgericht Hamm.

Nach den Briefen der Parteien vom 26. und 27. September 1896 kam ein Abschluß zwischen den Parteien zustande, nach welchem die

Klägerin die darin bezeichneten 400 Tonnen Walzeisen, nämlich Stabeisen Schweißeisenqualität zum Grundpreise von 126 ℳ pro 1000 Kilo, Stabeisen S. M. Flußeisenqualität zum Grundpreise von 126 ℳ pro 1000 Kilo, Bandeisen Schweißeisenqualität zum Grundpreise von 140 ℳ pro 1000 Kilo, Bandeisen S. M. Flußeisenqualität zum Grundpreise von 126 ℳ pro 1000 Kilo, Frachtbasis Dortmund, Bedingungen pr. Abortpreise beifolgender Reale (15. Mai 1896), mit 25 Prozent Rabatt auf die Kaliber-Überpreise, abzunehmen im ersten Quartal 1897 in gleichen Monatsraten, verkaufte.

Da der Beklagte nur einen Teil der Ware abrief, erachtete sich die Klägerin gemäß Art. 354 H.G.B. zum Selbsthilfeverkaufe befugt, den sie in der Weise bewirkte, daß sie den noch nicht abgerufenen Rest unter den Bedingungen des Vertrages versteigern ließ. Der auf Zahlung des Kaufpreises unter Abrechnung des Erlöses aus dem Selbsthilfeverkaufe gerichteten Klage wurde u. a. auch der Einwand entgegengesetzt, daß der Selbsthilfeverkauf unzulässig gewesen sei, einmal weil das Hauptgeschäft die Natur eines sog. komplizierten Spezifikationskaufes habe, bei welchem dem Käufer die Wahl zwischen verschiedenen Qualitäten zu verschiedenen Preisen eingeräumt worden sei, und sodann weil die versteigerte Ware noch gar nicht fertig gewesen sei.

Die vom Landgerichte ausgesprochene Verurteilung des Beklagten nach dem Klagantrage wurde vom Berufungsgerichte bestätigt. Die Revision des Beklagten wurde zurückgewiesen.

Aus den Gründen:

... „Der Revisionskläger macht zur Rechtfertigung des Rechtsmittels geltend, daß der von der Klägerin vorgenommene Selbsthilfeverkauf unzulässig gewesen sei, einmal weil das Hauptgeschäft die Eigenschaft eines sog. komplizierten Spezifikationskaufes habe, und zweitens weil die zum Verkaufe gestellte Ware noch gar nicht fertig gestellt gewesen sei. ... Diese Angriffe können nicht als zutreffend anerkannt werden.

Daß ein Rechtsgeschäft wie das nach dem Bestätigungsbriefe vom 26. September 1896 zwischen den Parteien vereinbarte die Natur eines einheitlichen Kaufvertrages hat, wenngleich von vornherein weder über die Ware, welche thatsächlich zur Lieferung kommen wird, noch über die Höhe des Gesamtkaufpreises völlige Gewißheit besteht, ist mit Rücksicht auf die durch den Vertrag der Wahl des Käufers gestellten Grenzen in der Rechtsprechung des Reichsgerichtes bisher festgehalten und namentlich in dem Urteile vom 27. Mai 1892,

Entsch. des R.G.'s in Civils. Bd. 30 S. 97 flg.,

ausführlich begründet worden. Geht man hiervon aus, so ergiebt sich die weitere Folgerung von selbst, daß, wenn der Käufer durch Unterlassung der Spezifikation in der vertragsmäßigen Frist in Annahme- und in Zahlungsverzug gerät, dem Verkäufer auch das in Art. 354 H.G.B. näher geregelte dreifache Wahlrecht nicht versagt werden kann. Steht hiernach aber dem Verkäufer zu, statt der Erfüllung die Ware unter Beobachtung der Bestimmungen des Art. 343 H.G.B. für Rechnung des Käufers zu verkaufen und Schadensersatz zu fordern, so kann auch weiter nicht wohl zweifelhaft sein, daß der Verkäufer durchaus innerhalb seines Rechtes und der damit verbundenen Pflichten verbleibt, wenn er bei dem Selbsthilfeverkaufe die Ware gerade so zum Verkaufe aussetzt, wie er sie urspünglich für sich selbst verkauft hat, also mit dem die Ware und den Preis betreffenden Wahlrechte des Käufers; jedenfalls kann der säumige Käufer durch ein derartiges Verfahren sich nicht unter dem Gesichtspunkte beschwert fühlen, daß etwas anderes versteigert worden sei, als er selbst gekauft habe. Fertige Ware wird dann freilich nicht zum Selbsthilfeverkaufe gestellt; aber das verlangt das Gesetz auch nicht. Die Ausführungen in dem in den Entsch. des R.G.'s in Civils. Bd. 33 S. 95 flg. abgedruckten Urteile dieses Senates haben mit der gegenwärtigen Frage nichts zu thun; dort handelte es sich um einen gewöhnlichen Kaufvertrag und die Frage, ob der Verkäufer, welcher nach Art. 354 H.G.B. Schadensersatz wegen Nichterfüllung wählt, Ware zum Selbsthilfeverkaufe stellen dürfe, die sich weder in seinem Besitze befindet, noch ihm überhaupt zur Verfügung steht; hier ist ein Kaufvertrag in Frage, bei dem die Bestimmung der vom Verkäufer erst zu fabrizierenden Ware innerhalb gewisser Grenzen dem Käufer überlassen ist, sodaß der Verkäufer, da kein Gesetz ihm die Pflicht auferlegt, bei Verzug des Käufers das Spezifikationsrecht desselben selbst auszuüben und die danach hergestellte Ware zum Selbsthilfeverkaufe zu bringen, gar nicht anders verfahren kann, als daß er durch den Selbsthilfeverkauf sich zur Lieferung gemäß der vom Ansteigerer zu machenden Spezifikation verpflichtet.

Allerdings hat das Reichsoberhandelsgericht in der in den Entsch. des R.O.H.G.'s Bd. 18 S. 48 abgedruckten Entscheidung, welcher ein Spezifikationskauf wie der gegenwärtige zu Grunde lag, die Verkaufsselbsthilfe des Art. 343 H.G.B. für rechtlich unmöglich erklärt, von der Ansicht ausgehend, daß bei einem derartigen Geschäfte der Käufer, so lange er nicht spezifiziert habe, nicht in Annahmeverzug kommen könne. Diese letztere Ansicht kann aber nicht als richtig anerkannt werden; denn der Käufer, der die schuldige Spezifikation unterläßt, verhindert den Verkäufer an der Erfüllung des Vertrages nicht minder, als derjenige Käufer, welcher beim einfachen Kaufvertrage die ihm wirklich angebotene Ware zurückweist; wie denn auch § 295 B.G.B. f. d. D. R. im Anschlusse an die bisherige Rechtsanschauung bestimmt, daß ein wörtliches Angebot zur Herbeiführung des Verzuges des Gläubigers genügt, wenn zur Bewirkung der Leistung eine Handlung des Gläubigers erforderlich ist, wozu insbesondere der Fall gehört, daß der Gläubiger ein Wahlrecht auszuüben hat. Das Urteil des Reichsgerichtes vom 12. Dezember 1883,

Entsch. des R.G.'s in Civils. Bd. 10 S. 100,

hat deshalb auch die Richtigkeit jener Entscheidung des Reichsoberhandelsgerichtes in Zweifel gezogen, und in dem in den Entsch. des R.G.'s in Civils. Bd. 37 S. 24 abgedruckten Urteile hat das Reichsgericht (S. 28) in einem Falle des sog. komplizierten Spezifikationskaufes bei Prüfung der Frage, ob der Verkäufer bei Annahmeverzug des Käufers die Spezifikation selbst vornehmen dürfe, sich auch über die Zulässigkeit des Selbsthilfeverkaufes bereits in bejahendem Sinne ausgesprochen." ...

27. Ist die in § 3 Ziff. 2 des Anfechtungsgesetzes vom 21. Juli 1879 liegende Vermutung der Fraudulosität einer offenen Handelsgesellschaft gegenüber schon dann als vorhanden anzunehmen, wenn nur ein Teilhaber der Gesellschaft in dem fraglichen Verwandtschaftsverhältnisse zu dem anderen Vertragskontrahenten steht?

II. Civilsenat. Urt. v. 21. Februar 1899 i. S. M. (Kl.) w. O. (Bekl.). Rep. II. 366/98.

I. Landgericht I Berlin.
II. Kammergericht daselbst.

Gründe:

„Die Revision macht geltend:

I. die rechtliche Auffassung des Berufungsrichters, daß die in § 3 Ziff. 2 des Anfechtungsgesetzes liegende Vermutung der Fraudulosität einer offenen Handelsgesellschaft gegenüber schon dann als vorhanden anzunehmen sei, wenn nur ein Teilhaber der Gesellschaft in dem fraglichen Verwandtschaftsverhältnisse mit dem anderen Vertragskontrahenten stehe, sei bestritten und könne nicht als richtig zugegeben werden;

II. jedenfalls liege aber ein rechtlicher Verstoß in der ferneren Ausführung des Berufungsrichters, daß dem Kläger M., obgleich nach seiner durch Beweiserbieten unterstützten Behauptung die angefochtene Cession lediglich zum Zwecke seiner Befriedigung für ein der offenen Handelsgesellschaft gegebenes Darlehn gethätigt worden sei, es sich also um ein Erfüllungsgeschäft handle, trotzdem die Beweislast dafür obliege, daß ihm die Benachteiligungsabsicht der Schuldnerin nicht bekannt gewesen sei. Beim Vorhandensein eines Erfüllungsgeschäftes falle die gesetzliche Präsumtion der Ziff. 2 des § 3 fort, und es habe dann umgekehrt der Anfechtungskläger zu beweisen, daß besondere Umstände dennoch die Annahme der Fraudulosität rechtfertigen könnten. Das sei wiederholt vom Reichsgericht ausgesprochen worden, wobei insbesondere Bezug genommen wird auf Urteile des III. Civilsenates.

Vgl. Entsch. des R.G.'s in Civils. Bd. 38 S. 102; Juristische Wochenschrift 1898 S. 223 Nr. 17.

Mit diesen Entscheidungen setze sich der Berufungsrichter in vollständigen Widerspruch, und es müsse schon deshalb das Urteil aufgehoben werden.

Zu I. Bezüglich der ersten Frage muß die Auffassung des Berufungsrichters für richtig gehalten werden. Für die Beantwortung dieser Frage ist der rechtliche Charakter der offenen Handelsgesellschaft und das Verhältnis, in welchem die einzelnen Teilhaber der offenen

Handelsgesellschaft zu dieser selbst und untereinander stehen, von wesentlicher Bedeutung. Der Berufungsrichter führt in Übereinstimmung mit der feststehenden Rechtsprechung des Reichsgerichtes aus, daß die offene Handelsgesellschaft keine besondere juristische Person ist, welche als solche ein von den Inhabern der Gesellschaft getrenntes juristisches Dasein hätte, daß vielmehr die Gesellschafter selbst die Inhaber des Vermögens der Gesellschaft sind. Wenn nun der Art. 114 H.G.B. bestimmt, daß jeder zur Vertretung der Gesellschaft befugte Gesellschafter ermächtigt ist, alle Arten von Geschäften und Rechtshandlungen im Namen der Gesellschaft vorzunehmen, und daß die Gesellschaft durch die Rechtsgeschäfte, welche ein zur Vertretung der Gesellschaft befugter Gesellschafter in ihrem Namen schließt, berechtigt und verpflichtet wird, so ergiebt sich daraus, daß ein solches, von einem Teilhaber der Gesellschaft abgeschlossenes Geschäft, weil es mit allen seinen Wirkungen zugleich den oder die anderen Teilhaber der Gesellschaft als Mitinhaber des gesellschaftlichen Vermögens trifft, nur als ein einheitliches, für und im Namen aller Gesellschafter abgeschlossenes gedacht werden kann, sodaß es gerade so anzusehen ist, als wenn auch die übrigen Teilhaber bei dem Abschlusse des Geschäftes persönlich mitgewirkt hätten. Aus diesem Satze folgt aber mit Notwendigkeit das Ergebnis, daß da, wo es für die Rechtsgültigkeit oder Anfechtbarkeit eines von einer offenen Handelsgesellschaft abgeschlossenen Rechtsgeschäftes auf persönliche Beziehungen und Verhältnisse des einen Vertragschließenden dem anderen gegenüber ankommt, diese Beziehungen nur bei einem der Gesellschafter vorhanden zu sein brauchen, um ihre Wirkung für die Gesellschaft selbst zu äußern, wenngleich diese bei dem einzelnen Rechtsgeschäfte durch einen anderen Gesellschafter, als denjenigen, an dessen Person sich jene besonderen Beziehungen knüpfen, vertreten worden ist. Wie es demnach keinem Zweifel unterliegt, daß der bei einem Rechtsgeschäfte der offenen Handelsgesellschaft mit einem Dritten verübte Betrug eines Gesellschafters auch den übrigen Gesellschaftern schadet und zum Nachteile der Gesellschaft selbst seine Wirkung äußern muß, ebenso muß auch die in der Ziff. 2 des § 3 a. a. O. enthaltene Vermutung der Benachteiligungsabsicht, welche das Gesetz aus dem nahen Verwandtschaftsverhältnisse der Vertragschließenden schöpft, dann als vorliegend angenommen werden, wenn nur einer der Gesellschafter in dem nahen

Verwandtschaftsverhältnisse zu dem anderen Kontrahenten steht, wie es im vorliegenden Falle zutrifft.

Zu II. Der Kläger M. hatte hiernach den Beweis zu führen, daß ihm bei Abschluß der Cession die Absicht der Firma S. & W., ihre Gläubiger zu benachteiligen, nicht bekannt war. Der Berufungsrichter hat diesen Beweis von M. verlangt, obgleich dieser behauptete und sich zum Beweise erbot, daß der cedierte Betrag ihm vereinbartermaßen zur Befriedigung für ein von ihm der Schuldnerin gegebenes Darlehn dienen sollte; wobei der Berufungsrichter ausspricht, daß Kläger durch einen solchen Beweis nicht die Vermutung aus § 3 Ziff. 2 a. a. O. widerlege. Wenn nun die Revision unter Berufung auf die oben erwähnten Urteile des III. Civilsenates des Reichsgerichtes, wonach beim Vorhandensein eines Erfüllungsgeschäftes die Präsumtion aus § 3 Ziff. 2 als widerlegt anzusehen sei, welche Auffassung vom VI. Civilsenate in dem Urteile zur Sache VI. 137/96 auch bezüglich eines sogenannten Deckungsgeschäftes geteilt wird, in der Regelung der Beweislast, wie sie vom Berufungsrichter getroffen worden ist, einen rechtlichen Verstoß erblickt, so kann dahingestellt bleiben, ob die vorerwähnten Urteile einen wirklichen Rechtssatz haben aufstellen wollen, und ob ein solcher Rechtssatz gegenüber der positiven Bestimmung des § 3 Ziff. 2 als gerechtfertigt zu erachten wäre. Für den vorliegenden Fall bedarf es der Entscheidung dieser Fragen nicht.

Der Berufungsrichter hat nämlich in den Gründen zugleich ausgesprochen, „daß die ganze Sachlage selbst mit Notwendigkeit darauf hinweise, daß bei dem drohenden Andrängen des Beklagten und anderer Gläubiger der Kläger mit W. und seinem Schwiegersohn H. zur Beiseiteschaffung des letzten Vermögensstückes der offenen Handelsgesellschaft S. & W. in betrüglicher Weise zusammen gewirkt habe". Diese thatsächliche Annahme, welche auch den ausdrücklich vom Beklagten und Widerkläger O. im Rechtsstreite aufgestellten Behauptungen entspricht, rechtfertigt die getroffene Entscheidung, selbst abgesehen von der Anwendung der Ziff. 2 des § 3 des Gesetzes, schon vermöge der Ziff. 1 daselbst. Wenn auch der vorerwähnte Passus in den Urteilsgründen in Verbindung steht mit der Ausführung, daß das weitere unter Beweis gestellte Vorbringen des Klägers nicht zur Widerlegung einer Benachteiligungsabsicht ausreiche, so enthält er doch die positive Feststellung, daß die Benachteiligungsabsicht der Schuldnerin und die

Kenntnis des Klägers von dieser Absicht vorhanden war. Diese Feststellung bleibt aber für die Entscheidung maßgebend, wenn auch die Frage der Beweislast unrichtig vom Berufungsrichter beurteilt sein sollte. Die vom Kläger weiter angebotenen Beweise beziehen sich auf die angebliche Hergabe der Darlehnssumme und die Art und Weise, wie das Darlehn an den Kläger zurückgezahlt werden sollte. Sie konnten vom Berufungsrichter bei Bildung seiner aus der ganzen Sachlage, wie sie im Rechtsstreite sich entwickelt hatte, geschöpften Überzeugung für unerheblich erachtet werden.

Die Revision war hiernach . . . zurückzuweisen."

28. 1. Kommission, oder Kauf?
2. Rechtsfolgen, wenn der Kommittent bei der Erteilung einer Einkaufskommission durch wahrheitswidrige Angaben des Kommissionärs zur Setzung eines unnötig hohen Limitos veranlaßt wird.

I. Civilsenat. Urt. v. 22. Februar 1899 i. S. W. (Kl.) w. Z. (Bekl.). Rep. I. 452/98.

I. Landgericht Frankfurt a. M.
II. Oberlandesgericht daselbst.

Der Kläger bezog Ende Juni 1895 15 Aktien der Gasglühlicht-Gesellschaft Helios in Berlin im Nennwerte von 15000 *M* vom Beklagten und bezahlte davon 5 zum Kurse von 125 Prozent mit 6250 *M* und 10 zum Kurse von 130 Prozent mit 13000 *M*. Das Geschäft über die 5 Stück wurde am 28. Mai, das über die 10 Stück am 10. Juni abgeschlossen. Nach der Behauptung des Klägers gab er in beiden Fällen dem Beklagten einen Auftrag zum Einkaufe für seine, des Klägers, Rechnung, aber in des Beklagten Namen, den der Beklagte annahm, und in dessen Abwickelung er die Aktien lieferte und vom Kläger bezahlt erhielt. Der Beklagte dagegen behauptete, daß es sich in beiden Fällen um direkten Kauf und Verkauf zwischen den Parteien gehandelt habe.

Der Kläger behauptete, daß der Beklagte die Aktien in Ausführung seines Auftrages in Berlin zu erheblich niedrigerem Kurse eingekauft habe, als sie ihm in Rechnung gestellt seien. Er forderte daher, gestützt auf Art. 372 H.G.B., die Erstattung des Preisunterschiedes mit 2753,40 ℳ nebst Zinsen. Der Beklagte gab im Laufe des Verfahrens zu, daß er die ersten 5 Stück, die er dem Kläger mit 125 Prozent berechnet hatte, seinerseits vom Rechtsanwalte Dr. H. in Berlin zu 116 Prozent eingekauft habe, und zwar auf Grund einer Offerte des Dr. H. vom 24. Mai, die er am 28., als das Geschäft mit dem Kläger abgesprochen war, acceptierte, und daß er die zweiten 10 Stück, die er dem Kläger mit 130 Prozent berechnet hatte, von N., dem Büreauvorsteher des Dr. H., zu 114 Prozent gekauft habe, und zwar am 15. Juni auf Grund einer Offerte des N. vom Tage vorher. Der Beklagte wollte, da es sich für ihn nicht um eine Einkaufskommission, sondern um einen einfachen Verkauf gehandelt habe, den Preisunterschied als einen berechtigten Geschäftsgewinn angesehen wissen, auf den er umsomehr Anspruch habe, als er die Aktien, die (unstreitig) an der Börse nicht eingeführt waren, nur auf Grund besonderer Geschäftsbeziehungen, die dem Kläger nicht zugänglich gewesen wären, habe erwerben können.

Der Kläger wollte aber außerdem auch die beiden Geschäfte in vollem Umfange rückgängig machen und forderte auf Grund des erwähnten Thatbestandes in erster Linie Erstattung des ganzen von ihm bezahlten Kaufpreises mit 10250 ℳ nebst Zinseu, indem er sich zur Rückgabe der 15 Helios-Aktien erbot. Er gründete diesen Anspruch auch weiter darauf, daß der Beklagte ihn durch unwahre Angaben über den Stand des Helios-Unternehmens zum Ankaufe der Aktien veranlaßt habe. Der Kläger warf dem Beklagten in dieser Hinsicht Arglist, aber auch Fahrlässigkeit vor, wofür der Beklagte haften müsse, einerlei ob es sich um Kommission, oder um Kauf handle.

Der Beklagte bestritt Arglist und Fahrlässigkeit. Die Angaben über den Stand des Helios-Unternehmens, die er dem Kläger gemacht habe, seien sämtlich wahr gewesen, haben jedenfalls aber auf sorgfältigen Informationen beruht, die der Beklagte in Berlin eingezogen habe, sowohl unmittelbar bei den am Helios beteiligten Personen, als auch bei Unbeteiligten, wie bei der Deutschen Bank und beim Bankier L.

Nach Beweisaufnahme gab der erste Richter der Klage insoweit statt, als sie sich auf die Vergütung des Unterschiedes zwischen dem

Preise, den der Beklagte seinen Verkäufern, und dem, den ihm der Kläger bezahlt hatte, erstreckte. Im übrigen wurde die Klage abgewiesen. Auf die Berufung des Klägers und die Anschließung des Beklagten wurde das erste Urteil in der Hauptklage auf Rückgängigmachung des ganzen Geschäftes bestätigt, in der Nebenklage auf Erstattung des Preisunterschiedes aber dem Kläger nur die Differenz bezüglich des zweiten Geschäftes bedingungslos zugesprochen, während die Entscheidung über die Differenz bezüglich des ersten Geschäftes von einem dem Beklagten auferlegten Eide abhängig gemacht wurde:

„es ist nicht wahr, daß ich vor dem 28. Mai 1895 wiederholt den Kläger angegangen habe, mir den Ankauf von Helios-Aktien für ihn zu übertragen; es ist auch nicht wahr, daß er mir vor oder an dem 28. Mai 1895 den Auftrag erteilt hat, fünf solcher Aktien für ihn zu kaufen mit dem Limit von 125 Prozent".

Auf die Revision des Klägers ist das Berufungsurteil, soweit dem Kläger ungünstig, aufgehoben aus folgenden

Gründen:

„Auf Grund der Briefe des Beklagten vom 3. und vom 10. Juni 1895 hat das Berufungsgericht für das zweite Geschäft über 10 Aktien festgestellt, daß der Kläger dem Beklagten einen Auftrag zum Einkaufe im eigenen Namen, aber für seine (des Klägers) Rechnung erteilt, daß der Beklagte diesen Auftrag angenommen und dem Kläger in dessen Ausführung demnächst die Aktien unter Berechnung eines Kurses von 130 Prozent übergeben hat. Insofern liegt also,

vgl. Entsch. des R.G.'s in Civils. Bd. 40 S. 88,

eine kaufmännische Kommission vor, und sind nach Art. 277 die Bestimmungen der Artt. 360—378 H.G.B. auf beide Kontrahenten gleichmäßig anzuwenden. Dieser Punkt ist denn auch in der gegenwärtigen Instanz nicht angefochten.

Dagegen erachtet das Berufungsgericht die Kommissionsnatur des ersten Geschäftes über 5 Aktien bisher nicht für dargethan. Dieser Auffassung kann nicht beigetreten werden. Die von den Parteien vorgelegte Korrespondenz enthält über dieses Geschäft allerdings nur die Bestätigung des Beklagten vom 28. Mai:

„Heute verkauften wir an Sie nach hiesigen Usancen ℳ 5000 Helios-Glühlicht-Aktien à 125 Prozent pr. ultimo Juni."

Es ist richtig, daß diese Worte an und für sich genommen auf den unmittelbaren Abschluß eines Kaufgeschäftes zwischen den Parteien zu deuten scheinen, und es ist ebenfalls richtig — wie das Berufungsgericht weiter annimmt —, daß sie gleichwohl nicht als schlüssiges Argument gegen eine anderweitig dargethane Kommissionsnatur ins Gewicht fallen können; letzteres aus dem Grunde, weil bekanntermaßen in allen Geschäftszweigen und namentlich auch im Effektenhandel vielfach die Übung besteht, daß sich der Kommissionär, auch wenn ein Fall zulässigen Selbsteintrittes (Art. 376 H.G.B.) nicht vorliegt, bei der Anzeige von der Ausführung des Auftrages einer Wendung bedient, als wenn er die Ware oder das Wertpapier dem Kommittenten selbst als Verkäufer zu liefern oder von ihm als Käufer zu beziehen habe. Durch eine Redewendung dieser Art wird an der rechtlichen Natur des Geschäftes nichts geändert.

Wenn hiernach mit dem Oberlandesgerichte allerdings anzunehmen ist, daß aus diesem Briefe allein ein sicheres Ergebnis nicht zu entnehmen ist, so kann dem Urteile doch darin nicht beigetreten werden, daß es noch des im Thatbestande wiedergegebenen Eides über einen ausdrücklichen Einkaufsauftrag bedarf, um zur Annahme eines Kommissionsgeschäftes zu gelangen. Vielmehr reicht in dieser Beziehung schon das, was zwischen den Parteien unstreitig ist, und was das Berufungsgericht sonst festgestellt hat, aus. Der Kläger ist Privatmann, der Beklagte Bankier. Die Besorgung des Einkaufes und des Verkaufes von Wertpapieren für seine Kunden bildet einen der wichtigsten Geschäftszweige des Bankgewerbes. Es darf und muß davon ausgegangen werden, daß ein Privatmann, der sich an einen Bankier wegen Anschaffung oder Veräußerung von Wertpapieren wendet, regelmäßig nicht die Absicht hat, mit diesem unmittelbar ein Kaufgeschäft abzuschließen. Er sieht in dem Bankier seinen Vertrauensmann, der seine Interessen wahrnehmen soll, und dem er einen Auftrag zur Besorgung und Wahrnehmung dieser Interessen erteilen will. Es wird also von vornherein der Darlegung besonderer Umstände bedürfen, aus denen sich ergiebt, daß der Regelfall nicht vorliegt, daß vielmehr der Bankier ausnahmsweise dem Kunden nicht als Geschäftsbesorger, sondern als Eigenhändler gegenüber getreten ist. An solchen Umständen fehlt es hier. Im Gegenteile steht einmal fest, daß sich der Kläger schon vor Eingehung der Geschäfte der Hilfe und des Rates des Beklagten bedient hat, indem er bei ihm Erkundigungen über die Rentabilität und Lage des neu gegründeten Aktienunternehmens eingezogen hat, und sodann auch, daß der Beklagte die Aktien, worauf sich das erste Geschäft bezog, nicht etwa selbst bereits besaß, sondern daß er sie erst infolge der Erklärung der Kaufbereitschaft des Klägers erwarb, indem er nun erst das ihm wenige Tage vorher erklärte Verkaufsangebot des Dr. H. in Berlin annahm.

Die Hauptklage ist auf Rückgängigmachung beider Geschäfte in vollem Umfange gerichtet und u. a. darauf gegründet, daß der Beklagte durch . . . Angaben über den Stand und die voraussichtlichen Erträgnisse des Helios-Unternehmens den Kläger absichtlich getäuscht oder doch dabei seine Pflichten als Kommissionär durch ungenügende Erkundigung fahrlässig verabsäumt habe. Mit Bezug hierauf haben beide Instanzen auf Grund einer eingehenden Würdigung der erhobenen Beweise angenommen, daß eine Unrichtigkeit in diesen Angaben weder objektiv, noch subjektiv dargethan sei, und daß dem Beklagten — der selbst bei der Gründung des Helios nicht beteiligt war — auch in Bezug auf die Einziehung der Erkundigungen eine Fahrlässigkeit nicht zur Last falle. Diese Ausführungen bewegen sich im wesentlichen auf thatsächlichem Gebiete und lassen einen Rechtsirrtum nicht erkennen. . . .

Eine ungenügende rechtliche Würdigung aber hat das Vorbringen des Klägers im Berufungsurteile insofern gefunden, als die Klage auf eine Täuschung in Bezug auf den anzulegenden und angelegten Preis für die Aktien gegründet ist. In dieser Hinsicht ist rechtlich zweierlei zu unterscheiden.

Es ist denkbar, daß der Einkaufskommissionär den Kommittenten dadurch täuscht, daß er vorspiegelt, bei der Ausführung des Auftrages einen höheren Preis angelegt zu haben, als thatsächlich der Fall ist. Die Ansprüche des getäuschten Kommittenten werden sich, wenn dies der Fall ist, in der Regel auf die Wettmachung des Preisunterschiedes beschränken (Art. 372 H.G.B.); wenigstens kann hier von einer Rückgängigmachung des gültig erteilten Auftrages selbst keine Rede sein.

Von diesem Falle einer Täuschung über die Art der Ausführung des Auftrages aber ist der andere Fall zu trennen, wo eine Täuschung schon vor oder bei der Erteilung des Auftrages erfolgt. Das Mandat, welches ja auch der Kommission zu Grunde liegt, beruht auf einem Vertrauensverhältnisse. Der Auftraggeber darf bei Erteilung des Auftrages voraussetzen, daß der Mandatar bei Übernahme des Auftrages sich so beträgt, wie es dem ihm geschenkten Vertrauen entspricht, daß er also eine diesem Vertrauen entsprechende ehrliche Gesinnung bethätigt. Dem widerspricht es direkt, wenn der Mandatar schon bei den Verhandlungen über Erteilung des Auftrages den Mandanten betrügerischerweise dazu bestimmt, ihm einen Auftrag in einer für den Auftraggeber nachteiligeren Weise zu erteilen, damit der Mandatar auf Kosten des Auftraggebers einen Vorteil erlangt, auf den er dem Auftraggeber gegenüber keinen Anspruch hat, und auf dessen Erlangung er deshalb nicht ausgehen darf.

Nach Art. 372 H.G.B. kommt der Vorteil, welchen der Kommissionär dadurch erlangt, daß er zu besseren Bedingungen abschließt, als sie ihm vom Kommittenten gestellt wurden, dem letzteren zu. Um vieles mehr darf der Kommissionär nicht durch Verheimlichungen und falsche Angaben den Kommittenten dazu bestimmen, ihm einen Auftrag zum Einkaufe zu einem höheren Preise zu erteilen, wenn der Kommissionär bereits ein Angebot auf Erwerbung zu einem niedrigeren Preise hat. Mit der Absicht, auf diese Weise das für sich zu erlangen, was er dem Mandanten zu ersparen hat, bekundet er von vornherein, daß er eine Person ist, welche eines ihr vom Kommittenten bezeigten Vertrauens unwürdig ist. Es ist anzunehmen, daß, wenn ein in dieser Weise übervorteilter Kommittent vor Ausführung des Auftrages von dem Betruge Kenntnis erhält, er regelmäßig den einem solchen Manne erteilten Auftrag zurückziehen wird, zumal da er keine Sicherheit hat, daß ihn der Kommissionär, welcher sich so seines Auftrages unwürdig gezeigt hat, bei Aufrechterhaltung des Vertrages nicht nach anderen Richtungen benachteiligt, welche der Kommittent zur Zeit nicht übersieht. Erfährt aber der Kommittent erst nach Ausführung des Auftrages von dem Betruge, dessen sich der Kommissionär bei den Verhandlungen über Erteilung des Auftrages schuldig gemacht hat, so entspricht es den Grundsätzen des bürgerlichen Rechtes, einem solchen betrügerischen Mandatar den Anspruch zu versagen, welchen der redliche Mandatar gegen seinen Auftraggeber auf Schadloshaltung hat. Will man die Unterscheidung zwischen dolus causam dans und dolus incidens bei einem derartigen Sachverhalte nicht außer Anwendung lassen, so liegt ein die Rescission des ganzen Geschäftes rechtfertigender dolus causam dans eben darin, daß der Kommittent dazu bestimmt ist, mit einem derartigen Kommissionär zu kontrahieren, mit welchem er, wenn er den Betrug erkannt hätte, überhaupt nicht kontrahiert haben würde.

Das Mandat ist nahe verwandt den Rechtsverhältnissen der auftragslosen Geschäftsführung und der Gesellschaft. Alle drei Kategorien beruhen darauf, daß der Geschäftsführer eine Person ist, welcher Vertrauen geschenkt werden darf. Die Gesellschaft vergleichen die Römer mit einem brüderlichen, das Mandat mit einem Freundschaftsverhältnisse. Für die auftragslose Geschäftsführung wird aber bei einer eigennützigen Gesinnung, welche der Geschäftsführer bei Begründung des Verhältnisses bethätigt, eben die Konsequenz gezogen, daß dem Geschäftsführer jener Anspruch auf Schadloshaltung versagt wird, weil er sich von vornherein als eine vertrauensunwürdige Person zeigt.

L. 6 § 3 (l. 5 § 5) Dig. de neg. gest. (3, 5):

„Sed et si quis negotia mea gessit non mei contemplatione, sed sui lucri causa, Labeo scripsit suum eum potius quam meum negotium gessisse; qui enim depraedandi causa accedit, suo lucro, non meo commodo studet. Sed nihilo minus, immo magis et is tenebitur negotiorum gestorum actione. Ipse tamen si circa res meas aliquid impenderit, non in id, quod ei abest, quia improbe ad negotia mea accessit, sed in id, quod ego locupletior factus sum, habet contra me actionem."

Und für das Gesellschaftsverhältnis wird schlechthin ausgesprochen:

L. 3 § 3 Dig. pro soc. (17, 2):

„Societas si dolo malo aut fraudandi causa coita sit, ipso jure nullius momenti est, quia fides bona contraria est fraudi et dolo."

Die Analogie führt zu derselben Entscheidung bezüglich des Mandates. Wird unterstellt, daß der Beklagte von vornherein den Kläger unter Verschweigung der ihm von einem Dritten gemachten niedrigeren Anstellung dahin getäuscht hat, daß die Aktien, welche der Kläger erwerben wollte, und für die es noch keinen Börsenkurs gab, wohl nur zu einem höheren Kurse zu erlangen sein würden, und veranlaßte er den Kläger infolgedessen, ein soviel höheres Limito zu setzen, um die Differenz für sich zu gewinnen, so hatte er, wenn er nach diesem Vorgange die Aktien im eigenen Namen erwarb, um sie demnächst dem Kläger zu höherem Kurse zu liefern, überhaupt keinen Anspruch auf Abnahme der Aktien gegen den Kläger. Dieser konnte vielmehr auch nach Ausführung des Auftrages schlechthin vom Geschäfte zurücktreten. Und wenn der Kläger erst nach Abnahme der Aktien, und nachdem er dem Beklagten den geforderten Preis gezahlt hatte, von dem ihm gespielten Betruge erfuhr, so konnte er nun Rückzahlung des Preises gegen Rückgabe der Aktien fordern.

Nach den Behauptungen, die der Kläger im vorliegenden Falle aufgestellt hat, soll sich der Beklagte in beiden Beziehungen einer Arglist schuldig gemacht haben, sowohl bei der Ausführung der beiden Aufträge, als auch bei deren Erteilung.

Die erste Behauptung ist durch die Beweiserhebungen des Landgerichtes liquid gestellt und nicht mehr streitig. Der Beklagte hat die ersten 5 Aktien, die er dem Kläger mit 125 Prozent berechnete, zu 116 Prozent eingekauft, und nachher die 10 Aktien, die er dem Kläger mit 130 Prozent berechnete, zu 114 Prozent. Der Eventualanspruch des Klägers auf Vergütung des Preisunterschiedes ergiebt sich damit ohne weiteres als begründet.

Die zweite Behauptung aber ist vom Berufungsgerichte nicht genügend beachtet. Nach dem Thatbestande des Berufungsurteiles hat der Kläger Beweis dafür angetreten, daß ihm der Beklagte vor Abschluß des Geschäftes im Mai 1895 mitgeteilt habe: es seien keine Aktien erhältlich; er müsse erst zusehen, ob er solche erhalten könne; unter einem Kurse von 125 Prozent werde er sie nicht erhalten können. Sollte diese Erklärung (und das hat anscheinend behauptet werden sollen) in die Zeit zu verlegen sein, in welcher der Beklagte schon den Brief des Dr. H. vom 24. Mai hatte, mittels dessen dieser ihm 5 Aktien Lit. B zu 116 Prozent und 10 Aktien Lit. A zu 114 Prozent zum Kaufe anbot, so würde sich damit auch eine betrügliche Verleitung zur Erteilung eines dem Kommittenten nachteiligen Auftrages ergeben, und würde — den Beweis der Erklärung vorausgesetzt — die oben angegebene Rechtsfolge für die Hauptklage zu ziehen sein. Die Behauptung ist daher vom Berufungsgerichte mit Unrecht für unerheblich erachtet worden.

Die behauptete Erklärung bezieht sich zunächst nur auf das erste Geschäft. Der Beklagte würde sich aber, wenn hier der vom Kläger behauptete Betrug festzustellen ist, der Fortsetzung des Betruges in Bezug auf den ihm weiter erteilten Auftrag schuldig gemacht haben, wenn er ein Limito von 130 Prozent veranlaßte, obschon er damals wußte oder doch den Umständen nach annehmen mußte, daß er die Aktien erheblich unter dem Limito werde kaufen können. Es bedarf aber dieser Feststellung nicht einmal, um dem Kläger das Recht zuzusprechen, seinen Rücktritt auf das zweite Geschäft, die Erwerbung weiterer 10 Aktien, auszudehnen. Denn thatsächlich ist bei Unterstellung der Richtigkeit jener klägerischen Behauptung von dem Beklagten auf der eingeschlagenen Bahn fortgeschritten, indem er, wie festgestellt ist, bei Ausführung des zweiten Auftrages den Kläger in der von diesem behaupteten Weise übervorteilt hat. Zu diesem Betruge, zu welchem dem Beklagten der zweite Auftrag Gelegenheit gab, würde es aber nicht haben kommen können, wenn der Kläger von dem Betruge bei Übernahme des ersten Auftrages rechtzeitig Kunde erhalten, und der Beklagte nicht den Irrtum des Klägers unterhalten hätte. Hätte der Kläger dann die Geschäftsverbindung mit dem Beklagten, wie anzunehmen, abgebrochen, so hätte der Kläger diesen zweiten Schaden nicht erlitten." ...

29. Dient im Sinne des § 302a St.G.B. in der Fassung des Gesetzes, betr. Ergänzung der Bestimmungen über den Wucher, vom 19. Juni 1893 ein zweiseitiges Rechtsgeschäft nur dann denselben wirtschaftlichen Zwecken, wie ein Darlehn, wenn der Vereinbarung gemäß die vom Wucherer dem anderen Teile gewährten Sachen zurückerstattet werden sollen?

I. Civilsenat. Urt. v. 2. März 1899 i. S. Sch. (Kl.) w. L. (Bekl.). Rep. VI. 47/99.

I. Landgericht I Berlin.
II. Kammergericht daselbst.

Auf dem Grundstücke des Beklagten, welches derselbe von dem Kläger käuflich erworben hatte, standen für den letzteren noch 78000 ℳ Restkaufgelder zu $4^1/_2$ Prozent verzinslich hypothekarisch eingetragen. Kläger hatte diese Hypothek für ein ihm gewährtes, am 1. Januar 1896 fälliges Darlehn von 30000 ℳ verpfändet und schuldete außerdem auf fällige oder doch bald fällig werdende Wechsel ca.

5000 ℳ. Da er die zur Begleichung dieser Schulden erforderlichen Geldmittel nicht besaß, wendete er sich an den Beklagten, welcher sich angeblich zur Zahlung von 35 000 ℳ bereit erklärte, wenn Kläger in die Löschung der Hypothek zum Betrage von 39 000 ℳ willige. Kläger behauptete, in seiner Notlage, die dem Beklagten bekannt gewesen sei, auf diese Bedingungen eingegangen zu sein und infolgedessen am 2. Dezember 1895 die notarielle Löschungsbewilligung über einen Teilbetrag der Hypothek in Höhe von 39 000 ℳ ausgestellt zu haben; der Beklagte habe das Darlehn, für welches die Hypothek verpfändet gewesen, zum Betrage von 30 000 ℳ nebst Zinsen dem Gläubiger bezahlt, die Wechsel des Klägers über ca. 3600 ℳ, welche sich in seinem Besitze befunden hätten, dem Kläger ausgehändigt und ihm den an 35 000 ℳ fehlenden Betrag der Valuta mit einigen Hundert Mark gezahlt; die Hypothek habe er sodann in Höhe von 39 000 ℳ löschen lassen.

Unter der Behauptung, daß das zwischen den Parteien abgeschlossene Geschäft wegen Wuchers ungültig sei, beantragte Kläger, den Beklagten zu verurteilen, ihm von der erwähnten Hypothek einen Teilbetrag von 4000 ℳ nebst $4^1/_2$ Prozent Zinsen seit dem 1. Januar 1896 abzutreten oder ihm 4000 ℳ nebst $4^1/_2$ Prozent Zinsen seit dem 1. Januar 1896 zu zahlen.

Die Klage wurde in den beiden vorderen Instanzen für unbegründet erachtet. Auf Revision des Klägers ist das Berufungsurteil aufgehoben worden aus den folgenden

Gründen:

„Dem Berufungsgerichte ist darin beizutreten, daß das zwischen den Parteien zustande gekommene, dem Klaganspruche zu Grunde liegende Geschäft kein Darlehn ist, es sich bei ihm auch nicht um die Stundung einer Geldforderung oder den wirtschaftlichen Zweck einer solchen Stundung handelt, und daß es deshalb unter den § 302a St.G.B. in der Fassung des Gesetzes, betr. Ergänzung der Bestimmungen über den Wucher, vom 19. Juni 1893 nur fallen kann, wenn es ein zweiseitiges Rechtsgeschäft ist, welches denselben wirtschaftlichen Zwecken, wie ein Darlehn, dienen sollte. Mit Unrecht hat die Vorinstanz das letztere aber verneint.

Der wirtschaftliche Zweck, welchem ein zweiseitiges Rechtsgeschäft dienen soll, ist für beide Vertragschließende meist nicht derselbe. So ist beim Kaufe der Zweck des Käufers, die unbeschränkte Verfügung über die gekaufte Sache zu erlangen, der des Verkäufers, Geld an Stelle der verkauften Sache zu erhalten, bei der Miete der Zweck des Mieters, sich den zeitweisen Gebrauch einer Sache zu verschaffen, der des Vermieters, aus der Sache ohne endgültige Veräußerung derselben Nutzen zu erlangen. Bei den wucherischen Geschäften will der Wucherer unter Ausbeutung der Notlage, der Unerfahrenheit oder des Leichtsinnes eines Anderen aus den ihm zur Verfügung stehenden Sachen ungewöhnlich hohe Vorteile erzielen. Dies ist von seinem Standpunkte aus stets der wirtschaftliche Zweck des Wuchergeschäftes, sei es daß er dem Anderen bares Geld mit der Verpflichtung zur Rückerstattung giebt, daß er ihm Sachen überläßt, die der Andere zur Erlangung von Geld veräußern, oder die er dauernd oder nur zeitweise benutzen soll, daß er ihm Sachen oder Forderungen abkauft, und dergleichen. Das Gesetz unterscheidet nun aber zwischen dem Darlehn, der Stundung einer Geldforderung und den denselben wirtschaftlichen Zwecken dienenden zweiseitigen Rechtsgeschäften einerseits, indem es diese im § 302a St.G.B. unbedingt mit Strafe bedroht, und Rechtsgeschäften anderer Art, als die bezeichneten, welche es im § 302e ebenda nur bei gewerbs- oder gewohnheitsmäßigem Betriebe für strafbar erklärt. Hieraus ergiebt sich, daß für die Bestimmung des Begriffes im § 302a, „ein zweiseitiges Rechtsgeschäft, welches denselben wirtschaftlichen Zwecken dienen soll", nicht maßgebend sein kann, welchen Zweck der Wucherer mit dem Geschäfte verfolgt, sondern der Zweck, zu welchem das Geschäft von dem anderen Teile abgeschlossen worden ist.

Der wirtschaftliche Zweck, welchem das Darlehn auf seiten des Darlehnssuchers dienen soll, ist nun unzweifelhaft die Befriedigung eines augenblicklichen Geldbedürfnisses. Der § 302a erwähnte in der ursprünglichen Fassung des Gesetzes vom 24. Mai 1880 nur das Darlehn und die Stundung einer Geldforderung und bezog sich deshalb, wie sich aus dieser Gegenüberstellung ergiebt, nicht auf das uneigentliche Darlehn. Das Gesetz vom 19. Juni 1893 hat den § 302a nur insoweit geändert, als die Worte „für ein Darlehn" ꝛc in „mit Bezug auf ein Darlehn" ꝛc abgeändert sind, und hinter den Worten „Stundung einer Geldforderung" noch hinzugefügt ist: „oder ein anderes zweiseitiges Rechtsgeschäft, welches denselben wirtschaftlichen Zwecken dienen soll". Der Begriff „Darlehn" kann deshalb auch in der neuen Fassung des Gesetzes auf das uneigentliche Darlehn nicht ausgedehnt werden.

Demselben wirtschaftlichen Zwecke, wie ein Darlehn, dienen hiernach alle Rechtsgeschäfte, welche einem augenblicklichen Geldbedürfnisse „des Anderen" abhelfen sollen. Dieser Zweck kann auf die verschiedenste Weise erreicht werden, und es ist nicht, wie das Berufungsgericht annimmt, erforderlich, daß der Wucherer dem anderen Teile Mittel mit der Verpflichtung zur Rückerstattung in gleicher Beschaffenheit übergiebt. Der wirtschaftliche Zweck beim Darlehn ist auf seiten des Darlehnssuchers nicht die Rückerstattung des Erhaltenen. Dies ist vielmehr nur eine rechtliche Folge, die sich aus dem Leihen des Geldes ergiebt. Das wirtschaftliche Interesse dagegen geht nur auf die Erlangung von Geldmitteln.

Es ist auch nicht richtig, daß, wie das Berufungsgericht ferner annimmt, Kläger auf die ihm vom Beklagten gewährten Mittel einen Anspruch hatte. Denn die Forderung, welche dem Kläger gegen Beklagten zustand, war noch nicht fällig. Das Geld, welches Beklagter ihm gab, bezw. in seinem Auftrage für ihn verwendete, gehörte auch nicht zum Vermögen des Klägers, da er nur eine Forderung hatte. Unerheblich ist aber, daß er durch die Empfangnahme des Geldes alsbald Eigentümer desselben wurde, da auch beim Darlehnsvertrage der Darlehnssucher Eigentümer des ihm geliehenen Geldes wird.

Der Annahme, daß der § 302a alle zweiseitigen Rechtsgeschäfte umfaßt, welche zum Zwecke der Befriedigung eines augenblicklichen Geldbedürfnisses abgeschlossen werden, steht auch die Wortfassung der bezeichneten Vorschrift keineswegs entgegen. Das Darlehn und die Stundung einer Geldforderung, welche bis zu dem Gesetze vom 19. Juni 1893 allerdings allein unter die Bestimmung des § 302a fielen, mußten auch ferner besonders erwähnt werden, wenn der Gesetzgeber nunmehr alle Geschäfte in § 302a bestrafen wollte, welche den gleichen wirtschaftlichen Zweck, wie das Darlehn und die Stundung einer Geldforderung, verfolgen. Die Scheidung zwischen den Geschäften, welche unter § 302a fallen, und denjenigen, auf welche sich § 302e bezieht, ist sodann ebenso gut möglich, wenn man zu den ersteren alle diejenigen Geschäfte rechnet, welche einem augenblicklichen Geldbedürfnisse des einen Teiles abhelfen sollen, als wenn man den Begriff „zweiseitige Rechtsgeschäfte, welche denselben wirtschaftlichen Zwecken dienen sollen" enger auffaßt. Die Gegenüberstellung der Vorschriften des § 302a und des § 302e begründet deshalb auch nicht die Annahme, daß der wirtschaftliche Zweck des Darlehns nur vorliegt, wenn der Schuldner zur Zurückerstattung des Erhaltenen verpflichtet ist.

Die Entstehungsgeschichte des Gesetzes vom 19. Juni 1893 spricht denn auch durchaus für die vorstehende Auffassung. Nach den Motiven zum § 302a sollten durch die neue Fassung desselben alle Geschäfte betroffen werden, in denen der Zweck, Geld oder weitere Stundung unter Ausbedingung wucherischer Vorteile zu gewähren, auf nur mittelbarem Wege erreicht wird, beispielsweise wenn dem Geldbedürftigen eine ihm gegen einen Dritten zustehende Forderung, die er sich oft erst durch Verkauf von Mobilien oder Grundstücksparzellen verschaffen muß, gegen bare Valuta, aber weit unter dem wahren Werte abgekauft wird. Wo der Wucher solche Wege wählt, heißt es weiter in den Motiven, da steht das Geschäft zwar nicht für die juristische, wohl aber für die wirtschaftliche Auffassung seinem Zwecke und Ergebnisse nach dem Kreditwucher völlig gleich. Die neue Fassung des § 302a stellt sicher, daß Fälle der bezeichneten Art von der Strafvorschrift mitgetroffen werden.

Ebenso konstatiert der von der Kommission über den Gesetzentwurf erstattete Bericht S. 5 — Nr. 70 der Drucksachen des Reichstages 8. Leg.-Periode II. Session 1892/93 — daß nach der Auskunft des Vertreters der verbündeten Regierungen ein Geld- oder Kreditbedürfnis häufig nicht in der Form von Darlehen oder Stundungen, sondern unter Wahl eines anderen Rechtsgeschäftes befriedigt werde, bei dem das wirtschaftliche Ziel, das Ziel der Geld- oder Krediterlangung, ganz das gleiche, wie bei dem Darlehns- oder Stundungsvertrage, sei, indem beispielsweise dem Geldbedürftigen eine ihm gegen einen Dritten zustehende Forderung gegen bare Valuta, aber weit unter dem Nennwerte, oder sein Mobiliar unter Zugestehung des Rückkaufsrechts gegen einen Preis abgekauft werde, der in seiner Niedrigkeit in keinem Verhältnisse zum eigentlichen Werte der Mobilien stehe. Das Geldbedürfnis werde durch den gezahlten Preis befriedigt. Wirtschaftlich ständen diese Fälle auf der gleichen Basis, wie der Darlehns- und Stundungsvertrag. Beute der Wucherer durch solche Geschäftsformen die Notlage aus, so müsse es gerechtfertigt erscheinen, denselben in der gleichen Weise für strafbar zu erklären, wie denjenigen, welcher bei Hingabe eines Darlehns oder bei Erteilung einer Gestundung wuchere. Die Vorschrift bezwecke lediglich eine Klarstellung, bezw. Ergänzung des im bestehenden § 302a bereits zum Ausdruck gelangten Gedankens.

Gegen die Auslegung der neuen Bestimmung des § 302a in diesem Sinne sind bei den Beratungen des Gesetzentwurfes Bedenken auch nicht erhoben. Es wurde vielmehr nur beantragt, die Vorschrift auch auf Pfandleihanstalten auszudehnen und hinzuzufügen: „oder in Bezug auf einen Arbeitsvertrag". Letzterem Antrage wurde lebhaft widersprochen, und es hat bei der zweiten Beratung des Gesetzentwurfes im Reichstage der Äußerung eines Abgeordneten gegenüber, daß der Arbeitsvertrag unter § 302a falle, der Regierungsvertreter allerdings gesagt, daß dieser Vertrag nicht demselben Zwecke diene, wie ein Darlehn, da bei letzterem die Rückgabe ein wesentlicher und unvermeidlicher Bestandteil des Vertrages sei. (Vgl. die erwähnten Drucksachen S. 1844.) Diese gelegentliche Äußerung kann den früheren eingehenden Auslassungen des Regierungsvertreters gegenüber indes nicht ins Gewicht fallen, da die Regierungen nach den letzteren unzweifelhaft die Absicht hatten, auch solche Geschäfte durch den § 302a zu treffen, bei denen die Rückgabe des vom Wucherer Hingegebenen nicht erfolgen soll.

Ganz unerheblich für die Auslegung des § 302a ist aber die in der Kommission hervorgetretene Ansicht, daß durch die Ausdehnung des § 302a wohl eine ständige Idealkonkurrenz zwischen § 302a und § 302e geschaffen würde. Denn eine Abänderung des § 302a ist auf Grund dieses Bedenkens nicht vorgenommen. Bedeutungslos ist ferner, daß man die durch § 302a mit Strafe bedrohten Geschäfte bei den Verhandlungen mit dem Ausdrucke „Kreditwucher" und die im § 302e erwähnten anderen Geschäfte mit dem Ausdrucke „Sachwucher" bezeichnete.

Das Reichsgericht hat auch bereits,

vgl. die Urteile des I. Straffenates vom 26. April 1894 und des II. Straffenates vom 24. Januar 1896, Entsch. des R.G.'s in Straff. Bd. 25 S. 317 und Bd. 28 S. 135, ausgesprochen, daß der wirtschaftliche Zweck bei Aufnahme eines Darlehns regelmäßig darin besteht, zur Befriedigung wirtschaftlicher Bedürfnisse, zu deren Deckung in der eigenen Wirtschaft kein Geld vorhanden ist, die Geldmittel anderer Personen in Anspruch zu nehmen, und daß alle Rechtsgeschäfte, welche auf den gleichen Zweck zielen, unter den § 302a fallen, wie der Verkauf einer Forderung seitens des Geldbedürftigen, obwohl derselbe Zug um Zug erfüllt werde, und eine Rückerstattungspflicht des Schuldners nicht vorliege.

Der gleiche Standpunkt wird überwiegend auch in der Litteratur vertreten, so in den Kommentaren zum Strafgesetzbuche von Olshausen Bem. 8c und von Oppenhoff Bem. 4b zu § 302a, in den Kommentaren zum Wuchergesetze vom 19. Juni 1893 von Henle Bem. 12, Kahn Bem. 12, Fuld Bem. 10 zu § 302a, ferner von Geiershöfer, Das geltende deutsche Wucherrecht S. 51.

Koffka (Die Reichswuchergesetze S. 33 und 34) verlangt allerdings, daß dem Gläubiger vom Schuldner eine erst in der Zukunft zu realisierende Gegenleistung gewährt werde, wie dies auch beim Ankauf einer Forderung der Fall sei, da der Gläubiger auch hier den Gegenstand der ihm gewährten Gegenleistung erst in der Zukunft realisieren könne. Dies ist bei fälligen Forderungen zunächst nicht richtig. Außerdem bietet das Gesetz für diese Auslegung des Begriffes „zweiseitige Rechtsgeschäfte, welche denselben wirtschaftlichen Zwecken, wie ein Darlehn, dienen sollen“ aber auch gar keinen Anhalt.

Meißner (vgl. Stenglein, Die strafrechtlichen Nebengesetze des Deutschen Reichs 1. Ausgabe S. 1149) versteht unter den im § 302a erwähnten anderen Rechtsgeschäften nur solche Geschäfte, die einem Darlehn im wesentlichen darin gleichen, daß das dem Geldbedürftigen gewährte Geld nach gewisser Zeit zurückzuzahlen ist. Er gründet diese Annahme indes nur auf die vorher erwähnte Erklärung des Regierungsvertreters bei der zweiten Beratung des Gesetzentwurfes im Reichstage gegenüber der Ausführung eines Abgeordneten, daß der Arbeitsvertrag auch unter § 302a falle. In der zweiten Ausgabe des erwähnten Werkes — S. 516 — ist diese Meinung denn auch für unrichtig erklärt, weil bei dieser Auffassung des Gesetzes die Wirkung desselben wieder beseitigt würde.

Das Berufungsgericht hat nun festgestellt, und es unterliegt nach dem, was unter den Parteien unstreitig ist, auch keinem Zweifel, daß das zwischen denselben zustande gekommene Geschäft abgeschlossen ist, um einem augenblicklichen Geldbedürfnisse des Klägers abzuhelfen. Es ist also ein zweiseitiges Rechtsgeschäft, welches denselben wirtschaftlichen Zwecken dienen sollte, wie ein Darlehn." . . .

30. Inwiefern sind die Grundsätze des Handelsgesetzbuches über Aufnahme des Inventars und der Bilanz für die Aufstellung der Bilanz seitens der unter das Reichsgesetz, betr. die Erwerbs- und Wirtschaftsgenossenschaften, vom 1. Mai 1889 fallenden Genossenschaften maßgebend?

VI. Civilsenat. Urt. v. 16. März 1899 i. S. Vereinigung bayer. Spiegelglasfabriken (Bekl.) w. F. & Co. u. Gen. (Kl.). Rep. VI. 428/98.

I. Landgericht Fürth, Kammer für Handelssachen.
II. Oberlandesgericht Nürnberg.

Die klagenden Firmen waren Mitglieder der im Genossenschaftsregister des Landgerichtes F. als Genossenschaft mit unbeschränkter Haftpflicht eingetragenen „Vereinigung bayerischer Spiegelglasfabriken". Gegenstand des Unternehmens der Genossenschaft war der An- und Verkauf des von den Genossenschaftern erzeugten Spiegelglases auf gemeinschaftliche Rechnung und die Einschränkung der Überproduktion der Genossen zum Zwecke der Förderung des Erwerbes durch Erzielung günstiger, den Betrieb der Spiegelglasfabriken lohnender Verkaufspreise. Zur Erreichung dieses Zweckes sollten die Genossen ihre Fabrikate nur an die Genossenschaft zu den durch den Aufsichtsrat nach Bedarf festgesetzten Preisen verkaufen dürfen. Gemäß § 34 der Statuten begann das Geschäftsjahr am 1. November und endigte am 31. Oktober eines jeden Kalenderjahres. Gemäß § 35 der Statuten sollte die Bilanz am 1. November eines jeden Jahres gefertigt werden. In die Bilanz sollten die Warenvorräte nur zu dem am Tage der Bilanzfertigung geltenden Ankaufspreis eingesetzt werden.

Am 31. Oktober 1896 bestimmte der Aufsichtsrat über den Einlieferungs-(Ankaufs-)Preis, der Einlieferungspreis werde für heute auf 44½ Prozent Rabatt, für die Zeit von morgen an auf 80 Prozent Rabatt festgesetzt. Am 15. März 1897 wurden die Einkaufspreise auf 44½ Prozent Rabatt für gute Gläser, 57½ Prozent für Ausschußgläser und 55 Prozent für alle übrigen Gläser festgesetzt, und am 23. Oktober für alle nach dem 31. Oktober 1897 eingehenden Sendungen der Rabatt auf 80 Prozent erhöht. Bei der Aufstellung der Bilanz für das Geschäftsjahr 1896/97 wurden von den Normalpreisen der Gläsersorten die im Laufe des Geschäftsjahres festgesetzten Rabattsätze zu 44½, 47, 55, 57 und 57½ Prozent in Abzug gebracht, und von dem hiernach gefundenen Wertbetrag des Warenlagers zu 770 656,21 ℳ noch der Betrag von 88 393 ℳ für Minderwert, Lagerbruch u. dgl. abgezogen. In die Bilanz vom 1. November 1897 wurde sodann der um die Abschreibung von 88 393 ℳ geminderte Betrag von 682 283,21 ℳ eingesetzt. Hierdurch ergab sich in dieser Bilanz ein Verlust von 115 874,57 ℳ. Durch die Generalversammlung vom 29. Dezember 1897 wurde diese Bilanz genehmigt.

Nach der Ansicht der klagenden Firmen verstieß die Abschreibung von 88 393 ℳ gegen die Bestimmung des § 35 der Statuten. Sie erhoben deshalb Anfechtungsklage gegen die Genossenschaft mit dem Antrage auf Ungültigkeitserklärung des Beschlusses der Generalversammlung vom 29. Dezember 1897.

Durch Urteil der ersten Instanz wurde der angefochtene Beschluß für ungültig erklärt; die von der Beklagten eingelegte Berufung wurde als unbegründet zurückgewiesen. Auf die Revision der Beklagten ist jedoch das Berufungsurteil aufgehoben, und die Sache an das Berufungsgericht zurückverwiesen worden, aus folgenden

Gründen:

„Das Berufungsgericht gelangt auf Grund der Bestimmungen des § 17 Abs. 2 des Reichsgesetzes, betr. die Erwerbs- und Wirtschaftsgenossenschaften, vom 1. Mai 1889 und des Art. 31 des Handelsgesetzbuches in der Auslegung des in § 35 der Statuten über den Anschlag der Warenvorräte in der Bilanz aufgestellten Grundsatzes zu der Anschauung, daß für die Bewertung des Warenlagers der am Schlusse des Geschäftsjahres, somit der am 31. Oktober 1897 in Geltung gestandene Ankaufspreis zu Grunde zu legen gewesen wäre. Es findet eine Bestätigung dieser Ansicht in der bis zum Jahre 1893 gepflogenen Übung, gemäß welcher Inventar und Bilanz am 31. Oktober, dem Tage des Schlusses des Geschäftsjahres, gefertigt und auf diesen Tag datiert worden, sowie in der auch noch später bestandenen Übung, das die Grundlage der Bilanz bildende Inventar am 31. Oktober jeden Jahres abzuschließen, und in der Art der Verlust- und Gewinnberechnung und der Beteiligung der Genossen hieran nach dem Ergebnisse des Geschäftsjahres. Die Festsetzung der Bewertung nach dem für den 1. November bestimmten Ankaufspreise würde übrigens nach Ansicht des Berufungsgerichtes gegen die Vorschrift des Art. 31 Abs. 1 H.G.B. verstoßen. Die Bewertung des Warenlagers nach dem Rabattsatze des 31. Oktober 1897 zu $44^1/_2$ Prozent ergebe unbestrittenermaßen den Betrag von 770 656,21 ℳ. Die frühere Abschreibungen um mehr als das Dreiundeinhalbfache übersteigende Abschreibung sei nach der eigenen Darstellung der Beklagten nicht etwa zur Deckung des durch Bruch und andere Lagerschäden herbeigeführten Verlustes, sondern zu dem Zweck erfolgt, den durch die schlechten Absatzverhältnisse gegenüber dem Einkaufspreise von $44^1/_2$ Prozent Rabatt bedingten Minderwert des Warenlagers zu treffen. Bei der Abschreibung sei es darauf abgesehen gewesen, die für das Geschäftsjahr 1897/98 in Aussicht stehenden Verluste auf das Vorjahr zu übertragen. Es handle sich somit nicht bloß um eine Schätzung des Warenlagers, um eine Ermessensfrage, sondern um eine Überschreitung der der Generalversammlung durch Gesetz und Statut gezogenen Grenzen. Die innerhalb der gesetzlichen Frist erhobene Anfechtungsklage sei daher zulässig und begründet.

Die Revision macht geltend, die Gründe, die das Berufungsgericht für die Bestimmung des 31. Oktober 1897 als des Tages der Wertbemessung des Lagers angeführt habe, seien nicht stichhaltig; der wirkliche Wert des Lagers sei unter den Parteien streitig; demgemäß hätte ein Beweisbeschluß erlassen werden müssen.

Die Revision war als begründet zu erachten.

Daß die formellen Voraussetzungen der Anfechtungsklage aus dem Genossenschaftsgesetz — die Erklärung des Widerspruchs zu Protokoll und die Erhebung der Klage innerhalb der gesetzlichen Frist von einem Monat — gegeben, nimmt das Berufungsgericht auf Grund der Anerkennung der Parteivertreter an.

Gemäß § 49 des Genossenschaftsgesetzes setzt die Anfechtungsklage die Verletzung eines Gesetzes oder des Statutes voraus. Für die Revisionsinstanz fragt es sich somit, ob die Abschreibung des Betrages von 88393 *M* gegen ein revisibles Gesetz verstößt. Auf der Annahme einer Verletzung von Gesetz und Statut beruht die Entscheidung des Berufungsgerichtes.

Gemäß § 17 Abs. 2 des Genossenschaftsgesetzes gelten Genossenschaften als Kaufleute im Sinne des Handelsgesetzbuches, soweit dieses Gesetz keine abweichenden Vorschriften enthält. Demgemäß liegt ihnen die Führung von Handelsbüchern und die Aufnahme von Inventar und Bilanz nach den Bestimmungen des Handelsgesetzbuches ob.

Vgl. Parisius-Crüger, Das Reichsgesetz, betr. die Erwerbs- und Wirtschaftsgenossenschaften, 2. Aufl. S. 123 Abs. 2. S. 124 Ziff. II. S. 42.

Für die Bilanz sind somit die Bestimmungen der Artt. 29—31 H.G.B. maßgebend.

Vgl. Parisius-Crüger, a. a. O. S. 42 Nr. 8.

Die Bestimmungen des Statutes haben sich daher den Vorschriften des Handelsgesetzbuches einzufügen. Das Statut kann nur zur Ausfüllung des gesetzlichen Rahmens dienen, der Gesellschaft nicht zustehen, durch eine statutarische Bestimmung die gesetzliche Regel aufzuheben. Die genaue Befolgung einer Bestimmung des Statutes würde eine Zuwiderhandlung gegen Grundsätze des allgemein verbindlichen Gesetzes nicht rechtfertigen, wenn auch die Einhaltung des Statutes folgeweise dazu führen würde. Das Berufungsgericht legt daher zunächst seiner Auslegung des § 35 Abs. 1 der Statuten mit vollem Recht die Bestimmungen des Handelsgesetzbuches zu Grunde. Für die Verlegung der Bilanzaufstellung auf den 31. Oktober als den Tag des Schlusses des Geschäftsjahres spräche schon die zeitliche Bestimmung des Geschäftsjahres und die Verteilung von Gewinn und Verlust nach dem Verhältnisse der im Geschäftsjahre — also vom 1. November bis zum 31. Oktober — erfolgten Glaseinlieferung (§ 37 der Statuten). Doch ist dies nicht entscheidend. Die Aufgabe der Bilanz besteht in der wahrheitsgemäßen Darstellung des Standes des Vermögens in einem bestimmten Zeitpunkte, hier also im Zeitpunkte des Schlusses des Geschäftsjahres. Gemäß Art. 31 H.G.B. müssen daher bei Aufnahme des Inventars und der Bilanz sämtliche Vermögensstücke und Forderungen nach dem Werte angesetzt werden, der ihnen zur Zeit der Aufnahme beizulegen ist. Diese Bestimmung enthält die Grundsätze, welche jeder Bilanzaufstellung zur Grundlage dienen müssen, und die Grundzüge der in Art. 185a für Kommanditgesellschaften auf Aktien und in Art. 239b für Aktiengesellschaften getroffenen besonderen Bestimmungen.

Nach herrschender Meinung hat das Gesetz den objektiven Wert im Auge, den die Vermögensstücke für das Geschäft haben. Der Wert ist also im Hinblick auf die unter der Voraussetzung des Fortbestandes des Geschäftes anzunehmende Realisierbarkeit zu bestimmen.

Vgl. Staub, Kommentar zum Handelsgesetzbuch 5. Aufl. S. 72 § 1 Nr. 1; Simon, Die Bilanzen der Aktiengesellschaften S. 150.

Dies giebt eine Begrenzung nach unten und nach oben. Um eine trügerische Höherbewertung hintanzuhalten, setzen Artt. 185c und 239b für die Bilanzen der Kommanditgesellschaften auf Aktien und der Aktiengesellschaften der Bewertung der Wertpapiere und Waren eine bestimmte Grenze. Soll nur der wirklich erzielte Gewinn aus Waren zur Verteilung kommen, so kann bei zur Veräußerung angeschafften Warenvorräten, wie trotz dem Mangel einer gesetzlichen Bestimmung anzunehmen ist, höchstens der Anschaffungs- und Herstellungspreis angesetzt werden.

Vgl. Parisius-Crüger, a. a. O. S. 43 Abs. 3.

Die in § 35 der Statuten vorgesehene Einstellung des am Tage der Bilanzfertigung geltenden Ankaufspreises bildet somit die Grenze nach oben. Eine durch eine willkürliche Festsetzung künftiger Ankaufspreise der wirklichen Geschäftslage nicht entsprechende Minderbewertung würde aber ebenfalls gegen Art. 31 H.G.B. verstoßen. Ein solcher Verstoß läge in der Bewertung nach dem nur den Ausschluß der Ware bezweckenden Rabatt von 80 Prozent, selbst wenn die Bilanz nach dem Stande vom 1. November aufzustellen wäre.

Daß in der Feststellung der Werte und der Aufmachung des ganzen Vermögensstandes der kaufmännischen Würdigung der Geschäftslage und der darauf beruhenden Kalkulation ein gewisses freies Ermessen zugestanden werden muß, liegt in der Natur der Sache. Daß aber der Genosse eine willkürliche, nach kaufmännischen Grundsätzen offenbar irrtümliche und falsche Bilanz anfechten kann, ist anerkannt.

Vgl. Entsch. des R.G.'s in Civils. Bd. 32 S. 52; Parisius-Crüger, a. a. O. S. 133, 227.

Es fragt sich also, ob die beanstandete Abschreibung sich als eine willkürliche, die Rechte der Genossen verletzende Minderbewertung darstellt, und ob die Annahme des Berufungsgerichtes, daß dies der Fall sei, ausreichend begründet erscheint.

Die Feststellung des Berufungsgerichtes, die Summe von 770 656,21 *M* entspreche einem Rabatt von 44½ Prozent, widerspricht nun zunächst der vom Berufungsgericht angenommenen Thatbestandsdarstellung der Aufstellung der Bilanz ... Eingesetzt wurden vielmehr die Beträge, die sich nach den im Laufe des Geschäftsjahres verschieden bestimmten Rabattsätzen ergaben. ... Der in die angefochtene Bilanz eingesetzte Betrag entspricht nach der Feststellung des Berufungsgerichtes einem Rabatt von ca. 51 Prozent.

Die Beklagte hat unter Beweiserbieten geltend gemacht, daß die Bilanz pro 1896/97 den wahren Wert des Lagers am 1. November oder 31. Oktober 1897 enthalte, und daß im November 1897 die Verkäufe mit 55 Prozent, im September 1897 mit 50 Prozent Rabatt abgeschlossen worden seien. Das Berufungsgericht begründet nun die Annahme, daß die angefochtene Abschreibung lediglich die Verschiebung des für das künftige Geschäftsjahr drohenden Verlustes auf das eben abgeschlossene bezweckt habe, zunächst auf die Unverhältnismäßigkeit der letzten Abschreibung gegenüber den Beträgen der früheren, des weiteren auf die Erklärung der Beklagten, der wahre Wert des Lagers sei nur bei dem Ansatze von 51—52 Prozent zu erreichen gewesen und durch die angefochtene Bilanz auch erreicht worden. Nach der eigenen Darstellung der Beklagten sei die Abschreibung nicht zur Deckung von Lagerschäden, sondern zu dem Zwecke erfolgt, den durch die schlechten Verhältnisse gegenüber dem Einkaufspreis von 44½ Prozent Rabatt bedingten Minderwert des Warenlagers zu treffen. „Augenscheinlich" sei es bei dieser Abschreibung darauf abgesehen, die für das Geschäftsjahr 1897/98 in Aussicht stehenden Verluste auf das Vorjahr zu übertragen.

Lag der Minderwert zur Zeit der Aufnahme der Bilanz in der dem Ansatze von ca. 51 Prozent Rabatt entsprechenden Höhe vor, so erscheint das Bestreben des Aufsichtsrates, den „vorhandenen Minderwert" durch einen Rabattsatz von 51 Prozent zu treffen, nur gerechtfertigt. Der Aufsichtsrat hat sodann nur im Sinne des Art. 31 H.G.B. gehandelt, indem er in der Form der Abschreibung unter Einhaltung des gemäß § 35 des Statutes einzusetzenden Rabattes das Warenlager zu dem wirklichen Geschäftswert in die Bilanz einstellte. War bei Abschluß der Bilanz also am Schlusse des Geschäftsjahres der Geschäftswert des Warenlagers in einem der Erhöhung des Rabattes von $44^1/_2$ auf 51 Prozent entsprechenden Betrage gesunken, so hatten sich eben die Aktiven um diesen Anschlag gemindert, und war der sich hiernach herausrechnende Verlust schon am Schlusse des Geschäftsjahres eingetreten. Trotz der „Augenscheinlichkeit" läge dann eine künstliche, der wahren Geschäftslage nicht entsprechende Verschiebung des Verlustes nicht vor. Das auffallende Mißverhältnis der letzten Abschreibuug zu den früheren Abschreibungen erschiene sodann durch die gewählte Form der Ausgleichung erklärt.

Über den wirklichen Wert des Warenlagers sind aber entgegenstehende Beweisanträge gestellt. Liegt auch dem den Beschluß der Generalversammlung anfechtenden Mitgliede der Genossenschaft der Beweis der Unrichtigkeit der Bilanz ob, so kann, nachdem sich die Klägerinnen zum Beweis erboten, daß das Warenlager am 31. Oktober 1897 wirklich einen Wert von 770656,21 ℳ gehabt habe, ohne Beweiserhebung über die Begründung der Anfechtung nicht entschieden werden. Die Beweiserhebung durfte somit nicht aus dem Grunde abgelehnt werden, daß der Anspruch der Klägerinnen sich jetzt schon als gerechtfertigt darstelle.

Hiernach war das Berufungsurteil aufzuheben." ...

31. Ist bei Bemessung der Pension die Dienstzeit auch dann von dem Tage der ersten eidlichen Verpflichtung für den Reichs-, bezw. Landesdienst an zu rechnen, wenn der bei seiner Pensionierung mit Ruhegehaltsberechtigung im Nebenamte angestellte Reichspostbeamte zur Zeit seiner ersten Vereidigung für den Postdienst nur auf Kündigung und unter Ausschluß des Anspruches auf Pension angestellt worden war?

Gesetz, betr. die Rechtsverhältnisse der Reichsbeamten, vom 31. März 1873 §§ 34. 44. 45. 46.

II. Civilsenat. Urt. v. 21. März 1899 i. S. Deutsch. Postfiskus (Bekl.) w. M. (Kl.). Rep. II. 391/98.

I. Landgericht Koblenz.
II. Oberlandesgericht Köln.

Der Kläger, Bürgermeister zu Cl., wurde am 30. Juni 1870 als Postexpeditor daselbst angestellt und für den Postdienst vereidigt. Die Anstellung erfolgte auf Kündigung und unter der Bedingung, daß er durch dieselbe keinen Anspruch auf Pension bei seinem dereinstigen Ausscheiden aus dem Postdienste erlange. Nachdem das Reichspostamt erklärt hatte, es habe nichts dagegen zu erinnern, daß dem Kläger die Ruhegehaltsberechtigung zuerkannt werde, wurde durch Verfügung der zuständigen Oberpostdirektion vom 9. September 1891 die bis dahin kündbare Anstellung in eine unkündbare umgewandelt, und hatte Kläger nunmehr die etatsmäßige Stelle eines Vorstehers des Postamtes in Cl. inne. Am 1. Juni 1897 wurde er als Postbeamter in den Ruhestand versetzt, und bei Bemessung seiner Pension der Postdienst ihm nur vom 1. Januar 1880 ab angerechnet. Die gegen diese Festsetzung erhobene Beschwerde, womit er Anrechnung seiner Dienstzeit seit dem 30. Juni 1870, dem Tage seiner ersten Vereidigung als Postbeamter, verlangte, wurde von dem Reichspostamte abgewiesen, seine dieser Beschwerde entsprechende Klage jedoch vom Landgerichte und vom Oberlandesgerichte zugesprochen, und die gegen letzteres Urteil vom Postfiskus eingelegte Revision als unbegründet zurückgewiesen aus den folgenden

Gründen:

... „Das Oberlandesgericht ist zutreffend davon ausgegangen, daß dem Kläger infolge seiner Pensionierung als Vorsteher des Postamtes in Cl. Ruhegehalt gemäß der Bestimmungen des Reichsgesetzes, betr. die Rechtsverhältnisse der Reichsbeamten, vom 31. März 1873 zusteht. Denn der Kläger war in dieser seit September 1891 ihm definitiv und mit Ruhegehaltsberechtigung übertragenen amtlichen Stellung nach Art. 50 der Reichsverfassung verpflichtet, den Anordnungen des Kaisers Folge zu leisten, war also nach § 1 des Reichsbeamtengesetzes Reichsbeamter im Sinne dieses Gesetzes, und es finden dessen Bestimmungen auf ihn Anwendung. Wenn der Beklagte demgegenüber auszuführen versucht hat, daß dieses Gesetz für die Frage, von welchem Zeitpunkte ab die Dienstzeit bei Bemessung der Pension zu rechnen sei, nicht angewendet werden dürfe, weil nach Art. 48 Abs. 2 der Reichsverfassung, bezw. der Norddeutschen Bundesverfassung, unter welcher letzteren der Kläger als Postexpeditor zu Cl., und zwar zunächst auf Kündigung und ohne Pensionsberechtigung, angestellt worden, der Reichs-, bezw. Bundesgesetzgebung diejenigen Post- und Telegraphenangelegenheiten entzogen seien, deren Regelung nach den damaligen in der preußischen Post- und Telegraphenverwaltung maßgebenden Grundsätzen der reglementarischen oder administrativen Anordnung überlassen gewesen seien, zu denselben aber gerade die Bestimmung des Beginnes der Dienstzeit für die Festsetzung des Betrages der Pension solcher Postbeamten gehört habe, so hat das Oberlandesgericht mit Recht diesem Einwande gegenüber hervorgehoben, daß das Reichsbeamtengesetz nach seinem Inhalte und dessen Begründung dem Reiche gegenüber die Rechte der Reichsbeamten, namentlich auch in Rücksicht auf ihre Pensionierung, einheitlich und erschöpfend für das ganze Reich reichsgesetzlich geregelt hat, und daneben landesgesetzliche Bestimmungen, soweit dieselben nicht in dem Reichsgesetze selbst aufrecht erhalten sind, ihre Geltung verloren haben. Es bedarf daher keiner Erörterung der Frage, ob die Festsetzung des für die Pensionsberechnung des Klägers maßgebenden Beginnes der Dienstzeit zu denjenigen Angelegenheiten gehört, welche damals in der preußischen Postverwaltung der reglementarischen oder administrativen Anordnung überlassen waren, da eine solche Vorschrift in dem Reichsbeamtengesetze nicht aufrecht erhalten ist.

Nach § 34 dieses Gesetzes erhält jeder Beamter, welcher sein Diensteinkommen aus der Reichskasse bezieht, beim Versetzen in den Ruhestand unter gewissen, bei dem Kläger unbestritten eingetretenen, Voraussetzungen eine lebenslängliche Pension, und zwar nach § 44 auch dann, wenn ihm das Reichsamt auf Grund einer etatsmäßigen Stelle als Nebenamt bleibend verliehen ist. Diese beiden letzteren Voraussetzungen liegen bei dem Kläger ebenfalls vor. Mit Unrecht behauptet der Beklagte in seiner Revisionsbegründung, daß der § 44 deshalb nicht zu Gunsten des Klägers angezogen werden könne, weil derselbe im Reichsdienste ein anderes Amt außer dem Amte als Verwalter des Postamtes zu Cl. nicht bekleide, also ein Hauptamt im Reichsdienste nicht inne habe. Denn letzteres verlangt das Gesetz nicht; dasselbe spricht nur von reichsdienstlichen Nebenämtern, ohne des Hauptamtes überhaupt Erwähnung zu thun. Ein solches Nebenamt setzt allerdings begrifflich ein Hauptamt, aber keineswegs ein reichsdienstliches Hauptamt voraus, und der Berufungsrichter hat zutreffend aus den von ihm angeführten Motiven des Gesetzes, sowie aus dem Umstande, daß das Gesetz da, wo es auf die Anstellung in einem unmittelbaren Staatsamte Gewicht legt, dies ausdrücklich hervorhebt, gefolgert, daß das im § 44 unterstellte Hauptamt sowohl ein unmittelbares, als auch ein mittelbares Bundesstaatsamt, also in Preußen auch das Amt eines Bürgermeisters, sein kann.

War aber hiernach der Kläger infolge seiner am 1. Juni 1897 als Reichspostbeamten eingetretenen Pensionierung ruhegehaltsberechtigt, so hat auch das Oberlandesgericht ohne Rechtsirrtum den Beginn der für die Höhe der Pension maßgebenden Dienstzeit vom 30. Juni 1870 an, als dem Tage der ersten eidlichen Verpflichtung des Klägers für den Postdienst, gerechnet, wenn auch damals der Kläger nur auf Kündigung und ohne Pensionsberechtigung angestellt war. Denn hierbei kommen nicht die Vorschriften des § 38, welche überhaupt bei dem zuletzt definitiv und mit Pensionsberechtigung angestellten Kläger keine Anwendung finden können, sondern vielmehr die in dem Abschnitte des Reichsbeamtengesetzes über die Berechnung der Dienstzeit stehenden Vorschriften der §§ 45 und 46 in Betracht. Der § 45 bestimmt aber, daß für die Pension die Dienstzeit vom Tage der ersten eidlichen Verpflichtung für den Reichsdienst an gerechnet wird; nach § 46 Ziff. 2 kommt auch die Zeit in Anrechnung, während welcher der Beamte sich im Dienste eines Bundesstaates befunden hat, und nach dem letzten Absatze dieses Paragraphen wird in diesem Falle die Dienstzeit nach den für die Berechnung der Dienstzeit im Reichsdienste gegebenen Bestimmungen berechnet. Das Gesetz macht keinen Unterschied, ob der Beamte bei seiner Anstellung voll, oder nicht voll beschäftigt, ob er auf Kündigung, oder definitiv, mit Ausschluß der Pensionsberechtigung, oder als pensionsberechtigt angestellt war, wenn er nur im Augenblicke seiner Pensionierung ruhegehaltsberechtigt war. Wenn der Beklagte den § 45 deshalb vom Berufungsrichter verletzt glaubt, weil der Zeitpunkt der ersten Vereidigung nur dann maßgebend sein könne, wenn dieselbe für ein pensionsberechtigtes Amt geschehen sei, so trägt er in das Gesetz eine von denselben nicht gemachte und damit auch nicht gewollte Unterscheidung hinein. Ebensowenig trifft die Rüge des Beklagten zu, daß das Oberlandesgericht durch seine Berechnung der Dienstzeit des Klägers den Grundsatz verletzt habe, daß an sich die Gesetze keine rückwirkende Kraft haben; denn nicht das Oberlandesgericht, sondern das Reichsbeamtengesetz selbst hat seinen bezüglichen Vorschriften rückwirkende Kraft beigelegt." ...

32. Findet die Bestimmung des Art. 145 Abs. 2 H.G.B. auch dann Anwendung, wenn nach Auflösung einer offenen Handelsgesellschaft das Geschäft der letzteren mit Aktiven und Passiven von einem der bisherigen Gesellschafter übernommen wird?

I. Civilsenat. Urt. v. 29. März 1899 i. S. tho S. (Bekl.) w. S. (Kl.). Rep. I. 40/99.

I. Landgericht Hamburg.
II. Oberlandesgericht daselbst.

Die Parteien betrieben bis zum 1. Januar 1897 ein Handelsgeschäft in Hamburg unter der eingetragenen Firma S. & tho S. Nach Aufgebung des gemeinschaftlichen Geschäftsbetriebes setzte der Beklagte das Geschäft zunächst unter der bisherigen Firma fort, bis er auf von S. erhobene Klage verurteilt wurde, darein zu willigen, daß die Auflösung der offenen Handelsgesellschaft S. & tho S. in das Handelsregister eingetragen, und die Firma S. & tho S. gelöscht werde. Vor dem Registerrichter erklärten dann die Parteien im März 1898, daß aus dem von ihnen unter der Firma S. & tho S. betriebenen Handelsgeschäft (Kolonialwaren) am 1. Januar 1897 S. ausgetreten sei, und daß das Geschäft von tho S. als nunmehrigem alleinigen Inhaber unter Übernahme der Aktiven und Passiven unter der veränderten Firma L. P. tho S. fortgesetzt werde. Diese Erklärung wurde in das Handelsregister eingetragen. Die bis zum 1. Januar 1897 abgeschlossenen Geschäfte wurden nach diesem Zeitpunkte vom Beklagten abgewickelt, und diese Abwickelung war bis auf wenige

Geschäfte beendet. Abrechnung über die abgewickelten Geschäfte hatte der Kläger vom Beklagten erhalten.

Die Geschäftsbücher der Gesellschaft waren mit Zustimmung des Klägers im Besitze des Beklagten verblieben und von ihm für das auf seine alleinige Rechnung fortgesetzte Geschäft weiter benutzt worden. Er verweigerte, nachdem der Kläger ein dem seinigen gleichartiges Geschäft eröffnet hatte, diesem die Einsichtnahme und Benutzung der erwähnten Geschäftsbücher und der Papiere der Gesellschaft. Dieser erhob daher Klage auf Gestattung der Einsichtnahme und Benutzung.

Vom Landgericht wurde der Beklagte der Klage gemäß verurteilt, und vom Oberlandesgericht die Berufung des Beklagten zurückgewiesen. Auf die Revision des Beklagten wurde das Urteil des Oberlandesgerichts aufgehoben, und die Sache an dasselbe zurückverwiesen, aus folgenden

Gründen:

„Nach Art. 145 Abs. 2 H.G.B. behalten, wenn eine offene Handelsgesellschaft aufgelöst ist, die bisherigen Gesellschafter und deren Rechtsnachfolger das Recht auf Einsicht und Benutzung der Bücher und Papiere. Diese Bestimmung bildet die Schlußbestimmung des von der Liquidation der offenen Handelsgesellschaft handelnden Abschnittes und schließt sich unmittelbar an die Vorschrift an, daß nach beendeter Liquidation die Bücher und Papiere der aufgelösten Gesellschaft einem der gewesenen Gesellschafter oder einem Dritten in Verwahrung zu geben sind. Die erkennbare Voraussetzung ihrer Anwendbarkeit ist daher eben die, daß sich nach abgeschlossener Liquidation die Bücher und Papiere der aufgelösten Gesellschaft für die gewesenen Gesellschafter bei einem von ihnen oder einem Dritten in Verwahrung befinden. Dieser Fall ist aber nicht der des gegebenen Sachverhaltes. Mit dem Austritte des Klägers aus dem Geschäft der Firma S. & tho S. ist zwar, da die Mitglieder der offenen Handelsgesellschaft, welche unter dieser Firma bestand, nur der Kläger und der Beklagte waren, ohne Zweifel die Gesellschaft aufgelöst worden. Deshalb brauchte aber nicht notwendig eine Liquidation der Gesellschaft stattzufinden, und daß sie nicht stattgefunden hat, ergiebt sich aus den vorliegenden Thatsachen. Wie feststeht, haben diese Parteien vor dem Registerrichter erklärt, daß das Geschäft der aufgelösten Gesellschaft S. & tho S.

von tho S. als alleinigem Inhaber unter Übernahme der Aktiven und Passiven fortgesetzt werde. Daß diese Erklärung der Wirklichkeit nicht entsprochen habe, ist vom Kläger nicht geltend gemacht worden; das Berufungsgericht hatte daher auch keine Veranlassung, an ihrer Richtigkeit zu zweifeln. Eine Liquidation der Gesellschaft folgert das Berufungsgericht lediglich daraus, daß der Beklagte alle bis zum 31. Dezember 1896 abgeschlossenen Geschäfte für gemeinsame Rechnung abgewickelt hat, und der Kläger einen Betrag von 130 ℳ auf das ihm vom Beklagten ausgekehrte Geschäftsguthaben hat zurückerstatten müssen, weil die Abwickelung der Geschäfte ein anderes als das zunächst erwartete Ergebnis gehabt hatte. Diese Thatsachen rechtfertigen aber den aus ihnen gezogenen Schluß in keiner Weise; sie bestätigen vielmehr, daß dem Kläger sein Geschäftsanteil vom Beklagten in Geld ausgeliefert worden ist, und um die Abfindungssumme richtig zu bestimmen, war es erforderlich, daß die zur Zeit der Auflösung der Gesellschaft noch laufenden Geschäfte für gemeinschaftliche Rechnung abgewickelt wurden (vgl. Art. 130 H.G.B.).

Sind demnach die Aktiven der aufgelösten Gesellschaft auf den Beklagten übergegangen, und hat außerdem noch der Kläger, wie er zugesteht, sein Einverständnis damit erklärt, daß die Bücher vom Beklagten für das von ihm fortgesetzte Geschäft weiter benutzt werden, so sind die thatsächlich im Besitze des Beklagten gebliebenen Bücher und Papiere der aufgelösten Gesellschaft sein Alleineigentum geworden, und deshalb steht dem Kläger, wenn man von der behaupteten Parteiberedung vom Januar 1897 absieht, die Befugnis des Art. 145 Abs. 2 H.G.B. nicht zu. Nur im Fall eines nachweisbaren rechtlichen Interesses und nach Maßgabe dieses Interesses könnte er dann eine Buch- und Urkundenvorlegung behufs Einsichtnahme beanspruchen. Ein solches Interesse hat der Kläger nicht behauptet. Es könnte z. B. vorliegen im Fall der Inanspruchnahme des Klägers aus einer Gesellschaftsschuld, würde jedoch nicht, wie von seinem Vertreter in der Revisionsverhandlung angedeutet worden ist, anzuerkennen sein, wenn der Zweck der Einsichtnahme nur in der Ausnutzung der Handelsbeziehungen der aufgelösten Gesellschaft bestände.

Für eine abschließende Beurteilung der Sache ist nun aber die Behauptung des Klägers in Betracht zu ziehen, nach welcher im Januar 1897 die Parteien darüber einig geworden sind, daß dem

Kläger die Bücher der Gesellschaft jederzeit zur Verfügung stehen sollten. Es wird zu erwägen sein, ob nicht, wenn dies der Wahrheit entspricht, dem Kläger überhaupt die Befugnis des Art. 145 Abs. 2 H.G.B. gewahrt geblieben ist." ...

33. 1. Bezieht sich die gesetzliche Formvorschrift für die Abtretung von Geschäftsanteilen einer Gesellschaft mit beschränkter Haftung auch auf die Abtretung von Teilen eines Geschäftsanteiles?

2. Wird durch die mündliche Zusage, sich an der beabsichtigten Gründung einer Gesellschaft mit beschränkter Haftung mit der Zeichnung eines bestimmten Betrages zu beteiligen, eine rechtliche Verpflichtung begründet?

Gesetz, betr. die Gesellschaften mit beschränkter Haftung, vom 20. April 1892 §§ 2. 3. 14. 15.

I. Civilsenat. Urt. v. 8. April 1899 i. S. St. (Kl.) w. v. H. (Bekl.). Rep. I. 51/99.

I. Landgericht Hamburg.
II. Oberlandesgericht daselbst.

Der Kläger behauptete, der Beklagte habe ihm versprochen, bei der beabsichtigten Gründung der Gesellschaft mit beschränkter Haftung „Conus", woran er (Kläger) interessiert gewesen sei, sich mit einer Zeichnung von 5000 ℳ zu beteiligen. Diesem Versprechen sei der Beklagte nicht nachgekommen, insbesondere auch in der konstituierenden Versammlung der Gründer trotz ordnungsmäßiger Einladung nicht erschienen. Er (Kläger) habe sich infolgedessen genötigt gesehen, bei der Gründung, um die Errichtung der Gesellschaft nicht scheitern zu lassen, den Ausfall zu decken und sich mit 5000 ℳ mehr zu beteiligen, als er sonst gethan haben würde. Nach der Gründung habe ihm dann der Beklagte, als er ihn zur Rede stellte, versprochen, ihm bis zum 1. Juli 1898 „fünf Anteile von je 1000 ℳ abzunehmen", später indes jede Zusage wieder in Abrede gestellt. Unter Beweisantretung für beide Versprechen erhob der Kläger Klage mit dem Antrage, festzustellen, daß der Beklagte verpflichtet sei, ihm am 1. Juli

1898 fünf Teile des klägerischen Geschäftsanteiles am „Conus" von je 1000 *M* Nennwert gegen Barzahlung von 3558 *M* abzunehmen. Mit der Klage wurde eine Urkunde vom 18. Mai 1898 beigebracht, inhalts deren die Gesellschaft „Conus" erklärt, daß sie alle Rechte und Ansprüche, die ihr etwa aus der nicht erfüllten Zusage des Beklagten erwachsen seien, an den Kläger abtrete.

Der Beklagte bestritt die behaupteten Versprechungen und machte geltend, daß der angebliche Abtretungsvertrag, da die im Gesetze vorgeschriebene Form gerichtlicher oder notarieller Beurkundung nicht beobachtet sei, rechtlich unwirksam sein würde. Auch rügte er, daß die Genehmigung des Aufsichtsrates fehle, die das Statut des „Conus" für die Veräußerung von Teilen eines Geschäftsanteiles an Personen, die nicht Gesellschafter sind, für erforderlich erkläre.

Das Landgericht wies die Klage ab. In der Berufungsinstanz stellte der Kläger, nachdem inzwischen der 1. Juli 1898 verstrichen war, seinen Schlußantrag auf Verurteilung des Beklagten zur Zahlung von 3558 *M* nebst 6 Prozent Zinsen seit dem 1. Juli 1898 und erklärte sich bereit, gegen diese Zahlung einen Teil seines Geschäftsanteiles (der im ganzen 22000 *M* beträgt) im Nennwerte von 5000 *M* mit 80 Prozent Einzahlung in bester Form dem Beklagten Zug um Zug zu übertragen. Das Berufungsgericht wies die Berufung als unbegründet zurück.

Die Revision des Klägers ist zurückgewiesen worden aus folgenden

Gründen:

„Nach den Behauptungen des Klägers unterscheidet das Berufungsgericht die Zusage, die der Beklagte vor der Errichtung der Gesellschaft, und die Zusage, die er nachher gegeben haben soll. Was zunächst die zweite Zusage angeht, so führt das Oberlandesgericht zwei Gründe dafür an, weshalb die Klage auf diese Zusage nicht gestützt werden könne. Dem ersten dieser beiden Gründe ist zuzustimmen, sodaß der zweite einer Erörterung nicht unterzogen zu werden braucht.

Das Gesetz vom 20. April 1892 bestimmt im § 15 nicht allein, daß zur Abtretung von Geschäftsanteilen durch Gesellschafter ein in gerichtlicher oder notarieller Form geschlossener Vertrag erforderlich sei, sondern ferner, daß derselben Form auch eine Vereinbarung bedürfe, durch welche die Verpflichtung eines Gesellschafters zur Abtretung eines Geschäftsanteiles begründet werde. Eine ohne diese Form getroffene Vereinbarung soll zwar, wie das Gesetz weiter bestimmt, durch den in gesetzlicher Form geschlossenen Abtretungsvertrag nachträglich gültig werden. So lange es aber daran fehlt, ist die formlose Vereinbarung wirkungslos. Etwas anderes aber als eine bloße mündliche Zusage des Beklagten, ihm „fünf Anteile zu je 1000 *M*" abzunehmen, hat der Kläger nicht behaupten können. Diese Zusage würde daher selbst dann die Klage nicht stützen können, wenn man zu Gunsten des Klägers in den „fünf Anteilen zu je 1000 *M*" nur einen ungeschickten Ausdruck für die Abzweigung eines Geschäftsanteiles von 5000 *M* erblicken wollte. Mit Recht aber hat das Oberlandesgericht weiter angenommen, daß die Formvorschriften des § 15 auch auf den Fall der Veräußerung von Teilen eines Geschäftsanteiles anwendbar sind; denn wenn dies auch im Gesetze nicht ausdrücklich hervorgehoben ist, so ist es doch eine notwendige und sich von selbst ergebende Konsequenz aus den Bestimmungen des Gesetzes.

Das erste Versprechen des Beklagten dagegen, daß er sich an der Errichtuug der Gesellschaft mit einer Zeichnung von 5000 *M* beteiligen wolle, sieht das Oberlandesgericht an sich als rechtsverbindlich an. Es beanstandet auch nicht, daß der Kläger, weil der Beklagte das Versprechen nicht gehalten habe, Schadensersatz in der Weise fordern könne, daß ihm der Beklagte den entsprechenden Teil seines Geschäftsanteiles in Höhe von 5000 *M* gegen Vergütung der darauf geleisteten Einzahlungen abnehme. Das Gericht kommt aber gleichwohl zur Zurückweisung der Klage, weil diese schlechthin auf Zahlung, also auf Erfüllung des Abtretungsvertrages, gerichtet sei, dem Kläger aber nach dem vorstehenden nur ein Anspruch auf Abschluß eines Abtretungsvertrages in der gesetzlich vorgeschriebenen Form zustehe.

Diese Ausführungen sind von der Revision als rechtsirrtümlich angefochten. Es ist zuzugeben, daß sie zu Bedenken Anlaß geben können, wenn man unterstellt, daß die erwähnte Zusage an sich rechtsverbindlich ist, und dem Kläger wegen ihres Bruches ein Anspruch auf Schadensersatz zur Seite steht. Aber dieser Ausgangspunkt des Oberlandesgerichtes kann nicht für richtig erachtet werden.

Das Gesetz vom 20. April 1892 bestimmt im § 2:

„Der Gesellschaftsvertrag bedarf des Abschlusses in gerichtlicher oder notarieller Form. Er ist von sämtlichen Gesellschaftern zu unterzeichnen."

Nach § 3 muß der Gesellschaftsvertrag u. a. enthalten „den Betrag des Stammkapitals" und „den Betrag der von jedem Gesellschafter auf das Stammkapital zu leistenden Einlage (Stammeinlage)". Nach § 14 bestimmt sich der Geschäftsanteil jedes Gesellschafters nach dem Betrage der von ihm übernommenen Stammeinlage. Ein anderer Modus der Gesellschaftserrichtung, als der im § 2 erwähnte, ist dem Gesetze unbekannt. Es kennt nur die sog. Simultangründung (Art. 209 d H.G.B.), nicht auch die bei der Aktiengesellschaft zugelassene sog. Successivgründung (Art. 209 e H.G.B.). Es giebt daher auch keine „Zeichnungen" auf das Stammkapital in dem Sinne, wie sie bei der Aktiengesellschaft vorkommen. Das angebliche mündliche Versprechen des Beklagten, „sich bei der Gründung der Gesellschaft mit einer Zeichnung von 5000 ℳ zu beteiligen", kann daher nur in dem Sinne aufgefaßt werden, daß der Beklagte dem Kläger zugesagt hat, er wolle mit ihm an der gerichtlichen oder notariellen Errichtung des Gesellschaftsvertrages als Gesellschafter teilnehmen und dabei die Leistung einer Stammeinlage von 5000 ℳ übernehmen. Hiernach würde ein formloser Vorvertrag vorliegen, der keinen anderen Inhalt hätte, als daß der Promittent die Verpflichtung übernehme, den an eine bestimmte Form gebundenen Hauptvertrag in dieser Form abzuschließen.

Es folgt aus allgemeinen Rechtsgrundsätzen, daß, wenn für die Gültigkeit eines gewissen Vertrages gesetzlich eine bestimmte Form vorgeschrieben ist, auch ein formloses Abkommen auf Eingehung eines solchen Vertrages ungültig sein muß. Es giebt keinen Anspruch auf Vollziehung der Form, wenn das Gesetz dem rechtsgeschäftlichen Willen nur in der gehörigen Form Beachtung schenkt.

Vgl. Windscheid, Pandektenrecht 7. Aufl. Bd. 2 § 310 bei Anm. 3; Thöl, Handelsrecht 6. Aufl. Bd. 1 § 241; Stobbe-Lehmann, Deutsches Privatrecht Bd. 3 § 217 S. 151.

Für die eingetragene Genossenschaft, bei der das Gesetz eine schriftliche Beitrittserklärung fordert, ist in der Rechtsprechung angenommen, daß ein formloser Vertrag, der die Übernahme einer Verpflichtung zum Beitritte zum Gegenstande habe, ungültig sei.

Vgl. Entsch. des R.G.'s in Civils. Bd. 14 S. 93, Bd. 40 S. 48.

Auch das Bürgerliche Gesetzbuch steht für die von ihm gegebenen Formvorschriften auf demselben Standpunkte.

Vgl. Motive des 1. Entwurfes Bd. 1 zu § 91 S. 182; Planck, Kommentar zu § 125 Bem. 5.

In Verbindung mit dem oben bereits erörterten § 15 des Gesetzes über die Gesellschaften mit beschränkter Haftung, der auch für die Abtretung von Geschäftsanteilen und für den obligatorischen Vertrag auf eine solche Abtretung gerichtliche oder notarielle Form fordert, folgt aus dem Gesagten, daß dem Kläger aus dem von ihm behaupteten Versprechen des Beklagten weder ein Anspruch auf Mitvollziehung des Gesellschaftsvertrages, noch auch ein Anspruch auf Schadensersatz dem Rechte nach erwachsen ist.

Die gleichen Gründe aber stehen auch dem Versuche entgegen, die Klage aus einem übertragenen Rechte der Gesellschaft selbst zu begründen." . . .

II. Gemeines Recht.

34. Rechtliche Wirkung der Erbunwürdigkeit. Kann sich ein Dritter auf die letztere berufen, so lange der eventuell zur Ereption Berechtigte sie noch nicht geltend gemacht hat?

VI. Civilsenat. Urt. v. 8. Dezember 1898 i. S. M. Wwe. (Bekl.) w. Z. Ehefr. (Kl.). Rep. VI. 264/98.

I. Landgericht Bremen.
II. Oberlandesgericht Hamburg.

Die mit der Erbschaftsklage von der angeblichen Testamentserbin belangte Witwe des Erblassers, der nebst ihren Kindern das Intestaterbrecht zugestanden haben würde, schützte u. a. die Einrede vor, daß die Klägerin aus zwei Gründen erbunwürdig sei. Diese Einrede wurde vom Berufungsgerichte als exceptio de jure tertii für unbeachtlich erklärt. Das Reichsgericht hat diese Entscheidung mißbilligt aus folgenden Gründen:

... „Es ist die Einrede der Erbunwürdigkeit verworfen, und zwar deswegen, weil, wenn die hier behaupteten Gründe der Erbunwürdigkeit wirklich vorliegen sollten, nicht die Beklagte und ihre Kinder, als die sonst Nächstberechtigten, sondern der Fiskus zur Entreißung der Erbschaft berechtigt sein, die Einrede also aus dem Rechte eines Dritten hergenommen sein würde. Ob wirklich nach heutigem gemeinen Rechte noch, wie nach römischem, in der Regel dem Fiskus das Ereptionsrecht zusteht, oder ob gewohnheitsrechtlich die sonst Nächstberechtigten an dessen Stelle gesetzt sind, wie Einige behaupten, braucht hier nicht entschieden zu werden; denn die auf die Indignität gestützte

Einrede greift durch, sobald aus diesem Grunde nur der Kläger nicht berechtigt ist. Letzteres gilt aber von dem Erbunwürdigen ohne weiteres; nicht etwa ist die Wirkung der Indignität an eine Willenserklärung des Eripienten geknüpft, die auf Wiederentziehung des zunächst von dem Unwürdigen gemachten Erwerbes gerichtet wäre. Ungeachtet des Kunstausdruckes „eripere", der sprachlich mehr auf einen Willensakt des Berechtigten zu passen scheinen würde, geht das von dem Unwürdigen Erworbene sofort ohne weiteres auf den Eripienten über.

L. 9 § 2 Dig. de his quae ut ind. 34, 9; l. 29 § 2 Dig. de don. 39, 5; l. 29 § 1. l. 43 Dig. de J. F. 49, 14; l. 8 Cod. de his quib. ut ind. 6, 35; Nov. 1 c. 1 § 4; vgl. Windscheid, Pandektenrecht (Aufl. 7) Bd. 3 § 674 S. 372 flg.; Dernburg, Pandekten (Aufl. 4) Bd. 3 § 60 Anm. 15 S. 107.

Daß dieser Übergang bei den Römern nicht nach dem jus civile stattfand, sondern nur auf dem Boden des prätorischen Rechtes durch denegatio actionum, bezw. durch Zulassung einer exceptio, und andererseits durch die positiven Mittel des prätorischen Rechtes verwirklicht wurde, ist natürlich für das heutige Recht gleichgültig; noch dazu scheint Justinian in Nov. 1 c. 1 § 4 wenigstens für den dort von ihm geordneten Indignitätsfall dem Eripienten direkt die Stellung des Erben u. s. w. an der Stelle des Unwürdigen geben zu wollen. Jedenfalls ist also der Erbunwürdige praktisch genommen von vornherein gar nicht Erbe, sondern dies ist an seiner Stelle der Eripient, hier also eventuell der Fiskus, und daraus folgt, daß die Klage des Erbunwürdigen, die sich auf seine Erbenqualität stützt, abgewiesen werden müßte, gerade so wie sonst die Klage dessen, der als Erbe klagt, während ein Dritter es in Wirklichkeit ist." . . .

35. Kann der Versicherte Rechte aus einem Seeversicherungsvertrage herleiten, den er auf Grund der Angaben seines auswärtigen Agenten in gutem Glauben an die Richtigkeit dieser Angaben abgeschlossen hat, wenn diese Angaben unwahr und von dem Agenten arglistigerweise zu Gunsten seines Prinzipales gemacht waren?

I. Civilsenat. Urt. v. 17. Dezember 1898 i. S. K. (Kl.) w. Oberrheinische Versicherungsgesellschaft (Bekl.). Rep. I. 349/98.

I. Landgericht Hamburg.
II. Oberlandesgericht daselbst.

Der Kläger, der aus Kleinasien Tabak importierte, erhielt am 14. November 1896 aus Samsun am Schwarzen Meere von seinem dortigen Expedienten M. K. folgendes Telegramm:
„chargées hier 100 balles sur Bahrenfeld assurez dix mille francs", und schloß am 16. November (der dazwischen liegende 15. November war ein Sonntag) durch Vermittelung seines Assekuranzmaklers mit der Beklagten einen Versicherungsvertrag, laut dessen die Beklagte Versicherung übernahm für 100 Ballen Tabak von Samsun nach Hamburg, im durchstehenden Risiko von Speicher zu Speicher, zum taxierten Werte von 10000 *M* incl. imaginären Gewinnes. Die Versicherung war abgeschlossen nach den Allgemeinen Seeversicherungs-Bedingungen von 1867 mit den auf der Police abgedruckten Änderungen. Die Police enthielt folgende handschriftliche Klauseln:

„Interesse erwiesen. Jeder Ballen eine Taxe, selbst im Schadensfalle, vorbehalten. Laut Depesche vom 16. November. Ohne Präjudiz, falls bereits abgegangen."

Aus diesem Vertrage forderte der Kläger von der Beklagten Ersatz des Wertes von 57 Ballen Tabak, welche am 13. November 1896 während eines plötzlich ausgebrochenen Sturmes aus dem Leichter, in dem sie an Bord des Dampfers „Bahrenfeld" geschafft werden sollten, ins Meer gefallen und verloren gegangen waren. Die Beklagte beantragte Abweisung der Klage.

Dem Streit lag wesentlich folgender Sachverhalt zu Grunde. Mit dem Dampfer „Bahrenfeld" sollten 100, angeblich dem Kläger gehörige, Ballen Tabak, welche im Depot der Kaiserlich türkischen Tabakregie in Samsun lagerten, an den Kläger nach Hamburg abgesandt werden. Von diesen 100 Ballen wurden, als der Dampfer in Samsun angekommen war, am 13. November 1896 zunächst 77 Ballen an den Bruder und Expedienten des Klägers M. K. ausgeliefert, um in einem Leichter an Bord des Dampfers gebracht zu werden. Als 20 Ballen auf den Dampfer übergeladen waren, mußte mit der weiteren Überladung innegehalten werden, weil inzwischen ein heftiges

Unwetter ausgebrochen war, bei welchem der noch im Leichter befindliche Tabak durch Seewasser und Regen naß, und deshalb vom Schiffer des „Bahrenfeld" zurückgewiesen wurde. Der Leichter suchte nun die Küste wieder zu erreichen, schlug jedoch um, und seine Ladung fiel ins Meer. M. K., der sich an Bord des Dampfers befunden hatte, blieb dort wegen des Sturmes bis zum nächsten Morgen und sandte dann, ans Land zurückgekehrt, das oben erwähnte Telegramm an den Kläger ab, angeblich ohne Kenntnis von dem Verlust der 57 Ballen, der ihm erst in den nächsten Tagen bekannt geworden sein soll.

Die Beklagte erachtete bei dieser Sachlage die Versicherung für nicht verbindlich. Sie hielt es für unzweifelhaft, daß unter den obwaltenden Umständen M. K. bei Absendung der Depesche Kenntnis von dem Untergange der 57 Ballen gehabt habe, führte aber aus, daß es hierauf gar nicht ankomme, weil der Inhalt der Depesche in jedem Falle wissentlich unwahr gewesen sei, und M. K. als Beauftragter des Klägers unredlicherweise für den Abschluß der Versicherung erhebliche Umstände verschwiegen und so den Kläger in die Lage versetzt habe, seiner Anzeigepflicht aus § 29 der Allgemeinen Seeversicherungs-Bedingungen nicht genügen zu können.

Die Klage wurde sowohl in der ersten, wie in der Berufungsinstanz abgewiesen. Die Revision ist zurückgewiesen.

Aus den Gründen:

... „Das Berufungsgericht geht davon aus, daß die bloße objektive Unwahrheit der in der Depesche des M. K. enthaltenen Angaben, es seien am vorhergehenden Tage 100 Ballen Tabak im Dampfer „Bahrenfeld" verladen worden, obgleich sie für die Beurteilung des zu übernehmenden Risikos von Erheblichkeit war, die Unverbindlichkeit des Versicherungsvertrages noch nicht zur Folge habe, weil diese Folge (§ 32 der Allgemeinen Seeversicherungs-Bedingungen) nur dann eingetreten sein würde, wenn der Kläger sich die Angaben seines Expedienten beim Abschlusse des Versicherungsvertrages zu eigen gemacht hätte, nicht aber dann, wenn der Kläger bei seinen Angaben der Beklagten gegenüber sich auf den Inhalt des ihm zugegangenen Berichtes bezogen habe. Das Berufungsgericht weist in dieser Beziehung auf die Ausführung von Voigt (Seeversicherungsrecht S. 214) hin. Da nun im vorliegenden Falle die Police ausdrücklich auf die Depesche vom 16. November (richtig: 14. November), also auf den Bericht eines

Dritten, als Grundlage der Versicherung Bezug nehme, hält das Berufungsgericht dafür, daß, um zur Abweisung der Klage auf Grund der §§ 29. 32 der Allgemeinen Seeversicherungs-Bedingungen gelangen zu können, noch die Führung des durch Eidesantrag angetretenen Beweises erforderlich sein würde, daß der Kläger selbst zur Zeit des Vertragsabschlusses bereits Kenntnis von dem Eintritte des Unfalles gehabt habe.

Dessenungeachtet hat das Berufungsgericht, ebenso wie das Gericht erster Instanz, die Klage ohne Erhebung dieses Beweises abgewiesen, und zwar aus dem Grunde, weil der Expedient des Klägers, M. K., in seinem telegraphischen Berichte an den Kläger arglistigerweise für die Versicherung erhebliche Umstände zu dem Zwecke verschwiegen habe, damit die Versicherungsgesellschaft über den wahren Sachverhalt getäuscht und zum Abschlusse eines Versicherungsvertrages bestimmt werde, den sie bei Kenntnis der Wahrheit nicht abgeschlossen haben würde. Das Berufungsgericht leitet hieraus die Rechtsfolge her, daß der Kläger das, was er auf Grund eines so zustande gekommenen Vertrages von der Beklagten zu erhalten habe, als eine ungerechtfertigte Bereicherung wieder herausgeben müßte, sodaß seiner Klageforderung die exceptio doli generalis entgegenstehe. Hierbei glaubt das Berufungsgericht der Feststellung, daß M. K. bei Absendung seiner Depesche den Untergang der in dem Leichter verbliebenen 57 Ballen bereits gewußt habe, nicht zu bedürfen; denn jedenfalls habe M. K. damals gewußt und vorsätzlich verschwiegen, daß diese 57 Ballen schon in dem Leichter naß geworden und von dem Kapitän des Dampfers zurückgewiesen waren, und die Anzeige dieses Umstandes würde hingereicht haben, die Beklagte von der Versicherung dieser 57 Ballen abzuhalten.

Die thatsächlichen Grundlagen dieser Entscheidung geben zu Bedenken keine Veranlassung." (Wird näher dargelegt.)

„Die getroffene Entscheidung ist aber auch rechtlich begründet, obgleich weder im Handelsgesetzbuche, noch in den Allgemeinen Seeversicherungs-Bedingungen ausdrücklich ausgesprochen ist, daß dem Kläger aus einem in der vorliegenden Art zustande gekommenen Vertrage der Anspruch auf Erfüllung nicht zustehe.

Der Hinweis des Revisionsklägers, daß bei der Beratung des Handelsgesetzbuches die ursprünglich vertretene Meinung, daß die

Anzeigepflicht des Versicherten in dem Falle, wenn der Versicherungsvertrag für ihn durch Mittelspersonen zustande gekommen sei, sich auch auf die diesen Mittelspersonen bekannten Umstände erstrecke (Protokolle S. 3155. 3156), später ausdrücklich fallen gelassen worden sei, soweit es sich nicht um die eigene Kenntnis des den Vertrag abschließenden Vertreters handele (Protokolle S. 4419), erledigt die hier zu entscheidende Frage nicht. Es handelt sich vielmehr nach der vorliegenden Sachlage darum, ob ein Kaufmann, der sich in seinem Geschäftsbetriebe für gewisse Zwecke der Dienste von Hilfspersonen bedient, einen zu seinen Gunsten geübten, für den Abschluß eines Versicherungsvertrages kausal gewordenen Dolus einer solchen Hilfsperson sich entgegenhalten lassen muß, obgleich er selbst sich bei dem Vertragsschlusse in gutem Glauben befunden hat. Unmittelbar läßt sich ein diese Frage bejahender Satz aus den Quellen des gemeinen Rechtes nicht belegen. Jedoch hat schon das römische Recht sich zum Schutze des Verkehres dazu gedrängt gesehen, demjenigen, der durch den Dolus eines für einen Anderen mit ihm kontrahierenden Vertreters geschädigt war, eine Klage gegen den Geschäftsherrn auf die aus diesem Geschäfte dem letzteren zugeflossene Bereicherung zu geben (l. 15 § 2 Dig. de dolo m. 4, 3). Die Anwendung des dieser Vorschrift zu Grunde liegenden Rechtsgedankens, daß der Geschäftsherr, auch wenn er selbst gutgläubig war, die Vorteile eines Geschäftes, das mit Hilfe eines in seinem Interesse von einem Anderen geübten Dolus zustande gekommen ist, nicht für sich beanspruchen dürfe, auf den vorliegenden Fall entspricht der neueren Rechtsentwickelung. Diese Rechtsentwickelung hat in weitem Umfange dazu geführt, Gewerbetreibende, die in ihrem Geschäftsbetriebe Gehilfen verwenden, für deren Verschulden haftbar zu machen.

Vgl. Artt. 400. 451 H.G.B.; § 930 preuß. A.L.R. I. 11; § 278 B.G.B.; Art. 1384 Code civil; Art. 115 des schweizerischen Obligationenrechtes, u. a. m.; vgl. auch die Verhandlungen des 17. Deutschen Juristentages Bd. 2 S. 80 flg. 284 flg.

Die sachliche Rechtfertigung des Grundsatzes, daß in obligatorischen Verhältnissen der Arbeitgeber für das von seinen Gehilfen und Arbeitern bei Ausführung der ihnen übertragenen Verrichtungen begangene Verschulden zu haften habe, liegt darin, daß derjenige, der sich in seinem geschäftlichen Interesse der Mitwirkung von Hilfspersonen bedient, die sich aus deren Zuziehung ergebende Gefahr zu tragen hat und den aus dem Verschulden dieser Personen entstehenden Schaden nicht dem Gegenkontrahenten zuwälzen darf. Wenngleich der erwähnte Grundsatz in der bestehenden Gesetzgebung wesentlich nur auf die Erfüllung von Verträgen angewendet worden ist, so steht doch nichts im Wege, ihn auch auf die Mitwirkung von Gehilfen beim Vertragsabschlusse anzuwenden, und jedenfalls dann, wenn diese Mitwirkung in doloser Weise zu Gunsten des Geschäftsherrn stattgefunden hat. Ein solcher Fall liegt hier vor. Es gehörte zu den dem M. K. obliegenden Verrichtungen, dem Kläger bei den für diesen besorgten Verschiffungen diejenigen Mitteilungen zu machen, auf Grund deren dieser die Versicherung der verschifften Waren bewirkte. Wenn er hierbei in betrüglicher Absicht unrichtige Mitteilungen machte und ungünstige für die Versicherung erhebliche Umstände verschwieg, um den Kläger in den Stand zu setzen, einen Versicherungsvertrag abschließen zu können, den er auf Grund wahrheitsgemäßer Mitteilungen nicht hätte abschließen können, so muß sich der Kläger als Geschäftsherr diesen für den Vertragsabschluß kausalen Dolus seines Gehilfen entgegensetzen lassen, ohne daß es des von dem älteren römischen Recht benutzten Hilfsmittels einer dem Beschädigten zustehenden Bereicherungsklage bedarf.

Dieselbe Rechtsanschauung wird auf dem Gebiete des Seeversicherungsrechtes von der englischen Praxis geteilt, welche von der Erwägung ausgeht, daß in solchen Fällen, in denen ein Schade, der durch den Betrug oder die Nachlässigkeit eines Dritten herbeigeführt ist, auf eine von zwei schuldlosen Personen fallen muß, diejenige Partei den Schaden zu tragen hat, die der schuldigen Person ihr Vertrauen geschenkt oder dieselbe angestellt hat.

Vgl. Arnould, Marine insurance 6. Aufl. Bd. 1 S. 555.

Mac Arthur (Contract of marine insurance 2. Aufl. S. 11) stellt den Rechtsatz auf, daß die Versicherung entkräftet sei, wenn die dem Vertrage zu Grunde liegende falsche Angabe oder die Verheimlichung die Handlung eines Agenten des Versicherten sei, dessen Pflicht es war, dem Geschäftsherrn Nachricht über das Schiff oder die Ladung zu geben. Augenscheinlich liegt diesen Aussprüchen die Rechtsanschauung zu Grunde, daß der Geschäftsherr aus einem durch Betrug seines Gehilfen zustande gekommenen Versicherungsvertrage für sich Rechte nicht herleiten darf." . . .

36. Ist ein Gesellschaftsvertrag zum Zwecke des Abschlusses von Differenzgeschäften mit einem Dritten ungültig? Kann insbesondere der Klage eines Gesellschafters gegen den anderen auf anteilmäßige Abnahme des Verlustes oder auf anteilmäßige Herausgabe des Gewinnes die Einwendung entgegengesetzt werden, daß Zweck der Gesellschaft das Differenzspiel gewesen sei?

VI. Civilsenat. Urt. v. 19. Dezember 1898 i. S. M. (Bekl. u. Widerkl.) w. F. (Kl. u. Widerbekl.). Rep. VI. 272/98.

I. Landgericht Hamburg.
II. Oberlandesgericht daselbst.

Aus den Gründen:

„In den Jahren 1891/93 machte Kläger mit der Firma L. & Co. in Hamburg eine Reihe von Börsentermingeschäften, welche für ihn im schließlichen Ergebnisse mit Verlust endeten. An diesen Geschäften war der Beklagte nach zwischen den Parteien getroffener Vereinbarung („à conto meta") in der Weise beteiligt, daß Gewinn und Verlust zu gleichen Teilen gehen sollten. Im Jahre 1895 hat Beklagter dem Kläger schriftlich bestätigt, daß diesem wegen dieser Geschäfte an ihn ein Guthaben von 1500 *M* zustehe, und sich verpflichtet, dieses Guthaben vom Januar 1896 ab in monatlichen Raten von 30–40 *M* abzuzahlen. Kläger fordert mit der Klage die Bezahlung einer Rate von 30 *M*. Der Beklagte wendet ein, die zwischen Kläger und der Firma L. & Co. geschlossenen Geschäfte seien reine Differenzgeschäfte gewesen; sie hätten jedenfalls im Verhältnisse der Parteien zu einander den Charakter des Spieles gehabt. Demgemäß könne Kläger auch aus dem zwischen ihnen bestandenen Gesellschaftsverhältnis nicht gegen Beklagten auf Zahlung des anteilmäßigen Ersatzes des vom Kläger bezahlten Spielverlustes klagen, und sei insbesondere das vom Beklagten abgegebene Anerkenntnis und Zahlungsversprechen rechtsunwirksam. Beklagter beantragte Abweisung der Klage, und im Wege der Widerklage die Feststellung, daß dem Kläger aus dem von ihm in den Jahren 1891/93 für gemeinschaftliche Rechnung der Parteien mit der genannten Firma geschlossenen Fondsgeschäften keinerlei Ansprüche gegen den Beklagten zustehen, sowie die Verurteilung des Klägers zur Erstattung von 200 *M*, welche Beklagter an Kläger vor der Feststellung der Schuld von 1500 ℳ à conto der für gemeinschaftliche Rechnung kontrahierten Geschäfte gezahlt habe.

Das Landgericht hat auf Grund der Feststellung, daß die fraglichen Geschäfte allerdings den Charakter reiner Differenzgeschäfte gehabt hätten, die Klage und die Widerklage auf Erstattung von 200 ℳ abgewiesen, dagegen auf die Feststellungsklage nach dem Antrage des Beklagten erkannt. Es war der Ansicht, das der Unklagbarkeit der Differenz- oder Spielgeschäfte zu Grunde liegende Rechtsprinzip, daß nämlich solche Geschäfte nicht der Befriedigung eines sittlichen Zweckes oder eines wirtschaftlichen Bedürfnisses dienten, müsse auch auf die à-conto-meta-Beteiligung und das Anerkenntnis des Beklagten hinübergreifen. Kläger hat Berufung eingelegt, und Beklagter sich der Berufung gegen die Zurückweisung seines Erstattungsanspruches angeschlossen. Das Oberlandesgericht verurteilte unter Verwerfung der Anschließung den Beklagten nach dem Klagantrage und wies auch die Feststellungswiderklage ab.

Der Revision des Beklagten und Widerklägers ist der Erfolg zu versagen.

Dem Berufungsgerichte muß darin beigetreten werden, daß das zwischen den Parteien durch die fragliche Übereinkunft geschaffene Verhältnis als Gesellschaftsvertrag zu beurteilen ist, und demgemäß die gemeinrechtlichen Grundsätze über die societas zur Anwendung kommen. Hiernach kann ein Gesellschaftsvertrag zu den verschiedensten Zwecken geschlossen werden; nur muß der Zweck ein erlaubter sein; „societas rei inhonestae et illicitae, maleficii nulla est.“

Vgl. l. 57 Dig. pro soc. 17, 2; l. 70 § ult. Dig. de fidejuss. 46, 1; **Windscheid**, Pandektenrecht Bd. 2 § 405 Nr. 2; **Dernburg**, Pandekten Bd. 2 § 124; vgl. auch l. 6 Cod. de pact. 2, 3; l. 5 Cod. de leg. 1, 14; l. 26 Dig. de V. O. 45, 1.

Nach gemeinem Rechte untersteht das sogenannte reine Differenzgeschäft der für den Spielvertrag geltenden Rechtsregel. Das Berufungsgericht prüft daher mit Recht, ob der vorliegende Gesellschaftsvertrag als ein auf einen unerlaubten Zweck gerichteter anzusehen, und ihm aus diesem Grunde die Gültigkeit abzusprechen sei. Wäre dies zu bejahen, so müßte, vorausgesetzt daß es sich in der That um reine Differenzgeschäfte handelte, dem Vertrage und infolgedessen auch dem Anerkenntnisse und Zahlungsversprechen des Beklagten die Rechtswirksamkeit versagt werden. Das Berufungsgericht ist jedoch der Ansicht, daß der nicht speziell verbotene Spielvertrag, also auch das Differenzgeschäft, nicht zu den verbotenen, unerlaubten Geschäften gerechnet werden dürfe, und deshalb ein zum Zwecke solchen Spieles geschlossener Gesellschaftsvertrag der Gültigkeit und Rechtswirksamkeit nicht entbehre. Auch darin muß dem Berufungsgerichte beigetreten werden. Allerdings ist für das gemeine Recht immer noch streitig, ob auch das gewöhnliche, nicht durch besonderes Gesetz verbotene Spiel unerlaubt sei, und insbesondere besteht auch heutzutage noch keine Übereinstimmung darüber, ob der bezahlte Spielverlust zurückgefordert werden kann, während in der Richtung Einverständnis besteht, daß auf Zahlung des Spielergebnisses keine Klage stattfindet.

Vgl. Windscheid, Pandektenrecht Bd. 2 § 314 Nr. 3. § 419 Nr. 8; Glück, Erläuterung der Pandecten Bd. 11 § 759; Stobbe, Deutsches Privatrecht Bd. 3 § 194 a. E.

In dem Urteile vom 24. April 1897,

Entsch. des R.G.'s in Civils. Bd. 39 S. 163 flg.,

hat der I. Civilsenat des Reichsgerichtes die Frage, ob nach gemeinem Rechte Zahlungen, die zur Tilgung von Spiel-(Differenzspiel-) Schulden geleistet sind, zurückgefordert werden können, verneinend entschieden. In der Begründung wird ausgesprochen, daß zwar das reine Differenzgeschäft mit dem Spiele gleichzustellen sei, daß aber diejenigen Stellen des römischen Rechtes, welche die Rückforderung des auf eine Spielschuld Gezahlten zulassen, — wenn sie überhaupt als recipiert gelten könnten, — auf diejenigen Spiele eingeschränkt werden müssen, die durch das Strafgesetz oder ein besonderes Verbotsgesetz für unerlaubte erklärt seien. In betreff der übrigen Spiele gehe die deutsche Rechtsanschauung dahin, daß die Rechtsordnung zwar kein Mittel gewähre, um dem Gewinner zur Erlangung des Spielgewinnes zu verhelfen, aber auch kein öffentliches Interesse bestehe, die freiwillige Leistung des Verlierers als ungültig zu behandeln. Zu den unerlaubten Geschäften in dem bezeichneten Sinne gehöre das Differenzgeschäft als solches weder nach gemeinem Rechte, noch nach dem Reichsrechte (s. auch Urteil desselben Senates vom 29. Februar 1896, Rep. I. 389/95). Der erkennende Senat trägt kein Bedenken, sich dieser, in Berücksichtigung der bisherigen gemeinrechtlichen Judikatur des Reichsgerichtes ergangenen, Entscheidung, namentlich auch hinsichtlich der Begründung, anzuschließen, obwohl die gemeinrechtliche Praxis deutscher Obergerichte teilweise auch jetzt noch entgegengesetzte Wege geht.

Vgl. Seuffert, Archiv Bd. 50 Nr. 164.

In einem nach dem preußischen Landrechte zu beurteilenden Falle hat allerdings der I. Civilsenat,

vgl. Entsch. des R.G.'s in Civils. Bd. 40 S. 256 flg.,

gelegentlich bemerkt, daß, wenn der Spielvertrag unverbindlich sei, mit rechtlicher Notwendigkeit, ebenso wie der Gesellschaftsvertrag zum Spiele, auch der Auftrag und die Vollmacht zum Spiele unverbindlich seien. In diesem Falle war jedoch nur die Frage zu entscheiden, ob der Auftrag zum Wetten am Totalisator (zum Spielen) einen klagbaren Anspruch auf das Interesse wegen Nichtausführung des Auftrages begründe, was der I. Civilsenat verneint hat, während ausgeführt wird, der Auftrag zum Spiele sei erlaubt, wie das nicht verbotene Spiel (§§ 577. 578 A.L.R. I. 11); die Klage sei nicht die Klage aus dem Spielvertrage gegen den Mitkontrahenten, und für den durch § 62 A.L.R. I. 13 begründeten Anspruch auf Herausgabe des Gewinnes, den der Beklagte mit den Mitteln des Klägers gemacht und eingezogen habe, komme darauf nichts an, ob das Spielen oder Wetten am Totalisator in Preußen verboten, oder erlaubt, klagbar, oder nicht klagbar sei. Dagegen sei eine Klage aus dem Auftrage zum Spiele auf die Ausführung des Spieles, und deshalb auch die Klage auf das Erfüllungsinteresse nicht zuzulassen. Mit der den Gesellschaftsvertrag hereinziehenden Bemerkung wollte hiernach, wie anzunehmen, der I. Civilsenat die Frage nicht entscheiden, ob aus einem auf Spiel gerichteten Gesellschaftsvertrage dem Gesellschafter, welcher vereinbarungsgemäß gespielt hat, gegen den anderen die Klage auf anteilmäßige Abnahme des eingetretenen Spielverlustes, bezw. dem letzteren gegen den ersteren die Klage auf Ausfolgung des Anteiles am Spielgewinne zustehe. Abgesehen hiervon jedoch beruht diese Entscheidung nicht auf jener gelegentlichen Bemerkung, dagegen auf dem preußischen Landrechte, während es sich jetzt um das gemeine Recht, und zwar gerade darum handelt, ob der eine Gesellschafter dem anderen, welcher dem vereinbarten Gesellschaftszwecke gemäß gespielt hat, den erzielten Spielverlust zu seinem Anteile abzunehmen verpflichtet ist. Diese Frage muß bejaht werden, weil, wie in Konsequenz der in der angeführten Entscheidung des I. Civilsenates vertretenen richtigen Auffassung anzunehmen ist, ein solcher Gesellschaftsvertrag nicht auf einen verbotenen oder unerlaubten Zweck im Sinne des gemeinen Rechtes gerichtet ist. Aus der Nichtklagbarkeit des Spielvertrages für sich allein darf nicht, wie die Revision meint, die Unwirksamkeit eines zum Zwecke des erlaubten Spieles eingegangenen Gesellschaftsvertrages gefolgert werden, jedenfalls insoweit nicht, als nur die Klage auf anteilmäßige Tragung des eingetretenen Verlustes oder auf anteilmäßige Herausgabe des erzielten Gewinnes in Frage steht. Ist der Gesellschaftsvertrag an sich rechtsgültig, so haben mit dessen Abschluß die Gesellschafter gegeneinander auch die rechtsgültige Verbindlichkeit übernommen, das Ergebnis des für gemeinschaftliche Rechnung betriebenen Spieles nach der hinsichtlich der Beteiligung getroffenen Vereinbarung zu tragen oder zu teilen. Eine hier nicht zu entscheidende Frage wäre, ob ein Teilnehmer einer solchen Gesellschaft gegen den anderen eine Klage auf Leistung eines Einschusses behufs des Weiterspielens oder gar auf Ausführung des Spieles zustände. Ein derartiger Gesellschaftsvertrag kann endlich auch nicht als ein Vertrag angesehen werden, dessen unmittelbarer Inhalt gegen die guten Sitten verstößt.

Vgl. Entsch. des R.G.'s in Civils. Bd. 38 S. 201.

Der Spielvertrag untersteht seinen eigenen Regeln. Das Recht reprobiert ihn wohl aus Rücksichten auf seinen wirtschaftlichen Unwert und seine wirtschaftliche Gefährlichkeit, aber nur in unvollkommener Weise, indem es ihm die Klagbarkeit versagt, dagegen ihn als genügende causa für die Erfüllung betrachtet. Der Gesichtspunkt der turpitudo darf auf den Spielvertrag nicht angewendet werden; auch nicht auf den zum Zwecke des Spieles geschlossenen Gesellschaftsvertrag. Dies entspräche keineswegs der heutzutage herrschenden Verkehrsanschauung,

vgl. hierzu das deutsche B.G.B. §§ 762 flg. 705. 134. 138,

wenngleich im Einzelfalle nach den besonderen Umständen die Annahme eines Verstoßes gegen die guten Sitten begründet sein kann. Derartige Umstände liegen nicht vor. Hiernach fehlt den Einwendungen des Beklagten, wie seiner Widerklage die rechtliche Grundlage. Geklagt ist aus dem Gesellschaftsvertrage, wonach der Kläger dem Vertrage gemäß gespielt hat, und aus dem Anerkenntnisse und Zahlungsversprechen des Beklagten, nicht aus den Spielverträgen, die Kläger mit der Firma L. & Co. schloß. Die Anführung des Beklagten, diese

Geschäfte hätten jedenfalls im Verhältnisse der Parteien zu einander den Charakter reiner Differenzgeschäfte gehabt, soll auch nicht bedeuten, daß Kläger und Beklagter miteinander gespielt hätten, sondern nur klarlegen, daß die Parteien darüber einverstanden waren, daß die einzelnen Geschäfte, die Kläger mit der genannten Firma machte, Spielgeschäfte gewesen seien. Die Revision muß demnach zurückgewiesen werden, namentlich auch in Ansehung des Anspruches des Beklagten auf Erstattung von 200 *M*. Diese Summe will Beklagter vor Abgabe seines Anerkenntnisses und Zahlungsversprechens an Kläger à conto des Guthabens des letzteren aus dem für gemeinsame Rechnung betriebenen Spiele an dem auf Rechnung des Klägers gegangenen Spielverluste gezahlt haben. Daß diese Zahlung bei dem Anerkenntnisse nicht berücksichtigt worden wäre, Beklagter seine Schuld dem Kläger gegenüber um 200 *M* zu hoch irrtümlich anerkannt hätte, hat Beklagter nicht behauptet. Er stützt die Rückforderung vielmehr lediglich auf die vermeintliche Ungültigkeit des Gesellschaftsverhältnisses. Für eine Kompensation gegen die anerkannte Schuld mit dieser angeblichen Forderung ist demgemäß kein Raum. Von einer Verletzung der Grundsätze über Kompensation, die von der Revision gerügt wird, kann keine Rede sein." ...

37. Ist nach gemeinem Rechte der Pfleger des ruhenden Nachlasses gegenüber den Klagansprüchen der Vermächtnisnehmer passiv legitimiert?

III. Civilsenat. Urt. v. 13. Januar 1899 i. S. S. Nachlaß (Bekl.) w. S. (Kl.). Rep. III. 267/98.

I. Landgericht Frankfurt a. M.
II. Oberlandesgericht daselbst.

Die obige Frage ist verneint aus folgenden

Gründen:

„Im Jahre 1897 verstarb die Witwe Elise S., ohne bekannte Erben zu hinterlassen, und wurde der Rechtsanwalt Dr. B. zum Pfleger ihres Nachlasses bestellt. Gegen ihn hat die Klägerin auf Anerkennung eines Vermächtnisanspruches in Höhe von 5000 *M* und Auszahlung dieses Betrages mit 6 Prozent Zinsen seit der Klagezustellung geklagt. Der Klaganspruch ist darauf gegründet, daß die Witwe S. mit ihrem Ehemanne, den sie überlebt und beerbt hat, ein gemeinschaftliches Testament errichtet habe, in dessen § 5 die Anordnung getroffen sei, daß von den Testatoren geschriebene oder unterschriebene Testamentsbeilagen die gleiche Kraft haben sollten, als ob sie dem Testamente wörtlich einverleibt wären, und daß sich im Nachlasse der Witwe S. ein dementsprechendes Schriftstück vorgefunden habe, in welchem die Klägerin mit dem eingeklagten Vermächtnisse bedacht sei. Das Landgericht ... hat ... nach dem Klagantrage erkannt, und die Berufung der Beklagten ist im jetzt angefochtenen Urteile des Oberlandesgerichtes ... zurückgewiesen.

Der gegen letztere Entscheidung erhobenen Revision war, ohne daß es einer Prüfung der weiteren Revisionsangriffe bedarf, schon aus dem Grunde Folge zu geben, weil der verklagte Nachlaßpfleger dem Klaganspruch gegenüber passiv nicht legitimiert ist. Das Oberlandesgericht hat in dieser Richtung in den Entscheidungsgründen des Berufungsurteiles ausgeführt, es sei in konstanter Rechtsprechung des Reichsgerichtes angenommen, daß der Nachlaßpfleger für alle den Nachlaß betreffenden Klagen aktiv und passiv legitimiert sei, und daß es keinem Bedenken unterliege, die nur auf einen Teil des Nachlasses gerichtete Legatsklage gegen ihn zuzulassen, wenn er auf Herausgabe des ganzen Nachlasses verklagt werden dürfe.

Es ist nun zunächst hervorzuheben, daß nach der preußischen Vormundschaftsordnung vom 5. Juli 1895 § 89 Abs. 1 beim Unbekanntsein der Erben eines Nachlasses die Bestellung eines Pflegers zur Erhaltung des Nachlasses und zur Ausmittelung der Erben erfolgt, daß aber nach § 89 Abs. 2 die in einzelnen Landesteilen bestehenden weiteren Befugnisse des Pflegers durch dieses Gesetz nicht berührt sein sollen. Der Umfang und Inhalt der Befugnisse des verklagten Pflegers ist danach im wesentlichen nach dem in Frankfurt a. M. in dieser Beziehung geltenden gemeinen Rechte zu bestimmen, welches durch das partikuläre Recht nur darin modifiziert ist, daß die Legitimation des Pflegers erst dann erlischt, wenn die ermittelten Erben durch das Gericht in den Nachlaß eingewiesen sind.

Von diesem Standpunkte aus kann der obigen Ausführung des

Berufungsgerichtes in keiner Richtung beigestimmt werden. Es ist zwar in den Entsch. des R.G.'s in Civils. Bd. 4 S. 437 ausgesprochen, daß in der gemeinrechtlichen Doktrin und Praxis der Satz Anerkennung gefunden habe, daß der obrigkeitlich aufgestellte Kurator einer ruhenden Erbschaft bei Klagen gegen letztere passiv legitimiert sei. Damit ist aber keineswegs gesagt, daß die Legitimation des Pflegers für alle Ansprüche gegeben sei, welche den Nachlaß irgendwie betreffen, sondern es ist bereits in früheren Entscheidungen des erkennenden Senates — Rep. III. 534/81; III. 10/85 — eine über den Zweck und Inhalt der Bestellung hinausgehende Legitimation des Pflegers verneint. Demselben liegt nach der Vormundschaftsordnung wie nach gemeinem Rechte die Erhaltung des Nachlasses und die Ermittelung der Erben ob, und es ist aus diesen Zwecken seiner Bestellung, wie bei anderen Vermögenskuratelen, der Umfang seiner Aktiv- und Passivlegitimation zu entnehmen. Streitigkeiten unter Erbprätendenten über das Erbrecht und Vermächtnisansprüche von Legataren liegen außerhalb der dem Pfleger zugewiesenen Thätigkeit und Vollmacht. Es können Vermächtnisansprüche auch schon deshalb nicht gegen den Pfleger der ruhenden Erbschaft geltend gemacht werden und nicht den Forderungen der Erbschaftsgläubiger gleichgestellt werden, weil die Klage der Vermächtnisnehmer die Antretung der Erbschaft zur rechtlichen Voraussetzung hat.

In letzterer Richtung kann auch der vom Berufungsgerichte festgestellte Umstand nicht zu einer abweichenden Beurteilung führen, daß während des Laufes der Berufungsinstanz mehrere Erben bekannt geworden sind und ihre Erbschaftsantretung erklärt haben. Wenn, wie das Oberlandesgericht auf Grund des Partikularrechtes weiter festgestellt hat, die Vollmacht des Pflegers durch diese Erbantretung solange nicht berührt wurde, bis die Erben gerichtlich in die Erbschaft eingewiesen waren, so dauerten seine Befugnisse in bisheriger Weise und im bisherigen Umfange einstweilen fort. Der Pfleger hat aber nicht durch das Bekanntwerden von Erben und deren Erbantretung Befugnisse erhalten, welche er bis dahin nicht hatte, und welche außerhalb des Grundes und Zweckes seiner Bestellung liegen. Der Klaganspruch auf Feststellung der Rechtsgültigkeit einer Vermächtnisanordnung und auf Auszahlung des Legates konnte daher jetzt so wenig wie zuvor dem Pfleger der Erbschaft gegenüber zum Austrag gebracht werden." . . .

38. Nach welchem örtlichen Rechte ist die Formgültigkeit eines Testamentes zu beurteilen, wenn der Testator zur Zeit der Errichtung des Testamentes und zur Zeit seines Todes keinen Wohnsitz hatte? Bedeutung des Satzes: „Locus regit actum".

VI. Civilsenat. Urt. v. 16. Januar 1899 i. S. v. T. Ehefr. u. Gen. (Bekl.) w. B. (Kl.). Rep. VI. 314/98.

I. Landgericht Hamburg.
II. Oberlandesgericht daselbst.

Aus den Gründen:

„Der am 2. März 1896 in K. auf Jamaica verstorbene Samuel W. G. B. hat, während er sich bei seinem Bruder, dem Kläger, in Sch. in Holstein aufhielt, in einem von ihm selbst geschriebenen und unterschriebenen Testamente d. d. 21. August 1892 den Kläger zu seinem Universalerben ernannt. Von seinem Nachlasse ist ein Betrag von 5221,63 ℳ bei der Landgerichtskasse in Hamburg hinterlegt. Dem Verlangen des Klägers auf Ausfolgung dieses Betrages widersprechen die Beklagten, die Mutter und die zwei Schwestern des Klägers und des Erblassers, weil das Testament wegen Nichtbeachtung des für seine Form maßgebenden Gesetzes nichtig sei. In dieser Beziehung steht außer Zweifel, daß das Testament den am Orte der Errichtung geltenden Formvorschriften des Herzogtums Holstein nicht entspricht. Kläger macht aber geltend, das Testament sei hinsichtlich seiner Form nach dem rheinischen Rechte zu beurteilen; denn der Testator habe seinen letzten Wohnsitz in Düsseldorf gehabt; also seien die Vorschriften der Artt. 969. 970. 999 Code civil maßgebend, in welchen das holographische Testament anerkannt ist. Daß das Testament den Vorschriften des Art. 970 entspricht, ist außer Streit. Einig sind die Parteien darüber, daß der Testator von 1880 bis zum Jahre 1890 seinen Wohnsitz in Düsseldorf, woselbst er als Offizier bei einem Husarenregimente stand, gehabt hat, sich im Jahre 1890 à la suite des Regimentes stellen und im Jahre 1891 zu den Reserveoffizieren desselben versetzen ließ, sowie daß er vom Jahre 1890 ab bis zu seinem Tode ein Reise- und Wanderleben führte. Die Beklagten behaupten, er habe während dieser Zeit mehrfach einen neuen Wohnsitz begründet und gehabt, nämlich einmal zur Zeit der Testamentserrichtung in Sch., sodann später im Jahre 1892/93 in Heidelberg, und nach seinem Abgange von dort auf dem Hofgute des Klägers, J. in Holstein.

Das Landgericht hat dem Klagantrage entsprechend den Kläger für befugt erklärt, die hinterlegten 5221,63 ℳ für sich zu erheben. Die Berufung ist zurückgewiesen. Auch der Revision der Beklagten ist der Erfolg zu versagen.

Das Berufungsgericht führt zunächst aus, daß der Testator in Sch., wo er sein Testament errichtete, seinen Wohnsitz nicht gehabt habe. Insoweit handelt es sich um thatsächliche Beurteilung der von beiden Teilen behaupteten Verhältnisse auf der Grundlage der rechtlichen Erfordernisse der Wohnsitzbegründung. Ein Rechtsirrtum ist hierbei nicht ersichtlich. . . . Die Frage, welches Recht in Ansehung der notwendigen Form des fraglichen Testamentes als maßgebend zu erachten, hatte das Berufungsgericht nach den Grundsätzen des gemeinen Rechtes über das örtliche Geltungsgebiet der Rechtsnormen zu beurteilen. Dies hat es auch gethan. Der Vorwurf der Revision, das Berufungsgericht sei hierbei von Vorschriften des Code civil ausgegangen und sehe insbesondere diejenige des Art. 999 als eine Norm des sogenannten internationalen Privatrechtes an, ist nicht begründet. Es spricht vielmehr auf Grund seiner Ansicht, daß nach den erwähnten gemeinrechtlichen Grundsätzen hinsichtlich der Formgültigkeit des Testamentes auf die Vorschriften des Code civil zu sehen sei, nur aus, daß der Testator nach Art. 999 in der Lage gewesen sei, auch außerhalb seines Wohnsitzes ein Testament in Gemäßheit der Artt. 969. 970 gültig zu errichten.

Die Revision wendet sich hauptsächlich dagegen, daß, wie das Berufungsgericht im Anschlusse an das Urteil des erkennenden Senates vom 27. April 1893,

Entsch. des R.G.'s in Civils. Bd. 31 S. 189 flg.,

ausgeführt hat, bei Nichteinhaltung der am Orte der Errichtung des Testamentes bestehenden Formvorschriften auch in Ansehung der Form es auf das Gesetz am letzten Wohnsitze des Testators ankomme. Geltend gemacht wird: für die Form der Rechtsgeschäfte, besonders letztwilliger Verfügungen, gelten selbständige Grundsätze; hiernach seien der Regel nach die Gesetze am Orte der Errichtung maßgebend („locus regit actum"). Diese Regel leide zwar nach der neueren Theorie die

Einschränkung, daß auch die Einhaltung derjenigen Form genügen solle, welche dort gelte, wo das Rechtsgeschäft zu wirken bestimmt sei. Dies führe allerdings bei letztwilligen Verfügungen auf den Wohnsitz des Testators. Allein dieser subsidiäre Satz könne dann nicht zur Anwendung kommen, wenn, wie im vorliegenden Falle, der Testator seinen Wohnsitz aufgegeben, einen neuen Wohnsitz aber nicht begründet habe. Fehle es an einem aktuellen Wohnsitze (zur Zeit des Todes), so müsse die Regel „locus regit actum" allein entscheidend sein. Auch dieser Angriff kann nicht als zutreffend erachtet werden. Zuzugeben ist, daß der Satz „locus regit actum" von Schriftstellern des internationalen Privatrechtes in dem Sinne verstanden worden ist, maßgebend sei für die Form der Rechtsgeschäfte in erster Linie oder allein das Gesetz des Ortes der Errichtung,

vgl. Schaeffner, Entwickelung des internationalen Privatrechts S. 92 flg. 105. 182 flg.,

und es mag sein, daß die Theorie im Auslande sich auch heute noch in der einen oder anderen Richtung bewegt, wie die positive Gesetzgebung teilweise den Satz in dem von der Revision aufgestellten Sinne festgelegt hat (z. B. § 9 Sächs. B.G.B.). Allein nach dem gemeinen internationalen Privatrechte besteht der die Form der Rechtsgeschäfte, insbesondere der letztwilligen Verfügungen, beherrschende Grundsatz nicht so, wie er von der Revision formuliert ist. Vielmehr unterliegt hiernach prinzipiell auch die Form als ein Bestandteil oder als eine Voraussetzung des Rechtsgeschäftes der Beurteilung nach demjenigen Rechte, welches für das Rechtsgeschäft in materieller Beziehung maßgebend ist. Nach einem auf Zweckmäßigkeitsgründen beruhenden Gewohnheitsrechte soll es aber genügen, wenn das Rechtsgeschäft nach dem Gesetze des Ortes, wo es errichtet wurde, formgültig errichtet ist.

Vgl. v. Savigny, System Bd. 8 S. 349. 358; Wächter, Archiv für die civil. Praxis Bd. 25 S. 368 flg.; v. Bar, Theorie und Praxis des internationalen Privatrechts Bd. 1 § 117 S. 337. 340; Böhm, Die räumliche Herrschaft der Rechtsnormen S. 18. 188; Stobbe, Deutsches Privatrecht Bd. 1 § 31; Unger, System des österreichischen Privatrechts Bd. 1 § 23 Nr. VI; Dernburg, Pandekten Bd. 1 § 46; Entsch. des R.G.'s in Civils. Bd. 18 S. 46, Bd. 14 S. 184.

Ein letzter Wille ist also formgültig errichtet, wenn die Formvorschrift gemäß des für denselben überhaupt maßgebenden Rechtes oder des Gesetzes des Ortes der Vornahme beobachtet worden ist. In dieser Weise ist der Grundsatz auch in das Einführungsgesetz zum B.G.B. Art. 11 Abs. 1 übernommen: „Die Form eines Rechtsgeschäfts bestimmt sich nach den Gesetzen, welche für das den Gegenstand des Rechtsgeschäfts bildende Rechtsverhältnis maßgebend sind. Es genügt jedoch die Beobachtung der Gesetze des Ortes, an dem das Rechtsgeschäft vorgenommen wird." Das für die materielle Beurteilung letztwilliger Verfügungen im allgemeinen entscheidende Recht ist dasjenige, das am letzten Wohnsitze des Erblassers gilt. Wenn der Grundsatz auch dahin ausgedrückt wird, es müsse die Form desjenigen Rechtsgebietes beobachtet werden, in welchem das Rechtsgeschäft zu wirken bestimmt sei, so ist hiermit doch nur dasjenige Recht gemeint, welches für die Beurteilung des einzelnen Rechtsgeschäftes überhaupt maßgebend ist. Bei Rechtsgeschäften unter Lebenden, besonders bei Verträgen, wird hiernach im Einzelfalle zu prüfen sein, wo es „zu wirken bestimmt ist". Für die Beerbung aus einem Testamente kommt aber nur das am letzten Wohnsitze des Testators geltende Recht in Betracht, mag der Nachlaß sich dort, oder ganz oder teilweise an anderen Orten befinden, mögen die Erben ihren Wohnsitz dort, oder an anderen Orten haben. Für den vorliegenden Fall, wenn der Erblasser den früher innegehabten Wohnsitz aufgegeben hat und gestorben ist, ohne einen neuen Wohnsitz begründet zu haben, gilt nun, wie in dem Urteile vom 27. April 1893,

Entsch. des R.G.'s in Civils. Bd. 31 S. 189 flg.,

ausgeführt ist, in Ansehung der Erbfolge das an dem früheren, später aufgegebenen Wohnsitze des Erblassers bestehende Recht. An diesem Satze, welcher auf der notwendigen Annahme der Fortwirkung des Rechtes am früheren Wohnsitze für die einheitliche Regelung der erbrechtlichen Beziehungen beruht, dem inzwischen, was die Fortwirkung jenes Rechtes betrifft, auch der IV. Civilsenat in dem Urteile vom 10. Juni 1895,

Entsch. des R.G.'s in Civils. Bd. 36 S. 207 flg.,

in anderer Anwendung beigetreten ist, muß festgehalten werden, auch wenn die Erbfolge aus einem Testamente in Frage steht. Es sind diesfalls im wesentlichen alle dem Urteile vom 27. April 1893 zu Grunde liegenden Erwägungen ausschlaggebend, sodaß hier darauf

Bezug genommen werden kann. Ist aber prinzipiell zunächst in Ansehung der Form der Testamente auf dasjenige Gesetz zu sehen, welches für die materielle Beurteilung der Erbfolge entscheidend ist, weil eben die Form einen Bestandteil oder eine Voraussetzung des Testamentes selbst bildet, so folgt hieraus, daß, wenn der Testator den früher innegehabten Wohnsitz aufgegeben und einen neuen Wohnsitz nicht begründet hat, und wenn deshalb für die Beurteilung des Testamentes überhaupt das am früheren Wohnsitze geltende Recht als das entscheidende zu erachten ist, dieses Recht auch zur Anwendung kommen muß für die Beurteilung der Form, sodaß, wenn nur die Formvorschrift dieses Rechtes gewahrt ist, das Testament als gültig errichtet anzusehen ist. Es ist kein Grund ersichtlich, warum in einem solchen Falle in Ansehung der Form nur das am Orte der Errichtung des Testamentes bestehende Recht entscheidend sein sollte, da doch der auch die Beobachtung der nach diesem Rechte vorgeschriebenen Form zulassende Gewohnheitsrechtssatz sich nur aus Zweckmäßigkeitsgründen, aus Rücksicht auf die Erleichterung des Verkehres und die Möglichkeit der Errichtung von letztwilligen Verfügungen, Geltung verschafft hat. Willkürlich ist die Unterstellung der Revision, der Testator habe auf die Befugnis, in einem holographischen Testamente über den Nachlaß zu verfügen, mit Aufgabe seines Wohnsitzes in Düsseldorf verzichtet. Er wollte, wie das Berufungsgericht mit Recht hervorhebt, unter allen Umständen ein gültiges Testament errichten, zu welchem Zwecke ihm die Wahl, die eine oder die andere Formvorschrift wahrzunehmen, offen stand. Dahingestellt bleiben kann, welche Bedeutung etwa der klar ausgedrückten Absicht eines Testators, nur nach der Formvorschrift eines bestimmten Gesetzes testieren zu wollen, beizumessen wäre.

Für gänzlich einflußlos auf die Entscheidung der Frage, ob der Erblasser das Testament vom 21. August 1892 in der von ihm *gewählten* Form gültig errichten konnte, erachtet das Berufungsgericht die etwa *später* (November 1892 und 1893) erfolgte Begründung eines neuen Domiziles in Heidelberg oder auf dem Hofe J. in Holstein, weil ein hinsichtlich seiner Form gültig errichtetes Testament seine formelle Gültigkeit nicht durch einen Wechsel des Wohnsitzes verliere. Ob dieser Ansicht auch für den Fall beigetreten werden könnte, wenn, wie hier, der Erblasser außerhalb seines Wohnsitzes (oder des Ortes, welcher als sein Wohnsitz gilt) an einem anderen Orte ohne Beobachtung der für letzteren bestehenden Formvorschriften ein Testament nach dem Rechte seines Wohnsitzes errichtet, ob solchenfalls nicht vielmehr, wenn der Testator nachher einen neuen Wohnsitz begründet, in Konsequenz des entwickelten Prinzipes das Recht des neuen Wohnsitzes auch hinsichtlich der Form als maßgebend angesehen werden müßte,

vgl. Wächter, a. a. O. S. 382; Unger, a. a. O. Bd. 1 S. 208 Anm. 190; v. Bar, a. a. O. Bd. 2 § 370 S. 324 Anm. 21. 22; dagegen Böhm, a. a. O. S. 189; Stobbe, a. a. O. Bd. 1 § 31 Anm. 11; Schaeffner, a. a. O. S. 195; Eccius, Preußisches Privatrecht Bd. 4 § 249 Anm. 155. 156,

kann dahingestellt bleiben. Denn hätte der Testator seinen letzten Wohnsitz (nach Errichtung des Testamentes) in Heidelberg genommen, so wäre die Beurteilung der Formgültigkeit des Testamentes deshalb keine andere, weil nach den Sätzen 969. 970. 999 des Badischen Landrechtes das holographische Testament gerade so, wie im Code civil, anerkannt ist, was auch das Berufungsgericht zu einem anderen Streitpunkte der Parteien hervorhebt. Eben dort trifft es aber weiter ohne Rechtsirrtum die Feststellung, daß der Erblasser einen Wohnsitz in J. im Jahre 1893 nicht begründet hat." ...

---

39. Zulässigkeit und Voraussetzungen der actio de in rem verso utilis.

III. Civilsenat. Urt. v. 17. Januar 1899 i. S. R. (Bekl.) w. B. (Kl.). Rep. III. 271/98.

I. Landgericht Göttingen.
II. Oberlandesgericht Celle.

Aus den Gründen:

„Die Beklagte hat im Jahre 1894 an ihrem Wohnorte ein Haus gekauft und zur Bezahlung des Kaufpreises von 10700 ℳ von dem Kaufmanne S. in L. eine Hypothek von 8000 ℳ aufgenommen, während sie den Rest des Kaufpreises mit 2700 ℳ bei der gerichtlichen Auflassung vom 27. Oktober 1894 bar vorrätig gehabt hat. Kläger behauptet nun, daß die Beklagte, welche eigenes Vermögen damals nicht besessen habe, zur Bezahlung jener 2700 ℳ nebst den Auflassungskosten in der Hauptsache diejenigen 2000 ℳ verwandt habe, welche deren (am 19. September 1896 verstorbener) Ehemann um eben jene Zeit im Jahre 1894 von ihm zu dem ausgesprochenen Zwecke, das Geld zur Anzahlung auf das Haus zu benutzen, bar angeliehen habe, wobei der Darlehnssucher allerdings verschwiegen habe, daß nicht er selbst, sondern seine Ehefrau das Haus erwerben wolle. Kläger hat auf Grund dessen klagend beantragt, die Beklagte zur Zahlung der 2000 ℳ nebst 5 Prozent Zinsen vom 1. November 1894 zu verurteilen. Das Gericht erster Instanz hat die Entscheidung über die Klage von einem der Beklagten auferlegten Eide abhängig gemacht, darüber, daß sie zur Bezahlung des fraglichen Hauses von ihrem Ehemanne 2000 ℳ nicht erhalten, sondern den ganzen Betrag aus eigenen Mitteln bezahlt habe. Auf die Berufung des Klägers, der die unbedingte Zusprechung der Klage beantragte, ist durch das angefochtene Urteil die Beklagte dem Klagantrage gemäß verurteilt worden. Die Revision der Beklagten gegen das Berufungsurteil ist für begründet zu erachten.

Das Berufungsgericht hat angenommen, daß die hier vorliegende Versionsklage zu ihrer Begründung verlange, daß 1. der Kläger ein Geschäft mit einer gewaltunabhängigen Zwischenperson abgeschlossen habe, 2. durch dieses Geschäft der Versionsbeklagte bereichert sei, 3. ein Kausalzusammenhang zwischen dem Geschäft und der Bereicherung bestehe, 4. also namentlich der Versionsbeklagte das Produkt des Geschäftes ohne besonderes Geschäft von der Zwischenperson, oder ohne daß er der letzteren das Produkt vergütet habe, erworben habe. Das Berufungsgericht stellt nun thatsächlich fest, daß diese Voraussetzungen vorliegen, indem gerade die vom Kläger dem Ehemanne der Beklagten darlehnsweise zum Ankaufe des fraglichen Hauses ausgezahlten 2000 ℳ hierzu verwandt und so in das Vermögen der Beklagten gelangt seien, ohne daß die Beklagte die 2000 ℳ ihrem Ehemanne vergütet oder von ihm durch besonderes Rechtsgeschäft erworben habe. Es ist dem Berufungsgerichte nun allerdings darin beizustimmen, daß nach gemeinem Rechte eine actio de in rem verso utilis auf Grundlage der l. 7 § 1 Cod. quod cum eo 4, 26 gegen den Bereicherten stattfindet, wenn der das Rechtsgeschäft Abschließende der väterlichen Gewalt des Bereicherten nicht unterworfen ist. Es ist dies vom Reichsgerichte bereits mehrfach entschieden worden (Urteil vom 19. März 1880 in S. Ko. w. Kö., Rep. III. 545/79; Urteil vom 3. Dezember 1884 in S. B. & K. w. D., Rep. I. 338/84; Urteil vom 4. November 1887 in S. P. w. E., Rep. III. 170/87). Ob aber im übrigen die Feststellungen des Berufungsgerichtes genügen, um annehmen zu können, daß das zwischen dem Kläger und dem Ehemanne der Beklagten zu stande gekommene Darlehnsgeschäft in den Angelegenheiten der letzteren abgeschlossen worden ist, kann dahingestellt bleiben. Denn jedenfalls fehlt es an einem der weiteren Erfordernisse der actio de in rem verso utilis, nämlich dem, daß der das Rechtsgeschäft Abschließende bei dessen Abschluß als Geschäftsführer des Bereicherten hervorgetreten ist. Dieses Erfordernis, welches das Berufungsgericht nicht verlangt, ist allerdings in dem gemeinen Rechte ein bestrittenes. Der erkennende Senat schließt sich indes in dieser Streitfrage in Übereinstimmung mit dem I. Civilsenate des Reichsgerichtes (Urteil vom 5. Dezember 1884 in S. B. & K. w. D., Rep. I. 338/84) der von Ihering (Jahrbücher für die Dogmatik des Privatrechts Bd. 1 S. 339 flg.) und Windscheid (Lehrbuch des Pandektenrechts 7. Aufl. Bd. 2 § 483 Anm. 5 S. 743/4) vertretenen Ansicht an, wonach zu den Voraussetzungen der actio de in rem verso utilis ein beim Vertragsabschlusse vorgekommener Hinweis darauf gehört, daß das Geschäft die Angelegenheiten des jetzt wegen Bereicherung in Anspruch zu Nehmenden betreffe. Im vorliegenden Falle hat aber Kläger ausweislich des in zweiter Instanz vorgetragenen Thatbestandes des erstinstanzlichen Urteiles gar nicht behauptet, daß diese Voraussetzung seines Klaganspruches vorliege. Kläger hat vielmehr im Gegenteile behauptet, daß der Ehemann der Beklagten, als er die 2000 ℳ zu dem ausgesprochenen Zwecke, das Geld zur Anzahlung auf das Haus zu benutzen, bar angeliehen habe, verschwiegen habe, daß nicht er selbst, sondern seine Ehefrau das Haus erwerben wolle. Danach ist bei dem Abschlusse des Darlehnsgeschäftes zwischen Kläger und dem beklagtischen Ehemanne ein Hinweis darauf, daß dasselbe die Angelegenheiten der Beklagten betreffe, nicht erfolgt. Die Klage ist deshalb unbegründet." . . .

40. 1. Kann der Stellvertreter eines Anderen in dieser Eigenschaft mit sich selbst einen Vertrag schließen?

2. Erleichterte Begründung der Einrede, bezw. der Replik der Arglist zu Gunsten des Vertretenen in solchen Fällen.

3. Einrede, bezw. Replik der Arglist eines Teilnehmers einer Vereinigung zu einzelnen Handelsgeschäften in Fällen, wo ein anderer Teilnehmer derselben die ihm nach Art. 269 Abs. 2 H.G.B. zustehende Rechtsstellung mit dem Wissen oder Wissenmüssen des Gegenkontrahenten zum Nachteile des ersteren mißbraucht hat.

VI. Civilsenat. Urt. v. 19. Januar 1899 i. S. B. Nachl. Konkursverw. (Kl.) w. Gr. B.=Aktiengesellschaft (Bekl.). Rep. VI. 316/98.

I. Landgericht Hamburg.
II. Oberlandesgericht daselbst.

Gründe:

„Daß der Klaganspruch an sich begründet sei, ist von der Beklagten nicht bestritten und vom Berufungsgerichte angenommen worden. Er beruht darauf, daß die Beklagte in dem Vertrage [2] dem klägerischen Erblasser B. und dem Ad. L. gegenüber die Verpflichtung übernommen hat, deren Restschuld gegen die Architekten J. und W. im Betrage von 50000 *M* in der Weise zu tilgen, daß sie denselben jährlich 5000 *M* bezahle, und daß sie diese Zahlungen nur zum kleineren Teile geleistet hat, sodaß B. als mit L. solidarisch haftender Schuldner zunächst im Jahre 1895 jenen Gläubigern eine Jahresrate von 5000 *M* hat zahlen müssen. Diese 5000 *M* nebst Zinsen verlangt der Kläger jetzt von der Beklagten erstattet zu erhalten. Daß er in der That für sich allein diesen Anspruch geltend zu machen berechtigt sein würde, ergiebt sich, abgesehen von anderen Gründen, schon aus Art. 269 Abs. 2 H.G.B. Denn wie in den Urteilen der vorigen Instanzen mit Recht ausgeführt worden ist, handelte es sich hier zwischen B. und L. um eine Vereinigung zu einem oder mehreren einzelnen Handelsgeschäften, und die beiden Teilnehmer haben den Vertrag gemeinschaftlich abgeschlossen, sodaß jeder von ihnen daraus solidarisch, d. h. nach gemeinem Rechte als Korrealgläubiger, berechtigt wurde. Sowohl für die Frage nach der Gültigkeit des Vertrages, als für die Entscheidung über die bald zu erörternde Einrede kommt es übrigens darauf an, ob das Oberlandesgericht es mit Recht für zulässig und möglich erklärt hat, daß eine Person in doppelter Eigenschaft mit sich selbst einen Vertrag abschließe; denn L. war bei dem Vertrage nicht bloß auf der einen Seite als Mitkontrahent, sondern auch auf der anderen Seite als damaliger Vorstand der Beklagten beteiligt. Diese Frage ist nun aber zu bejahen, indem das Reichsgericht an den in den Entsch. in Civils. Bd. 6 S. 12 flg. und Bd. 7 S. 119 flg. in dieser Hinsicht aufgestellten Grundsätzen festhält. Die zu Gunsten des Revisionsklägers erfolgte Annahme, daß der Klaganspruch an sich begründet sei, bot mithin zu Bedenken keinen Anlaß dar.

Dagegen konnte die Entscheidung, daß die Klage dennoch auf Grund der von der Beklagten erhobenen Einwendungen abzuweisen sei, nicht aufrecht erhalten werden. Das Berufungsgericht nimmt als thatsächlich festgestellt an, daß L. über die ihm und B. gemeinsam noch gegen die Beklagte zustehenden Ansprüche mit dieser, die er dabei zugleich selbst als deren Direktor und Vorstand vertrat, ein Abkommen getroffen habe, nach welchem jene Restschuld nicht weiter von der Beklagten an J. und W. abbezahlt, sondern statt dessen die ganze Restsumme sofort teils durch Aufrechnung getilgt, teils an L. bar ausbezahlt werden sollte, und daß dies demnächst auch geschehen sei. Gegen diese thatsächliche Feststellung als solche liegt kein rechtliches Bedenken vor. Ebenso ist, wie schon erwähnt, die Annahme, daß L. in dieser Weise mit sich selbst kontrahieren konnte, nicht zu beanstanden. Endlich ist auch mit Recht dem L. die Befugnis beigemessen worden, über die ihm und dem B. aus dem Vertrage [2] gegen die Beklagte erwachsenen Ansprüche mit Rechtswirkung auch gegen B. zu verfügen, und angenommen worden, daß er das hier gethan habe. Das Berufungsgericht bezieht sich hierfür zunächst auf den Art. 269 Abs. 2 H.G.B., von dem im allgemeinen schon oben gesagt ist, daß er hier Anwendung finde. War hiernach also L. Korrealgläubiger neben B., so wirkten nach den Grundsätzen des gemeinen Rechtes diejenigen Verträge, die er in dieser Absicht über das Forderungsrecht mit der Schuldnerin abschloß, auch gegen seinen Mitgläubiger, und an der erwähnten Absicht würde hier nicht zu zweifeln sein. . . .

Es handelt sich nun aber noch um die vom Kläger der soeben erörterten Einrede entgegengehaltene Replik der Arglist. Dieser ist das Berufungsgericht nicht gerecht geworden. . . . Beizutreten ist dem Oberlandesgerichte darin, daß dadurch allein, daß nachträglich L. das auf Grund des Abkommens erhaltene Geld, statt in seinem und B.'s gemeinsamem Interesse, zu seinem alleinigen Besten verwendet hätte, noch keine replicatio doli begründet sein würde. Andererseits ist aber davon auszugehen, daß jede Arglist, deren sich der mit sich selbst Kontrahierende im inneren Verhältnisse zu dem auf der einen Vertragsseite von ihm Vertretenen schuldig macht, ohne weiteres auch dem von ihm ebenfalls vertretenen Gegenkontrahenten als Arglist angerechnet werden muß, weil, auch wenn der Gegenkontrahent persönlich mit dem ihm gegenüberstehenden Vertreter des Anderen kolludierte, daraus eine exceptio, bezw. replicatio doli gegen ihn erwachsen würde;

vgl. Entsch. des R.G.'s in Civils. Bd. 6 S. 17;

daß ferner, soweit es auf den Willen dessen ankommt, für den ein befugter Vertreter innerhalb seiner Vertretungsmacht kontrahiert, dem Gegenkontrahenten, der wußte oder wissen mußte, daß dieser Vertrag dem Willen des Vertretenen nicht entsprechen könne, nach l. 17 § 4 Dig. de inst. act. 14, 3, falls er sich auf den Vertrag beruft, eine exceptio, bezw. replicatio doli entgegensteht;

vgl. ebenda Bd. 15 S. 207 flg.;

daß endlich auch der mit einem nach Art. 269 Abs. 2 H.G.B. legitimierten Korrealgläubiger kontrahierende Schuldner eine exceptio, bezw. replicatio doli zu fürchten hat, wenn für ihn erkennbar war, daß jener Teilnehmer der handelsgeschäftlichen Vereinigung nicht im gemeinsamen Interesse aller Teilnehmer handle, sondern seine Rechtsstellung in seinem alleinigen Interesse mißbrauche.

Vgl. Entsch. des R.O.H.G.'s Bd. 8 S. 49 flg.

Es ist nun freilich richtig, daß der Kläger die Behauptung, daß L. schon bei dem fraglichen Abkommen die Absicht gehegt habe, das Geld zur Bezahlung seiner Privatschulden zu verwenden, nicht aufgestellt hat, vielleicht auch nicht aufstellen wollte. Aber unverkennbar war der Sinn seines Vorbringens doch mindestens der, daß L. dem B. gegenüber rechtswidrig gehandelt habe, indem er jenes Abkommen traf, und daß er auch sich habe bewußt sein müssen, daß B. damit nicht einverstanden sein würde. Dies war an sich schlüssig, und soweit die Angaben zur Begründung wegen Mangels an Präcision nicht ausreichten, konnte nach Maßgabe von § 130 Abs. 1 C.P.O. nachgeholfen werden. Aus diesen Gründen mußte das Berufungsurteil aufgehoben, und die Sache in die vorige Instanz zurückverwiesen werden." ...

41. Rechtsfolgen, wenn der Kommittent bei der Erteilung einer Einkaufskommission durch wahrheitswidrige Angaben des Kommissionärs zur Setzung eines unnötig hohen Limitos veranlaßt wird.

I. Civilsenat. Urt. v. 22. Februar 1899 i. S. W. (Kl.) w. Z. (Bekl.). Rep. I. 452/98.

I. Landgericht Frankfurt a. M.
II. Oberlandesgericht daselbst.

Die Entscheidung ist oben unter „Reichsrecht" Nr. 28 S. 108 abgedruckt.

42. 1. Ist die einem Spediteur erteilte Weisung, die Ware einem Dritten zugehen zu lassen, eine der Annahme fähige Anweisung?
2. Kann schon daraus, daß ein Versendungsauftrag für Rechnung und Gefahr eines Dritten erteilt wird, und dies dem Beauftragten erkennbar ist, darauf geschlossen werden, daß der den Auftrag Annehmende auch dem Dritten zur Ausführung des Auftrages verpflichtet sein will?

I. Civilsenat. Urt. v. 22. Februar 1899 i. S. G. (Bekl.) w. T. (Kl.). Rep. I. 460/98.

I. Landgericht Hamburg.
II. Oberlandesgericht daselbst.

Gebrüder S. in Hannover verkauften im Juli 1897 an den Kaufmann N. D. in Zittau 60 Ballen Baumwollabfälle unter Kreditierung des Kaufpreises. In der darüber von den Verkäufern ausgestellten Faktura hieß es: „Wir halten zu Ihrer Verfügung bei Herrn A. G., Hamburg" (dem Beklagten), „franco Elbschiff Hamburg" u. s. w. (folgt Bezeichnung der verkauften Ware). Unter dem 17. Juli beauftragten Gebrüder S. den Beklagten, 60 Ballen Baumwollabfälle an die „Speditions- u. Speicherei-Aktiengesellschaft Riesa" unfrankiert mit Schlepper zur Verfügung des N. D., Zittau, mit der Option der Weiterversendung in demselben Kahne bis Laube, zum vereinbarten

Satze zu expedieren. Hinzugefügt war diesem Auftrage die Bemerkung: „Es ist möglich, daß Herr N. D., Zittau, Ihnen direkt Verfügung zukommen läßt. In diesem Falle wollen Sie die 60 Ballen nach Weisung des Genannten behandeln. Von uns sind die 60 Ballen nur ab Hamburg verkauft.“ Unter dem 21. Juli benachrichtigte dann Beklagter den N. D. davon, daß sich die Ware dem von Gebrüder S. erhaltenen Auftrage entsprechend schon in Expedition befände, wobei er zugleich darum bat, falls D. schon direkte Instruktion geben könne, ihm solche zu erteilen, und hinzufügte, daß er dieselbe dann prompt zur Ausführung bringen werde. D. antwortete unter dem 22. Juli, Beklagter wolle die 60 Ballen für ihn nach Laube weitersenden, und werde er dem Beklagten bei Eintreffen in Laube (was er anzuzeigen bitte) sagen, ob er die Partie nach Zittau nehme. Unter dem 2. August schrieb ferner D., der inzwischen (Ende Juli) die 60 Ballen gegen Accept auf den 1. November 1897 an den Kläger weiter verkauft hatte, an den Beklagten: „Die für mich unterwegs befindlichen (von Gebrüder S., Hannover) . . . 60 Ballen Abfälle . . . wollen Sie gefl. nachz. aller Spesen an Herrn W. T., Zittau“ (den Kläger), „senden“, worauf Beklagter unter dem 4. August den Kläger benachrichtigte, daß mit Schlepper via Dresden oder Laube die unterzeichneten Güter an den Kläger abgegangen seien, und bat, damit nach Verfügung des D., Zittau, zu verfahren. Es folgte dann in dem Benachrichtigungsschreiben die nähere Bezeichnung der 60 Ballen Baumwollabfälle, und wurde weiter bemerkt: „unter Nachnahme der Fracht und Spesen von 56 *M*, sowie nachzüglich der Kosten ab Kahn Dresden oder Laube. Ich kann Ihnen im Augenblick noch nicht sagen, ob Sie die Ware ab Dresden, oder ab Laube erhalten werden, da dieses davon abhängt, wie die Ware im Kahn verstaut ist.“ Außerdem war in dem Schreiben bemerkt: „Assekuranz deckte ich nicht.“ Nachdem sodann der Kläger durch Schreiben vom 13. August den Beklagten um Deckung der Assekuranz ersucht, und dieser unter dem 14. August geantwortet hatte, daß er die Assekuranz gedeckt habe, erhielt der Kläger durch eine „Dresden-N., den 18. August 1887“ datierte Postkarte von der Speicherei- u. Speditions-Aktiengesellschaft Riesa/Dresden die Mitteilung: „Von Sendung des Herrn A. G., Hamburg, ließen wir Ihnen zugehen per Bahn i./Wg. 23602 Bromberg unfrankiert G.S.W.P. 61/120 60 Ballen B'Wollabfall 6980 kg. n./St. Zittau.“

Inzwischen, und zwar am 13. August, war über das Vermögen des N. D. das Konkursverfahren eröffnet worden. Auf das am 19. August an ihn gerichtete Ersuchen der Gebrüder S., die Ware anzuhalten, telegraphierte der Beklagte an demselben Tage an die Bahnverwaltung in Zittau: „Die Ihnen 4. August avisierten 60 Ballen Baumwollabfälle g u. w sind nicht zur Verfügung von N. D., sondern bleiben zu meiner Verfügung. Ladung ist meinerseits angehalten.“ Ein vom Kläger unter dem 20. August 1897 an den Beklagten gerichtetes Schreiben, wodurch dieser aufgefordert wurde, die Ware freizugeben, hatte keinen Erfolg. Dieses Schreiben enthielt die Bemerkung, Kläger sei im Besitze des Avises der Speicherei- und Speditions-Aktiengesellschaft in Dresden, daß die Ware für seine Rechnung und Gefahr heute in Zittau eingetroffen sei.

Die Klage wurde dann darauf gerichtet, den Beklagten zu verurteilen, seinen Widerspruch dagegen zurückzuziehen, daß die G. S. W. P. 61/120 60 Ballen Baumwollabfälle, lagernd Bahnhof Zittau, dem Kläger gegen Zahlung der darauf haftenden Kosten und Spesen mit 69,10 ℳ ausgehändigt würden. Die Klage war darauf gestützt, daß der Kläger Besitz und Eigentum an der Ware erworben habe, sowie ferner darauf, daß der Beklagte auf Grund der Annahme der Anweisung, die Ware an den Kläger zu befördern, oder doch auf Grund des zwischen ihm und dem Kläger durch die Übernahme der Beförderung entstandenen Mandatsverhältnisses zur Freigebung der Ware verpflichtet sei. Behauptet wurde vom Kläger, daß das Schreiben des D. an den Beklagten vom 2. August dem Beklagten vom Kläger übersandt worden sei, zwar nicht mit einem Begleitschreiben, aber in einem Umschlage, der mit der Firma des Klägers versehen gewesen sei. Der Kläger wollte ferner nach Empfang des Schreibens des Beklagten vom 4. August dem D. das versprochene Accept gegeben und später eingelöst haben.

Der Beklagte verlangte Abweisung der Klage, die er für unbegründet hielt. Die Behauptung des Klägers, daß das Schreiben des D. vom 2. August ihm vom Kläger und in einem mit dessen Firma versehenen Umschlage übersandt worden sei, bestritt er.

Das Landgericht wies die Klage ab. Vom Oberlandesgerichte wurde dagegen der Beklagte der Klage gemäß verurteilt. Auf die Revision des Beklagten wurde das Urteil des Oberlandesgerichtes aufgehoben, und die Berufung gegen das landgerichtliche Urteil zurückgewiesen, aus folgenden

Gründen:

„Es handelt sich hier nicht um das Rechtsverhältnis zwischen den Gebrüdern S. und der D.'schen Konkursmasse, und auch das kann hier dahingestellt bleiben, ob das Berufungsgericht mit Recht angenommen hat, daß mit der von D. an den Beklagten erteilten Weisung das Vertragsverhältnis zwischen den Gebrüdern S. und dem Beklagten beendigt gewesen, und an dessen Stelle ein Vertragsverhältnis zwischen D. und dem Beklagten getreten sei. Für den Ausgang des gegenwärtigen Rechtsstreites ist allein entscheidend, ob der Kläger zu dem Beklagten oder zu der Ware in ein rechtliches Verhältnis getreten ist, auf welches der erhobene Anspruch gestützt werden könnte, und das muß nach dem feststehenden Sachverhalt verneint werden.

Zutreffend hat das Berufungsgericht ausgeführt, daß der Kläger in Bezug auf die Versendung der Ware an ihn nicht Auftraggeber des Beklagten war, und dies namentlich auch dann nicht der Fall sein würde, wenn es seine Richtigkeit hätte mit der Behauptung des Klägers, daß das Schreiben des D. vom 2. August 1897 dem Beklagten vom Kläger in einem mit dessen Firmenstempel versehenen Briefumschlage zugesandt worden sei. Das Berufungsgericht glaubt aber eine Vertragsverpflichtung des Beklagten gegenüber dem Kläger zunächst herleiten zu können aus einer dem letzteren gegenüber erfolgten Annahme einer Anweisung des D. Das ist rechtsirrtümlich. Es fehlt vorerst an einer Anweisung, die hätte angenommen werden können. Eine Anweisung ist die Ermächtigung eines Anderen, sich auf Rechnung des Ermächtigenden von einem Dritten eine Leistung gewähren zu lassen, wobei die Absicht zugleich die ist, daß der Dritte durch Annahme der Anweisung sich zur Gewährung der Leistung dem Anweisungsempfänger soll verpflichten dürfen, und demnach die Anweisung nach erfolgter Annahme unwiderruflich sein soll. Hier liegt aber nur eine einfache Weisung — sei es nun Auftrag, oder Instruktion — des D. an den Beklagten vor, die Ware an den Kläger zu senden, eine Weisung, die widerrufen werden konnte, solange sie nicht ausgeführt war. Ferner hat auch der Beklagte keine Erklärung abgegeben, durch welche von ihm die Verpflichtung dem Kläger gegenüber übernommen wäre, die Weisung des D. zu befolgen. Das

Schreiben des Beklagten vom 4. August 1897, in welchem das Berufungsgericht eine solche Erklärung findet, enthält nichts weiter, als eine Benachrichtigung des Klägers davon, daß wegen der Beförderung der Ware an ihn das Nötige geschehen sei, wobei es im Zweifel gelassen wurde, ob dem Kläger die Ware von Dresden, oder von Laube aus zugehen werde. Ein rechtsgeschäftlicher, auf Begründung einer Verpflichtung gerichteter Akt lag darin nicht.

Ebensowenig zu billigen ist die Ansicht des Berufungsgerichtes, daß man zur Annahme eines Schuldverhältnisses zwischen dem Kläger und dem Beklagten auch nach den Grundsätzen der Verträge zu Gunsten Dritter gelange. Nicht mit Grund kann bezweifelt werden, daß auch in dieser Beziehung die Entscheidung des Berufungsgerichtes der Revision zugänglich ist. Das Berufungsgericht hat sich nicht darüber ausgesprochen, nach welchem Rechte es die hier in Betracht kommende Frage beantwortet hat. Man kann daher nur annehmen, daß das gemeine Recht angewendet worden ist. War dies richtig, so ist damit die Revisibilität der Entscheidung gegeben. War es nicht richtig, sondern hätte das sächsische Recht angewendet werden müssen, so ist die Entscheidung deshalb revisibel, weil die Rechtsgrundsätze über die räumlichen Grenzen der Gesetze verletzt worden sind, und in diesem Falle würde sie nur dann aufrecht erhalten werden können, wenn sie nach sächsischem Rechte zutreffend wäre. Zutreffend ist sie aber weder nach sächsischem, noch nach gemeinem Rechte. Nach beiden Rechten (wegen des sächsischen s. § 853 B.G.B. für das Königreich Sachsen) erwirbt aus einem Vertrage, durch welchen jemand einem Anderen eine Leistung an einen Dritten verspricht, der Dritte ein Recht auf Erfüllung gegen den Versprechenden nur dann, wenn dieser die Absicht hatte, dem Dritten verpflichtet zu sein. Die Absicht des Beklagten, aus dem unterstellten Vertrage zwischen ihm und D. auch dem Kläger verpflichtet sein zu wollen, folgert das Berufungsgericht aus den Umständen des Falles. Als solche werden aber nur angeführt, daß der Transport für Rechnung und Gefahr des Klägers gegangen sei, und daraus der Beklagte habe erkennen können, daß D. seinen Versendungsauftrag nur im ausdrücklichen oder stillschweigenden Auftrage des Klägers erteilt habe. Außerdem wird noch bemerkt, auch das spätere Verhalten des Beklagten, womit nur die auf Ersuchen des Klägers besorgte Versicherung der Ware gemeint sein kann, zeige, daß er dem Kläger eine direkte Anwartschaft aus dem Vertrage habe zugestehen wollen. In letzterer Hinsicht gerät aber das Berufungsgericht mit seiner eigenen früheren und ganz richtigen Ausführung in Widerspruch, daß der Auftrag zur Versicherung ein völlig selbständiger gewesen sei, und die bloße Erkenntnis, daß ein Auftrag im Auftrage eines Dritten erteilt ist, läßt doch noch nicht auf die Absicht des den Auftrag Annehmenden schließen, auch dem Dritten zur Ausführung verbunden zu sein. Wäre dieser Schluß gerechtfertigt, so müßte in jedem Falle eines Übersendungskaufes, bei welchem der Verkäufer in erkennbarem Auftrage des Käufers, aber in eigenem Namen einen Spediteur oder Frachtführer beauftragt, ohne weiteres dem Käufer gegen diesen ein Anspruch auf Ausführung des Auftrages zugestanden werden, was in keiner Weise angängig ist.

Bestand somit ein Schuldverhältnis zwischen den Parteien nicht, liegt vielmehr nur vor, daß der Beklagte im Auftrage der Gebrüder S. und allenfalls später des D. die Versendung der Ware besorgt hat, dann ist auch nicht erfindlich, durch wen als Vertreter der Kläger Besitz und Eigentum an der Ware erworben haben sollte." . . .

43. 1. Hat der Kirchenpatron, wenn ohne seine Schuld der von ihm präsentierte Prediger nicht bestätigt wird, ein Recht auf Erneuerung der inzwischen abgelaufenen Präsentationsfrist?
2. Steht ihm in solchem Falle auch wiederholt ein Recht auf Erneuerung der Frist zu?

III. Civilsenat. Urt. v. 24. Februar 1899 i. S. Stadt H. (Kl.) w. Landeskonsistorium H. (Bekl.). Rep. III. 286/98.

I. Landgericht Hannover.
II. Oberlandesgericht Celle.

Gründe:

„Am 2. Juni 1895 ist die dritte evangelisch-lutherische Pfarrstelle in H. erledigt worden. In Ausübung des für diesen Fall ihm zustehenden Patronates hat der klagende Magistrat zunächst den Kandidaten W. präsentiert. Dieser wurde zwar bestätigt, dann aber auf aus der Gemeinde erhobene Einwendungen ihm die Vokation endgültig verweigert. Der darauf vom Kläger präsentierte Pfarrer F. wurde nicht bestätigt, und die dagegen beim Kultusministerium erhobene Beschwerde blieb ohne Erfolg. Unstreitig ist auch unter den Parteien, daß nicht nur die erste, nach dem maßgebenden ganders-heim'schen Landtagsabschiede sechs Monate betragende Präsentationsfrist, sondern auch eine zweite Frist von gleicher Dauer, selbst wenn man sie möglichst günstig für den Kläger berechnet, abgelaufen ist, daher die auf Feststellung des Rechtes zu einer — vom Beklagten bestrittenen — neuen Präsentation gerichtete Klage nur dann Erfolg haben kann, wenn eine wiederholte Erneuerung der Präsentationsfrist dem Gesetze entspricht.

Das Berufungsgericht nimmt nur zwar zu Gunsten des Klägers an, daß das c. 26 in VI° de elect. 1, 6 auf das Patronatsrecht Anwendung findet, hat aber die Klage doch abgewiesen, weil die dort im Falle der Schuldlosigkeit zugelassene Erneuerung der Frist trotz der aus dem Wortlaute sich ergebenden Zweifel nur als einmalige angesehen werden könne. Die dagegen eingelegte Revision konnte keinen Erfolg haben, da den Ausführungen des Berufungsgerichtes im wesentlichen beizustimmen ist.

Der erkennende Senat hat bereits in der Sache v. d. D. w. Landeskonsistorium H., Rep. III. 55/93 (Urt. vom 30. Mai 1893), ausgesprochen, daß die Erneuerung der Präsentationsfrist ihre gesetzliche Grundlage in dem c. 26 cit. finde, und hält auch jetzt an dieser Ansicht fest. Zwar ist diese Vorschrift unmittelbar nur für den Fall der electio der geistlichen Behörden gegeben; aber es erscheint berechtigt, sie in Übereinstimmung mit vielen älteren und neueren Schriftstellern analog auf das Patronatsrecht anzuwenden. Dafür sprechen nicht nur die Billigkeit und die Gleichheit des Grundes, sondern auch die Unwahrscheinlichkeit, daß der in anderen Beziehungen gegenüber dem geistlichen Patrone bevorzugte Laienpatron im Sinne des kanonischen Rechtes ungünstiger gestellt werden sollte, als in dem ähnlichen Falle der electio die zu dieser Berufenen.

Aus der Anwendbarkeit des c. 26 cit. folgt aber, wie das Berufungsgericht mit Recht annimmt, noch nicht die in dem früheren Falle nicht entschiedene Wiederholung der Fristerneuerung. Der Wortlaut der Gesetzesstelle spricht überwiegend weder dafür, noch dagegen.

Sie sagt nur, daß die electores, wenn sie innerhalb der ersten Frist präsentiert haben, aber ohne ihre Schuld erfolglos,

„. . . habebunt a dissensu, renuntiatione, morte vel irritatione praedictis tempus integrum ad electionem aliam celebrandam. . . .“

Man kann nun zwar, da keine Einschränkung hinzugefügt ist, folgern wollen, daß bei weiteren, gleichliegenden Präsentationsfällen dieselbe Begünstigung eintreten müsse; aber mit nicht geringerem Rechte wird man darauf hinweisen dürfen, daß ausdrücklich nur einmalige Erneuerung genannt wird („tempus integrum ad aliam electionem celebrandam“), und daß eine Abweichung von der an sich präklusivischen Frist streng auszulegen ist. Müssen bei dieser Sachlage allgemeine Gründe, die für den Gesetzgeber bestimmend sein mußten, den Ausschlag geben, so sprechen diese überwiegend gegen eine wiederholte Erneuerung. Die einmalige, allerdings der Billigkeit in unverschuldeten Fällen entsprechende Erneuerung trägt aber dieser Billigkeit in den meisten Fällen ausreichend Rechnung, während, wenn sie unbegrenzt gewährt wird, die doch vorwiegenden Interessen der Kirche und der Kirchengemeinden schwer geschädigt werden können, und kein Grund ersichtlich ist, weshalb trotz dieser Gefahren für die Kirche das Devolutionsrecht ungemessen hätte hinausgeschoben werden sollen. Denn mit Recht hebt das Berufungsgericht hervor, daß, wenn überhaupt die Erneuerung der Frist wiederholt zugelassen wird, für deren weitere Begrenzung es an jedem Anhaltspunkte fehlt.

Für das gewonnene Resultat spricht auch, daß manche Partikularrechte die Erneuerung der ursprünglichen Frist oder doch die Gewährung einer kürzeren Nachfrist vorschreiben, dieselbe aber nicht wiederholt zulassen, abgesehen vom badischen Rechte, das sich aber auf eine dreimalige Erneuerung der Frist beschränkt; auch die für die Anwendung des c. 26 cit. sich aussprechenden Schriftsteller erwähnen eine Wiederholung der Nachfrist nicht.

Über den Inhalt des Partikularrechtes, soweit es die zu entscheidenden Fragen betrifft, hat das Berufungsgericht sich nicht bestimmt ausgesprochen, aber doch — was für den vorliegenden Fall genügt — hervorgehoben, daß das Partikularrecht für den Anspruch des Klägers günstigere Bestimmungen nicht enthalte.“ . . .

44. Welches konfessionelle Recht ist bei Ehen zwischen Katholiken und Protestanten für die Ehescheidung maßgebend?

VI. Civilsenat. Urt. v. 27. Februar 1899 i. S. Sch. Ehefr. (Kl.) w. Sch. (Bekl.). Rep. VI. 322/97.

I. Landgericht Bremen.
II. Oberlandesgericht Hamburg.

Die Klägerin, eine Katholikin, verlangte wegen böslicher Verlassung von ihrem protestantischen Ehemanne, der mit ihr in Bremerhaven gewohnt hatte, geschieden zu werden, obgleich das katholische Kirchenrecht diesen Scheidungsgrund nicht kennt. Ihre Klage wurde in beiden Instanzen abgewiesen, und auch die von ihr eingelegte Revision zurückgewiesen aus den folgenden

Gründen:

„Mit Recht hat, wie auch die Klägerin nicht bezweifelt hat, das Berufungsgericht seiner Entscheidung über die vorliegende Ehescheidungsklage das in Bremerhaven geltende gemeine deutsche Recht zu Grunde gelegt, mag man nun in solchen Fällen mit dem I. Civilsenate des Reichsgerichtes,

vgl. Entsch. des R.G.'s in Civils. Bd. 12 S. 236,

das Recht des letzten bekannten Wohnsitzes des Ehemannes, oder mit mehreren seitdem ergangenen Entscheidungen anderer Senate das Recht des Prozeßortes für maßgebend halten. Da das gemeine Recht konfessionell gesonderte Ehescheidungsgründe aufstellt, so kommt es hier, weil die Klägerin Katholikin, der Beklagte aber Protestant ist, und weil das katholische Kirchenrecht die von der Klägerin geltend gemachte bösliche Verlassung nicht als Ehescheidungsgrund anerkennt, auf die Entscheidung der Streitfrage an, nach welchem konfessionellen Rechte die Ehescheidung bei gemischten Ehen zu regeln ist. Das Oberlandesgericht hat sich in dieser Beziehung insoweit der schon erwähnten Entscheidung des I. Civilsenates des Reichsgerichtes,

Entsch. des R.G.'s in Civils. Bd. 12 S. 235 flg.,

angeschlossen, als dort zum Ausgangspunkte das Recht der Konfession des die Scheidung verlangenden Teiles genommen, und die Scheidung jedenfalls dann für zulässig erklärt ist, wenn nach diesem Rechte ein Scheidungsgrund gegeben sei. Dem tritt auch der jetzt erkennende

Senat bei. Freilich ist im Gegensatze dazu inzwischen von Friedberg (Kirchenrecht [Aufl. 4] § 150 S. 398 flg., insbesondere Anm. 45, und § 160 S. 452) wieder die Ansicht vertreten worden, daß, wie für andere die Rechtsverhältnisse von Ehegatten betreffende Fragen, so auch für diese immer die Rechtsstellung des Ehemannes maßgebend sei; aber ohne die Bedeutung der für diese Ansicht sprechenden Gründe zu verkennen, hat der jetzt erkennende Senat dieselben den a. a. O. vom I. Civilsenate ausgeführten gegenüber doch nicht für durchschlagend gehalten. Dann bleibt nun aber noch die vom I. Civilsenate damals offen gelassene Frage zu entscheiden, ob es zu Gunsten der beantragten Scheidung schon genügt, wenn auch nur das Recht der Konfession des gegnerischen Teiles einen Grund für dieselbe an die Hand giebt. Diese Frage ist aber von jenem Ausgangspunkte aus, mit dem Berufungsgerichte, unbedenklich zu verneinen. Vor allem trifft hier, wie schon das Landgericht hervorgehoben hat, in entsprechender Weise die Ausführung zu, mit der a. a. O. der erste Civilsenat die ganz entgegengesetzte Ansicht bekämpft hat, wonach auf Ehescheidung nur dann erkannt werden soll, wenn nach dem konfessionellen Rechte beider Teile ein Scheidungsgrund vorliegt. Wie dort mit Recht bemerkt ist, daß das ungefähr darauf hinauslaufen würde, ausschließlich das katholische Ehescheidungsrecht, als das strengere Anforderungen für die Gewährung der Scheidung aufstellende, für gemischte Ehen für maßgebend zu erklären, so würde bei diesen thatsächlich das protestantische Scheidungsrecht so gut wie zu alleiniger Herrschaft kommen, wenn die Scheidung schon auf Grund des konfessionellen Rechtes des einen oder des anderen der beiden Eheteile ausgesprochen werden dürfte. Hierfür würde es aber an jedem inneren Grunde fehlen, und die Meinung von v. Scheurl (Eherecht S. 25 flg.), wonach auf Grund des Reichsgesetzes vom 6. Februar 1875 jetzt im Gebiete des gemeinen Rechtes auf alle gemischten Ehen nur noch das protestantische Ehescheidungsrecht anzuwenden sein soll, ist durchaus willkürlich und steht daher auch ganz vereinzelt da.

Vgl. auch Entsch. des R.G.'s in Civils. Bd. 12 S. 235 flg.

Es ist eben auch ganz sachgemäß, hier allein das Recht der Konfession des die Scheidung verlangenden Teiles entscheiden zu lassen; denn da die Scheidungsgründe meistens ein Verschulden des anderen Teiles voraussetzen, so erscheint es dann als billig, dem unschuldigen Teile die ihm nach den Grundsätzen seiner Konfession zukommende Freiheit zu gewähren, während kein Grund vorliegt, ihm darüber hinaus in dieser Beziehung zu willen zu sein. Vgl. in diesem Sinne noch Bartels, Ehe und Verlöbnis S. 30 u. 360; v. Seel, in den Blättern für Rechtsanwendung in Bayern Bd. 41 S. 263 flg., und das bayerische oberste Landesgericht bei Seuffert, Archiv Bd. 46 Nr. 26 und Bd. 48 Nr. 185." . . .

45. Ist für das Lehnrecht die lex curiae, oder die lex rei sitae maßgebend?

III. Civilsenat. Urt. v. 10. März 1899 i. S. v. M. (Bekl.) w. Cl. (Kl.). Rep. III. 342/98.

I. Landgericht Göttingen.
II. Oberlandesgericht Celle.

Aus den Gründen:

. . . „Die Feststellung, daß das lombardische Lehnrecht die lex rei sitae bilde, und daß das Partikularrecht die Lehnserneuerung von den nicht besitzenden Vasallen nicht verlange, ist für das Revisionsgericht bindend, die Annahme aber, daß auch das lombardische Lehnrecht nicht mehr erfordere, unbedenklich; die Entscheidung hängt also davon ab, ob für diese Frage die lex curiae, oder die lex rei sitae maßgebend ist, eventuell ob das von den Beklagten als lex curiae behauptete, die Lehnserneuerung auch der Anwärter erfordernde sächsische Lehnrecht zur lex investiturae gemacht ist.

Die Anwendbarkeit der lex rei sitae ist nicht ohne Zweifel, da das Lehnsverhältnis nicht nur auf dem dinglichen Nutzungsrechte am Grundstücke, sondern auch auf den persönlichen Rechten und Verbindlichkeiten des Lehnsherrn und des Vasallen beruht. Es ist auch nicht ganz richtig, wenn das Berufungsgericht sich für seine Ansicht auf v. Bar (Internationales Privatrecht) beruft, in dessen 2. Auflage Bd. 1 S. 659 vielmehr einschränkend nur für das jus cogens, nicht für das jus dispositivum das örtliche Recht des Grundstückes als maßgebend anerkannt wird. Aber gerade diese Unterscheidung, die auch von Eichhorn (Deutsches Privatrecht § 38) gemacht wird, erscheint willkürlich, da, wenn einmal das jus curiae das für das Lehn maßgebende Recht ist, seiner Anwendbarkeit, auch soweit es zwingender Natur ist, an sich kein Bedenken entgegenstehen würde. Aber diese Unterscheidung hat einen richtigen Kern, der namentlich in Schnaubert's Erläuterungen zu Böhmer's „Lehnrecht" näher ausgeführt wird. Schnaubert, ohne seine eigene Ansicht bestimmt auszusprechen, erkennt S. 65 an, daß für die feuda extra curtem, die ja allein in Frage kommen, die Mehrheit sich für die lex rei sitae erkläre; mit Recht hebt er aber auf S. 61 flg. hervor, es liege nahe, daß der Lehnsherr die Anwendung der lex curiae wünsche, und daß daher diese regelmäßig die lex investiturae sein werde, die dann selbstverständlich an den zwingenden Rechtssätzen ihre Grenze fand. Auch der erkennende Senat geht davon aus, daß von der für das örtliche Recht an Grundstücken jedenfalls unbestrittenen Regel der lex rei sitae eine Ausnahme für das Lehnrecht nicht nachweisbar ist und namentlich durch das Interesse des auswärtigen Lehnsherrn nicht ohne weiteres geschaffen werden konnte, daß jedoch die Aufnahme abändernder Bestimmungen in die Lehnbriefe durch dieses Interesse nahegelegt wird. Aber wie alle Abweichungen vom dispositiven Rechte, muß auch dieser Vertragswille aus dem Inhalte des Vertrages erkannt werden können. Das Berufungsgericht hat nun die Lehnbriefe, bei denen die Voreltern der Kläger beteiligt gewesen sind, eingehend geprüft und stellt fest, aus ihnen ergebe sich nicht genügend, daß abweichende Bestimmungen allgemein oder doch bezüglich der Pflicht zur Lehnserneuerung gewollt seien, und diese Auslegung läßt einen Rechtsirrtum nicht erkennen." . . .

---

46. 1. Hat der dritte Eigentümer der beim Schuldner gepfändeten und unauffindbar gewordenen Geldstücke einen Anspruch gegen den durch das Geld befriedigten Gläubiger?

2. Ist der Gerichtsvollzieher bei der Vornahme der Pfändung als Vertreter des Gläubigers anzusehen?

III. Civilsenat. Urt. v. 14. März 1899 i. S. Gem. Sp. (Kl.) w. J. u. Gen. (Bekl.). Rep. III. 320/98.

I. Landgericht Flensburg.
II. Oberlandesgericht Kiel.

Gründe:

„Im Auftrage der Beklagten pfändete am 28. August 1897 der Gerichtsvollzieher B. bei dem Müller C. in M., der zu dieser Zeit Vorsteher der klagenden Gemeinde war und die Gemeindegelder zu verwalten hatte, eine Geldsumme von 1582,50 ℳ. Diese setzte sich aus zehn Reichsbanknoten à 100 ℳ, zwei Reichskassenscheinen à 50 ℳ, drei desgl. à 20 ℳ, fünf desgl. à 5 ℳ und im übrigen aus deutschen Gold- und Silbermünzen zusammen und lag in dem Schreibpulte des nicht anwesenden Schuldners C. Der Gerichtsvollzieher nahm das Geld an sich und zahlte es auf der Post für den Vertreter der Beklagten ein, dem dann ein Geldbetrag in gleicher Höhe von der Post ausgezahlt worden ist. Die Klägerin fordert nun mit der Behauptung, daß das vom Gerichtsvollzieher weggenommene, inzwischen unauffindbar gewordene Geld ihr Eigentum gewesen, und daß dies bei der Pfändung dem Gerichtsvollzieher von dem Sohne und der Haushälterin des Schuldners mitgeteilt worden sei, von den Beklagten die Zahlung einer gleichen Summe nebst Zinsen. Das Berufungsgericht hat in Abänderung des landgerichtlichen Urteiles die Klage abgewiesen und, während es sich über das bestrittene Eigentum der Klägerin nicht ausspricht, seine Entscheidung wesentlich auf das in den Entsch. des R.G.'s in Civils. Bd. 13 S. 173 flg. abgedruckte Urteil des erkennenden Senates gestützt, auch die Erheblichkeit einer mala fides des Gerichtsvollziehers verneint, weil dieser bei Ausführung der Pfändung nicht als Vertreter des Gläubigers handele. Der dagegen erhobenen Revision konnte der Erfolg nicht versagt werden.

Die Entscheidung des erkennenden Senats im 13. Bande betrifft den Fall, daß eine fremde Sache gepfändet, vom Gerichtsvollzieher versteigert, und der Kaufpreis dem Gläubiger bezahlt ist, und stützt sich zunächst auf die gemeinrechtlichen Grundsätze über den Pfandverkauf, wonach dem Käufer, wenn ihm die Sache vom Eigentümer evinziert wird, nur gegen den Pfandschuldner, dagegen regelmäßig nicht gegen den Pfandgläubiger ein Regreßanspruch zusteht. Ob dieser zunächst für das vertragsmäßige Pfandrecht entwickelte, im gemeinen Prozesse auch wohl auf das pignus in causa judicati captum anzuwendende Grundsatz auch für das heutige Pfändungspfandrecht festzuhalten sein würde, kann dahingestellt bleiben; jedenfalls steht im vorliegenden Falle ein Pfandverkauf nicht in Frage, sodaß schon deshalb jener Grundsatz unanwendbar ist. Mögen auch die mitgepfändeten Wertpapiere nicht eigentlich als bares Geld anzusehen sein, so werden sie doch im Verkehre regelmäßig als solches behandelt, und so ist es auch hier geschehen. Jedenfalls hat ein Pfandverkauf nicht stattgefunden; vielmehr liegt die Sache so, daß die Beklagten durch ihren Vertreter, den Gerichtsvollzieher, sich zu ihrer unmittelbaren Befriedigung in den Besitz von Sachen gesetzt haben, die nicht ihrem Schuldner, sondern der Klägerin gehört haben und für diese von dem Schuldner besessen sein sollen. Es handelt sich hier nicht um eine Kenntnis des Gerichtsvollziehers von Umständen, die eine Anfechtung der Pfändung wegen Benachteiligung anderer Gläubiger begründen könnten, sondern nur um die Vornahme der Pfändung, bei der er zwar als Beamter handelt, aber doch zugleich als Vertreter des Gläubigers, für den er Besitz ergreift, und der ihm sogar innerhalb der gesetzlichen Grenzen Anweisungen erteilen kann.

Vgl. Entsch. des R.G.'s in Civils. Bd. 39 S. 160.

Es treffen also die vom Berufungsgerichte angezogenen Entscheidungen hier nicht zu. Ist nun auch formell dem Gesetze gemäß verfahren, so hatten doch die Beklagten, denen nur das Vermögen ihres Schuldners haftete, materiell kein Recht auf fremdes Geld, das sie im Besitze des Schuldners fanden und an sich nahmen.

Vgl. Entsch. des R.G's. in Civils. Bd. 26 S. 104.

In derartigen Fällen erkennt aber schon das römische Recht an, daß eine ungerechtfertigte Bereicherung aus dem Vermögen des Eigentümers vorliegt.

Vgl. z. B. Windscheid, Pandekten Bd. 2 § 422, 2b; l. 23 Dig. de R. C. 12, 1. l. 30 pr. in f. Dig. de A. E. V. 19, 1.

Das gemeine Recht stellt solche Fälle keineswegs allgemein denen gleich, wo der Schuldner mit fremdem Gelde bezahlt, und ebensowenig läßt sich dessen Abänderung aus der Civilprozeßordnung entnehmen. Zwar ist in dem mehrgenannten Urteile in Band 13 eine allgemeine civilrechtliche Vorschrift in der Bestimmung des § 720 der Civilprozeßordnung gefunden, daß die Empfangnahme des Versteigerungserlöses durch den Gerichtsvollzieher als Zahlung des Schuldners gelte, und für die Wegnahme des gepfändeten Geldes findet sich eine gleiche Bestimmung im § 716. Nach wiederholter Prüfung hält aber der erkennende Senat an dieser Ansicht nicht mehr fest, schließt sich vielmehr den Ausführungen des V. Civilsenates an,

Entsch. des R.G.'s in Civils. Bd. 40 S. 291,

wonach diese Bestimmungen nur das Rechtsverhältnis zwischen dem betreibenden Gläubiger und dem Schuldner, sowie anderen Gläubigern regeln, aber nicht über die materiellen Fragen, insbesondere über das Verhältnis zu dem dritten Eigentümer, entscheiden wollen." . . .

47. Rechtswirkung der Übernahme sämtlicher Schulden eines Nachlasses durch einen der Miterben im Erbauseinandersetzungsvertrage.

VI. Civilsenat. Urt. v. 16. März 1899 i. S. D. Wwe. (Bekl.) w. Gebr. B. (Kl.). Rep. VI. 1/99.

I. Landgericht Regensburg, Kammer für Handelssachen.
II. Oberlandesgericht Nürnberg.

Aus den Gründen:

„Die Beklagte ist als Erbin ihres verstorbenen Ehemannes F. D. aus dem bedingten Nachzahlungsversprechen in Anspruch genommen worden, welches er der klagenden Firma zu der näher bezeichneten Zeit gegeben haben soll. Auf diese ihre Passivlegitimation bezog sich der erste von ihr erhobene Revisionsangriff. Zwar ist ihre Erbenqualität nicht mehr, wie in erster Instanz, von ihr überhaupt bestritten worden, wohl aber zu der dem Pflichtteile der beiden minderjährigen Töchter des F. D. entsprechenden Quote. In der That sind von dem Genannten letztwillig diese Töchter auf ihren Pflichtteil zu Erbinnen eingesetzt, und die Beklagte nur auf die Restquote, und auch die Töchter haben die Erbschaft erworben. Das Oberlandesgericht hat aber dennoch deshalb die Beklagte als für die ganzen Nachlaßschulden haftbar angesehen, weil sie den Töchtern gegenüber im Erbauseinandersetzungsvertrage die ausschließliche Haftung für diese Schulden übernommen hat. In der Revisionsverhandlung hat die Beklagte gegen diese Auffassung eingewandt, daß jener Vertrag sicher nicht zu Gunsten der Klägerin geschlossen sein könne, da die Paciscenten in demselben ausdrücklich deren angebliche Forderung nicht anzuerkennen und die Teilung der Aktiva ohne Mitberücksichtigung derselben vorzunehmen erklärt haben. Allein um einen Vertrag zu Gunsten Dritter handelt es sich hier überhaupt nicht, vielmehr um einen Ausnahmefall, wo nach der herrschenden Ansicht die Schuldübernahme im heutigen gemeinen Rechte ohne weiteres den Gläubigern das Forderungsrecht gegen den Übernehmer verschafft, nämlich um den Fall, wo mit dem Vermögen als Ganzem auch die Schulden übernommen werden. Denn so liegt die Sache hier, obgleich den Töchtern statt ihrer Erbteile in dem Vertrage doch wieder bestimmte Summen ausgesetzt sind; der Wille der Vertragschließenden ging eben dahin, daß die Universalsuccession als solche sich in der Person dieser einen Miterbin, der Beklagten, konzentrieren solle. Freilich war nach römischem Rechte ein solcher Wille ohne Zweifel völlig wirkungslos (l. 3 Dig. fam. erc. 10, 2. ll. 2. 26 Cod. de pact. 2, 3. l. 2 Cod. de her. vend. 4, 39. l. 72 pr. Dig. de J. D. 23, 3); aber nach gemeinem deutschen Gewohnheitsrecht wirkt in einem Falle dieser Art die Schuldübernahme direkt zu Gunsten der Gläubiger.

Vgl. Dernburg, Pandekten 4. Aufl. Bd. 2 § 53 S. 146 flg.; Entsch. des R.G.'s in Civils. Bd. 17 S. 100 flg.; ähnlich das neue Bürgerliche Gesetzbuch § 419." ...

---

48. 1. Übergang eines Gattungskaufes in den Kauf einer individuell bestimmten Sache durch Übereinkommen.

2. Besteht aus dem Kaufvertrage die Verpflichtung des Verkäufers zur Ablieferung der Kaufsachen, nachdem er dem Käufer das Eigentum und mittels constitutum possessorium den Besitz übertragen hat?

3. Rückforderung des bezahlten Kaufpreises im Falle vereitelter Ablieferung.

I. Civilsenat. Urt. v. 8. April 1899 i. S. G. (Bekl.) w. W. (Kl.). Rep. I. 45/99.

I. Landgericht Hamburg.
II. Oberlandesgericht daselbst.

Anfang August 1897 kaufte der Kläger von der Beklagten Kakaobutter in Ballen zu 6—7 Blöcken von ca. 14 Kilogramm, unverzollt, mit Tara-Vergütung, Abnahme bis zum 17. August. Auf Grund einer am 16. August stattgehabten Besprechung der Parteien ging die Ware am 17. August nicht in die Hände des Klägers über, sondern wurde von der Beklagten für ihn im Verwahrsam behalten, verwogen, in 115 Ballen verpackt, jeder Ballen mit einem speziellen Märk versehen, und die Ballen im Keller, für sich gesondert, gelagert. Der Kläger beglich die ihm am 17. August unter specifizierter Gewichts- und Märkangabe zugegangene Faktura. Nach Abnahme von 75 Ballen erfuhr der Kläger, daß die restlichen 40 Ballen nicht mehr vorhanden waren. Kläger forderte deshalb die Rückzahlung des auf sie entfallenden Teiles des Kaufpreises. Die Beklagte lehnte dieses Verlangen ab und ließ später 40 Ballen nach vorgängiger Androhung im Selbsthilfeverkauf öffentlich versteigern. Die Klage auf Rückzahlung des Kaufpreises für die 40 Ballen ist in den Instanzen durchgedrungen, und die eingelegte Revision zurückgewiesen aus folgenden

Gründen:

„Die angefochtene Entscheidung beruht auf der Erwägung, daß zum Gegenstande des Kaufes diejenigen 115 Ballen geworden seien, die die Beklagte in der dem Kläger am 17. August 1897 zugegangenen Faktura näher bezeichnet hat, daß jene nach beschaffter Vertragserfüllung über den in ihrer Detention verbliebenen Restbestand von 40 Ballen eigenmächtig verfügt, sich dadurch aber schadensersatzpflichtig gemacht habe, und daß dieser infolgedessen berechtigt sei, den bereits bezahlten Kaufpreis zum entsprechenden Teile zurückzufordern.

Das Ergebnis ist richtig und sachgemäß, obwohl die Begründung, die es in der Berufungsinstanz gefunden hat, nicht überall als zutreffend erscheint.

Mit Unrecht wird von der Revision der rechtliche Ausgangspunkt der angestellten Erwägungen in Zweifel gezogen. Der Gattungskauf, den die Parteien miteinander geschlossen hatten, ist in der That nachträglich in einen Specieskauf aufgelöst worden. Gleichviel ob bei der generischen Obligation die Beschränkung auf ein einzelnes Sachindividuum regelmäßig schon mit der Ausscheidung, oder erst mit der Lieferung geschieht: die Kontrahenten sind immer in der Lage, zu irgend welcher Zeit durch einen besonderen Willensakt auch ohne thatsächlichen Wechsel des Gewahrsams eine bestimmte, aus dem großen Kreise gleichartiger Sachen herausgehobene Sache zum Gegenstande ihres Schuldverhältnisses zu machen. Die rechtliche Möglichkeit, durch eine vor der effektiven Erfüllung im Einverständnisse beider Teile ausgeführte Specialisierung die vorhandene Unbestimmtheit der Leistung zu beheben, versteht sich von selber. Sie wird in den Quellen des römischen Rechtes so gut, wie im § 243 B.G.B. als gegeben vorausgesetzt, ohne daß es für erforderlich erachtet wäre, ihrer besonders Erwähnung zu thun. Die Frage, ob die Kaufsache möglicherweise wegen vertrags- oder gesetzwidriger Beschaffenheit zur Verfügung gestellt werden kann, hat nach gemeinem Rechte mit der Konkretisierung des Schuldobjektes nichts zu thun. Die ausgewählte Sache bleibt Vertragsgegenstand, mag sie ordnungsmäßig sein, oder nicht, und der Gläubiger ist im Falle der Mangelhaftigkeit nicht verpflichtet, sich die Lieferung einer anderen Sache an ihrer Stelle gefallen zu lassen.

Es beruht nun nicht auf Rechtsirrtum, wenn das Berufungsgericht hier ein Abkommen der bezeichneten Art als geschlossen ansieht. Die Parteien haben sich darüber vereinigt, daß die Lieferung ganz bestimmter Ballen von der Beklagten geschuldet werden solle. Während nach den Kaufbedingungen am 17. August geliefert werden mußte, ist nachträglich in der Hinsicht eine Änderung festgesetzt worden, daß die Beklagte die Ware einstweilen noch, und zwar bis auf besondere Abforderung, im Gewahrsam zu behalten habe. Sonst blieb die Rechtslage so, wie sie nach dem Kaufgeschäft sein oder werden sollte. Dementsprechend sind zur vereinbarten Lieferungszeit 10141 Kilogramm Butter für den Kläger in 115 Ballen von verschiedenem Gewichte zusammengepackt und verwogen. Die Ballen haben je ein besonderes Märk erhalten und sind auf ein von den übrigen Waren getrenntes Lager gebracht. Dem Kläger sind Gewicht und Märk der für ihn bestimmten Ballen mitgeteilt worden, und er hat darauf den bedungenen Kaufpreis bezahlt. Es braucht nun nicht besprochen zu werden, ob schon durch seine bloße Kenntnisnahme von diesen Vorgängen der Leistungsinhalt auf die ausgeschiedenen Sachen zurückgeführt werden konnte. Denn es handelt sich nicht um einseitige Maßnahmen und

Mitteilungen der Beklagten; vielmehr hat sie die Einzelballen auf Verlangen des Klägers hergestellt und in Gewicht genommen, damit sie — wie er ihr schreibt — bei ihr lagern könnten. Der ihm zukommende Kaufgegenstand sollte demnach in Gemäßheit der beiderseitigen Willensabsicht und Willenserklärung genau bestimmt und individualisiert sein, um jede Verwechselung mit anderen Waren der gleichen Art unmöglich zu machen. Indem hierauf entsprechend verfahren wurde, setzte sich dann aber der bisherige Gattungskauf notwendig und von selber in den Kauf einer individuell charakterisierten Sache um.

Von dieser Grundlage aus erscheint der erhobene Rückforderungsanspruch berechtigt. Nach den vom Berufungsgerichte prozeßgerecht getroffenen Feststellungen hat die Beklagte 40 Ballen Butter nicht ausliefern können, weil sie sie wieder auf ihr allgemeines Lager genommen, ausgepackt, mit anderer Butter späterer Fabrikation vermischt und teilweise jedenfalls sonst verwendet hatte. Das Berufungsgericht nimmt nun an, daß der Kläger zufolge der vorhin geschilderten Vorgänge Eigentümer der Butter gewesen sei, folgert aus der eigenmächtigen Verfügung der Beklagten über die ihr nicht gehörende Ware ihre Ersatzpflichtigkeit und achtet ohne weiteres den Schadensersatzanspruch des Klägers dem von ihm geltend gemachten Rückzahlungsanspruche rechtlich und sachlich gleich. Diese Beweisführung ist nicht haltbar. Da der Kläger schlechthin die Rückzahlung des entsprechenden Fakturabetrages gefordert hatte, so würde es zunächst einer näheren Erörterung bedurft haben, ob in der Auswechselung dieses Anspruches gegen den zuerkannten Schadensersatzanspruch nicht eine gerichtsseitige Klagenvertauschung oder doch eine in der Berufungsinstanz unmögliche Änderung der Klage gelegen sei. Abgesehen aber ganz hiervon, erhellt auch nicht, daß der dem Kläger aus der Widerrechtlichkeit der Beklagten entstandene Schade nach seinem Betrage mit dem bezahlten Kaufpreise zusammenfällt. Diese unmotivierte Unterstellung wird auch keineswegs durch die Bemerkung gerechtfertigt, daß insoweit nichts beanstandet sei. Denn zu solcher Beanstandung lag kein Grund vor, weil die Übereinstimmung zwischen Schaden und Kaufpreis gar nicht behauptet war.

Gleichwohl ist die Entscheidung zutreffend. Die Thatsache, daß die Beklagte sich außer stand gesetzt hat, die verkauften 40 Ballen zu liefern, trägt den in der Klage verfolgten Anspruch. Es kommt nicht darauf an, ob wirklich ein Eigentumsübergang stattgefunden hat, und zwischen den Parteien ein selbständiger Verwahrungsvertrag abgeschlossen ist, oder ob die Beklagte die Ware lediglich bis zu vollständiger Erfüllung des Kaufgeschäftes, d. h. bis zu ihrer Ablieferung, im Gewahrsam behalten sollte, ohne daß in den Eigentumsverhältnissen bereits eine Verschiebung vor sich gegangen wäre. Denn in dem einen wie in dem anderen Falle kann der Kläger den Kaufpreis zurückfordern. Freilich möchte es auf den ersten Blick den Anschein gewinnen, als ob er, war er Eigentümer geworden, und verfügte die Beklagte über seine Sache, auf die Interesseforderung beschränkt sei. Das scheint aber eben nur so. Durch den Eigentumserwerb ist bei der besonderen Gestaltung der Dinge die obligationsmäßige Verbindlichkeit zur Ablieferung der verkauften Ware nicht untergegangen; zum mindesten ist sie zufolge des Verhaltens der Beklagten aufs neue ins Leben gerufen. Daß der Verkäufer mit der Verschaffung des abstrakten Eigentumsrechtes, die von einem thatsächlichen Besitzwechsel nicht begleitet ist, seinen Vertragspflichten noch nicht genügt, springt in die Augen. „Et in primis ipsam rem praestare venditorem oportet, id est tradere", heißt es in l. 11 § 2 Dig. de A. E. V. 19,1. Und höchstrichterlich ist wiederholt anerkannt, daß diese Verbindlichkeit in der Eigentumsüberweisung nicht ihre Erledigung findet.

Vgl. Seuffert, Archiv Bd. 8 Nr. 37, Bd. 19 Nr. 147.

Nun soll hier freilich auch die Einräumung des Besitzes vermittelst des Rechtsaktes des constitutum possessorium vollzogen worden sein. Dieser Umstand bewirkt aber rücksichtlich der Ablieferungsverpflichtung der Beklagten keine Änderung, weil er von ihr in seinem Ergebnisse nachträglich wieder beseitigt ist. Läßt sich aus ihrem Vorgehen nicht folgern, daß es ihr überhaupt am Besitz- und am Eigentumsübertragungswillen gefehlt hat, so ist doch unzweideutig zum Ausdrucke gekommen, daß sie der Verschiebung in den formalen Eigentums- und Besitzverhältnissen rechtliche Bedeutung nicht zuerkannt wissen will, sondern dessenungeachtet die obligatorischen Beziehungen auf ihrer Seite als fortdauernd ansieht. Das muß sie gegen sich gelten und sich deshalb so behandeln lassen, als ob eine Umgestaltung der Rechtslage nicht geschehen wäre. Der Besitz- und Eigentumsübergang hat die vollständige und allseitige Erfüllung des Kaufvertrages nicht zur

Folge gehabt. Die Summe der persönlichen Rechte und Pflichten, die dieser erzeugt, ist insoweit nicht von ihm aufgesogen, als Recht und Pflicht der Ablieferung erhalten geblieben sind. Der Kläger hat daher neben seiner dinglichen Berechtigung auch den vertraglichen Anspruch darauf, in den realen Genuß des Kaufgegenstandes gebracht zu werden, und kann, wird diesem Anspruche nicht genügt, diejenigen Befugnisse geltend machen, die ihm das Gesetz für den Fall der Nichterfüllung seitens des Verkäufers verleiht. Er braucht den Kaufpreis nicht zu bezahlen oder darf, hatte er im voraus bezahlt, dessen Rückzahlung fordern.

Ein gleicher oder analoger Gedanke ist schon vom römischen Rechte praktisch verwertet worden. L. 11 § 18 Dig. de A. E. V. 19, 1: „Qui autem habere licere vendidit, videamus, quid debeat praestare; et multum interesse arbitror, utrum hoc polliceatur, per se venientesque a se personas non fieri, quominus habere liceat, an vero per omnes. Nam si per se, non videtur id praestare, ne alius evincat; proinde si evicta res erit, sive stipulatio interposita est, ex stipulatu non tenebitur, sive non est interposita, ex emto non tenebitur. Sed Julianus — — — scribit, etiamsi aperte venditor pronuntiet per se heredemque suum non fieri, quominus habere liceat, posse defendi ex emto eum in hoc quidem non teneri, quod emtoris interest, verumtamen, ut pretium reddat, teneri. Ibidem ait idem esse dicendum, etsi aperte in venditione comprehendatur nihil evictionis nomine praestatum iri; pretium quidem deberi re evicta, utilitatem non deberi. Neque enim bonae fidei contractus hanc patitur conventionem, ut emtor rem amitteret, et pretium venditor retineret. — — —“ Erinnert man sich daran, daß in dieser Stelle mit dem habere licere nicht die Evittionsleistungspflicht des Verkäufers im technischen Sinne, sondern die gesamte von ihm geschuldete Vertragsleistung bezeichnet wird,

vgl. dazu Eck, Die Verpflichtung des Verkäufers zur Gewährung des Eigentums S. 15 flg.,

so wird die Tragweite des Rechtsprinzips, dem der römische Jurist zur Anerkennung verhelfen will, unschwer herausgestellt werden können. Der Verkäufer, der für die eigentliche Eviktion seitens eines besser Berechtigten nicht aufzukommen hat, soll dennoch zur Rückgabe des Kaufpreises verpflichtet sein, wenn dem Käufer die Sache entzogen wird. Daß es einen Rechtsunterschied begründet, wenn solche Entziehung auf Eigenmacht des Verkäufers, und nicht auf dem Recht eines Dritten beruht, ist nicht gesagt. Der ausgesprochene Grundsatz wird mit dem Hinweis auf die Unbilligkeit, die in einer abweichenden Rechtsgestaltung gelegen sein würde, gerechtfertigt. Diese Unbilligkeit tritt aber nur um so schärfer hervor, wenn der Verkäufer selber seinem Käufer den Genuß der Sache verkümmert und sie ihm wieder nimmt, noch ehe er in der Lage war, den bestimmungsgemäßen Gebrauch davon zu machen. Die zurückgezogene Leistung ist in Wahrheit eine Scheinleistung gewesen; sie gilt rechtlich als nicht geschehen.

Hiernach kann der Klage aus dem Kaufvertrage entsprochen werden, auch wenn Besitz und Eigentum schon auf den Kläger übertragen gewesen sein sollten. Daß sich aber das nämliche Resultat nur um so einfacher und gewisser ergiebt, wenn diese Voraussetzung wegfällt, versteht sich von selber. Der Kläger war auch nicht etwa genötigt, sich mit der Lieferung einer anderen als der den Gegenstand des Vertrages bildenden Ware zufrieden zu geben. Nachdem die Genusobligation in eine Speciesobligation umgewandelt ist, greifen kraft rechtlicher Notwendigkeit alle die Rechtssätze Platz, von denen die Speciesobligation beherrscht wird. Der Gläubiger hat Anspruch auf Lieferung eben derjenigen Ware, die er gekauft hat, und die Möglichkeit, den Vertrag durch Lieferung eines anderen Sachindividuums zu erfüllen, könnte höchstens dann in Erwägung gezogen werden, wenn es sich um eine Ware handelt, die für den Berechtigten nach ihrer Individualität schlechterdings gar kein Interesse hat, und wenn der Verpflichtete sofort eine gleichwertige Ersatzware angeboten hat. Diese Sachlage ist hier nicht gegeben. Es ist nicht klar gestellt, daß und warum es dem Kläger vollkommen gleichgültig sein mußte, ob er die eine, oder die andere Ware erhielt. Und die Forderung auf Rückgabe des Kaufpreises war längst erhoben, als die Beklagte die Lieferung einer Ersatzware nicht etwa angeboten, sondern in Aussicht gestellt hat." . . .

49. Zur Frage, unter welchen Umständen der Geschäftsinhaber für das Handeln ohne Vollmacht seiner Angestellten haftet.

I. Civilsenat. Urt. v. 12. April 1899 i. S. M. (Kl.) w. L. (Bekl.). Rep. I. 58/99.

I. Landgericht Hamburg.
II. Oberlandesgericht daselbst.

Seit dem Jahre 1894 hatte die Beklagte Exportorders der Firma L. & Co. in Guatemala zur Ausführung für eigene Rechnung übernommen. In der Zeit vom 14. bis zum 26. November 1897 bestellte ihr Kommis H. bei der Klägerin, mit der die Beklagte bis dahin nicht in Geschäftsverbindung gestanden, namens der verklagten Firma Bordeaux-Weine zum Fakturapreise von 14 641 ℳ zum Export für L. & Co. in Guatemala. Die Klägerin lieferte die Weine, und dieselben wurden durch einen Dampfer im Januar 1898 befördert. In derselben Weise bestellte H. namens der Beklagten im Dezember 1897 und Januar 1898 Weine und andere Spirituosen zum Betrage von 89 236,50 ℳ bei der Klägerin zum Export nach Guatemala an L. & Co. daselbst. Unstreitig lagen Orders von Guatemala in allen Fällen nicht vor.

Die Klägerin forderte die Bezahlung der Orders vom November und Dezember 1897 im Januar 1898. Die Klage beruhte auf der Behauptung, daß H. von der Beklagten bevollmächtigt gewesen sei, alle Geschäfte zu besorgen und abzuschließen, die sich auf den Einkauf von Waren für ihre Rechnung zum Export an L. & Co. in Guatemala bezogen. Eventuell wurde behauptet, daß H. seit Jahren mit Wissen und Willen der Beklagten selbständig die verschiedenartigsten und umfassendsten Einkäufe für Rechnung der Beklagten und das Haus in Guatemala bei Häusern und Agenten in Hamburg besorgt, als Einkäufer der Beklagten gegolten, alle solche Geschäfte für sie abgeschlossen, die Beklagte die Anerkennung solcher Geschäfte nie abgelehnt, vielmehr die Fakturen ohne Anstand bezahlt habe. Außerdem machte die Klägerin geltend, daß sie auf alle Orders des H. Ersuchen um Bestätigung an die Beklagte selbst gerichtet und die Bestätigung durch H. erhalten habe.

Die Beklagte bestritt alles dies. Sie behauptete, daß H. nur mit Ausschreibung der Zollzettel, Konnossemente, Fakturen, Bestellzettel für Guatemala und Costa-Rica und mit anderen Kontorarbeiten betraut gewesen sei, aber keine Vollmacht zum Abschluß gehabt habe, ihm vielmehr ausdrücklich untersagt gewesen sei, mündlich, selbständig und ohne schriftliche Order eines der Inhaber der Firma abzuschließen. Es sei auch allgemein bekannt gewesen, daß die Firma keinen Prokuristen habe, und daß keiner ihrer Angestellten zu Abschlüssen befugt sei. Seit der Revolution in Guatemala im Sommer 1897 seien bis Dezember 1897 überhaupt Orders von L. & Co. in Guatemala nicht erteilt. Alles, was H. gethan, sei ohne Wissen und Willen der Beklagten geschehen, die mit der Klägerin nie in Geschäftsverbindung gestanden habe. Von November 1897 ab habe H. infolge von Geistesstörung oder Trunkenheit ohne Auftrag an die Klägerin und andere Häuser Orders im Betrage von mehr als 863 000 ℳ ohne Ermächtigung gegeben. Das sei erst zu Tage gekommen, als er im Januar 1898 infolge von Krankheit aus dem Geschäfte fortgeblieben. Die Klägerin habe dadurch grob fahrlässig gehandelt, daß sie Orders in solchem Umfange wie geschehen angenommen und ausgeführt habe, ohne ein einziges Mal mit der Beklagten selbst Rücksprache zunehmen.

Die Klage ist in beiden Instanzen abgewiesen, und die Revision zurückgewiesen worden aus folgenden

Gründen:

„Die Klage . . . auf Zahlung der von H. abgeschlossenen Warenlieferungen kann nur durchdringen, wenn H. als Bevollmächtigter der Beklagten zum Abschlusse anzusehen ist. Die Vollmacht konnte ausdrücklich oder stillschweigend erteilt sein. Und nach den Anschauungen über Treue und Glauben im Verkehre unter Kaufleuten würde die Beklagte aus stillschweigender Vollmachtserteilung auch dann für haftbar zu erachten sein, wenn sie gewußt und geduldet, daß H. ohne Vollmacht für sie abschloß. Selbst dann würde dies anzunehmen sein, wenn H. im Namen der Beklagten mit der Klägerin Geschäfte abgeschlossen, die Beklagte solche Geschäfte durch Annahme und Zahlung der Lieferungen genehmigt, der Klägerin nicht sofort mitgeteilt hätte, daß H. ohne Vollmacht gehandelt habe, und sie dadurch zu weiteren Geschäftsabschlüssen mit H. verleitet hätte. Wäre einer dieser Thatbestände festgestellt, so würde der Klägerin nicht entgegenstehen, daß unstreitig für alle die Geschäfte, die H. mit ihr namens der Beklagten geschlossen hat, die Orders aus Guatemala fehlten. H. würde dann instruktionswidrig, grob fahrlässig oder böswillig gehandelt haben;

aber wenn die Klägerin ihn als Bevollmächtigten der Beklagten ansehen durfte, würde dieses Verhalten des H., wie kontraktliches Verschulden des Bevollmächtigten überhaupt, der Beklagten, nicht der Klägerin schaden.

Von diesen rechtlichen Gesichtspunkten geht der Berufungsrichter nach dem Zusammenhange seiner Entscheidungsgründe im wesentlichen aus. Festgestellt ist, daß H. keine Vollmacht zum Abschlusse von Geschäften hatte, daß er ohne schriftliche Order seiner Prinzipale nicht abschließen durfte, daß er zwar in einzelnen Fällen geringfügiger Art im Geschäftsverkehre mit Kunden der Beklagten ohne schriftliche Order kleinere Geschäfte abgeschlossen hat, und die Prinzipale dies genehmigt oder doch haben passieren lassen, daß aber auch in einem Falle der Agent, der ohne schriftliche Order mit H. abgeschlossen hatte, ausdrücklich auf das Unzulässige dieses Verfahrens verwiesen, und daß H. in der Geschäftswelt zwar als Einkäufer seines Hauses gegolten hat, aber keineswegs als Bevollmächtigter zum selbständigen Abschlusse von Geschäften.

Diese Feststellungen sind rechtlich unbedenklich und von der Revision teils überhaupt nicht, teils in völlig unzureichender Weise angegriffen.

Unbegründet ist die Rüge der Revision, der Berufungsrichter habe übersehen, daß H. den Agenten als Vertreter des Hermann L., des Mitinhabers der Firma L. & Co. in Guatemala, vorgestellt sei. Das ist nicht von der Klägerin behauptet, sondern von H. bekundet, dessen nach § 358 Ziff. 4 C.P.O. unbeeidigt gebliebener Aussage der Berufungsrichter ohne Verletzung des Gesetzes, ebenso wie der erste Richter, keinerlei Glauben beimißt. Damit und in Verbindung mit dem, was der Berufungsrichter sonst feststellt, fallen alle die rein thatsächlichen Schlußfolgerungen zusammen, welche die Revision an diese Thatsachen und an den Umstand geknüpft wissen will, daß H. seinen Arbeitsplatz in demselben, ohne Grund als Privatkontor bezeichneten, Raum des Geschäftslokales der Beklagten gehabt hat, in welchem vor Jahren Hermann L. das Exportgeschäft für Guatemala bearbeitet hat.

Alle übrigen Ausführungen der Revision laufen darauf hinaus, daß die Beklagte sich der Klägerin gegenüber so behandeln lassen müsse, als habe sie den H. bevollmächtigt, weil bei ordnungsmäßiger

Kontrole im Geschäfte der Beklagten und ordnungsmäßigem Verhalten der verklagten Prinzipale das unbefugte Treiben des H. rechtzeitig zu Tage gekommen, und es zum Abschlusse und zur Ausführung der Geschäfte mit der Klägerin nicht gekommen wäre. In dieser Richtung ist geltend gemacht, daß die Klägerin die Orders, die sie von H. erhalten, stets in Briefen an die Beklagte selbst bestätigt, daß sie durch ihren Laufburschen S. diese Briefe im Hauptkontore der Beklagten habe abgeben lassen, daß S. stets an H. verwiesen sei, daß überhaupt die ganze Guatemala-Korrespondenz in der Regel von H. und anderen Angestellten eröffnet, und dadurch ermöglicht sei, daß H. die ganze Korrespondenz mit der Klägerin habe unterdrücken können, daß dem H. auch der Firmastempel zur Verfügung gestanden habe, und daß alles dies geschehen sei, obwohl Karl L. der Klägerin nach Aufdeckung der Sache zugegeben habe, H. habe längst das Vertrauen seiner Prinzipale nicht gehabt, und man habe ihn hinauswerfen wollen.

Der Äußerung des Karl L. und der Überlassung des Firmastempels hat der Berufungsrichter mit Recht keine Bedeutung beigemessen. Aus der Äußerung des L. ist nicht zu schließen, daß die Beklagte solche Kenntnis von dem Treiben des H. hatte, daß ihr die Belassung desselben im Geschäft als Verschulden angerechnet werden könnte, und die Beifügung des Firmenstempels zu einer Unterschrift berechtigt allein nach der Anschauung des Verkehrs niemand zu der Annahme, daß derjenige, der das Schriftstück namens eines Anderen zeichnet, wie dies H. bei den Bestätigungsschreiben der verklagten Firma stets gethan hat, zu solcher Zeichnung befugt sei.

Dagegen hat die Revision darin recht, daß, was die Klägerin sonst noch geltend gemacht hat, durch die Erwägung des Berufungsrichters, es sei zur Überzeugung dargethan, daß die Schreiben der Klägerin nicht in die Hände der Beklagten, sondern in die des H. gelangt seien, nicht getroffen wird. Denn die Klägerin leitet die Verantwortlichkeit der Beklagten für das unbefugte Handeln des H. gerade daraus her, daß ihre Schreiben an die Beklagte infolge der mangelhaften Kontrole im Geschäft nicht in deren Hände, sondern in die des H. gelangt sind. Im Ergebnisse ist dem Berufungsrichter aber auch hier beizutreten.

Unstreitig hat die Beklagte vor den Geschäften, aus denen sie in Anspruch genommen wird, in Geschäftsverbindung mit der Klägerin nicht gestanden. Die Klägerin handelte auf ihre Gefahr, als sie sich mit H. einließ, ohne sich nach seiner Stellung im Geschäfte der Beklagten zu erkundigen. Daß sie dies je gethan, oder daß die Beklagte auch nur von einem der Geschäfte Kenntnis erhalten, ist nicht einmal behauptet. Rechtlich erhebliche Willenserklärungen Dritter, durch deren Zugang die Beklagte verpflichtet sein würde, müßte sie als zugegangen gegen sich gelten lassen, wenn sie in ihr Geschäft gelangt und zu ihrer Kenntnis nur durch Negligenz oder Mangel in den Geschäftseinrichtungen nicht gelangt wären. Auch ist der Geschäftsinhaber für das unredliche Verhalten von Angestellten insoweit verantwortlich, als er sich ihrer zu bestimmten Verrichtungen bedient und ihnen vertraut. Soweit der Prinzipal dem Angestellten vertraut, vertraut er ihm auf seine eigene Gefahr. Aber ein allgemeiner Rechtsgrundsatz, daß der Prinzipal für jedes unredliche Verhalten des Angestellten im Geschäft auch außerhalb der ihm anvertrauten Verrichtungen verantwortlich sei, besteht nicht. Auch läßt sich ein Rechtssatz dahin nicht aufstellen, daß jede Mitteilung als dem Prinzipal bekannt zu gelten habe, die in sein Geschäft gelangt und durch unredliches Verhalten eines Angestellten nicht zu seiner Kenntnis gelangt ist.

Im vorliegenden Falle war dem H. der Abschluß von Geschäften nicht anvertraut, und der festgestellte Sachverhalt liegt in keiner Weise so, daß die Klägerin darauf vertrauen durfte, daß H. zum Abschlusse ermächtigt wäre, oder daß der Abschluß genehmigt werden würde. Mit vollem Rechte hat der Berufungsrichter dabei auf die bedeutenden Beträge der Geschäfte Gewicht gelegt; was die Revision dagegen geltend macht, ist ganz unstichhaltig. Auch wenn die Klägerin darauf hätte rechnen dürfen und damit gerechnet hätte, daß ihre Bestätigungsschreiben in die Hände der Prinzipale des H. gelangen würden, so kann Klägerin daraus nichts für sich herleiten. Denn keins der Bestätigungsschreiben ist von der Beklagten selbst beantwortet; vielmehr sind alle Antworten unter der Firma mit dem Namen des H. gezeichnet. Wenn die Klägerin auch daraus nicht den von vornherein gebotenen Anlaß entnahm, sich mit den Prinzipalen des H. persönlich in Verbindung zu setzen, so bedeutet das mindestens, daß sie dem H. weiter vertraute, und dies that sie auf ihre Gefahr. . . .

Wenn die Revision schließlich ausführt, die Beklagte müsse jedenfalls die verschiffte Ware bezahlen, weil sie diese auf Grund der von H. ausgeschriebenen Schiffszettel im Besitz gehabt habe, so ist auch dies unzutreffend. Was H. aus Geschäften, die er unbefugt, ohne Vollmacht und Genehmigung der Beklagten geschlossen, von der Klägerin erhalten, ist in den Besitz der Beklagten so wenig gelangt, wie der Geschäftsherr den Besitz, den der Geschäftsführer ohne Auftrag für ihn erwirbt, erlangt, bevor er die Geschäftsführung genehmigt hat." . . .

III. Preußisches Recht.

50. Welche Bedeutung ist den Worten „unerlaubte Handlung" in § 25 A.L.R. I. 6 beizulegen?

VI. Civilsenat. Urt. v. 15. Dezember 1898 i. S. H. (Bekl.) w. K. (Kl.). Rep. VI. 240/98.

I. Landgericht Ratibor.
II. Oberlandesgericht Breslau.

Der Kläger verlangte Schadensersatz von dem Beklagten, da dieser ihn auf einer Treibjagd, an welcher der Kläger als Treiber, der Beklagte als Jäger teilgenommen, durch einen Schrotschuß verwundet und dadurch beschädigt habe. Das Gericht erster Instanz nahm nach einer Beweisaufnahme nicht für dargethan an, daß der fragliche Schuß gerade vom Beklagten abgefeuert sei, und wies deshalb die Klage ab. In der zweiten Instanz wurde die Beweisaufnahme vervollständigt. Über das Ergebnis derselben sprach sich das Berufungsgericht dahin aus: bei der fraglichen Gelegenheit sei, als aus einem Walde, in dem sich die Treiber, unter ihnen der Kläger, befunden, Fasanen aufgeflogen seien, nach dieser Richtung hin in unvorsichtiger Weise gleichzeitig von mehreren Schützen, auch vom Beklagten, geschossen worden. Durch einen dieser Schüsse sei der Kläger getroffen; es sei aber nicht erwiesen, daß letzterer Schuß aus der Flinte des Beklagten herrührte. Auch die größte Fahrlässigkeit könne nur dann den Thäter verantwortlich machen, wenn aus ihr nachweislich der Schade entstanden sei. Auf dieser Grundlage machte sodann das Gericht die Entscheidung über den Klaganspruch davon abhängig, ob ein vom Kläger dem Beklagten zugeschobener, für den letzteren normierter Eid abgeleistet werde.

Der Beklagte legte hiergegen Revision ein, um die unbedingte Klagabweisung zu erreichen. Seitens des Klägers wurde im Wege der Anschließung gebeten, der Klage ohne weiteres stattzugeben. Derselbe brachte zur Begründung u. a. vor, daß die erstinstanzliche Beweiswürdigung zu Unrecht die Präsumtion des § 25 A.L.R. I. 6 außer acht gelassen habe. Dieser Angriff ist zurückgewiesen aus folgenden

Gründen:

... „Sodann hat der Kläger auf die durch den § 25 A.L.R. I. 6 statuierte Vermutung, die bei Vornahme einer unerlaubten Handlung bezüglich des bei solcher Gelegenheit entstandenen Schadens Platz greifen soll, sich bezogen. Das Berufungsgericht stelle nämlich das Vorliegen einer unerlaubten Handlung von seiten des Beklagten mit Rücksicht auf das als erwiesen angenommene unvorsichtige Schießen desselben fest. Danach sei auf Grund jener Vermutung für die Verletzung des Klägers, welche zu jener Handlung des Beklagten in einem nahen örtlichen und zeitlichen Zusammenhang stehe, mithin bei solcher Gelegenheit erfolgt sei, der Beklagte haftbar, sofern er sich nicht exkulpiere.

Auch dieser Rüge kann keine Folge gegeben werden, weil dabei mit Unrecht angenommen ist, daß das unvorsichtige Schießen des Beklagten sich als eine unerlaubte Handlung im Sinne des angeführten § 25 darstelle.

Unzweifelhaft ist, daß der Ausdruck „unerlaubte Handlung" im Landrecht in verschiedenem Sinne vorkommt, und daß daher in jedem einzelnen Falle der Sinn, der den fraglichen Worten beizulegen, aus der Beziehung, in welcher sie gebraucht sind, entnommen werden muß. Es ist hinzuweisen auf die Ausführung bei Koch, Kommentar, 8. Aufl., Anm. zu § 87 der Einleitung, wo unter Hinweis auf eine Reihe einzelner Gesetzesstellen deduziert wird, daß der Ausdruck vorkomme bald zur Bezeichnung des Gattungsbegriffes, bald für strafbare, bald für bloß widerrechtliche Handlungen. Bezug zu nehmen ist auch auf die Erkenntnisse des Obertribunals,

Entsch. desselben Bd. 13 S. 505 flg.,

und des Reichsoberhandelsgerichtes,

Entsch. desselben Bd. 15 S. 416 flg.

An letzterem Orte wird gesagt, daß der in Rede stehende Ausdruck in der Überschrift des sechsten Titels des ersten Teiles, welche lautet: „Von den Pflichten und Rechten, die aus unerlaubten Handlungen entstehen", alle außerkontraktlichen Beschädigungen umfaßt, also nicht bloß unerlaubte gesetzwidrige Handlungen, sondern auch bloße Rechtswidrigkeiten. An anderen Orten, z. B. in § 68 I. 5, seien nur solche unerlaubte Handlungen in Frage, denen ein bestimmtes Verbotsgesetz entgegenstehe.

Daß nun der hier in Rede befindliche, dem erwähnten sechsten Titel angehörige § 25 die fraglichen Worte nicht in der allgemeinen Bedeutung, in welcher sie in der mitgeteilten Überschrift solchen Titels vorkommen, gebraucht, folgt aus der Stellung in Verbindung mit den Worten jenes Paragraphen, da er sich als zweiter unter dem Marginale „Rechtliche Vermutungen bei der Schadenszufügung" findet und, nachdem im vorhergehenden § 24 gesagt ist: „daß Jemand durch die Schuld eines Andern beschädigt worden, wird nicht vermutet", dahin lautet:

„Wer aber in der Ausübung einer unerlaubten Handlung sich befunden hat, der hat die Vermutung wider sich, daß ein bei solcher Gelegenheit entstandener Schade durch seine Schuld sei verursacht worden."

Der Gegensatz, in welchem sich diese Vorschrift sachlich und sprachlich zu der vorhergehenden befindet, die sich gleichfalls über unerlaubte Handlungen verhält, ergiebt mit Notwendigkeit, daß bei der hier fraglichen Bestimmung solche Handlungen in einem anderen, und zwar in einem engeren, Sinne in Frage stehen. Nur für die letzteren soll die näher präcisierte Präsumtion Platz greifen, während für die durch den vorhergehenden Paragraphen betroffenen Fälle ausdrücklich jede Vermutung ausgeschlossen wird. Unter den bei dem § 25 in Betracht kommenden unerlaubten Handlungen werden aber dem vermutlichen, dem Zwecke der in Rede stehenden Vorschrift entsprechenden Willen des Gesetzgebers gemäß und in Übereinstimmung mit der Anschauung, welche sich dieserhalb in der Praxis kundgegeben hat,

vgl. Striethorst, Archiv Bd. 80 S. 84 und Bd. 13 S. 8,

nur diejenigen zu verstehen sein, die einem bestimmten Gesetze zuwiderlaufen, im Gegensatze zu den Rechtswidrigkeiten überhaupt, welche letztere bei den allgemeinen Vorschriften des sechsten Titels in Frage stehen, und auf die daher gemäß dem mitgeteilten § 24 die gewöhnlichen Beweisregeln unter Ausschluß jeder Vermutung Platz greifen.

Es liegt nun aber klar vor, daß unter die unerlaubten Handlungen in dem erwähnten engeren Sinne nicht zu rechnen ist das fahrlässige Verhalten, dessen sich nach den Feststellungen des angefochtenen Urteiles der Beklagte dadurch schuldig gemacht hat, daß er als Jagdteilnehmer nach dem Platze zu, auf welchem die Treiber standen, seine Flinte abfeuerte. Danach kann nicht vermutet werden, daß durch jene Handlung des Beklagten die etwa gleichzeitig eingetretene Verletzung des Klägers, der sich unter den Treibern befand, herbeigeführt ist. Vielmehr liegt es dem Kläger ob, den Beweis dieses Thatumstandes zu erbringen." . . .

51. Kann der Schürfer, wenn ihm nach Beginn der Schürfarbeiten von der zuständigen Bergbehörde im öffentlichen Interesse die Einstellung der Schürfarbeiten und die Verdichtung des niedergetriebenen Bohrloches aufgegeben ist, für die aufgewandten Kosten der Anlegung, Einstellung und Verdichtung auf Grund des § 75 der Einleitung zum Allgemeinen Landrechte und des § 4 des Gesetzes vom 11. Mai 1842 vom Staate Entschädigung beanspruchen?

V. Civilsenat. Urt. v. 17. Dezember 1898 i. S. Graf H. v. D. (Kl.) w. preuß. Fiskus (Bekl.). Rep. V. 200/98.

I. Landgericht Breslau.
II. Oberlandesgericht daselbst.

Der Kläger ließ im Jahre 1893 durch den Bohrunternehmer B. zum Zweck der Mutung auf Steinkohle Schürfarbeiten vornehmen. Am 5. Juni 1893 setzte dieser auf der Wiese des Pfarrers von R. ein Bohrloch an, das dann bis auf 168 Meter Teufe niedergetrieben wurde. Wie der Kläger behauptete, verfolgte er dabei den Nebenzweck, Wasser zu erschroten, um sein im Bau begriffenes neues Schloß damit zu versorgen. Infolge von Anordnungen der Bergbehörden mußte der Kläger die Schürfarbeiten einstellen und zugleich eine Verdichtung des Bohrlochs veranlassen. In dieser Beziehung war folgender Sachverhalt außer Streit.

Seit den siebziger Jahren dieses Jahrhunderts hatte sich in dem Landstrich zwischen M. und Z. ein Mangel an Süßwasser herausgestellt, der die Staatsregierung veranlaßte, im Interesse der Bevölkerung und des Bergbaues gewisse Wasserwerke anzulegen. Zum Schutz der Leitungen wurde durch die Bergpolizeiverordnung vom 23. Juli 1880 bestimmt, daß innerhalb des darin angegebenen Bezirkes Schürfarbeiten nur mit Genehmigung des zuständigen Revierbeamten vorgenommen werden sollten. Das vom Kläger angesetzte Bohrloch lag nicht in diesem Schutzbezirk. Durch die Bergpolizeiverordnung vom 9. September 1893 wurde der Schutzbezirk erweitert, sodaß nunmehr auch das Grundstück darunter fiel, auf dem der Kläger das Bohrloch niedergetrieben hatte. Schon vorher hatte der Revierbeamte, der befürchtete, daß durch die Tiefbohrung die für die Wasserversorgung des Industriebezirkes notwendigen Quellen gefährdet werden könnten, die Polizeiverfügung vom 12. Juli 1893 erlassen, worin er anordnete, daß ihm von jedem etwaigen selbstthätigen Ausfluß (Austrieb) von Wasser aus einem der Bohrlöcher, welche für Rechnung des Klägers innerhalb des Bergreviers T. im Schutzbezirk für Z., sowie im Umkreis von 3 Kilometer um den bei B. gelegenen Adolfschacht in Angriff genommen seien und künftig etwa in Angriff genommen würden, stets unverzüglich Anzeige zu machen sei. Das Bohrloch hatte damals eine Tiefe von 42 Meter. Als der Vertreter des Klägers die Bohrarbeiten fortsetzen ließ, erließ der Revierbeamte am 8. August 1893 eine Verfügung, worin er die weitere Abteufung des Bohrlochs gänzlich untersagte. Das Bohrloch war damals 146,5 Meter tief. Die vom Kläger gegen diese Anordnung eingelegten Rechtsmittel blieben ohne Erfolg. Auch diese Verfügung ließ der Vertreter des Klägers unbeachtet, und trieb das Bohrloch weiter bis auf 168 Meter nieder. Nachdem inzwischen die beteiligten Personen wegen Zuwiderhandelns gegen die Polizeiverfügung vom Gericht bestraft worden waren, erließ das Oberbergamt in Breslau am 26. November 1893 folgenden Beschluß:

„Die in das Schürfbohrloch bei R. eingebrachte Verrohrung ist zu ziehen. Das Bohrloch ist alsdann unter der Aufsicht und nach den näheren Anweisungen des Königlichen Revierbeamten zu T. zu verdichten."

Der hiergegen eingelegte Rekurs wurde als unbegründet zurückgewiesen, und der Beschluß kam demnächst in der Weise zur Ausführung, daß das Bohrloch von seiner Sohle bis 142 Meter Teufe mit festgestampftem Thon, von 142 bis 118 Meter Teufe mit Cement, und von da ab bis zu Tage wieder mit festgestampftem Thon verfüllt wurde.

Der Kläger hielt sich für berechtigt, vom Beklagten Ersatz für die Nachteile zu fordern, die ihm infolge Anlegung, Einstellung und Verdichtung des Bohrloches erwachsen seien, und die er auf 19093,70 ℳ berechnete. Sein Klagantrag ging dahin, den Beklagten zur Zahlung dieser Summe nebst 5 Prozent Zinsen seit der Klagebehändigung zu verurteilen. Der Beklagte widersprach dem Antrage, indem er sowohl seine Legitimation zur Sache, als auch jedes Recht des Klägers auf Schadensersatz in Abrede stellte. Der erste Richter wies die Klage ab. Auf die Berufung des Klägers erließ der Berufungsrichter

I. ein Teilurteil, wodurch er die Berufung zurückwies, ausgenommen den Anspruch auf Ersatz der bis zur Tiefe des Bohrlochs von 146,5 Meter aufgewandten Verdichtungskosten,

II. ein Zwischenurteil, wodurch er den Anspruch auf Verdichtungskosten insoweit dem Grunde nach für gerechtfertigt erklärte.

Hiergegen legte der Kläger Revision ein, der sich der Beklagte anschloß.

Das Reichsgericht hat die Revision des Klägers als unbegründet zurückgewiesen, dagegen die Anschließung des Beklagten für begründet erachtet, aus folgenden

Gründen:

... „1. Der Kläger stützt seinen Anspruch auf die §§ 74. 75 Einl. zum A.L.R. und den § 4 des Gesetzes vom 11. Mai 1842. Nach der ersterwähnten Gesetzesstelle müssen Rechte und Vorteile der Mitglieder des Staates den Rechten und Pflichten des gemeinschaftlichen Wohles nachstehen, wenn zwischen beiden ein wirklicher Widerspruch (Kollision) eintritt. Dagegen ist der Staat den, der seine besondern Rechte und Vorteile dem Wohle des gemeinen Wesens aufzuopfern genötigt wird, zu entschädigen gehalten. Nach dem Gesetz vom 11. Mai 1842 ist der Rechtsweg gegen eine polizeiliche Verfügung zulässig, wenn es sich um die Frage handelt, ob dadurch in ein Privatrecht eingegriffen sei, wofür nach den gesetzlichen Vorschriften Entschädigung geleistet werden muß, und wie hoch die Entschädigung zu bemessen. Mit dem Berufungsrichter ist davon auszugehen, daß die polizeilichen Anordnungen der Bergbehörden, die hier in Frage kommen, hinsichtlich ihrer Gesetzmäßigkeit, Notwendigkeit und Zweckmäßigkeit nicht der Prüfung des Gerichts unterliegen, und dieses nur darüber zu entscheiden hat, ob der Fiskus dem Kläger infolge der polizeilichen Anordnungen der Bergbehörden entschädigungspflichtig geworden ist. Eine solche Verpflichtung tritt nach den oben erwähnten Gesetzen nur dann ein, wenn die Behörden durch ihre Anordnungen in ein Privatrecht des Klägers eingegriffen haben, und dieser dadurch genötigt worden ist, zum Wohle des gemeinen Besten Rechte und Vorteile aufzuopfern. Diese Voraussetzungen hat der Berufungsrichter, soweit es sich nicht um Verdichtungskosten handelt, verneint. Seine Ausführungen lassen in dieser Beziehung Verletzung von Rechtsnormen nicht erkennen.

Nach § 3 des Allgemeinen Berggesetzes ist die Aufsuchung der im § 1 a. a. O. bezeichneten Mineralien einem Jeden gestattet. Im § 4 Abs. 1 wird dieses Recht hinsichtlich bestimmter Grundstücke eingeschränkt, und dann im zweiten Absatz bestimmt:

„Auf anderen Grundstücken ist das Schürfen unstatthaft, wenn nach der Entscheidung der Bergbehörde überwiegende Gründe des öffentlichen Interesses entgegenstehen."

Das Schürfrecht ist hiernach ein Ausfluß des öffentlichen Rechtes (der Bergbaufreiheit): ein Jeder (Inländer, wie Ausländer) ist danach befugt, die der Verfügung des Grundeigentümers entzogenen Mineralien und Fossilien in eigenen, wie in fremden Grundstücken aufzusuchen. Es umfaßt nur Handlungen, welche Mutung und Verleihung des Bergeigentums vorbereiten, gewährt aber kein dem Bergeigentum gleichzustellendes Recht. Daß der Schürfer die im Bergfreien erschürften Mineralien sich aneignen darf (§ 11 a. a. O.), beruht auf Rücksichten der Billigkeit (s. Motive S. 32), ändert aber nichts in der Natur der dem Schürfer zustehenden Rechte. Die Befugnisse des Schürfers sind nach § 4 des Gesetzes im öffentlichen Interesse mehrfach beschränkt; insbesondere steht danach dem Schürfer des Recht, das Mineral aufzusuchen, nur insoweit zu, als nicht überwiegende Gründe des öffentlichen Wohles entgegenstehen, worüber die Bergbehörde allein zu entscheiden hat. Die Entscheidung erfolgt entweder durch eine allgemeine Polizeiverordnung des Oberbergamtes, oder durch besondere Verfügung der zuständigen Bergbehörde. Macht die Behörde von ihrer Befugnis Gebrauch, so entzieht sie dem Schürfer nicht ein wohlerworbenes Recht, sondern bringt nur zum Ausdruck, daß die gesetzlichen Voraussetzungen für die Ausübung des Rechtes nicht vorhanden sind.

Diese Sätze giebt der Kläger im allgemeinen als richtig zu; er will sie aber mit der Beschränkung verstanden wissen, daß die Schürfarbeiten noch nicht begonnen hätten. Sei ein Bohrloch niedergetrieben, so führt er aus, so sei hieran dem Schürfer ein wohlerworbenes Recht entstanden, und die Bergbehörde, die die Einstellung anordne, handele nicht mehr auf Grund § 4 Allg. Bergges., sondern auf Grund der allgemeinen Vorschriften der §§ 196 flg., woraus folge, daß der Staat, wenn in dessen Interesse die Arbeiten eingestellt wären, zur Entschädigung verpflichtet sei. Diese Ansicht würde richtig sein, wenn der Schürfer an den ausgeführten Schürfarbeiten (Stollen, Schächten, Bohrlöchern rc) infolge seines Schürfrechts ein Eigentum erlangte. Das Gesetz spricht ihm ein soweit gehendes Recht nicht zu. Der § 4 Allg. Bergges. unterscheidet nicht zwischen ausgeführten und noch auszuführenden Arbeiten; er erklärt das Schürfen ganz allgemein für unstatthaft, wenn das öffentliche Wohl dadurch bedroht wird. Ob ein solcher Fall vorliegt, wird die Bergbehörde in sehr vielen Fällen erst beim Fortschreiten der Schürfarbeiten erkennen können. Diese Fälle sind um so zahlreicher, als der Schürfer zur Schürfarbeit in der Regel keiner bergpolizeilichen Erlaubnis bedarf. Es läßt sich nicht annehmen, daß der Gesetzgeber derartige Schürfarbeiten von dem § 4 habe ausschließen wollen. Auch aus dem Wesen der Schürfberechtigung läßt sich ein Recht, wie es der Kläger beansprucht, nicht herleiten. Sie ist ein Ausfluß der Bergbaufreiheit, die dazu dient, die in der Erde ruhenden Mineralien zu Tage zu fördern und nutzbar zu machen und so den Wohlstand der Bevölkerung zu heben. Kollidieren aber die Interessen des Schürfers mit den Interessen des öffentlichen Wohles, so müssen jene zurücktreten; es würde auf eine Unbilligkeit hinauslaufen, ihm, dem das Schürfrecht und, wenn er fündig wird, das Bergbaurecht ohne Entgelt gewährt wird, auf

Kosten des Staates dafür eine Entschädigung zu gewähren, daß ihm seine Arbeiten nicht nutzbar werden, weil das öffentliche Interesse deren Beseitigung erheischt oder deren Fortsetzung verbietet. Jeder, der Schürfarbeiten unternimmt, muß auch diesen Umstand mit in den Kreis seiner Berechnung ziehen.

Der Kläger beruft sich zur Unterstützung seiner Ansicht auf die gesetzgeberischen Vorarbeiten, mitgeteilt in der Zeitschrift für Bergrecht Bd. 6 S. 69. 81. Diese handeln von der polizeilichen Überwachung des Bergwerksbetriebes, setzen also ein verliehenes Bergeigentum voraus. Ob hierauf die oben entwickelten Grundsätze anzuwenden sind, könnte zweifelhaft sein, da das verliehene Bergeigentum zweifellos zu den besonderen Rechten im Sinne des § 75 Einl. zum A.L.R. gehört; für die rechtliche Natur des Schürfrechts, das nur einen vorbereitenden Charakter hat, ist aber daraus nichts zu entnehmen. . . .

Auch der Umstand, daß der Kläger die Schürfarbeiten mit Genehmigung des Grundeigentümers unternommen hat, vermag nicht seinen Anspruch zu stützen. Es kann keinem Zweifel unterliegen, daß er dadurch auch ohne Eintragung im Grundbuch ein dingliches Recht gegen den Grundeigentümer erlangt hat. Aber der Kläger verkennt die rechtliche Bedeutung dieses Rechtes, wenn er meint, daß die Bergbehörde durch ihre Anordnung in dieses Recht eingegriffen habe. Ein Recht auf Gewinnung der in dem Grundstück anstehenden regalen Mineralien und Fossilien steht dem Grundeigentümer als solchem nicht zu; ein derartiges Recht kann er darum auch nicht auf den Schürfer übertragen. Ihm steht zwar gleichfalls das Schürfrecht zu; aber dieses deckt sich seinem Inhalte nach mit dem jedes Dritten. Die aus der Vereinbarung mit dem Grundbesitzer entspringende Servitut des Schürfers besteht, wie der § 5 Allg. Bergges. klar ergiebt, lediglich darin, das fremde Grundstück zu Schürfarbeiten zu gebrauchen und zu benutzen. Sollte der Grundeigentümer dem Schürfer zugleich die aus dem Eigentum fließenden Schürfrechte abtreten, so kann darin nur ein Verzicht auf Konkurrenzbohrungen gefunden werden, verbunden mit Abtretung der dem Grundeigentümer bei der Mutung zustehenden Vorzugsrechte. Das aus dem öffentlichen Recht herzuleitende Schürfrecht des Nichteigentümers wird durch die Erlaubnis des Grundeigentümers nur insofern berührt, als nunmehr die Schranken, die seiner Ausübung von seiten des Grundeigentümers entgegenstanden, beseitigt sind. Den Gegenstand der polizeilichen Verfügungen bildet aber jenes Schürfrecht, nicht die vom Grundeigentümer bestellte Servitut.

Das Grundstück, auf dem das Bohrloch niedergetrieben wurde, gehört unstreitig der Pfarre zu R. Die Schürfarbeiten haben keinen Wechsel im Eigentum herbeigeführt; insbesondere hat der Kläger dadurch kein Sondereigentum an dem Bohrloch erworben. Da es unter die Aufschlußarbeiten fällt, so kann es nicht einmal einem Grubengebäude gleichgestellt werden, und es bedarf deshalb keiner Erörterung, ob ein solches im Eigentum des Bergbesitzers steht, oder nicht.

Der Umstand, daß der Kläger, wie er behauptet, das Bohrloch für den Fall der Fündigkeit zu einer Wasseranlage bestimmt hat, entzieht der Anlage noch nicht den Charakter der Schürfarbeit." (Dies wird weiter ausgeführt.)

„Die Frage, wie sich die Sache gestaltet haben würde, wenn der Kläger fündig geworden wäre und auf Grund der Mutung das Bergeigentum erlangt hätte, bedarf hier keiner Erörterung, da dieser Fall nicht eingetreten ist.

Aus dem allem ergiebt sich die Zurückweisung der Revision.

2. Was die Verdichtungskosten anlangt, so hat der Berufungsrichter den Anspruch insoweit dem Grunde nach für gerechtfertigt erklärt, als die Zuschüttung eine Teufe von 146,5 Meter nicht übersteigt. Die Mehrkosten führt er auf ein Verschulden des Klägers zurück, weil dieser von der Bohrung nicht Abstand genommen habe, als ihm bei einer Teufe von 146,5 Meter durch die Verfügung des Oberbergamtes vom 8. August 1893 die weitere Bohrung untersagt worden sei. Der Kläger hat hiergegen besondere Ausstellungen nicht erhoben. Die Frage, ob der Kläger nicht schon auf die Verfügung des Revierbeamten vom 12. Juli 1893, bei deren Empfang er erst eine Teufe von 42 Meter erreicht hatte, zu weiteren Bohrungen die Genehmigung nachzusuchen und sich bis dahin solcher zu enthalten hatte, ist vom Berufungsrichter nicht erörtert worden. Ob darin ein Verstoß gegen den § 259 C.P.O. zu finden ist, bedarf jedoch keines Eingehens, da dem Kläger wegen der Verdichtungskosten überhaupt kein Anspruch zusteht. Der Berufungsrichter führt in dieser Beziehung, nachdem er die Notwendigkeit der Verdichtung erörtert hat, folgendes aus:

Allerdings sei das Schürfen von vornherein mit dem Risiko späteren Verbotes behaftet. Aber dieses Verbot könne nur soweit reichen, um das angenommene Recht zu einem Nichtrecht, nicht aber zu einem Unrecht, zu gestalten; der Schürfer könne nur genötigt werden, die erlangten Vorteile ohne Entschädigung wieder aufzugeben, wie er ja auch im Falle des Nichtfündigwerdens alles nutzlos geopfert habe. Er werde auch regelmäßig die in der Erde geschaffene Öffnung in gemeinüblicher Weise wieder zufüllen müssen. Hier aber sei im öffentlichen Interesse ein Mehr verlangt worden: nicht ein bloßes Aufgeben der erlangten Vorteile, sondern eine positive Leistung zur Verwirklichung des fremden Interesses. Der Kläger habe dabei keineswegs bloß das Bohrloch, sondern auch Geld, einen Teil seines übrigen Vermögens, aufgeopfert. Dafür bedürfe es eines besonderen Rechtsgrundes; sonst sei diese Leistung eine nützliche Verwendung in fremdem Interesse. Ein solcher Rechtsgrund fehle; § 4 Allg. Bergges. involviere die entschädigungslose Aufgabe des Erlangten; aber er mache die Schürfarbeit bis zum Erlaß des Verbotes nicht zu einer unrechtmäßigen; den Schürfer treffe bis dahin kein Verschulden.

Diese Ausführungen können nicht für zutreffend erachtet werden. Die Schürfarbeiten waren dem Kläger, wie oben ausgeführt worden, nur insoweit gestattet, als er sich dadurch nicht mit den Interessen des öffentlichen Wohles in Widerspruch setzte. Ob diese Interessen verletzt waren, darüber hatten ausschließlich die Bergbehörden zu entscheiden. Es ist ferner oben nachgewiesen, daß es nicht darauf ankommt, ob die Entscheidung der Bergbehörden vor, oder nach Beginn der Arbeiten ergeht. Der Schürfer hat außerhalb der Grenzen seines Rechtes gehandelt, wenn die Behörde hinterher feststellt, daß die Schürfarbeiten öffentlichen Interessen zuwiderlaufen. Allerdings mag der Schürfer bis dahin in gutem Glauben gehandelt haben, und seine Handlung kann ihm deshalb nicht als eine widerrechtliche zugerechnet werden; aber das mag ihn gegen Entschädigungsansprüche schützen, die gegen ihn daraus erhoben werden könnten; Ersatzansprüche gegen den Staat können ihm aus der Gutgläubigkeit nicht erwachsen. Dazu bedarf es des Eingriffs in ein besonderes Recht, wie es der § 75 Einl. zum A.L.R. voraussetzt, und ein solches Recht steht ihm, wie auch der Berufungsrichter nicht verkennt, an dem Bohrloche nicht zu. Hatte der Kläger aber, wenn auch nicht widerrechtlich, so doch ohne Recht eine Anlage gemacht, die im öffentlichen Interesse nicht geduldet werden konnte, so erwuchs ihm auch daraus die Pflicht, die Anlage wieder zu beseitigen und den früheren Zustand wieder herzustellen, im vorliegenden Fall also das Bohrloch so zu verdichten, daß es in Beziehung auf Undurchlässigkeit den Verhältnissen entsprach, wie sie vor der Abteufung des Bohrlochs bestanden hatten. Ein weiteres aber hat die Behörde von ihm nicht gefordert und zur Ausführung gebracht. Es liegt auf der Hand, daß die Ausfüllung mit gewöhnlichem Erdreich nicht hinreicht, dem Auftriebe des Wassers genügenden Widerstand zu leisten und die Gefährdung der zu schützenden Wasserwerke zu beseitigen. Nach § 202 Allg. Berggeſ. ist die Bergbehörde befugt, die Beseitigung des das Gemeinwohl gefährdenden Zustandes zu verlangen. Da sie damit nur das fordert, wozu der Kläger infolge der Beschränkung seines Schürfrechts verpflichtet ist, so sind dadurch dessen Rechte in keiner Weise verletzt, und ist damit jeder Entschädigungsanspruch an den Beklagten ausgeschlossen. Von einer nützlichen Verwendung kann hier nicht die Rede sein, da eine Verpflichtung des Beklagten, das Bohrloch zu beseitigen, nicht bestand, ihm also durch die Aufwendungen des Klägers notwendige oder nützliche Ausgaben nicht erspart worden sind.

Die Anschließung des Beklagten erscheint hiernach begründet." ...

52. Zum Begriff der gemeinen Last nach § 175 A.L.R. I. 11. Kann eine gemeine Last diese Eigenschaft dadurch teilweise verlieren, daß sie den in der Provinz gewöhnlich vorkommenden Umfang überschreitet?

V. Civilsenat. Urt. v. 17. Dezember 1898 i. S. H. (Kl.) w. K. (Bekl.). Rep. V. 211/98.

I. Landgericht Schweidnitz.
II. Oberlandesgericht Breslau.

Unter den Vorschriften, welche nach § 711 A.L.R. II. 11 in Ansehung der Kosten zum Bau und zur Unterhaltung der Kirchengebäude dann gelten, wenn darüber nicht durch Verträge, rechtskräftige Erkenntnisse, ununterbrochene Gewohnheiten oder besondere Provinzialgesetze gewisse Regeln bestimmt sind (§ 710), befindet sich in § 731 die, daß der Geldbeitrag bei Landkirchen zwischen dem Patron und der Kirchengemeinde dergestalt zu verteilen ist, daß der Patron zwei Drittel, die Eingepfarrten ein Drittel entrichten.

Der Kläger, welcher von der Beklagten das Rittergut Schw. in Schlesien gekauft hatte, beanspruchte Gewährleistung dafür, daß, wie er behauptete, auf dem mit dem Gut verbundenen Patronat über die evangelische Kirche in Schw. die Last ruhe, die gesamten Barkosten von Neubauten und Reparaturen der Kirchengebäude, des Kirchhofes und des Schulhauses zu tragen. Er verlangte Befreiung von dieser Last, event. Befreiung insoweit, als diese Verpflichtung durch Observanz über die gesetzliche Beitragspflicht des Patrons nach § 731 A.L.R. II. 11 hinausgehe.

In der ersten Instanz war dem eventuellen Klagantrage stattgegeben worden, während in zweiter Instanz die Klage ganz abgewiesen worden war. Die Revision wurde zurückgewiesen.

Aus den Gründen:

„Der Berufungsrichter stellt die streitige Last in ihrem ganzen Umfange unter die gemeinen Lasten des § 175 A.L.R. I. 11 und führt aus, daß die Beklagte nach dieser Gesetzesbestimmung nicht auf Gewährleistung hafte, weil sie weder die Last in Abrede gestellt, noch deren Vertretung ausdrücklich übernommen habe. . . .

Dem Berufungsrichter ist darin beizutreten, daß die Kirchenbaulast, welche observanzmäßig, wie festgestellt ist, in der Provinz Schlesien auf dem Patronat ruht, wegen ihrer öffentlichrechtlichen Grundlage zu den gemeinen Lasten im Sinne des § 175 A.L.R. I. 11 gehört. Dies wird auch von der Revision im allgemeinen nicht bestritten; sie verficht jedoch die vom Berufungsrichter abgelehnte Ansicht des ersten Richters, daß die Eigenschaft einer gemeinen Last nur soweit anzuerkennen sei, als die Beitragspflicht des Patrons zu den baren Kosten nicht die in § 731 A.L.R. II. 11 festgesetzten zwei Dritteile übersteige, daß jedoch darüber hinaus die Last den in § 183 A.L.R. I. 11 behandelten Privatlasten zuzuzählen sei. Der erste Richter hatte diese Ansicht damit begründet, daß der Kirchenbaulast in dem über die gesetzlichen zwei Dritteile hinausragenden Umfange die Voraussetzung der gemeinen Last fehle, daß sie auf allen mit Patronatrecht verbundenen Rittergütern der Provinz ruhen müsse; denn daß den dortigen Rittergütern dieser Art eine Kirchenbaulast in einem soweit gehenden Umfange gemeinsam sei, werde von der Beklagten selbst nicht behauptet. Diese Begründung ist, wie die Ansicht des ersten Richters selbst, unrichtig. Allerdings trifft der vom Berufungsrichter gegen sie geltend gemachte Grund nicht zu, daß die Gewöhnlichkeit des Vorkommens bei Grundstücken derselben Art in der Provinz kein charakteristisches Merkmal der gemeinen Lasten sei. Dieses Erfordernis der gemeinen Last ist im Gegenteil bisher weder von der Rechtslehre, noch in der Rechtsprechung bezweifelt worden. Der Berufungsrichter hat den für seine abweichende Ansicht angerufenen Satz in den Entsch. des R.G.'s in Civils. Bd. 34 S. 316 mißverstanden; dort ist nur ausgeführt, daß die Gewöhnlichkeit des Vorkommens auch bei den in § 183 A.L.R. I. 11 behandelten Privatdienstbarkeiten, Lasten und Abgaben zutreffen könne und darum kein charakteristisches, d. h. unterscheidendes, Merkmal der Lasten des § 175 sei. Aber die Ansicht des ersten Richters wird durch die Erwägung widerlegt, daß der Umfang der Last überhaupt kein Begriffsmerkmal ist, das die Lasten des § 175 von denen des § 183 unterschiede. Das Gesetz unterwirft in § 175 die öffentlichrechtlichen gemeinen Lasten nicht deshalb und nicht bloß soweit einer besonderen Behandlung, weil und als sie in einer bestimmten Höhe, sondern weil sie überhaupt gewöhnlich vorkommen, und deshalb vom Käufer vorausgesetzt werden darf, daß er um ihr Vorhandensein weiß. Dies genügt, ihn zu einer Erkundigung zu veranlassen, wenn er — wie es regelmäßig der Fall sein wird — die Höhe der Last nicht genau kennt. Es giebt auch keinen Rechtssatz, der den einheitlichen Charakter der Last an die Nichtüberschreitung einer bestimmten Höhe bände und es zu rechtfertigen vermöchte, die öffentlichrechtliche Kirchenbaulast, wenn sie ein bestimmtes Maß überschreitet, in zwei verschiedenen Lasten, eine gemeine und eine nicht gemeine öffentlichrechtliche, oder gar, wie der erste Richter will, eine öffentlichrechtliche und eine private Last, zu zerlegen." . . .

53. Erhebung der Erbschaftssteuer im Falle der fideikommissarischen Substitution auf den Überrest.

IV. Civilsenat. Urt. v. 22. Dezember 1898 i. S. K. u. Gen. (Kl.) w. preuß. Steuerfiskus (Bekl.). Rep. IV. 203/98.

I. Landgericht Breslau.
II. Oberlandesgericht daselbst.

Der am 20. September 1870 verstorbene Premierlieutenant Friedrich Wilhelm B. hatte durch Testament seine Ehefrau Pauline B. als Erbin eingesetzt und ihr fideikommissarisch auf den Überrest seine beiden Söhne Emil und Albert substituiert. Von den letzteren starb nach dem Testator zuerst Emil unter Hinterlassung seiner Frau Auguste B. als alleiniger Testamentserbin. Am 14. Mai 1895 starb darauf die Witwe Pauline B. Der Nachlaß des Premierlieutenants Friedrich Wilhelm B. wurde nunmehr auf 96 843,16 *M* festgestellt, wovon Albert B. und Auguste B., letztere als Erbin von Emil B., je 48 421,58 *M* erhielten. Von dem Erbteile der Auguste B. wurde eine Steuer von 4 Prozent mit 1937 *M* erfordert, die für Rechnung der Auguste B. gezahlt wurde und jetzt, nach ihrem Tode, von ihren Erben, den beiden Klägern, vom Fiskus zurückgefordert wird. Beide Instanzrichter haben dem Verlangen des Beklagten gemäß abweisend erkannt. Die Revision der Kläger ist vom Reichsgerichte zurückgewiesen aus folgenden

Gründen:

. . . „Die Versteuerung des fraglichen Erbanfalles regelt sich nach der Vorschrift des § 27 Abs. 2 des Erbschaftssteuergesetzes vom $\frac{\text{30. Mai 1873}}{\text{19. Mai 1891}}$, in der Fassung vom 24. Mai 1891.

Unstreitig handelt es sich um eine fideikommissarische Substitution auf den Überrest.

Die Parteien sind darüber uneinig, ob für die Beurteilung der Steuerpflichtigkeit des Anfalles das Verhältnis der Witwe Auguste B., die als Erbin des berufenen Substituten Emil B., ihres Ehemannes, an dessen Stelle getreten ist, zum Erblasser, oder ihr Verhältnis zu ihrem Ehemanne maßgebend ist. Die Steuerbehörde hat ersteres angenommen und deshalb, da die Auguste B. die Schwiegertochter des Erblassers gewesen ist, gemäß Ziff. 7 C. c des Tarifes zum Erb=

schaftssteuergesetze eine Steuer von 4 Prozent des ererbten Vermögens in Ansatz gebracht. Nach der Annahme der Kläger trifft dagegen, weil die Auguste B. lediglich die Stelle des berufenen Fideikommissars Emil B. vertreten habe, letzteres zu, sodaß, da Emil B. als Descendent des Erblassers steuerfrei gewesen, und die Auguste B. als dessen Ehefrau gleichfalls steuerfrei sei, eine Besteuerung überhaupt nicht stattfinde.

Beide Instanzrichter sind der Annahme der Steuerbehörde gefolgt, und dieser Auffassung ist beizutreten.

Nach § 27 Abs. 2 a. a. O. wird bei der gewöhnlichen fideikommissarischen Substitution der Fiduziar als Nießbraucher, und der Fideikommissar als Substanzerbe des herauszugebenden Vermögens behandelt. Es finden also auf diesen Fall die Bestimmungen des Abs. 1 des § 27 Anwendung, wonach sogleich mit dem Tode des Erblassers zwei steuerpflichtige Anfälle gleichzeitig eintreten, deren Behandlung durch Abs. 1 speziell dahin normiert wird: der Wert des Nutzungsrechtes des Fiduziars wird nach den Vorschriften der §§ 15 flg. des Gesetzes berechnet und von dem Fiduziar versteuert; dieser Wert wird von dem Werte der Substanz abgezogen, und der Überrest des letzteren von dem Fideikommissar versteuert, sofern die Versteuerung sofort bei dem Anfalle bewirkt wird; beantragt dagegen der Fideikommissar die Aussetzung der Versteuerung bis zum Eintritte des Substitutionsfalles, so erfolgt solche — ohne jeden Abzug — nach den alsdann obwaltenden Verhältnissen ohne Entrichtung einer Steuer für die etwa dazwischen liegenden Vererbungsfälle des fideikommissarischen Erbrechtes. Beim Fideikommisse des Überrestes hingegen haben sowohl der Fiduziar von dem vollen Betrage des Anfalles als der Fideikommissar von dem vollen Betrage des an ihn herausgegebenen Vermögens nach ihrem Verwandtschaftsverhältnisse zum Erblasser die Erbschaftssteuer zu entrichten. In diesem Falle treten also zwei successive steuerpflichtige Anfälle bezüglich der von dem Fiduziar und von dem Fideikommissar aus dem Nachlasse des Erblassers gemachten Erwerbungen ein. Ein jeder dieser Anfälle ist als ein unmittelbar nach dem Erblasser erfolgter anzusehen, und ihr Eintritt vollzieht sich für den Fiduziar mit dem Eintritte des Erbanfalles und für den Fideikommissar mit dem Eintritte des Substitutionsfalles. Danach betrachtet das Gesetz das mit dem Tode des Erblassers erworbene Anrecht des Fideikommissars nicht als einen steuerpflichtigen Anfall, und folglich kann auch dessen Vererbung vor Eintritt des Substitutionsfalles als ein steuerpflichtiger Anfall nicht in Betracht kommen. Für die Steuererhebung ist es daher ein unwesentlicher Umstand, ob vor dem Eintritte des Substitutionsfalles ein Wechsel in der Person des Fideikommissars stattgefunden hat. Im Sinne des Gesetzes ist als Fideikommissar derjenige steuerpflichtig, der zur Zeit des Eintrittes des Substitutionsfalles der Inhaber des fideikommissarischen Erbrechtes ist. Dieser ist der unmittelbare fideikommissarische Nachfolger des Erblassers. Daraus ergiebt sich aber, daß bei der Beurteilung, ob und inwieweit der Anfall steuerpflichtig ist, lediglich das Verwandtschaftsverhältnis zwischen dem Erblasser und dieser Person, hier also zwischen dem Erblasser Friedrich Wilhelm B. und der Witwe Auguste B., maßgebend ist. Der streitige Erbanfall ist daher mit Recht in Höhe von 4 Prozent des auf die Auguste B. gediehenen Nachlasses des Erblassers zur Versteuerung gezogen.

Von gleichen Grundsätzen ist der gegenwärtig erkennende Senat in dem Urteile vom 24. Februar 1890,

Gruchot, Beiträge Bd. 34 S. 738; Juristische Wochenschrift von 1890 S. 169 Nr. 49,

ausgegangen. Von denselben abzuweichen giebt der vorliegende Rechtsfall keinen Anlaß.

Die von der Revision erhobenen Angriffe sind als begründet nicht anzuerkennen. Die Revision legt, wie die Klagebegründung, darauf Gewicht, daß die Witwe Auguste B. die Rechtsnachfolgerin ihres Ehemannes in Ansehung des streitigen Vermögens gewesen und lediglich an seine Stelle getreten, und deshalb alle Rechte und Pflichten desselben bezüglich des Erbanfalles, also auch die ihrem Ehemanne zugestandene Steuerbefreiung, auf sie übergegangen seien. Diese Anschauung steht jedoch, wie dargelegt ist, mit dem hier allein maßgebenden Erbschaftssteuergesetze, das über den Anfall und die Vererbung des Anfalles im steuerlichen Interesse selbständige Normen aufstellt, im Widerspruche. Ferner ist unter Hinweis auf § 27 Abs. 1 a. a. O. geltend gemacht, daß der Erbe, wenn die Nutzung des angefallenen Vermögens einem Dritten zustehe, die Versteuerung sofort bewirken könne, daß aber Emil B., da der Anfall für ihn steuerfrei gewesen sei, die Versteuerung nicht habe ausführen können. Die Vorschrift des § 27 Abs. 1 findet aber, wie oben hervorgehoben ist, auf den Fall der fideikommissarischen Substitution des Überrestes keine Anwendung, sodaß der Hinweis auf dieselbe verfehlt ist. Wie die Steuererhebung sich gestalten würde, wenn es sich nicht um ein Fideikommiß des Überrestes, sondern um eine gewöhnliche fideikommissarische Substitution handelte, entzieht sich hier der Erörterung." . . .

54. 1. Gilt der Grundsatz der §§ 17. 34 Eig.-Erw.-Ges. vom 5. Mai 1872, daß die Rangordnung der auf demselben Grundstücke eingetragenen Hypotheken sich nach der Reihenfolge der Eintragungen richtet, auch für zusätzliche Eintragungen in der Spalte „Veränderungen"?

2. Kann der Gläubiger, dessen Antrag auf Eintragung einer Hypothek vom Grundbuchrichter abgelehnt war, nach der auf Anordnung des Beschwerdegerichtes erfolgten Eintragung von den inzwischen voreingetragenen Hypothekengläubigern Einräumung des Vorrechtes aus dem Rechtsgrunde der widerrechtlichen Bereicherung verlangen?

V. Civilsenat. Urt. v. 28. Dezember 1898 i. S. der Preußischen Hypothekenaktienbank (Bekl.) w. M. Wwe. (Kl.). Rep. V. 224/98.

I. Landgericht Breslau.
II. Oberlandesgericht daselbst.

Auf dem Grundstücke Breslau, R.'straße Nr. 2 stand für die Beklagte eine Hypothek von 220 000 ℳ auf Grund der Obligation vom 29. November 1880 eingetragen. Die Eintragung war in Abteilung III Nr. 34 am 10. Dezember 1880 erfolgt. In der Schuldurkunde verpflichtete sich der Schuldner unter anderem, das Kapital je nach Verlangen der Beklagten bar oder in $4^1/_2$prozentigen Pfandbriefen Serie I zurückzuzahlen. Sodann hieß es in der Schuldurkunde:

„Zur Sicherheit . . . wegen aller von mir vorstehend eingegangenen

Verpflichtungen, insbesondere des Kapitals und der Jahreszahlung an Zinsen und Geschäftsunkostenbeiträgen, sowie auch wegen aller Nebenrechte, als der Kosten auch der Mandatskündigungsklage, der Mandatariengebühren, der Konventionalstrafe, der Provisionen und der Verpflichtung, die Rückzahlung in unkündbaren $4^{1}/_{2}$prozentigen Pfandbriefen ... Serie I zum Nennwerte zu leisten, wegen der eben spezifizierten Nebenrechte jedoch nur in Höhe von 11000 ℳ, verpfände ich" ...

Der auf diesen Passus bezügliche Teil des Eintragungsvermerkes vom 10. Dezember 1880 lautete:

„daß das Grundstück auch für alle Nebenleistungen, als Zinsen, Kosten, Geschäftsunkostenbeiträge, Konventionalstrafen, Provision &c, jedoch nur in Höhe von 11000 ℳ, haftet."

Die Eintragung der Verpflichtung zur Rückzahlung in Pfandbriefen wurde vom Grundbuchrichter abgelehnt. Auf Beschwerde der Beklagten wurde der Grundbuchrichter zur Eintragung jedoch angewiesen und kam dieser Anweisung dadurch nach, daß er in der Spalte „Veränderungen" bei der Post Abteilung III Nr. 34 vermerkte:

„Zu den im vorstehenden Eintragungsvermerke enthaltenen Zahlungs- und Kündigungsbedingungen tritt noch folgende Bestimmung hinzu:

Alle Teil- oder Vollzahlungen sollen je nach Verlangen der Gläubigerin entweder bar, oder in deren unkündbaren $4^{1}/_{2}$prozentigen Pfandbriefen Serie I ... zum Nennwerte geleistet werden, und haftet für die Verpflichtung zur Rückzahlung ... in dergleichen Pfandbriefen mit den anderweit festgestellten Nebenrechten das Grundstück bis zum Höchstbetrage von 11000 ℳ, wobei jedoch in betreff der ... Zinsen bemerkt wird, daß wegen der Zinsen eine Beschränkung der Haftbarkeit des Grundstücks nicht eintritt."

Dieser Vermerk trug das Datum des 13. April 1881. Inzwischen war, und zwar am 10. Februar 1881, für K. eine Darlehnshypothek von 80000 ℳ eingetragen. Der über diese Post gebildete Hypothekenbrief enthielt den Vermerk:

„Eingetragen sind II. in Abteilung III Nr. 34 220000 ℳ, verzinslich mit $5^{1}/_{3}$ Prozent und 11000 ℳ Kaution."

Von dieser Hypothek von 80000 ℳ wurde der Klägerin der Betrag von 50000 ℳ cediert.

Das Pfandgrundstück kam zur Subhastation. In der Kaufgelderbelegung liquidierte Beklagte an Kosten 337,75 *M*, an rückständigen Zinsen 9281,01 *M*, an Kapital 220000 *M* und an Kursdifferenz 11000 *M*. Letzteres Liquidat bestritt die Klägerin als erstausgefallene Gläubigerin. Infolgedessen wurden 11000 *M* als Streitmasse hinterlegt. Die Parteien stritten sodann darüber, wem von ihnen diese Masse gebühre.

Beide vorderen Instanzen entschieden zu Gunsten der Klägerin.

Die Revision der Beklagten ist zurückgewiesen worden aus folgenden

Gründen:

. . . „Nach § 30 Eig.-Erw.-Ges. haftet das Grundstück für das eingetragene Kapital, für die eingetragenen Zinsen und sonstigen Jahreszahlungen und für die Kosten der Eintragung, der Kündigung, der Klage und Beitreibung. Die Schuld- und Verpfändungsurkunde vom 29. November 1880 unterscheidet in irreführender Weise zwischen der Jahreszahlung an Zinsen und Geschäftsunkosten auf der einen und Nebenrechten, als Kosten der Klage, Mandatariengebühren, Konventionalstrafen, Provisionen, Verpflichtung zur Rückzahlung in Pfandbriefen, auf der anderen Seite, und es wird dann die Pfanderklärung wegen der Nebenrechte bis zum Maximalbetrage von 11000 *M* abgegeben. Da Zinsen auch zu den Nebenrechten oder Nebenleistungen gehören, hat der Grundbuchrichter jene Erklärung dahin verstehen zu müssen geglaubt, daß das Grundstück für alle Nebenleistungen, insbesondere auch für die Zinsen, nur bis zur Höhe von 11000 *M* haften solle, und demgemäß den Eintragungsvermerk gefaßt. Nach diesem ist die dingliche Haftung dem Gesetze gegenüber beschränkt, da schon die einjährigen $5^1/_3$prozentigen Zinsen des Kapitals von 220000 *M* den Betrag von 11000 *M* übersteigen. Die Verpflichtung zur Rückleistung in Pfandbriefen hat der Grundbuchrichter einzutragen abgelehnt. Eine völlig andere Bedeutung hat die Pfanderklärung nach der Auffassung des Beschwerdegerichtes, nämlich die, daß das Grundstück für das Kapital und die Zinsen nach dem Gesetze, für die übrigen Nebenleistungen, von denen die Kosten der Klage ebenfalls unter die gesetzliche Haftung fallen, bis zu einem Höchstbetrage von 11000 *M* haften solle. Danach sollte die Haftung über das Gesetz hinaus erweitert werden; es sollte für das Kapital nebst Zinsen und für die übrigen Nebenleistungen bis zu einem Betrage von 11000 *M* gehaftet werden, und zwar sollte sich die letztere Haftung auch auf die zur Eintragung zugelassene Verpflichtung zur Rückleistung in Pfandbriefen erstrecken. Diese Auffassung hat ihren — auch nicht ganz vollkommenen — Ausdruck in der Eintragung vom 13. April 1881 gefunden. Die Eintragung ist, obwohl inzwischen die Eintragung der Hypothek erfolgt war, neben der Post von 220000 ℳ in Spalte „Veränderungen“ erfolgt. Das war nach den Prinzipien des Eigentumserwerbsgesetzes unzulässig; die Eintragung mußte hinter der inzwischen eingetragenen Hypothek erfolgen. Die dingliche Haftung wurde um den 11000 ℳ übersteigenden Betrag rückständiger Zinsen und um die Differenz zwischen dem Nennwerte und dem Kurswerte der Leistungen in Pfandbriefen bis zu einem Maximalbetrage von 11000 ℳ erhöht. Es fragt sich, ob die nachträgliche Eintragung dieser Erhöhung an falscher Stelle den Rang der Hauptpost von 220000 ℳ beanspruchen kann, wie die Revision annimmt. Diese Frage ist zu verneinen. Nach §§ 34. 17 Eig.-Erw.-Ges. bestimmt sich freilich die Rangordnung der auf demselben Grundstücke eingetragenen Hypotheken nach der räumlichen Reihenfolge der Eintragungen; aber diese Regel bezieht sich offenbar nur auf die in der Hauptspalte „Hypotheken und Grundschulden“ erfolgten Eintragungen. Deren Reihenfolge kann durch nachträgliche Eintragungen in der Spalte „Veränderungen“ ohne Zustimmung aller Beteiligten, welche in Form von Vorrechtseinräumungen zu erklären sein würde, nicht verschoben werden. Nur in Beziehung auf die Erhöhung des Zinssatzes bis auf 5 Prozent ist im § 25 Eig.-Erw.-Ges. eine Ausnahme von diesem Grundsatze gestattet. Eintragungen an falscher Stelle des Grundbuches sind nicht wirkungslos;

vgl. Gruchot, Beiträge Bd. 41 S. 962;

aber wenn es sich um ihren Rang handelt, kann für sie nur die Stelle in Betracht kommen, welche sie bei ordnungsmäßiger Eintragung erhalten haben würden; d. h. es ist das Datum der Eintragung maßgebend. Es ist auch nicht richtig, daß die Eintragung vom 13. April 1881 der Hypothek von 80000 ℳ räumlich vorgeht; sie steht vielmehr in einem Nebenraume.

Nicht richtig ist ferner die Ansicht der Revision, daß der Zusatzvermerk bei der Post von 220000 ℳ deshalb denselben Rang zu beanspruchen habe, wie diese, weil beide Eintragungen auf derselben

Eintragungsbewilligung und demselben Eintragungsantrage beruhten. Dies würde nur zutreffen, wenn in der Zwischenzeit keine Eintragung erfolgt wäre. Die Eintragungsbewilligung und der Eintragungsantrag geben noch kein Hypothekenrecht. Hat der Grundbuchrichter einen Eintragungsantrag zu Unrecht abgelehnt, und sind inzwischen andere Eintragungen erfolgt, so kann die Eintragung auf Grund des früheren Antrages nur nach diesen erfolgen (§ 502 A.L.R. I. 20).

Vgl. Turnau, Grundbuch-Ordnung Tl. 1 S. 148 Nr. 6.

Endlich macht die Revision noch geltend, daß die Beklagte ungerechtfertigt bereichert sein würde, wenn ihr die Streitmasse zugesprochen würde. Dieser Gesichtspunkt kann jedoch nicht zu einer Änderung des Berufungsurteils führen. Das Obertribunal hat für den Fall, daß mehreren Eintragungsgesuchen stattgegeben, aber aus Versehen des Grundbuchrichters den Eintragungen eine dem Gesetze nicht entsprechende Reihenfolge gegeben ist, unter der Voraussetzung, daß die zu Unrecht voreingetragenen Posten noch in denselben Händen sind, den Gläubigern der zu Unrecht nacheingetragenen Posten aus dem Gesichtspunkte der widerrechtlichen (§ 433 A.L.R. I. 20) Bereicherung in ausgiebigstem Maße zu helfen gesucht, indem es schon in dem Vorgehen in der Reihenfolge eine solche erblickte.

Vgl. Striethorst, Archiv Bd. 37 S. 267, Bd. 62 S. 30, Bd. 65 S. 364, Bd. 78 S. 309, Bd. 79 S. 1.

Diese Ansicht ist von Koch (Kommentar zu § 502 a. a. O.) mit guten Gründen bekämpft, vom II. Hilfssenate des Reichsgerichtes,

Entsch. des R.G.'s in Civils. Bd. 4 S. 324,

gebilligt, vom V. Civilsenat,

ebenda Bd. 11 S. 328,

aber erheblich modifiziert, dahin, daß nicht schon das bloße Faktum der Eintragung in falscher Reihenfolge eine widerrechtliche Bereicherung des Voreingetragenen begründe, daß dazu vielmehr anderweitige Umstände erforderlich seien, z. B. daß Vereinbarungen getroffen seien, nach welchen die jetzt nachstehende Hypothek vorgehen, die jetzt vorgehende nachstehen solle. Anders ist die Rechtslage, wenn — wie im gegenwärtigen Falle — nicht auf mehrere vorliegende Anträge die Reihenfolge der Eintragungen dem Gesetze entgegen (§ 17 Abs. 1 Eig.-Erw.-Ges.) festgesetzt, sondern ein Antrag auf Eintragung abgelehnt ist. Mit einem solchen Falle beschäftigt sich das bei Gruchot (Beiträge Bd. 41

S. 1030 flg.) mitgeteilte Urteil des V. Civilsenates des Reichsgerichtes. Es war die Eintragung einer Hypothek bewilligt und beantragt, vom Grundbuchrichter abgelehnt, auf Beschwerde aber die Eintragung angeordnet. Inzwischen war für einen Anderen, mit der Sachlage Bekannten eine Hypothek eingetragen, hinter welcher die früher bewilligte Hypothek nun zu stehen kam. Die Klage auf Einräumung des Vorrechtes dieser vor jener wurde für unbegründet erklärt, weil die Kenntnis von entgegenstehenden Rechten zur Sache nach dem in §§ 4. 15 Eig.-Erw.-Ges. enthaltenen, auch auf Hypotheken anwendbaren Grundsatze den definitiven Erwerb dinglicher Rechte nicht hindere.

Danach würde von einer widerrechtlichen Bereicherung der Klägerin selbst dann nicht die Rede sein können, wenn ihr zur Zeit des Erwerbes der Teilhypothek volle Kenntnis der wahren Sachlage beigewohnt hätte. Ebensowenig würde beim Vorhandensein derselben Voraussetzung eine widerrechtliche Bereicherung ihres Cedenten K. vorliegen." . . .

55. Kann ein als Supernumerar in der Verwaltung der direkten Steuern beschäftigter Militäranwärter ohne förmliches Disziplinarverfahren entlassen werden?

IV. Civilsenat. Urt. v. 5. Januar 1899 i. S. Sch. (Kl.) w. preuß. Fiskus (Bekl.). Rep. IV. 212/98.

I. Landgericht Halle a. S.
II. Oberlandesgericht Naumburg a. S.

Aus den Gründen:

. . . „Die Entscheidung des Berufungsrichters beruht auf der Annahme, daß der Kläger nur die Stellung eines gegen Diäten beschäftigten Supernumerars innegehabt habe, und daß seine Entlassung deshalb ohne ein förmliches Disziplinarverfahren habe erfolgen können. Die desfallsigen Ausführungen des Berufungsurteiles sind für zutreffend zu erachten.

Der § 83 des Disziplinargesetzes vom 21. Juli 1852 bestimmt: „Beamte, welche auf Probe, auf Kündigung oder sonst auf Widerruf angestellt sind, können ohne ein förmliches Disziplinarverfahren von der Behörde, welche ihre Anstellung verfügt hat, entlassen werden."

Im Anschluß daran lautet der § 85 ebenda:

„In Ansehung der Entlassung der Supernumerarien und der sonst zur Erlernung des Dienstes bei den Behörden beschäftigten Personen kommen die darauf bezüglichen besonderen Bestimmungen zur Anwendung."

Speziell bezüglich der Civil-Supernumerare findet sich in der Kabinettsorder vom 31. Oktober 1827 (bei Kamptz, Annalen Bd. 11 S. 869) unter Nr. 9 folgender Satz:

„Es erlangt jedoch ein . . . zugelassener Supernumerar . . . noch keineswegs einen wirklichen Anspruch auf hiernächstige Anstellung; vielmehr kann derselbe bei sich erweisendem Mangel an praktischer Brauchbarkeit, sowie wegen Unfleiß und ordnungswidriger Führung, jederzeit ohne weiteres entlassen werden . . ."

Ähnlich heißt es unter Nr. 4 derselben Kabinettsorder, welche auch über die Anstellung der nach neunjähriger Dienstzeit entlassenen Unteroffiziere in den Bureaux der Regierungen und Provinzialbehörden eingehende Bestimmungen traf:

„Es versteht sich von selbst, daß auch die Militär-Versorgungs-Berechtigten ihren Civil-Dienst in der Regel in den oben gedachten Diätarien-Stellen antreten müssen, und erst nach erwiesener Qualifikation ihr Vorrücken in wirklich etatsmäßige Stellen zu erwarten haben, bei ermangelnder Fähigkeit und Thätigkeit oder sonstiger Verschuldung aber, gleich allen andern Angestellten dieser Klasse, wiederum entlassen werden können."

Der hierin zum Ausdrucke gebrachte leitende Gesichtspunkt ist auch später, insbesondere durch das Reglement über die Civilversorgung vom 16. und 20. Juni 1867, sowie durch die jetzt für die Besetzung der Subaltern- und Unterbeamtenstellen bei den Reichs- und Staatsbehörden mit Militäranwärtern geltenden, vom Bundesrate in den Sitzungen vom 7. und 21. März 1882 aufgestellten Grundsätze nebst den dazu ergangenen ergänzenden Bestimmungen (bei Herrfurth, Etats-, Kassen- und Rechnungswesen Bd. 2 S. 98 flg., und bei Müller, Justizverwaltung Bd. 1 S. 264 flg.) nicht prinzipiell aufgegeben worden. Vielmehr ergiebt sich namentlich aus den Bestimmungen der §§ 9. 13. 14. 19. 21. 22 und 24 der erwähnten Grundsätze, daß auch bei einem Militäranwärter die etatsmäßige Anstellung, bezw. eine Anstellung auf Lebenszeit keineswegs immer sofort nach seiner Übernahme in den Civildienst zu erfolgen hat.

Im vorliegenden Falle war dem Kläger durch die Verfügung des Regierungspräsidenten vom 21. Oktober 1891 in Aussicht gestellt, daß er nach Absolvierung einer Probedienstzeit bei zufriedenstellenden Leistungen definitiv als Militäranwärter angenommen werden solle, und dementsprechend ist ihm mittels der Verfügung vom 9. Mai 1892 auch nur eröffnet worden, daß er vom 1. Mai 1892 ab „definitiv als Militäranwärter angenommen" werde, wodurch aber in seinen Dienstbezügen eine Veränderung nicht eintrete, „da er sich bereits in dem Genusse des für Militäranwärter festgesetzten Minimal-Diätensatzes" befinde. Die Annahme des Berufungsrichters, daß dem Kläger hiermit noch keine etatsmäßige oder lebenslängliche Anstellung zuteil geworden sei, ist nicht zu beanstanden. Hiermit steht auch der Inhalt des in anerkannter Abschrift zu den Akten überreichten (in den Mitteilungen aus der Verwaltung der direkten Steuern Nr. 30 S. 32 teilweise abgedruckten) Ministerialerlasses vom 1. Mai 1894 völlig im Einklang. Danach gehörte der Kläger, welcher in eine der für die Verwaltung der direkten Steuern bestehenden 120 etatsmäßigen Steuersekretärstellen niemals eingerückt ist, nur zur Kategorie der diätarisch beschäftigten „Steuersupernumerare", welche nach Nr. 3 jenes Erlasses vom 1. Mai 1894 wiederum in zwei Unterabteilungen, nämlich in die der „Civilanwärter" und die der „Militäranwärter", zerfällt. An dieser Stellung des Klägers wurde auch dadurch nichts geändert, daß ihm die Ablegung der nach Nr. 1 der Ministerialverfügung vom 19. Juni 1894 (vgl. Mitteilungen aus der Verwaltung der direkten Steuern Nr. 30 S. 35) als Vorbedingung zur etatsmäßigen Anstellung vorgeschriebenen, aber einen Anspruch auf Anstellung noch nicht gewährenden Prüfung erlassen worden ist.

Die für das Verfahren bei der Entlassung von Supernumeraren überhaupt geltenden Vorschriften mußten somit, in Ermangelung eines besonderen, abweichende Bestimmungen enthaltenden Dienstvertrages, auch auf den Kläger, als auf einen in der Stellung eines Supernumerars befindlichen Militäranwärter, Anwendung finden." . . .

56. Können die Medizinalbeamten in Städten mit Königlicher Polizeiverwaltung Vergütung für ihre im ortspolizeilichen Interesse ausgeübte Thätigkeit verlangen?

Gesetz vom 9. März 1872 § 1.
Gesetz vom 20. April 1892 §§ 1. 2. 8.

IV. Civilsenat. Urt. v. 5. Januar 1899 i. S. des preuß. Fiskus (Bekl.) w. P. (Kl.). Rep. IV. 216/98.

I. Landgericht Potsdam.
II. Kammergericht Berlin.

Der Kläger ist Kreisphysikus in Potsdam, wo schon vor dem Inkrafttreten des Gesetzes vom 20. April 1892, betr. die Kosten Königlicher Polizeiverwaltungen in Stadtgemeinden, d. i. vor dem 1. April 1893, die örtliche Polizeiverwaltung von einer Königlichen Behörde geführt wurde. Am 13. November 1893 fand zur Ausführung der Verordnung vom 4. Januar 1875, betr. den Verkehr mit Arzneimitteln, eine Revision der Droguen- und Farbenwarenhandlung von F. in Potsdam durch den Kläger im sanitätspolizeilichen Interesse statt. Hierfür liquidierte der Kläger auf Grund des Abs. 3 des § 1 des Gesetzes vom 9. März 1872, betr. die den Medizinalbeamten für die Besorgung gerichtsärztlicher, medizinal- oder sanitätspolizeilicher Geschäfte zu gewährenden Vergütungen, gegen die Königliche Polizeiverwaltung eine Vergütung von 6 ℳ, erhielt aber nur 1,50 ℳ Fuhrkostenentschädigung gezahlt. Er klagte nunmehr 4,50 ℳ Gebühren gegen den preußischen Fiskus ein.

Der erste Richter hat den Beklagten nach dem Klagantrage verurteilt, und das Berufungsgericht die Berufung des Beklagten zurückgewiesen. Die gegen das letztere Urteil von dem Beklagten eingelegte Revision ist gleichfalls zurückgewiesen.

Gründe:

„Auf Grund Allerhöchster Ermächtigung vom 28. November 1870 wurde dem Hause der Abgeordneten in der 1. Session der XI. Legislaturperiode 1870/71 der Entwurf eines Gesetzes, betr. die den Medizinalbeamten für die Besorgung gerichtsärztlicher, medizinal- oder sanitätspolizeilicher Geschäfte zu gewährenden Vergütungen, vorgelegt, dessen § 1 lautete:

„Die Medizinalbeamten erhalten für medizinal- oder sanitätspolizeiliche Verrichtungen, welche sie im allgemeinen staatlichen Interesse an ihrem Wohnorte oder innerhalb einer Viertelmeile von demselben zu vollziehen haben, keine Vergütung aus der Staatskasse.

Ist die Verrichtung durch ein Privatinteresse veranlaßt, so haben sie einen Anspruch gegen die Interessenten auf eine Gebühr bis zu 3 Thaler für den Tag.

Das gleiche gilt gegenüber den Gemeinden, wenn die Thätigkeit der Medizinalbeamten für solche ortspolizeilichen Interessen in Anspruch genommen wird, deren Befriedigung den Gemeinden gesetzlich obliegt."

Anlagen zu den stenographischen Berichten über die Verhandlungen des Hauses der Abgeordneten während der 1. Session der XI. Legislaturperiode S. 35.

Die Motive zu dem Entwurfe führten aus:

„Der vorliegende Gesetzentwurf hält im § 1 Alin. 1 den Grundsatz der Allerhöchsten Kabinettsorder vom 14. April 1832 fest, wonach die Medizinalbeamten die ihnen als Organen der Medizinal- und Sanitäts-Polizei obliegenden Leistungen an ihrem Wohnorte unentgeltlich zu verrichten haben. Für diese Leistungen werden sie als durch ihr Gehalt aus der Staatskasse bezahlt erachtet. Dies kann jedoch füglich nur bei denjenigen Geschäften für zutreffend erachtet werden, welche sie im allgemeinen staatlichen Interesse zu verrichten haben. Wo ihre Thätigkeit im Interesse von Privatpersonen oder für solche ortspolizeiliche Interessen, für welche die Gemeinden oder selbständigen Gutsbezirke gesetzlich zu sorgen haben, in Anspruch genommen wird, ist kein Grund vorhanden, ihnen einen Gebührenanspruch gegen die beteiligte Privatperson zu versagen. Aus diesem Grunde sind die Alin. 2 und 3 hinzugefügt."

Ebenda S. 37.

Von der Kommission des Abgeordnetenhauses wurde beschlossen:

Zu Abs. 1: den Medizinalbeamten eine Entschädigung von 15 Sgr. für Fuhrkosten bei jeder einzelnen Amtsverrichtung aus der Staatskasse zu gewähren;

Zu Abs. 2: ihnen einen Anspruch gegen die Beteiligten auf Fuhrkosten und eine Gebühr bis zu 5 Thlr. zuzubilligen;

Zu Abs. 3: die Gemeinden, in deren Interesse von Medizinalbeamten medizinal- oder sanitätspolizeiliche Verrichtungen vorgenommen würden, nicht ohne weiteres zur Zahlung zu verpflichten und daher hinter „Gemeinden“ einzuschalten: „in welchen eine Königliche Polizei nicht besteht“, und hinter „wenn“ einzufügen: „von der Ortspolizeibehörde“.

Ebenda S. 228. 229. 233.

In der Sitzung des Abgeordnetenhauses vom 9. Februar 1871, in welcher der Gesetzentwurf beraten wurde, äußerte der Abgeordnete Dr. Kosch in Befürwortung der Kommissionsbeschlüsse:

„Was die Städte betrifft, so haben allerdings die Städte, in denen keine Königliche Polizei ist, dann die Kosten zu tragen, wenn von ihnen selbst der Auftrag an den Medizinalbeamten ergeht, eine Untersuchung in dieser oder jener Beziehung vorzunehmen; aber die Städte oder Gemeinden ohne weiteres zu belasten, in der Weise, daß sie den Medizinalbeamten auch dann entschädigen sollen, wenn der Auftrag nicht von ihrer Ortspolizeibehörde, sondern von der Königlichen Staatspolizeibehörde ausgegangen ist, das wäre eine Belastung der Städte, die meiner Ansicht nach ganz ungerechtfertigt ist.“

Stenographische Berichte über die Verhandlungen der durch die Allerhöchste Verordnung vom 4. Dezember 1870 einberufenen beiden Häuser des Landtages, Haus der Abgeordneten S. 555.

Dagegen erklärte der Regierungskommissar de la Croix:

„In Bezug auf das Alin. 3 § 1 wollte ich mir nur erlauben hervorzuheben, daß zwischen denjenigen Städten, in welchen eine Königliche Polizeiverwaltung besteht, und denen, wo eine solche nicht besteht, ein gesetzlicher Unterschied nur insofern existiert, als der Staat im ersteren Falle die Besoldungen der von ihnen angestellten Beamten zu zahlen hat. Das ist der einzige Unterschied. Nun handelt es sich in diesem Paragraphen nur um die Befriedigung solcher Interessen, für welche die Gemeinden gesetzlich zu haften haben. Wenn nun für diejenigen Städte, in welchen eine Königliche Polizeiverwaltung besteht, keine Vorsorge getroffen worden ist, wie diese Thätigkeit der Medizinalbeamten remuneriert werden soll, dann entsteht in Behandlung der Angelegenheit ein Unterschied zwischen den Städten, wo eine (Königliche) Polizeiverwaltung besteht, und wo nicht, wofür aber ein gesetzlicher Grund nicht ersichtlich ist.“

Ebenda S. 557.

Bei der Abstimmung wurde der § 1 der Kommissionsvorlage angenommen.

Ebenda S. 561.

Im Herrenhause stellte der Referent Beyer den Antrag, dem ganzen § 1, wie er aus den Beschlüssen des Abgeordnetenhauses hervorgegangen, die Zustimmung zu erteilen, indem er u. a. ausführte:

„Das Gesetz geht von dem Grundsatze aus, daß der Medizinalbeamte, wo er im unmittelbaren Interesse des Staates handelt, dies unentgeltlich thun müsse. Hat nun der Staat in einer Stadt die Polizeiverwaltung seinerseits übernommen, dann, meine ich, ist auch das ortspolizeiliche Interesse ein staatliches geworden, und der Staat kann den Medizinalbeamten gegenüber nun auch den Grundsatz geltend machen, daß der Beamte unentgeltlich zu fungieren habe."

Stenographische Berichte über die Verhandlungen der durch Allerhöchste Verordnung vom 4. Dezember 1870 einberufenen beiden Häuser des Landtages, Herrenhaus S. 156.

Ferner wies das Herrenhausmitglied Graf v. Krassow darauf hin, daß es eine große Anzahl ländlicher Gemeinden gebe, die nicht unter Königlicher Polizeiverwaltung stünden und auch nicht selbst die Polizeiverwaltung hätten, sondern wo ein Gutsherr oder eine Korporation die Polizei verwalte; in solchen Fällen würde bei Annahme des Gesetzes in der Fassung des Abgeordnetenhauses den Gemeinden die Verpflichtung auferlegt, die Medizinalbeamten zu salarieren, während die Polizeiobrigkeit sie requiriert habe. Andererseits würden in Gemeinden mit Königlicher Polizeiverwaltung die Medizinalbeamten für die gleichen Funktionen nicht entschädigt. Darin liege eine Ungerechtigkeit, sowohl gegen die Gemeinden als auch gegen die Medizinalbeamten.

Ebenda S. 157.

Das Herrenhaus nahm indes den § 1 in der ihm vom Abgeordnetenhause gegebenen Fassung an,

ebenda S. 158,

lehnte jedoch schließlich das ganze Gesetz ab.

Ebenda S. 161.

Darauf brachte die Regierung in der 2. Session der XI. Legislaturperiode 1871/72 einen neuen Gesetzentwurf ein, welcher zunächst im Herrenhause vorgelegt wurde, und dessen § 1 mit dem Gesetze vom 9. März 1872 wörtlich übereinstimmte und also lautete:

„Die Medizinalbeamten erhalten für medizinal- oder sanitätspolizeiliche Verrichtungen, welche sie im allgemeinen staatlichen Interesse an ihrem Wohnorte oder innerhalb einer Viertelmeile von demselben zu vollziehen haben, außer ihrer etatsmäßigen Besoldung keine andere Vergütung aus der Staatskasse, als eine Entschädigung von 15 Sgr. für Fuhrkosten bei jeder einzelnen Amtsverrichtung.

Ist die Verrichtung durch ein Privatinteresse veranlaßt, so haben sie von den Beteiligten, außer den etwaigen Fuhrkosten, eine Gebühr bis zu 5 Thlr. für den Tag zu beanspruchen, wobei sie berechtigt sind, die Zeit in Ansatz zu bringen, welche auf das zu erstattende Gutachten notwendig verwendet werden mußte.

Das gleiche gilt gegenüber den Gemeinden, wenn die Thätigkeit der Medizinalbeamten für solche ortspolizeilichen Interessen in Anspruch genommen wird, deren Befriedigung den Gemeinden gesetzlich obliegt."

Die Motive wiederholen zunächst dasjenige, was in der Begründung des früheren Entwurfes gesagt worden war, und fahren dann fort:

„Die Anwendbarkeit des Alin. 3 hatte das Abgeordnetenhaus bei der letzten Beratung des Gegenstandes auf solche Gemeinden einzuschränken beschlossen, in welchen eine Königliche Polizei nicht besteht. Gegen diese Abänderung sind bei der Beratung im Herrenhause Bedenken geäußert, welche die Staatsregierung für begründet erachtet. Die Kosten der örtlichen Polizeiverwaltung sind nach § 3 des Gesetzes vom 11. März 1850 von den Gemeinden zu tragen. Hieraus folgt, daß die Medizinalbeamten, denen die Besorgung lokalpolizeilicher Geschäfte von Amts wegen nicht obliegt, für die Besorgung solcher Geschäfte, wenn sie ihnen aufgetragen werden, von den Gemeinden zu remunerieren sind. So hat auch das Obertribunal mittels Urteils vom 11. November 1856 (Ministerialblatt für die innere Verwaltung 1857 S. 58) hinsichtlich der Untersuchung prostituierter Dirnen erkannt, obwohl es sich um eine Stadt handelte, in welcher Königliche Polizeiverwaltung bestand. Die Beschränkung des Alin. 3 auf Gemeinden, in welchen Königliche Polizeiverwaltung nicht besteht, würde an dem geltenden Rechte, wie es in jenem Urteile festgestellt ist, nichts ändern, wohl aber eine Lücke in dem vorgeschlagenen Gesetze lassen und Anlaß zu Zweifeln bei der Handhabung desselben geben. Da es nun überdies an einem inneren Grunde für eine Unterscheidung, je nachdem in der Gemeinde eine Königliche Polizeiverwaltung besteht, oder nicht, gänzlich fehlt, so ist in der gegenwärtigen Vorlage das Alin. 3 in der Fassung der früheren Regierungsvorlage beibehalten worden."

Stenographische Berichte über die Verhandlungen der durch die Allerhöchste Verordnung vom 16. November 1871 einberufenen beiden Häuser des Landtages, Herrenhaus Bd. 2 S. 278.

Der Bericht der Kommission des Herrenhauses, erläutert durch den Berichterstatter v. Le Coq in der Sitzung vom 30. Januar 1872, führt aus:

Das Herrenhaus habe bei der früheren Beratung angenommen, daß durch die von dem Abgeordnetenhause eingeschalteten Worte „in welchen eine Königliche Polizei nicht besteht" die Verpflichtung zur Zahlung von Gebühren an Medizinalbeamte auch solchen Gemeinden habe auferlegt werden sollen, in welchen die Polizeiverwaltung von Privatpersonen oder Korporationen geübt werde. Hiergegen sei im Hause Widerspruch erhoben worden, und die geltend gemachten Bedenken seien das Motiv zu der damaligen Ablehnung des ganzen Gesetzes gewesen. Durch die jetzige Fassung sei das Bedenken beseitigt.

Ebenda Bd. 2 S. 333, Bd. 1 S. 29.

Der Gesetzentwurf wurde sowohl vom Herrenhause als auch vom Abgeordnetenhause — mit einer hier nicht interessierenden Abänderung — angenommen.

Ebenda Bd. 1 S. 31. 171.

Bei Berücksichtigung dieser Entstehungsgeschichte ist dem Abs. 1 des § 1 des Gesetzes vom 9. März 1872 folgende Auslegung zu geben: die Medizinalbeamten können für medizinal- oder sanitätspolizeiliche Verrichtungen, welche sie im unmittelbaren Interesse des Staates an ihrem Wohnorte oder innerhalb einer Viertelmeile von demselben zu vollziehen haben, keine andere Vergütung von dem Staate beanspruchen, als ihre etatsmäßige Besoldung und eine Entschädigung von 1,50 ℳ für Fuhrkosten bei jeder einzelnen Amtsverrichtung.

Die Ersetzung des in dem Gesetze gebrauchten Wortes „allgemeines" durch den Ausdruck „unmittelbares" wird dadurch gerechtfertigt, daß im § 1 das Interesse des Staates demjenigen der Privatpersonen (Abs. 2) und der Gemeinden (Abs. 3) gegenübergestellt wird. Denn an den durch das Interesse von Privatpersonen oder Gemeinden veranlaßten Verrichtungen der Medizinalbeamten kann der Staat zwar ein mittelbares, nicht aber — im Gegensatze zum allgemeinen — ein besonderes Interesse haben. Im Gegensatze zu diesem mittelbaren Interesse muß daher im Abs. 1 an ein unmittelbares gedacht sein. So hat auch der Berichterstatter Beyer bei der Verhandlung im Herrenhause den Gesetzentwurf verstanden, ohne daß dagegen Widerspruch erhoben wäre.

Der Abs. 3 des § 1 des Gesetzes stimmt mit den beiden Gesetzentwürfen aus den Jahren 1870/71 und 1871/72 wörtlich überein. Bei der Beratung des ersten Entwurfes waren gegen die Fassung deshalb Bedenken geäußert, weil sie zu der Annahme führen könne, die Gemeinden sollten auch in solchen Fällen zur Entschädigung der Medizinalbeamten verpflichtet sein, in welchen ihnen diese Verpflichtung nach der bisherigen Gesetzgebung nicht obgelegen habe. Deshalb wurde vom Abgeordnetenhause beschlossen, hinter „Gemeinden" die Worte einzuschalten: „in welchen eine Königliche Polizei nicht besteht", und hinter „wenn" einzufügen: „von der Ortspolizeibehörde". Diese Abänderung wiederum wurde im Herrenhause von dem Grafen v. Krassow bekämpft, einmal weil sie nicht weit genug gehe, und sodann weil dadurch in Städten mit Königlicher Polizeiverwaltung den Medizinalbeamten ungerechterweise die Entschädigung entzogen werde. Diese Ausführungen, welche die Ablehnung des ganzen Gesetzentwurfes zur Folge hatten, veranlaßten die Regierung, dem neuen Gesetzentwurfe abermals die frühere Fassung zu geben. Zur Begründung der Vorlage wurde von der Regierung — dem Sinne nach — geltend gemacht, daß nach § 3 des Gesetzes vom 11. März 1850 die Kosten der örtlichen Polizeiverwaltung — abgesehen von den Gehältern der von dem Staate im Falle der Anwendung des § 2 dieses Gesetzes angestellten besonderen Beamten — von den Gemeinden auch dann zu tragen seien, wenn die Polizei von einer Königlichen Behörde oder von einer Privatperson verwaltet werde, und daß den Medizinalbeamten die Besorgung ortspolizeilicher Geschäfte von Amts wegen nicht obliege, sodaß sie auch bei bestehender Königlicher Polizeiverwaltung für derartige Geschäfte von den Gemeinden entschädigt werden müßten.

Hiernach können die Medizinalbeamten für medizinal- oder sanitätspolizeiliche Verrichtungen, welche von ihnen im Interesse der Ortspolizei verlangt werden, und welche sie an ihrem Wohnorte oder innerhalb einer Viertelmeile von demselben zu vollziehen haben, außer den etwaigen Fuhrkosten eine Gebühr bis zu 15 ℳ für den Tag von den Gemeinden dann beanspruchen, wenn diese die Kosten der örtlichen Polizeiverwaltung gesetzlich zu tragen haben.

Durch das Gesetz vom 20. April 1892 hat nun aber in denjenigen Stadtgemeinden, in welchen die örtliche Polizeiverwaltung von einer Königlichen Behörde geführt wird, der Staat alle durch diese Verwaltung entstehenden Ausgaben übernommen. Diese Kostenpflicht des Staates ist in den Städten, in welchen — wie in Potsdam — die Königliche Polizeiverwaltung schon vor dem 1. April 1893 bestand, mit diesem Zeitpunkte eingetreten. Seither können daher die Medizinalbeamten in Potsdam einen Anspruch gegen die Stadtgemeinde aus § 1 Abs. 3 des Gesetzes vom 9. März 1872 nicht mehr erheben.

Aber aus der Entstehungsgeschichte dieses Gesetzes ergiebt sich unzweideutig, daß die darin normierte Vergütung den Medizinalbeamten für ihre im ortspolizeilichen Interesse ausgeführte medizinal- oder sanitätspolizeiliche Thätigkeit auch dann hat gewährt werden sollen, wenn die Ortspolizei von einer Königlichen Behörde verwaltet würde. Zu der Vergütung verpflichtet war in diesem Falle nach logischer Konstruktion der Staat, da von ihm die Thätigkeit des Beamten in Anspruch genommen wurde. Daß das Gesetz dem Beamten ein unmittelbares Forderungsrecht gegen die Gemeinde verliehen hat, beruht lediglich auf der Erwägung, daß die Gemeinde schließlich die Ausgabe zu tragen habe, und es deshalb zweckmäßig sei, ein rechtliches Band zwischen ihr und dem Beamten herzustellen.

Infolge des Gesetzes vom 20. April 1892 ist dieses rechtliche Band gelöst. Aber es ist der Anspruch des Beamten gegen den eigentlichen Verpflichteten, den Staat, nunmehr wirksam geworden. Denn der Staat hat ausdrücklich die unmittelbaren Kosten der örtlichen Polizeiverwaltung, zu denen auch die Vergütung der Medizinalbeamten für ortspolizeiliche Geschäfte gehört, zur eigenen Berichtigung übernommen und dadurch den Medizinalbeamten die Möglichkeit gewährt, die aus dem Gesetze vom 9. März 1872 fließenden Rechte gegen ihn geltend zu machen. Auch hat sich die Natur der von diesen

Beamten im ortspolizeilichen Interesse vorgenommenen Verrichtungen nicht verändert. Die Ortspolizei wird von der Königlichen Behörde nach wie vor im unmittelbaren Interesse der Gemeinde verwaltet. Die Verrichtungen der Medizinalbeamten erfolgen daher ebenfalls nicht im unmittelbaren Interesse des Staates, sodaß ihre unentgeltliche Leistung auf Grund des Abs. 1 des § 1 des Gesetzes vom 9. März 1872 nicht gefordert werden kann.

Aus diesen Erwägungen folgt, daß der vom Kläger erhobene Anspruch begründet ist." . . .

---

57. 1. Tritt bei fideikommissarischer Substitution auch nach eingetretenem Substitutionsfalle, wenn der fideikommissarische Erbe der Erbschaft entsagt, in Ermangelung entgegenstehender Bestimmung des Testators die gesetzliche Erbfolge nach diesem ein, oder verbleibt der Nachlaß dem Fiduziarerben oder dessen Erben?

A.L.R. I. 12 §§ 4. 53. 254. 472. 480.

2. Steht die Bestimmung in § 56 Ziff. 4 K.O. der Geltendmachung des Anspruches des Legatars in dem Konkursverfahren über das Vermögen des vorbehaltlosen Erben entgegen?

IV. Civilsenat. Urt. v. 9. Januar 1899 i. S. der Nachlaßkonkursmasse der Wwe. Sch. (Bekl.) w. B. (Kl.). Rep. IV. 222/98.

I. Landgericht Görlitz.
II. Oberlandesgericht Breslau.

Über den Nachlaß der am 23. August 1895 verstorbenen Witwe Sch. in G. ist durch Beschluß des dortigen Amtsgerichts vom 9. Juli 1897 der Konkurs eröffnet worden, und hat Kläger dazu die beiden jetzt behufs ihrer Feststellung geltend gemachten Forderungen angemeldet, nämlich 1. 15000 *M* nebst 5 Prozent Zinsen vom 23. August 1895 bis zum 9. Juli 1897 mit 1408,33 *M*; 2. 8100 *M* nebst 5 Prozent Zinsen vom 1. Juli 1896 bis zum 9. Juli 1897 mit 415,12 *M*; zusammen 24923,45 *M*. Dem erhobenen Anspruche liegt folgender Sachverhalt zu Grunde.

Der bereits im Jahre 1876 verstorbene Ehemann der Witwe

Sch. hat testamentarisch zu Erben seine Ehefrau, sowie seine Enkelkinder Geschwister M. und St. berufen, und zwar unter Einräumung des Nießbrauchs und der Verfügungsgewalt über den Nachlaß an die Ehefrau. In dem Testamente sind auch verschiedene Legate ausgesetzt, darunter zwei für den Vater des Klägers, den Prokuristen B. Die hier in Betracht kommenden Bestimmungen lauten:

„§ 8. Im Falle des Verkaufs oder der Liquidation der Handlung" — der Testator war alleiniger Inhaber der Handlung in Firma G. & Sch. — „erhalten die Herren S. und B. ein jeder 10 000 Thlr. Dieselbe Summe erhalten sie, wenn die Handlung bei Lebzeiten meiner Ehegattin nicht verkauft sein und demnach erbgangsweise auf die Geschwister M. und St. übergehen sollte, unmittelbar nach dem Tode meiner Ehegattin.

§ 12. Ich setze ferner Vermächtnisse aus für folgende Personen, welche zur Zeit meines Todes in meiner Handlung G. & Sch. angestellt sein und in derselben wenigstens fünf Jahre gedient haben werden. a) Jeder meiner Comptoiristen . . . soll für jedes Jahr, welches er in der Handlung G. & Sch. gedient haben wird, die Lehrlingszeit in derselben mit eingerechnet, Einhundert Thaler erhalten."

In einem Nachzettel vom 18. März 1876 hat der Testator die Bestimmung in § 12 dahin abgeändert, daß, wenn die Erben, bezw. die Liquidatoren des Geschäfts die Auszahlung der Legate, mit Rücksicht auf die Lage des Geschäfts, für bedenklich hielten, die Legate sechs Monate nach seinem Tode mit 5 Prozent verzinst werden sollten.

Die Witwe des Testators hat die Erbschaft aus dem Testamente ohne Vorbehalt angetreten. Sie hat sich mit dem Vermächtnisnehmer B. bezüglich des Legates aus § 12 des Testamentes dahin geeinigt, daß das Vermächtnis auf 8100 ℳ festzustellen und seit dem Ausscheiden des B. aus der Firma mit 5 Prozent zu verzinsen sei. Dementsprechend ist auch die Zinszahlung bis zum 1. Juli 1896 erfolgt. In den Geschäftsbüchern ist die Firma mit den beiden Legaten des B. belastet. Nach dessen Tode ist bei der Teilung seines Nachlasses die Hälfte beider Vermächtnisse dem Kläger übereignet, später durch Überweisung an Zahlungsstatt im Wege der Zwangsvollstreckung auch die andere Hälfte des Legates der 8100 ℳ.

Nach dem Tode der Witwe Sch. haben die Geschwister M. und St. der Erbschaft nach Sch. entsagt, und diese Entsagung ist im Prozeßwege rechtskräftig für zulässig erklärt worden, indem der Auffassung der Entsagenden, daß sie zu Nacherben berufen gewesen seien, beigetreten wurde.

Die Beklagte hält die Geltendmachung der auf einer Freigebigkeit des Erblassers Sch. beruhenden Forderungen als Konkursforderungen gegenüber dem § 56 Ziff. 4 K.O. überhaupt für ausgeschlossen, ist aber auch der Meinung, einmal daß der Testator seiner Witwe die Zahlung der Legate nicht zur Pflicht gemacht, vielmehr ausdrücklich erlassen habe, und sodann daß jedenfalls betreffs des Legates der 30 000 *M* die Voraussetzungen, unter welchen dasselbe zu zahlen sei, nicht eingetroffen seien. Auch würde es dem ausgesprochenen Willen des Testators, daß sein Geschäft durch Auszahlung der Legate nicht geschwächt werden, also vor allen Dingen die Geschäftsschulden berichtigt werden sollten, widersprechen, so führt die Beklagte weiter aus, wenn die Vermächtnisse zur gleichberechtigten Teilnahme an der Konkursmasse zugelassen würden.

Das Landgericht hat jedoch, dem Klagantrage entsprechend, die zum Konkurse angemeldeten Forderungen des Klägers in voller Höhe, mit 24 923,45 *M*, festgestellt. Die Berufung der Beklagten ist zurückgewiesen.

Auch die Revision hat keinen Erfolg gehabt, aus folgenden

Gründen:

„Bei der Entscheidung des Rechtsstreites ist davon auszugehen, daß die verwitwete Sch., als Fiduziarerbin ihres Ehemannes, verpflichtet war, den ererbten und damit zu Eigentum erworbenen Nachlaß,

vgl. Urt. des preuß. Obertribunals vom 27. Oktober 1838, Präj. Nr. 578, Präj.-Sammlung I S. 75, und des Reichsgerichtes vom 22. Januar 1887, Entsch. des R.G.'s in Civils. Bd. 17 S. 228,

den fideikommissarischen Erben, Geschwistern M. und St., bei Eintritt des Substitutionsfalles herauszugeben, und daß diese Restitutionspflicht nach dem Tode der Witwe Sch. auch auf deren Nachlaß als eine Schuld desselben lastete, ungeachtet das Eigentum an dem von dem Ehemann Sch. herrührenden Nachlasse selbst mit dem Tode der Witwe Sch., infolge des damit eingetretenen Substitutionsfalles, von Rechts wegen auf die fideikommissarischen Erben überging.

Vgl. Urt. des preuß. Obertribunals vom 10. November 1876, Striethorst, Archiv Bd. 99 S. 90, und des Reichsgerichts vom 17. März 1886, Entsch. des R.G.'s in Civils. Bd. 16 S. 40; Dernburg, Lehrbuch des Preuß. Privatrechts Bd. 3 § 159; Förster-Eccius, Preuß. Privatrecht 7. Aufl. Bd. 4 § 275 bei Anm. 47.

Die so geschaffene Rechtslage erlitt aber eine wesentliche Veränderung durch die rechtswirksam erfolgte Erbentsagung der fideikommissarischen Erben Geschwister M. und St. Einesteils erlosch damit die nur den fideikommissarischen Erben gegenüber bestehende Restitutionspflicht; andererseits ergab sich aus der Erbentsagung, die ihrer rechtlichen Natur nach auf den Zeitpunkt des Erbanfalls zurückwirkt, sodaß die Erbschaft als nicht erworben gilt,

vgl. § 406 A.L.R. I. 9; Dernburg, a. a. O. Bd. 3 § 220 unter 3,

der Fortfall der fideikommissarischen Substitution überhaupt und der darin enthaltenen Beschränkung des fiduziarischen Erbrechtes der Witwe Sch., mit der notwendigen Rechtsfolge, daß das nunmehr uneingeschränkte Eigentum an dem Nachlasse des Ehemannes Sch. in den Nachlaß der Witwe Sch. zurückfiel, um mit demselben einen ungetrennten Vermögensinbegriff zu bilden.

Vgl. Dernburg, a. a. O. Bd. 3 § 159 bei und in Anm. 4.

Dies ist auch der Standpunkt des Berufungsgerichts, welcher zwar nicht näher dargelegt, aber doch in der Erwägung zum Ausdruck gekommen ist, daß, da „das Legat der 30 000 ℳ stehen geblieben, es den Sch.'schen Nachlaß belaste, somit die infolge der Erbentsagung und des Gläubigerandringens jetzt zum Konkurs gezogene Masse". Dagegen vertritt die Revision, unter Berufung auf Gruchot, Preuß. Erbrecht Bd. 2 S. 100—102, die Auffassung, daß infolge der rechtzeitigen Entsagung der Erbschaft seitens der fideikommissarischen Erben die Intestaterbfolge eröffnet sei. Müßte dieser Auffassung beigetreten werden, so wäre auch die weitere, im Anschluß daran gemachte Ausführung der Revision nur folgerichtig, daß gemäß § 8 des Testamentes, da der Verkauf oder die Liquidation der Handlung bei Lebzeiten der Witwe Sch. nicht erfolgt ist, diese, als Fiduziarerbin, ungeachtet ihres vorbehaltlosen Erbschaftsantrittes, wenigstens mit dem Legate der 30 000 ℳ niemals belastet gewesen, somit dafür auch ihr Nachlaß nicht verhaftet ist. Indes die Ansicht von Gruchot, die vereinzelt geblieben, und zu deren Rechtfertigung auch von der Revision nichts angeführt ist, wird der rechtlichen Natur des fiduziarischen Erbrechtes, als wirklichen Erbrechtes, nicht ausreichend gerecht. „Der Fiduziar (Vorerbe)“ — so führt Gruchot aus — „ist unter einer auflösenden Bedingung oder bis zu einem bestimmten Zeitpunkte, der Fideikommissar (Nacherbe) unter einer aufschiebenden Bedingung oder von einem bestimmten Zeitpunkte ab zur Erbschaft gerufen. Hierdurch bestimmt sich das Verhältnis, worin ihre beiderseitigen Erbrechte zu einander stehen. Der Fiduziar hat von Anfang an ein der Zeitdauer nach beschränktes Erbrecht. Tritt der sein Recht auflösende Moment ein, so hat er nach dem Willen des Erblassers aufgehört, Erbe zu sein, gleichviel ob der berufene Nacherbe an seine Stelle tritt, oder nicht. Gelangt die fideikommissarische Substitution in Ansehung des Nacherben nicht zur Wirksamkeit, so kann dadurch das erloschene Recht des Vorerben nicht wieder aufleben. Es ist vielmehr das Testament, soweit die Substitution reicht, destitut geworden, und ebendamit die Intestaterbfolge eröffnet.“ Die Ansicht Gruchot's beruht auf dem Fehlschlusse, daß nach dem Willen des Testators der Fiduziar aufhöre, Erbe zu sein, gleichviel ob der berufene Nacherbe an seine Stelle trete, oder nicht. Sofern nicht ein dahingehender Wille des Testators in erkennbarer Weise in der letztwilligen Verfügung zum Ausdrucke gekommen ist, entbehrt die denselben unterstellende Annahme der Berechtigung. Der Fiduziar wie der Fideikommissar sind, wie oben hervorgehoben ist, und wie von Gruchot auch anerkannt wird (a. a. O. Bd. 1 S. 395 flg., Bd. 2 S. 82), wirkliche Erben, nur in der Zeitfolge getrennt. Durch die Berufung eines fiduziarischen und eines fideikommissarischen Erben bringt daher der Testator zum unzweideutigen Ausdruck, daß diesen beiden der Inbegriff seines Nachlasses, in der aus der Substitution sich ergebenden gegenseitigen Beschränkung, zufallen (§ 4 A.L.R. I. 12), die gesetzlichen Erben also ausgeschlossen sein sollen (§ 254 a. a. O.). Dem entspricht auch die Begriffsbestimmung in § 53 a. a. O., wonach eine fideikommissarische Substitution vorhanden ist, wenn dem zuerst eingesetzten Erben die Pflicht auferlegt worden, die Erbschaft in den bestimmten Fällen oder unter den angegebenen Bedingungen einem

Anderen zu überliefern. Daraus folgt ohne weiteres, bei dem Willen des Testators, seinen Nachlaß dem Fiduziar und dem Fideikommissar zuzuwenden, daß der Nachlaß dem ersteren verbleibt, wenn die Pflicht zur Überlieferung des Nachlasses an „den Anderen", den Fideikommissar, entfällt. Die fideikommissarische Substitution hat daher nicht die Bedeutung einer zeitlichen Begrenzung des fiduziarischen Erbrechtes in dem Sinne, daß es mit dem für den Eintritt der Substitution bestimmten Zeitpunkt schlechthin erlischt, sondern sie stellt sich dar als eine Belastung des fiduziarischen Erbrechtes, mit deren Fortfall letzteres selbst zu einem uneingeschränkten, gewöhnlichen Erbrechte wird. Diese Auffassung findet eine Unterstützung in der Bezeichnung des Fiduziars als „Haupterben" in § 472 a. a. O. und des Fideikommissars als „nachgesetzten Erben" in § 480 a. a. O., und zutreffend weist der Revisionsbeklagte auf die gleiche Sach- und Rechtslage bei der Erbeseinsetzung unter einer auflösenden Bedingung hin, falls die Bedingung ausfällt, und somit das Erbrecht des bedingt eingesetzten Erben zu einem unbedingten wird (§§ 489 flg. a. a. O). Auch Förster-Eccius — a. a. O. § 275 bei Anm. 51 — ist der Meinung, daß, wenn der Nacherbe entsagt oder beim Eintritte des Substitutionsfalles nicht erbfähig ist, die Erbschaft beim Fiduziar, dem Vorerben, bleibt und nicht an den durch das Testament ausgeschlossenen Intestaterben des Erblassers fällt; ebenso Dernburg, a. a. O. § 159 bei und in Anm. 4, Koch, Erbrecht S. 1062, und Wienstein in Gruchot's Beiträgen Bd. 8 S. 307 unter 3. Bemerkt mag noch werden, daß das Bürgerliche Gesetzbuch für das Deutsche Reich die Frage in gleichem Sinne entschieden hat durch die Bestimmung in § 2142 Abs. 2:

„Schlägt der Nacherbe die Erbschaft aus, so verbleibt sie dem Vorerben, soweit nicht der Erblasser ein anderes bestimmt hat".

Die Bestimmung befand sich, wenn auch in veränderter Fassung, bereits in dem Kommissionsentwurfe erster Lesung als § 1832 und ist in den Motiven zu diesem Entwurfe — Bd. 5 S. 120 und 121 — wie folgt begründet:

„Hat . . . der Erblasser das Recht des Vorerben unter Einsetzung eines Nacherben beschränkt, so können Zweifel entstehen, ob, falls der letztere wegfällt, das Recht des Vorerben . . . zu Gunsten der gesetzlichen Erben des Erblassers hat beschränkt werden sollen, oder ob der Wille des Erblassers dahin auszulegen ist, daß die Beschränkung nur zu Gunsten des eingesetzten Nacherben eintreten solle. Der § 1832 stellt eine Dispositivregel auf . . ., daß der Wille des Erblassers in dem letzteren Sinne auszulegen ist, in Übereinstimmung mit dem gemeinen Rechte, dem bayr. L.R. III. 9 § 6 Nr. 15 und dem preuß. A.L.R. nach der Ansicht der meisten Rechtslehrer."

Der vorliegende Fall hat nun allerdings die Besonderheit, daß die Erbentsagung der fideikommissarischen Erben erst nach dem Tode der Fiduziarerbin, also nach eingetretenem Substitutionsfalle, erfolgt ist. Indes wenn, wie bereits oben hervorgehoben, die rechtsgültige Erbentsagung auf den Zeitpunkt des Erbanfalls zurückwirkt, und letzterer daher rechtlich als nicht geschehen gilt, so muß folgerichtig auch das fiduziarische Erbrecht der Witwe Sch., infolge der Wirkungslosigkeit des Substitutionsfalles, als von der ihm bis dahin anhaftenden Belastung und Einschränkung aus der Substitution frei geworden angesehen werden. Daraus ergiebt sich die weitere oben gezogene Folge, daß mit der Erbentsagung der fideikommissarischen Erben auch der auf sie von Rechts wegen zunächst übergegangene Nachlaß des Ehemannes Sch. in den Nachlaß der Fiduziarerbin Witwe Sch. wieder zurückgefallen ist. Mit dem Nachlasse des Ehemannes Sch. sind aber auch die Nachlaßschulden, einschließlich der auf dem Nachlasse haftenden Vermächtnisansprüche, in den Nachlaß der Witwe Sch. zurückgefallen, welcher dafür in voller Höhe und ohne Beschränkung auf die aus dem Nachlasse des Ehemannes Sch. herrührenden Vermögenswerte haftet, da die Witwe Sch., wie unbestritten ist, seiner Zeit die Erbschaft nach ihrem Ehemanne ohne Vorbehalt angetreten hat und somit gemäß §§ 418 und 419 A.L.R. I. 9 für alle daran zu machenden Forderungen, auch den Vermächtnisnehmern gegenüber,

vgl. Urt. des preuß. Obertribunals vom 8. August 1842 — Präj. Nr. 1170, Präj.-Sammlung I S. 33 — und vom 26. April 1850 — Entsch. desselben Bd. 19 S. 124 —,

als persönliche Schuldnerin haftete. Daß die Witwe Sch., worauf die Revision Gewicht legt, die Erbschaft als Fiduziarerbin angetreten hat und als solche zur Auszahlung des Legates der 30 000 ℳ nur für den nicht eingetretenen Fall des Verkaufes oder der Liquidation der ererbten Handlung G. & Sch. verpflichtet war, kann nicht weiter in Betracht kommen, nachdem das Erbrecht der Witwe Sch. infolge des Wegfalles der dasselbe belastenden fideikommissarischen Substitution zu einem uneingeschränkten geworden ist. Wenn die Revision hier noch geltend macht, daß zwar rechtsgrundsätzlich der Erbe ohne Vorbehalt auch den Legataren ohne Rücksicht auf die Sufficienz des Nachlasses hafte, daß aber diesen immer die Nachlaßgläubiger vorgehen, und Kläger deshalb nur den Anspruch erheben könne, für seine Forderung Befriedigung zu erhalten, sofern die Konkursmasse nicht durch die Tilgung der Nachlaßschulden erschöpft werde, so wird dabei übersehen, daß die Witwe Sch. — und jetzt deren Nachlaß — infolge des Antrittes der Erbschaft nach ihrem Ehemanne für die von letzterem ausgesetzten Legate als persönliche Schuldnerin haftete, und daß daher die Gläubiger *ihres* Nachlasses, um welchen es sich gegenwärtig allein handelt, keine vorzugsweise Befriedigung vor dem Kläger verlangen können. Nur wenn die Befriedigung der Gläubiger des Nachlasses des Ehemannes Sch. aus *diesem* Nachlasse in Frage stände, wobei übrigens das Absonderungsrecht aus § 43 K.O. Platz greifen könnte, müßte Kläger mit seinen Vermächtnisansprüchen gemäß §§ 334 flg. A.L.R. I. 12 zurückstehen.

Nach alledem sind, die Rechtsbeständigkeit der von dem Kläger als Rechtsnachfolger seines Vaters aus dem Testamente des Ehemannes Sch. geltend gemachten Vermächtnisansprüche vorausgesetzt, diese Ansprüche auch Schulden des Nachlasses der Witwe Sch. Die Beklagte verkennt dies auch an sich nicht; sie bestreitet aber in erster Reihe, daß die Forderungen überhaupt zur Existenz gelangt seien, und beruft sich in zweiter Reihe darauf, daß die Forderungen, als auf einer Freigebigkeit beruhend, gemäß § 56 Ziff. 4 K.O. in dem Nachlaßkonkursverfahren nicht geltend gemacht werden könnten.

Die Annahme der Beklagten, daß die geltend gemachten Forderungen des Klägers überhaupt nicht zur Existenz gelangt seien, eine Annahme, auf welche die Revision nur mit den oben erörterten, auf die Stellung der Witwe Sch. als Fiduziarerbin gegründeten Ausführungen zurückgekommen ist, hat das Berufungsgericht aus überall zutreffenden Gründen verworfen, und danach mit Recht die Rechtsbeständigkeit und Fälligkeit der Klageforderungen angenommen. Es kann sich daher nur noch fragen, ob der § 56 Ziff. 4 K.O. dem

Klaganspruche entgegensteht. Nach dieser Gesetzesvorschrift „können im Konkursverfahren nicht geltend gemacht werden: 4. Forderungen aus einer Freigebigkeit des Gemeinschuldners unter Lebenden oder von Todes wegen". Die Revision vertritt die Auffassung, daß diese Gesetzesbestimmung nach ihrer ratio auch auf den — hier vorliegenden — Fall analoge Anwendung finden müsse, in dem der Gemeinschuldner aus einer Freigebigkeit des Erblassers hafte.

Der Auffassung der Revision läßt sich nicht beitreten. Der aus dem Wortsinne der Bestimmung des § 56 Ziff. 4 K.O. sich ergebende Inhalt derselben entspricht auch ihrem Grund und Zweck, der darauf gerichtet ist, ebenso wie die Vorschriften über die Anfechtbarkeit unentgeltlicher Verfügungen in § 25 K.O., zu verhindern, daß die Gläubiger des Gemeinschuldners aus sog. lästigen Forderungen nicht durch Ansprüche beeinträchtigt werden, die lediglich auf einer Freigebigkeit des Gemeinschuldners beruhen. Auch die Materialien zur Konkursordnung berechtigen zu keiner abweichenden Auslegung. „Das allgemein gültige Prinzip:" — so heißt es in der Begründung zu dem demnächst unverändert angenommenen § 56 des Entwurfes — „in re obscura melius est favere repetitioni quam adventicio lucro (l. 41 § 1 Dig. de R. J. 50, 17), verbietet es, irgend eine Forderung aus reiner Freigebigkeit, sei diese von Todes wegen, oder unter Lebenden erfolgt, mit den sog. lästigen Forderungen auf gleiche Linie zu stellen" (Hahn, Materialien zu den Reichs-Justizgesetzen Bd. 4 S. 252). Ebenso sind Dernburg, a. a. O. Bd. 3 § 145 bei und in Bem. 13, von Sarwey-Bossert, Konkursordnung 3. Aufl. zu § 56 Bem. 5, von Wilmowski, Konkursordnung 5. Aufl. zu § 56 Anm. 3, der Meinung, daß der § 56 Ziff. 4 K.O. der Teilnahme des Legatars an dem Konkurse über das Vermögen des vorbehaltlosen Erben nicht entgegensteht. Gegen die widersprechende Ansicht von v. Völderndorff, Konkursordnung 2. Aufl. zu § 56 Ziff. 4 Bd. 1 S. 653 letzter Abs.: daß das Wort „Gemeinschuldner" eine extensive Interpretation auf jene Fälle erleiden müsse, in denen die Freigebigkeit zwar nicht eine Liberalität des Gemeinschuldners selbst sei, wohl aber von ihm, z. B. als vorbehaltlosem Erben den Vermächtnisnehmern gegenüber, vertreten werden müsse, führt Dernburg a. a. O. zutreffend aus: „Die Frage ist nach allgemeinen Grundsätzen zu lösen. Diese sprechen entschieden dagegen, den Gläubigern des Erben ein Vorzugsrecht vor den Legataren seines Erblassers zu gewähren, was geschehen würde, wenn die letzteren vom Konkurse des Erben ausgeschlossen würden. Die Gläubiger des Erben haben, wie dieser, nur Rechte auf den Überschuß des Nachlasses über die Erbschaftsschulden und Legate. Ihre Lage kann sich unmöglich dadurch verbessern, daß ihr Schuldner, der Erbe, die Errichtung des Inventars versäumt." Im übrigen weisen die Vorderrichter mit Recht darauf hin, daß es sich im vorliegenden Falle gar nicht um eine freigebige Verfügung des Gemeinschuldners, als welcher doch nur die Witwe Sch. angesehen werden kann, sondern um eine solche des Erblassers derselben handelt, zu deren Erfüllung die Gemeinschuldnerin infolge des vorbehaltlosen Antrittes der Erbschaft gesetzlich verpflichtet ist. Somit steht auch der § 56 Ziff. 4 K.O. dem geltend gemachten Anspruche des Klägers nicht entgegen." . . .

58. Was ist unter dem Teile der Anlage zu verstehen, von dessen Ausführung an die dreijährige Verjährungsfrist des § 31 des Enteignungsgesetzes vom 11. Juni 1874 zu laufen beginnt?

V. Civilsenat. Urt. v. 11. Januar 1899 i. S. D. (Kl.) w. preuß. Eisenbahnfiskus (Bekl.). Rep. V. 237/98.

I. Landgericht Königsberg.
II. Oberlandesgericht daselbst.

Das der Klägerin gehörende Rittergut B. wurde von der 1889 dem Verkehr eröffneten Eisenbahn Königsberg-Labiau durchschnitten. In den Jahren 1895 und 1896 hatte der Eisenbahnfiskus an noch anderen als den in dem Enteignungsverfahren vorgesehenen Stellen auf der Bahn Schneeschutzzäune angelegt, durch die infolge der Schneeanhäufungen längs derselben das klägerische Restgrundstück nach den Klagebehauptungen in seinem Werte gemindert war. Die Klägerin erhob Anspruch auf Zahlung einer Nachtragsentschädigung von 2421,04 ℳ, wurde aber in beiden vorderen Instanzen abgewiesen. Ihre Revision ist zurückgewiesen aus folgenden

Gründen:

„Soweit der erhobene Entschädigungsanspruch auf solche nachteilige Folgen der Enteignung gegründet ist, welche erst nach dem Termine zur Feststellung der Entschädigung für das klägerische Restgrundstück hervorgetreten sind, muß mit dem Berufungsgerichte angenommen werden, daß dessen Geltendmachung durch Verjährung ausgeschlossen ist. Denn nach § 31 des preußischen Enteignungsgesetzes vom 11. Juni 1874 sind alle persönlichen Ansprüche gegen einen Unternehmer wegen nachteiliger Folgen der Enteignung mit dem Ablaufe von drei Jahren nach der Ausführung der Anlage ausgeschlossen, gleichgültig wann dieselben entstanden oder erkennbar geworden sind. Daß im Sinne dieser Vorschrift unter der Anlage, von deren Ausführung die Verjährungsfrist zu laufen beginnt, bei Eisenbahnunternehmungen die Bahnanlage als eine zur allgemeinen Benutzung dienende öffentliche Straße, und nicht einzelne zu deren Betriebe von der Eisenbahnverwaltung auf der Bahnanlage für erforderlich gehaltene Anlagen zu verstehen sind, und daß die Bahn, bezw. der das Grundstück des Entschädigungsberechtigten einschließende Teil derselben mit der Eröffnung des Verkehrs auf ihr für ausgeführt anzusehen ist, ergeben Wortlaut und Entstehungsgeschichte des Enteignungsgesetzes.

Das Gesetz unterscheidet an verschiedenen Stellen zwischen der Anlage und den ihr dienenden Anlagen. Diese Unterscheidung tritt besonders in dem vom Enteignungsrechte bei der Anlage von Eisenbahnen handelnden § 23 hervor, der sich in der Gegenüberstellung der Anlage der Bahn und der zu deren Ausführung und Betrieb erforderlichen Anlagen an den § 8 des preußischen Gesetzes über die Eisenbahn-Unternehmungen vom 3. November 1838 anschließt. Indem nun das Enteignungsgesetz, wie im § 23, so auch im § 31 von der Anlage in der Einzahl spricht, wird in Bezug auf Eisenbahnunternehmungen zum Ausdrucke gebracht, daß unter der Anlage im § 31 dasselbe zu verstehen ist, wie unter der Anlage im § 23, die Bahnanlage, und nicht auch die sonstigen Anlagen, welche nach der Vollendung der Bahn von der Bahnverwaltung ausgeführt worden sind, wie die hier in Rede stehenden Schneeschutzzäune. Als spätester Zeitpunkt der Ausführung der Bahnanlage ist nach dem § 23 Ziff. 3 des Enteignungsgesetzes und dem § 22 des Gesetzes über die Eisenbahn-Unternehmungen die Betriebseröffnung anzusehen, von der ab also jedenfalls die dreijährige

Verjährungsfrist für die nachträglichen Entschädigungsansprüche zu laufen beginnt. Zu diesem Auslegungsergebnisse führen auch die Vorarbeiten des Enteignungsgesetzes. In dasselbe ist der § 31 zu dem Zwecke eingefügt worden, um noch ausnahmsweise dem Grundeigentümer die Liquidation eines nach der Festsetzung der Enteignungsentschädigung hervorgetretenen Schadens binnen drei Jahren zu ermöglichen. Der Fristenlauf sollte nach der Regierungsvorlage mit der Besitzeinweisung, nach den Beschlüssen des Abgeordnetenhauses mit der Enteignungserklärung, einem vor der Ausführung der Anlage liegenden Termine, beginnen. An die Stelle der Enteignungserklärung ist mit Rücksicht auf die oft mehrjährige Dauer größerer Anlagen vom Herrenhause nach Ablehnung von Anträgen, welche die Frist mit der Vollendung der ganzen Anlage oder mit der Erkennbarkeit der nachteiligen Folgen beginnen lassen wollten, die Ausführung des Teiles der Anlage gesetzt worden, welcher die Benachteiligung herbeigeführt hat. Demgemäß können Teile der Gesamtanlage, die nach der Betriebseröffnung einer Bahn im Interesse des Verkehrs notwendig geworden sind, mögen sie auch Bestandteile der Gesamtanlage sein, niemals den Teil der Anlage bilden, von dessen Ausführung der § 31 den Lauf der Verjährungsfrist beginnen läßt. Der gegen diese Ausführungen des Berufungsgerichtes gerichtete Revisionsangriff ist mithin nicht begründet. Übrigens hat der angeführte § 31 in den vom Berufungsgericht angezogenen früheren Entscheidungen des Reichsgerichts die gleiche Auslegung, wie hier, gefunden. Wenn die Revision gegen diese Auslegung geltend macht, daß nach ihr der Anspruch der Klägerin auf nachträgliche Entschädigung für den durch die Schneeschutzzäune veranlaßten Schaden bereits verjährt gewesen wäre, bevor der Schade entstanden war, und daß der Unternehmer in der Lage wäre, alle Nachforderungen ablehnen zu dürfen, wenn er nur die Ausführung schadenbringender Einzelheiten seiner Gesamtanlage um mehr als drei Jahre nach der Betriebseröffnung zurückstellte, so ist dabei übersehen, daß sich der § 31 nur auf Schäden bezieht, welche die Folge der Enteignung und durch diese verursacht, wenn auch erst später hervorgetreten sind, was die Klägerin in Bezug auf den ihr zugefügten Schaden behauptet, und daß ferner die Entschädigungsansprüche, die nicht aus der Enteignung eines Grundstückes, sondern aus der Verwaltung der Bahnanlage erwachsen sind, der Verjährungsfrist des

§ 31 nicht unterliegen. Entschädigungsansprüche aus solchen Anlagen werden mithin durch diese Vorschrift weder ausgeschlossen, noch ungünstigeren als den allgemeinen Verjährungsbedingungen unterstellt."...

---

59. Sind die in Nr. 2 Abs. 3 des Tarifes zum preuß. Stempelsteuergesetze vom 31. Juli 1895 erwähnten Anträge auf Umschreibung von Namensaktien im Aktienbuche als bloße Formalakte steuerpflichtig?

II. Civilsenat. Urt. v. 13. Januar 1899 i. S. preuß. Steuerfiskus (Bekl.) w. R. Erben (Kl.). Rep. II. 316/98.

I. Landgericht Köln.
II. Oberlandesgericht daselbst.

Gründe:

„Die Zulässigkeit der Revision ergiebt sich, obgleich der Wert des Beschwerdegegenstandes nur 3,50 *M* beträgt, aus § 509 Abs. 2 C.P.O. und § 39 Abs. 1 Ziff. 4 des preußischen Ausführungsgesetzes zum Gerichtsverfassungsgesetze.

Die Revision konnte jedoch nicht für begründet erachtet werden.

1. Dieselbe macht, wie auch in den Vorinstanzen, geltend, daß der Antrag auf Umschreibung der in Rede stehenden Namensaktien nach Abs. 3 der Nr. 2 des Stempeltarifes des Gesetzes vom 31. Juli 1895 schon als Formalakt steuerpflichtig sei, ohne daß das Rechtsgeschäft, auf welchem der Antrag beruhe, der Erörterung zu unterziehen sei. Jedenfalls müsse das in einem Falle wie dem vorliegenden gelten, wo eine Urkunde über die Abtretung gar nicht vorgelegt werde. Diese Auffassung muß, mit dem Oberlandesgerichte, für unzutreffend erachtet werden. Aus den Bestimmungen des Gesetzes selbst ergiebt sich ihre Unhaltbarkeit. Wenn in demselben die Anträge auf Umschreibung von Namensaktien für stempelpflichtig erklärt werden, „falls nicht eine mit dem tarifmäßigen Stempel versehene Abtretungsurkunde errichtet ist", so folgt doch hieraus, daß bezüglich dieser Urkunde das Materielle des Geschäftes untersucht, also geprüft werden soll, ob eine wirkliche Abtretung erfolgt, und diese bereits mit dem tarifmäßigen Stempel versehen sei. Daß die Prüfung, ob es sich um „eine Ab-

tretung von Rechten" im Sinne der Tarifnummer 2 handle, in dem Falle zu unterlassen sei, wenn eine Abtretungsurkunde nicht vorgelegt wird, kann aus dem Gesetze nicht gefolgert werden. Es heißt in demselben nicht: „falls nicht eine . . . Abtretungsurkunde vorgelegt wird", sondern: „falls nicht eine . . . Abtretungsurkunde errichtet ist". Die Bestimmung des Ausnahmefalles will nur Fürsorge treffen, daß nicht durch die Vorschrift des Abs. 3 eine Doppelbesteuerung eintrete, indem von der Besteuerung der bloßen Anträge auf Umschreibung dann abgesehen werden soll, wenn für das in Rede stehende Abtretungsgeschäft schon der vorgeschriebene Stempel verwendet ist. Diese Zusatzbestimmung würde keinen Sinn haben, wenn bei den Anträgen auf Umschreibung das zu Grunde liegende Rechtsgeschäft gar nicht in Betracht zu ziehen wäre.

Mit Recht weist auch das Oberlandesgericht auf den Widerspruch hin, der sich bei der Auffassung des Fiskus mit den Bestimmungen des Gesetzes über Erbteilungsverträge ergeben würde. Wenn mehrere Miterben einen Erbteilungsvertrag schließen, so ist bei einer erbschaftssteuerfreien Erbschaft, um welche es sich, wie der Beklagte anerkennt, im vorliegenden Falle handelt, nach Nr. 20 des Tarifes für den Vertrag im ganzen nur eine Steuer von 1,50 ℳ zu entrichten. Enthält ein solcher Erbteilungsvertrag auch die Zuteilung von zum Nachlasse gehörigen Namensaktien an einzelne Miterben, so kann weder für diese Zuteilung, noch für die Umschreibung der Aktien im Aktienbuche ein besonderer Stempelbetrag verlangt werden, wie im letzten Absatze des § 10 des Gesetzes ausdrücklich bestimmt ist. Wäre der Antrag auf Umschreibung der Aktien als ein bloßer Formalakt anzusehen, der schon als solcher zu besteuern wäre, so müßte konsequent diese Steuer auch dann von dem Antrage auf Umschreibung erhoben werden, wenn die Zuteilung der Aktien bereits in dem Erbteilungsvertrage stattgefunden hätte. Das würde aber mit dem vorerwähnten § 10 des Gesetzes in Widerspruch stehen. Daß es nach dem Inhalte des Gesetzes nicht gerechtfertigt ist, in dem Antrage auf Umschreibung der Aktien jedenfalls dann einen stempelpflichtigen Formalakt zu finden, wenn der Erbteilungsvertrag nicht vorgelegt wird, ist bereits oben dargethan. Sind die rechtlichen Voraussetzungen, welche dem Antrage auf Umschreibung zu Grunde liegen, im übrigen festgestellt, so ist zu untersuchen, ob nach diesen ein steuerpflichtiges Rechtsgeschäft, eine

Abtretung von Rechten, vorliegt. Die Motive zu Nr. 2 des Tarifes sprechen klar aus, daß die Bestimmungen des Abs. 3, sowohl was die Besteuerung der schriftlichen Benachrichtigungen an den Verpflichteten über die erfolgte Abtretung eines Rechtes, als was die Besteuerung von Anträgen auf Umschreibung von Namensaktien betrifft, nur den Zweck verfolgen, „einen von den Steuerpflichtigen oft eingeschlagenen Weg zur Umgehung des Cessionsstempels zu verlegen". Danach soll also mit dem Wertstempel der Nr. 2 stets nur das wirkliche Zessionsgeschäft getroffen werden, und die Bestimmungen des Abs. 3 sind nur Hilfsmittel, um dieses Ziel zu erreichen. Auch hieraus ergiebt sich, daß dabei an einen Formalakt im Sinne der Aufstellung des Fiskus nicht gedacht sein kann. Der Grund der Besteuerung bleibt auch in diesen Fällen immer nur die Abtretung des Rechtes, und wenn im einzelnen Falle auch ohne Vorlegung einer Urkunde über das in Rede stehende Rechtsgeschäft klargestellt wird, daß es sich nicht um die Abtretung von Rechten handelt, so ist der Fiskus nicht berechtigt, die Steuer zu erheben. Durch die Erklärungen der Parteien steht nun aber fest, daß die in Rede stehenden Namensaktien der C. zum Nachlasse des Erblassers der Kläger gehören und von den letzteren im Wege der Erbteilung einzelnen Miterben zugeteilt sind, und daß auf Grund dieses Rechtsgeschäftes die Umschreibung der Aktien im Aktienbuche beantragt worden ist. Es kann sich demnach nur fragen, ob das bezeichnete Rechtsgeschäft eine Abtretung von Rechten seitens der übrigen Miterben an diejenigen, welchen die Aktien zugeteilt sind, enthält.

2. Diese Frage ist aber, mit dem Oberlandesgericht, zu verneinen.

Durch eine Erbteilung werden nach rheinischem Rechte bezüglich der einzelnen Miterben zugeteilten Nachlaßobjekte nicht die Anteile der übrigen Miterben auf jene übertragen, sondern die Erbschaftsteilung ist lediglich deklaratorischer Natur. Eine Übertragung von Anteilen einzelner Miterben an bestimmten Gegenständen auf andere Miterben kann nicht stattfinden, weil vor der Erbteilung noch kein Miterbe einen Anteil an bestimmten einzelnen Nachlaßobjekten besitzt. Der einzelne Miterbe hat vor der Teilung nur seinen verhältnismäßigen Teil an der ganzen Erbschaft, sein anteilsmäßiges Erbrecht, worüber er auch durch Veräußerung desselben verfügen kann. Aber er hat kein anteilsmäßiges Eigentumsrecht an den einzelnen zum Nachlasse gehörigen Vermögensgegenständen. Erst durch die Teilung erhält er ein Recht an den einzelnen Gegenständen. Deshalb kann auch bei zum Nachlasse gehörigen Aktien in der Zuweisung derselben an einzelne Miterben nicht eine Übertragung der Anteile der übrigen Miterben an diesen Aktien gefunden werden. Die Revision beruft sich, um die gegenteilige Auffassung zu begründen, mit Unrecht auf die Ausführungen bei Laurent über die in Rede stehende Materie. Derselbe sagt im Gegenteil bezüglich des Erbteilungsvertrages Bd. 10 Nr. 394: „Ainsi l'héritier n'acquiert rien de son copartageant, et il ne lui transmet rien".

Im vorliegenden Falle ist nun ein vollständiger Erbteilungsvertrag seitens der Kläger nicht vorgelegt worden, obgleich sie behaupten, daß ein solcher abgeschlossen sei. Es kann also nur die durch die Erklärung der Parteien feststehende Zuteilung der zum Nachlaß gehörigen C.-Aktien in Betracht gezogen werden. Aber in Bezug auf diese ergiebt sich dasselbe rechtliche Resultat. Die Zuteilung stellt sich als eine teilweise Erbschaftsauseinandersetzung dar. Die Erben in ihrer Gesamtheit sind berechtigt, auch über einzelne Nachlaßobjekte zu verfügen und eine Teilung unter sich über solche zu vollziehen. Aber auch für diese teilweise Teilung gilt der oben ausgesprochene Satz, daß der Miterbe an den einzelnen zum Nachlasse gehörigen Vermögensgegenständen noch kein anteilsmäßiges Recht besaß, daher auch ein solches auf andere Miterben nicht übertragen konnte. Diese Grundsätze sind für das rheinische Recht um so zweifelloser, als der Art. 883 B.G.B. ausdrücklich bestimmt, daß nach erfolgter Erbschaftsteilung jeder Miterbe so angesehen werde, als habe er alle in seinem Lose begriffenen Gegenstände allein und unmittelbar geerbt und an den übrigen Erbschaftssachen niemals Eigentum gehabt. Bemerkt sei hierbei noch, daß es sich nicht etwa um Erbschafts**forderungen** handelt, bei welchen allerdings die Ausnahmebestimmung des Art. 1220 B.G.B. zu berücksichtigen wäre, wonach sie von Rechts wegen als unter den Erben geteilt gelten.

Vgl. hierüber Entsch. des R.G.'s in Civils. Bd. 37 S. 363.

Das Oberlandesgericht hat demnach mit Recht angenommen, daß eine Abtretung von Rechten nicht vorliege, und die Kläger zur Zahlung des in Rede stehenden Stempelbetrages nicht verpflichtet seien." ...

---

60. Zwangsversteigerung eines Grundstückes, das mit einer Grundgerechtigkeit und mit der Verpflichtung, deren Anlagen zu unterhalten, belastet ist. Einfluß des Umstandes, daß eine Geldvergütung für Wiederherstellung der zerstörten Anlagen ins geringste Gebot aufgenommen worden war.

V. Civilsenat. Urt. v. 21. Januar 1899 i. S. Fr. (Bekl.) w. v. Sch. (Kl.). Rep. IV. 252/98.

I. Landgericht Breslau.
II. Oberlandesgericht daselbst.

Durch Zuschlagsurteil vom 4. März 1891 erwarb der Beklagte das Rittergut L. in der Zwangsversteigerung und übernahm dabei die seit dem Jahr 1801 auf demselben zu Gunsten des Rittergutes A. haftende Grundgerechtigkeit, einen bestimmten Wasserlauf auf L.'er Grunde zu unterhalten, ohne Anrechnung auf den Kaufpreis. Schon in den 1870er Jahren waren von den damaligen Besitzern von L. Veränderungen an den Wasserwerken vorgenommen worden, die Überschwemmungen im Gute A. zur Folge gehabt hatten. Der Kläger, als Besitzer von A., hatte in der Subhastation von L. als Kosten der Wiederherstellung der Wasserwerke und als Schadensersatzanspruch eine Summe von 20000 ℳ zur Aufnahme ins geringste Gebot angemeldet, die auch ins geringste Gebot aufgenommen worden war. Gegen ihre Berücksichtigung bei der Verteilung des Erlöses erhob jedoch im Kaufgelderbelegungstermin der Beklagte, als beteiligter Hypothekengläubiger, Widerspruch; infolgedessen wurde die Summe als Streitmasse abgelegt. Kläger erhob dann gegen den Beklagten Klage auf Anerkennung seines Anspruches, ließ diese Klage hernach aber fallen, und die Streitmasse wurde dann dem Beklagten ausgekehrt.

Nunmehr verlangte der Kläger vom Beklagten die Erstattung eines Überschwemmungsschadens, der im Sommer 1896 auf seinem Gute A. entstanden war. Verursacht war der Schade dadurch, daß immer noch nicht der ordnungsmäßige frühere Zustand der Wasserwerke auf dem Gute L. wiederhergestellt worden war. Der Beklagte wandte u. a. ein, daß der Kläger durch sein Verhalten in der Subhastation den Anspruch gegen den Besitzer des Gutes L. auf Wiederherstellung der Wasseranlagen verloren habe. Er wurde damit in beiden Instanzen enthört; das Reichsgericht hat indes das Berufungsurteil aufgehoben und die Sache in die Berufungsinstanz zurückverwiesen, aus folgenden

Gründen:

„Es handelt sich um Überschwemmungsschaden aus dem Sommer 1896, als der Beklagte schon längst, seit dem Zuschlagsurteil vom 4. März 1891, Eigentümer des Grundstückes war, von wo das Wasser kam. Verursacht wurde der Schade durch den ordnungswidrigen Zustand des Wasserlaufs, dessen Bestand und Unterhaltung Gegenstand einer dem Gute des Klägers gegen das Gut des Beklagten zustehenden Grundgerechtigkeit ist. Wenn auch dieser ordnungswidrige Zustand durch einen Vorbesitzer des Beklagten herbeigeführt worden war, so kann doch dem ersten und dem ihm darin beitretenden Berufungsrichter unbedenklich in der Ausführung zugestimmt werden, daß — zunächst abgesehen von den Einreden des Beklagten — sowohl nach dem die Grundgerechtigkeit begründenden Vertrage vom 12. Januar 1801 und der Eintragung im Grundbuch, als nach den gesetzlichen Bestimmungen in §§ 35. 37 A.L.R. I. 22 die Verpflichtung zur Wiederherstellung der nicht etwa durch Zufall oder höhere Gewalt zerstörten Anlagen in der Unterhaltungspflicht einbegriffen ist, dem Beklagten als eingetragenem Eigentümer des dienenden Grundstückes, dinglich, obliegt, und sich für ihn täglich erneuerte, daß demnach die Versäumung dieser Pflicht sein Verschulden ist. Dies wird auch von der Revision nicht in Zweifel gezogen. Der Beklagte haftet also, wenn er nicht, sei es durch die Subhastation 1891, oder durch den Vergleich vom 17. Oktober 1896, von der Wiederherstellungspflicht frei geworden sein sollte, wie er behauptet."

(Es wird sodann ausgeführt, daß der Berufungsrichter die Frage des Vergleiches nicht genügend geprüft habe.)

„Es hat ... auch der Ausführung nicht beigetreten werden können, mit welcher der Subhastation des dienenden Grundstückes ein Einfluß auf den Fortbestand des Wiederherstellungsanspruches gegen den Eigentümer dieses Grundstückes abgesprochen worden ist. Der Grund des Berufungsrichters: daß die im Jahr 1891 durchgeführte Subhastation keinen Einfluß auf den eingeklagten, aus dem Sommer 1896 stammenden Schadensanspruch üben könne, trifft nicht zu. Dieser Schade ist daraus entstanden, daß im Sommer 1896 immer noch nicht die

Reparatur an den Servitutanlagen stattgefunden hatte, die schon vor der Subhastation notwendig geworden war, und wenn nun das Grundstück ohne die Verpflichtung zur Vornahme dieser Reparatur auf den Ersteher übergegangen wäre, würde er nicht wegen deren Unterlassung haftbar gemacht werden können. Im übrigen hat der Berufungsrichter zu diesem Punkt auf die Entscheidungsgründe des ersten Richters Bezug genommen, welche dahin gehen:

Durch die Aufnahme einer Forderung in das geringste Gebot werde über deren Vorhandensein oder Rang nichts entschieden. Die mit einer Servitut verbundene Unterhaltungspflicht sei ein Bestandteil der Servitut, nicht etwa eine neben ihr bestehende Reallast; sie sei daher in der Subhastation ebenso zu behandeln wie die Servitut selbst, gehe also, wenn die Kaufbedingungen nichts Anderes bestimmten, mit der Servitut auf den Ersteher über. Eine Verpflichtung, solche Servitutleistungen gegen die Kaufgelder zu liquidieren, ordne das Zwangsversteigerungsgesetz vom 13. Juli 1883 nicht an. Daher sei, da das Zuschlagsurteil hieran nichts geändert habe, anzunehmen, daß die Servitut ungeteilt, mit der Wiederherstellungspflicht, auf den Ersteher, den Beklagten, übergegangen sei.

Gegen die hierin aufgestellten Rechtssätze lassen sich keine Bedenken erheben. Insbesondere kann der Revision nicht zugegeben werden, daß auch ohne eine Abänderung der gesetzlichen Kaufbedingungen etwaige Nebenansprüche aus einer Servitut, wie hier die Unterhaltungs- und Wiederherstellungsverpflichtung, sofern sie schon zur Zeit der Subhastation entstanden waren, nach Analogie des § 57 Abs. 1 des Gesetzes vom 13. Juli 1883 gegen die Kaufgelder liquidiert werden müßten. Dieses Gesetz erwähnt rückständige Leistungen aus einer Servitut überhaupt nicht; namentlich finden sich solche nicht aufgeführt unter den rückständigen Hebungen, die aus dem baren Kaufgelde zu befriedigen sind, und für eine analoge Anwendung der hierauf bezüglichen Vorschrift in § 57 Abs. 1 fehlt jeder Anhalt.

Indes darin gehen jene Gründe fehl, daß sie ohne weiteres annehmen, die mangels einer abweichenden Festsetzung der Subhastationsinteressenten maßgebenden gesetzlichen Kaufbedingungen seien auch im vorliegenden Falle maßgebend geblieben. Wenn dabei, wie es scheint, die Annahme leitend gewesen sein sollte, daß die Aufnahme eines Anspruchs in das geringste Gebot ohne jeden Einfluß auf die Frage zu bleiben habe, was als Gegenstand der Versteigerung und des Zuschlags anzusehen sei, so läge ein Rechtsirrtum vor.

Die Aufnahme ins geringste Gebot entscheidet allerdings nicht darüber, ob der aufgenommene Anspruch überhaupt als begründet anzuerkennen und demgemäß vom Ersteher zu übernehmen oder aus den Kaufgeldern zu befriedigen ist; diese Entscheidung wird erst bei der Kaufgelderbelegung getroffen. Erfolgt die Feststellung des geringsten Gebotes nach den, mangels einer anderweitigen Festsetzung der Beteiligten maßgebenden, Vorschriften der §§ 54—56, so kann für die Bieter durch die Aufnahme einer demnächst nicht anerkannten und ausfallenden Forderung ins geringste Gebot freilich insoweit, aber doch auch nur insoweit ein Nachteil entstehen, als dadurch das geringste Gebot überflüssigerweise erhöht worden ist. Diese Gefahr müssen sie nach dem Gesetz tragen, und dieselbe ist in den Fällen überhaupt ohne praktische Bedeutung, wo der Zuschlag für eine Summe erfolgt, die das geringste Gebot um mehr als den Betrag der ausgefallenen Forderung übersteigt — wie hier, wo das geringste Gebot 59 044,47 ℳ betragen haben, und der Zuschlag für 621 500 ℳ erfolgt sein soll.

Um eine solche Sachlage handelt es sich aber im vorliegenden Falle nicht, wo in Abweichung von den Vorschriften der §§ 54—56, also in offenbarer Abänderung der gesetzlichen Kaufbedingungen, für einen Naturalanspruch, der ohne eine Abänderung der gesetzlichen Kaufbedingungen mit der Servitut ohne Anrechnung auf den Kaufpreis von dem Ersteher übernommen werden müßte, ein Geldbetrag zur baren Befriedigung aus den Kaufgeldern ins geringste Gebot aufgenommen worden ist. Wenn hier der Ausfall des Geldbetrages bei den Kaufgeldern die Folge hätte, daß der Ersteher dann die Naturalverpflichtung übernehmen müßte, so würden die Bieter die doppelte Gefahr laufen, daß das geringste Gebot überflüssig erhöht sein könnte, und daß obendrein die Naturalverpflichtung auf den Ersteher überginge. Daß dies die notwendige Folge einer derartigen Abänderung der gesetzlichen Kaufbedingungen sei, läßt sich aus dem Gesetze nicht ableiten und folgt insbesondere nicht aus dem Grundsatz, daß das geringste Gebot noch nicht die Feststellung des aufgenommenen Anspruches enthält. Neben diesem Grundsatz besteht der andere, daß das geringste Gebot eine Kaufbedingung ist (§ 53), nämlich eine Versteigerungsbedingung, auf Grund deren die Bieter zur Abgabe ihrer Gebote aufgefordert werden und diese abgeben, die darum für den Inhalt der sich diesem Grunde entwickelnden Rechtsvorgänge, die mit dem Zuschlagsurteil abschließen, von Bedeutung ist. Die Frage nach den rechtlichen Folgen einer, wie hier, gestellten Bedingung, daß die Servitut ohne Anrechnung auf den Kaufpreis zu übernehmen sei, ins geringste Gebot jedoch als Kosten der Wiederherstellung der Servitutanlagen ein bestimmter Geldbetrag aufgenommen werde, kann nur nach der Absicht, in welcher diese Bedingung gestellt ist, beantwortet werden. Die Absicht kann dahin gegangen sein und wird in der Regel dahin gehen, daß die in Geld umgesetzte Wiederherstellungspflicht lediglich gegen die baren Kaufgelder liquidiert werden solle, und daß damit der Gläubiger die thatsächliche Wiederherstellung für diesmal selbst übernehme. Es kommt aber dabei auf die Verhandlungen bei Feststellung des geringsten Gebotes an, und diese mögen unter Umständen zu einer anderen Auffassung führen können. Je nachdem wird dann auch das Zuschlagsurteil, wenn es, wie hier, nicht eine ausdrückliche Bestimmung über die Wiederherstellungspflicht enthält, der einen oder der anderen Auslegung unterliegen.

Das Berufungsurteil, das diese Gesichtspunkte nicht beachtet hat, wird deshalb auch aus diesem Grunde mit Recht von der Revision angegriffen." . . .

---

61. Findet bei Versicherungsverträgen und Bestätigungen der Schlesischen Provinzial-Landfeuersocietät, bei welchen bewegliche Sachen im Versicherungswerte von mehr als 3000 ℳ den Gegenstand der Versicherung bilden, die Befreiungsvorschrift unter 2 zu Tarifnummer 70 des Stempelsteuergesetzes vom 31. Juli 1895 Anwendung?

IV. Civilsenat. Urt. v. 23. Januar 1899 i. S. Provinzial-Landfeuersocietäts-Direktion in Breslau (Kl.) w. preuß. Stempelfiskus (Bekl.). Rep. IV. 250/98.

I. Landgericht Breslau.
II. Oberlandesgericht daselbst.

Bei einer Revision der Akten der Provinzial-Landfeuersocietät in Breslau hat der Stempelfiskal als stempelpflichtig erklärt:

1. alle unter der Geltung des Stempelsteuergesetzes vom 31. Juli 1895 geschlossenen Versicherungsverträge der Societät über bewegliche Sachen, sofern die Versicherungssumme mehr als 3000 ℳ beträgt;

2. alle unter der Geltung desselben Gesetzes seitens der Societät erfolgten Bestätigungen von Versicherungsverträgen über bewegliche Sachen, welche ohne Genehmigung der Societät aus den Versicherungsräumen entfernt sind, sofern die Versicherungssumme mehr als 3000 ℳ beträgt.

Demgemäß sind von der Steuerbehörde

1. für 3 Versicherungsverträge 5,10 ℳ, und
2. für 2 Bestätigungen 60 ₰

Stempel nachgefordert. Die Societät beantragt:

festzustellen, daß sie (die Klägerin) nicht verpflichtet ist, die von ihr nach dem Stempelrevisionsprotokolle d. d. Breslau den 20. August 1897 erforderten Stempelbeträge von 5,70 ℳ zu zahlen.

Der erste Richter hat dem Antrage insoweit entsprochen, als es sich um den Stempel für die Bestätigungen handelt, im übrigen aber die Klage abgewiesen.

Auf beiderseitige Berufung hat das Berufungsgericht die Klage gänzlich abgewiesen.

Die gegen dieses Urteil von der Klägerin eingelegte Revision ist zurückgewiesen aus folgenden

Gründen:

„Der Anspruch der Klägerin stützt sich hinsichtlich des Stempels für die Bestätigungen darauf, daß durch dieselben ein Versicherungsvertrag überhaupt nicht abgeschlossen werde, und hinsichtlich des Stempels für die Versicherungsverträge auf die Befreiung unter 2 zu Tarif Nr. 70 des Stempelsteuergesetzes vom 31. Juli 1895.

1. Der § 14 der „Allgemeinen Bedingungen für die Versicherung beweglicher Gegenstände bei der Schlesischen Provinzial-Landfeuersocietät" (Amtsblatt der Königlichen Regierung zu Breslau für 1891 S. 354) bestimmt:

Abs. 1. „Die Versicherung erlischt während der Versicherungszeit, wenn ohne Genehmigung der Provinzial-Direktion versicherte

Gegenstände aus den Versicherungsräumen entfernt werden. Die Versicherung erlischt in diesem Falle nur hinsichtlich der betreffenden Gegenstände."

Abs. 3. „Durch spätere Genehmigung der Provinzial-Direktion tritt die erloschene Versicherung mit Rückwirkung wieder in Kraft."

Abs. 4. „Die Versicherung ruht, wenn die in § 6a vorgeschriebene Anzeige eines Eigentumswechsels binnen der dort angegebenen Frist unterlassen worden ist."

Die „Allgemeinen Bedingungen" bilden einen Bestandteil des Versicherungsvertrages, welcher nach § 3 derselben regelmäßig dadurch geschlossen wird, daß der Versicherungsnehmer einen mit Angabe der zu versichernden Gegenstände versehenen Antrag einreicht, und die Provinzial-Direktion die Versicherung, sowie deren Anfang und Dauer in das Lagerbuch einträgt und dem Versicherungsnehmer hierüber, sowie über die an die Versicherung geknüpften Bedingungen eine Benachrichtigung zugehen läßt. Das Berufungsgericht legt den § 14 der Allgemeinen Bedingungen, und also den Versicherungsvertrag, dahin aus, daß, wenn der Versicherte ohne Genehmigung der Provinzial-Direktion versicherte bewegliche Sachen aus den Versicherungsräumen entfernt und in andere Räume schafft, der Versicherungsvertrag hinsichtlich dieser Sachen mit allen seinen Wirkungen erlischt. Die Auslegung entspricht dem Wortlaute und dem daraus klar erhellenden Sinne der Allgemeinen Bedingungen. Wenn, wie die Revision hervorhebt, das Allgemeine Landrecht in den §§ 2157—2159 Tl. II Tit. 8 mit der Entfernung versicherter Gegenstände aus den Versicherungsräumen andere rechtliche Folgen verbindet, so ist dies gegenüber dem unzweideutigen Vertragssinne ohne Bedeutung. Der einmal erloschene Versicherungsvertrag kann aber nicht wieder aufleben. Dadurch also, daß der Versicherte die mit den versicherten Sachen vorgenommene räumliche Veränderung nachträglich anzeigt, und die Provinzial-Direktion diese genehmigt, wird ein neuer Versicherungsvertrag eingegangen, der nur das Besondere hat, daß er sich inhaltlich zum größten Teile mit dem alten Vertrage deckt, und daß seine Wirksamkeit bis auf den Zeitpunkt des Erlöschens dieses letzteren Vertrages zurückbezogen wird.

2. Versicherungsverträge gegen Feuersgefahr, bei welchen die versicherte Summe den Betrag von 3000 ℳ übersteigt, unterliegen

der Regel nach einer Stempelabgabe, und zwar nicht nur, wenn eine förmliche Vertragsurkunde errichtet wird, sondern auch dann, wenn die Einigung durch Briefwechsel oder Austausch sonstiger schriftlicher Mitteilungen erzielt wird, und nach der Verkehrssitte über das Geschäft ein förmlicher schriftlicher Vertrag errichtet zu werden pflegt, diese Errichtung indes nicht stattgefunden hat, und von den Beteiligten beabsichtigt ist, durch den Briefwechsel oder den Austausch der sonstigen schriftlichen Mitteilungen die Aufnahme eines solchen Vertrages zu ersetzen.

Tarifnummer 70c des Stempelsteuergesetzes vom 31. Juli 1895, § 1 Abs. 3 dieses Gesetzes.

Der letztere Fall liegt hier vor. Denn nach der unangefochtenen und bedenkenfreien Feststellung des Berufungsgerichtes pflegen nach der bestehenden Verkehrssitte über Versicherungsgeschäfte förmliche schriftliche Verträge errichtet zu werden, und wird im Geschäftsbetriebe der Klägerin beabsichtigt, durch den — in den §§ 3 und 14 der Allgemeinen Bedingungen vorgesehenen — Briefwechsel die Aufnahme eines solchen Vertrages zu ersetzen.

Von der Stempelabgabe sind indes befreit:

„Versicherungen bei den auf Gegenseitigkeit gegründeten und nicht die Erzielung von Gewinn bezweckenden Versicherungsanstalten, deren Versicherungsbeträge durch Umlage erhoben werden, und deren Geschäftsbetrieb über den Umfang einer Provinz nicht hinausgeht."

Unstreitig ist die Schlesische Provinzial-Landfeuersocietät eine Versicherungsanstalt, welche auf Gegenseitigkeit gegründet ist und die Erzielung von Gewinn nicht bezweckt. Ihre Versicherungsverträge sind daher nach der obigen Vorschrift stempelfrei, wenn 1. ihr Geschäftsbetrieb über den Umfang der Provinz Schlesien nicht hinausgeht, und 2. die Versicherungsbeträge durch Umlage erhoben werden. Darüber, daß die erste Voraussetzung vorhanden ist, sind die Parteien einig. Dagegen hat die zweite Voraussetzung die Veranlassung zum Rechtsstreite gegeben.

Eine „Erhebung durch Umlage" findet nach allgemeinem Sprachgebrauche dann statt, wenn entweder nach jedem einzelnen eingetretenen Unglücksfalle, oder in bestimmten Zeitpunkten nach Maßgabe der in dem Zeitabschnitte eingetretenen Unglücksfälle der zu ersetzende Schade unter die Versicherten verteilt und von ihnen nach einem bestimmten

Maßstabe erhoben wird. Diese Bedeutung muß dem Ausdrucke überall da beigelegt werden, wo nicht besondere Umstände ausnahmsweise einen anderen, weiteren Sinn rechtfertigen. Im weiteren Sinne kann der Ausdruck bedeuten: die Einziehung der Beiträge nach einem durch statistische Berechnung ermittelten Durchschnittssatze im voraus, bei nachheriger Ausgleichung durch Erlaß oder mittels eines Reservefonds. Diesen Sinn will die Klägerin der Befreiungsvorschrift untergelegt wissen. Dazu fehlt es jedoch an jedem Anhalte. Die Vorschrift ist auf den Antrag des Landtagsabgeordneten Engelbrecht in das Gesetz aufgenommen, und es ist daher für deren Auslegung von erheblichem Werte, welchen Sinn dieser Abgeordnete mit dem Ausdrucke verbunden hat. Nach seiner Begründung des Antrages ist damit bezweckt, die Versicherungen lokaler Verbände mit geringem Betriebe und primitiven Einrichtungen zu schützen. Dieser Zweck ist bei der Beratung des Antrages auch von anderen Abgeordneten betont worden, ohne daß sich eine widersprechende Anschauung geltend gemacht hätte.

Stenographische Berichte über die Verhandlungen des Hauses der Abgeordneten 1895 Bd. 3 S. 2351. 2359 flg.

Von dem Herrenhause ist der Antrag ohne Debatte angenommen worden. Die gesetzgeberischen Faktoren haben also ein Umlageverfahren der einfachsten Art im Auge gehabt und unter „Umlage" eine solche im „engeren" Wortsinne verstanden.

Im Geschäftsbetriebe der Schlesischen Provinzial-Landfeuersocietät werden aber die Versicherungsbeiträge durch Umlage in dem oben gekennzeichneten „weiteren" Sinne erhoben. Die Befreiungsvorschrift ist daher auf die Versicherungen dieser Versicherungsanstalt nicht anwendbar. Daraus folgt, daß sowohl deren ursprüngliche Versicherungsverträge, als auch die sog. Bestätigungen, bei welchen bewegliche Sachen im Versicherungswerte von mehr als 3000 ℳ den Gegenstand der Versicherung bilden, der Stempelsteuer unterworfen sind." . . .

---

62. Ist die Verantwortlichkeit des Unternehmers einer elektrischen Straßenbahn für Schaden, der durch den Übertritt des Starkstromes in den Schwachstromdraht einer Fernsprechanlage entsteht, nur von dem Bestehen einer Schutzpflicht nach § 12 des Gesetzes über das

Telegraphenwesen des Deutschen Reichs vom 6. April 1892 oder von der Nichteinhaltung einer Konzessionsbedingung abhängig? Kann konkurrierendes Verschulden des Unternehmers der Fernsprechanlage vorliegen, auch wenn diese der elektrischen Bahn gegenüber nicht schutzpflichtig im Sinne des § 12 des Telegraphengesetzes ist?

VI. Civilsenat. Urt. v. 26. Januar 1899 i. S. Allg. Lokal- u. Straßenbahn-Gesellsch. (Bekl.) w. Reichs-Post- u. Telegraphenverwaltung (Kl.). Rep. VI. 323/98.

I. Landgericht Dortmund.
II. Oberlandesgericht Hamm.

Die Beklagte führte im Jahre 1893 den elektrischen Betrieb ihres seit Jahren in D. geführten Straßenbahnunternehmens mit oberirdischer Zuführung des Stromes mittels Arbeitsleiters und Gleitrolle auf Grund der durch Verfügung des Regierungspräsidenten zu A. vom 17. Oktober 1893 erteilten Genehmigung ein. Unter den Genehmigungsbedingungen war insbesondere die Erfüllung der von der Klägerin im Interesse der Telegraphen- und Fernsprechanlage gestellten Bedingungen aufgeführt. Hiernach sollten an denjenigen Stellen, an denen die vorhandenen Telegraphen- und Fernsprechleitungen die blanke Leitung der Bahn oberirdisch kreuzten, über der letzteren auf Kosten der Beklagten stromlose Schutzdrähte oder sonstige stromfreie Schutzvorrichtungen angebracht werden, durch die eine Berührung der beiderseitigen stromführenden Drähte vermieden würde. Die Beklagte belegte den blanken Leitungsdraht (den Arbeitsleiter) an den Kreuzungsstellen mit Tonkinstäben, gespaltenen Bambusrohren. Bei der landespolizeilichen Abnahme der elektrischen Bahn am 28. Februar 1894 erklärte jedoch der Vertreter der Klägerin, daß die von der Beklagten angebrachten Schutzvorrichtungen den gestellten Anforderungen nicht entsprächen. Die landespolizeiliche Genehmigung zur Inbetriebsetzung wurde infolgedessen nicht erteilt, die Ortspolizeibehörde D. jedoch ermächtigt, den von ihr bereits genehmigten versuchsweisen Betrieb mit Vorbehalt jederzeitigen Widerrufes fortsetzen zu lassen. Dies geschah auch.

Am 17. Juli 1894 riß bei Umlegung von Drähten der Fernsprechleitung auf einen neuen Stützpunkt zwischen zwei Gestängen die

Anschlußleitung in der Bindung an dem einen Gestänge, und das nach dem Telegraphenamte führende Drahtende fiel nach unten auf eine mit einem Tonkin-Halbrohr geschützte Stelle des Leitungsdrahtes der Straßenbahn. Der Starkstrom trat in den Schwachstromdraht über. Durch den Übertritt des Starkstromes entstand ein Brand im Dachstuhle des Telegraphenamtes. Die Klägerin legte der Beklagten den Schaden zur Last, weil sie der Verpflichtung nicht entsprochen habe, gegen die durch Auffallen von Schwachstromdrähten auf den Leitungsdraht der Straßenbahn entstehenden Gefährdungen ausreichende Schutzvorrichtungen anzubringen.

Die Klägerin erhob demgemäß Klage, und in erster wie zweiter Instanz wurde die Beklagte für schuldig erkannt, den wirklichen Schaden zu ersetzen, der der Klägerin durch den am 17. Juli 1894 entstandenen Brand des Post- und Telegraphengebäudes entstanden sei. Auf die Revision der Beklagten wurde aber das Berufungsurteil aufgehoben, und die Sache zur anderweiten Verhandlung und Entscheidung an das Berufungsgericht zurückverwiesen.

Aus den Gründen:

„Das Berufungsgericht stellt fest, daß der Übertritt des Starkstromes, der den Brand verursacht hat, sowohl durch die erste Berührung der Drähte im Augenblick des Aufschlagens, als auch durch die Berührung mit der Gleitrolle, sowie durch die Berührung der Drähte an einer ungeschützten Stelle erfolgt sei. Den Bruch des Drahtes der Fernsprechleitung stellt es dagegen auf Rechnung eines Zufalles. Die Anwendung des § 12 des Gesetzes über das Telegraphenwesen und damit die Sicherungspflicht der Klägerin hält das Berufungsgericht für ausgeschlossen, da es sich nicht um eine einer Neuanlage gleichstehende Änderung gehandelt habe. Die hinsichtlich der Schutzvorrichtungen auferlegte Konzessionsbedingung bilde eine Zwangspflicht im Sinne des § 9 A.L.R. I. 6, deren Verletzung nach den Grundsätzen der §§ 9. 10. 12 a. a. O. eine Schadensersatzpflicht begründe. Der Beklagten falle, indem sie es bei der Anbringung von Tonkinstäben habe bewenden lassen, mäßiges Versehen zur Last. Ein Verschulden der Klägerin sei nicht festzustellen.

Die Revision macht geltend, die bezüglich der Schutzvorrichtungen aufgestellte Konzessionsbedingung betreffe nur den definitiven Betrieb. Demgemäß hätte unabhängig hiervon geprüft werden müssen, ob die

Beklagte wegen Beibehaltung der angewendeten Schutzmittel ein Verschulden treffe. . . . Nicht gewürdigt sei der Einwand der Beklagten, daß Schutzdrähte Betriebsstörungen hervorgerufen haben würden, die Beklagte der Klägerin am 1. März 1894 angeboten habe, die Kosten von unmittelbar an den Telephongestängen anzubringenden Fangnetzen zu tragen, die Klägerin jedoch die Anbringung der Netze in ihrem Schreiben vom 8. März 1894 abgelehnt habe, die Hauswirte aber die Anbringung von Fangnetzen an den Häusern nicht gestattet haben würden. Das Berufungsgericht habe sich der Wahrheit des Vorbringens der Beklagten nicht mit der Erwägung entziehen dürfen, daß die Beklagte in dieser Beziehung das Unternehmen eines Versuches nicht einmal behauptet habe. Hierüber wäre jedenfalls nach § 130 C.P.O. erst mit der Beklagten zu verhandeln gewesen. Auch die Erwägungen des Berufungsgerichts über die Frage des Verschuldens der Klägerin seien rechtlich nicht zutreffend.

Die Revision war als begründet zu erachten.

Gemäß § 12 des Gesetzes über das Telegraphenwesen des Deutschen Reichs vom 6. April 1892 sind elektrische Anlagen, wenn eine Störung des Betriebes der einen Leitung durch die andere eingetreten oder zu befürchten ist, auf Kosten desjenigen Teiles, welcher durch eine spätere Anlage oder durch eine später eintretende Änderung seiner bestehenden Anlage diese Störung oder die Gefahr derselben veranlaßt, nach Möglichkeit so auszuführen, daß sie sich nicht störend beeinflussen. Schutzberechtigt ist somit die ältere Anlage, insoweit sie dauernd und unverändert geblieben ist, schutzpflichtig die neu hinzutretende, desgleichen die in ihren Einrichtungen sich verändernde Anlage.

Vgl. Maas, Das Gesetz über das Telegraphenwesen S. 13.

Wäre die Umlegung der Fernsprechleitung auf einen neuen Stützpunkt überhaupt und insbesondere auch an dem Teile, an dem ein Riß stattfand, als Änderung einer bestehenden Anlage zu erachten, so würde der Klägerin die Schutzpflicht gegenüber der Beklagten obliegen. Dann könnte es sich zunächst fragen, ob es nicht vorerst der Klägerin obgelegen hätte, die erforderlichen Schutzmaßregeln gegen die Berührung der Drähte zu treffen. Nun hat aber eine Umlegung des Teiles der Leitung, an dem der Draht an der Bindung riß, . . . überhaupt nicht stattgefunden. Das Drahtende fiel somit von der unveränderten Leitung ab. Auch wenn der Riß durch die Umlegungsarbeit veranlaßt worden wäre, würde sich dadurch das Verhältnis nicht geändert haben, daß hinsichtlich der eingetretenen Störung die elektrische Straßenbahn als die spätere Anlage im Sinne des § 12 des Gesetzes über das Telegraphenwesen zu erachten ist. Das Berufungsgericht hat daher mit Recht dieser Bestimmung eine Bedeutung für die Ausschließung der in Anspruch genommenen Entschädigungspflicht nicht beigemessen. . . .

Die unter den Begriff der Kleinbahnen im Sinne des Gesetzes über Kleinbahnen und Privatanschlußbahnen vom 28. Juli 1892 fallenden Straßenbahnunternehmungen unterliegen dem in diesem Gesetze bestimmten und geordneten Konzessionszwange (§ 1 Abs. 2. § 2 des erwähnten Gesetzes). Die unter die Überwachung der Staatsbehörden gestellten Genehmigungsbedingungen (§ 22 des Gesetzes) begründen eine Zwangspflicht im Sinne des § 9 A.L.R. I. 6. Die Vernachlässigung derselben kann somit die Grundlage eines Schadensersatzanspruches nach den Grundsätzen des Landrechts Tl. I Tit. 6 bilden.

Bei der landespolizeilichen Revision vom 28. Februar 1894 kam eine Einigung mit dem Vertreter der Oberpostdirektion über die Art der Schutzvorrichtungen gegen die Berührung der Schwachstromdrähte mit Starkstrom nicht zustande. Deshalb erklärte die vom Regierungspräsidenten abgeordnete Kommission, daß von landespolizeilicher Seite die Genehmigung zu sofortiger Inbetriebsetzung nicht erteilt, jedoch die Ortspolizeibehörde ermächtigt sei, den von ihr genehmigten versuchsweisen Betrieb auf 14 Tage gegen jederzeitigen Widerruf von heute ab in fahrplanmäßiger Weise auszudehnen. Die Genehmigung zur Betriebseröffnung im Sinne des § 19 des Gesetzes über Kleinbahnen ist damals nicht erteilt, und nach der Feststellung des Berufungsgerichts noch nicht erteilt worden. Aus der Genehmigung des Betriebes ungeachtet der mangelhaften Erfüllung der auferlegten Verpflichtung folgt aber nicht der Verzicht auf die Erfüllung während der Dauer der gewährten Vergünstigung. Im Gegenteil darf angenommen werden, daß die Ermächtigung zur Gestattung des versuchsweisen Betriebes nur in der Erwartung erteilt worden, daß die hinsichtlich der Mangelhaftigkeit der Schutzvorrichtungen erhobenen Beanstandungen durch die Beklagte demnächst würden gehoben werden.

Die Beklagte hat sich auch niemals, weder während der im Anschlusse an die Prüfung der Einrichtung mit der Oberpostdirektion gepflogenen Verhandlungen, noch im Prozesse, auf den Standpunkt gestellt, daß die Genehmigungsbedingungen erst mit der Genehmigung der Betriebseröffnung in Kraft treten. Das Berufungsgericht hat daher der Entscheidung über die Schadensersatzpflicht mit Recht die Würdigung der Frage zu Grunde gelegt, ob der Beklagten eine Vernachlässigung der ihr auferlegten Schutzpflicht zur Last falle.

Aber auch abgesehen von besonderen Vorschriften der Konzessionsbedingungen hätte der Beklagten als Unternehmerin eines mit Gefahr für Personen und Eigentum Dritter verbundenen Betriebes die Verpflichtung obgelegen, die notwendigen Vorkehrungen gegen Schädigungen zu treffen, die durch den Betrieb hervorgerufen werden könnten. Die Verantwortung des Unternehmers für seine Betriebshandlungen bildet das Korrelat der Befugnis zu der gefährdenden Handlung. Die Berechtigung zum Betriebe gewährt nicht das Recht zu rechtswidrigen Eingriffen in die Rechtssphäre Anderer und entbindet den Unternehmer nicht von der Jedem obliegenden Pflicht, sein Handeln so einzurichten, daß es nicht für schädigende Ereignisse kausal werde, deren Eintreten im Kreise des menschlichen Vorstellungsvermögens liegt.

Die Gefahren, die durch die Ablenkung des Starkstromes von der ihm gewiesenen Bahn für Menschen und Sachen verbunden sind, müssen dem Unternehmer einer elektrischen Bahn bekannt sein. Demnach kann schon gemäß der allgemeinen Grundsätze über die Pflichten und Rechte, die aus unerlaubten Handlungen entstehen (Tl. I Tit. 6 A.L.R.), an den Unternehmer, hier die Beklagte, die Anforderung gestellt werden, daß er ausreichende Schutzvorrichtungen gegen die Gefahren treffe, die von der Entfesselung der in seinen Dienst gestellten Kraft drohen.

Vgl. § 93 Einleitung zum Allgemeinen Landrecht, §§ 8. 10. 12 A.L.R. I. 6; Entsch. des R.G.'s in Straff. Bd. 19 S. 53; Entsch. des R.G.'s in Civilf. Bd. 17 S. 103. 104, Bd. 32 S. 337.

Das Berufungsgericht zieht nun hinsichtlich der in Frage kommenden Schutzvorrichtungen die angewendeten Tonkinstäbe, geerdete Schutzdrähte und geerdete Fangnetze in den Bereich seiner Betrachtung und gelangt zu dem Ergebnisse, daß richtig angebrachte Schutzdrähte eine bessere Schutzvorrichtung seien, als die Tonkinstäbe, und daß insbesondere richtig angelegte und geerdete Fangnetze schon zur Zeit des Unfalls für bessere Schutzvorrichtungen gegolten, als Tonkinstäbe. Es legt hiernach der Beklagten zur Last, daß sie nicht einmal den Versuch gemacht, bessere Schutzvorrichtungen als die auch ihr als unzulänglich bekannt gewordenen Tonkinstäbe anzubringen, und erachtet endlich für erwiesen, daß durch Schutzdrähte oder Fangnetze der eingetretene Übertritt des Starkstromes ausgeschlossen gewesen wäre.

Die Bedingungen fordern keine bestimmte Schutzvorrichtung ausschließlich, sondern „stromlose Schutzdrähte oder sonstige stromfreie Schutzvorrichtungen, durch welche eine Berührung der beiderseitigen stromführenden Drähte vermieden werde.“ Das Berufungsgericht erkennt an, daß die Herstellung einer absolut sicheren Schutz gegen die Berührung gewährenden Einrichtung nicht gefordert werden könne, stellt aber nach dem Inhalte seiner Erwägungen jedenfalls die Anforderung, daß die Beklagte die erkennbar beste Schutzvorrichtung herstellen müsse. In dieser Auffassung liegt, auch wenn man von den Konzessionsbedingungen absehen würde, an sich kein Rechtsirrtum. . . .

Ob die Schutzdrähte schwierig anzubringen und für den Betrieb gefährlich gewesen wären, erachtet das Berufungsgericht für unerheblich, da es für die Beklagte nicht unmöglich gewesen, diese Hindernisse zu überwinden. Von unüberwindlichen Hindernissen war keine Rede; die Schwierigkeit der Erfüllung entbindet an sich nicht von der Verpflichtung. Für die Betriebsgefahr trifft aber die Erwägung des Berufungsgerichts nicht zu. Hier kommt doch noch in Betracht, ob unter den obwaltenden Umständen der Beklagten die Einführung einer Einrichtung zugemutet werden konnte, die sie möglicherweise mit anderen Pflichten in Konflikt gebracht hätte. Ein Urteil hierüber hätte sich nur aus der Prüfung der angeblichen Betriebsgefahr bilden lassen. Lag zu der Beurteilung kein ausreichendes Material vor, so hätte gemäß § 130 C.P.O. vom Fragerecht Gebrauch gemacht werden müssen.

Dem Einspruch der Polizei gegen die Anlage von Schutzdrähten legt das Berufungsgericht kein Gewicht bei, da die Beklagte nicht einmal behauptet habe, irgend etwas unternommen zu haben, das Verbot zu beseitigen. Diese Unterlassung könnte der Beklagten doch nur dann zum Vorwurf gereichen, wenn nach Lage der Sache eine Beseitigung des Verbotes zu erwarten gewesen wäre. Durfte die

Beklagte den Einspruch für gerechtfertigt erachten und der Überzeugung sein, daß auch der Rekurs an die höhere Verwaltungsbehörde fruchtlos gewesen wäre, so kann ihr nicht zum Verschulden angerechnet werden, daß sie sich dem Einspruche gefügt hat. Die Beurteilung, ob diese Fügsamkeit gerechtfertigt gewesen, oder nicht, setzt wiederum die genauere Ermittelung des Sachverhaltes voraus. Der Einspruch der Polizeibehörde durfte somit nicht schon deshalb als unerheblich erachtet werden, weil die Beklagte nicht die Beseitigung desselben versucht habe. Vielmehr wäre auch in dieser Beziehung vom Fragerecht gemäß § 130 C.P.O. Gebrauch zu machen gewesen.

Hinsichtlich der Fangnetze hatte die Beklagte geltend gemacht, sie habe schon am 1. März 1894 der Klägerin vergeblich angeboten, die Kosten von unmittelbar unter den Telephondrähten an den Telephongestängen anzubringenden Fangnetzen zu tragen; die Klägerin habe aber die Anbringung der Netze an den Gestängen am 8. März 1894 abgelehnt. Eine Befestigung derselben an den Häusern würde jeder Hauswirt verweigert haben. Außerdem seien Fangnetze von der Verwaltungsbehörde nicht verlangt worden. Das Berufungsgericht erachtet das Angebot der Beklagten und die Ablehnung der Klägerin für die Frage der schuldhaften Vernachlässigung der Zwangspflicht nicht als wesentlich, da es lediglich Sache der Beklagten gewesen, für Anbringung der Fangnetze zu sorgen, und das Angebot der Kostentragung der Verpflichtung der Nr. 2 der Bedingungen nicht genügt habe. Die Behauptung der Beklagten, die Anbringung der Fangnetze an den Häusern wäre seitens der Hauseigentümer nicht gestattet worden, erscheine schon deshalb nicht erheblich, weil die Beklagte nicht einmal behauptet habe, daß sie den Versuch gemacht, ob die Anbringung gestattet würde oder sonst zu ermöglichen gewesen wäre.

Nach Inhalt des vorgetragenen Schreibens der Oberpostdirektion . . . vom 8. März 1894 erwiderte der Vorstand auf die Offerte der Beklagten vom 1. März 1894, er lege durchaus keinen Werth darauf, daß gerade die seinerseits angegebene Anbringung von je einem stromlosen Schutzdraht zu beiden Seiten der Tonkinstäbe durchgeführt werde; er würde sich vielmehr auch mit der Anwendung anderer Schutzmaßregeln, sofern sich solche bei den anzustellenden Versuchen bewähren würden, einverstanden erklären. Er stelle daher der Beklagten anheim, in dieser Beziehung weitere Vorschläge unter Angabe der

Konstruktion der Schutzvorrichtungen zu machen. Vorerst müsse jedoch davon abgesehen werden, dem Vorschlage, derartige Schutzmittel an den Fernsprechgestängen anzubringen, näher zu treten.

Selbst wenn für die Beklagte vor dem Unfall schon die Verpflichtung bestanden hätte, eine bestimmte Vorrichtung, also Fangnetze, herzustellen, so könnte eine Vernachlässigung ihrer Verpflichtung nicht darin gesehen werden, daß sie sich nur zur Übernahme der Kosten einer Einrichtung bereit erklärte, die sie selbst nicht herstellen konnte. Die Annahme der Unerheblichkeit des Angebotes ist rechtsirrtümlich, da eine Verpflichtung in Frage stand, deren Erfüllung auch durch einen Andern bewirkt werden konnte. Wäre die Anbringung der Fangnetze an den Gestängen der Telephonleitungen schon definitiv abgelehnt gewesen, so hätte dennoch der Einwand, daß kein Hauseigentümer die Anbringung der Netze an seinem Hause geduldet haben würde, nicht lediglich auf den Grund hin zurückgewiesen werden dürfen, daß die Beklagte nicht einmal behauptet habe, sie habe den Versuch gemacht, ob die Anbringung gestattet würde oder sonst zu ermöglichen gewesen wäre. Die teils auf ästhetischen Gründen, teils und noch mehr auf der Besorgnis von Blitzschlägen und Stromableitungen beruhende Abneigung von Hauseigentümern, derartige Anlagen an ihren Häusern zu gestatten, ist so bekannt, daß der Beklagten im Wege der Anwendung des § 130 C.P.O. Gelegenheit zu einer näheren Begründung und allenfallsigen Beweisantretung hätte gegeben werden müssen. Das gleiche gilt, wenn das Berufungsgericht der Möglichkeit einer anderweitigen Anbringung maßgebendes Gewicht beilegen wollte. Anderweitige Möglichkeiten, wie etwa die Errichtung besonderer Masten, hätten vorerst zum Gegenstande der Verhandlung gemacht werden müssen. Über den Einwand, daß die Herstellung von Fangnetzen nicht verlangt worden, spricht sich das Berufungsgericht nicht aus. Die Annahme des Berufungsgerichts, daß die Beklagte niemals auch nur den ernstlichen Versuch gemacht habe, bessere Schutzvorrichtungen als die auch ihr als unzulänglich bekannt gewordenen Tonkinstäbe anzubringen, entspricht zwar der Auslegung des Berufungsgerichts; die Beschränkung der Verpflichtung auf das Anbringen erscheint aber als rechtsirrtümlich.

Die Feststellung, daß die Arbeiter der Telegraphenverwaltung bei der Umlegung der Drähte mit äußerster Sorgfalt verfahren seien, und das Abreißen des Drahtes somit als Zufall erscheine, ist nicht angreifbar. Damit ist aber das Herabfallen und Auffallen des Drahtes noch nicht als Zufall festgestellt. Das Berufungsgericht verneint ein Verschulden der Klägerin, da sie keine Verpflichtung habe, die der Beklagten bedingungsweise obliegende Pflicht, durch Schutzvorrichtungen jede aus dem Herabfallen der Fernsprechdrähte entstehende Gefahr der Berührung mit der Starkstromleitung zu vermeiden, durch Ausstellung von Wachen, Benachrichtigung der Beklagten, also Verhinderung des Betriebes der Bahn, oder durch vorübergehend angebrachte Fangnetze aus Stricken ihrerseits zu ersetzen, bezw. zu erfüllen. Doch . . . ist damit, daß im vorliegenden Falle die Beklagte der Klägerin gegenüber schutzpflichtig ist, die Verantwortlichkeit aus § 12 des Telegraphengesetzes somit hier gegen die Beklagte begründet erscheint, die Frage des Verschuldens der Klägerin keineswegs entschieden. Daraus, daß eine Verantwortlichkeit aus § 12 des Telegraphengesetzes gegen die Klägerin nicht begründet ist, folgt nicht, daß sie in solchem Falle von jeder Verantwortung für Gefährdungen, die durch ihre Arbeit an ihren Vorrichtungen entstehen, frei wäre. In Frage steht mindestens die Verantwortlichkeit, die jeder Dachdecker oder Dacharbeiter für unvorsichtiges Herabfallenlassen eines Gegenstandes trägt. Hier kommt noch hinzu, daß die Intensität der Wirkung des Starkstromes noch dadurch gesteigert wurde, daß der Draht von der Gleitrolle erfaßt und fortgeschoben wurde, während die Fortwirkung durch Beseitigung des aufgefallenen Drahtes und Stellung des Motorwagens hätte verhindert werden können. Die hier in Frage kommende Arbeitsthätigkeit der Telegraphenverwaltung steht unter dem allgemeinen Gebote der Vorsicht im Handeln und der Haftung für die Folgen fahrlässigen Thuns oder Unterlassens (§§ 8. 10. 12 A.L.R. I. 6).

Eine eingehendere Prüfung der rechtlichen Voraussetzungen eines Verschuldens der Klägerin ist zur Zeit nicht veranlaßt. Die Frage eines konkurrierenden Verschuldens der Klägerin konnte aber nicht auf Grund des § 12 des Telegraphengesetzes beiseite geschafft werden. Insoweit beruht das Berufungsurteil auf rechtsirrtümlicher Auffassung der Frage des Verschuldens." . . .

63. 1. Ist im Falle des § 25 A.L.R. I. 13 von dem Bevollmächtigten, der den Auftrag behält, ohne dem Machtgeber von der Beschaffenheit der Sache Anzeige zu machen, derjenige Schade zu ersetzen, der durch die Anzeige vermieden worden wäre, oder vielmehr derjenige Schade, der durch das Behalten des Auftrages dem Machtgeber entstanden ist?

2. Ist der Rechtsanwalt, der zugleich Notar ist, verpflichtet, ein ihm als Anwalt erteiltes Mandat niederzulegen, wenn er als Notar entgegengesetzten Interessen gedient hat?

VI. Civilsenat. Urt. v. 26. Januar 1899 i. S. D. (Bekl.) w. K. (Kl.). Rep. VI. 373/98.

I. Landgericht Halle a. S.
II. Oberlandesgericht Naumburg a. S.

Der Beklagte hatte als Rechtsanwalt von der Klägerin einen Auftrag zur Verfolgung eines Anspruches gegen den Gutsbesitzer P. erhalten und angenommen. Darauf wirkte er als Notar bei der Aufnahme einer Urkunde mit, in welcher der Schuldner P. einem anderen Gläubiger, seinem Schwager, Sicherheit bestellte und sich der sofortigen Zwangsvollstreckung unterwarf. Später wirkte er bei einem Kaufvertrage über das Gut des P. mit. In dem kurz darauf über das Vermögen des P. eröffneten Konkurse erhielt die Klägerin nur einen Teil ihrer Forderung. Wegen des Restes nahm sie den Beklagten in Anspruch, dem sie vorwarf, seine Pflichten als ihr Bevollmächtigter verletzt zu haben. Das diesen Anspruch anerkennende Berufungsurteil ist vom Reichsgerichte aufgehoben worden aus folgenden

Gründen:

„Nachdem das in dieser Sache ergangene Berufungsurteil vom 16. Februar 1897 durch das Urteil des Reichsgerichtes vom 4. November 1897,[1] unter Zurückverweisung der Sache an das Berufungsgericht, aufgehoben war, hat dieses in dem jetzt mit der Revision angefochtenen Urteile wiederum, wie in dem früheren, auf Verurteilung des Beklagten nach dem Klagantrage erkannt. Das Urteil ist auf den § 25 A.L.R. I. 13 gegründet. Es wird ausgeführt, daß der

[1] S. diese Sammlung Bd. 40 Nr. 69 S. 253. D. R.

Beklagte, nachdem er den Auftrag der Klägerin zur Verfolgung ihres Anspruches gegen P. angenommen, darauf aber, ohne diesen Auftrag zu kündigen, als Notar widerstreitenden Interessen gedient habe, nach § 25 a. a. O. verpflichtet gewesen sei, der Klägerin das Sachverhältnis sofort anzuzeigen, und den aus der Unterlassung dieser Anzeige entstandenen Schaden zu tragen habe. Auch würde es keine Verletzung der dem Notar obliegenden Verschwiegenheit gewesen sein, wenn die Anzeige dahin gelautet hätte, daß Beklagter einen zweiten Auftrag von einem Dritten erhalten habe, der sich ebenfalls gegen P. richte, mit dem Vorteile der Klägerin in Widerspruch komme und ihrem Interesse entgegenlaufe. Die Klägerin würde aber — wird weiter ausgeführt — aus dieser Anzeige ersehen haben, daß P. noch von anderer Seite in Anspruch genommen werde. Sie würde daraus Veranlassung geschöpft haben, durch Bestellung eines anderen Anwaltes und Anbringung eines Arrestgesuches rechtzeitig der Gefahr eines Verlustes ihrer Forderung vorzubeugen.

Es ist der Revision zunächst zuzugeben, daß die Annahme, eine Anzeige des angegebenen Inhaltes würde der Beklagte ohne Verletzung seiner Amtspflicht zur Verschwiegenheit haben erstatten können, sich kaum rechtfertigen läßt und sicher nicht im Einklange steht mit demjenigen, was weiter über die Folgerungen gesagt wird, die die Klägerin in ihrem Interesse aus einer solchen Anzeige hätte ziehen können. Dies kann indes auf sich beruhen bleiben, da der Auslegung, die das Berufungsgericht dem § 25 A.L.R. I. 13 giebt, nicht beigetreten werden kann.

Die §§ 22 flg. daselbst enthalten das Verbot der Annahme widerstreitender Aufträge. Nach § 24 ist der Bevollmächtigte befugt, nach vorheriger Aufkündigung des früheren Auftrages den späteren zu übernehmen. Er entgeht also durch die gehörig erfolgte Kündigung des früheren Auftrages jeder Schadensersatzpflicht. Der § 25 fügt eine Einschränkung hinzu, indem er bestimmt, daß der Beauftragte, der den späteren Auftrag annimmt, statt der Kündigung des ersten Auftrages dem Auftraggeber Anzeige von der Beschaffenheit der Sache, d. i. von dem kollidierenden Auftrage und seinem Inhalte, machen und es somit dem Auftraggeber überlassen darf, sich darüber zu entscheiden, ob er das Mandat bei dieser Sachlage dem Beauftragten belassen will. Es ist ersichtlich, daß hier nur von einer Befugnis des Beauftragten, der beide Aufträge behält, die Rede ist, sich durch die gehörig erfolgte Anzeige von der Verantwortung für den aus der Annahme der kollidierenden Aufträge dem Machtgeber entstehenden Schaden zu befreien, nicht aber von einer Anzeigepflicht, auf deren Verabsäumung ein Schadensersatzanspruch gestützt werden könnte. Nicht für den aus der Unterlassung der Anzeige, sondern für den aus dem Behalten beider Aufträge ohne Anzeige entstehenden Schaden haftet der Beauftragte. Diese Auslegung ergiebt sich nicht bloß aus dem Zusammenhange der Bestimmungen, sondern auch aus der Satzfügung im § 25 a. a. O. Es erscheint sprachlich unzulässig, den Satz: „so haftet er demselben für allen daraus entstehenden Schaden", auf die unterlassene Anzeige, statt auf das Behalten des Auftrages, zu beziehen. Dadurch erklärt es sich auch, weshalb das Gesetz im § 25 nur auf die §§ 21. 22 daselbst, nicht auf den § 23 Bezug nimmt. Denn in diesem letzteren wird den zur Besorgung gewisser Angelegenheiten öffentlich bestellten Personen zur Pflicht gemacht, den ersten Auftrag zu behalten und den zweiten somit abzulehnen. Sie dürfen den ersten Auftrag nicht kündigen und können sich ebensowenig durch eine bloße Anzeige von der Beschaffenheit der Sache der Schadensersatzpflicht entziehen.

Für den Schaden, der durch die Unterlassung der Anzeige der Klägerin entstanden oder durch die Anzeige von ihr abgewendet worden wäre, ist also der Beklagte nicht haftbar zu machen. Gefehlt hat er durch das stillschweigende Behalten des Auftrages, nachdem er als Notar entgegengesetzten Interessen gedient hatte. Und allerdings hat er damit nicht bloß gegen die allegierten Vorschriften des Landrechtes, sondern im besonderen auch gegen seine Berufspflicht als Anwalt verstoßen. Denn eine gewissenhafte Ausübung seiner Berufsthätigkeit als Anwaltes (§ 28 der Rechtsanwaltsordnung vom 1. Juli 1878) bedingte die Niederlegung des Mandates, das ihm unter Voraussetzungen erteilt war, die nicht mehr zutrafen, als er thatsächlich (ob erlaubter-, oder unerlaubterweise, ist hier nicht zu untersuchen) als Notar bei Geschäften mitgewirkt hatte, die dem Interesse der Klägerin zuwider liefen. Es hätte ihm nicht entgehen dürfen, daß er nunmehr nicht mehr das volle Vertrauen der Klägerin beanspruchen konnte, und daß er durch jene notarielle Thätigkeit in der Verfolgung der Rechte der Klägerin wesentlich behindert wurde; denn die Amtspflicht der Verschwiegenheit machte es ihm unmöglich, die Kenntnis von den fraglichen Geschäften im Interesse der Klägerin zu verwerten, während ein anderer Anwalt nicht gehindert gewesen wäre, von einer etwa erlangten Kenntnis für die Klägerin Gebrauch zu machen. Die unbedenklich dem Anwalte zustehende Befugnis zur Kündigung eines Mandates wurde bei solcher Sachlage zu einer Pflicht, der sich der Beklagte auch nicht etwa deshalb entziehen konnte, weil ihn möglicherweise der Vorwurf einer unzeitigen Kündigung treffen, und daraus ein Schadensersatzanspruch gegen ihn hergeleitet werden konnte.

Aufrecht erhalten ließe sich das Berufungsurteil hiernach aber nur, wenn darin die Feststellung zu finden wäre, daß durch die Kündigung des Mandates der Schade vermieden worden wäre. Dies ist jedoch nicht der Fall. Das Berufungsgericht stellt zwar fest, daß ein anderer Anwalt der Klägerin zu ihrer Befriedigung verholfen haben würde, gelangt aber dazu nur mit Hilfe der vermeintlichen Anzeigepflicht des Beklagten, indem es folgert, daß die Klägerin aus der Anzeige die Gefährdung ihrer Forderung erkannt und den neuen Anwalt daher zu Nachforschungen veranlaßt haben würde, die diesen in den Stand gesetzt hätten, wirksame Sicherungsmaßregeln herbeizuführen. Diese Feststellung berechtigt nicht zur Annahme eines Kausalzusammenhanges zwischen der Unterlassung der Kündigung und dem Schaden." . . .

64. 1. Erlischt die persönliche Schuldverbindlichkeit des Bestellers einer Hypothek dadurch, daß dieser nach der Veräußerung des Pfandgrundstückes die Hypothek erwirbt?

2. Enthält die Annahme einer vertragswidrigen Leistung in allen Fällen einen Verzicht auf Schadloshaltung wegen des aus der mangelhaften Erfüllung entstehenden Schadens?

3. Kann unter Umständen der Mangel der persönlichen Haftung des Cedenten einen Mangel der Richtigkeit der Forderung bedeuten, für welchen auch der Cedent einer Hypothekenforderung einstehen muß?

Eig.-Erw.-Ges. vom 5. Mai 1872 §§ 63. 64.

A.L.R. I. 16 § 476, I. 5 §§ 285 flg., I. 11 §§ 420. 427.

V. Civilsenat. Urt. v. 4. Februar 1899 i. S. O. (Kl.) w. T. (Bekl.).
Rep. V. 216/98.

I. Landgericht Breslau.
II. Oberlandesgericht daselbst.

Durch Vertrag vom 23. Juni 1896 verkaufte G. O. dem Beklagten ein Grundstück, wobei ein Teil des Kaufpreises in der Art belegt wurde, daß dem G. O. eine Hypothekenforderung von 30000 ℳ, haftend auf der Besitzung Nr. 168 für Frau S., zu Eigentum abgetreten werden, und daß der Beklagte die Cessionsurkunde der Frau S. bis zum Tage der Auflassung beschaffen und sie Zug um Zug gegen die Auflassung dem G. O. aushändigen sollte. Die Abtretung der Hypothek erfolgte jedoch nicht von der Frau S. unmittelbar an G. O., sondern die Frau S. trat die Hypothek durch Cession vom 30. Juni 1896 dem Beklagten, und dieser sie dann auf Anweisung des G. O. dem Kläger ab. Mit der Hypothek verhielt es sich so: als der Beklagte Eigentümer der Besitzung Nr. 168 war, hatte er mit dieser der Frau S. für ein Darlehn von 30000 ℳ nebst Zinsen Hypothek bestellt. Das Pfandgrundstück hatte er demnächst an v. D. verkauft und aufgelassen, welcher die Hypothek in Anrechnung auf den Kaufpreis übernommen hatte. In dessen Besitz wurde es im Jahre 1897 zwangsversteigert, und dabei fiel die Hypothek aus. Der Kläger nahm nun den Beklagten als persönlichen Schuldner in Anspruch und beantragte, ihn zur Zahlung von 30000 ℳ nebst 5 Prozent Zinsen seit dem 1. Oktober 1896 zur verurteilen. Der Beklagte wollte von seiner persönlichen Schuldverbindlichkeit dadurch frei geworden sein, daß infolge der Cession der Hypothek auf ihn seine persönliche Schuldhaft durch Vereinigung von Forderung und Schuld in seiner Person erloschen sei. Der erste Richter verurteilte den Beklagten klagegemäß. Die Berufung des Beklagten hatte aber die Abweisung der Klage zur Folge. Auf die Revision des Klägers ist das Berufungsurteil aufgehoben, und die Sache an das Berufungsgericht zurückgewiesen worden, aus den folgenden

Gründen:

... „Dem Berufungsgerichte ist darin beizutreten, daß infolge der Cession vom 30. Juni 1896 die Vereinigung von Forderung und Schuld in der Person des Beklagten eingetreten, und daß dadurch die persönliche Schuldverbindlichkeit des Beklagten gemäß der Regel des § 476 A.L.R. I. 16 erloschen ist. Der Beklagte war als Konstituent der Hypothek der Frau S. deren persönlicher Schuldner. Nachdem er das Pfandgrundstück an v. D. veräußert, also aufgehört hatte, Eigentümer desselben zu sein, hat er sich die Abtretung der Hypothek von der Frau S. erteilen lassen. Die für die Eigentümerhypothek ausnahmsweise geltenden Grundsätze (A.L.R. Anh. § 52 zu § 448 I. 16; Deklaration v. 3. April 1824; Eig.-Erw.-Ges. §§ 63 flg.), daß Hypothekenrechte nicht durch die bloße Vereinigung ihres Eigentums mit dem Eigentum des verpflichteten Grundstückes in einer Person aufgehoben werden, daß der Eigentümer des Grundstückes vielmehr die Hypothek mit ihrer notwendigen Unterlage, der persönlichen Forderung, erwirbt, und daß die Vereinigung von Forderung und Schuld in der Person des Eigentümers nicht die regelmäßige Wirkung, das Erlöschen von Forderung und Schuld, hat, können nicht zur Anwendung kommen, wo deren Voraussetzung, der Erwerb der Hypothek durch den Eigentümer des Pfandgrundstückes, nicht zutrifft. Vielmehr verbleibt es dann bei der Regel des § 476 a. a. O. Das vormalige preußische Obertribunal hat freilich in mehreren Erkenntnissen,

Entsch. des Obertrib. Bd. 15 S. 221, Bd. 24 S. 66; Striethorst, Archiv Bd. 81 S. 64,

angenommen, daß die von der Eigentümerhypothek geltenden Grundsätze auch auf die Fälle zu übertragen seien, in denen der persönlich verpflichtete Nichteigentümer die Hypothekenforderung erwirbt, daß die persönliche Verbindlichkeit des Nichteigentümers, wenngleich zunächst ruhend, fortdauere und nach weiterer Abtretung wieder wachend werde; in späteren Urteilen hat es aber mit Rücksicht auf die exceptionelle Natur der Grundsätze über die Eigentümerhypothek den entgegengesetzten Standpunkt eingenommen.

Vgl. Entsch. des Obertrib. Bd. 33 S. 370, Bd. 36 S. 117, Bd. 37 S. 143, Bd. 66 S. 63; Striethorst, Archiv Bd. 95 S. 269.

Das Reichsgericht hat sich von vornherein gegen die erstere Auffassung ablehnend verhalten (vgl. Gruchot, Beiträge Bd. 26 S. 1126; Jurist. Wochenschr. 1891 S. 281 Nr. 38) und zwei Entscheidungen die andere Meinung zu Grunde gelegt, nach welcher durch den Erwerb einer Hypothek seitens des als persönlichen Schuldners verhafteten Nichteigentümers des Pfandgrundstückes dessen persönliche Schuldverbindlichkeit infolge der Vereinigung von Forderung und Schuld in seiner Person endgültig erlischt und bei weiterer Abtretung nicht wieder auflebt.

Vgl. Urteil des III. Civilsenats i. S. Kr. w. J. v. 8. Dezember 1891, Rep. III. 187/91; Urt. des V. Civilsenats v. 7. Oktober 1896, Entsch. des R.G.'s in Civils. Bd. 38 S. 249.

Hieran hält das Reichsgericht fest. Es folgt, daß Beklagter der persönlichen Klage des Klägers aus der ihm vom Beklagten abgetretenen Hypothek nicht mehr ausgesetzt ist, da auf den Kläger durch die Cession des Beklagten die Hypothek lediglich mit der von v. D. übernommenen persönlichen Schuldverbindlichkeit übergegangen ist.

Wenn aber auch in dieser Vorfrage der Ansicht des Berufungsgerichtes beizupflichten ist, so muß dessen Urteil doch wegen Bedenken gegen die ferneren Ausführungen aufgehoben werden.

In dem Berufungsurteile heißt es: „Der Beklagte war zwar nach dem Inhalt des Vertrages vom 23. Juni 1896 verpflichtet, eine direkte Cessionsurkunde der Gläubigerin Frau S. auf G. O., bezw. dessen Rechtsnachfolger zu beschaffen. Er handelte also seiner vertragsmäßigen Verpflichtung zuwider, indem er sich die Hypothek von der Gläubigerin cedieren ließ und sie dann erst durch Cessionsurkunde vom 6. Juli 1896 an den Kläger abtrat." Indem es nun fortfährt: „Durch das Zeugnis des Rechtsanwalts O. ist aber erwiesen, daß G. O., obwohl er wußte, daß der Beklagte nicht vertragsmäßig erfüllt hatte, diese Art der Erfüllung angenommen und, ohne auf eine vertragsmäßige Erfüllung zu bestehen, die Gegenleistung vorgenommen, nämlich das dem Beklagten veräußerte Grundstück an diesen aufgelassen hat. Dadurch hatte sich G. O. mit der von dem Beklagten geleisteten Erfüllung einverstanden erklärt, und weder er, noch seine Rechtsnachfolger können aus der mangelhaften Vertragserfüllung Schadensansprüche gegen den Beklagten herleiten," läßt es außer acht, daß aus der Annahme der mangelhaften Erfüllung und der Vornahme der Gegenleistung unmittelbar nur zu entnehmen ist, G. O. habe von seiner Befugnis nicht Gebrauch gemacht, die Annahme der vertragswidrigen Cession und die Erfüllung durch Auflassung seinerseits zu verweigern. Denn eine gesetzliche Vorschrift, daß die Annahme einer vertragswidrigen Erfüllung ohne weiteres einen Verzicht auf Schadloshaltung wegen des aus solcher Erfüllung entstehenden Schadens enthält, ist, abgesehen von der einer ausdehnenden Anwendung nicht fähigen Sonderbestimmung für Conventionalstrafen in § 307 I. 5, im Allgemeinen Landrecht nicht zu finden. Es muß deshalb im einzelnen Falle nach den vorliegenden Umständen untersucht werden, ob mit der Annahme der mangelhaften Erfüllung nach der Absicht des Empfangenden ein Verzicht auf Entschädigung ausgesprochen ist. Nun hat aber der Rechtsanwalt O. als Zeuge, wie das Berufungsgericht annimmt, glaubwürdig bekundet, daß in dem Auflassungstermine, dem er auf Wunsch des G. O. beigewohnt, vor Abschluß der Auflassungsverhandlung Beklagter ihm zwei Cessionsurkunden vorgelegt habe, nämlich die eine auf sich selbst und die andere auf den Kläger oder den Verkäufer G. O.; daß er darüber sehr erstaunt gewesen sei und den Beklagten daran erinnert habe, daß das nicht seiner vertragsmäßig übernommenen Verpflichtung entspreche, da er eine direkte Cession der Frau S. zu beschaffen gehabt hätte; daß Beklagter darauf etwa erklärt habe, das müsse doch gleich sein; daß er, als er beim Durchlesen der Cessionsurkunde gefunden, daß darin die Worte „ohne Gewährleistung" stehen, erklärt habe, dies sei in keinem Falle angängig, da Beklagter seines Erachtens persönlich haftbar sei; daß Beklagter darauf sich verpflichtet habe, eine neue Cession unter Weglassung der beanstandeten Worte beizubringen, und daß erst dann das Auflassungsprotokoll unterschrieben worden sei. Unter diesen Umständen durfte das Berufungsgericht nicht von den vor dem Rechtsanwalt O. stattgefundenen Verhandlungen absehen bloß deswegen, weil infolge der von der Frau S. dem Beklagten erteilten Cession die persönliche Verbindlichkeit des letzteren erloschen gewesen sei; denn durch diesen Grund wird die Untersuchung nicht erübrigt, ob unter den vom Rechtsanwalt O. bekundeten Umständen anzunehmen sei, daß der Verkäufer G. O. auf die dem Beklagten aus seiner vertragswidrigen Erfüllung nach dem Gesetze (§§ 285 flg. A.L.R. I. 5) erwachsende Entschädigungspflicht verzichtet habe. Da aus diesem Gesichtspunkte die Sachlage, welche noch näher festzustellen bleibt, bisher nicht beurteilt ist, muß die Sache an das Berufungsgericht zurückverwiesen werden.

Da der Kläger seinen Anspruch auch auf die Gewährleistungspflicht des Beklagten gegründet hat, so durfte das Berufungsgericht nach der vom Zeugen O. bekundeten Sachlage nicht unentschieden lassen, ob die mangelnde persönliche Haftung des Beklagten für die dem Kläger abgetretene Hypothek einen Mangel der Sicherheit oder der Richtigkeit der Forderung bedeute; denn wurde bei der Auflassungsverhandlung von seiten des Klägers besonders darauf Gewicht gelegt, und dies kundgegeben, daß der Beklagte die Hypothekenforderung mit seiner persönlichen Schuldverbindlichkeit abtrete, und erfolgte die Abtretung ohne die persönliche Haftung des Beklagten, so ist die abgetretene Hypothekenforderung nicht diejenige, welche abgetreten werden sollte, und der Mangel der Haftung des Beklagten betrifft nicht ausschließlich die Sicherheit der Forderung, sondern auch deren Richtigkeit, für welche der Cedent auch bei einer Hypothekenforderung haftet.

Vgl. §§ 420. 427 A.L.R. I. 11; Urt. des R.G.'s vom 12. November 1898, Jurist. Wochenschr. 1898 S. 678 Nr. 59.

Mit dem Satze im Berufungsurteile, daß der Beklagte als Cedent für die Hypothekenforderung persönlich zu haften nicht verpflichtet sei, weil Kläger nicht nachgewiesen habe, daß jener bei der Cession eine über die gesetzliche (§§ 420. 427 A.L.R. I. 11) hinausgehende Haftpflicht übernommen habe, wird der gerügte Anstand nicht erledigt; denn dies würde nur dann der Fall sein, wenn das Berufungsgericht, was es bisher abgelehnt hat, die vor dem Zeugen O. stattgefundenen Verhandlungen einer eingehenden Prüfung unterzogen hätte."

65. Erlischt das persönliche Klagerecht des Hypothekengläubigers gegen den die Hypothek in Anrechnung auf das Kaufgeld übernehmenden Grundstückserwerber wieder durch dessen Rücktritt vom Vertrage wegen Gewährsmängel?

Eig.-Erw.-Ges. vom 5. Mai 1872 § 41.

V. Civilsenat. Urt. v. 11. Februar 1899 i. S. K. (Kl.) w. Sch. (Bekl.). Rep. V. 249/98.

I. Landgericht Bromberg.
II. Oberlandesgericht Posen.

Die Beklagten hatten beim Kaufe des Grundstückes H.'straße 20 in Br. die für den Kläger in Abteilung III eingetragene Hypothek von 5000 *M*, deren persönliche Schuldner die Grundstücksverkäufer waren, in Anrechnung auf das Kaufgeld übernommen. Nachdem das Grundstück aufgelassen war, wurde der Grundstückserwerb auf die Klage der Beklagten wegen Hausschwammes rückgängig gemacht. Nach der Rückauflassung des Grundstückes an die Verkäufer wurde dasselbe bei diesen auf den Antrag des Klägers wegen seiner Hypothekenforderung zwangsweise versteigert und dem Kläger zugeschlagen. Da dieser an seiner Hypothek einen Ausfall von 1898,19 ℳ erlitten hatte, so klagte er gegen die Beklagten den Teilbetrag von 1550 ℳ nebst Zinsen ein. Entgegen der Entscheidung des Erstinstanzgerichts wies das Berufungsgericht die Klage ab. Auf die Revision des Klägers ist das Berufungsurteil aufgehoben, und das Urteil erster Instanz aufrecht erhalten worden, aus folgenden

Gründen:

... „Die Annahme des Berufungsgerichts, die Aufhebung des Kaufvertrages über das mit der klägerischen Hypothek belastete Grundstück, welche wegen Schwammes durch Urteil erfolgt sei, erstrecke sich auf alle Teile des Kaufvertrages, also auch auf die von den Beklagten als Käufern erklärte Übernahme der Hypothek von 5000 ℳ, sodaß seit der Verurteilung der Verkäufer zur Entgegennahme der Rückauflassung des Grundstückes dem Kläger die persönliche Klage aus § 41 preuß. Eig.-Erw.-Ges. vom 5. Mai 1872 gegen die Beklagten nicht mehr zustehe, ist rechtlich nicht begründet. Die Aufhebung des Kaufvertrages ist wegen des Fehlens einer bei einem Hausgrundstücke gewöhnlich vorausgesetzten Eigenschaft erfolgt, und der von den Beklagten der Klage entgegengesetzte Einwand der Vertragsaufhebung fällt mit dem ihnen gegen ihre Verkäufer zustehenden Anspruch auf Gewährleistung aus dem Kaufvertrage zusammen. Übt aber der Käufer das ihm wegen des Gewährsmangels zustehende Rücktrittsrecht von dem Kaufvertrag aus, so wird dadurch dieser nicht rückwärts und mit dinglicher Wirkung aufgehoben; die Parteien werden vielmehr nur gegenseitig verpflichtet, den ursprünglichen Rechtszustand durch Zurückgewährung der empfangenen Leistungen wiederherzustellen (§ 327 A.L.R. I. 5). Hat in dem Kaufvertrage der Käufer Verbindlichkeiten gegen einen Dritten in einer diesen berechtigenden Weise übernommen, so erlangt er zwar mit dem Rücktritte gegen seinen Verkäufer den Anspruch auf Befreiung von denselben; dieser Anspruch geht aber, weil der Rücktritt Wirkung nur unter den Parteien hat, nur gegen den Verkäufer und nicht auch gegen den Dritten, weshalb die Aufhebung des Kaufvertrages sich auf die zu seinen Bestandteilen gehörenden Verbindlichkeiten gegen den Dritten nur insofern erstreckt, als der Verkäufer verpflichtet wird, den Käufer von diesen Verbindlichkeiten zu befreien. Die Rechte des Dritten gegen den Käufer erlöschen mithin nicht schon durch die Aufhebung des Kaufvertrages, sondern erst durch die Befreiung des Käufers von denselben. Sache des Käufers ist es, sich vor der Rückgabe des empfangenen Kaufgegenstandes von dem Verkäufer Sicherheit dafür gewähren zu lassen, daß er von seinen Verbindlichkeiten gegen den Dritten werde befreit werden.

Erfolgt ein Grundstückskauf unter Übernahme der auf dem Grundstücke haftenden Hypothek in Anrechnung auf das Kaufgeld, so erlangt der Hypothekengläubiger durch die Thatsache der Grundstücksauflassung gegen den Erwerber die selbständige Klage auf Zahlung der Schuld, zu deren Sicherung die übernommene Hypothek bestellt ist. Diese Klage erwirbt der Hypothekengläubiger ohne seinen Beitritt zum Kaufvertrag; ihr können daher auch keine Einwendungen entgegengesetzt werden, welche der Käufer aus dem Kaufvertrage . . . gegen seinen Verkäufer herleiten kann; sie kann ihm insbesondere nicht durch die ohne seine Mitwirkung erfolgte Aufhebung des Kaufvertrages entzogen werden. Dabei macht es keinen Unterschied, ob diese Aufhebung durch die gegenseitige Einwilligung des Verkäufers und des Käufers erfolgt, oder ob sie, worauf der Berufungsrichter Wert legt, von dem Käufer gegen den Willen des Verkäufers durch gerichtliches Urteil erzwungen worden ist. Der Käufer erlangt allerdings durch die Aufhebung des Kaufvertrages gegen seinen Verkäufer den Anspruch auf Rückzahlung des Kaufpreises, und damit auch den Anspruch auf Befreiung von der an die Stelle der Barzahlung getretenen Schuldübernahme; aber diesen Anspruch gegen seinen Verkäufer hat er nicht auch gegen den Hypothekengläubiger; diesem bleibt er vielmehr solange verhaftet, als ihn nicht sein Verkäufer von der Schuldübernahme befreit hat.

Die Loslösung der Schuldübernahme von den persönlichen Beziehungen zwischen Verkäufer und Käufer aus dem der Schuldübernahme zu Grunde liegenden Kaufvertrag entspricht nicht nur dem Wortlaut und dem erkennbaren Zwecke des angezogenen § 41, sondern auch den Bedürfnissen des Verkehrs. Auf die Thatsache der Schuldübernahme und des Grundstückserwerbes hin muß der Hypothekengläubiger über seine Forderung verfügen, sie einziehen und abtreten und aus ihr den bisherigen Schuldner entlassen können. Dürften ihm aus dem der Schuldübernahme zu Grunde liegenden Rechtsverhältnisse Einwendungen entgegengesetzt werden, so würde er, wie Turnau, Grundbuchordnung 5. Aufl. Bd. 1 S. 794, mit Recht hervorhebt, in einer üblen Lage sein; denn er würde nach der Übernahme nicht nur nie sicher wissen, wen er mit Erfolg als seinen Schuldner in Anspruch nehmen könnte, sondern auch nicht, ob seine Verfügungen unanfechtbare sind. Dementgegen kann sich der Käufer vor Nachteil bewahren; er kennt den vollen Umfang seiner Verbindlichkeiten sowohl gegen den Verkäufer wie gegen Dritte; er kann sich wegen seiner Befreiung von denselben sichern; er trägt die Verantwortung, wenn er unterlassen hat, abzuwägen, ob die Aufhebung des Vertrages, oder die Geltendmachung seines Erfüllungs- oder Schadensanspruches seinem Interesse entspricht, und wenn ihn infolge dieser Unterlassung ein Nachteil trifft.

In der Berufungsinstanz haben die Beklagten die Einrede wiederholt, daß die Verkäufer des Grundstückes das Vorhandensein des Schwammes schon beim Verkaufe gekannt hätten. . . . Das Berufungsgericht hat diese Einrede nicht geprüft. Sie ist als rechtlich unbegründet zu verwerfen.

Die Anfechtung des Kaufvertrages wegen Betrugs hebt denselben ebensowenig rückwärts mit dinglicher Wirkung auf, wie diejenige wegen Irrtums; die rechtliche Existenz der Schuldübernahme kann daher durch die Anfechtung wegen Betrugs ebensowenig erschüttert werden, wie durch die wegen Irrtums. Zwar bestimmt § 89 A.L.R. I. 4, daß, wenn ein Dritter den Erklärenden ohne Zutun des Anderen, zu dessen Gunsten die Erklärung geschieht, hintergangen hat, die Beschaffenheit des Irrtums entscheiden soll, ob der Erklärende an seine Willenserklärung gebunden sei, oder nicht; ein Dritter im Sinne dieser Vorschrift ist aber nur derjenige, welcher nicht selbst Vertragschließender ist. Bei der auf einen Kaufvertrag gestützten Schuldübernahme ist der Verkäufer nicht nur bezüglich des Kaufvertrages, sondern auch bezüglich der Schuldübernahme Mitkontrahent, weshalb der § 89 auf den vorliegenden Fall keine Anwendung findet." . . .

66. Kann ein Notariatsakt, welcher deshalb nichtig ist, weil in ihm die Angabe des Grundes fehlt, weshalb ein Beteiligter die Verhandlung mit Handzeichen versehen, statt unterschrieben, hat, dadurch rechtswirksam werden, daß der Notar und der Schreibzeuge in einem Nachtragsatteste diesen Grund angeben und bescheinigen?

V. Civilsenat. Urt. v. 11. Februar 1899 i. S. R. Ehel. (Bekl.) w. Ch. Ehefr. (Kl.). Rep. V. 246/98.

I. Landgericht Ratibor.
II. Oberlandesgericht Breslau.

Der verstorbene Rudolf R. — Sohn der Beklagten und erster Ehemann der Klägerin — war als Miteigentümer eines Grundstückes eingetragen. Er war von den Beklagten und der Klägerin beerbt worden. Durch notariellen Vertrag vom 5. Februar 1894 hatten die Beklagten den Anteil des Rudolf R. an dem Grundstücke und die übrigen Nachlaßgegenstände der Klägerin für 700 *M* und gegen die Verpflichtung, sämtliche Nachlaßschulden zu bezahlen oder die Beklagten von der Mithaftung für diese Schulden zu befreien, übertragen. Die Klägerin, welche behauptete, die ihr aus dem Vertrage obliegenden Verpflichtungen bereits vollständig erfüllt zu haben, klagte auf Auflassung.

Der erste Richter erkannte dem Klagantrage gemäß. In zweiter Instanz behaupteten die Beklagten die Ungültigkeit des notariellen Vertrages deshalb, weil die verklagte Ehefrau den Vertrag nur unterkreuzt habe, und in dem Vertrage der gesetzlich vorgeschriebene Vermerk fehle, weshalb sie nicht unterschrieben, sondern nur unterkreuzt habe. Demgegenüber wiesen die Kläger darauf hin, daß sich unter dem Vertrage folgender, vom Notar und von den zu jenem Vertrage zugezogenen Schreibzeugen am 6. Juni 1896 vollzogener Vermerk befinde:

„Es wird nachträglich bescheinigt, daß Marianna R., geb. R., die vorstehende Verhandlung vom . . . unterkreuzt hat, weil sie des Schreibens unkundig ist."

Das Reichsgericht hat die in der Überschrift aufgeworfene Frage in Übereinstimmung mit dem Berufungsrichter verneint, aus folgenden

Gründen:

. . . „Zutreffend ist die Annahme des Berufungsrichters, daß die notarielle Urkunde vom 5. Februar 1894 deshalb, weil in ihr der Grund, aus welchem die verklagte Ehefrau den Vertrag unterkreuzt, statt unterschrieben, hat, nicht angegeben ist, nach den durch das Gesetz vom 15. Juli 1890 (insbesondere durch dessen § 6) nicht aufgehobenen § 14 Ziff. 3, §§ 41 und 42 der Notariatsordnung vom 11. Juli 1845,

vgl. Entsch. des R.G.'s in Civils. Bd. 37 S. 321; Jurist. Wochenschr. 1898 S. 187 Nr. 87,

... nichtig sei.... Richtig ist ferner die Ausführung des Berufungsrichters, daß der wesentliche Mangel der notariellen Vertragsurkunde aus § 14 Ziff. 3 der Notariatsordnung durch das Nachtragsattest vom 6. Juni 1896 nicht geheilt ist. Die Notariatsordnung legt nur den mit Beobachtung der wesentlichen Förmlichkeiten vom Notar aufgenommenen Urkunden die Bedeutung öffentlicher Urkunden bei. Das notarielle Protokoll setzt sich nach den §§ 10—15 der Notariatsordnung aus mehreren Teilen zusammen, welche ein Ganzes dergestalt bilden, daß, wenn ein Teil fehlt, dem Vorhandenen die Bedeutung einer notariellen Urkunde mangelt. Ein wesentlicher Teil des Protokolles ist das im § 14 vorgeschriebene Schlußattest und die Unterschrift des Notars. Mit der letzteren ist der notarielle Akt beendet, das Protokoll geschlossen (§§ 14. 15). Daraus ergiebt sich, daß es unzulässig ist, die einzelnen Teile, aus welchen sich das Protokoll zusammensetzt, in verschiedene Akte zu trennen. Wird das Protokoll mit den Erklärungen der Parteien und mit deren Unterschriften geschlossen, und das Schlußattest in einem besonderen Akte erteilt, so liegt keine öffentliche Urkunde im Sinne der Notariatsordnung vor. Daraus ergiebt sich aber auch ferner, daß wesentliche Mängel des Protokolls nach dessen Abschlusse durch nachträgliche ergänzende Atteste des Notars und des Unterschriftszeugen nicht geheilt werden können. Das mit dem Mangel behaftete Protokoll ist eben wegen dieses Mangels keine gültige Notariatsurkunde, und einem Nachtragsatteste des Notars und des Zeugen wird von der Notariatsordnung die Bedeutung einer solchen nicht beigelegt. Die in der Litteratur (Weißler, Notariatsordnung S. 257. 258) vertretene abweichende Ansicht ist danach nicht haltbar." ...

67. Inwieweit ist in Ehesachen gegenüber dem Umstande, daß ein Ehegatte wegen Blödsinns entmündigt worden, der Beweis zulässig, daß dem Ehegatten gewisse Ehevergehen doch zuzurechnen seien?

A.L.R. II. 1 §§ 699. 700, I. 1 § 28, I. 4 §§ 21. 22. 26, I. 6 § 41, I. 12 § 21.
C.P.O. § 603.

IV. Civilsenat. Urt. v. 13. Februar 1899 i. S. D. Ehefr. (Kl.) w. D. (Bekl.). Rep. IV. 291/98.

I. Landgericht I Berlin.
II. Kammergericht daselbst.

Auf die Klage der Ehefrau war vom ersten Richter die Ehe der Parteien getrennt, und der Beklagte für den allein schuldigen Teil erklärt worden. Zufolge Berufung des Beklagten hat das Kammergericht die Klägerin abgewiesen. Auf die Revision der Klägerin ist vom Reichsgericht das Berufungsurteil aufgehoben, und die Sache in die Vorinstanz zurückverwiesen worden, aus folgenden

Gründen:

„Die Klage ist in zweiter Instanz nur auf die Scheidungsgründe aus den §§ 699. 700 A.L.R. II. 1 gestützt worden. Die Klägerin behauptete nämlich

1. in Beziehung auf § 699 a. a. O., daß der Beklagte

a) im Oktober 1895 ihr gedroht habe, sie aus dem Fenster zu werfen, sodaß sie mit den Kindern habe flüchten müssen, und

b) gleichzeitig gedroht habe, sie auf der Straße niederzuschlagen,

c) durch Kartenbrief vom März 1896 gedroht habe, ihr Oleum ins Gesicht zu gießen,

2. in Beziehung auf § 700 a. a. O., daß der Beklagte

a) im jetzigen Rechtsstreit ihr leichtfertig den Vorwurf des Ehebruchs gemacht, und

b) in der offenen Packetfahrkarte vom 14. März 1898 den gleichen Vorwurf gegen sie erhoben habe.

Zugleich tritt sie gegenüber der Thatsache, daß der Beklagte wegen Blödsinns entmündigt ist, Beweis dafür an, daß die obigen Ehevergehen dem Beklagten zugerechnet werden müßten, weil er bei deren Begehung nicht geisteskrank gewesen sei.

Das Berufungsgericht hat die Klagegründe für nicht gerechtfertigt erachtet. . . . Demgegenüber mußte die Revision zum Teil für begründet gelten.

I. Hinsichtlich der zu 1 b, c behaupteten Hergänge nimmt das Berufungsgericht an, daß dieselben zur Anwendung des § 699 a. a. O. nicht ausreichten, weil es sich nicht um thätliche, sondern nur um mündliche und schriftliche Drohungen handle, welche gemäß § 701 a. a. O. für Personen gemeinen Standes, dem die Parteien angehörten, überhaupt keinen Scheidungsgrund abgäben.

In dieser Annahme läßt sich eine Gesetzesverletzung nicht erkennen. Der Auslegung, welche das Berufungsgericht dem § 699 giebt, steht die von Bornemann (Bd. 5 S. 200) wiedergegebene Äußerung von Suarez bei der revisio monitorum und das Präjudiz des vormaligen preußischen Obertribunals Nr. 1012 (Sammlung I S. 152) zur Seite. Die Erwägung, daß die Parteien dem gemeinen Stande angehörten, stellt sich als eine thatsächliche Feststellung dar, die offensichtlich auf Grund der vorliegenden amtlichen und sozialen Verhältnisse der Parteien getroffen ist und deshalb nicht noch besonderer Begründung bedurfte. Angesichts dieser Feststellung war für die Anwendung des § 702 a. a. O. kein Raum.

II. Nach weiterer Annahme des Berufungsgerichts soll die Behauptung zu 2 a nicht den Thatbestand des § 700 a. a. O. erfüllen, weil der Beklagte im jetzigen Rechtsstreite den Vorwurf des Ehebruchs gegen die Klägerin nicht widerrechtlich, sondern nur zur Schuldaufrechnung erhoben habe.

Diese Erwägung ist zu beanstanden, insofern der Zweck der Schuldaufrechnung nicht ohne weiteres die von § 700 vorausgesetzte böswillige Absicht der Ehrenkränkung ausschließt. Indeß führt dieses Bedenken nicht zur Aufhebung des Berufungsurteils, da das hier fragliche Ehevergehen des Beklagten erst im jetzigen Rechtsstreite, dessen Einleitung nicht vor den April 1896 fällt, erfolgt sein soll, und deshalb dagegen der unter 3 zu erörternde Entscheidungsgrund des Berufungsgerichts durchgreift.

III. Anlangend die schließlichen Behauptungen der Klägerin zu 1 a und 2 b geht das Berufungsgericht zwar davon aus, daß dieselben an sich die Anwendung der §§ 699. 700 a. a. O. rechtfertigen würden, verwirft sie aber deshalb, weil die bezüglichen Ehevergehen dem Beklagten nicht zugerechnet werden könnten. Denn diese, so wird ausgeführt, sollten im Oktober 1895, bezw. im März 1898 vorgekommen sein. Der Beklagte sei indes bereits durch amtsgerichtlichen Beschluß vom 11. November 1895 wegen Blödsinns entmündigt, nachdem das bezügliche Verfahren schon am 17. April 1895 zur Einleitung gebracht worden. Demgegenüber müsse der Beweisantritt der Klägerin dafür, daß die hier fraglichen Handlungen dem Beklagten doch zuzurechnen seien, grundsätzlich abgelehnt werden, weil der Beklagte zufolge des für die Feststellung seines Geisteszustandes ausschließlich maßgebenden Entmündigungsbeschlusses so lange für blödsinnig zu gelten habe, als dieser nicht gemäß § 616 C.P.O. wieder aufgehoben sei.

Dieser Ausführung kann nicht völlig beigetreten werden.

Bei Prüfung der Frage, ob und inwieweit gegenüber der Thatsache, daß der Beklagte im gerichtlichen Entmündigungsverfahren durch Beschluß vom 11. November 1895 wegen Blödsinns entmündigt ist, die Beweisbehauptung der Klägerin, daß dem Beklagten die fraglichen Ehevergehen doch zuzurechnen seien, statthaft ist, muß auf den § 603 C.P.O. zurückgegangen werden, welcher in Abs. 2 bestimmt, daß die Entmündigung mit der Mitteilung des Entmündigungsbeschlusses an die Vormundschaftsbehörde in Kraft treten soll. Unter dem Inkrafttreten der Entmündigung sind naturgemäß deren bürgerlichrechtliche Wirkungen zu verstehen. Welche Wirkungen dies sind, bemißt sich, worüber man in der Reichs-Justiz-Kommission einig gewesen ist, nach dem maßgebenden Civilrechte.

Vgl. Motive S. 370. 374; Protokolle S. 721; v. Wilmowski u. Levy Bem. 3, Gaupp Bem. III, Förster Bem. 2.

Nach dem vorliegend maßgebenden preußischen Allgemeinen Landrecht gelten zufolge § 28 I. 1 als Blödsinnige solche Personen, denen das Vermögen mangelt, die Folgen ihrer Handlungen zu überlegen. Nach § 26 I. 4 gilt von Willenserklärungen der Blödsinnigen, die unter Vormundschaft genommen sind, das für Unmündige Verordnete, d. h. laut §§ 21. 22 daselbst die Unfähigkeit, sich zu verpflichten. Nach § 41 I. 6 kann bei schädigenden Handlungen der Blödsinnigen nur der Ersatz des unmittelbaren Schadens aus deren Vermögen gefordert werden. Laut § 21 I. 12 sind Blödsinnige, so lange sie unter Vormundschaft stehen, zur Errichtung letztwilliger Verordnungen unfähig. Von der civilrechtlichen Handlungsfähigkeit ist der Pflichtenkreis, welcher den Eheleuten gegen einander nach §§ 173 flg.., 747 II. 1 auferlegt ist, nicht auszuschließen, da für die Erfüllung dieser Pflichten die Fähigkeit zu sittlicher Überlegung erforderlich ist. Danach läßt sich mit dem Berufungsgericht allerdings annehmen, daß im Sinne des § 603 Abs. 2 C.P.O. die Entmündigung eines Ehegatten dahin wirksam wird, daß Handlungen, die an sich als Scheidungsgrund gelten, ihm, sofern er solche nach dem in § 603 Abs. 2 a. a. O. bezeichneten Zeitpunkt oder doch seit seiner demnächstigen Stellung unter Vormundschaft begeht, nicht zugerechnet werden dürfen, und der Gegenbeweis, daß dieselben im Zustande der Handlungsfähigkeit vorgenommen seien, nicht zuzulassen ist. Dagegen muß mit Bezug auf Ehevergehen, die der entmündigte Ehegatte vor dem im § 603 a. a. O. bestimmten Zeitpunkte begeht, jener Gegenbeweis offen stehen.

Vgl. Entsch. des R.G.'s in Civils. Bd. 4 S. 164, Bd. 35 S. 204.

Von dieser rechtlichen Grundlage aus ergiebt sich für den vorliegenden Rechtsfall folgendes. Ber Beklagte ist durch amtsgerichtlichen Beschluß vom 11. November 1895 entmündigt und infolgedessen im Januar 1896 unter Vormundschaft gestellt. Nun soll dessen Ehevergehen zu 2 b erst im März 1898 vorgekommen sein. Deshalb ist bezüglich dieses Vergehens der Gegenbeweis vom Berufungsgericht mit Recht ausgeschlossen. Das Vergehen zu 2 a (oben zu II) kann nicht vor dem April 1896 datieren, und daher muß in Ansehung desselben der Gegenbeweis auch versagen. Anders stellt sich die Sache in betreff des Ehevergehens zu 1 a. Dieses soll im Oktober 1895, also schon vor Erlassung des Entmündigungsbeschlusses, erfolgt sein. Das Berufungsgericht bemerkt zwar, daß das Entmündigungsverfahren bereits am 17. April 1895 eingeleitet worden sei. Dieser Bemerkung kann aber eine rechtliche Bedeutung nicht beigemessen werden. Deshalb ist in Bezug auf das Ehevergehen zu 1 a die Abschneidung des Gegenbeweises seitens des Berufungsgerichts nicht zu billigen.

Dieses Ergebnis führt zur Aufhebung des Berufungsurteils und zur Zurückverweisung der Sache in die Vorinstanz."

68. Findet der § 301 A.L.R. I. 5 auch auf die Wandelpön im Sinne der §§ 312. 313 ebenda Anwendung?

V. Civilsenat. Urt. v. 15. Februar 1899 i. S. G. (Bekl.) w. K. Ehel. (Kl.). Rep. V. 290/98.

I. Landgericht Graudenz.
II. Oberlandesgericht Marienwerder.

Die Kläger hatten mittels privatschriftlichen Vertrages vom 4. November 1896 ihr zu Löbau Westpr. belegenes Mühlengrundstück an den Beklagten verkauft. Letzterer erklärte dann auf Grund des § 4 des Vertrages, worin beiden Teilen das Recht vorbehalten war, binnen 14 Tagen von dem Vertrage gegen Erlegung einer Konventionalstrafe von 4000 ℳ zurückzutreten, diesen Rücktritt, verweigerte jedoch Zahlung der Konventionalstrafe in Höhe von 2000 ℳ und wandte gegen die dieserhalb erhobene Klage ein, daß nach § 301 A.L.R. I. 5 eine vorbedungene Konventionalstrafe den doppelten Betrag des Interesses des Gläubigers nicht übersteigen dürfe, im vorliegenden Falle aber der durch seinen Rücktritt entstandene Schade des Klägers höchstens 1000 ℳ betrage. Beide vordere Instanzen verwarfen den Einwand, weil es sich bei dem geltend gemachten Klaganspruche nicht um eine eigentliche Konventionalstrafe, sondern um eine Wandelpön handle, auf welche die beschränkende Vorschrift des § 301 A.L.R. I. 5 keine Anwendung finde.

Die von dem Beklagten eingelegte Revision ist zurückgewiesen worden aus folgenden

Gründen:

. . . „Der Berufungsrichter hat die Gründe seiner Entscheidung den Ausführungen von Gruchot in dessen Beiträgen zur Erläuterung des preußischen Rechts Bd. 2 S. 156. 157, sowie von Förster-Eccius, Preußisches Privatrecht Bd. 1 § 108 (7. Aufl. S. 737) entnommen, und diese Ausführungen müssen im wesentlichen als zutreffend anerkannt werden.

Allerdings behandelt das Allgemeine Landrecht, im Gegensatze zur Systematik anderer Gesetzbücher (vgl. insbesondere die §§ 339 flg. 359 des Bürgerlichen Gesetzbuches für das Deutsche Reich), äußerlich die Wandelpön nicht als ein besonderes, gegenüber der Konventionalstrafe selbständiges Institut, sondern faßt sie mit der letzteren unter einem einheitlichen, sich auf die §§ 292—316 I. 5 beziehenden Marginale zusammen. Allein abgesehen davon, daß die hier gegebene Regelung der Wandelpön keine erschöpfende ist, ein besonderer Anwendungsfall derselben vielmehr sich auch noch an einer anderen Stelle (§§ 212 — 216 A.L.R. I. 5) erwähnt findet, kann die systematische Gruppierung des Rechtsstoffes in einem Gesetzbuch für die Entscheidung der Frage, inwieweit die für ein Institut gegebenen Rechtsregeln auf andere Institute Anwendung zu finden haben, dann nicht maßgebend sein, wenn die zu äußerlicher Einheit verbundenen Institute ihrem inneren Wesen nach verschiedenartig sind. Dies trifft aber bei der Konventionalstrafe und der Wandelpön unzweifelhaft zu. Während das Charakteristische der ersteren darin besteht, daß für den Fall der verschuldeten Nichterfüllung oder der verzögerten Erfüllung eine Strafleistung vereinbart wird, macht die Verabredung einer Wandelpön die Obligation nur zu einer resolutiv bedingten; der Verpflichtete erhält dadurch das Recht, sich gegen Übernahme einer Strafe von seiner Verbindlichkeit loszumachen. Die Verpflichtung zur Zahlung der Strafe tritt für ihn erst dann ein, wenn er von dem Rechte der Auflösung Gebrauch macht.

Vgl. Urt. des erkennenden Senates vom 18. September 1895, Rep. V. 58/95, teilweise abgedruckt in der Juristischen Wochenschr. 1895 S. 487 Nr. 40.

Zu weit geht allerdings die vom Berufungsrichter gebilligte Ansicht von Eccius a. a. O., daß, im Gegensatze zu der Konventionalstrafe, welche das Erfüllungsinteresse des Gläubigers ersetze, die Wandelpön das Aufhebungsinteresse des Schuldners darstelle. Vielmehr hat die letztere, wie Rehbein, Entscheidungen des Obertribunals Bd. 1 S. 512, richtig bemerkt, eine Doppelfunktion: sie fixiert einerseits vertragsmäßig das Interesse, welches der Gläubiger für den Fall, daß der Vertrag durch den Rücktritt des Schuldners aufgehoben wird, vergütet erhalten soll; andererseits bringt sie aber, indem sie einen Erfüllungsanspruch des Gläubigers ausschließt, dadurch zugleich das Interesse des Schuldners, d. h. den Vorteil zur vertragsmäßigen Festsetzung, den dieser dadurch erlangt, daß er sich von der Vertragserfüllung durch Erlegung des Reugeldes befreien kann. Vermöge der ersteren Funktion hat die Wandelpön die Natur der Konventionalstrafe; sie läßt sich deshalb der für diese geltenden Vorschrift des § 304 A.L.R. I. 5 unterstellen.

Vgl. Entsch. des Obertribunals Bd. 19 S. 94.

Ebenso zeigt sie sich als Konventionalstrafe in dem weiteren von der vormaligen höchstrichterlichen Rechtsprechung,

vgl. Entsch. des Obertrib. Bd. 44 S. 1; Entsch. des R.O.H.G.'s Bd. 24 S. 120,

angenommenen Rechtsgrundsatze, daß der Schuldner auch ohne die in § 316 A.L.R. I. 5 vorgesehene schriftliche Erklärung zur Erlegung der Wandelpön verpflichtet wird, wenn er durch sein schuldhaftes Verhalten die Vertragserfüllung unmöglich gemacht hat.

Vgl. Förster-Eccius, a. a. O. S. 737 Anm. 57.

Dagegen steht der Anwendung des § 301 A.L.R. I. 5 auf die Wandelpön deren oben hervorgehobene zweite Funktion entgegen. Ist die Wandelpön dazu bestimmt, dem Schuldner die Lösung des Vertragsverhältnisses in seinem Interesse zu ermöglichen, so erscheint es hiermit schlechterdings nicht vereinbar, daß er sich dabei zugleich auf eine Gesetzesvorschrift sollte berufen können, die den Zweck hat, ihn vor Ansprüchen seines Gläubigers in Fällen zu schützen, in denen die Geltendmachung dieser Ansprüche eine übermäßige Härte für ihn enthält. Die Ansicht, daß aus diesem Grunde der angeführte § 301 auf die Wandelpön nicht anwendbar sei, wird, außer von den bereits erwähnten Schriftstellern, auch von Rehbein, a. a. O. S. 513, vertreten. Desgleichen hat sich ihr der erkennende Senat bereits in einem Urteil vom 4. Mai 1895 (abgedruckt in Gruchot's Beiträgen zur Erläuterung des deutschen Rechts Bd. 39 S. 903) angeschlossen, dort allerdings ohne nähere Begründung, da die damalige Sachlage ein Eingehen auf die gegenwärtig zur Entscheidung stehende Streitfrage erübrigte.

Die Revision sucht schließlich noch auszuführen, daß die Anwendbarkeit des § 301 vom Berufungsrichter auch aus dem Grunde zu Unrecht verneint worden sei, weil aus dem Vertragsinhalt in Verbindung mit dem Gebrauch des Wortes „Konventionalstrafe" als Wille der Parteien zu entnehmen sei, daß die vereinbarte Abstandssumme von 4000 ℳ ausschließlich das Interesse des Gläubigers decken, also nach der in § 292 A.L.R. I. 5 für die Konventionalstrafe gegebenen Begriffsbestimmung die Natur der letzteren haben solle.

Der Angriff scheitert indes an dem klaren Wortlaute des § 4 des Vertrages und der hiermit in Einklang befindlichen Auslegung, die ihm der Berufungsrichter giebt. Danach ist von den Parteien die Verabredung einer Wandelpön im Sinne des § 312 A.L.R. I. 5, nicht einer eigentlichen Konventionalstrafe gewollt. Selbst wenn aber die von der Revision vertretene gegenteilige Auffassung richtig wäre, würde daraus keineswegs folgen, daß die Vertragsstrafe der Beschränkung des § 301 unterliegen müßte. Denn nach der ausdrücklichen Vorschrift des § 313 ebenda ist auch eine solche Strafe, wodurch das Interesse des anderen Teils (d. h. des Gläubigers) auf den Fall, wenn der Vertrag ganz rückgängig werden sollte, bestimmt wird, für eine Wandelpön anzusehen, sofern nicht ein Anderes aus der Verabredung selbst hervorgeht. Daß die letztere Voraussetzung im vorliegenden Falle nicht zutrifft, ist bereits erwähnt." . . .

69. Steht demjenigen Mitgliede eines zum Zwecke der notwendigen Erhöhung des Grundkapitals einer Aktiengesellschaft gebildeten Konsortiums, welches für Rechnung eines sich weigernden Konsorten die von diesem übernommenen Aktien gezeichnet und bezahlt hat, ein Anspruch auf Erstattung des gezahlten Betrages gegen den Konsorten zu?

A.L.R. I. 16 § 46, I. 13 §§ 234—237, I. 5 § 270.

I. Civilsenat. Urt. v. 18. Februar 1899 i. S. Aktiengesellschaft Berliner Privatpost und Spedition und W. (Kl.) w. A. & Sp. (Bekl.). Rep. I. 363/98.

I. Landgericht I Berlin.
II. Kammergericht daselbst.

Die Aktiengesellschaft Berliner Privatpost und Spedition beabsichtigte im Sommer 1896 eine Erhöhung ihres Aktienkapitals. In der zur Beschlußfassung hierüber auf den 28. August 1896 berufenen Generalversammlung wurde ein vom 27. August 1896 datiertes Schriftstück folgenden Wortlautes bekannt gegeben:

„Hierdurch beteilige ich mich an dem Konsortium, welches der Berliner Privatpost und Spedition, Aktiengesellschaft, die Begebung eines Mindestbetrages von 125 000 *M* Aktien oder Vorzugsaktien der in der Generalversammlung vom 28. cr. zu beschließenden Kapitalserhöhung garantiert, mit dem untenstehenden Betrage:“

worauf dann eine Reihe von Namen mit danebenstehenden Geldbeträgen, darunter die Firma der Beklagten mit dem Betrage von 5000 *M*, folgen. In der Generalversammlung wurde hierauf die Kapitalserhöhung beschlossen. Dieselbe ist, nachdem die Zeichnung und Einzahlung des erhöhten Kapitals erfolgt war, am 12. Januar 1897 in das Handelsregister eingetragen, und es sind demnächst die neuen Aktien an die Zeichner ausgehändigt worden.

Die Beklagten, welche von dem Vorstande der mitklagenden Aktiengesellschaft am 16. Oktober 1896 brieflich aufgefordert worden waren, gemäß ihrer in dem Schriftstück vom 27. August 1896 übernommenen Verpflichtung 5000 *M* der neuen Aktien zu zeichnen und einzuzahlen, antworteten hierauf am folgenden Tage, daß der Aktiengesellschaft „gegen Einlieferung von fünf neuen Aktien der Privatpost 5000 *M* zur Verfügung ständen“, versahen jedoch weder die Zeichnungsscheine mit ihrer Unterschrift, noch zahlten sie trotz erneuter Aufforderung vom 19. und 21. Oktober 1896 die geforderten 5000 *M*, und verharrten auch weiter bei ihrer Weigerung, die Zeichnungsscheine zu unterschreiben. Infolgedessen zeichnete am 30. November 1896 der Kläger F. W., wie die Kläger behaupten, für Rechnung der Beklagten die fehlenden 5000 *M* neuer Aktien und zahlte dafür den Betrag von 5000 *M* nebst den laufenden Stückzinsen ein, erhielt auch nach erfolgter Eintragung der Kapitalserhöhung die gezeichneten fünf Aktien ausgehändigt. Nachdem diese Aktien den Beklagten von beiden Klägern gegen Zahlung des Kapitalbetrages von 5000 *M* wiederholt vergeblich angeboten worden waren, erhoben die beiden Kläger gegen die Beklagten Klage, mit dem Antrage,

die Beklagten zu verurteilen, nach ihrer Wahl an einen der Kläger gegen Abnahme von 5000 *M* neuer Aktien der klagenden Gesellschaft 5000 *M* nebst 4 Prozent Stückzinsen vom 20. Oktober bis zum 30. November 1896 und 6 Prozent Verzugszinsen seit dem 30. November 1896 zu zahlen.

Die Kläger behaupteten, daß die Unterzeichner des Schriftstückes vom

27. August 1896 mündlich vereinbart hätten, daß alsbald nach Fassung des Beschlusses auf Erhöhung des Aktienkapitals in der Generalversammlung die Zahlungen zur Kasse der Gebrüder Sch. geleistet werden sollten, und daß das Schriftstück vom 27. August 1896 von den Konsorten dem Aufsichtsrate und dem Vorstande der klagenden Gesellschaft vorgelegt worden sei. Sie hielten ihren Klagantrag für begründet, weil der Mitkläger F. W. eine Verpflichtung der Beklagten erfüllt habe und dadurch an die Stelle des Gläubigers getreten sei, oder weil derselbe ohne Auftrag der Beklagten durch Zeichnung der Aktien und Einzahlung des Aktienkapitals für ihre Rechnung deren Geschäfte besorgt und sie dadurch vor dem Schaden eines gegen sie anzustellenden Prozesses bewahrt habe.

Die Beklagten beantragten Abweisung der Klage. Sie bestritten, daß der Mitkläger F. W. für ihre Rechnung gehandelt habe, bemängelten die Sachlegitimation der klagenden Aktiengesellschaft und bestritten endlich, daß der Mitkläger F. W. durch Legalcession oder aus Geschäftsbesorgung ohne Auftrag einen Anspruch auf Zahlung von 5000 ℳ gegen sie erworben haben könne.

Das Gericht erster Instanz verurteilte, unter Abweisung der Klage der mitklagenden Aktiengesellschaft, die Beklagten auf die Klage des Mitklägers F. W. nach dem Klagantrage. Die Berufung der Beklagten ist zurückgewiesen worden, ebenso die Revision aus folgenden

Gründen:

... „Das Berufungsgericht nimmt an, daß zwischen den Unterzeichnern des Schriftstückes vom 27. August 1896 und der Aktiengesellschaft Berliner Privatpost und Spedition ein Vertrag in der Weise zustande gekommen sei, daß die in dem Schriftstück enthaltene Offerte sämtlicher Unterzeichner, der Aktiengesellschaft die Übernahme von 125 000 ℳ neuer Aktien zu garantieren, von der Generalversammlung, als dem obersten Organ der Aktiengesellschaft, angenommen worden sei. Die durch diesen Vertrag von den Unterzeichnern des Schriftstückes der Aktiengesellschaft gegenüber übernommene Verpflichtung faßt das Berufungsgericht in Übereinstimmung mit dem ersten Richter dahin auf, daß die Unterzeichner nicht nur für die Zeichnung und Einzahlung der Summe von 125 000 ℳ einstehen, sondern sich auch zur eigenen Einzahlung dieser Summe verpflichten wollten, weil die Übernahme neuer Aktien von dritter Seite nach Lage der Umstände nicht zu erwarten war. Das Berufungsgericht nimmt ferner an, daß der Kläger W., indem er für 5000 ℳ Aktien für Rechnung der Beklagten gezeichnet und diesen Betrag eingezahlt habe, durch diese Tilgung der Verbindlichkeit der Beklagten gemäß § 40 A.L.R. I. 16 an die Stelle des befriedigten Gläubigers getreten sei und hierdurch oder durch Besorgung der Geschäfte der Beklagten ohne deren Auftrag einen Anspruch auf Erstattung der gezahlten 5000 ℳ gegen Herausgabe der dafür erhaltenen Aktien gegen die Beklagten erworben habe.

Gegen diese Begründung des Berufungsurteils bestehen mehrfache Bedenken. Zunächst ist nicht zu billigen, daß das Berufungsgericht meint, es sei durch Annahme der Offerte der Unterzeichner des Schriftstückes vom 27. August 1896 seitens der Generalversammlung ein Vertrag mit der Aktiengesellschaft zustande gekommen. Allerdings pflegt die Generalversammlung als das oberste Organ einer Aktiengesellschaft bezeichnet zu werden. Das geschieht insofern mit Recht, als die für das Bestehen und Gedeihen der Aktiengesellschaft wichtigsten Maßnahmen ihrer Beschlußfassung vorbehalten sind. Allein daraus folgt nicht die Befugnis der Generalversammlung, namens der Aktiengesellschaft mit dritten Personen zu kontrahieren. Der Generalversammlung, als einem Organe der Aktiengesellschaft, sind ebenso, wie den anderen Organen derselben, durch Gesetz und Statut bestimmte Funktionen zugewiesen. Zu diesen gehört die Vertretung der Aktiengesellschaft nach außen nicht. Daraus folgt, daß die Generalversammlung vom 28. August 1896 die Offerte der Unterzeichner des Schriftstückes vom 27. August nicht mit der Wirkung annehmen konnte, daß dadurch ein Vertrag zwischen den Unterzeichnern und der Aktiengesellschaft geschlossen wurde. Ferner kann die Anwendung des § 46 A.L.R. I. 16 auf das vorliegende Rechtsverhältnis nicht gebilligt werden. Wird ein Vertrag des oben angegebenen Inhaltes zwischen den Unterzeichnern und der Aktiengesellschaft unterstellt, so hat derselbe die Natur eines Vorvertrages, durch den sich die Unterzeichner verpflichteten, demnächst durch Zeichnung und Einlage Aktionäre der Gesellschaft zu werden. Auf ein solches Rechtsverhältnis leidet der § 46 A.L.R. I. 16, welcher nur die Zahlung einer Geldschuld betrifft, keine Anwendung. Endlich erscheint es unthulich, den Klaganspruch auf eine Geschäftsbesorgung ohne Auftrag oder auf eine nützliche

Verwendung zu gründen. Auch aus dem Gesichtspunkte einer zum Zwecke der Schadensabwendung erfolgten Geschäftsbesorgung (§§ 234—237 A.L.R. I. 13), welche in der Erwartung geschieht, daß der Geschäftsherr vernünftigerweise ebenso hätte handeln müssen, läßt sich ein Anspruch des Geschäftsbesorgers dann nicht rechtfertigen, wenn der Geschäftsherr seine Weigerung, das von dem Geschäftsbesorger vorgenommene Rechtsgeschäft selbst vorzunehmen, bereits erklärt hat, und diese Weigerung dem Geschäftsbesorger bekannt war. Dann ist die Geschäftsbesorgung eine unbefugte und nicht geeignet, einen Anspruch des Geschäftsbesorgers gegen den Geschäftsherrn zu begründen, soweit nicht eine Bereicherung des letzteren aus dem Vermögen des ersteren vorliegt. Um eine solche handelt es sich hier nicht. Dagegen steht fest, daß die Beklagten sich wiederholt geweigert haben, die neuen Aktien zu zeichnen, und daß dem Kläger dies bekannt war, als er die Aktienzeichnung für Rechnung der Beklagten bewirkte. Auf ein ausdrückliches Verbot des Geschäftsherrn, welches von dem Berufungsgericht vermißt wird, würde es nur ankommen, wenn die Begründung eines Schadensanspruchs des Geschäftsherrn gegen den Geschäftsbesorger in Frage stände; ein Fall, der nicht vorliegt (§§ 228—232. 249 flg. A.L.R. I. 13).

Ungeachtet dieser Bedenken gegen die Begründung des Berufungsurteiles ist dasselbe dennoch aufrecht zu erhalten, weil die Entscheidung sich aus anderen Gründen rechtfertigt (§ 526 C.P.O.).

Schon aus dem Wortlaute des Schriftstückes vom 27. August 1896 geht hervor, daß die Unterzeichner desselben zu einem Konsortium zusammengetreten waren, um der Aktiengesellschaft Berliner Privatpost und Spedition die Erhöhung ihres Aktienkapitals zu ermöglichen, indem sie derselben die Begebung neuer Aktien im Betrage von 125 000 ℳ garantierten. Wie das Berufungsgericht auf Grund der Zeugenaussagen . . . für bewiesen erachtet, konnte die beabsichtigte Kapitalserhöhung, deren die Aktiengesellschaft behufs der Beschaffung von Barmitteln notwendig bedurfte, mit Aussicht auf Erfolg nur beschlossen werden, wenn wenigstens 125 000 ℳ der neuen Aktien fest übernommen waren. Da nach der damaligen Lage der Gesellschaft eine Beteiligung dritter Personen bei der Aktienzeichnung nicht erwartet werden konnte, wurde versucht, die Garantie für die Beschaffung dieses Kapitals im Kreise der nächstinteressierten Personen zu erlangen, was auch im Laufe der Generalversammlung vom 28. August 1896 in der Weise gelang, daß sich von den in der Generalversammlung Anwesenden die Unterzeichner des vom vorhergehenden Tage datierten Schriftstückes bereit fanden, die verlangte Garantie zu übernehmen, indem jeder von ihnen zugleich denjenigen Betrag zeichnete, mit dem er für seine Person sich beteiligen wollte. Aus dieser Entstehung des Schriftstückes ergiebt sich aber, daß nicht bloß ein jeder der Unterzeichner sich zu der Garantieleistung oder Aktienzeichnung in Höhe der von ihm angegebenen Summe verpflichten wollte, sondern daß die Unterzeichner sich zu dem gemeinsamen Zwecke vereinigt haben, der Aktiengesellschaft das notwendige Kapital von 125 000 *M* zu verschaffen.

Da der Zweck dieser Kapitalbeschaffung nur erreicht wurde, wenn das ganze Kapital aufgebracht wurde, woran alle Unterzeichner interessiert waren, so muß weiter geschlossen werden, daß nach dem Vertragswillen der Unterzeichner ein jeder von ihnen allen anderen gegenüber zur Aufbringung der von ihm angegebenen Summe verpflichtet sein sollte.

Muß aber von dieser rechtlichen Stellung der Unterzeichner untereinander ausgegangen werden, so hatte jeder von ihnen, nachdem die Generalversammlung die Kapitalserhöhung beschlossen hatte, und zur Ausführung dieses Beschlusses geschritten werden sollte, gegen jeden der Mitunterzeichner den Anspruch darauf, daß derselbe den von ihm übernommenen Betrag neuer Aktien zeichne und deren Nominalbetrag einzahle. Der Kläger würde also, nachdem die Beklagten mit ihrer Leistung in Verzug geraten waren, indem sie die an sie ergangene Aufforderung zur Aktienzeichnung ablehnten, rechtlich in der Lage gewesen sein, die Beklagten zu der verweigerten Aktienzeichnung und demnächstigen Einzahlung des Nominalbetrages (ein anderer Zeichnungspreis kam den Umständen nach nicht in Frage) klagend anzuhalten und nach erfolgter Verurteilung die Zwangsvollstreckung gegen sie zu betreiben. Bei Einschlagung dieses Weges hätte aber die Erhöhung des Aktienkapitals, der der Konsortialvertrag die Wege ebnen sollte, bis zur Durchführung der Zwangsvollstreckung unausgeführt bleiben müssen. In dieser Weise war also der Vertragszweck, der auf alsbaldige Beschaffung der dringend notwendigen Barmittel für die Aktiengesellschaft gerichtet war, nicht zu erreichen. In so gearteten

Fällen findet von der Regel, daß die Erfüllung eines Vertrages nur seinem Inhalte nach beansprucht werden kann (§ 270 A.L.R. I. 5), eine Ausnahme dahin statt, daß der Berechtigte anstatt der verspäteten Leistung des Verpflichteten, welche wegen der Verfehlung ihres Zweckes nicht mehr als Vertragserfüllung erscheint und als solche nicht mehr angenommen zu werden braucht, sich, wenn möglich, die geschuldete Leistung anderweit beschaffen und den Verpflichteten auf Schadloshaltung in Anspruch nehmen darf. Dieser Satz gilt nicht nur für das gemeine Recht (Mommsen, Lehre von der Mora S. 257. 258), sondern auch für das preußische Allgemeine Landrecht (Dernburg, Bd. 2 § 72, Ziff. 6, 4. Aufl. S. 176) und ist in der Rechtsprechung wiederholt anerkannt worden.

Der Auszügler, dem die zu seinem Lebensunterhalte bestimmten Ausgedinge-Leistungen nicht rechtzeitig geliefert worden sind, ist für befugt erachtet worden, sich seinen Bedarf anderweit anzuschaffen und Geldentschädigung zu fordern.

Vgl. Entsch. des Obertribunals Bd. 39 S. 78.

Der Besteller eines Werkes, das nicht rechtzeitig fertig gestellt wird, kann vom Vertrage zurücktreten, das Werk durch einen Anderen herstellen lassen und sein Interesse liquidieren. Der Mieter, dem die gemietete Wohnung zur bedungenen Zeit nicht eingeräumt wird, muß sich eine andere Wohnung beschaffen; er kann deshalb vom Vertrage zurücktreten und sein Interesse geltend machen.

Vgl. Entsch. des Obertribunals Bd. 75 S. 74.

In gleicher Weise war der Kläger befugt, zur Beseitigung der Gefahr, daß durch den Verzug der Beklagten die beabsichtigte Erhöhung des Aktienkapitals gänzlich vereitelt werden möchte, die von der Beklagten nicht gezeichneten 5000 ℳ neuer Aktien selbst, und zwar nicht als freiwilliger Aktienzeichner, sondern, wie das Berufungsgericht auf Grund der Beweisaufnahme festgestellt hat, für Rechnung der Beklagten, zu zeichnen und zu bezahlen und dann von den Beklagten sein Interesse zu fordern. Diese Forderung geht aber in erster Linie auf die Erstattung der Summe, welche notwendig von ihm aufgewendet werden mußte, unter dem Erbieten zur Aushändigung der dafür erhaltenen Aktien. Auch die Zinsforderung des Klägers ist berechtigt." . . .

70. Ist auf Verträge über Lieferung von Lokomotiven die Steuerbefreiung 3 der Tarifstelle 32 des preußischen Stempelsteuergesetzes vom 31. Juli 1895 unanwendbar?

IV. Civilsenat. Urt. v. 20. Februar 1899 i. S. preuß. Steuerfiskus (Bekl.) w. Lokomotiv-Fabrik U. (Kl.). Rep. IV. 301/98.

I. Landgericht I Berlin.
II. Kammergericht daselbst.

Aus den Gründen:

. . . „Der Berufungsrichter hat erwogen:

Da die in Rede stehenden Lokomotiven unstreitig im Inlande im Betriebe der Klägerin hergestellt seien, hange die Entscheidung über die Anwendbarkeit der befreienden Ausnahmebestimmung 3 zu Tarifstelle 32 des Stempelsteuergesetzes vom 31. Juli 1895 lediglich davon ab, ob die nach Maßgabe des Vertrages gelieferten Lokomotiven als „Mengen von Sachen" im Sinne jener Gesetzesvorschrift anzusehen seien. Dabei müsse der vom Reichsstempelgesetze vom 29. Mai 1885 in der Anmerkung zur Tarifnummer 4 B zur Anwendung gebrachte und von der Judikatur festgestellte Begriff auch hier maßgebend bleiben, da es an jedem Anhalte dafür fehle, daß das neue preußische Stempelsteuergesetz denselben habe ändern wollen.

Um unter diesen Begriff zu fallen, brauchten die den Vertragsgegenstand bildenden Sachen nicht „vertretbare Sachen" im engeren Sinne zu sein; vielmehr umfasse der Mengen-Begriff auch solche Sachen, bei denen die individuelle Berücksichtigung lediglich auf Grund der besonderen Intention der Vertragschließenden in den Hintergrund trete, also die Fälle, in denen der Parteiwille zwar die Gattung der den Gegenstand des Vertrages bildenden Sachen besonders bestimme, das Sachindividuum aber nur als zu dieser Gattung gehörig und den anderen zu liefernden Gegenständen derselben Gattung vollkommen gleichwertig behandele.

Um einen Fall der letzteren Art handele es sich — abgesehen von der einen auszuscheidenden Tender-Lokomotive — auch hier bei den übrigen, aus vier Sorten bestehenden 20 Lokomotiven, von denen je 6, 5, 5 und 4 gleichartig hergestellt werden sollten. Jede dieser Zahlen (4, 5 und 6) sei groß genug, um nach dem Sprachgebrauche des Lebens als Menge bezeichnet werden zu können. Auch müsse angenommen werden, daß nicht jede der bezeichneten 20 Lokomotiven als individuelle Sache bestellt, vielmehr nur jede Gattung näher bestimmt, und jede einzelne Lokomotive nur als zu der betreffenden Gattung gehörig und den anderen Lokomotiven derselben Gattung vollkommen gleichwertig betrachtet und behandelt worden sei. Keine dieser 20 Lokomotiven habe der Befriedigung eines individuell gearteten Bedürfnisses dienen sollen. Vielmehr handele es sich um Lokomotiven, deren Herstellung unter Zugrundelegung der von der preußischen Staatsbahnverwaltung für die Anfertigung solcher Lokomotiven festgestellten Bedingungen und Beschreibungen habe stattfinden sollen, und welche den nach denselben Bestimmungen auf Bestellung der Eisenbahnbehörde auch von anderen Fabriken in großer Zahl gefertigten Lokomotiven hätten gleich sein müssen, um in Abwechselung mit solchen gleichartigen Maschinen in einem großen räumlichen Bezirke zum Betriebe der Staatseisenbahnen verwendet werden zu können.

Bei solchem Zurücktreten aller Individualität dieser zusammen zwanzig Lokomotiven erscheine es gerechtfertigt, bezüglich derselben die Voraussetzung der in Frage stehenden Befreiungsvorschrift für gegeben zu erachten.

Diese Ausführungen geben zu rechtlichen Bedenken keinen Anlaß; vielmehr stimmen dieselben im wesentlichen mit denjenigen allgemeinen Gesichtspunkten überein, welche vom jetzt erkennenden Senate in letzter Zeit mehrfach (namentlich in den Urteilen vom 24. Oktober 1898 in Sachen preuß. Fiskus wider v. d. Z. & Ch., Rep. IV. 122/98[1], und vom 24. November 1898, Rep. IV. 159/98, Jurist. Wochenschr. von 1899 S. 83 Nr. 28) bei der Beurteilung von Verträgen über die Lieferungen von Eisenbahnwagen entwickelt worden sind.

Allerdings war in einer — ebenfalls seitens des jetzt erkennenden Senates ergangenen — älteren Entscheidung vom 31. März 1887, Rep. IV. 358/86, die damals vom Berufungsgericht ausgesprochene Ansicht gebilligt worden, daß die Lokomotiven, welche dort den Gegenstand von Lieferungsverträgen gebildet hatten, als individuelle, einzeln für sich bestehende Sachen, also nicht als eine „Menge" anzusehen seien. Es handelte sich damals aber in erster Linie um eine für

[1] S. Bd. 42 dieser Sammlung Nr. 61 S. 255. D. R.

bedenkenfrei erklärte thatsächliche Feststellung, und diejenigen Erwägungen allgemeinerer Art, welche daran in jenem Urteile geknüpft wurden, sind in späteren Entscheidungen des Reichsgerichts modifiziert worden. Demgemäß wurde auch vom Finanzminister durch ein Reskript vom 17. Oktober 1889, III. 15 055,

vgl. Hoyer-Gaupp, 5. Aufl. S. 714 Nr. 26f Anm. 1,

ausgesprochen, daß nach der weiten Auslegung, welche das Reichsgericht dem Begriffe der vertretbaren Sachen gegeben habe, sich nicht werde in Abrede stellen lassen, daß auch Lokomotiven zu den „Mengen von Sachen" im Sinne der Anmerkung zur Tarifposition 4 des Reichsstempelgesetzes vom 29. Mai / 3. Juni 1885 zu rechnen seien. Ebenso hat der Finanzminister im Reskripte vom 13. März 1893, III. 3165,

vgl. Hoyer-Gaupp, S. 724 Nr. 27r,

später nochmals erklärt:

„Bei der Verfügung vom 17. Oktober 1889, III. 15055, wonach Verträge über Lokomotiven vom Lieferungsstempel befreit sind, muß es auch für die Zukunft bewenden, sofern nicht etwa Lokomotiven in Frage stehen, denen eine eigentümliche, besonderen Verhältnissen angepaßte Einrichtung gegeben werden soll."

Dabei wurde in diesem Reskripte insbesondere auf ein Urteil des Reichsgerichts vom 23. September 1892 hingewiesen (womit die in der Jurist. Wochenschr. von 1892 S. 431 Nr. 18 mitgeteilte Entscheidung Rep. III. 116/92 gemeint sein wird), in welchem sich der Ausspruch finde, daß die Annahme einer Menge von Sachen dadurch nicht ausgeschlossen werde, daß bestimmte Gegenstände nicht vertretbare im Rechtssinne seien, oder daß sie nach ihrer Beschaffenheit vom Besteller durch Muster und Zeichnungen genauer bestimmt würden. Dieser Standpunkt, welchen der Finanzminister früher eingenommen hatte, ist freilich neuerdings nach einem Erlasse vom 10. Dezember 1896,

vgl. Eisenbahnverordnungsblatt von 1896 S. 353,

wiederum aufgegeben, indem unter Hinweis auf die neuere Rechtsprechung des Reichsgerichts erklärt wurde, daß danach z. B. Lokomotiven und Eisenbahnwagen nicht mehr unter den Begriff der „Mengen" fallen könnten. Demgegenüber kann jedoch nicht zugegeben werden, daß die — in den Urteilen vom 24. Oktober 1898, Rep. IV. 122/98, und vom 24. November 1898, Rep. IV. 159/98, eingehend besprochene — Judikatur des Reichsgerichts zu einer solchen Auffassung nötigte; vielmehr muß anerkannt werden, daß auch Lokomotiven, ebenso wie Eisenbahnwagen, als „Mengen“ im Sinne des Stempelsteuergesetzes behandelt werden können, wenn die einzelnen zu liefernden Lokomotiven nach dem Willen der Kontrahenten unterschiedslos lediglich als Repräsentanten einer bestimmten Gattung in Betracht kommen sollen.“ . . .

71. Ist für Ansprüche des Fiskus, welche sich darauf stützen, daß die Strombauverwaltung die Beseitigung eines in der Oder gesunkenen Fahrzeuges auf Kosten des Eigentümers angeordnet und in Ausführung gebracht hat, der Rechtsweg gegeben?

Gesetz über die allgemeine Landesverwaltung vom 30. Juli 1883 § 136.
Polizeiverordnung vom 11. August 1885, betr. die Schiffahrt auf der Oder, § 23.
A.L.R. I. 13 §§ 262. 268.

I. Civilsenat. Urt. v. 25. Februar 1899 i. S. Frankf. Güter-Eisenbahn-Gesellschaft (Bekl.) w. preuß. Fiskus (Kl.). Rep. I. 437/98.

I. Landgericht Breslau.
II. Oberlandesgericht daselbst.

Im August 1891 sank ein der Beklagten gehöriges Schiff an der Oderbrücke bei Neusalz. Nachdem eine an den Vertreter der Beklagten mit bestimmter Frist gerichtete Aufforderung, das Schiff zu beseitigen, erfolglos geblieben war, bewirkte die Strombauverwaltung die Beseitigung mit einem Kostenaufwande von 618,27 *M*. Durch den Verkauf der Schiffstrümmer und der Ladung wurde ein Teil der Kosten gedeckt. Die Erstattung des Restes wurde mit der Klage gefordert. In erster Instanz wurde die Beklagte nach dem Klagantrage verurteilt. Sie legte Berufung ein und erhob die Einrede der Unzulässigkeit des Rechtsweges. Vom Berufungsgerichte wurde das Rechtsmittel unter Verwerfung der Einrede zurückgewiesen. Auf die Revision der Beklagten ist das Berufungsurteil aufgehoben, und die Klage wegen Unzulässigkeit des Rechtsweges abgewiesen worden, aus folgenden

Gründen:

„Im angefochtenen Urteile wird ausgeführt, die Beitreibung der Kosten habe im Verwaltungszwangswege erfolgen können, und wenn die Behörde von dieser Möglichkeit Gebrauch gemacht hätte, so würde die Zwangsvollstreckung ausschließlich nach den Vorschriften der Verordnung vom 7. September 1879 stattgefunden haben; mit Unrecht schließe aber daraus die Beklagte, daß die Beitreibung **nur** im Zwangsverwaltungsverfahren erfolgen könne; wenn die Klägerin die Kosten selbst auslegte, habe sie eine Verpflichtung der Beklagten erfüllt, sei demnach auf Grund der §§ 262. 268 A.L.R. I. 13 Erstattung von der Beklagten zu fordern berechtigt, und für diese Klage sei der Rechtsweg nicht ausgeschlossen.

Diese Erwägungen beruhen zum Teil auf Rechtsirrtum. In dem Verwaltungszwangsverfahren bot sich nicht etwa nur ein zulässiger Weg zur Einziehung der Kosten dar, sondern es bildete vielmehr den allein zulässigen Weg zu diesem Zwecke. Die von den Behörden der Strombauverwaltung getroffenen Anordnungen und ihre Ausführung charakterisieren sich als polizeiliche Maßnahmen im Sinne des § 10 A.L.R. II. 17. Durch § 136 des Gesetzes über die allgemeine Landesverwaltung vom 30. Juli 1883 ist dem Minister für Handel und Gewerbe in betreff der zur Regelung der Strom-, Schiffahrts- und Hafenpolizei zu erlassenden Vorschriften, sofern dieselben sich über das Gebiet einer einzelnen Provinz hinaus erstrecken sollen, die Befugnis erteilt, dergleichen Vorschriften für den ganzen Umfang der Monarchie oder für einzelne Teile derselben zu erlassen. Auf Grund dieser gesetzlichen Bestimmung ist die Polizeiverordnung über die Schiffahrt auf der Oder vom 11. August 1885 ergangen, welche in ihrem § 23 vorschreibt, daß, wenn der zuständige Wasserbauinspektor die Beseitigung eines gesunkenen Schiffes für notwendig hält, der Führer und der Eigentümer des letzteren binnen einer festzusetzenden Frist Schiff und Ladung aus dem Stromgebiete zu entfernen verpflichtet sind, und daß, wenn sie dieser Pflicht innerhalb der Frist nicht nachkommen, die Strombauverwaltung das Fahrzeug nebst Ladung auf ihre Kosten beseitigen lassen kann. Mit Hinblick auf eben diese Bestimmung sind die oben erwähnten Maßnahmen ergangen und wollen in ihr ihre Grundlage finden. Nachdem der zuständige Wasserbauinspektor die Beseitigung des Schiffes als notwendig bezeichnet hatte, wurde eine Aufforderung zur Vornahme derselben an die Beklagte gerichtet, und als dieselbe erfolglos blieb, die Beseitigung des Schiffes auf Kosten der Beklagten beschlossen; der Beschluß wurde auch in Ausführung gebracht. Alle diese Anordnungen, einschließlich derjenigen, daß auf Kosten der Beklagten das Schiff beseitigt werden solle, mit welcher die Erstattungspflicht der Beklagten unmittelbar gegeben ist, haben polizeilichen Charakter. Die Beitreibung der Kosten durch die Behörde würde den Abschluß gebildet haben.

Daß die in solcher Weise entstandenen Kosten im Wege der Verwaltungsexekution einzuziehen sind, ergiebt sich bereits aus der Verordnung wegen verbesserter Einrichtung der Provinzial- Polizei- und Finanzbehörden vom 26. Dezember 1808, indem es sich als eine Konsequenz der in derselben anerkannten Grundsätze über die Abgrenzung der Zuständigkeit der Verwaltungsbehörden und der Gerichte darstellt; auch ist das Verfahren in § 48 der Verordnung näher geregelt. In den späteren das Exekutionsrecht betreffenden Verordnungen und Gesetzen ist der gleiche Standpunkt festgehalten, so insbesondere in der Geschäftsinstruktion für die Königlichen Regierungen vom 23. Oktober 1817 § 11, der Allerhöchsten Kabinetsorder vom 31. Dezember 1825, D. XII zu § 48 der Verordnung vom 26. Dezember 1808, wo die ausschließliche Befugnis der Verwaltungsbehörden zur Prüfung des Rechtes und der Liquidität des beizutreibenden Objektes und ihre Verantwortlichkeit in dieser Richtung anerkannt ist, ferner in § 20 des Gesetzes über die Polizeiverwaltung vom 11. März 1850 und in der Exekutionsordnung vom 30. Juli 1853. Im § 14 des preuß. Ausf.-Ges. vom 24. März 1879 zur Deutschen C.P.O. aber ist bestimmt, daß die anderweite Regelung des Verfahrens der Zwangsvollstreckung wegen Geldforderungen aus Entscheidungen oder Anordnungen der zuständigen Verwaltungsbehörde im Anschlusse an die Vorschriften der Deutschen Civilprozeßordnung durch Königliche Verordnung erfolgen soll. Sie ist bewirkt durch die Königliche Verordnung, betreffend das Verwaltungszwangsverfahren wegen Beitreibung von Geldbeträgen, vom 7. September 1879.

Es ist nun davon auszugehen, daß, wenn das Verwaltungszwangsverfahren gegen die Beklagte eingeleitet worden wäre, ihr diesem gegenüber, ebenso wie gegenüber der Anordnung, durch welche die Beseitigung des Schiffes auf ihre Kosten verfügt wurde, die Berufung auf den Rechtsweg nur unter den besonderen in den Gesetzen bestimmten Voraussetzungen zustehen würde, wie sie in § 2 Abs. 1 der Verordnung vom 7. September 1879 aufrecht erhalten sind. Nach den §§ 35. 36 flg. der Verordnung vom 26. Dezember 1808, §§ 1. 2. 4 des Gesetzes über die Zulässigkeit des Rechtsweges in Beziehung auf polizeiliche Verfügungen vom 11. Mai 1842 hätte die Beklagte dem Verwaltungszwangsverfahren gegenüber den Rechtsweg beschreiten können, wenn sie die Verletzung eines zum Privateigentume gehörenden Rechtes geltend machte und entweder Befreiung von der Pflicht auf Grund einer besonderen gesetzlichen Vorschrift oder eines speziellen Rechtstitels in Anspruch nahm, oder aber behauptete, daß durch die Verfügung ein solcher Eingriff in ihre Privatrechte geschehen sei, für welchen nach den gesetzlichen Vorschriften über Aufopferung der Rechte und Vorteile des Einzelnen im Interesse des Allgemeinen Entschädigung gewährt werden muß, in diesem letzteren Falle aber mit der Einschränkung, daß der Rechtsweg nur darüber stattfinden würde, ob ein Eingriff dieser Art vorhanden ist, und zu welchem Betrage dafür Entschädigung geleistet werden muß. Im übrigen wäre die Beklagte auf den Weg der Beschwerde an die vorgesetzte Dienstbehörde der die Einziehung der Kosten verfügenden Instanz angewiesen gewesen.

Vgl. Erkenntnis des Gerichtshofes zur Entscheidung der Kompetenzkonflikte vom 11. März 1848, Justizministerialblatt S. 329; Erkenntnis desselben Gerichtshofes vom 24. Juni 1851, Justizministerialblatt S. 259; Entsch. des Obertrib. Bd. 21 S. 118; Erkenntnis des Gerichtshofes zur Entscheidung der Kompetenzkonflikte vom 18. Dezember 1852, Justizministerialblatt von 1853 S. 95; Erkenntnisse desselben Gerichtshofes vom 9. Januar 1858, Justizministerialblatt S. 250. 251.

Die Polizeibehörden befinden sich nicht in der Lage, den Rechtsweg in Bezug auf Forderungen der hier vorliegenden Art zu beschreiten; ein Recht der Wahl zwischen dem Verwaltungszwangsverfahren und dem Rechtswege ist ihnen nicht gewährt; sie können die Gesetzmäßigkeit und Zweckmäßigkeit der von ihnen getroffenen Maßnahmen der richterlichen Entscheidung nicht unterbreiten. Ob etwa die Beklagte, als die Aufforderung zur Zahlung der Kosten an sie erging, ihrerseits Verletzung eines zum Privateigentume gehörenden Rechtes behauptet und die Berufung auf den Rechtsweg in Aussicht gestellt hat, ist in den Instanzen nicht zur Erörterung gelangt, aber auch unerheblich. Sollte es der Fall sein, so würde die Lage der Verwaltungsbehörden dadurch nicht geändert werden; denn die Beschreitung des Rechtsweges stellt eine ausschließliche Befugnis des Verpflichteten dar, während die Behörden auf den in den Gesetzen vorgeschriebenen und auch ausreichenden Weg der eigenen Durchführung ihrer Anordnungen und Entscheidungen angewiesen sind, und und es dem Verpflichteten überlassen bleiben muß, ob er einen besonderen Befreiungsgrund geltend machen und eine Entscheidung des ordentlichen Richters in dem danach sich ergebenden Umfange herbeiführen will.

Vgl. Erkenntnis des Gerichtshofes zur Entscheidung der Kompetenzkonflikte vom 11. Mai 1861, Ministerialblatt für die innere Verwaltung vom Jahre 1862 S. 188 (welches den Fall zum Gegenstande hatte, daß eine Stadtgemeinde, nachdem eine auf Staatsvertrag beruhende Befreiung einer Eisenbahngesellschaft von den Kommunalabgaben in der höchsten Verwaltungsinstanz als begründet anerkannt war, im ordentlichen Rechtswege Klage gegen die Eisenbahngesellschaft erhob); Erkenntnis desselben Gerichtshofes vom 13. Februar 1864, Ministerialblatt für die innere Verwaltung S. 269; Entsch. des Obertribunals Bd. 70 S. 61.

Selbst durch Übereinkunft könnte die Zulässigkeit des Rechtsweges nicht hergestellt werden, da die diesen Gegenstand betreffenden Vorschriften dem öffentlichen Rechte angehören.

Ob über die Pflicht zur Erstattung der Kosten die Entscheidung der Verwaltungsgerichte angerufen werden könnte, wie die Beklagte behauptet, Kläger aber bestreitet, darf auf sich beruhen bleiben. Würde die Frage in bejahendem Sinne beantwortet werden müssen, so wäre damit allerdings die Unzulässigkeit des Rechtsweges ohne weiteres gegeben. Allein aus der entgegengesetzten Annahme folgt nicht die Zuständigkeit der ordentlichen Gerichte, sondern es greift dann lediglich diejenige Sachlage Platz, welche vor Einführung der Verwaltungsgerichtsbarkeit bestand; d. h. es findet nur das Recht der Beschwerde an die vorgesetzte Dienstbehörde statt, soweit nicht die Gesetze den ordentlichen Rechtsweg zulassen. Der Fall, welcher dem von der Beklagten in Bezug genommenen Urteile des Reichsgerichtes,

Entsch. desselben in Civils. Bd. 27 S. 207,

zu Grunde lag, ist dem gegenwärtigen nicht gleichartig; es handelte sich dort um einen Streit zwischen zwei Beteiligten über eine Wegebauverpflichtung.

Verfehlt ist der Hinweis des Berufungsrichters auf die §§ 262. 268 A.L.R. I. 13. Wenn ein Dritter die aus § 23 der Polizeiverordnung über die Schiffahrt auf der Oder vom 11. August 1885 sich ergebende Verbindlichkeit des Schiffseigentümers an dessen Stelle erfüllt, sei es gleich nachdem der Wasserbauinspektor die Beseitigung des Schiffes für notwendig erklärt, oder erst nachdem die Strombauverwaltung ihre Vornahme auf Kosten des Eigentümers angeordnet hat, so unterliegt es zwar keinem Bedenken, daß der dem Dritten aus Geschäftsführung ohne Auftrag oder aus nützlicher Verwendung etwa zustehende Anspruch zur Verfolgung im ordentlichen Rechtswege geeignet ist. Es mag auch denkbar sein, daß der Fiskus selbst durch seine berufenen Organe als Dritter vorgeht. Die Folge eines derartigen Eintretens ist aber, daß dann, weil eben ein Anderer die Leistung an Stelle des Verpflichteten beschafft hat, entweder für die Anordnung, daß die Beseitigung des Schiffes auf Kosten des letzteren erfolgen soll, oder für deren Ausführung kein Raum mehr bleibt, und der unmittelbar aus diesen polizeilichen Maßnahmen entfließende, zu seiner Durchführung auf den Weg des Verwaltungszwangsverfahrens verwiesene Anspruch nicht zur Entstehung gelangt. Im vorliegenden Falle ist das Verfahren so, wie § 23 der Polizeiverordnung vom 11. August 1885 es ordnet, bis zum Schlusse durchgeführt; irgend ein Eingreifen von dritter Seite hat nicht stattgefunden. Nur die Behörden der Strombauverwaltung sind thätig gewesen, und in ausgesprochener Weise lediglich in Ausübung der im § 23 a. a. O. ihnen gewährten Befugnisse. Es erhellt nicht nur nicht, daß sie den vorgeschriebenen Weg hätten verlassen wollen, sondern das Gegenteil ist der Fall; Kläger selbst vermag ersteres nicht zu behaupten. Wodurch die Behörden sich zu einem derartigen Vorgehen hätten veranlaßt sehen können, ist auch nicht erfindlich, da ihnen pflichtgemäß daran liegen mußte, den bei Durchführung des Verfahrens zweifellos begründeten und im Wege des Verwaltungszwangsverfahrens zu realisierenden Anspruch zur Entstehung kommen zu lassen, im Vergleiche mit welchem der beim Eintreten des Fiskus nach Art eines Dritten vielleicht entstehende civilrechtliche, nur im Rechtswege verfolgbare Anspruch als minder wertvoll erscheinen mußte. Für die Annahme aber, daß eben dieselben Thatsachen, durch welche der im Verwaltungszwangsverfahren verfolgbare Anspruch entsteht, nämlich die Anordnung der Beseitigung des Schiffes auf Kosten des Säumigen und ihre Ausführung durch die Strombauverwaltung, gleichzeitig einen civilrechtlichen, den Gegenstand einer bürgerlichen Rechtsstreitigkeit im Sinne des § 13 G.V.G. bildenden Anspruch erzeugen, fehlt es an jedem Halt." . . .

72. 1. Kann derjenige, welcher während des Enteignungsverfahrens das zu enteignende Grundstück in einem gegen den Eigentümer eingeleiteten Subhastationsverfahren angesteigert hat, von dem Unternehmer die Zahlung der im Administrativverfahren oder in dem demnächstigen gerichtlichen Verfahren festgesetzten Entschädigung verlangen, wenn diese Festsetzungen nicht für ihn, sondern für den früheren Eigentümer erfolgt sind?

2. Ist derjenige, zu dessen Gunsten zur Zeit der Zustellung des im Falle der Dringlichkeit vor Erledigung des gerichtlichen Verfahrens erlassenen Enteignungsbeschlusses eine Hypothekeneintragung bestanden hat, berechtigt, von dem Unternehmer die Hinterlegung der demnächst im gerichtlichen Verfahren erhöhten Entschädigung zu verlangen, wenn mittlerweile in dem auf die Subhastation gefolgten Verteilungsverfahren die Hypothekeneintragung gelöscht worden ist?

3. Erlöschen nach rheinisch-französischem Rechte die Hypotheken mit dem Zuschlage in der Subhastation?

Enteignungsgesetz vom 11. Juni 1874 §§ 11. 24 Abs. 2. 29 Abs. 2. 30. 34. 36 Abs. 1. 37 Abs. 1 Ziff. 3. 45.

II. Civilsenat. Urt. v. 28. Februar 1899 i. S. Fr. u. Gen. (Kl.) w. Stadt Köln (Bekl.). Rep. II. 435/98.

I. Landgericht Köln.
II. Oberlandesgericht daselbst.

Auf den Antrag der Stadtgemeinde Köln wurde im Jahre 1890 bezüglich der den Eheleuten G. zu Köln gehörigen, am Domhofe daselbst gelegenen sogenannten „Hacht“ das Enteignungsverfahren eingeleitet, und durch Beschluß des Bezirksausschusses daselbst vom 22. Dezember 1891 die von der Stadtgemeinde zu leistende Entschädigung zu Gunsten der Eheleute G. auf 217000 ℳ festgesetzt. Gegen diese Entscheidung wurde sowohl seitens der Stadtgemeinde, als auch seitens der Eheleute G. der Rechtsweg beschritten, indem erstere Klage anstellte, und letztere Widerklage erhoben. In diesem Rechtsstreite traten die Eheleute Notar Fr. und Genossen den Beklagten und Widerklägern, den Eheleuten G., als Nebenintervenienten bei; dieselben hatten insofern ein Interesse daran, daß für die „Hacht“ eine höhere Entschädigung als die vom Bezirksausschusse festgesetzte bezahlt würde, als ihnen an der „Hacht“ Hypotheken für Forderungen von zusammen ca. 78000 ℳ zustanden, welchen andere Hypotheken im Betrage von ca. 167000 ℳ vorgingen. Im Laufe dieses Rechtsstreites leiteten die letzteren das Subhastionsverfahren bezüglich der „Hacht“ ein, und es wurde ihnen in dem Versteigerungstermin vom 19. August 1892 für das Meistgebot von 186000 ℳ der Zuschlag ertheilt. Hiervon machten sie sowohl der Stadtgemeinde Köln als auch dem Bezirksausschusse Mitteilung und erklärten sich der ersteren gegenüber auch bereit, den erwähnten Prozeß an Stelle der Eheleute G. als Hauptpartei zu übernehmen, womit diese jedoch nicht einverstanden war.

Bezüglich des vorerwähnten Steigpreises fand bei dem Amtsgerichte ein Verteilungsverfahren statt, in welchem auf die Forderung der Kläger nur ein Restbetrag von 3306,88 ℳ entfiel. Nach Beendigung dieses Verfahrens wurde unter anderem auch die Hypothek derselben auf Anordnung des Amtsgerichtes gelöscht, und zwar laut der bei den betreffenden Gerichtsakten befindlichen Bescheinigung des Hypothekenamtes am 6. April 1894.

Durch Beschluß vom 7. Februar 1893, in welchem neben den Eheleuten G. auch die Kläger als diejenigen Personen aufgeführt waren, gegen welche sich das Enteignungsverfahren richte, ordnete der Bezirksausschuß an, daß wegen Dringlichkeit der Sache die Enteignung noch vor Erledigung des Rechtsweges erfolgen solle, sobald die festgesetzte Entschädigung gezahlt oder hinterlegt sei. Darauf hinterlegte die Stadtgemeinde Köln den Betrag von 217000 ℳ am 25. Mai 1893, und der Bezirksausschuß verfügte durch Beschluß vom 13. Juni 1893, in welchem nur die Eheleute G. als Eigentümer erwähnt waren, die Enteignung der „Hacht" unter sofortiger Einweisung der Stadtgemeinde in den Besitz derselben.

Der obenerwähnte Rechtsstreit endigte damit, daß durch rechtskräftiges Urteil des Oberlandesgerichtes Köln vom 11. Dezember 1895 die den Eheleuten G. außer der durch den Bezirksausschuß festgesetzten Summe zu gewährende Entschädigung auf weitere 9327 ℳ nebst 5 Prozent Zinsen seit dem 19. Juni 1893 festgestellt wurde. Aus dem von der Stadtgemeinde hinterlegten Betrage von 217000 ℳ erhielten Kläger für einen Teil ihrer Forderung Deckung; immerhin aber fielen sie mit mehr als 9327 ℳ aus.

Auf Grund dieses unbestrittenen Sachverhaltes verlangten die Kläger, daß die Stadtgemeinde Köln den durch das vorerwähnte Urteil des Oberlandesgerichtes festgestellten Betrag an sie auszahle oder hinterlege, und erhoben, da dieselbe beides verweigerte, Klage gegen sie mit dem Antrage,

die Beklagte entweder zur Zahlung von 9827 ℳ nebst 5 Prozent Zinsen seit dem 19. Juni 1893 an die Kläger, oder an die Königliche Regierung zu Köln als Hinterlegungsstelle zu verurteilen und derselben die Kosten des Rechtsstreites zur Last zu legen.

Das Landgericht wies, indem es sowohl den Anspruch auf Zahlung, als den auf Hinterlegung für unbegründet erachtete, die Klage ab. Die gegen dieses Urteil eingelegte Berufung wurde vom Oberlandesgerichte zurückgewiesen. Auf die Revision der Kläger hob jedoch das Reichsgericht die Urteile der Vorinstanzen auf und verurteilte die Beklagte zur Hinterlegung von 9327 ℳ nebst Zinsen zu 5 Prozent seit dem 19. Juni 1893 aus den folgenden

Gründen:

„Die Revision mußte für begründet erachtet werden.

1. Dem Oberlandesgericht ist zwar darin beizupflichten, daß der Anspruch der Kläger auf Zahlung der durch das Urteil vom 11. Dezember 1895 in der Enteignungssache gegen die Eheleute G. festgesetzten Mehrentschädigung im Betrage von 9327 ℳ an sie selbst nicht gerechtfertigt ist, insbesondere nicht darauf gegründet werden kann, daß die Kläger während Schwebens des Enteignungsverfahrens durch Ansteigerung in der gegen die genannten Eheleute G. eingeleiteten Subhastation Eigentümer des enteigneten Grundstückes geworden sind.

Nach § 36 Abs. 1 des Enteignungsgesetzes vom 11. Juni 1874 wird die Entschädigungssumme — und zwar auch soweit sie in dem gerichtlichen Verfahren gemäß § 30 daselbst festgesetzt ist — an denjenigen bezahlt, für welchen die Festsetzung stattgefunden hat. Danach kann ein Dritter, für welchen die Festsetzung der Entschädigung nicht erfolgt ist, gegen den Unternehmer den Anspruch auf Zahlung mit der Behauptung, daß ihm ein besseres Recht an der Entschädigungssumme zustehe, nicht erheben; vielmehr ist derselbe dieserhalb an den nach § 29 Abs. 2 als solchen legitimierten Empfänger zu verweisen. Das Enteignungsgesetz hat einerseits im § 24 Bestimmungen getroffen, durch welche möglichst dafür Sorge getragen werden soll, daß das Verfahren gegen die wirklich legitimierten Personen (den Eigentümer, § 24 Abs. 2, und die Nebenberechtigten, § 11) eingeleitet und durchgeführt wird, und somit die Feststellung der Entschädigung möglichst für die materiell Berechtigten erfolgt. Andererseits hat das Gesetz aber auch den Unternehmer insoweit sicher stellen wollen und sicher gestellt, als derselbe mit befreiender Wirkung an denjenigen zu zahlen hat, für welchen die Festsetzung erfolgt ist, und er Ansprüche Dritter zu berücksichtigen nicht verpflichtet ist. Ob im vorliegenden Falle infolge der Ansteigerung in der Subhastation die Festsetzung zu Gunsten der Kläger hätte erfolgen können oder sollen, ist ohne Bedeutung für den Anspruch der Kläger auf Zahlung an sie selbst; entscheidend ist allein, daß sie für die Kläger nicht erfolgt ist, sondern für Andere, die Eheleute G. Eine Cession des Anspruches der letzteren auf die Kläger steht nicht in Frage, und der etwaige materielle Übergang desselben auf die Kläger infolge der Ansteigerung in der Subhastion wäre der mehrbezogenen Bestimmung des § 36 Abs. 1 gegenüber ohne Bedeutung.

2. Dagegen kann dem Oberlandesgerichte nicht beigetreten werden, soweit dasselbe auch den Anspruch der Kläger als Hypothekargläubiger auf Hinterlegung der festgesetzten Mehrentschädigung für unbegründet erachtet und abgewiesen hat. Dasselbe begründet diese Entscheidung der Bestimmung des § 37 Abs. 1 Ziff. 3 gegenüber, wonach der Unternehmer verpflichtet ist, die Entschädigungssumme zu hinterlegen, wenn Reallasten, Hypotheken oder Grundschulden auf dem enteigneten Grundstück haften, darauf, daß die Hypothek der Kläger durch den am 19. August 1892 erfolgten Zuschlag in der Subhastation, also vor der am 19. Juni 1893 erfolgten Enteignung, materiell untergegangen sei.

Diese Begründung ist nicht zu billigen. Für die Frage, ob die Voraussetzungen der Verpflichtung zur Hinterlegung nach § 37 a. a. O. gegeben sind, kommt es, auch soweit die Festsetzung der Entschädigung zeitlich nach der im Falle der Dringlichkeit gemäß § 34 a. a. O. ausgesprochenen Enteignung im gerichtlichen Wege erfolgt, lediglich auf die thatsächlichen und rechtlichen Verhältnisse zur Zeit der Zustellung des Enteignungsbeschlusses an, indem nach § 45 a. a. O. das enteignete Grundstück mit diesem Zeitpunkte von den auf demselben haftenden Hypotheken rc frei wird, und die Entschädigung, auch soweit dieselbe erst demnächst im gerichtlichen Verfahren festgesetzt wird, bezüglich aller dinglichen Rechte, insbesondere der Hypotheken, an die Stelle des enteigneten Grundstückes tritt. Im vorliegenden Falle bestand zur Zeit der Zustellung des Enteignungsbeschlusses am 19. Juni 1893 noch die Hypothekeneintragung zu Gunsten der Kläger, indem dieselbe unbestritten erst infolge des mittlerweile eingeleiteten Verteilungsverfahrens am 6. April 1894 gelöscht worden ist. Schon hieraus ergiebt sich die Verpflichtung der Beklagten zur Hinterlegung den Klägern, als zu der entscheidenden Zeit eingetragenen Hypothekargläubigern, gegenüber. Die Frage des materiellen Bestandes der Hypotheken ist in dem Enteignungsverfahren, zu welchem auch die Hinterlegung nach § 37 a. a. O. gehört, nicht zu prüfen und zu entscheiden. Zudem ist aber auch nicht richtig, daß nach rheinisch-französischem Rechte die Hypotheken schon mit dem Zuschlage in der Subhastation ohne weiteres untergehen. Es ist das insbesondere auch insoweit nicht der Fall, als dieselben den Betrag des Steigpreises übersteigen. Vielmehr gehen die Hypotheken im Falle der Subhastation erst unter, soweit dieselben nützlich angewiesen werden, durch die Zahlung, und soweit sie nicht zur Anweisung kommen, durch die Löschung im Verteilungsverfahren. Auch der Umstand, daß die Kläger in der Subhastation selbst angesteigert haben und somit Eigentümer wurden, kann ihre materielle Berechtigung als Hypothekargläubiger auf die im Enteignungsverfahren festgesetzte Entschädigung nicht in Frage stellen, da, wenn auch dadurch, daß die Kläger Eigentümer wurden, bezüglich ihrer Hypothek confusio eintrat, dieselbe doch hinsichtlich des Anspruches auf den Preis fortwirkte und insoweit zur Zeit der Enteignung noch bestand.

Die Beklagte kann auch nicht dem Anspruche der Kläger auf

Hinterlegung mit Erfolg die Einrede entgegensetzen, daß ihr den Expropriaten Eheleuten G. gegenüber eine erhebliche Gegenforderung für Prozeßkosten zustehe, daß daher insoweit Kompensation eingetreten sei, und sie die in Frage stehende Summe nur noch zum geringen Teile verschulde, und zwar schon deshalb nicht, weil die Voraussetzung der Kompensation, daß nämlich die Entschädigungssumme den Eheleuten G., und nicht etwa deren Hypothekargläubigern geschuldet wird, nicht dargethan ist (Art. 1289 Code civil).

Da es endlich auch keinem begründeten Bedenken unterliegt, ein direktes Klagerecht des Hypothekargläubigers auf Grund des § 37 Abs. 1 Ziff. 3 a. a. O. auf Hinterlegung der Entschädigungssumme gegen den Unternehmer anzuerkennen, so war, wie geschehen, unter Aufhebung der die Klage abweisenden Urteile der Vorinstanzen, dem Klagantrage auf Hinterlegung der festgesetzten Entschädigung, soweit dieselbe noch aussteht, gemäß zu erkennen." . . .

---

73. Ist die Steuerbefreiung 3 der Tarifstelle 32 des preußischen Stempelsteuergesetzes vom 31. Juli 1895 auch dann anwendbar, wenn nur je zwei Stücke der zu liefernden Gegenstände einander gleich sein sollen?

IV. Civilsenat. Urt. v. 6. März 1899 i. S. preuß. Fiskus (Bekl.) w. Aktiengesellschaft B. V. (Kl.). Rep. IV. 325/98.

I. Landgericht Danzig.
II. Oberlandesgericht Marienwerder.

Mittels schriftlichen Vertrages vom 31. Januar / 5. Februar 1897 hat sich die klagende Aktiengesellschaft verpflichtet, der Kaiserlichen Werft zu Danzig für S. M. Kreuzer II. Klasse „M" (jetzt „Vineta") folgende Gegenstände nach bestimmten Zeichnungen anzufertigen und zu liefern:

1. eine mittlere Schraubenwelle nach Blatt 1 Figur A, durchbohrt, mit Rechtsgewinde, nebst Kuppelung C, Schrauben O, Federn P und Q, zweiteiligem Ring R und Bolzen S, für 5175 *M*;

2. eine seitliche B. B. Schraubenwelle nach Blatt 1 Figur B, durchbohrt mit Rechtsgewinde und Zubehör wie vor, für 6201 ℳ;
3. eine seitliche St. B. Schraubenwelle nach Blatt 1 Figur B, durchbohrt mit Linksgewinde und Zubehör wie unter Nr. 1, für 6201 ℳ;
4. eine Zwischenwelle nach Blatt 2 Figur C, durchbohrt mit Kuppelungsbolzen, für 1432 ℳ;
5. zwei Zwischenwellen nach Blatt 2 Figur D, durchbohrt mit Kuppelungsbolzen, für (je) 2434 ℳ;
6. eine Drucklagerwelle nach Blatt 2 Figur E, durchbohrt mit Kuppelungsbolzen, für 1712,75 ℳ;
7. zwei Drucklagerwellen nach Blatt 2 Figur F, durchbohrt mit Kuppelungsbolzen, für (je) 1804,50 ℳ;
8. eine Anzahl hier nicht in Betracht kommender Bolzen.

Nach der Aussage des in erster Instanz vernommenen Sachverständigen, Geheimen Baurats Z., waren drei dieser unter Nr. 1 bis 7 bezeichneten Werkstücke für die mittlere Schiffsschraube, und die übrigen sechs Stücke für die beiden Seitenschrauben bestimmt. Für das Hauptexemplar des Vertrages ist seitens der Klägerin auf Erfordern der Behörde von dem sich auf 29198,75 ℳ berechnenden Gesamtpreise der neun Wellenteile ein Lieferungsstempelbetrag zu $^1/_3$ Prozent mit 97,50 ℳ entrichtet worden.

Der erste Richter wies die auf Rückzahlung dieses Betrages nebst Zinsen gerichtete Klage ab. In zweiter Instanz wurde dagegen der Beklagte nach dem Klagantrage verurteilt. Auf die Revision des Beklagten ist das Berufungsurteil aufgehoben, und die erste Entscheidung wiederhergestellt, aus folgenden

Gründen:

„Der Klaganspruch stützt sich auf die Steuerbefreiung 3 der Tarifstelle 32 des Stempelsteuergesetzes vom 31. Juli 1895, woselbst bestimmt ist:

„Befreit sind Kauf- und Lieferungsverträge über Mengen von Sachen oder Waren, sofern dieselben ... im Inlande in dem Betriebe eines der Vertragschließenden erzeugt oder hergestellt sind."

Daß die hier in Rede stehenden Gegenstände, zu deren Lieferung sich die Klägerin durch den Vertrag vom 31. Januar / 5. Februar 1897 verpflichtet hatte, im Betriebe der Klägerin im Inlande hergestellt worden sind, ist zwischen den Parteien nicht streitig. Die Entscheidung hängt daher allein davon ab, ob hinsichtlich der unter Nr. 1 bis 7 des Vertrages bedungenen Lieferungen anzunehmen ist, daß dabei im Sinne der Eingangsworte jener Befreiungsvorschrift über eine „Menge" kontrahiert worden sei.

In dieser Beziehung gehen die Richter der beiden Vorinstanzen mit Recht davon aus, daß das preußische Stempelsteuergesetz vom 31. Juli 1895 mit dem Ausdrucke „Mengen von Sachen oder Waren" denselben Begriff verbindet, den die „Anmerkung" zur Tarifstelle 4 B des Reichsstempelabgabengesetzes vom 29. Mai 1885 mit den gleichen Worten verbunden hatte. Der jetzt erkennende Senat hat dies in jüngster Zeit wiederholt anerkannt und seine desfallsige Auffassung namentlich in dem Urteile vom 24. Oktober 1898 in Sachen des preuß. Fiskus wider v. d. Z. & Ch., Rep. IV. 122/98,[1] unter eingehender Berücksichtigung der Entstehungsgeschichte der in Frage kommenden Gesetzesbestimmungen, näher dargelegt.

Die Frage aber, was im Sinne jener „Anmerkung" des Reichsgesetzes von 1885 unter einer „Menge" zu verstehen sei, ist in einer Reihe von Reichsgerichtsentscheidungen erörtert worden. Danach ist durch die Rechtsprechung für Fälle, in denen es sich um körperlich selbständige, für sich bestehende, also zählbare Gegenstände handelte — allerdings unter mehrfachen Schwankungen — eine Begriffsbestimmung festgelegt, welche im wesentlichen dahin geht: daß es sich um eine im Sprachgebrauche des Lebens als Menge bezeichnete größere Zahl von solchen gleichartigen Sachen handeln muß, die nach ihrer Beschaffenheit und nach dem Willen der Kontrahenten als untereinander völlig gleichwertige, und daher insoweit auch als vertretbare in Betracht kommen, ohne daß dabei auf das einzelne Stück an sich, als Individuum, irgend ein Gewicht gelegt wird.

Vgl. außer der vorbezeichneten Entscheidung vom 24. Oktober 1898 insbesondere auch das Urteil vom 24. November 1898, Rep. IV. 159/98 (Jurist. Wochenschr. von 1899 S. 83 Nr. 28) und die daselbst angeführten früheren Entscheidungen.

---

[1] S. Bd. 42 dieser Sammlung Nr. 61 S. 255. D. R.

Auch der erste Richter ist dieser Begriffsbestimmung gefolgt. Er hat die Voraussetzungen derselben hier jedoch für nicht vorliegend erachtet, indem er ausführt, daß das Merkmal der Vielheit und der Gleichartigkeit insofern fehle, als die bestellten einzelnen Wellenteile sämtlich, mit Ausnahme der beiden Paare zu 5 und 7, voneinander wesentlich verschieden seien.

Demgegenüber hat der Berufungsrichter zunächst in thatsächlicher Beziehung abweichend angenommen, daß es sich nicht um sieben, sondern nur um sechs verschiedene Formen gehandelt habe, da auch die Stücke zu 2 und 3 des Vertrages (eine seitliche Schraubenwelle mit Rechtsgewinde und eine desgleichen mit Linksgewinde) als ein gleichartiges Paar anzusehen seien. Im übrigen ist von ihm erwogen worden:

Wenn ein Kauf- oder Lieferungsgeschäft Sachen betreffe, die nicht als Einzelsachen, als Sachindividuen in Betracht kämen, so erscheine es nicht erforderlich, daß das Geschäft über eine große Anzahl, eine Menge abgeschlossen sei, sondern es müsse die Befreiungsvorschrift auch dann für anwendbar erachtet werden, wenn nur einzelne, aber vertretbare Sachen den Gegenstand des Geschäftes bildeten. Dies treffe hier zu; denn da die fraglichen Wellen — wie der Sachverständige Z. glaubhaft bekundet habe — nicht nur zur Verwendung in dem Kreuzer II. Klasse „M" (jetzt „Vineta") geeignet seien, sondern unter kaum nennenswerten Abänderungen in jedem anderen Kreuzer derselben Klasse Verwendung finden könnten, so sei jede einzelne Welle nicht als Sachindividuum, sondern als Gattungssache (die innerhalb der Gattung durch ein gleichartiges Stück ersetzt werden könne) Gegenstand des Vertrages.

Übrigens seien die neun Wellen auch als eine Vielheit, eine Menge, wenn auch unter sich nicht gleichartiger, so doch zusammengehörender Sachen anzusehen, was nach der Entscheidung des Reichsgerichtes (Entsch. des R.G.'s in Civils. Bd. 37 S. 8) genüge.

Zunächst muß dieser letzte Ausspruch des Berufungsrichters als nicht richtig bezeichnet werden. In der angeführten Entscheidung des Reichsgerichtes, welche sich mit der Frage beschäftigte, ob auf individualisierte (konkrete) Warenmengen der Begriff „Mengen von Sachen oder Waren" im Sinne der Tarifnummer 4a des Reichsstempelgesetzes vom 1. Juni 1881 anwendbar sei, findet sich zwar ein dahin lautender Satz:

„Das Wort „Menge“ bedeutet, sofern es sich auf Sachen bezieht, eine Vielheit gleichartiger, bezw. zusammengehöriger Gegenstände.“

Ein entscheidendes Gewicht ist aber dabei dieser allgemeinen Bemerkung nicht beigelegt worden, wie schon daraus hervorgeht, daß in dem sich unmittelbar anschließenden Passus desselben Urteiles gesagt wird:

„Im vorliegenden Falle bilden „die am 1. Oktober 1892 vorhandenen und die an diesem Tage rollenden und schwimmenden Waren in den betreffenden Artikeln“ ... solche Vielheit gleichartiger Sachen.“

Im übrigen bedarf es keiner weiteren Erörterung, ob nicht unter Umständen — woran jenes Urteil gedacht haben mag — doch eine „Menge“ auch dann anzunehmen sei, wenn es sich um ein durch Maß oder Gewicht bestimmtes Quantum einer aus ungleichartigen Bestandteilen zusammengesetzten Masse handelt. Kommen aber, wie hier, einzelne für sich bestehende Gegenstände in Betracht, so genügt es nicht, daß die verschiedenen Stücke aus irgend einem Grunde als zusammengehörig bezeichnet werden können, sondern in solchem Falle erscheint die Gleichartigkeit aller einzelnen Stücke — wie bereits in der an die Spitze gestellten Begriffsbestimmung hervorgehoben worden ist — als eins der wesentlichsten Erfordernisse. Hieraus ergiebt sich zugleich, daß es nicht ausreichend ist, wenn das einzelne zu liefernde Stück irgend einem anderswo existierenden oder gar erst noch zu erzeugenden anderen Gegenstande gleicht, sondern es müssen die einzelnen Stücke, welche den Gegenstand des Vertrages bilden, untereinander gleichartig sein. Von einer solchen Gleichartigkeit kann aber selbstverständlich überhaupt nur dann die Rede sein, wenn das betreffende Kauf- oder Lieferungsgeschäft sich auf eine Mehrzahl derartiger Stücke bezieht, von denen dann nach dem Willen der Kontrahenten jedes einzelne Stück unterschiedslos nur als Repräsentant der bezeichneten Gattung in Betracht kommen soll.

Der III. Civilsenat des Reichsgerichtes hatte allerdings in einem älteren Urteile vom 31. Mai 1889, Rep. III. 77/89, (mitgeteilt in der Jurist. Wochenschr. von 1889 S. 292 Nr. 30) ausgesprochen:

Die Anwendbarkeit der „Anmerkung“ zur Tarifnummer 4 B des Reichsgesetzes vom 29. Mai 1885 setze nicht voraus, daß das Geschäft über eine große Zahl, eine Menge, abgeschlossen sei, sondern daß das Geschäft „Mengen von Sachen“, d. h. Quantitätssachen oder vertretbare Sachen, zum Gegenstande habe. Treffe dies zu, so sei die in der „Anmerkung“ gegebene Vorschrift auch dann anwendbar, wenn nur einzelne Sachen den Gegenstand des Geschäftes bildeten, diese aber nach den herrschenden Anschauungen des Verkehrs zu den vertretbaren Sachen gehörten.

Der diesem Urteile in erster Linie zu Grunde liegende Gedanke, daß im Sinne der „Anmerkung“ nur vertretbare (fungible) Sachen den Gegenstand des Mengekaufes bilden könnten, ist jedoch von demselben Senate in späteren Entscheidungen wieder aufgegeben worden,

vgl. Jurist. Wochenschr. von 1891 S. 574 Nr. 9, sowie von 1892 S. 431 Nr. 18,

und nachdem in einer größeren Zahl von Entscheidungen anderer Senate,

vgl. z. B. Gruchot's Beiträge Bd. 33 S. 1127; Entsch. des R.G.'s in Civils. Bd. 29 S. 10; Jurist. Wochenschr. von 1894 S. 126 Nr. 35,

betont worden war, daß der Begriff der „Menge von Sachen“ eine Vielheit voraussetze, hat auch der III. Civilsenat in einem Urteile vom 21. April 1896, Rep. III. 7/96,

Jurist. Wochenschr. von 1896 S. 306 Nr. 35,

darauf hingewiesen, daß es darauf ankomme, ob die betreffenden Objekte nach dem Sprachgebrauche des Lebens als „Menge“ bezeichnet werden dürfen. Ob hiermit aber vom III. Civilsenate zugleich der Gedanke hat aufgegeben werden sollen, daß auch dann ein Vertrag über „Mengen von Sachen“ vorliegen könne, wenn nur eine einzige, aber vertretbare Sache den Gegenstand des Vertrages bildet, erscheint vielleicht nicht ganz unzweifelhaft. Dies, sowie die damit berührte Frage überhaupt, kann jedoch im vorliegenden Falle unentschieden bleiben; denn die hier in Rede stehenden Werkstücke hatten an sich nicht die Natur fungibler Sachen und erlangten dieselbe auch nicht dadurch, daß sie nicht bloß in dem Kreuzer „M“ (jetzt „Vineta“), sondern auch in jedem anderen Kreuzer derselben Klasse hätten Verwendung finden können, zumal da an diesen Gegenständen zur Ermöglichung solcher anderweiten Verwendung immerhin noch gewisse, wenn auch noch so unbedeutende, Veränderungen vorzunehmen gewesen sein würden.

Hiernach erweist sich jedenfalls die Annahme des Berufungsrichters als unzutreffend, daß die Befreiungsvorschrift 3 a. a. O. bezüglich derjenigen Gegenstände anwendbar sei, von denen nach den Bestimmungen des Vertrages nur je ein einziges Exemplar zu liefern war.

Aber auch die weitere Frage, ob hinsichtlich der paarweise bestellten Gegenstände das Vorhandensein einer „Menge" anzunehmen sei, muß verneint werden. Bereits in einem Urteile des II. Civilsenates des Reichsgerichtes vom 13. Februar 1894, Rep. II. 269/93,

Jurist. Wochenschr. von 1894 S. 126 Nr. 35,

ist diese Frage in gleichem Sinne entschieden, indem dort die Annahme des Berufungsrichters, daß „zwei Platten noch keine Vielheit ausmachten", als nicht angreifbar bezeichnet wurde. Im vorliegenden Falle hat sich der Berufungsrichter allerdings überhaupt noch nicht ausdrücklich darüber ausgelassen, ob zwei Stücke eine „Menge" darstellen können; die Beantwortung dieser Frage gehört aber nicht ausschließlich dem thatsächlichen Gebiete an; sie berührt vielmehr die Begriffsbestimmung selbst, und ihre Bejahung würde geradezu als begriffswidrig bezeichnet werden müssen." . . .

74. 1. Kann der mit einem Vorausvermächtnisse Bedachte bezüglich des Gegenstandes des Vorausvermächtnisses der Substitut des Erben (oder Fiduziarerben) sein?
2. Ist es für die Beurteilung der vorstehenden Frage von entscheidender Bedeutung, wenn das Vorausvermächtnis unter einer Bedingung ausgesetzt ist?

A.L.R. I. 12 §§ 53. 55. 466. 467. 482 flg.

IV. Civilsenat. Urt. v. 6. März 1899 i. S. Schr. Wwe. (Kl.) w. Schr. (Bekl.). Rep. IV. 444/98.

I. Landgericht Potsdam.
II. Kammergericht Berlin.

Der am 17. Juni 1897 kinderlos verstorbene Ehemann der Klägerin, Ferdinand Schr., besaß das Gut Z. auf Grund der letztwilligen Verfügungen des am 16. Dezember 1841 verstorbenen Bauern Joachim Friedrich August Schr. als fideikommissarischer Substitut, nachdem dieses sein Recht den übrigen Erben gegenüber in einem Prozesse rechtskräftig festgestellt worden war. Streitig ist, ob er zweiter, oder erster Substitut war. Nach Angabe der Klägerin war er zweiter Substitut, während der Beklagte, der älteste Sohn des verstorbenen ältesten Bruders des Ferdinand Schr., ihn als ersten Substituten bezeichnet und für sich die Nachfolge als zweiter Substitut beansprucht. Die fraglichen letztwilligen Verfügungen des Bauern Joachim Friedrich August Schr. bestehen in einem Testamente vom 18. März 1828 und einem Kodizille vom 7. März 1833; beide sind zu gerichtlichem Protokolle aufgenommen worden. In dem Testamente hat er seine Ehefrau und seine mit ihr erzeugten Kinder zu Erben eingesetzt, mit der Bestimmung, daß seine Ehefrau, so lange sie im Witwenstande verbleibe, im uneingeschränkten Besitz und Genuß seines ganzen Nachlasses ohne Sicherstellung verbleiben, jedem Kinde bei der Verheiratung oder Großjährigkeit eine gewisse Summe auszahlen, endlich, sobald sie die Bewirtschaftung seines Gutes Z. nicht länger besorgen könne und wolle, das Gut mit Inventar dem jüngsten Sohne Karl, vorausgesetzt, daß er sich bis dahin moralisch gut betragen habe, für 6000 Thaler eigentümlich überlassen solle. In dem Kodizille hat er bestimmt, er habe in seinem Testamente dem jüngsten Sohne sein Gut mit Inventar für den Annahmepreis von 6000 Thaler ausgesetzt; von dieser Summe solle derselbe 2000 Thaler als Vatererbe erhalten und 4000 Thaler der Mutter verzinsen; nach deren Tode sollten die 4000 Thaler auf die Kinder einschließlich des Annehmers des Gutes verteilt werden; da er wünsche, daß sein Bauergut auch noch in fernerer Zeit seiner Familie erhalten werde, so solle nach dem Erlöschen des Mannesstammes seines zum Annehmer eingesetzten jüngsten Sohnes das Gut allemal nach dem Rechte der Erstgeburt in der erstgeborenen Linie unter der Descendenz seiner übrigen Söhne vererbt werden; an seinem übrigen Vermögen solle seine Ehefrau, so lange sie lebe, den Nießbrauch behalten; nach ihrem Tode solle die Verteilung dieses Vermögens unter seine Kinder zu gleichen Teilen geschehen. Als nun nach dem Tode des Testators sich herausstellte, daß dessen Anordnung wegen des Gutes Z. bei dem Mangel des gesetzlich erforderlichen Ertragswertes als die Errichtung eines Familienfideikommisses nicht gelten könne, hatten sich die Erben in dem Erbrezeß dahin geeinigt, daß der im Testamente zum Übernehmer bestimmte jüngste Sohn das Gut mit Inventar für 6000 Thaler erhalten und an seine Descendenz, sonst aber an seine Geschwister und deren Descendenz gegen Zahlung derselben Summe vererben solle. Unter diesen Bedingungen war ihm dann das Gut am 8. Mai 1848 von seiner Mutter übertragen worden. Demnächst war, als der jüngste Sohn des Erblassers nach Übernahme des Gutes kinderlos am 3. Februar 1883 gestorben war, Ferdinand Schr., der Ehemann der Klägerin, wie angegeben, auf Grund rechtskräftigen gerichtlichen Urteiles in den Besitz des Gutes gelangt, und auf Grund seines Antrages vom 16. September 1885 war in der II. Abteilung des Grundbuches der Vermerk eingetragen, daß er anerkenne, der erste Substitut zu sein. Bei dieser Sachlage hat die Klägerin negative Feststellungsklage mit dem Antrage erhoben; den Beklagten zu verurteilen, anzuerkennen, daß ihm der Klägerin gegenüber ein Recht nicht zustehe, die Überlassung des Bauergutes Z. für den Annahmepreis von 18000 *M* aus dem Nachlaß des Ferdinand Schr. zu fordern.

Dem Antrage des Beklagten entsprechend, hat das Landgericht die Klage abgewiesen, und das Berufungsgericht diese Entscheidung aufrecht erhalten. Die Revision der Klägerin ist zurückgewiesen aus folgenden

Gründen:

... „Das Berufungsgericht führt aus: dem ersten Annehmer, Karl Schr., sei von seinem Vater das Gut Z. nicht in Anrechnung auf seinen Erbteil, sondern als ein Vorausvermächtnis überwiesen worden. Das ergebe die Auslegung sowohl des Testamentes, wie auch des Kodizilles. Namentlich erhelle dies aus dem Kodizille, in welchem der Erblasser erkläre, er habe das Gut dem jüngsten Sohne für den Annahmepreis von 6000 Thaler ausgesetzt, in welchem er ihn ferner als den eingesetzten Annehmer des Gutes, sowie als seinen Nachfolger im Besitze des Gutes bezeichne. Das Vermächtnis habe auf der ganzen Erbschaft geruht; die Ehefrau des Erblassers sei mit den Kindern als Erbin eingesetzt; daneben sei ihr der lebenslängliche Nießbrauch als Vorausvermächtnis zugewendet gewesen. Daß in dem Testamente gesagt sei, sie solle, sobald sie die Bewirtschaftung des Gutes nicht länger besorgen könne und wolle, das Gut mit Inventar dem jüngsten Sohne eigentümlich überlassen, erkläre sich aus der ihr übertragenen Fortführung der Wirtschaft. Welche wirtschaftliche Bedeutung die Zuwendung des Gutes Z. für den jüngsten Sohn des Erblassers gehabt habe, sei für die Beurteilung der Frage, ob diese Zuwendung ein Vorausvermächtnis sei, einflußlos; auf die Ermittelung des Gutswertes komme es daher nicht weiter an. Auch der Umstand, daß jenes Vorausvermächtnis an die Bedingungen, wenn die Ehefrau das Gut nicht mehr bewirtschaften könne und wolle, und wenn der Annehmer sich bis dahin moralisch gut betragen habe, geknüpft gewesen sei, stehe der Klägerin nicht zur Seite. Denn nach § 53 A.L.R. I. 12 in Verbindung mit den §§ 478—487 und §§ 466 flg. daselbst sei die Möglichkeit, die bedingte Zuwendung eines Vermächtnisses dem Erben gegenüber als eine Substitution aufzufassen, gesetzlich ausgeschlossen. Sei aber Karl Schr. der vom Erblasser unmittelbar bedachte Vermächtnisnehmer, so sei Ferdinand Schr. der erste Substitut gewesen. Daher sei die Klage hinfällig (§ 55 A.L.R. I. 12).

Den Kern dieser Begründung bildet die auf unanfechtbarer Auslegung der letztwilligen Verfügungen des Bauern Joachim Friedrich August Schr. getroffene Feststellung, daß dem Karl Schr. von dem Erblasser das Gut Z. als Vorausvermächtnis zugewendet worden sei. Dieser Feststellung gegenüber fällt es nicht ins Gewicht, daß nach dem Inhalte jenes letzten Willens die Möglichkeit bestand, daß die Ehefrau bis zu ihrem Tode das Gut Z. selbst bewirtschaftete. Denn trat dieser Fall ein, so erhielt Karl Schr. beim Tode seiner Mutter das Gut Z. als väterliches Vorausvermächtnis aus der Masse. Ebensowenig würde es ins Gewicht fallen, wenn, abweichend vom Berufungsgericht, der Auffassung der Revision gemäß anzunehmen wäre, daß in den letztwilligen Verfügungen die Ernennung der Ehefrau als Fiduziarerbin und der Kinder als fideikommissarischer Substituten ausgesprochen wäre. Denn die fideikommissarische Substitution würde nur den Erbteil, nicht aber das Vorausvermächtnis betreffen. Eine fideikommissarische Substitution bezüglich eines Vermächtnisses setzt nach §§ 53. 466. 467 A.L.R. I. 12 voraus, daß dem Vermächtnisnehmer die Pflicht auferlegt worden ist, das Vermächtnis in den bestimmten Fällen oder unter den angegebenen Bedingungen einem Anderen zu überliefern. Deshalb kann der Vermächtnisnehmer einem Erben gegenüber, der nicht selbst Prälegatar bezüglich des Gegenstandes des Vermächtnisses ist, nicht fideikommissarischer Substitut bezüglich des vermachten Gegenstandes sein. In betreff des bedingten Vermächtnisses ist die Rechtslage keine andere. Die §§ 482 flg. A.L.R. I. 12 behandeln nur die Verwandtschaft, die zwischen bedingten Erbeinsetzungen und bedingten Vermächtnissen bezüglich des Fruchtgenusses besteht, wie der Hinweis auf die §§ 466 flg. am Schlusse des § 480 deutlich ergiebt (Dernburg, Preuß. Privatrecht. Bd. 3 4. Aufl. S. 460 § 157 Anm. 1).

Hiernach ist die Revision nicht begründet." . . .

75. 1. Fallen die Kosten der Kommission zur Veranlagung der Einkommensteuer in den Stadtkreisen der Staatskasse auch dann zur Last, wenn nicht ein von der Staatsregierung besonders ernannter Kommissar, sondern der Stadtbürgermeister oder an dessen Stelle ein anderes Magistratsmitglied den Vorsitz in der Kommission führt?

2. Ist der Umstand, daß die Veranlagung der Einkommensteuer zugleich die Grundlage für die kommunale Besteuerung bildet, oder daß die Veranlagung der Personen mit Einkommen von nicht mehr als 900 ℳ nach Maßgabe der §§ 74. 75 des Einkommensteuergesetzes vom 24. Juni 1891 nur im Interesse kommunaler oder anderer öffentlicher Verbände erfolgt, von Einfluß auf die Verpflichtung des Staates zur Tragung der Kosten der Veranlagung?

Einkommensteuergesetz vom 24. Juni 1891 (G.S. S. 175) §§ 34. 71. 73 Abs. 1.
Städte-Ordnung vom 30. Mai 1853 (G.S. S. 261) § 62 II.
A.L.R. I. 13 §§ 258 flg.

IV. Civilsenat. Urt. v. 9. März 1899 i. S. preuß. Fiskus (Bekl.) w. Stadtgemeinde B. (Kl.). Rep. IV. 328/98.

I. Landgericht Breslau.
II. Oberlandesgericht daselbst.

Nach dem Einkommensteuergesetze vom 24. Juni 1891 § 33 bildet „behufs Veranlagung der Steuerpflichtigen jeder Kreis einen Veranlagungsbezirk", und ist — § 34 — „für jeden Veranlagungsbezirk unter dem Vorsitze des Landrates oder eines von der Regierung zu ernennenden Kommissars eine Veranlagungskommission zu bilden, deren Mitglieder teils von der Regierung ernannt, teils von der Kreisvertretung, und in den Stadtkreisen von der Gemeindevertretung aus den Einwohnern des Veranlagungsbezirks" gewählt werden. Zum Vorsitzenden der für den Stadtkreis B. — §§ 4. 169. 170 der Kreisordnung vom 13. Dezember 1872 / 19. März 1881 — gebildeten Veranlagungskommission wurde das Mitglied des Magistrates, spätere zweite Bürgermeister v. Y. von der Regierung zu B., unter Genehmigung des Finanzministers und Zustimmung des Oberbürgermeisters, bestellt. Bürgermeister v. Y. hat den Vorsitz bis zum 1. Oktober 1896 geführt, und war zugleich Vorsitzender der nach Maßgabe des § 15 des Gewerbesteuergesetzes vom 24. Juni 1891 gebildeten Steuerausschüsse der Klassen III und IV des Stadtkreises B. Während dieser Wirksamkeit war ihm ein aus Staatsmitteln besoldeter Regierungsassessor als Hilfsarbeiter zugeordnet, wogegen die für die Veranlagungskommission und ihren Vorsitzenden erforderlichen Bureau- und Kanzleikräfte und Unterbeamten, sowie alle sächlichen Ausgaben aus Mitteln der klagenden Stadtgemeinde bezahlt worden sind. Zum Ersatze dieser Aufwendungen hält letztere den verklagten Fiskus für verpflichtet, davon ausgehend, daß gemäß § 71 des Einkommensteuergesetzes dem Staate die Kosten der Steuerveranlagung zur Last fallen, somit notwendige und nützliche Ausgaben für ihn geleistet, und er daher aus der nützlichen Verwendung haftbar sei. Für die Erstattungspflicht des Beklagten sei es deshalb auch bedeutungslos, ob der Bürgermeister v. Y. als ein gemäß § 34 des Einkommensteuergesetzes bestellter staatlicher Kommissar zu betrachten, oder ob anzunehmen sei, daß er kraft Gesetzes, als Mitglied des Magistrates der den Stadtkreis B. bildenden Stadtgemeinde, zur Führung des Vorsitzes berufen gewesen sei.

Die Aufwendungen für das Rechnungsjahr 1895/96 berechnet Klägerin auf 87732,82 *M*, verlangt jedoch mit der erhobenen Klage zunächst nur den Rechnungsposten für Formulare mit 2126,15 *M* erstattet.

Der Beklagte macht, abgesehen von der prozeßhindernden Einrede der Unzulässigkeit des Rechtsweges und von vertragsmäßigen Abmachungen, geltend, daß der Bürgermeister v. Y. nicht zum Staatskommissar gemäß § 34 des Einkommensteuergesetzes bestellt, sondern als Magistratsmitglied, an Stelle des zur Übernahme des Vorsitzes gemäß § 62 II der Städte-Ordnung vom 30. Mai 1853 in Verbindung mit dem vorgedachten § 34 des Einkommensteuergesetzes verpflichteten

Oberbürgermeisters, berufen worden und überdies in seiner Amtseigenschaft als Gemeindebeamter zur Übernahme des Vorsitzes verpflichtet gewesen sei. Daraus folge an sich schon die Verpflichtung der klagenden Stadtgemeinde, dem zu Vorsitzenden der Veranlagungskommission kraft Gesetzes berufenen Gemeindebeamten die erforderlichen Mittel zur Besorgung dieser Amtsgeschäfte aus Gemeindevermögen zur Verfügung zu stellen. Diese Verpflichtung sei aber auch den Städten, in denen der Bürgermeister oder an seiner Stelle ein anderes Magistratsmitglied den Vorsitz führe, durch die von dem Finanzminister in dem Rahmen des Einkommensteuergesetzes erlassene Ausführungsanweisung vom 5. August 1891 — in Art. 88[2b] — ausdrücklich auferlegt. Der Beklagte stellt auch in Abrede, daß der Klaganspruch sich aus der nützlichen Verwendung begründen lasse, da die Aufwendungen von der klagenden Stadtgemeinde auch in ihrem eigenen Interesse gemacht seien, behufs der Kommunalbesteuerung, insbesondere der Personen mit einem Einkommen von nicht mehr als 900 *M*, und zur Erhebung der der Staatskasse gegenüber außer Hebung gesetzten Gewerbesteuer als Kommunalsteuer.

Mit Rücksicht darauf, daß auch die Höhe der Klageforderung streitig geblieben ist, hat das Landgericht, dem Antrage der Parteien entsprechend, über den Grund des Anspruches vorab entschieden, und zwar dahin:

„Der Anspruch der Klägerin auf Erstattung derjenigen Beträge, welche sie in dem Rechnungsjahre 1895/96 für die Geschäfte des Vorsitzenden der Einkommensteuer-Veranlagungskommission an verbrauchten Formularen aufgewendet hat, wird dem Grunde nach für gerechtfertigt erklärt."

Die Berufung des Beklagten ist zurückgewiesen, ebenso die Revision, diese betreffs der beiden vorangestellten Fragen aus folgenden

Gründen:

. . . „Die Revision wirft dem Berufungsgerichte Verletzung der §§ 73. 33. 34 des Einkommensteuergesetzes vom 24. Juni 1891 in Verbindung mit §§ 21 flg. §§ 31 flg. und § 71 dieses Gesetzes, mit § 62 II der Städte-Ordnung vom 30. Mai 1853 und mit § 16 des Gesetzes vom 14. Juli 1893 wegen Aufhebung direkter Staatssteuern vor, wenn dasselbe zu der seiner Entscheidung zu Grunde liegenden Auffassung gelange, daß das Einkommensteuergesetz selbst dem Staate die Kosten der Veranlagungskommission auch in den Stadtkreisen, ohne

Unterschied, ob der Bürgermeister, oder ein besonders ernannter Staatskommissar den Vorsitz führe, auferlege. Dieser Auslegung des Einkommensteuergesetzes seitens des Berufungsgerichtes muß aber im Ergebnis beigetreten werden. Der aus den §§ 71—73 bestehende achte Abschnitt des Gesetzes, mit der Überschrift „Kosten", stellt in § 71 den Satz an die Spitze: „Die Kosten der Steuerveranlagung und Erhebung fallen der Staatskasse zur Last." Eine Ausnahme wird im zweiten und dritten Satze des § 71 nur gemacht bezüglich der anläßlich der eingelegten Rechtsmittel gegen die Veranlagung, infolge der dieserhalb notwendig gewordenen Ermittelungen, veranlaßten Kosten, welche von dem Steuerpflichtigen zu erstatten sind, wenn sich seine Angaben in wesentlichen Punkten als unrichtig erweisen. Der § 72 verhält sich über die den Mitgliedern der Kommissionen und den Zeugen und Sachverständigen zu gewährende Entschädigung, und es lautet dann der § 73:

> „Den Gemeinden (Gutsbezirken) werden als Vergütung für die bei Veranlagung der Steuer ihnen übertragenen Geschäfte zwei Prozent der eingegangenen Steuer gewährt.
>
> Hinsichtlich der örtlichen Erhebung der Steuer verbleibt es bis auf weiteres bei den bestehenden Bestimmungen mit der Maßgabe, daß die bisher zur örtlichen Erhebung der Klassensteuer verpflichteten Gemeinden (Gutsbezirke) die Steuer von Einkommen von nicht mehr als 3000 ℳ zu erheben haben.
>
> Diejenigen Gemeinden (Gutsbezirke), welchen die Steuererhebung übertragen ist, erhalten für dieselbe eine Vergütung von zwei Prozent der Isteinnahme der zu erhebenden Steuern."

Die §§ 71—73 entsprechen den zu unveränderter Annahme gelangten §§ 73. 75 und 76 des von der Staatsregierung vorgelegten Gesetzentwurfes, und die Materialien ergeben keine weiteren Anhaltspunkte für die Auslegung dieser Bestimmungen, die, wie in der Begründung des Entwurfes unter Hinweis auf das Gesetz vom 1. Mai 1851, betreffend die Einführung einer Klassen- und klassifizierten Einkommensteuer, und das Abänderungsgesetz hierzu vom 25. Mai 1873 hervorgehoben wird, sich dem bestehenden Rechte anschlossen.

Vgl. Sammlung sämtlicher Drucksachen des Hauses der Abgeordneten von 1890/91, Bd. 2 Nr. 5 S. 68.

Während das letztere Gesetz die Kostenfrage überhaupt unberührt läßt, bestimmt das Gesetz vom 1. Mai 1851 in § 34, daß die Kosten der Steuerveranlagung der Staatskasse zur Last fallen, und überläßt in § 35 Abs. 2 die Festsetzung der zu bewilligenden Hebegebühren der Instruktion des Finanzministers, mit der Maßgabe, daß dieselben nicht mehr als 3 Prozent der Einnahme betragen dürfen, und daraus auch alle Nebenkosten des Veranlagungsgeschäftes für Papier rc zu bestreiten sind.

Mit dem Berufungsgerichte ist hiernach unbedenklich davon auszugehen, und auch die Revision steht auf diesem Standpunkte, daß das Einkommensteuergesetz vom 24. Juni 1891 auch die Kostenfrage hat erschöpfend regeln wollen, sodaß Lücken, welche aus einer anderen Rechtsquelle zu entscheiden wären, nicht anzunehmen sind. Aus diesem Gesetze selbst ist also die unter den Parteien streitige Frage zu beantworten, welche Geschäfte der Veranlagung im Sinne des § 73 Abs. 1 als den Gemeinden übertragen anzusehen sind. Das Berufungsgericht will darunter nur die Vorbereitung der Veranlagung und die Voreinschätzung, nicht aber die Geschäfte der Veranlagungskommission verstanden wissen, auf Grund folgender Erwägungen. Das Gesetz lege zunächst den Gemeinden „die Vorbereitung der Veranlagung" und die „Voreinschätzung" auf; die §§ 21 – 23 regeln ausdrücklich die den Gemeinde- (Guts-)vorständen als solchen obliegenden Pflichten bei Vorbereitung der Veranlagung; die §§ 31. 32 regeln die Voreinschätzung, welche ebenfalls den Gemeinden überwiesen sei. In §§ 33. 34 flg. trete dann „der Kreis" in Gegensatz zu den Gemeinden; jeder Kreis als Ganzes bilde einen „Veranlagungsbezirk", und für jeden Veranlagungsbezirk werde „unter dem Vorsitze des Landrats oder eines von der Regierung zu ernennenden Kommissars eine Veranlagungskommission gebildet". Im § 35 werde der Vorsitzende der Veranlagungskommission wiederholt in Gegensatz gestellt zu den Voreinschätzungskommissionen und zu den Gemeinden. Aus alledem folge notwendig ein Gegensatz zwischen den Geschäften der Gemeinden als solcher und den Geschäften der Veranlagungskommission, welche eine staatliche, für den Kreis bestimmte Behörde bilde und ihre selbständigen, den Gemeindegeschäften entgegengesetzten Geschäfte habe. Wenn nun § 71 des Gesetzes als Regel bestimme: „Die Kosten der Steuerveranlagung und Erhebung fallen der Staatskasse zur Last", so könnten im Sinne des § 73 Abs. 1 als „den Gemeinden übertragen" nur die den Gemeinden als solchen obliegenden Geschäfte der Vorbereitung der Veranlagung und der Voreinschätzung, nicht aber die Geschäfte der — als Kreiskommission wirkenden — Veranlagungskommission verstanden werden. Daran ändere sich auch durch den Umstand nichts, daß der Bürgermeister der Stadtgemeinde eines Stadtkreises im Sinne des § 34 des Gesetzes als Landrat anzusehen und deshalb, sofern nicht ein besonderer Staatskommissar ernannt werde, Vorsitzender der Veranlagungskommission des Stadtkreises sei. Denn auch bei der Stadtgemeinde des Stadtkreises sei deren Funktion als Einzelgemeinde und die Funktion derselben als Kreises zu unterscheiden. In den Fällen der §§ 21—23 und der §§ 31. 32 des Gesetzes fungiere die Stadtgemeinde des Stadtkreises als Einzelgemeinde, im Falle der §§ 34 flg. als Kreis. Die Kostenfrage entscheide sich also folgerecht der Stadtgemeinde des Stadtkreises gegenüber genau ebenso, wie anderen Gemeinden gegenüber. Eine Unterscheidung für die Kostentragung, je nachdem der Bürgermeister, oder ein besonders ernannter Staatskommissar den Vorsitz in der Veranlagungskommission führe, sei im Gesetze nicht gemacht und vernünftigerweise auch nicht gewollt. Selbst wenn man, so schließt das Berufungsgericht, unterstelle, daß der § 62 der Städte-Ordnung im Zweifel nicht nur die Arbeitskraft des Bürgermeisters ohne Entschädigung in den Dienst des Staates stelle, sondern auch die dabei verursachten sächlichen Kosten der Stadtgemeinde auferlege, so könne dieser Satz doch nicht Platz greifen, wo er, wie hier, dem Spezialgesetz widerspreche.

Die Revision rügt zunächst wort- und systemwidrige Auslegung des § 73 Abs. 1 des Einkommensteuergesetzes. Der § 71 umfasse sowohl die Veranlagungs- als die Erhebungskosten. Der § 73 unterscheide beide. In Abs. 1 spreche er nur von Veranlagung, in Abss. 2 und 3 nur von Erhebung. In Abs. 1 werde nicht unterschieden zwischen Vorbereitung der Veranlagung (§§ 21 flg.), Voreinschätzung (§§ 31. 32) und eigentlicher Veranlagung (§§ 34 flg.). Die Revision läßt unberücksichtigt — und daran muß die Rüge ohne weiteres scheitern —, daß es sich bei der Bestimmung in § 73 Abs. 1 gar nicht, wie in § 71, um die Feststellung der Verpflichtung zur Tragung der Kosten der Veranlagung überhaupt, sondern darum handelt, für die Gemeinden einen Anspruch auf Vergütung für die ihnen bei Veranlagung der Steuer übertragenen Geschäfte zu begründen und die Höhe dieser Vergütung festzusetzen. Da den Gemeinden nicht die gesamte Veranlagung übertragen ist, so muß notwendig unterschieden werden zwischen den den Gemeinden übertragenen Geschäften der Veranlagung und den ihnen dabei nicht übertragenen Geschäften. Auf dieser Unterscheidung beruht auch, wie nicht zweifelhaft sein kann, der Maßstab für die zugebilligte Vergütung von 2 Prozent des Isteinkommens der Steuer. Das schließt aber nicht aus, daß der Umfang der den Gemeinden bei Veranlagung der Steuer übertragenen Geschäfte im Sinne des § 73 Abs. 1 verschieden zu bestimmen ist, je nachdem es sich um die Stadtgemeinden der Stadtkreise, oder um andere Gemeinden handelt. Es fragt sich nur, ob sich eine solche Verschiedenheit, wie sie von dem Beklagten und der Revision geltend gemacht wird, aus dem Gesetze, entgegen den Ausführungen des Berufungsgerichtes, herleiten läßt.

In dieser Beziehung ist der, auch von der Revision vertretenen, Auffassung des Berufungsgerichtes, daß unter die Bezeichnung „Landrat“ in § 34 des Einkommensteuergesetzes in den Stadtkreisen auch der Bürgermeister fällt, unbedenklich beizutreten. Die Auffassung entspricht der Organisation der Stadtkreise und ist auch bei der Beratung des Gesetzes zum Ausdruck gekommen (vgl. Stenographische Berichte des Hauses der Abgeordneten 1890/91 Bd. 2 S. 963 und 976, Bericht der Kommission des Herrenhauses in der Sammlung der Drucksachen desselben 1890/91 Nr. 77 S. 12 zu § 34). Die Revision, von dieser Auffassung ausgehend, ist nun der Meinung, daß danach für die Auslegung der Worte des § 73 Abs. 1 „den Gemeinden übertragen“, da nirgends im Gesetz von einer Übertragung an die Gemeinden, sondern überall nur von Übertragung an die Gemeindevorstände die Rede sei, ein Gegensatz — wie ihn das Berufungsgericht konstruiere — zwischen dem Falle des § 34 bei Führung des Vorsitzes der Veranlagungskommission des Stadtkreises durch den Bürgermeister und den Fällen der §§ 21 flg. 31. 32 nicht anerkannt werden könne. Durch §§ 21 flg. werde dem Gemeindevorstand als solchem die Aufgabe der Vorbereitung der Veranlagung übertragen; durch §§ 31. 32 werde er ganz ebenso, wie in § 34, zum Vorsitzenden der ganz ebenso, wie in § 34, teils aus regierungsseitig ernannten, teils aus von der Gemeinde gewählten Mitgliedern zusammengesetzten Voreinschätzungskommission berufen. Auch letztere sei, in demselben Sinne wie die Veranlagungskommission, eine staatliche Behörde; aber weder bei der einen, noch bei der anderen bilden die Geschäfte der

Voreinschätzung und Veranlagung einen Gegensatz zu den Gemeindegeschäften; vielmehr bewegen sich bei beiden die Funktionen des Gemeindevorstandes durchaus im Rahmen des § 62 II der Städte-Ordnung vom 30. Mai 1853. Aus der Verpflichtung des Bürgermeisters zur Ausführung örtlicher Geschäfte der allgemeinen Staatsverwaltung wolle Beklagter allein keineswegs die Verpflichtung der Stadtgemeinden zur Tragung der dadurch entstehenden Kosten folgern; vielmehr werde daraus nur gefolgert, daß, wenn derartige Geschäfte dem Bürgermeister übertragen werden, diese im Rahmen des durch die Städte-Ordnung dem Bürgermeister überwiesenen Geschäftskreises liegen; die Kostenfrage aber werde durch das Specialgesetz des § 73 Abs. 1 des Einkommensteuergesetzes entschieden. Es sei deshalb völlig ungerechtfertigt, im Sinne dieses Gesetzes zwischen Stadt- und bezw. Einzelgemeinde und selbständigem Stadtkreise, wenn beide sich decken, bezüglich der Funktionen des Bürgermeisters einen begrifflichen Unterschied zu machen, je nachdem es sich um die Funktionen im Falle der §§ 21—23. 31. 32, oder um die Funktionen im Falle der §§ 34 flg. des Gesetzes handele.

Während den grundsätzlichen Ausführungen der Revision über die Tragweite des § 62 II der Städte-Ordnung vom 30. Mai 1853 nur beigetreten werden kann, wie sich dieselben denn auch in Übereinstimmung befinden mit der Auffassung des preußischen Obertribunals in dem in Bezug genommenen Urteile vom 15. April 1872 — Entsch. desselben Bd. 67 S. 221 —, so trägt die Revision doch dem, auch von ihr betonten, Umstande nicht ausreichend Rechnung, daß das Einkommensteuergesetz die Kostenfrage hat erschöpfend regeln wollen und in den §§ 71—73 erschöpfend geregelt hat. Deshalb ist es gerechtfertigt und entspricht der gesetzlichen Auslegungsregel in § 46 Einl. zum A.L.R., wenn das Berufungsgericht in erster Reihe, bei der Unbestimmtheit des Wortsinnes in § 73 Abs. 1, aus den einschlagenden Bestimmungen des Gesetzes selbst im Wege der Auslegung zu ergründen sucht, welche Geschäfte unter den den Gemeinden übertragenen Veranlagungsgeschäften im Sinne des § 73 Abs. 1 zu verstehen sind. Die durch die Bestimmung in § 62 II der Städte-Ordnung vom 30. Mai 1853 gegebene Umgrenzung des Geschäftskreises des Bürgermeisters bezüglich der Geschäfte der Kreis-, Bezirks-, Provinzial- und allgemeinen Staatsverwaltung ist dabei nicht von ausschlaggebender Bedeutung. Es kann sich daher nur fragen, ob das gewonnene Ergebnis der Auslegung selbst dem Gesetze entspricht. In dieser Beziehung ist es bedeutungslos, daß, worauf die Revision für ihre Auffassung Gewicht legt, die Geschäfte der Vorbereitung der Veranlagung und des Vorsitzes der Voreinschätzungskommission in den §§ 21 flg., bezw. §§ 31. 32 nicht den Gemeinden, sondern dem Gemeindevorstande auferlegt werden; denn es unterliegt keinem Zweifel, daß mit der Anführung des zur Ausführung der angeordneten Veranlagungsgeschäfte berufenen Organs der Gemeinde diese selbst zu verstehen ist. Auf der anderen Seite mußte in § 73 Abs. 1 zum Ausdrucke gebracht werden, daß die Vergütung der Gemeinde, und nicht etwa als Dienstbezug deren Vorstande, gebühre. Es kann deshalb der Revisionsbeklagten nicht zugegeben werden, daß nur infolge mangelhafter Fassung in § 73 Abs. 1 die Worte „Gemeinden (Gutsbezirken)" statt „Gemeinde-(Guts-)vorständen" gesetzt seien. Für die Auslegung des § 73 Abs. 1 selbst kommt, neben den Erwägungen der Vorderrichter, wesentlich der Umstand in Betracht, daß in der festgesetzten Vergütung von 2 Prozent der eingegangenen Steuer ein einheitlicher Maßstab für die Bemessung der Entschädigung allen Gemeinden gegenüber aufgestellt, und dadurch mittelbar zugleich die Voraussetzung zum Ausdrucke gebracht ist, daß allen Gemeinden auch die gleichen Geschäfte übertragen sind. Wenn daher den Gemeinden der Landkreise und den Stadtgemeinden derjenigen Stadtkreise gegenüber, für deren Veranlagungskommission ein besonderer Staatskommissar zum Vorsitzenden ernannt ist, gar nicht in Frage kommen kann, ob die Geschäfte der Veranlagungskommission im Sinne des § 73 Abs. 1 zu den bei Veranlagung der Steuer den Gemeinden übertragenen Geschäften gehören, so darf folgerichtig die Frage auch nicht anders beantwortet werden in den Ausnahmefällen, wo es sich um die Veranlagungskommissionen der Stadtgemeinden derjenigen Stadtkreise handelt, für welche ein besonderer Staatskommissar nicht ernannt ist. Es würde sich sonst, worauf auch das Berufungsgericht hinweist, der durch nichts gerechtfertigte und auch von der Revision unaufgeklärt gelassene Widerspruch ergeben, daß die letzterwähnten Stadtgemeinden erheblich höher als alle anderen Gemeinden belastet werden. Zur Rechtfertigung einer solchen Verschiedenheit der Belastung ist der Umstand, daß der Vorsitz in der Veranlagungskommission kraft Gesetzes dem Bürgermeister der Stadt zufällt, in keiner Weise geeignet; insbesondere läßt sich daraus nicht, wie die Revision will, die Auffassung begründen, daß die den Gemeinden bei Veranlagung der Steuer übertragenen Geschäfte im Sinne des § 73 Abs. 1 in solchem Falle einen weiteren Umfang als den regelmäßigen haben und die Geschäfte der Veranlagungskommission mit umfassen. Denn unter den den Gemeinden übertragenen Geschäften können hier füglich nur diejenigen Geschäfte verstanden werden, welche nach den einschlagenden Bestimmungen des Einkommensteuergesetzes den Gemeinden übertragen sind. In dem Einkommensteuergesetze selbst sind aber Geschäfte der Veranlagungskommission den Gemeinden oder deren Vorständen durch ausdrückliche Bestimmung nicht übertragen; vielmehr beruht der Übergang des Vorsitzes in der Veranlagungskommission des Stadtkreises auf den Bürgermeister auf einer außerhalb dieses Gesetzes vorgesehenen Organisation der Stadtkreise und der städtischen Verfassung. Um so bedenkenfreier ist daher die auch mit dem Wortsinne vereinbare Auslegung des § 73 Abs. 1, daß hier unter den den Gemeinden übertragenen Geschäften auch bezüglich der Stadtgemeinde des Stadtkreises nur die den Gemeinden in ihren Vorständen übertragenen Geschäfte der Vorbereitung der Veranlagung (§§ 21. 23) und der Voreinschätzungskommission (§§ 31. 32) zu verstehen sind. Die von der Revision noch hervorgehobene Möglichkeit der Zusammenlegung mehrerer Gemeinden und selbständiger Gutsbezirke nach Maßgabe des § 31 Abss. 3. 4. 5 des Einkommensteuergesetzes läßt sich für die Auslegung des § 73 Abs. 1 nicht verwerten, ebensowenig wie die gleichfalls hervorgehobene Bestimmung in § 35, daß der Vorsitzende der Veranlagungskommission zugleich die Interessen des Staates wahrzunehmen habe.

Die Bestimmung in § 16 des Gesetzes vom 14. Juli 1893 wegen Aufhebung direkter Staatssteuern hat nur den Anspruch der Gemeinden auf den Bezug der ihnen in § 73 Abs. 1 des Einkommensteuergesetzes bewilligten Vergütung beseitigt, ist also bedeutungslos für die Entscheidung über den auf einem anderen Grunde beruhenden Klaganspruch.

Sind hiernach im Sinne des § 73 Abs. 1 des Einkommensteuergesetzes vom 24. Juni 1891 unter den den Gemeinden bei der Veranlagung der Steuer übertragenen Geschäften auch bezüglich der Stadtgemeinden der Stadtkreise die Geschäfte der Veranlagungskommission selbst dann nicht mitbegriffen, wenn der Stadtbürgermeister oder ein anderes Magistratsmitglied in dieser seiner Eigenschaft den Vorsitz in derselben führt, so bleiben auch in diesem Falle gemäß § 71 a. a. O. die aus dem Geschäftsbetriebe der Veranlagungskommission erwachsenden Kosten der Staatskasse zur Last. Daß hieran durch die entgegenstehende, auf einer abweichenden Auslegung des § 73 Abs. 1 a. a. O. beruhende Vorschrift in Art. 88[2b] der Ausführungsanweisung des Finanzministers vom 5. August 1891 zu dem Einkommensteuergesetze nichts hat geändert werden können, wie die Vorderrichter zutreffend annahmen, wird von der Revision ebenfalls nicht verkannt. Die Klägerin hat daher durch Beschaffung der zum Geschäftsbetriebe der Veranlagungskommission für den Stadtkreis B. erforderlichen Formulare, um welche es sich in gegenwärtigem Rechtsstreit handelt, eine notwendige und nützliche Ausgabe für die Staatskasse bestritten, und somit ist der hieraus auf Grund der nützlichen Verwendung hergeleitete Anspruch gemäß §§ 262. 268. 269 A.L.R. I. 13 an sich begründet. Demgegenüber ist der Umstand, daß die Steuerveranlagung zugleich dem Interesse der Gemeinden als Grundlage der Kommunalbesteuerung dient, ja sogar bezüglich der Personen mit Einkommen von nicht mehr als 900 ℳ gemäß §§ 74. 75 des Einkommensteuergesetzes vom 24. Juni 1891 nur im Interesse kommunaler und anderer öffentlicher Verbände erfolgt, nicht geeignet, den von dem Beklagten unter Berufung auf §§ 258 flg. A.L.R. I. 13 erhobenen Einwand zu rechtfertigen, daß durch die Veranlagung zugleich Geschäfte der klagenden Stadtgemeinde besorgt würden, und daher die hier in Rede stehenden Aufwendungen von der Klägerin zugleich in ihrem eigenen Interesse gemacht seien. Bei diesem, auch von der Revision aufrecht erhaltenen, Einwande wird übersehen, daß die öffentlichrechtliche Befugnis zur Steuerveranlagung allein dem Staate zusteht, das Veranlagungsgeschäft daher auch ein lediglich staatliches ist. Das aber ist allein entscheidend für die Beantwortung der Frage, wessen Geschäfte von der Veranlagungskommission besorgt werden, während es hierbei nicht wesentlich darauf ankommt, wessen Interesse die Veranlagung dient. Dem entspricht es auch — worauf das Berufungsgericht hinweist — daß bezüglich der in den §§ 74. 75 des Einkommensteuergesetzes vom 24. Juni 1891 vorgesehenen, nicht der staatlichen Besteuerung dienenden Veranlagung besondere Bestimmungen über deren Kosten nicht getroffen sind, diese also ebenfalls nach § 71 a. a. O. der Staatskasse zur Last fallen. In gleicher Weise ist die Veranlagung der durch das Gesetz vom 14. Juli 1893 wegen Aufhebung direkter Staatssteuern der Staatskasse gegenüber außer Hebung gesetzten Grund-, Gebäude- und Gewerbesteuer für die Zwecke der kommunalen Besteuerung geregelt; auch diese Veranlagung wird vom Staate ausgeführt — § 3 Abs. 2 —, und ebenso werden die Kosten derselben, soweit sie nicht durch die den Gemeinden hierbei übertragenen Geschäfte entstehen, aus der Staatskasse bestritten — § 14 Abs. 1 —. Das offensichtliche wesentliche Interesse des Staates an der gehörigen Durchführung der Veranlagung, auch wenn dieselbe allein dem Zwecke der kommunalen Besteuerung dient, erklärt sowohl den Vorbehalt der Veranlagung für den Staat, als auch die Übernahme der Kosten derselben seitens des Staates. Um so unbedenklicher ist danach die Annahme, daß die nach Maßgabe des Einkommensteuergesetzes vom 24. Juni 1891 auszuführende Veranlagung der Einkommensteuer, ungeachtet der gesetzlich vorgesehenen Mitwirkung der Gemeinden als Organe des Staates, als ein ausschließlich dem Staate obliegendes Geschäft anzusehen ist. Damit entfällt aber dem auf die Bestimmungen der §§ 258. 259 A.L.R. I. 13 über gleichzeitige gemeinschaftliche Besorgung fremder und eigener Geschäfte gestützten Einwande des Beklagten die alleinige Unterlage.

Nach alledem hat das Berufungsgericht, in Übereinstimmuug mit dem Landgerichte, den aus der nützlichen Verwendung hergeleiteten Klaganspruch zutreffend seinem Grunde nach für gerechtfertigt angenommen." ...

---

76. Zur Auslegung des § 10 des preußischen Gesetzes über die Verjährungsfristen bei öffentlichen Abgaben vom 18. Juni 1840 (G.S. S. 140).

IV. Civilsenat. Urt. v. 9. März 1899 i. S. preuß. Fiskus (Kl.) w. B. (Bekl.). Rep. IV. 329/98.

I. Landgericht Graudenz.
II. Oberlandesgericht Marienwerder.

Aus den Gründen:

... „Der — inzwischen verstorbene — Gastwirt K. in Dr. hat im Jahre 1884 auf seinem Grundstücke daselbst ein ... Sommertanzsaalgebäude errichtet, es aber unterlassen, gemäß § 16 des Gebäudesteuergesetzes vom 21. Mai 1861 von der Herstellung des Neubaues dem mit der Fortführung der Gebäudesteuerrolle beauftragten Beamten Anzeige zu machen. Durch den § 11 der auf Grund des § 23 des eben bezeichneten Gesetzes von dem Finanzminister erlassenen Anweisung vom 31. März 1877 für das Verfahren bei der Fortschreibung der Gebäudesteuerrollen ist es den Gemeindevorständen zur Pflicht gemacht, im Monate April eines jeden Jahres eine Nachweisung der in dem Gemeindebezirke im Laufe des vergangenen Etatsjahres vorgekommenen Veränderungen im Bestande der Gebäude dem Katasterkontroleur vorzulegen. Der Beklagte, der in den Jahren 1884/85 Gemeindevorsteher von Dr. war, hat es verabsäumt, den von K. vorgenommenen Neubau in die Nachweisung für das Etatsjahr 1884/85 aufzunehmen. Infolgedessen ist nach der Behauptung des Klägers der Eintritt des Steuerfalles der Behörde bis zur Vornahme der ordentlichen Revision der Gebäudesteuerveranlagung in den Jahren 1892—1894 unbekannt geblieben ..., und danach der Staatskasse die Steuer für die Zeit vom 1. April 1887 bis zum 31. März 1893 mit 18 ℳ entzogen worden, indem sie wegen eingetretener Verjährung von dem Schuldner nicht mehr hat beigetrieben werden können. Der Kläger hat die Erstattung dieses Betrages von dem Beklagten verlangt, weil durch dessen Verschulden der Verlust herbeigeführt sei.

Der Berufungsrichter ist dem Kläger darin beigetreten, daß dem Beklagten ein nach §§ 88. 89 A.L.R. II. 10 von ihm zu vertretendes Versehen zur Last falle ..., und daß der Staatskasse objektiv ein Schade erwachsen sei. ... Ferner ist vom Berufungsrichter angenommen, daß zwischen dem entstandenen Schaden und der Verschuldung des Beklagten ein ursächlicher Zusammenhang bestehe, und daß deshalb auch insofern eine Schadensersatzverbindlichkeit begründet sei, daß diese sich jedoch nur auf denjenigen Betrag der Steuer erstrecke, der zu der Zeit, als die Behörde von dem Steuerfalle Kenntnis erlangte, schon verjährt war, während es Sache der Behörde gewesen wäre, die Steuer insoweit, als sie damals noch nicht verjährt war und bei ordnungsmäßigem Geschäftsgange noch vor Vollendung der Verjährung veranlagt und eingezogen werden konnte, von dem Steuerpflichtigen auch beizutreiben, sodaß, wenn die Behörde in dieser Hinsicht säumig gewesen, der Verlust durch ihre eigene Schuld herbeigeführt sei.

Von diesen, an sich rechtlich nicht zu beanstandenden, Annahmen ausgehend, hat der Berufungsrichter den Beklagten nur in Höhe von 5,25 ℳ, nämlich der Steuer für die Zeit vom 1. April 1887 bis zum 31. Dezember 1888, als ersatzpflichtig erachtet, da nur dieser Teil der Steuer als verjährt im vorbezeichneten Sinne anzusehen sei. Dagegen ist die Klageforderung hinsichtlich des Mehrbetrages von 12,75 ℳ, der Steuer vom 1. Januar 1889 bis zum 31. März 1893, für unbegründet erklärt, weil diese Steuer zu der Zeit, als die Behörde von dem Steuerfalle Kenntnis erlangte, nicht verjährt gewesen sei und noch vor dem Ablaufe der Verjährungsfrist hätte beigetrieben werden können. Die Entscheidung gründet sich auf das Gesetz über die Verjährungsfristen bei öffentlichen Abgaben vom 18. Juni 1840, dessen Vorschriften nach § 22 des Gebäudesteuergesetzes auch für die Gebäudesteuer Anwendung finden. Der § 10 dieses Gesetzes, der eine Ausnahme von der Regelvorschrift des § 5 aufstellt, nach der eine Nachforderung von Grundsteuern (einschließlich der Gebäudesteuer) nur für das Kalenderjahr — jetzt das Etatsjahr (§ 1 des Gesetzes vom 12. Juli 1876, G.S. S. 288) —, worin die Nachforderung geltend gemacht wird, zulässig ist, bestimmt:

„Ist in der unterlassenen Entrichtung der ganzen Steuer oder eines Teiles derselben eine Kontravention gegen die Steuergesetze enthalten, so verjährt die Nachforderung nur gleichzeitig mit der gesetzlichen Strafe."

Da nun im vorliegenden Falle eine Übertretung gegen das Steuergesetz (§§ 16. 17 Abss. 3 und 4 a. a. O.) begangen ist, indem der Eigentümer des Gebäudes es unterlassen hat, von der Errichtung desselben der Behörde innerhalb der vorgeschriebenen Frist Anzeige zu machen, Steuerübertretungen solcher Art aber erst in fünf Jahren verjähren, so war nach der Auffassung des Berufungsrichters gemäß § 10 des Gesetzes vom 18. Juni 1840 auch die dem Staate vorenthaltene Steuer einer gleichen Verjährung unterworfen, sodaß in dem entscheidenden Zeitpunkte der Anspruch des Staates auf die Steuer seit dem 1. Januar 1889 durch Verjährung noch nicht erloschen gewesen sei. Bei dieser Erwägung ist der Umstand, daß der Eigentümer K. inzwischen verstorben und gegen ihn ein Strafverfahren nicht eingeleitet ist, für nicht beachtlich erklärt, indem ausgeführt ist:

> das Ableben des K. sei für den gegenwärtigen Streitfall bedeutungslos, da seine Universalrechtsnachfolger von Rechts wegen an seine Stelle getreten seien, und es im Sinne des § 10 nur darauf ankomme, ob der betreffende Thatbestand vom Gesetze mit einer Steuerstrafe bedroht sei, ohne Rücksicht darauf, ob eine solche konkret ausgesprochen, oder infolge Ablebens, eingetretener Geisteskrankheit rc des Schuldigen oder Begnadigung rc die Verurteilung unterblieben, bezw. ihre Folgen wieder rückgängig gemacht worden seien.

Gegen diese Ausführung hat sich die Revision mit der Rüge der Verletzung der §§ 5 und 10 des Gesetzes vom 18. Juni 1840 gerichtet. Sie ist davon als von einer unstreitigen Thatsache ausgegangen, daß der Besitzer K. schon zur Zeit der Entdeckung der Kontravention im Jahre 1893 verstorben gewesen sei, und das Gebäude sich damals im Besitze eines dritten Erwerbers befunden habe. Danach aber habe — so ist geltend gemacht — die Steuerbehörde den neuen Erwerber nach § 5 a. a. O. nur vom 1. April 1893 ab zur Steuer veranlagen können, und die Annahme des Berufungsrichters, es hätten auch die K.'schen Erben zu der Nachsteuer für die Zeit vom 1. Januar 1889 bis 1. April 1893 veranlagt werden sollen, verstoße gegen § 10 ebenda; denn die Voraussetzung des Eintrittes der durch § 10 eingeführten verlängerten Nachforderungs- und Verjährungsfrist gehe dahin, daß gegen den Steuerpflichtigen eine Übertretung festgestellt, und eine Strafe erkannt sei.

Der Angriff ist als begründet anzuerkennen. Die Vorschrift des § 10 greift nicht, wie der Berufungsrichter annimmt, generell in jedem Falle Platz, wenn objektiv der Thatbestand einer Steuerkontravention vorliegt, sondern findet nur gegen den Kontravenienten *selbst* Anwendung, dem gegenüber allein von einer Verjährung der *Strafe* die Rede sein kann. Das Gesetz bestimmt aber ausdrücklich, daß die Nachforderung der Steuer *gleichzeitig* mit der Strafe verjähre, und damit hat es zu erkennen gegeben, daß es nur *eine* verpflichtete

Person im Auge hat, nämlich den Kontravenienten, der mit dem Wegfalle der Strafe auch von der Verbindlichkeit zur Nachzahlung der dem Staate vorenthaltenen Abgabe befreit wird. Diese Auffassung wird durch die Entstehungsgeschichte des Gesetzes, wie solche in Loewenberg, „Beiträge zur Kenntnis der Motive der Preußischen Gesetzgebung", mitgeteilt ist, unterstützt. Dort heißt es zu § 10 (Bd. 1 S. 134):

„Es liegt in der Natur der Sache, daß die kurzen Verjährungsfristen, welche durch dieses Gesetz bewilligt werden, nur da Anwendung finden, wo der Steuerpflichtige dem Gesetze genügt hat, und die unterlassene Entrichtung der Steuer nicht ihm, sondern der Behörde oder Zufälligkeiten beizumessen ist. Hat sich der Steuerpflichtige eine Verletzung der Steuergesetze zu schulden kommen lassen, hat er dadurch die Behörde getäuscht oder wenigstens verhindert, das zur Einziehung der Steuer Erforderliche zu veranlassen, so kann er auf die Wohlthat der kurzen Verjährung der Steuer keinen Anspruch machen. Nach der früheren Gesetzgebung konnte die Steuer in einem sehr langen Zeitraum, auch nachdem die Strafe verjährt war, nachgefordert werden, und es sind dadurch Härten herbeigeführt worden. Um diese zu vermeiden, ist bestimmt worden, daß die Steuer in gleicher Frist mit der Strafe verjährt."

Danach soll derjenige, der gegen die Steuergesetze verstoßen hat, der Wohlthat der kürzeren Verjährung nicht teilhaftig werden; vielmehr soll er, so lange die Strafe nicht verjährt ist, zur Nachzahlung der hinterzogenen Steuer verpflichtet sein. Aus diesem Motive des Gesetzes muß gefolgert werden, daß die Anwendung der längeren Verjährung nur gegen die Person des Kontravenienten gerichtet ist. Er, der gegen das Gesetz verstoßen hat, soll sich der Nachforderung der Steuer gegenüber nicht durch die Berufung auf die kürzere Verjährung des § 5 schützen dürfen. Ist dies aber der Sinn des Gesetzes, so ergiebt sich, daß dritten Personen, wenn erst gegen sie die dem Staate bisher vorenthaltene Steuer veranlagt, und der Anspruch auf Nachzahlung derselben erhoben wird, nicht unter Hinweis auf § 10 der Einwand der Verjährung aus § 5 verschlossen werden kann. Dieselbe Anschauung liegt dem Erlasse des Finanzministers vom 18. Oktober 1880,

vgl. Gauß, Gebäudesteuer, 3. Aufl., S. 634 Nr. 2532,
auf den der Kläger in den Vorinstanzen, und auch die Revision verwiesen hat, zu Grunde. In dem dortigen Falle hatte ein Ehemann, der mit der Frau in Gütergemeinschaft lebte, und dem allein die Verpflichtung zur Anmeldung einer auf dem gemeinschaftlichen Grundstücke stattgehabten baulichen Veränderung obgelegen hatte, diese Anmeldung unterlassen und sich damit einer Kontravention schuldig gemacht; nachdem er im Jahre 1874 verstorben war, erhob die Steuerbehörde gegen die Witwe eine Nachforderung wegen der Steuer vom 1. Januar 1871 bis zum 31. März 1878; der Minister erklärte diese Forderung für unzulässig, da die Verfolgung der Kontravention mit dem Tode des Ehemannes aufgehört habe, und deshalb die Anwendung des § 10 des Gesetzes vom 18. Juni 1840 gegen die Witwe ausgeschlossen sei. Ob der § 10 a. a. O. zur Anwendung dem Kontravenienten gegenüber voraussetzt, daß gegen diesen eine Übertretung festgestellt, und eine Strafe erkannt ist, kann unerörtert bleiben. Für den gegenwärtigen Fall ist entscheidend, daß die Vorschrift überhaupt nur gegen den Kontravenienten Anwendung findet.

Bei diesem Rechtszustande war die Steuerbehörde, da, wie als unstreitig anzusehen ist, der Gastwirt K., der Kontravenient, schon vor dem Bekanntwerden des Steuerfalles im Jahre 1893 verstorben war, nicht mehr in der Lage, die Steuerforderung für die Zeit vom 1. Januar 1889 bis zum 31. März 1893 mit Erfolg geltend zu machen, da ihr bei einer Veranlagung dieser Steuer den Rechts- und Besitznachfolgern des K. gegenüber der Einwand der Verjährung aus § 5 a. a. O. entgegenstand.

Aus diesen Gründen erscheint auch der weitere Regreßanspruch des Klägers gegen den Beklagten in Höhe von 12,75 ℳ gerechtfertigt." ...

---

77. Ist, wenn beide Eheleute sich ihre bisherigen Ehebrüche verziehen haben, und dann der Ehemann einen neuen Ehebruch begeht, die Ehescheidungsklage der Ehefrau wegen jenes neuen Ehebruches des Ehemannes unbedingt zulässig?

A.L.R. II. 1 § 670.

IV. Civilsenat. Urt. v. 9. März 1899 i. S. J. Ehefr. (Kl.) w. J. (Bekl.). Rep. IV. 440/98.

I. Landgericht II Berlin.
II. Kammergericht daselbst.

Aus den Gründen:

... „Nach § 670 A.L.R. II. 1 gilt als Regel:

„Ehebruch, dessen sich ein Ehegatte schuldig macht, berechtigt den unschuldigen Teil, auf Scheidung zu klagen."

Zu Gunsten des Mannes macht hiervon der § 671 a. a. O. eine Ausnahme, indem er bestimmt:

„Wenn aber die Frau sich des Ehebruchs schuldig gemacht hat, so kann sie, unter dem Vorwande, daß dem Manne ein gleiches Vergehen zur Last falle, der Scheidung nicht widersprechen."

Da im vorliegenden Falle der Ehemann nach Zurücknahme seiner auf Ehebruch gestützten Klage nicht mehr wegen Ehebruches auf Scheidung klagt, sondern nur die Ehefrau diesen Scheidungsgrund geltend macht, so kommt die Anwendbarkeit des § 671 hier nicht in Frage; es ist vielmehr nur zu prüfen, ob jenem Scheidungsgrunde der Ehefrau der § 670 zur Seite steht. Wie das Berufungsgericht bedenkenfrei feststellt, hat der Ehemann, nachdem sich die Parteien ihre früheren Ehebrüche ausdrücklich verziehen hatten, von neuem Ehebruch begangen, und dieser neue Ehebruch ist ihm von seiner Ehefrau nicht verziehen, weder ausdrücklich noch stillschweigend, sodaß die auf Grund dieses neuen Ehebruches angestellte Ehescheidungsklage nicht durch die §§ 720. 721 a. a. O. ausgeschlossen wird, und die Ehefrau zur Anstellung dieser Klage gemäß § 670 berechtigt ist, vorausgesetzt daß sie der unschuldige Teil ist. Die letztere Voraussetzung trifft hier nicht zu, da feststeht, daß die Ehefrau ein ehebrecherisches Verhältnis ... unterhalten hat. Zwar hat der Ehemann ihr den Ehebruch ... im Laufe dieses Prozesses ausdrücklich verziehen; allein dadurch wird ihr Ehebruch nicht ungeschehen gemacht; er behält vielmehr seine Bedeutung für die Schuldfrage, und die Sachlage ist hier nach der Feststellung des Berufungsgerichtes eine solche, daß jener Ehebruch der Frau trotz der Verzeihung des Ehemannes bei der Abmessung der Schuldfrage in keinem Falle unberücksichtigt gelassen werden könnte. Überall aber, wo der Ehebruch einer Frau, die wegen Ehebruches des Mannes auf Scheidung klagt, bezüglich der Schuldfrage in Betracht zu ziehen sein würde, kann auch die Frau nicht als unschuldiger Teil im Sinne des § 670 gelten. Von einem Freibriefe zum Ehebruche für den Ehemann einer Frau, die sich überhaupt einmal des Ehebruches schuldig gemacht hat, kann hiernach bei dieser Auslegung des § 670 keine Rede sein. Zwar weist die Revision auf die auch im Berufungsurteile als eine angeblich abweichende in Bezug genommene Entscheidung des Reichsgerichtes vom 10. März 1885 (Bolze, Praxis des R.G.'s in Civils. Bd. 1 Nr. 1229) hin, wonach mit einem verziehenen Ehebruche nicht kompensiert werden kann. Allein diese Entscheidung betrifft, wie schon der Gebrauch der dem preußischen Rechte im allgemeinen fremden Kompensation von Ehescheidungsgründen ergiebt, einen gemeinrechtlichen Fall aus dem Bezirke des Oberlandesgerichtes zu Jena. Auch steht das Urteil des IV. Civilsenates des Reichsgerichtes vom 16. März 1896 i. S. Kl. w. Kl., Rep. IV. 339/95, nicht der gegenwärtigen Entscheidung entgegen, da damals, nachdem in einem Vorprozesse rechtskräftig die auf Ehebruch des Mannes gestützte Ehescheidungsklage der Frau wegen des ihr gleichfalls zur Last fallenden Ehebruches abgewiesen worden war, die auf neuen Ehebruch des Mannes gegründete Scheidungsklage der Frau zugelassen, und die Bedeutung des früheren, im Vorprozesse gerügten Ehebruches der Frau für die Schuldfrage bei der damaligen Sachlage verneint worden ist.

Hiernach erscheint die Abweisung der Klage, insoweit es sich um den von der Ehefrau geltend gemachten Ehescheidungsgrund des Ehebruches handelt, gerechtfertigt." . . .

78. Ist der Patron verpflichtet, zu dem Neubau eines durch das Wachstum der Kirchengemeinde nötig gewordenen zweiten Gotteshauses neben dem schon bestehenden und auch weiterhin zu gottesdienstlichen Zwecken bestimmten Kirchengebäude beizutragen? A.L.R. II. 11 §§ 584. 720 flg.

IV. Civilsenat. Urt. v. 13. März 1899 i. S. Kirchengemeinde H. (Bekl.) w. preuß. Fiskus (Kl.). Rep. IV. 334/98.

I. Landgericht I Berlin.
II. Kammergericht daselbst.

In der Kirchengemeinde der Heilig-Kreuz-Kirche zu Berlin sollte auf Beschluß der Gemeindeorgane eine zweite Kirche neben der bereits vorhandenen erbaut werden, weil die letztere wegen Anwachsens der Bevölkerung für die Mitglieder der Kirchengemeinde angeblich nicht mehr ausreichte. Für die Kosten des Baues nahm die verklagte Kirchengemeinde, da die Kirchenkasse nicht leistungsfähig war, außer der politischen Stadtgemeinde Berlin den klagenden Fiskus als den Patron der Kirche in Anspruch. Beide haben ihre Beitragspflicht nicht anerkannt. Die Beklagte hat deshalb die Entscheidung des Polizeipräsidiums zu Berlin angerufen, und dieses hat durch Resolut vom 4. Juni 1896 entschieden, daß der Bau notwendig sei, und daß der Stadtgemeinde Berlin und dem Patrone die Verpflichtung obliege, nach Maßgabe des märkischen Provinzialrechtes die Kosten des Neubaues zu tragen, soweit diese nicht anderweit Deckung finden sollten. Gegen dieses Resolut hat der Kläger den Rechtsweg beschritten und den Antrag gestellt, die Beklagte zu verurteilen, anzuerkennen, daß er zu dem beschlossenen Baue einer zweiten Kirche der Beklagten einen Beitrag zu leisten nicht verpflichtet sei.

Der erste Richter hat die Beklagte diesem Antrage gemäß verurteilt. Das Berufungsgericht hat die Berufung, und das Reichsgericht die Revision der Beklagten zurückgewiesen.

Gründe:

„Über die zur Entscheidung stehende Frage,

ob der Patron verpflichtet ist, zu dem Neubau eines durch das Wachstum der Kirchengemeinde nötig gewordenen zweiten Gotteshauses neben dem schon bestehenden und auch weiterhin zu gottesdienstlichen Zwecken bestimmten Kirchengebäude beizutragen,

enthält das märkische Provinzialrecht nach der unanfechtbaren Feststellung des Berufungsgerichtes keine Bestimmung. Die Frage ist daher nach den Vorschriften des Allgemeinen Landrechtes zu entscheiden.

Der § 568 II. 11 dieses Gesetzes kennzeichnet den Patron als diejenige Person, welcher die unmittelbare Aufsicht über eine Kirche nebst der Sorge für deren Erhaltung und Verteidigung obliegt. Unter dem Worte „Kirche" ist an dieser Stelle nicht das Kirchengebäude, sondern die kirchliche Anstalt oder Einrichtung zu verstehen,

d. h. „die Gesamtheit von Sachen und Rechten kirchlicher und weltlicher Natur, welche dazu bestimmt ist, gewisse religiöse und kirchliche Bedürfnisse zu befriedigen."

Vgl. Hinschius, Preußisches Kirchenrecht § 568 Anm. 3.

Das Patronat wird durch die Erbauung oder Dotierung einer Kirche, durch den Wiederaufbau oder die neue Dotierung einer verfallenen oder verarmten Kirche, durch Auftrag einer Kirchengesellschaft, oder durch Verjährung erworben, vorausgesetzt daß in den drei ersten Fällen die Genehmigung des Staates hinzutritt.

Der § 584 A.L.R. II. 11 bestimmt im allgemeinen, daß dem Patron die Pflicht zur Erhaltung des Kirchengebäudes obliege. Im einzelnen wird diese Pflicht in den §§ 720 flg. a. a. O. geregelt.

Vgl. Entsch. des Obertribunals Bd. 14 S. 471, Bd. 32 S. 131; Entsch. des R.G.'s in Civils. Bd. 9 S. 254, Bd. 31 S. 244.

Unter dem Kirchengebäude, für dessen Erhaltung der Patron zu sorgen hat, ist selbstverständlich dasjenige Gotteshaus zu verstehen, in Ansehung dessen ihm das Patronatsrecht zusteht. Bei diesem Gebäude bezieht sich seine Baupflicht sowohl auf die erforderlichen Reparaturen, als auch auf die durch das kirchliche Bedürfnis gebotenen Anbaue und Erweiterungsbauten. Auch erstreckt sie sich auf einen solchen Neubau, welcher an Stelle des baufälligen oder nicht mehr zureichenden ursprünglichen Kirchengebäudes errichtet werden muß.

Vgl. Gruchot, Beiträge Bd. 35 S. 1067 (Juristische Wochenschrift von 1890 S. 419 Nr. 30); Striethorst, Archiv Bd. 41 S. 23; Entsch. des Obertribunals Bd. 52 S. 266; Hinschius, Preußisches Kirchenrecht, Anm. 4 zu § 712 A.L.R. II. 11 S. 410.

Aber das Patronat ist nicht territorialer Natur. Die darunter begriffenen Rechte und Pflichten umfassen nicht ohne weiteres alle Kirchengebäude der Parochie. Der Patron eines Kirchengebäudes ist nicht schon deshalb auch Patron eines zweiten Kirchengebäudes, weil dieses in derselben Parochie gelegen ist, wie das erste. Das Patronat über das zweite Kirchengebäude entsteht vielmehr nur dadurch, daß auch hinsichtlich seiner einer der gesetzlichen Erwerbsgründe (§§ 569—574 A.L.R. II. 11) vorhanden ist.

Vgl. Entsch. des R.G.'s in Civils. Bd. 15 S. 168; Hinschius, a. a. O. Anm. 8 zu § 569, Anm. 4 zu § 712 A.L.R. II. 11 S. 372. 410.

In der Parochie, welche die verklagte Gemeinde bildet, hat bisher nur ein Kirchengebäude bestanden. Das landesherrliche Patronat kann daher nur in Ansehung dieses Gebäudes erworben sein. Zu dem zweiten, noch zu errichtenden und außer dem schon bestehenden gleichfalls zu gottesdienstlichen Zwecken bestimmten Kirchengebäude ist der Landesherr in kein Patronatsverhältnis getreten. Der klagende Fiskus ist daher nicht verpflichtet, einen Patronatsbeitrag zu diesem Bau zu leisten.

Eine von der vorstehend entwickelten abweichende Ansicht hat das Reichsgericht in den Urteilen vom 20. März 1893 (Entsch. des R.G.'s in Civils. Bd. 31 S. 246) und vom 13. Oktober 1890 (Gruchot, Beiträge Bd. 35 S. 1064) nicht ausgesprochen, wie dies die Revision vermeint. Ob das frühere Obertribunal sich in dem Bd. 66 S. 179 seiner Entscheidungen (auch bei Striethorst, Archiv Bd. 85 S. 19) abgedruckten Erkenntnisse vom 29. September / 14. Oktober 1871 auf einen anderen Standpunkt gestellt hat, ist nicht klar ersichtlich. Wäre es der Fall, so würde die Ansicht nicht als richtig anerkannt werden können.

Durch den Zusammenhang der landrechtlichen Bestimmungen, auf welchen sich die Revision beruft, wird das gewonnene Resultat ebenfalls nicht erschüttert. Insbesondere gestattet die Aufeinanderfolge der §§ 725—728 A.L.R. II. 11 nicht, dem § 728 eine über seinen Wortlaut hinausgehende Auslegung zu geben." . . .

79. Über die Rechtswirksamkeit von letztwillig angeordneten Verfügungsbeschränkungen des Bedachten, an deren Aufrechterhaltung kein Dritter interessiert ist.

I. Civilsenat. Urt. v. 15. März 1899 i. S. Ehel. R. (Bekl.) w. O. (Kl.). Rep. I. 43/99.

I. Landgericht I Berlin.
II. Kammergericht daselbst.

Durch schriftliche Verträge vom 29. September 1885 und 10. Juli 1895 übernahm die mitverklagte Ehefrau für eine, zuletzt auf 17000 ℳ festgesetzte, Schuld ihres Ehemannes an den Kaufmann A. die selbstschuldige Bürgschaft, und zwar unter Hinweis darauf, daß sie zufolge Kodizills ihrer Großmutter vom 5. Juni 1871 nach dem Tode ihrer zur Zeit der Vertragsschlüsse noch lebenden Mutter, der Frau Dr. B., der sie fideikommissarisch substituiert worden sei, ein Erbteil aus dem großelterlichen Nachlasse zu erwarten habe. In dem Vertrage vom 10. Juli 1895 wurde noch vereinbart, daß die Zahlung lediglich aus dem Erbteile geleistet, dagegen jede persönliche Verpflichtung der Eheleute R. im übrigen ausgeschlossen sein solle. Von seiner Forderung trat A. einen Teilbetrag von 2000 ℳ an den Kläger O. ab. Inzwischen war die Mutter der Ehefrau R. gestorben, und an letztere, noch vor dem 1. November 1897, das großelterliche Erbteil ausbezahlt worden. O. erhob nunmehr Klage und beantragte in erster Instanz Verurteilung der Ehefrau R. zur Zahlung von 2000 ℳ nebst 5 Prozent jährlicher Zinsen seit dem 1. November 1897 aus jenem Erbteile und Verurteilung des Ehemannes, sich die Zwangsvollstreckung gegen erstere gefallen zu lassen. In dem Kodizill vom 5. Juni 1871 hatte die Erblasserin ihrer Tochter, der Frau Dr. B., zwar den vollen Kindesteil hinterlassen, jedoch in Fürsorge für sie, und um ihr Erbteil den Kindern derselben zu erhalten, ihr diese fideikommissarisch substituiert und verfügt, daß sie nur die Zinsen ihres Erbteiles genießen, das Erbteil selbst aber, so lange sie lebe, von einem Kurator verwaltet werden solle. Nach dem Tode der Frau Dr. B. sollten „ihre ehelichen Descendenten den Nachlaß zu gleichen Teilen nach Stämmen" teilen. Zugleich ward in § 3 des Kodizills verordnet:

> „Meine Tochter Frau B. darf über ihre Revenüen niemals früher verfügen, als bis ihr dieselben vom Kurator gezahlt sind.
>
> Ihre Kinder dürfen über ihren fideikommissarischen Erbteil vor dessen Ausantwortung nicht verfügen."

Diese Bestimmungen sind bei Errichtung der Verträge vom 29. September 1885 und 10. Juli 1895 den Beteiligten bekannt gewesen. Die Ehefrau R. hat sich „trotzdem aber moralisch zur Erfüllung des Vertrages verpflichtet, auch wenn derselbe rechtsunwirksam sein sollte". In dem gegenwärtigen Rechtsstreite haben die Beklagten sich indes auf jene Klausel berufen und Abweisung der Klage beantragt. Der erste Richter entsprach dem Klagantrage. Die Berufung der Beklagten wurde zurückgewiesen, dagegen der Anschlußberufung des Klägers dahin stattgegeben, daß die Ehefrau R. ohne Einschränkung schuldig erkannt wurde, die eingeklagte Forderung zu bezahlen. Die Revision der Beklagten wurde zurückgewiesen aus folgenden

Gründen:

„Das Berufungsgericht geht davon aus, daß die von der Erblasserin ... in § 3 ihres Kodizills angeordneten, oben mitgeteilten Verfügungsbeschränkungen auch insoweit, als sie sich auf die Person ihrer Enkel beziehen, in deren Interesse getroffen seien, um zu verhindern, daß letztere schon zu der Zeit, während der die Kuratel noch bestehe, ihr Erbteil veräußern. Es sei deshalb anzunehmen, daß die Erblasserin die Kuratel auch deshalb angeordnet habe, um die Rechtswirksamkeit der ihren Enkeln auferlegten Verfügungsbeschränkungen zu sichern, und deshalb seien diese nach dem Beschlusse der Vereinigten Civilsenate des Reichsgerichtes vom 13. Januar 1890,

Entsch. des R.G.'s in Civils. Bd. 25 S. 292,

für gültig zu erachten. Das Berufungsgericht ist sodann der Ansicht, daß die Beklagte Ehefrau R. durch den Vertrag vom 10. Juli 1895 über ihr Erbteil „verfügt" habe. Es hält jedoch trotzdem diese Verfügung für wirksam, da durch das Kodizill nicht die Verfügungsfähigkeit, sondern nur die Verfügungsbefugnis der Ehefrau R. beschränkt worden, und deshalb ihre Verfügung nur anfechtbar gewesen sei, der Kurator aber zu einer Anfechtung keinen Anlaß gehabt, jedenfalls den Vertrag vom 10. Juli 1895 nicht angefochten habe.

Diese Erwägungen sind allerdings nicht geeignet, das angefochtene Urteil zu rechtfertigen. Wenn das Berufungsgericht eine wirksame Beschränkung der Ehefrau R. in ihrer Verfügungsbefugnis annahm, in dem Vertrage vom 10. Juli 1895 eine Zuwiderhandlung gegen diese Beschränkung fand, jedoch der Ansicht war, daß der von der Erblasserin eingesetzte Kurator keinen Anlaß gehabt hätte, diesen Vertrag, da er erst nach Beendigung der Kuratel seine Wirkung äußern sollte, anzufechten, so hätte es zur Abweisung der Klage gelangen müssen, da es die Verfügungsbeschränkung für gültig hielt, obwohl es gleichzeitig annahm, daß von vornherein lediglich die Ehefrau R., und keine andere Person, diese Beschränkung hätte geltend machen können.

Den Gründen der angefochtenen Entscheidung ist indes nicht zuzustimmen. In dem vorerwähnten Beschlusse der Vereinigten Civilsenate des Reichsgerichtes, der das auch hier maßgebende preußische Allgemeine Landrecht erörtert, ist nicht ausgesprochen, es könne jede letztwillige Verfügung dadurch, daß zugleich ein Testamentsvollstrecker berufen werde, wirksam gemacht werden; es ist vielmehr nur gesagt, daß jenes Recht dem Testator die Möglichkeit gewähre, durch die Einsetzung eines Testamentsvollstreckers Beschränkungen des Bedachten auch für den Fall die Wirksamkeit zu sichern, daß kein Dritter an der Aufrechterhaltung der Beschränkungen ein Interesse habe. Diese Möglichkeit kann also nur für solche von dem Erblasser getroffenen Verfügungen in Betracht kommen, zu deren Durchführung der Testamentsvollstrecker in der Lage, und nur gegen solche Handlungen des Bedachten, die er zu hindern imstande ist.

Im vorliegenden Falle handelt es sich um eine Anordnung, durch die von der Erblasserin den von ihr berufenen Nacherben verboten war, über ihr Erbteil vor dessen Ausantwortung zu verfügen. Die Revision ist der Ansicht, daß dieses Verbot bereits nach § 15 A.L.R. I. 4 gültig gewesen, jedenfalls aber durch die Berufung eines Testamentsvollstreckers gültig geworden sei, und daß die von der Nacherbin Ehefrau R. durch den Vertrag vom 10. Juli 1895 unternommene Übertretung höchstens dann rechtswirksam geworden wäre, wenn der Testamentsvollstrecker den Vertrag genehmigt hätte, was jedoch nicht geschehen sei, und nach § 560 A.L.R. I. 12 auch nicht zulässig gewesen wäre.

Es kann indes dahingestellt bleiben, ob eine Eigentumsbeschränkung im Sinne des § 15 A.L.R. I. 4 auch für den Fall, daß sie allein dem Interesse des Eigentümers dienen soll, durch Privatwillkür getroffen werden kann, oder ob nicht eine letztwillige Verfügung, wie hier eine in Rede steht, nichts ist, als eine Auflage, die lediglich den Bestimmungen in §§ 508—513 A.L.R. I. 12 unterliegt, und es bedarf endlich keiner Entscheidung, ob es möglich ist, eine solche Verfügung durch Einsetzung eines Testamentsvollstreckers wirksam zu machen. Denn die Ehefrau R. hat durch den Vertrag vom 10. Juli 1895 nicht über ihr großelterliches Erbteil verfügt. Sie hat dieses Erbteil weder verkauft, noch verpfändet; sie hat auch nicht (was die Revision geltend macht) dem A. ein Recht zur Sache eingeräumt. Sie hat vielmehr nur versprochen, daß sie, sobald ihr großelterliches Erbteil ihr ausbezahlt sein werde, die Forderung des A. an ihren Ehegatten bezahlen wolle. Dies zu hindern lag außerhalb des Machtbereiches des Testamentsvollstreckers; denn seine Verwaltung sollte nur solange dauern, als die Mutter der Ehefrau R. lebe, also mit der Auskehrung des Nachlasses an letztere ihr Ende erreichen. Die Einsetzung des Testamentsvollstreckers konnte deshalb jenes Versprechen nicht wirkungslos machen. Auch abgesehen davon ist kein Grund vorhanden, um dem Vertrage vom 10. Juli 1895 die Gültigkeit zu versagen. Richtig ist es, daß die Ehefrau R. Zahlung aus den Mitteln der Erbschaft versprochen hatte. In dieser Beziehung waren ihr jedoch Beschränkungen durch die Bestimmungen des Kodizilles nicht einmal auferlegt worden; denn danach sollte ihr das Erbteil zu ihrer freien und unbeschränkten Verfügung ausgekehrt werden. Dasselbe unterlag also von da an durchaus dem Zugriffe ihrer Gläubiger und konnte mithin schon im voraus zur Deckung eines Gläubigers bestimmt werden. Zuzugeben ist, daß die Ehefrau R. dadurch nicht im Sinne der Erblasserin gehandelt hat, da diese offenbar darauf bedacht gewesen ist, ihren Enkeln deren Erbe zu erhalten und dafür zu sorgen, daß diese mindestens zunächst in den ungeschmälerten Besitz und Genuß des vollen Erbteiles gelangten. Allein der aus ihren Verfügungen rücksichtlich ihrer Enkel zu entnehmende Wille der Erblasserin ist nur ein Wunsch geblieben, dessen Durchführung durch die Maßnahmen, in denen er ausgesprochen wurde, jedenfalls gegen eine solche Zuwiderhandlung, wie sie durch den Vertrag vom 10. Juli 1895 erfolgt ist, rechtlich nicht gesichert werden konnte.

Im Ergebnisse ist daher dem Berufungsgerichte, wenn auch aus anderen Gründen, zuzustimmen. Unbedenklich erscheint endlich, daß die Ehefrau R. schlechthin schuldig erkannt worden ist, die eingeklagte Forderung zu bezahlen. Nach dem Vertrage vom 10. Juli 1895 sollte sie den für den Gläubiger A. festgestellten Betrag zwar nur aus den Mitteln der Erbschaft, also, so weit diese reichen werde, leisten, und demgemäß ist in der ersten Instanz, dem damaligen Antrage des Klägers entsprechend, ihre Verurteilung erfolgt. In der zweiten Instanz hat sich jedoch herausgestellt, daß ihr Erbteil mehr als die gesamte Forderung des A. betragen habe, daß sie zur Auszahlung am 1. November 1897 imstande gewesen sei und sich seitdem im Verzuge befinde, da ihr Einwendungen nicht zustehen. Mit Recht ist daher nach dem nunmehrigen Antrage des Klägers von einer Beschränkung der Verurteilung abgesehen." . . .

---

80. Gewinnt der Ersteher eines mit einer Gesamthypothek belasteten Grundstückes durch Auszahlung und Abtretung der in der Zwangsversteigerung kraft Gesetzes von ihm in Anrechnung auf das Kaufgeld übernommenen Hypothek das Recht, dieselbe gegen die mitverhafteten Grundstücke des Subhastaten geltend zu machen?

Eig.-Erw.-Ges. vom 5. Mai 1872 § 41.
Zwangsvollstreckungsgesetz vom 13. Juli 1883 § 115.

V. Civilsenat. Urt. v. 22. März 1899 i. S. A. (Bekl.) w. H. (Kl.). Rep. V. 453/98.

I. Landgericht II Berlin.
II. Kammergericht daselbst.

Der Kläger ließ von acht ihm gehörenden Grundstücken, auf welchen eine Gesamthypothek von 40 000 *M* eingetragen war, die er als persönlicher Schuldner übernommen hatte, drei unter ungeteilter Übertragung der Gesamthypothek an seinen Schwager auf, angeblich zum Schein, um sie bei diesem, nicht bei sich sich selbst, wegen einer der Gesamthypothek nacheingetragenen Hypothek von 20 000 *M* zur Zwangsversteigerung bringen zu lassen. Die Zwangsversteigerung erfolgte, und der Beklagte erwarb in ihr die drei Grundstücke, unter Übernahme der in das geringste Gebot gefallenen Gesamthypothek von 40 000 *M* in Anrechnung auf den Kaufpreis, für 41 600 *M*. Derselbe zahlte sodann als eingetragener Eigentümer die 40 000 *M* gegen Abtretung der Post und löschte diese auf seinen Grundstücken. Demnächst verklagte er auf Grund der Abtretung den jetzigen Kläger auf Zahlung der 40 000 *M* nebst Zinsen. Dieser trug widerklagend, unter Berufung einmal darauf, daß die Zwangsversteigerung der drei Grundstücke nicht gegen seinen, nur vorgeschobenen, Schwager, sondern gegen ihn, als den wahren Eigentümer derselben, erfolgt sei, sowie ferner darauf, daß ihm sein Schwager alle seine Rechte aus der Zwangsversteigerung abgetreten habe, auf Löschung der Gesamthypothek auch auf den fünf ihm verbliebenen Grundstücken an. Zugleich erwirkte der Kläger im Hinblick auf diese seine Widerklage im Wege einstweiliger Verfügung die Eintragung einer Vormerkung auf seinen Grundstücken dahin, daß der Beklagte sich jeder Verfügung über die Hypothek, insbesondere deren Abtretung oder Verpfändung, zu enthalten habe. Diese einstweilige Verfügung, gegen welche der Beklagte unter Bestreitung ihrer Rechtmäßigkeit Widerspruch erhob, bildete den Gegenstand des jetzt in Rede stehenden Verfahrens. Das Erstinstanzgericht hob dieselbe auf; auf die Berufung des Klägers wurde sie aber vom Berufungsgerichte bestätigt. Die gegen das Berufungsurteil eingelegte Revision wurde zurückgewiesen aus folgenden

Gründen:

„Nach der vom Berufungsgerichte getroffenen, von der Revision nicht angefochtenen Feststellung ist glaubhaft gemacht, daß der Kläger, und nicht dessen Schwager, der Eigentümer der drei von dem Beklagten ersteigerten Grundstücke und als solcher der Subhastat dieser Grundstücke gewesen ist. Diese Feststellung ist der Revisionsentscheidung zu Grunde zu legen. Weil der Subhastat als Verkäufer der subhastierten Grundstücke anzusehen sei, nimmt das Berufungsgericht an, daß dem Kläger als Subhastaten auf Grund der Schuldübernahme des Beklagten gegen diesen ein Anspruch auf Befreiung seiner nicht subhastierten Grundstücke von der Gesamthypothek zustehe. Dieser Anspruch wird von der Revision mit der Ausführung bestritten, daß der Kläger, der die Doppelstellung als Subhastat der drei vom Beklagten ersteigerten Grundstücke und als Eigentümer der mitverhafteten fünf anderen eigenen Grundstücke einnehme, wenn er auch als Subhastat einen Anspruch auf Befreiung von der der Gesamthypothek zu Grunde liegenden persönlichen Schuldverbindlichkeit gegen den Beklagten als Ersteher möglicherweise habe, als Eigentümer von für die Hypothek mithaftenden Grundstücken einen Anspruch auf Entlassung seiner Grundstücke aus der Pfandhaft nicht habe. Die an diese Ausführungen geknüpfte Rüge, daß das Berufungsgericht die Rechtsverhältnisse unter den Parteien als Subhastaten und Ersteher, sowie als Cessionar des Hypothekengläubigers und dinglichem Hypothekenschuldner nicht auseinandergehalten und infolgedessen den § 115 des preußischen Gesetzes über die Zwangsvollstreckung vom 13. Juli 1883 und den § 41 des preußischen Gesetzes über den Eigentumserwerb rc vom 5. Mai 1872 durch falsche Anwendung verletzt habe, ist rechtlich nicht begründet.

Muß bei einer Zwangsversteigerung nach § 57 Abs. 3 des Zwangsvollstreckungsgesetzes eine Hypothek, für welche der Schuldner persönlich haftet, vom Ersteher in Anrechnung auf den Kaufpreis übernommen werden, so finden auf das Rechtsverhältnis zwischen dem Schuldner und dem Ersteher nicht die Vorschriften des § 115 des Zwangsvollstreckungsgesetzes und des § 41 Eig.-Erw.-Ges. Anwendung; denn diese Vorschriften regeln nur das Rechtsverhältnis des mit seiner Hypothek in das Mindestgebot fallenden Gläubigers zu dem durch die Übernahme der Hypothek neben dem bisherigen persönlichen Schuldner als persönlichem Schuldner tretenden Ersteher. Die Entscheidung ist vielmehr aus dem Verhältnisse des Subhastaten als Verkäufers des Grundstückes zu dem Ersteher als dessen Käufer zu entnehmen. Bei dem Kaufe ist der Käufer, welcher das Kaufgeld, statt durch Barzahlung, durch Übernahme einer Hypothek in Anrechnung auf den Kaufpreis berichtigt hat, verpflichtet, sowohl den Verkäufer von der persönlichen Schuldverbindlichkeit zu befreien, wie auch, wenn die übernommene Hypothek auf anderen als den verkauften Grundstücken des Verkäufers correaliter haftet, diese Grundstücke aus der Pfandhaft zu entlassen.

Vgl. Turnau, Grundbuchordnung, 5. Aufl. Bd. 1 S. 608 flg.

Der Käufer würde diese Vertragspflicht verletzen, wenn er die infolge seiner an den Gläubiger geleisteten Zahlung ihm abgetretene Hypothek auf Grund der formalen Rechtslage dazu verwendete, das durch die Berichtigung der Hypothek gedeckte Kaufgeld aus den mitverhafteten Grundstücken seines Verkäufers zurückzuerhalten, obwohl er das Äquivalent des Kaufgeldes in dem Grundstücke besitzt, und obwohl er durch die Zahlung der Hypothek nur geleistet hat, was er an Kaufgeld hätte mehr zahlen müssen, wenn die Gesamthypothek nicht auch auf den von ihm erworbenen Grundstücken gelastet hätte. Der ganze Zweck der Anrechnung der übernommenen Hypothek auf das Kaufgeld würde vereitelt werden, wenn die übernommene Hypothek gegen die mitverhafteten Grundstücke eingeklagt werden könnte. Daher greift gegen diese Geltendmachung einer Gesamthypothek die Einrede der Arglist Platz.

Was für die beim Kaufe übernommene Hypothekenschuld gilt, ist auf die in der Zwangsversteigerung von Grundstücken zu übernehmende Hypothekenschuld entsprechend anzuwenden. In dem Hauptprozesse will der Beklagte sich als Ersteher einzelner Grundstücke aus mitverhafteten Grundstücken des Schuldners und Subhastaten für eine Gesamthypothek Befriedigung verschaffen, von der das Grundstück zu befreien er verpflichtet ist. Jener Anspruch ist mit dieser Verpflichtung zur Befreiung von der Hypothekenschuld nicht zu vereinigen; ihm steht daher die Einrede der Arglist dauernd entgegen. Daraus folgt nun aber auch, daß dem Subhastaten gegen den Ersteher der Anspruch auf Entlassung seiner eigenen Grundstücke aus der Haftung für die Gesamthypothek und demgemäß auf Bewilligung der Löschung der Gesamthypothek auf seinen Grundstücken zusteht. Dem Berufungsgericht ist deshalb darin beizutreten, daß der Anspruch des Klägers genügend glaubhaft gemacht, und daß die einstweilige Verfügung gegen den Beklagten zu bestätigen sei. Die Revision war aus diesen Gründen zu verwerfen, ohne daß auf die Bedeutung der Cession einzugehen war." . . .

---

81. Ist ein von Eheleuten in einer Urkunde errichtetes (gemeinschaftliches) Testament gültig, auch wenn es nicht als ein wechselseitiges anzusehen ist?

A.L.R. I. 12 § 614, II. 1 §§ 482. 483.
A.G.O. II. 4 § 10 Anh. § 430.

IV. Civilsenat. Urt. v. 29. März 1899 i. S. H. (Kl.) w. H. u. Gen. (Bekl.). Rep. IV. 358/98.

I. Landgericht Stargard i. P.
II. Oberlandesgericht Stettin.

Das Reichsgericht hat die obige Frage bejaht aus folgenden Gründen:

„Das angefochtene Urteil beruht auf der Annahme, daß das von den Eltern der Klägerin in einer Urkunde errichtete und am 10. April 1883 gerichtlich übergebene Testament zwar als wechselseitiges ungültig, hingegen als gemeinschaftliches gültig sei, daß damit aber der Klagegrund hinfällig werde, indem die in dem Testamente mitenthaltene Verordnung des Ehemannes H. dadurch, daß die Verordnung der Ehefrau H. infolge des Widerrufes und der Erbentsagung derselben rechtsunwirksam geworden, in ihrer Wirksamkeit nicht berührt sei.

In dieser Begründung kann eine Gesetzesverletzung nicht gefunden werden.

Die Annahme, daß das Testament der Eheleute H. als wechselseitiges der Gültigkeit entbehre, ist der Klägerin günstig, beschwert dieselbe daher nicht. Es fragt sich demnach wesentlich, ob die weitere Annahme, daß ein gemeinschaftliches Testament unter Eheleuten nach preußischem Rechte gültig sei, zu Recht besteht. Die in dieser Beziehung von der Revision erhobene Beschwerde erscheint nicht gerechtfertigt.

Das Berufungsgericht geht davon aus, daß im preußischen Allgemeinen Landrecht die Aufnahme mehrerer selbständiger Testamente in einer Urkunde für Eheleute nicht verboten sei, vielmehr die Vorschriften des § 614 I. 12 und der §§ 482. 483 II. 1 über wechselseitige Testamente von Eheleuten die Zulässigkeit jener nur formell gemeinschaftlichen Testamente zur Voraussetzung hätten. Das Berufungsgericht läßt weiterhin die Bedenken, die gegen diese Auffassung namentlich von Förster-Eccius (Preußisches Privatrecht Bd. 4 § 257 Anm. 5) geltend gemacht und aus dem Gesichtspunkte der Verwahrung und des Widerrufes der Testamente hergeleitet sind, nicht unberücksichtigt; es versagt ihnen aber eine durchschlagende Bedeutung im Hinblick darauf, daß nach § 430 des Anhanges zur preußischen Allgemeinen Gerichtsordnung (II. 4 § 10) für wechselseitige Testamente, die nach dem Tode des einen Ehegatten eröffnet sind, die anderweite Verwahrung gestattet ist, wie darauf, daß auch dem Widerrufe gemeinschaftlicher Testamente seitens der Testatoren gesetzlich nichts entgegensteht. Einen im wesentlichen übereinstimmenden Rechtsstandpunkt nimmt das Urteil des vormaligen preußischen Obertribunales vom 4. November 1878, abgedruckt in dessen Entscheidungen Bd. 82 S. 209, ein, während für die ganz allgemeine Zulassung gemeinschaftlicher Testamente Dernburg (Preußisches Privatrecht Bd. 3 § 182 Anm. 4) und Korn (Behrend's Zeitschrift Bd. 5 S. 149) eingetreten sind. Es mag erwähnt werden, daß auch das Bürgerliche Gesetzbuch in § 2267 die Errichtung gemeinschaftlicher Testamente für Eheleute gestattet.

Vgl. die Denkschrift zum Entwurfe des Bürgerlichen Gesetzbuches S. 297.

Gegenüber dieser Rechtslage hat die Revision erhebliche Gegenargumente anzuführen nicht vermocht. Vorliegend ist umsoweniger Anlaß gegeben, der Auffassung des früheren höchsten preußischen Gerichtshofes entgegenzutreten, als die H.'schen Eheleute in Gütergemeinschaft nach der pommerschen Bauer-Ordnung gelebt haben." ...

82. Was ist im Sinne des § 719 A.L.R. II. 1 „Veranlassung eines Ehevergehens"?

A.L.R. II. 1 §§ 708—710. 719.

III. Civilsenat. Urt. v. 7. April 1899 i. S. D. (Kl.) w. D. Ehefr. (Bekl.). Rep. III. 377/98.

I. Landgericht Aurich.
II. Oberlandesgericht Celle.

Aus den Gründen:

„Das Berufungsgericht erachtet für erwiesen, daß die verklagte Ehefrau seit Jahren dem Trunke ergeben ist, und daß sie trotz des am 19. Juni 1896 ihr zugestellten richterlichen Besserungsbefehles von dieser unordentlichen Lebensart nicht abgelassen hat. Wiewohl es hiernach den Ehescheidungsgrund der §§ 708—710 A.L.R. II. 1 an sich als gegeben annimmt, hat es dennoch auf Grund des § 719 a. a. O. die von dem Kläger erhobene Ehescheidungsklage abgewiesen, weil es ferner für erwiesen erachtet, daß der Kläger um die Zeit des Besserungsbefehles und noch jetzt mit einer unverehelichten W. ein ehebrecherisches Verhältnis unterhalten habe, und annimmt, daß die Beklagte aus Verdruß über dieses Verhältnis dem Besserungsbefehl keine Folge geleistet, danach aber Kläger durch sein unsittliches Betragen das Ehevergehen der Beklagten selbst veranlaßt habe.

Die hiergegen eingelegte Revision muß für begründet erachtet werden. Sowohl das frühere preußische Obertribunal als auch das Reichsgericht haben stets an einer einschränkenden Auslegung des § 719 a. a. O. festgehalten. So ist z. B. verneint, daß vorausgegangene Beleidigungen und andere Provokationen als eine „Veranlassung" zu den Ehevergehen der §§ 699 oder 700 a. a. O., daß bösliche Verlassung oder die Erlaubnis und unter Umständen selbst die Aufforderung, mit anderen Personen geschlechtlich zu verkehren, als eine „Veranlassung" zum Ehebruch im Sinne des § 719 aufgefaßt werden könnte,

vgl. Striethorst, Archiv Bd. 16 S. 249, Bd. 61 S. 282; Bolze, Praxis des Reichsgerichts Bd. 5 S. 261, Bd. 7 Nr. 687, Bd. 8 S. 271 Nr. 572, Bd. 11 S. 258; Gruchot, Bd. 29 S. 719,

und zwar in der Erwägung, daß die Vermeidung von Ehevergehen eine sittliche Forderung der Ehe selbst, und nicht bloß ein Anspruch des anderen Gatten ist, daher das Verhalten des einen Ehegatten niemals den anderen Ehegatten zu einem Ehevergehen berechtigen kann, und daß der § 717 nur verhindern will, daß der andere Ehegatte sich unsittlicherweise selbst einen Scheidungsgrund schaffe. Von solchen Erwägungen aus muß man, wenn man nicht mit der Mehrzahl der Schriftsteller,

vgl. Bornemann, System 2. Aufl. Bd. 5 S. 211; Förster-Eccius, Bd. 4 § 212 vorletzten Absatz; Hubrich, Recht der Ehescheidung S. 201,

das „veranlassen" auf eine absichtliche Veranlassung, eine Verleitung beschränken will, wenigstens verlangen, daß bei dem unsittlichen Verhalten des anderen Ehegatten diesem bewußt geworden ist, daß sein Verhalten die Ursache des Ehevergehens des anderen werden könne, und daß ferner auch thatsächlich das Ehevergehen auf jenes Verhalten des anderen Ehegatten als die wirkende Ursache, und nicht bloß als befördernden Umstand zurückzuführen ist." ...

---

83. Regelt sich die Pflicht des Verkäufers eines Grundstückes, einen eingetragenen, vom Käufer nicht übernommenen Altenteil zu vertreten, nach § 183, oder nach § 184 A.L.R. I. 11?

V. Civilsenat. Urt. v. 8. April 1899 i. S. K. (Bekl.) w. K. (Kl.). Rep. V. 375/98.

I. Landgericht Oppeln.
II. Oberlandesgericht Breslau.

Die obige Frage ist vom Reichsgerichte im Sinne der ersteren Alternative entschieden worden aus folgenden

Gründen:

... „Der § 183 A.L.R. I. 11 handelt von der Gewährleistung für Privatdienstbarkeiten, Lasten und Abgaben, welche ihrer Natur nach dinglich sind, § 184 dagegen von Privatschulden und Verbindlichkeiten, welche an sich persönlich sind und dingliche Wirksamkeit erst durch hypothekarische Eintragung erlangen.

Vgl. Striethorst, Archiv Bd. 12 S. 28, Bd. 65 S. 92. 93; Jurist. Wochenschr. 1892 S. 435 Nr. 33.

Dies hat der Berufungsrichter nicht verkannt, welcher vielmehr dem Altenteile den Charakter der Dinglichkeit glaubt absprechen zu müssen. Letztere Annahme beruht jedoch auf Rechtsirrtum.

Der Berufungsrichter nimmt für seine Ansicht auf ein vereinzeltes Urteil des Obertribunals (Entsch. desselben Bd. 68 S. 99 flg.) Bezug, welches die Frage der Stempelpflichtigkeit der Übernahme eines Altenteiles behandelt. In den Gründen dieses Urteils findet sich folgender Satz:

„Der Auszug oder Altenteil ist bei dem heutigen Stande der Gesetzgebung eine bloß persönliche Verpflichtung des Übernehmers des Grundstückes, und er bedarf nach den §§ 50 flg. Tit. 1 der Hypotheken-Ordnung der hypothekarischen Eintragung, wenn eine dingliche Verpflichtung entstehen soll."

Dieser Satz steht mit einer großen Anzahl früherer und späterer Entscheidungen des Obertribunals im Widerspruche und beruht auf einer Verkennung des Wesens und der Natur des Altenteiles. Der Verkäufer, welcher sich einen in und aus dem verkauften Grundstücke zu beziehenden Altenteil vorbehält, entzieht damit die vorbehaltenen Gebrauchs- und Nutzungsrechte jeder Verfügung des Erwerbers des Grundstückes. Der Altenteilsberechtigte übt an dem Grundstücke, als an einem fremden, die im Altenteile ausbedungenen Rechte aus, und so weit diese gehen, muß der Eigentümer in seiner sonst ausschließlichen Verfügungsbefugnis zurücktreten. Das Eigentum wird insoweit eingeschränkt und belastet. Demnach ist der Altenteil ein dingliches Recht im Sinne der §§ 1. 7 flg. A.L.R. I. 19, und zwar eine Reallast.

Vgl. Striethorst, Archiv Bd. 10 S. 229 flg. 323 flg., Bd. 12 S. 25 flg. 345, Bd. 89 S. 50; Entsch. des Obertribunals Bd. 28 S. 29 flg., Bd. 29 S. 301 flg.

Reallasten aber bedurften vor dem Inkrafttreten des Eigentumserwerbsgesetzes der Eintragung nur, um die dingliche Wirkung gegen dritte gutgläubige Erwerber des Grundstückes zu erhalten. Da dies weder in dem erwähnten Urteile des Obertribunals (Entsch. desselben Bd. 68 S. 99) in Abrede gestellt, noch vom Berufungsrichter verkannt ist, genügt es, auf die Entsch. des Obertribunals Bd. 18 S. 316 und Bd. 26 S. 28 (vgl. auch Jurist. Wochenschr. 1896 S. 328 Nr. 44) zu verweisen.

Der Berufungsrichter meint, daß eine Änderung des Rechtszustandes durch § 12 des Eigentumserwerbsgesetzes herbeigeführt sei. Auch diese Annahme ist jedoch rechtsirrtümlich. Die Änderung besteht nur darin, daß die dingliche Wirkung auch gegen nicht gutgläubige Dritte von der Eintragung abhängig gemacht worden ist. Dadurch ist das Recht nicht in seiner Natur, sondern nur in seiner Wirkung geändert.

Vgl. Entsch. des R.G.'s in Civils. Bd. 27 S. 232, Bd. 33 S. 230.

Gegenüber dem Konstituenten oder dem dritten Erwerber des Grundstückes, welcher den Altenteil übernommen hat, zeigt sich die dingliche Natur des Rechtes — zum Unterschiede von der Hypothek — auch jetzt noch darin, daß diese Verpflichteten durch die Eingehung des Vertrages ohne weiteres, d. h. auch wenn sie sich zur Eintragung nicht verpflichtet haben, verbunden sind, durch Eintragung des Altenteiles im Grundbuche dessen Wirksamkeit auch gegen Dritte zu begründen.

Vgl. Jurist. Wochenschr. 1892 S. 435 Nr. 33; Bolze, Praxis Bd. 15 Nr. 70; Gruchot, Beiträge Bd. 40 S. 376.

Vollends verfehlt ist die Annahme des Berufungsrichters, daß durch § 12 des Eigentumserwerbsgesetzes der Altenteil hinsichtlich der Vertretungspflicht des Verkäufers mit der Hypothek auf gleiche Stufe gestellt worden sei; denn § 12 regelt lediglich das Verhältnis des Altenteilsberechtigten gegen Dritte, § 183 A.L.R. I. 11 dagegen das Verhältnis des Käufers zum Verkäufer. Mithin wird diese Vorschrift durch jene gar nicht berührt.

Ist der Altenteil seiner Natur nach dinglich, wofür auch noch § 76 der Grundbuch-Ordnung angerufen werden kann, welcher ihm seine Stelle in der zweiten Abteilung des Grundbuches anweist, so kann es nicht zweifelhaft sein, daß der Berufungsrichter nicht den § 184, sondern den § 183 A.L.R. I. 11 hätte anwenden müssen.

Vgl. Striethorst, Archiv Bd. 10 S. 229 flg. 323 flg., Bd. 12 S. 25. 345; Rehbein, Entsch. des Obertribunals Bd. 2 S. 98. 178; Förster-Eccius, Preuß. Privatrecht Bd. 1 § 68 Anm. 23; Dernburg, Preuß. Privatrecht 5. Aufl. Bd. 2 S. 371 Nr. 6." . . .

84. 1. Dauert das Pfandrecht an einer Hypothek fort, wenn der Pfandgläubiger wegen seiner Forderung zwar durch Zahlung eines Dritten befriedigt worden ist, später jedoch das Empfangene an den Dritten zurückgezahlt hat?

2. Rechtsstellung desjenigen, welcher nach der Zahlung die Hypothek erworben hat. Kann er sich zur Abwehr des Pfandrechtsanspruches auf den öffentlichen Glauben des Grundbuches berufen, wenn die Verpfändung im Grundbuche eingetragen, und der Vermerk zur Zeit des Erwerbes der Hypothek noch nicht gelöscht war?

V. Civilsenat. Urt. v. 12. April 1899 i. S. Sch. u. Gen. (Bekl.) w. die geschiedene Ehefr. O. (Kl.). Rep. V. 380/98.

I. Landgericht I Berlin.
II. Kammergericht daselbst.

Die Klägerin hatte bei der nach Scheidung ihrer Ehe mittels notariellen Vertrages vom 11. Mai 1890 bewirkten Vermögensauseinandersetzung von ihrem geschiedenen Ehemanne eine auf dessen Namen im Grundbuch von K. Bd. I Art. 28 in Abth. III Nr. 8 eingetragene Hypothek von 10000 ℳ erworben, welche nach Inhalt des Grundbuches der Firma der Beklagten für eine ihr gegen den früheren Ehemann der Klägerin zustehende, gleich hohe Kaufpreisforderung am 25. Juni 1889 verpfändet worden war. Auf Grund der Behauptung, daß die Forderung getilgt sei, beanspruchte die Klägerin Herausgabe des unstreitig im Besitze des Beklagten befindlichen Hypothekenbriefes. Die letzteren wendeten ein, sie hätten allerdings am 5. April 1890 von der Londoner Commercial Union Assurance Company Limited einen Betrag von 48000 ℳ, worin die Kaufpreisforderung von 10000 ℳ mitenthalten gewesen sei, für Rechnung des

Ehemannes O. gezahlt erhalten, und zwar aus Brandentschädigungsgeldern, die diesem aus einer Mobiliarversicherung bei der genannten Gesellschaft zugestanden hätten. Sie seien jedoch, da hinterher O. der Brandstiftung und des Betruges überführt und dieserhalb gerichtlich bestraft worden sei, von der Versicherungsgesellschaft auf Rückzahlung des Empfangenen belangt und in zweiter Instanz auch demgemäß verurteilt worden. Nachdem auf ihre Revision dieses Urteil unter Zurückverweisung der Sache in die Vorinstanz aufgehoben worden sei, habe der Prozeß durch Vergleich seine Erledigung gefunden, und hätten sie auf Grund des letzteren die empfangenen 48000 *M* an die Versicherungsgesellschaft zurückgezahlt.

Der erste Richter wies die Klage ab; der zweite Richter verurteilte die Beklagten nach dem Klagantrage. Das Berufungsurteil ist auf Revision der Beklagten aufgehoben worden aus folgenden

Gründen:

. . . „Begründet . . . erscheint der . . . Angriff der Revision, daß dem Ehemanne der Klägerin, wenn er gegen die Beklagten bei Geltendmachung ihres Pfandrechtes die Einrede der Tilgung erheben wollte, die Gegeneinrede der Arglist mit Erfolg entgegengestellt werden könnte, und daß diese Gegeneinrede auch die Klägerin als Rechtsnachfolgerin ihres Ehemannes im Gläubigerrechte sich gefallen lassen müsse.

Was zunächst den letzteren Punkt, nämlich die Frage anlangt, ob die Befugnis der Beklagten, die Unwirksamkeit des Tilgungsaktes der Klägerin gegenüber geltend zu machen, etwa durch die Vorschriften über den öffentlichen Glauben des Grundbuches ausgeschlossen wird, so hat der Berufungsrichter diese Frage zu Unrecht bejaht. Als Klägerin die Hypothek durch Abtretung erwarb, war zwar die Forderung, für welche das Hypothekenrecht den Beklagten verpfändet war, durch die englische Versicherungsgesellschaft bereits bezahlt; eine Löschung des Verpfändungsvermerkes im Grundbuche hatte jedoch nicht stattgefunden. Klägerin konnte daher beim Erwerbe der Hypothek nicht durch das Grundbuch in den Glauben versetzt werden, eine von einer Pfandrechtsbelastung *freie* Hypothek zu erwerben, sondern hatte, wenn sie dem Inhalte des Grundbuches folgte, umgekehrt davon auszugehen, daß das Pfandrecht fortbestand. Demzufolge muß sie es auch gegen sich gelten lassen, wenn das Fortbestehen der pfandrecht=

lichen Belastung darauf gestützt wird, daß zwar ein äußerlicher Tilgungsakt vorliege, dieser jedoch wegen seiner materiellen Unwirksamkeit das Pfandrecht nicht aufzuheben vermocht habe. Ob die Rechtsstellung der Klägerin dann vielleicht eine günstigere sein würde, wenn die thatsächlichen Umstände, auf welche die Anfechtung der tilgenden Kraft der Zahlung gestützt wird, erst nach dem Erwerbe der Hypothek eingetreten wären, braucht nicht entschieden zu werden, da ein solcher Fall gegenwärtig nicht gegeben ist.

Hiernach hängt die Entscheidung, ob die Beklagten schlechthin zur Herausgabe des Hypothekenbriefes an die Klägerin verpflichtet sind, davon ab, welche Wirkungen im Verhältnisse zwischen den Beklagten und ihrem Schuldner O. die Rückgängigmachung der von der Versicherungsgesellschaft geleisteten Zahlung gehabt hat. In dieser Beziehung untersucht der Berufungsrichter einmal, ob die Zahlung tilgend auf die pfandrechtlich gesicherte Forderung der Beklagten wirkte, und sodann, ob infolge der Rückzahlung des Empfangenen die erloschene Forderung und mit ihr das sie sichernde Pfandrecht nachträglich wieder auflebte. Er bejaht ersteres, verneint letzteres und gelangt demgemäß zu der Annahme, daß, soweit die Beklagten nach Rückleistung der erhaltenen Zahlung gegenwärtig einen Anspruch gegen O. haben, dieser mit der ursprünglichen, durch das Pfandrecht gesicherten Forderung nicht identisch, sondern ein auf selbständigem Rechtsgrunde (Gewährleistung, Betrug, Bereicherung) beruhender neuer Anspruch sei, auf den sich die Haftung des für die ursprüngliche Forderung bestellten Pfandes nicht erstrecke. Danach wäre also das Pfandrecht erloschen, obwohl der Schuldner seine Verbindlichkeit böswilligerweise unerfüllt gelassen hat; denn seine Gläubiger haben von ihm nichts weiter erhalten, als Anweisung auf eine Forderung, welche, wie ihm wohl bekannt war, in Wirklichkeit gar nicht bestand, da er selbst der Brandstifter war, also eine Brandentschädigung nicht beanspruchen konnte. Dieses unhaltbare praktische Ergebnis, zu welchem die Rechtsauffassung des Berufungsrichters führt, hat sich der letztere anscheinend nicht vergegenwärtigt. Nicht um die rechtliche Möglichkeit, daß eine untergegangene Forderung wieder auflebt, handelt es sich im gegenwärtigen Rechtsstreit, sondern darum, ob ein Schuldner, welcher zur Tilgung seiner Verbindlichkeit dem Gläubiger wissentlich ein untaugliches Befriedigungsmittel hingiebt, dadurch von seiner Schuld befreit wird. Diese Frage ist schlechthin, und zwar auch dann zu verneinen, wenn das hingegebene Befriedigungsmittel so beschaffen ist, daß es formal die Kraft hat, die Forderung zum Erlöschen zu bringen. In einem solchen Falle kann der Gläubiger die an sich begründete Tilgungseinrede des Schuldners mit der Gegeneinrede der Arglist abwehren. Denn letztere Einrede greift, wie im gemeinen, so auch im preußischen Rechte überall da durch, wo es sich darum handelt, dem von den Parteien bei Vornahme einer Rechtshandlung wirklich Gewollten Geltung gegenüber abweichenden Formalwirkungen der Rechtshandlung zu verschaffen. Was insbesondere den vorliegenden Fall betrifft, so macht es keinen Unterschied, ob O. seine angebliche Brandentschädigungsforderung den Beklagten in Höhe deren Forderung an Zahlungsstatt abgetreten, oder für sie im Wege der Anweisung zahlbar gemacht hat, oder endlich ob die Versicherungsgesellschaft durch ihre Zahlung die Schuld des O. als eine fremde Schuld (§ 43 A.L.R. I. 16) hat tilgen wollen. Denn wenn es auch richtig ist, daß bei der Anweisung der Rückforderungsanspruch wegen Nichtbestehens eines Schuldverhältnisses zwischen dem Anweisenden und dem Angewiesenen nicht gegen den dritten Zahlungsempfänger, sondern gegen den Anweisenden, für dessen Rechnung die Zahlung erfolgt ist, geht, sowie ferner, daß der Bezahler fremder Schulden, abgesehen von den Ausnahmefällen der §§ 186. 187 A.L.R. I. 16, auch dann, wenn er sich irrigerweise für verpflichtet zur Zahlung hielt, wegen des Gezahlten stets nur ein Erstattungsanspruch gegen den befreiten Schuldner nach Maßgabe der §§ 46—48 A. L. R. I. 16, nicht aber gegen den befriedigten Gläubiger hat, so bleibt doch immer im vorliegenden Falle die Thatsache zu berücksichtigen, daß die Beklagten, wenn sie das zufolge der Anweisung oder des Auftrages des O. Erhobene an die Versicherungsgesellschaft zurückzahlten, dabei zugleich im Interesse des O. handelten, indem sie diesen dadurch von der Verpflichtung befreiten, seinerseits der Gesellschaft das von ihr an die Beklagten ohne Rechtsgrund Gezahlte erstatten zu müssen. Es kommt daher nicht weiter darauf an, ob die Beklagten zur Rückzahlung an die Gesellschaft verpflichtet waren, oder ob sie die Rückzahlung ohne eine solche Verpflichtung bewirkten. Denn auch im letzteren Falle würde O. arglistig verfahren, wenn er sich auf eine Rückzahlung, die ihm Schuldbefreiung gebracht hat, zu dem Zwecke berufen wollte, um seine Gläubiger daran zu hindern, wegen derjenigen Forderung, auf welche diese das Zurückgezahlte seiner Zeit empfangen hatten, anderweit Befriedigung aus dem ihnen für die Forderung bestellten Pfande zu suchen." . . .

---

85. Sind Kuxe neueren Rechtes im Sinne des § 328 A.L.R. II. 2 für ausstehende Kapitalien zu erachten?

IV. Civilsenat. Urt. v. 13. April 1899 i. S. G. (Kl.) w. v. D. (Bekl.). Rep. IV. 454/98.

I. Landgericht Breslau.
II. Oberlandesgericht daselbst.

Die am 27. März 1897 verstorbene Witwe W. hat testamentarisch ihre beiden Töchter, nämlich die Beklagte und eine Frau P., zu Erbinnen eingesetzt, hingegen den Kindern ihres vorverstorbenen Sohnes H., darunter der Klägerin, nur ein Vermächtnis von je 5000 *M* zur Abgeltung ihres Pflichtteiles bestimmt. Die Beklagte hat ein Inventar des mütterlichen Nachlasses eingereicht, das mit einem Überschusse von 102 094,44 *M* abschließt.

Die Klägerin erkennt die Richtigkeit dieses Inventars nicht an, verlangt vielmehr, daß behufs Berechnung ihres Pflichtteils der Teilungsmasse noch 33 250 *M* hinzugerechnet werden. Die Erblasserin hat nämlich durch notarielle Urkunde vom 9. November 1893 der Beklagten und deren Schwester je 19 Kuxe der Gewerkschaft V. zum Preise von je 100 *M* verkauft und über Zahlung des Kaufpreises quittiert. Die Klägerin behauptet nun, daß in Wahrheit ein Kaufpreis weder vereinbart noch bezahlt sei, auch die Kuxe je einen Wert von 1700—1800 *M* gehabt hätten, und deshalb eine verschleierte Schenkung vorliege. Sie ist der Ansicht, daß die Schenkung mit einem Wertbetrage von 33 250 *M* seitens der Beklagten zur Ausgleichung gebracht werden müsse.

Vom Landgericht ist die Endentscheidung von der Leistung zweier der Beklagten auferlegten Eide abhängig gemacht. Auf die Berufung der Beklagten hat das Oberlandesgericht ohne weiteres die Klage abgewiesen. Die von der Klägerin eingelegte Revision ist für begründet erachtet, und die Sache in die Vorinstanz zurückverwiesen worden, aus folgenden

Gründen:

„Die Entscheidung des Rechtsstreites hängt von Beantwortung der Frage ab, ob der Wert der 19 Kuxe, welche die Beklagte von der Erblasserin nach Angabe der Urkunde vom 9. November 1893 kaufweise, nach Behauptung der Klägerin aber schenkungsweise übertragen erhalten hat, im Falle der Richtigkeit dieser Behauptung von der Beklagten gemäß § 328 A.L.R. II. 2 zu konferieren ist.

Bei Prüfung der Frage nimmt das Berufungsgericht zunächst an, daß die hier fraglichen Kuxe, die unstreitig erst unter der Herrschaft des preußischen Allgemeinen Berggesetzes vom 24. Juni 1865 zu rechtlichem Dasein gelangt sind, nicht als Grundstücke oder Gerechtigkeiten angesehen werden könnten. Dies wird daraus hergeleitet, daß Kuxe zwar nach § 253 A.L.R. II. 16 die ideellen Eigentumsanteile der Gewerken an dem Bergwerke dargestellt und deshalb die Eigenschaft unbeweglicher Sachen gehabt hätten, aber nach den §§ 94 flg. des Allgemeinen Berggesetzes vom 24. Juni 1865 und besonders infolge der dadurch der Gewerkschaft stillschweigend verliehenen juristischen Persönlichkeit nur noch den aliquoten Anteil der Gewerken an dem Gewerkschaftsvermögen repräsentierten und danach für bewegliche Sachen erklärt seien. Diese Ausführung ist rechtlich nicht zu beanstanden, auch von der Revision nicht angefochten.

Das Oberlandesgericht gelangt dann aber zu der Annahme, daß Kuxe neueren Rechts im Sinne des § 328 A.L.R. II. 2 auch nicht als ausstehende Kapitalien zu erachten seien. Diese Auffassung wird von der Revision mit Recht bekämpft. Das Berufungsgericht erwägt, daß unter ausstehenden Kapitalien nach Vorschrift des § 328 a. a. O. in Verbindung mit § 12 A.L.R. I. 2 überhaupt nur Aktivforderungen auf eine bestimmte Geldsumme und mit bestimmter oder durch Kündigung herbeizuführender Verfallzeit zu verstehen seien, zu diesen Vermögensrechten aber die streitigen Kuxe nicht gerechnet werden könnten. Es läßt sich zugeben, daß die Wortfassung „ausstehende Kapitalien" einen gewissen Anhalt für die Auslegung des Berufungsgerichtes giebt. Allein dieser lediglich äußerliche Gesichtspunkt erscheint nicht ausschlaggebend. Das entscheidende Moment ist vielmehr in dem Gegensatze des § 328 zu dem § 329 a. a. O., unter Berücksichtigung der §§ 10 flg. A.L.R. I. 2, zu suchen. Nach § 328 A.L.R. II. 2 sollen Schenkungen von Grundstücken, Gerechtigkeiten und ausstehenden Kapitalien konferiert werden, nach § 329 Schenkungen von sonstigem Vermögen nicht. Diese Gegenüberstellung weist nach der Natur der bezüglichen Vermögensbestandteile auf den Gegensatz zwischen angelegtem Vermögen und barem Gelde oder ähnlichem Vermögen hin. Es läßt sich danach verstehen, daß der Gesetzgeber die Schenkung von Vermögensstücken ersterer Art, nicht aber die Schenkung von Vermögensstücken letzterer Art der Kollation unterworfen hat. Diese Auffassung findet eine Unterstützung in den allgemeinen vermögensrechtlichen Bestimmungen der §§ 10—13 A.L.R. I. 2. Insbesondere kommt der § 12 dort in Betracht, wonach Papiere auf den Inhaber, wie z. B. Banknoten, Pfandbriefe, Aktien u. s. w., sie mögen Zinsen tragen, oder nicht, gleich anderen Schuldinstrumenten zum Kapitalvermögen gerechnet werden sollen. Dem Kapitalvermögen in diesem Sinne die Kuxe neueren Rechtes beizuzählen, erscheint unbedenklich. Dieselben stellen eine Vermögensanlage dar, welche, wenn sie auch an sich nur einen aliquoten Anteil an dem Vermögen der Gewerkschaft gewährt, sich doch bei der Versilberung derselben und der Auseinandersetzung der Gewerken in einen Geldanspruch an die etwaige Teilungsmasse umsetzt, in ähnlicher Weise, wie es bei Aktien der Fall ist. Gegenüber vorstehenden Gesichtspunkten kann dem vom Berufungsgericht betonten Umstande, daß die Kuxe von Haus aus nicht auf einen bestimmten Geldanspruch mit bestimmter Verfallzeit lauten und überdies mit bestimmten eigenartigen Rechten und Pflichten verknüpft sind, ein erhebliches Gewicht nicht beigemessen werden. Aus der Theorie und Praxis des preußischen Rechtes läßt sich ein Gegenargument ebensowenig entnehmen. Das vom Berufungsgericht herangezogene Urteil des vormaligen preußischen Obertribunals in dessen Entscheidungen Bd. 34 S. 245 betrifft eine Schenkung von Bankgiro-Anweisungen und gelangt zur Nichtanwendung des § 328 A.L.R. II. 2 auf diese Zuwendung wesentlich aus der Erwägung, daß solche Anweisungen bares Geld repräsentierten (S. 252). In anderen Urteilen hat derselbe Gerichtshof angenommen, daß zu den ausstehenden Kapitalien nicht bares Geld, aber Staatspapiere auf den Inhaber gehörten.

Vgl. Striethorst, Archiv Bd. 1 S. 68; Jurist. Wochenschr. von 1843 S. 719.

Das Urteil des Reichsgerichtes in den Entsch. desselben in Civils. Bd. 28 S. 251 spricht nur aus, daß die urkundliche entgeltliche Übertragung von neueren Kuxen als Sachkauf dem Kaufstempel unterliege. Dagegen vertritt das Urteil des Reichsgerichtes vom 20. Januar 1887, abgedruckt in der Jurist. Wochenschr. von 1887 S. 104, auch den Standpunkt, daß es sich in § 328 A.L.R. II. 2 (§ 12 A.L.R. I. 2) wesentlich um den Gegensatz zu barem Gelde handle. Eccius (Preußisches Privatrecht Bd. 4 § 274) versteht unter ausstehenden Kapitalien Forderungen auf eine Geldsumme und zählt deshalb zu denselben auch Inhaberpapiere über Geldbeträge, nicht aber Aktien, während von Dernburg (Preußisches Privatrecht Bd. 3 § 243) und Gruchot (Erbrecht Bd. 3 S. 40) Inhaberpapiere, von ersterem auch wohl Aktien (im Hinblick auf ihre wirtschaftliche Funktion und Geltung) dazu gerechnet werden.

Demzufolge verletzt das Berufungsurteil den § 328 a. a. O. und unterliegt der Aufhebung. Die Sache selbst ist an das Berufungsgericht zurückzuverweisen, weil noch festzustellen bleibt, ob eine verschleierte Schenkung von Kuxen vorliegt."

86. 1. Kann in dem Verfahren auf Festsetzung neuer Fluchtlinien, falls der Plan zur sofortigen Ausführung bestimmt ist, eine Inanspruchnahme der demgemäß abzutretenden Grundstücke durch die Stadtgemeinde gefunden werden?

2. Welcher Zeitpunkt des Verfahrens ist in dieser Beziehung als der maßgebende anzusehen?

3. Kann in dem zu 1. gesetzten Falle der Eigentümer als Teil der Enteignungsentschädigung Ersatz derjenigen Mietausfälle verlangen, die ihm schon vor dem Antrage der Stadtgemeinde auf Feststellung der Entschädigung während und infolge des diesem Antrage vorhergehenden Verfahrens entstanden sind?

Fluchtliniengesetz vom 2. Juli 1875 §§ 1. 13. 14.
Enteignungsgesetz vom 11. Juni 1874 §§ 8. 15.

V. Civilsenat. Urt. v. 19. April 1899 i. S. K. u. Gen. (Kl.) w. Stadtgemeinde Berlin (Bekl.). Rep. V. 320/98.

I. Landgericht I Berlin.
II. Kammergericht daselbst.

Im Jahre 1894 wurden für die Südseite des Schloßplatzes und der Königsstraße in Berlin zum Zwecke der Verbreiterung derselben neue Fluchtlinien in den Formen des Gesetzes vom 2. Juli 1875 festgesetzt und das von der neuen Fluchtlinie betroffene Hausgrundstück Nr. 7/8 Schloßplatz, den Klägern und anderen Miteigentümern gehörig, von der Stadtgemeinde zur Erweiterung des Platzes in Anspruch genommen. Gegen die durch Beschluß des Polizeipräsidiums (vom 27. Mai 1895) erfolgte Feststellung der Enteignungsentschädigung haben die Eigentümer den Rechtsweg beschritten und neben dem Hauptanspruch auf Ersatz des Wertes des enteigneten Grundstückes einen besonderen Entschädigungsanspruch für Mietausfälle geltend gemacht, die infolge des Bevorstehens der Enteignung in dem demnächst enteigneten Grundstück eingetreten seien. Der Anspruch wurde in beiden vorderen Instanzen abgewiesen. Die Revision ist für begründet erachtet worden.

Aus den Gründen:

... „Das Berufungsgericht erachtet für erwiesen, „daß der entsprechend den Anführungen der Kläger festgestellte Mietausfall bei dem ersten Stockwerk und bei der Wohnung im zweiten Stockwerk des klägerischen Hauses lediglich dadurch verursacht worden ist, daß infolge der in den Jahren 1892 und 1893 bei den Behörden und in der Presse stattgehabten Erörterungen und infolge der die Fluchtlinienfestsetzung vorbereitenden Schritte die Enteignung des Grundstückes Schloßplatz 7/8 als bevorstehend angesehen worden ist". Es verneint aber, daß die Beklagte für diesen den Klägern erwachsenen Schaden aufzukommen habe, da es einer solchen Ersatzpflicht an einer gesetzlichen Grundlage fehle.

Hiermit setzt sich der Berufungsrichter in Widerspruch mit dem Urteil des Reichsgerichtes, abgedruckt in den Entsch. desselben in Civils. Bd. 31 S. 215, aus dessen Gründen sich der Satz ergiebt, daß nach den Grundsätzen des Enteignungsrechtes der Eigentümer, dem infolge der Einleitung des Enteignungsverfahrens schon vor Vollziehung der Enteignung die Nutzung des abzutretenden Grundstückes entzogen oder geschmälert worden ist, hierfür eine besondere Entschädigung neben dem nach § 8 des Enteignungsgesetzes zu ersetzenden Grundstückswert beanspruchen kann. . . .

Der Berufungsrichter verneint den ursächlichen Zusammenhang zwischen den von den Klägern geltend gemachten Schäden und dem Enteignungsverfahren, weil letzteres erst mit dem von der Stadtgemeinde am 22. November 1894 auf Feststellung der Entschädigung bei dem Polizeipräsidium erhobenen Antrage begonnen habe, damals aber die Mietverluste, für die die Kläger Entschädigung verlangen, bereits eingetreten waren. Es kann nun nicht bezweifelt werden, daß eine Handlung oder ein Ereignis als Ursache eines schon vorher eingetretenen Schadens nicht angesehen werden kann. Die Annahme einer solchen Rückwirkung (oder Vorauswirkung) würde dem Wesen der Kausalität widersprechen. Der Berufungsrichter geht aber insofern fehl, als er unter Enteignungsverfahren im Sinne der erwähnten Entscheidung des Reichsgerichtes lediglich das Verfahren vor der Enteignungsbehörde versteht und eine „Inanspruchnahme" des Grundstückes durch die Stadtgemeinde im Sinne jenes Urteiles nicht eher als vorhanden annimmt, als nicht auf Grund der erfolgten Fluchtlinienfestsetzung die Stadtgemeinde die Abtretung des Grundstückes für den öffentlichen Verkehr verlangt hat (§ 13 Abs. 1 Ziff. 1 des Gesetzes vom 2. Juli 1875). Das erwähnte Urteil des Reichsgerichtes erklärt ausdrücklich den Unternehmer für entschädigungspflichtig auch wegen solcher Nachteile, die dem Eigentümer als Folge nicht der Vollziehung der Enteignung, sondern des auf Entziehung des Eigentums gerichteten Verfahrens erwachsen sind, und findet den Grund dieses Anspruches in dem Eingriff in das Privateigentum, der mit der Enteignungserklärung abschließt, aber „schon mit der Inanspruchnahme des Grundstückes durch den Unternehmer, also mit Einleitung des Enteignungsverfahrens" (d. h. des auf Entziehung des Eigentums gerichteten Verfahrens) „beginnt".

Das erste Stadium des Enteignungsverfahrens betrifft die Feststellung des Planes und beginnt nach den Vorschriften des Enteignungsgesetzes (§ 15) mit der vorläufigen Feststellung des von dem Unternehmer aufgestellten Planes durch die Verwaltungsbehörde. Dieses erste Stadium des Enteignungsverfahrens, enthaltend die vorläufige und endgültige Planfeststellung, wird bei der auf der Grundlage einer nach den Vorschriften des Gesetzes vom 2. Juli 1875 stattgehabten Fluchtlinienfestsetzung erfolgenden Enteignung ersetzt durch das in diesem Gesetz vorgeschriebene Verfahren, welches dahin geordnet ist, daß der Gemeindevorstand die Straßen- und Baufluchtlinien im Einverständnisse mit der Gemeindevertretung und unter Zustimmung der Ortspolizeibehörde festzusetzen und nach erfolgter Offenlegung und nach Erledigung der etwa erhobenen Einwendungen den Plan förmlich festzustellen und abermals offen zu legen hat (§§ 1. 7. 8 des angeführten Gesetzes). Dieses Verfahren entspricht völlig dem Gange der Planfeststellung nach §§ 15 flg. des Enteignungsgesetzes und bietet, wie dieses, dem nachfolgenden Verfahren auf Feststellung der Entschädigung und Vollziehung der Enteignung die unverrückbare Grundlage, sobald die Gemeinde bei eintretendem Bedürfnis oder auch, wie im vorliegenden Falle, sofort die Abtretung der zur Anlage oder Erweiterung einer Straße planmäßig bestimmten Flächen verlangt. Insofern steht also auch die Fluchtlinienfestsetzung, gleich der Planfeststellung des Enteignungsgesetzes, in organischem Zusammenhange mit der nachfolgenden Enteignung. Nun kann zugegeben werden, daß nicht in allen Fällen schon in der Aufstellung eines neuen Fluchtlinienplanes eine Inanspruchnahme der darin — vielleicht in ferner Zukunft — zu Straßen und Plätzen bestimmten Flächen und demgemäß die Einleitung eines auf Entziehung des Eigentums gerichteten Verfahrens zu finden sein wird; wohl aber kann und muß beides angenommen werden, wenn die neue Fluchtlinie zur sofortigen Ausführung bestimmt ist, wenn also die Fluchtlinienfestsetzung ersichtlich zu dem Zwecke erfolgt, die für das schon beschlossene Unternehmen erforderlichen Enteignungen unmittelbar herbeizuführen. Daß aber im vorliegenden Falle die Fluchtlinienfestsetzung diesen Zweck gehabt hat, kann nach Lage der Sache nicht bezweifelt werden; insbesondere ist in dem an die Kläger gerichteten Schreiben der städtischen Baudeputation vom 1. Mai 1893 die Absicht der Stadtgemeinde, das klägerische Grundstück zum Zweck der Erweiterung des Schloßplatzes freihändig oder im Wege der Enteignung zu erwerben, ausdrücklich ausgesprochen.

Unter diesen Umständen konnte es im vorliegenden Falle keinem Bedenken unterliegen, in der zum Zwecke der Erweiterung des Schloßplatzes getroffenen Fluchtlinienfestsetzung den ersten Akt des auf Entziehung des Eigentums der davon betroffenen Grundstücke gerichteten Verfahrens zu erblicken und anzunehmen, daß dadurch diese Grundstücke für die Stadtgemeinde zu dem angegebenen Zweck in Anspruch genommen worden sind. Hieraus ergiebt sich die Anwendbarkeit der Grundsätze des reichsgerichtlichen Urteils (Bd. 31 S. 215) auf den vorliegenden Fall.

Die Vorschriften des Gesetzes vom 2. Juli 1875 stehen dem nicht entgegen. Nicht die Fluchtlinienfestsetzung an sich mit den daraus nach §§ 11 und 12 des Gesetzes sich ergebenden Beschränkungen ist es, was die Entwertung der klägerischen Mieträume herbeigeführt haben soll, sondern die nahe und begründete Aussicht auf die Enteignung selbst, und nicht in der Fluchtlinienfestsetzung als solcher liegt der die Stadtgemeinde zur Entschädigung verpflichtende Eingriff in das Eigentum der Kläger, sondern in der damit an den Tag getretenen Inanspruchnahme des Grundstückes zur Ausführung der beschlossenen Anlage. Die Enteignungsentschädigung — und nach richtiger Auffassung handelt es sich um einen Teil derselben — kann nicht nach anderen Grundsätzen bemessen werden, je nachdem der Enteignung eine Fluchtlinienfestsetzung nach dem Gesetze vom 2. Juli 1875 vorangegangen ist, oder eine Planfeststellung nach dem Enteignungsgesetz.

Es konnte zweifelhaft erscheinen, welcher Akt des mehrere Stadien durchlaufenden Fluchtlinienfestsetzungsverfahrens, wenn dieses zum Zwecke der Enteignung der für die Straßenanlage erforderlichen Grundstücke eingeleitet worden, als derjenige anzusehen ist, der die erste Inanspruchnahme der benötigten Grundstücke enthält und damit den Beginn des Enteignungsverfahrens in dem oben erläuterten Sinne bezeichnet. Es kommen dabei hauptsächlich drei Momente in Betracht: 1. die erste Aufstellung und Vorlage des Planes durch den Gemeindevorstand; 2. die Genehmigung des Planes durch die Gemeinde oder Gemeindevertretung; 3. die erste Offenlegung des Planes nach § 7 des Gesetzes vom 2. Juli 1875. Das Gericht hat sich für den erstgedachten Zeitpunkt entschieden, weil nach § 1 des Gesetzes der Gemeindevorstand, wenn auch im Einverständnis mit der Gemeinde und unter Zustimmung der Ortspolizeibehörde, die Fluchtlinien festzusetzen hat, und weil in dem von ihm aufgestellten Projekte zuerst die Grundstücke bezeichnet sind, welche zur Ausführung desselben abgetreten werden müssen. Die Vorlage des Projektes seitens des Magistrates an die Stadtverordnetenversammlung ist, wie sich aus dem Beschluß der letzteren vom 11. Januar 1894 ergiebt, unterm 24. November 1893 erfolgt. Hiermit hat das Verfahren auf Feststellung der neuen Fluchtlinie für den Schloßplatz mit dem Endziel der Enteignung der davon betroffenen Grundstücke seinen Anfang genommen, und es ist von diesem Zeitpunkte ab die Stadtgemeinde für denjenigen Schaden verantwortlich, den in Anlaß des eingeleiteten Verfahrens der Eigentümer an dem abzutretenden Grundstück erleidet. Auf die Zeit vor Einleitung des auf Entziehung des Eigentums gerichteten Verfahrens kann freilich nach dem Grundsatze der Kausalität die Ersatzpflicht der Stadtgemeinde als Unternehmerin nicht zurückbezogen werden, sodaß die von den Klägern liquidierten Mietausfälle, soweit sie infolge der auf Grund von Zeitungsnachrichten und dergleichen herrschenden Meinung, daß die Enteignung bevorstehe, schon vor jenem Zeitpunkt (seit dem 1. Oktober 1893) eingetreten sind, den Entschädigungsanspruch nicht begründen können. Aber andererseits ist der Umstand, daß schon vor Einleitung des Verfahrens die Aussicht auf die bevorstehende Veränderung einen nachteiligen Einfluß auf die Vermietbarkeit und den Mietwert der voraussichtlich zum Abbruch kommenden Gebäude ausgeübt hat, auch nicht geeignet, den ursächlichen Zusammenhang des Schadens, den die Kläger nach Einleitung des Verfahrens erlitten, mit diesem letzteren und der dadurch bethätigten Inanspruchnahme der Grundstücke durch die Stadtgemeinde in Zweifel zu stellen. Der unter dem Einfluß der herrschenden Meinung, es werde in naher Zukunft die Enteignung der fraglichen Grundstücke stattfinden, begonnene Niedergang der Mietpreise konnte nur fortdauern, wenn jene Voraussetzung sich verwirklichte, und der erste Schritt hierzu war eben die Aufstellung der neuen Fluchtlinie als Einleitung zu der bevorstehenden Enteignung." . . .

---

87. 1. Findet die Vorschrift des § 6 Id des Gesetzes vom 8. Mai 1837 über die persönliche Fähigkeit zur Ausübung der Rechte der Standschaft, der Gerichtsbarkeit und des Patronats (G.S. S. 99) bezüglich der Unfähigkeit zur Ausübung der Patronatsrechte überhaupt noch, und insbesondere auch im Falle einer mit dem Verluste der

bürgerlichen Ehrenrechte nicht verbundenen strafrechtlichen Verurteilung des Patrons wegen Betruges Anwendung?

2. Ist, falls die vorstehende Frage bejaht werden muß, darüber, ob die erwähnte Unfähigkeit vorliegt, der Rechtsweg zulässig?

IV. Civilsenat. Urt. v. 20. April 1899 i. S. v. B. (Kl.) w. das Konsistorium der Provinz Pommern (Bekl.). Rep. IV. 396/98.

I. Landgericht Stettin.
II. Oberlandesgericht daselbst.

Der Kläger ist Besitzer des Gutes L., und es steht ihm als solchem an sich das Patronat über die evangelische Kirche zu L. und damit auch das Recht zu, den Pfarrer für diese Kirche zu berufen. Das Landgericht I zu Berlin hat den Kläger aber am 13. September 1888 wegen Betruges zu einer Gefängnisstrafe von einem Monat verurteilt, welche durch Königliche Gnade in eine Geldstrafe umgewandelt worden ist, und das verklagte Konsistorium hat wegen dieser Verurteilung auf Grund des Gesetzes vom 8. Mai 1837 über die persönliche Fähigkeit zur Ausübung der Rechte der Standschaft, der Gerichtsbarkeit und des Patronates in zwei Fällen, und zwar zuletzt bei der im Jahre 1896 eingetretenen Erledigung der Pfarrstelle, die von dem Kläger erfolgten Vokationen beanstandet und an Stelle der von dem Kläger eingesetzten andere Pfarrer berufen. Die Beschwerden des Klägers bei dem Oberkirchenrat blieben ohne Erfolg. Nunmehr hat der Kläger bezüglich der im Jahre 1896 eingetretenen Vakanz den Rechtsweg beschritten und beantragt, das verklagte Konsistorium zu verurteilen, anzuerkennen, daß das Besetzungsrecht der zur Zeit erledigten evangelischen Pfarrstelle zu L. ihm, dem Kläger, und nicht dem verklagten Konsistorium zustehe. Das Landgericht hat den Kläger wegen Unzulässigkeit des Rechtsweges mit seiner Klage abgewiesen, und das Oberlandesgericht dieses Urteil aufrecht erhalten. Die Revision des Klägers ist zurückgewiesen worden aus folgenden

Gründen:

„Mit dem Berufungsgericht ist davon auszugehen, daß das Recht des Patrones, den Pfarrer zu präsentieren und zu berufen, wie das Patronat selbst, einen Gegenstand des Privateigentumes bildet, der Rechtsweg hierüber also an sich zulässig ist und auch dadurch nicht ausgeschlossen wird, daß eine öffentliche Behörde, das Konsistorium, als Partei in Anspruch genommen wird. Es würde daher nach § 13 G.V.G. auch der vorliegende Rechtsstreit vor die ordentlichen Gerichte gehören, wenn nicht anzunehmen wäre, daß gerade für die Entscheidung über einen Anspruch der hier in Rede stehenden Art die Zuständigkeit der Verwaltungsbehörden begründet ist. Das Berufungsgericht gelangt zu der Annahme, daß letztere Voraussetzung hier zutrifft, auf Grund des Gesetzes vom 8. Mai 1837 über die persönliche Fähigkeit zur Ausübung der Rechte der Standschaft, der Gerichtsbarkeit und des Patronats, und dieser Auffassung ist beizutreten.

Die in Betracht kommenden Bestimmungen des Gesetzes vom 8. Mai 1837 lauten:

„§ 6. Wo mit dem Besitze eines Landgutes zwar Gerichtsbarkeit oder Patronat, nicht aber auch Standschaft verbunden ist, soll die Unfähigkeit zur Ausübung der zuerst genannten Rechte jederzeit eintreten, wenn der Besitzer entweder

I. durch rechtskräftiges Kriminalerkenntnis

a) zur Verwaltung öffentlicher Ämter, oder zur Ableistung eines notwendigen Eides für unfähig, oder

b) des Adels unter dem Hinzutritt Unserer Allerhöchsten Genehmigung, oder des Bürgerrechts oder des Rechtes zur Tragung der Nationalkokarde für verlustig erklärt, oder

c) zur Zuchthausstrafe oder Festungsarbeit, oder

d) wegen Meineides, Diebstahls oder Betrugs zu irgend einer Kriminalstrafe verurteilt worden ist;

oder

II. in den Fällen des § 39 der Städte-Ordnung vom 19. November 1808 oder der §§ 19 und 20 der revidierten Städte-Ordnung vom 17. März 1831 durch einen Beschluß der Stadtbehörde das Bürgerrecht verloren hat.

§ 7. Die Regierung hat, sobald einer der vorstehend bezeichneten Fälle zu ihrer Kenntnis gelangt, denselben von Amts wegen zu verfolgen und nach vorgängiger Vernehmung des Besitzers, auch nach näherer Untersuchung, wo eine solche noch erforderlich erscheint, in einer Plenarsitzung auf den schriftlichen Vortrag des Justitiars einen Beschluß über die Anwendung des Gesetzes abzufassen und solchen dem Besitzer in einer Ausfertigung mitzuteilen.

§ 8. Gegen den Beschluß der Regierung findet nur der Rekurs an das Ministerium des Innern und der Polizei statt, ohne Beschränkung auf eine bestimmte Frist. Das Ministerium hat in Verbindung mit denjenigen Ministerien, zu deren Ressort die Verwaltung der Gerichtsbarkeit oder des Patronats gehört, die Beschwerde zu prüfen und darüber zu entscheiden. Der Rekurs hält jedoch die Ausführung des Beschlusses der Regierung nur dann auf, wenn er innerhalb sechs Wochen, vom Tage der erfolgten Zustellung desselben an gerechnet, bei dem Oberpräsidenten angebracht worden ist.

§ 9. Wenn die Unfähigkeit des Besitzers ausgesprochen ist, so wird fortan und auf die Dauer seines Besitzes die Verwaltung der Gerichtsbarkeit oder des Patronats in Unserem Auftrage geführt, und die damit verbundenen Lasten und Kosten werden, ohne daß hierüber ein Prozeß zulässig ist, aus dem Vermögen des Besitzers bestritten." ...

Ist nun davon auszugehen, daß dieses Gesetz noch in Geltung ist, und daß das Gut L. zu denjenigen Landgütern gehört, für welche die in § 6 des Gesetzes aufgestellte Voraussetzung, daß mit seinem Besitze Patronat, nicht aber auch Standschaft verbunden ist, zutrifft, so unterliegt der Kläger, welcher unstreitig wegen Betruges zu einer Strafe verurteilt worden ist, auch den Bestimmungen der §§ 7. 8 dieses Gesetzes, und diese lassen, indem sie das zu beobachtende Verfahren in erschöpfender Weise regeln, keinen Zweifel darüber zu, daß die Untersuchung und Entscheidung über die hier in Frage stehende Unfähigkeit zur Ausübung des Patronates und mithin auch zu der dem Patron an sich zustehenden Vokation des Pfarrers Verwaltungsbehörden übertragen ist, indem als solche ausdrücklich die Regierung und das Ministerium des Innern und der Polizei bezeichnet sind.

Der Kläger hat die Anwendbarkeit des Gesetzes vom 8. Mai 1837 auf den vorliegenden Fall aus verschiedenen Gründen bestritten. Die von ihm erhobenen Einwände erweisen sich aber überall als hinfällig.

1. Mit Recht hat zunächst das Berufungsgericht angenommen, daß das Gesetz vom 8. Mai 1837 jedenfalls hinsichtlich des hier in Betracht kommenden Verfahrens noch in Geltung sei. Nach Art. 17 der preußischen Verfassungsurkunde sollte zwar über das Kirchen-

patronat und die Bedingungen, unter welchen dasselbe aufgehoben werden kann, ein besonderes Gesetz ergehen. Ein solches ist aber bisher nicht erlassen worden, und es ist daher eine Änderung in der bestehenden, das Gesetz vom 8. Mai 1837 mitumfassenden Gesetzgebung nicht eingetreten. Allerdings ist in einer Verfügung des Ministers der geistlichen rc Angelegenheiten vom 30. Mai 1849 (Ministerialblatt für die gesamte innere Verwaltung von 1849 S. 95) die oben wiedergegebene Bestimmung des § 9 a. a. O., wonach die Verwaltung des Patronates im landesherrlichen Auftrage geführt werden soll, als mit dem Inhalte der Artt. 11 und 15 der Verfassungsurkunde nicht mehr vereinbar bezeichnet. Es bedarf indes eines Eingehens auf diese Ansicht nicht, da von derselben die hier in Betracht kommenden Bestimmungen des Gesetzes nicht betroffen werden.

Der Kläger hat aber geltend gemacht, der § 6 I d des Gesetzes vom 8. Mai 1837 sei durch die neueren strafrechtlichen Bestimmungen in Wegfall gekommen; die Verurteilung zu Kriminalstrafen könne nur die in den §§ 31—37 St.G.B. bezeichneten Folgen haben; eine Minderung der bürgerlichen Ehre trete also nur in den dort erwähnten Fällen ein, die für ihn nicht vorlägen. Diese Auffassung stimmt mit der in Koch's Kommentar zum Allgemeinen Landrecht vertretenen Ansicht überein, indem daselbst in dem Zusatz 1 zu §§ 46—50 A.L.R. II. 9 bei Wiedergabe des Gesetzes vom 8. Mai 1837 der § 6 desselben unter Bezugnahme auf §§ 31—37 St.G.B. dahin gefaßt ist:

„Wo mit dem Besitze eines Landgutes zwar Gerichtsbarkeit oder Patronat, nicht aber auch Standschaft verbunden ist, soll die Unfähigkeit zur Ausübung der zuerst genannten Rechte jederzeit eintreten, wenn der Besitzer durch rechtskräftiges Erkenntnis zur Zuchthausstrafe verurteilt oder ihm die Ausübung der bürgerlichen Ehrenrechte auf Zeit untersagt worden ist."

Wäre diese Fassung als der jetzigen Lage der Gesetzgebung entsprechend anzusehen, so würde der Kläger allerdings von dem Gesetze vom 8. Mai 1837 nicht betroffen werden, da er nur zu einem Monat Gefängnis verurteilt worden ist, und daneben mit Rücksicht auf § 32 Abs. 1 und § 263 Abs. 1 St.G.B. nicht auf Verlust der bürgerlichen Ehrenrechte gegen ihn erkannt worden sein kann. Die von dem Kläger in Übereinstimmung mit dem erwähnten Kommentar geltend gemachte Rechtsanschauung muß aber als unrichtig bezeichnet werden.

Denn der Umstand, daß das Strafrecht gewisse in die Rechtssphäre des Verurteilten beschränkend eingreifende Folgen erst mit der Aberkennung der bürgerlichen Ehrenrechte eintreten läßt, steht dem nicht entgegen, daß auf anderen Rechtsgebieten innerhalb der für dieselben bestehenden Grenzen schon an eine mit dem Verluste der bürgerlichen Ehrenrechte nicht verbundene strafrechtliche Verurteilung für den Verurteilten über die verhängte Strafe hinausgehende nachteilige Wirkungen geknüpft werden.

Vgl. Oppenhoff, Reichsstrafgesetzbuch Bem. 12 flg. zu § 34; v. Schwarze, Reichsstrafgesetzbuch Bem. 9 zu § 33; Olshausen, Reichsstrafgesetzbuch Bem. 6 zu § 31, Bem. 3 zu § 33; H. Meyer, Lehrbuch des deutschen Strafrechts 5. Aufl. § 54 S. 389; Entsch. des R.G.'s in Civils. Bd. 2 S. 66.

Daraus ergiebt sich, daß auch ältere Vorschriften der zuletzt bezeichneten Art, zu welchen auch die hier in Betracht kommenden Bestimmungen des Gesetzes vom 8. Mai 1837 gehören, durch das Reichsstrafgesetzbuch nicht aufgehoben sein können.

Entsprechende Erwägungen greifen auch gegenüber den Bestimmungen der §§ 11. 12. 22 preuß. St.G.B. Platz. Hier kommt aber noch hinzu, daß in § 12 Abs. 3 a. a. O. ausdrücklich angeordnet ist, daß, insofern nach den bestehenden besonderen Vorschriften infolge der Begehung von strafbaren Handlungen der Verlust noch anderer als der im Abs. 1 erwähnten Rechte, zu welchen das Patronat nicht gehört, eintritt, es bei diesen Bestimmungen sein Bewenden behält. Es kann also nicht angenommen werden, daß etwa schon durch das preußische Strafgesetzbuch der § 6 des Gesetzes vom 8. Mai 1837 eine Änderung erfahren hat.

Vgl. Goltdammer, Materialien zum preußischen Strafgesetzbuch Tl. 1 S. 176. 210. 211.

Auch ist der Begriff des Betruges nach §§ 241 flg. preuß. St.G.B. und §§ 263 flg. R.St.G.B. kein so wesentlich verschiedener von dem Begriffe dieses Deliktes im Sinne des Strafrechtes, welches bei Erlaß des Gesetzes vom 8. Mai 1837 in Geltung war (vgl. §§ 1256 flg. 1325 flg. A.L.R. II. 20), daß aus dieser Verschiedenheit auf eine Beseitigung des § 6 Id des Gesetzes vom 8. Mai 1837 geschlossen werden könnte.

Bemerkenswert erscheint es endlich, daß in Loewenberg's Beiträgen zur Kenntnis der Motive der Preußischen Gesetzgebung Bd. 1 S. 547 hinsichtlich der Ausschließungsgründe in § 6 des Gesetzes vom 8. Mai 1837 angeführt wird,

es seien dies solche, an die sich untrüglich und dem Wechsel der öffentlichen Meinung nicht unterworfen das Merkmal moralischer Unwürdigkeit knüpfe. Ob deren nicht vielleicht noch mehrere, und darunter selbst Fälle einer bloß außerordentlichen Bestrafung oder gar einer Freisprechung von der Instanz sich hinzufügen ließen, dies habe dem neuen Strafgesetzbuch vorbehalten bleiben müssen.

Hiernach läßt sich annehmen, daß der Gesetzgeber bei Erlaß des Gesetzes vom 8. Mai 1837 zwar an die Zulässigkeit einer Verschärfung, nicht aber an die einer Milderung der Ausschließungsgründe des § 6 im Wege der späteren Gesetzgebung gedacht hat.

2. Der Kläger hält die nur für den Fall, daß mit dem Besitz eines Landgutes Standschaft nicht verbunden ist, gegebenen Bestimmungen der §§ 6 flg. des Gesetzes vom 8. Mai 1837 auch deshalb nicht für anwendbar, weil mit dem Besitze seines Gutes (Fideikommißgutes) L. Standschaft verbunden sei. Auch diese Behauptung kann indes den Anspruch des Klägers nicht rechtfertigen, weil die Standschaftsrechte durch die veränderte Kreis- und Provinzialverwaltung beseitigt sind.

Vgl. Kreisordnung vom 13. Dezember 1872 / 19. März 1881 §§ 96. 106; Provinzialordnung vom 29. Juni 1875 / 22. März 1881 §§ 5 flg. 17.

Jedenfalls ist daher gegenwärtig mit dem Besitz des Gutes L. Standschaft nicht verbunden, und deshalb sind die §§ 6 flg. des Gesetzes vom 8. Mai 1837 auf den Kläger, als den Besitzer dieses Gutes, für anwendbar zu erachten, ohne daß es darauf ankommt, ob die Besitzer des Gutes früher, und namentlich bei Erlaß des Gesetzes, die Standschaft gehabt haben. Denn es unterliegt keinem begründeten Bedenken, daß für das Vorhandensein der Voraussetzungen der §§ 6 flg. a. a. O. lediglich der Zeitpunkt maßgebend sein kann, in welchem es sich um den Eintritt der an diese Voraussetzungen geknüpften gesetzlichen Folgen handelt, und in dem hiernach für den vorliegenden Fall in Betracht kommenden Zeitpunkte war zweifellos mit dem Besitze des Gutes L. Standschaft nicht verbunden.

3. Der Kläger hat noch geltend gemacht, daß das im § 7 a. a. O.

vorgeschriebene Verfahren nicht beobachtet worden sei. Doch ist auch dieser Behauptung für die allein zu entscheidende Frage der Zulässigkeit des Rechtsweges eine rechtliche Bedeutung nicht beizumessen. Denn unstreitig sind das Konsistorium und der Oberkirchenrat der Ausübung des Patronats und der Berufung des Pfarrers seitens des Klägers auf Grund des § 6 des Gesetzes vom 8. Mai 1837 entgegengetreten, und darüber, ob dies geboten erscheint, haben nach §§ 7. 8 des Gesetzes, wie oben dargelegt ist, nur die Verwaltungsbehörden zu entscheiden. Dieser Auffassung entsprechen auch die Erwägungen des Berufungsgerichtes. Dasselbe führt in dieser Hinsicht aus:

Die Zuständigkeit der Verwaltungsbehörde sei nach allen Richtungen und mit allen Konsequenzen begründet. Habe ein Verfahren aus §§ 7. 8 des Gesetzes vom 8. Mai 1837 in den Verwaltungsinstanzen stattgefunden, so sei die Sache endgültig erledigt. Habe ein Verwaltungsverfahren überhaupt noch nicht oder nicht vor der zuständigen Behörde und nicht in der zutreffenden Art stattgefunden, wie der Kläger behaupte, so bleibe es ihm überlassen, mit den zulässigen Rechtsmitteln im Verwaltungswege vorzugehen. Für den Rechtsweg sei kein Raum.

Die Revision greift diese Ausführungen an, indem sie geltend macht, daß danach die Frage offen gelassen sei, ob ein Verwaltungsverfahren auf Entziehung des Patronats stattgefunden habe, oder nicht, und daß für die Revision davon ausgegangen werden müsse, daß dies nicht der Fall sei, dann aber der Kläger sich im Rechtswege gegen jeden Angriff verteidigen dürfe. Diese Rüge ist aber nicht begründet, weil es sich nach der unstreitigen Sachlage nicht um irgend welches von der Grundlage des Gesetzes vom 8. Mai 1837 absehende Eingreifen der Verwaltungsbehörden, sondern gerade um ein Vorgehen dieser Behörden auf Grund jenes Gesetzes handelt, in diesem Falle aber nach den §§ 7. 8 a. a. O. die Zuständigkeit der Gerichte ausgeschlossen erscheint.

Von der Revision wird noch die Frage berührt, ob nach der gegenwärtigen Lage der Gesetzgebung an Stelle der in dem Gesetze vom 8. Mai 1837 bezeichneten andere Verwaltungsbehörden (das Konsistorium und der Oberkirchenrat) getreten sind. Diese Frage ist indes für den vorliegenden Fall ohne Bedeutung, da es sich in demselben lediglich darum handelt, ob zur Entscheidung über den Anspruch des Klägers die ordentlichen Gerichte zuständig sind, und dies zu verneinen ist.

Hiernach war die Revision zurückzuweisen." ...

88. Kann der Beschädigte auf Grund des § 26 A.L.R. I. 6 von einem Anderen, welcher ein Polizeigesetz vernachlässigt hat, stets Schadensersatz fordern, auch wenn er selbst ein Polizeigesetz vernachlässigt hat, durch dessen Beobachtung der Schade vermieden worden wäre?

VI. Civilsenat. Urt. v. 27. April 1899 i. S. T. (Bekl.) w. B. (Kl.). Rep. VI. 27/99.

I. Landgericht I Berlin.
II. Kammergericht daselbst.

Durch schriftlichen Vertrag vom 30. Juni 1896 vermietete der Kläger dem Beklagten einen Saal für die Zeit vom 1. Juli 1896 bis zum 30. September 1897. In der Ecke dieses Saales stand ein amerikanischer Dauerbrandofen, zu dessen Errichtung die polizeiliche Genehmigung nicht eingeholt war, der Vorschrift der Berliner Baupolizeiordnung vom 15. Januar 1887 entgegen direkt auf einer gußeisernen Platte. Der Beklagte ließ diesen Ofen im Sommer 1896 abbrechen und auf den Korridor schaffen, bei Beginn des Winters aber an einer anderen Stelle ohne polizeiliche Erlaubnis, und zwar ebenfalls auf einer eisernen Platte, wieder aufstellen. Auch heizte er ihn, obwohl er auf den feuergefährlichen Zustand desselben aufmerksam gemacht und darauf hingewiesen war, daß der Ofen nur mit Anthracit geheizt werden dürfe, mit gewöhnlichen Steinkohlen, bisweilen auch mit Holz, Papier und Stroh. Kläger erfuhr die anderweite Aufstellung des Ofens, schritt aber nicht ein.

Am 27. November 1896 brach nun in dem Saale Feuer aus, welches dicht unter dem Ofen entstanden war. Bei dem Brande wurden verschiedene Gerätschaften des Beklagten teils vernichtet, teils beschädigt. Beklagter verließ darauf den gemieteten Saal.

Als Kläger demnächst den Mietzins für December 1896 einklagte, beantragte Beklagter Abweisung der Klage und widerklagend Verurteilung des Klägers zum Ersatze des ihm durch die Beschädigung seiner Gerätschaften erwachsenen Schadens.

Beide Vorinstanzen haben sowohl die Klage, als auch die Widerklage abgewiesen.

Die gegen die Abweisung der Widerklage gerichtete Revision ist vom Reichsgerichte zurückgewiesen worden aus den folgenden

Gründen:

„Das Berufungsgericht führt zur Begründung seiner Entscheidung aus, daß Kläger sich zunächst einer Übertretung des § 368 Ziff. 3 St.G.B. und der Vorschriften der Baupolizeiordnung für den Stadtkreis Berlin vom 15. Januar 1887, also der Vernachlässigung von auf Schadensverhütungen abzielenden Polizeigesetzen, dadurch schuldig gemacht habe, daß er in dem dem Beklagten vermieteten Saale ohne Einholung der polizeilichen Genehmigung einen sogenannten amerikanischen eisernen Dauerbrandofen direkt auf einer gußeisernen Platte habe aufstellen lassen, während eine 5 cm starke Massivschicht in den Fußboden hätte eingelassen werden, und zwischen dieser und der Feuerstätte ein 5 cm hoher, den Durchzug der Luft gestattender Hohlraum hätte hergestellt werden müssen. Er würde dem Beklagten deshalb für den durch den Brand vom 27. November 1896 entstandenen Schaden nach den Vorschriften der §§ 25. 26 A.L.R. I. 6 aufkommen müssen, wenn der Ofen bei Ausbruch des Feuers noch auf derselben Stelle gestanden hätte. Nun habe der Beklagte den Ofen aber im Sommer 1896 auf den Korridor schaffen und demnächst an einer anderen Stelle aufstellen lassen, ohne die hierzu nach § 368 Ziff. 3 St.G.B. erforderliche polizeiliche Genehmigung eingeholt zu haben. Er habe sich dadurch ebenfalls einer unerlaubten Handlung und eines groben Versehens schuldig gemacht, des letzteren auch noch dadurch, daß er auf die Feuergefährlichkeit des Ofens aufmerksam gemacht und darüber belehrt, daß derselbe nur mit Anthracit geheizt werden dürfe, ihn trotzdem benutzt und in der Regel mit Steinkohlen, aber auch mit Holz, Papier und Stroh geheizt habe. Der Kausalzusammenhang zwischen der erwähnten unerlaubten Handlung des Klägers und dem erst nach Versetzung des Ofens entstandenen Brande sei demnach unterbrochen. Kläger habe allerdings auch nach der anderweiten Aufstellung des Ofens gegen den § 368 Ziff. 4 a. a. O. verstoßen, da er es unterlassen habe, sich darum zu kümmern, ob die neue Feuerstelle in seinem Hause sich in brandsicherem Zustande befinde. Die Ursache des Brandes sei deshalb die unerlaubte Handlung und das Versehen des Beklagten in Verbindung mit der mangelhaften Beschaffenheit des ihm vom Kläger mit dem Mietraume übergebenen Ofens und dem sonstigen Verschulden des Klägers, da auf erfolgte Nachsuchung der Genehmigung und durch die polizeiliche Besichtigung des aufgestellten Ofens die Ordnungswidrigkeit der Aufstellung entdeckt, und dadurch der Brand vermieden worden wäre. Beklagter könne demnach Ersatz des ihm durch den Brand entstandenen Schadens vom Kläger nicht verlangen, weil der Brand wesentlich mit durch sein eigenes Verschulden verursacht sei. Der Schade sei dem Kläger gegenüber ferner nur ein mittelbarer, und letzterer deshalb wegen des eigenen groben Versehens des Beklagten zum Ersatze nicht verpflichtet. . . .

Der Revision ist darin beizutreten, daß die Abweisung des Beklagten mit dem Anspruche auf Schadensersatz nicht gerechtfertigt sein würde, wenn die in dem Urteile des erkennenden Senates vom 7. April 1888 (Entsch. des R.G.'s in Civils. Bd. 21 S. 210) aufgestellten Grundsätze als maßgebend zu erachten sind.

Nach den Feststellungen des Berufungsgerichts hat der Kläger den Ofen nach der Aufstellung desselben an anderer Stelle gesehen und nicht dafür gesorgt, daß der Zustand desselben den feuerpolizeilichen Vorschriften entspreche. Denn obwohl wieder keine Massivschicht und auch kein 5 cm hoher Luftraum zwischen derselben und der Feuerstätte vorhanden war, hat er nichts gethan, um diesen Zustand zu beseitigen. Er hat daher, wie das Berufungsgericht mit Recht annimmt, den § 368 Ziff. 4 St.G.B. übertreten. Diese Vorschrift enthält ebenfalls ein auf Schadensverhütungen abzielendes Polizeigesetz, da sie offenbar bezweckt, die Entstehung eines Brandes zu verhüten. Nach den Gründen des erwähnten Urteiles vom 7. April 1888 würde Kläger aber wegen Vernachlässigung des Polizeigesetzes dem Beklagten den durch den Brand entstandenen Schaden ersetzen müssen, auch wenn letzterer selbst ein auf Schadensverhütungen abzielendes Polizeigesetz übertreten oder sich eines groben Versehens schuldig gemacht hat. Unerheblich würde auch sein, daß das Berufungsgericht den Schaden des Beklagten als mittelbaren ansieht, da jeder Schade, welcher durch die Beobachtung des Polizeigesetzes hätte vermieden werden können, nach § 26 A.L.R. I. 6 als ein aus der Vernachlässigung des Polizeigesetzes unmittelbar entstandener zu erachten ist.

Vgl. Entsch. des Obertrib. Bd. 29 S. 339; Striethorst, Archiv Bd. 82 S. 112; Urtt. des Reichsgerichts vom 28. Juni 1880 und 9. März 1881 bei Gruchot, Beiträge Bd. 25 S. 428 und 952; Eccius, Preuß. Privatrecht Bd. 1 § 89 Anm. 32.

Der in dem Urteile vom 7. April 1888 aufgestellte Grundsatz, daß die Vermutung des § 26 a. a. O. nicht allgemein, namentlich nicht zu Ungunsten des Beschädigten, sondern nur zu Gunsten desselben gelte, und daß es deshalb unerheblich sei, ob auch der Beschädigte ein zur Verhütung von Schäden der fraglichen Art bestimmtes Polizeigesetz übertreten habe, kann indes bei Berücksichtigung der vorhergehenden Vorschriften nicht aufrecht erhalten werden. Nachdem das Allgemeine Landrecht in dem Titel über unerlaubte Handlungen (Teil I Tit. 6) bestimmt hat, was unter unmittelbarem und mittelbarem Schaden und entgangenem Gewinn zu verstehen ist, inwieweit bei vorsätzlicher oder fahrlässiger Beschädigung Ersatz zu leisten ist, inwiefern sich diese Verpflichtung bei miteintretender Verschuldung des Beschädigten ändert, und welche Ansprüche die Beteiligten bei wechselseitiger Beschädigung haben, folgt im § 24 die ganz selbstverständliche Vorschrift, „daß Jemand durch die Schuld eines Andern beschädigt worden, wird nicht vermutet". Denn derjenige, welcher außerhalb eines Vertragsverhältnisses Schadensersatz fordert, muß schon nach allgemeinen Grundsätzen die Grundlage seines Anspruches, nämlich den Eintritt des Schadens, ein rechtswidriges Verhalten des in Anspruch Genommenen und den ursächlichen Zusammenhang zwischen diesem Verhalten und dem Schaden, nachweisen. Ebenso muß nach allgemeinen Grundsätzen aber auch der andere Teil, wenn er die Verpflichtung zum Schadensersatze ganz oder teilweise deshalb ablehnt, weil auch dem Beschädigten ein für den Eintritt des Schadens kausales Verschulden zur Last falle, das schuldhafte Verhalten des Beschädigten und dessen Einwirkung auf die Entstehung oder Vergrößerung des Schadens beweisen, ohne daß dies im § 24 noch besonders ausgesprochen ist.

Der Nachweis des Zusammenhanges zwischen dem schuldhaften Verhalten der oder des einen Beteiligten und dem Schaden war nach den zur Zeit der Ausarbeitung des Allgemeinen Landrechtes geltenden Prozeßvorschriften oft sehr schwer zu führen oder überhaupt nicht zu erbringen. Um nun diesem Übelstande wenigstens beim Vorliegen eines besonders schweren Verschuldens abzuhelfen, hat der Gesetzgeber gewisse

Vermutungen aufgestellt und zunächst im § 25 a. a. O. ausgesprochen: „Wer in der Ausübung einer unerlaubten Handlung sich befunden hat, der hat die Vermutung wider sich, daß ein bei solcher Gelegenheit entstandener Schade durch seine Schuld sei verursacht worden." Es soll also bis zum Beweise des Gegenteiles angenommen werden, daß der Schade, welcher in einem nahen zeitlichen und örtlichen Zusammenhange mit einer unerlaubten Handlung steht, auch wirklich durch die unerlaubte Handlung verursacht worden ist, und zwar ohne Unterschied, ob die unerlaubte Handlung von dem Beschädigten, oder von dem anderen Teile begangen worden ist.

Der § 26 a. a. O. schließt sich nun eng an den § 25 an, indem er mit den Worten: „Insonderheit muß der", beginnt und über eine besondere Art der unerlaubten Handlungen, die Übertretung von Polizeigesetzen, Bestimmungen trifft. Wenn er nun auch lautet: „Insonderheit muß der, welcher ein auf Schadensverhütungen abzielendes Polizeigesetz vernachlässigt, für allen Schaden, welcher durch die Beobachtung des Polizeigesetzes hätte vermieden werden können, ebenso haften, als wenn derselbe aus seiner Handlung unmittelbar entstanden wäre", so kann daraus doch nicht gefolgert werden, daß diese Vorschrift nur zu Gunsten des Beschädigten gelten soll, und die Vorschriften, welche in den früheren Paragraphen über die Verpflichtung zum Schadensersatze beim Vorliegen eines konkurrierenden Verschuldens des Beschädigten gegeben sind, haben geändert werden sollen. Nach den §§ 18 flg. des Titels hat aber derjenige, welcher bei Abwendung des durch die Schuld eines Anderen bewirkten Schadens sich dasselbe Versehen hat zu schulden kommen lassen, wie der andere Teil, nur Anspruch auf Ersatz des unmittelbaren Schadens, und dies sogar auch dann nur, wenn der Andere ihm den Schaden vorsätzlich zugefügt hat, er diesen Schaden aber bei gewöhnlichen Fähigkeiten und ohne Anstrengung der Aufmerksamkeit abwenden konnte. Hätte der Gesetzgeber diese Vorschriften nun in so erheblicher Weise abändern wollen, daß der Beschädigte, welcher selbst ein auf Verhütung von Schäden der fraglichen Art abzielendes Polizeigesetz vernachlässigt hat, von demjenigen, der ein gleiches Polizeigesetz übertreten hat, allen Schaden soll ersetzt verlangen können, welcher durch die Beobachtung des Polizeigesetzes seitens eines Teiles hätte vermieden werden können, so würde dies sicherlich deutlich ausgesprochen worden sein. Dies ist indes nicht geschehen, und deshalb kann nur angenommen werden, daß der Gesetzgeber bei der Vorschrift des § 26 lediglich den gewöhnlichen Fall, die Vernachlässigung des Polizeigesetzes seitens des zum Schadensersatze in Anspruch Genommenen, im Auge gehabt hat, über die Verpflichtung zur Entschädigung bei beiderseitiger Übertretung des Polizeigesetzes im § 26 dagegen eine Bestimmung nicht hat treffen wollen. Aus den Eingangsworten des § 26: „Insonderheit muß der," ist vielmehr zu schließen, daß die im § 25 für den Zusammenhang zwischen einer unerlaubten Handlung und dem darauf eingetretenen Schaden aufgestellte Vermutung nur für den Fall hat erweitert werden sollen, daß die unerlaubte Handlung in der Vernachlässigung eines auf Schadensverhütungen abzielenden Polizeigesetzes besteht. Alsdann soll der ursächliche Zusammenhang zwischen der Übertretung und jedem dieser in zeitlicher und örtlicher Nähe folgenden Schaden als vorhanden angenommen werden, sofern nicht der Gegenbeweis geführt wird, daß der Schade auch bei Beobachtung des Polizeigesetzes nicht vermieden worden wäre. Haben daher beide Teile ein auf Verhütung von Schäden der fraglichen Art abzielendes Polizeigesetz übertreten, so gilt auf Grund des § 26 die Vermutung, daß der Schade entweder durch die Übertretung des Beschädigten, oder durch die des anderen Teiles verursacht ist. Im Verhältnisse zwischen diesen Beiden heben sich daher die Vermutungen gegenseitig auf, und muß mithin derjenige von ihnen, welcher von dem Anderen Ersatz seitens Schadens verlangt, beweisen, daß der Schade durch die Schuld des anderen Teiles wirklich entstanden ist.

Das Berufungsgericht hat nun festgestellt, daß der Beklagte sich eines groben Versehens dadurch schuldig gemacht hat, daß er zu der eigenmächtig vorgenommenen Versetzung des Ofens die polizeiliche Genehmigung nicht eingeholt, daß er, obwohl er auf die Feuergefährlichkeit des Ofens aufmerksam gemacht und darauf hingewiesen war, daß der Ofen nur mit Anthracit geheizt werden dürfe, ihn trotzdem benutzt und in der Regel mit Steinkohlen, aber auch mit Holz, Papier und Stroh geheizt hat. Das schuldhafte Verhalten des Beklagten sei, wie die Vorinstanz weiter ausführt, in Verbindung mit der mangelhaften Beschaffenheit des ihm vom Kläger übergebenen Ofens und dem sonstigen Verschulden des letzteren die Ursache des entstandenen Brandes. Die Vorinstanz hat hiernach mit Recht angenommen, daß der Beklagte den ihm erwachsenen mittelbaren Schaden nicht ersetzt verlangen kann." ...

IV. Rheinisches Recht.

89. Welche Wirkung hat nach französischem Rechte die Pfändung des Anspruches auf Teilung einer Gütergemeinschaftsmasse? Kann die Überweisung eines solchen Anspruches zur eigenen Einziehung gemäß § 736 C.P.O. wirksam erfolgen?

II. Civilsenat. Urt. v. 4. November 1898 i. S. Gebr. M. u. Gen. (Bekl.) w. P. (Kl.). Rep. II. 228/98.

I. Landgericht Metz.
II. Oberlandesgericht Colmar.

Durch Beschluß des Amtsgerichtes zu Diedenhofen vom 9. August 1893 waren für die Gebrüder M. als Gläubiger des Klägers die dem Kläger als einzigem Erben des P. angeblich zustehenden Mobiliar- und Immobiliaransprüche an die durch den Tod des P. aufgelöste Gütergemeinschaft auf Höhe von 4240,80 ℳ gepfändet, und ihnen zugleich diese Ansprüche zur eigenen Einziehung überwiesen worden. Der gegen die Erbin der Ehefrau P. und die Gebrüder M. erhobenen Klage auf Teilung der Gütergemeinschaft P. setzten die Beklagten u. a. den Einwand entgegen, daß sie sich auf Grund der gerichtlichen Überweisung bereits außergerichtlich auseinandergesetzt hätten, wobei übrigens die Gebrüder M. nur teilweise Befriedigung erhalten hätten.

Nachdem in erster Instanz die Klage aus anderen Gründen abgewiesen war, wurde auf Berufung des Klägers dieser für befugt erachtet, die Teilung der Gütergemeinschaft der Eheleute P. zu verlangen.

Die Revision der Beklagten wurde zurückgewiesen.

Aus den **Gründen:**

... „Der Einwand der Beklagten, daß sie zu einer Auseinandersetzung mit dem Kläger nicht verpflichtet seien, weil sie auf Grund des amtsgerichtlichen Pfändungs- und Überweisungsbeschlusses vom 9. August 1893 die Gütergemeinschaft bereits unter sich geteilt haben, ist vom Berufungsgericht mit Recht verworfen worden. Durch diesen Beschluß sind wegen einer Forderung der Gebrüder M. von 4227,25 *M* nebst Zinsen und Kosten die dem Kläger an der genannten Gütergemeinschaft „angeblich zustehenden Mobiliar- und Immobiliaransprüche auf Höhe von 4240,80 *M* nebst Zinsen gepfändet" und zugleich den Gläubigern „auf Höhe des erwähnten Betrags zur Einziehung überwiesen" worden. Sollte mit diesem Beschluß die Pfändung der Miteigentümerrechte des Klägers an den beweglichen und unbeweglichen Sachen der Gütergemeinschaft gemeint sein, so würde demselben rechtliche Wirksamkeit deshalb versagt werden müssen, weil infolge des in Art. 883 Code civil zum Ausdrucke gebrachten Grundsatzes der Bestand jener Miteigentümerrechte ein durchaus ungewisser ist; denn erst mit der Teilung entscheidet sich, ob die zur Gütergemeinschaft gehörigen Sachen ganz, zum Teil, oder gar nicht in das Eigentum des anteilsberechtigten Schuldners fallen. Da aber „Ansprüche" als gepfändet bezeichnet sind, so kann man den Beschluß im Sinne einer Pfändung des **Anspruches auf Teilung** auffassen. Eine solche **Pfändung** ist nun zwar für zulässig zu erachten, wenn auch der Anspruch auf Teilung nicht die Bezeichnung eines selbständigen Forderungsrechtes verdienen mag, sondern nur das Mittel ist, die erwähnte Ungewißheit der dinglichen Rechte der Beteiligten zu beseitigen; denn immerhin kann diesem Teilungsanspruch die Eigenschaft eines Vermögensrechtes im Sinne des § 754 C.P.O. nicht versagt werden, auf welches den Zugriff sich zu sichern die Gläubiger der Beteiligten ein erhebliches Interesse haben können. Es muß deshalb als in der Absicht des Gesetzgebers liegend betrachtet werden, durch die erwähnte Vorschrift auch die Pfändung **dieses** Anspruches zuzulassen. Auf der anderen Seite ist aber dem Berufungsrichter darin beizutreten, daß die Pfändung eines solchen Teilungsanspruches nur die dem Charakter desselben entsprechende Wirkung hat; sie gewährt weder ein Pfandrecht an den Bestandteilen der Masse oder an dem Teilungsanspruch selbst, noch kann auf Grund der Pfändung die **Überweisung** des Teilungsanspruches zur Einziehung oder an Zahlungsstatt rechtswirksam verordnet werden; ihre Wirkung beschränkt sich vielmehr darauf, daß der Schuldner ferner nicht befugt ist, seinen Anteil an der Gütergemeinschaft zum Nachteil des Gläubigers zu veräußern oder anderweit darüber zu verfügen. Zwar gehört zu den Vorschriften, deren entsprechende Anwendbarkeit der § 754 C.P.O. verordnet, auch der § 736, dessen Abs. 1 bestimmt, daß die gepfändete Geldforderung dem Gläubiger nach seiner Wahl zur Einziehung oder an Zahlungsstatt zum Nennwerte zu überweisen ist, und der § 737, wonach durch die Überweisung die förmlichen Erklärungen des Schuldners ersetzt werden, von welchen nach den Vorschriften des bürgerlichen Rechtes die Berechtigung zur Einziehung der Forderung abhängig ist. Allein weder die direkte, noch die entsprechende Anwendung dieser Paragraphen ist hier möglich, die erstere nicht, weil der Teilungsanspruch keine Geldforderung ist, die zweite nicht, weil er einer Geldforderung auch nicht darin gleichsteht, daß der Gläubiger ohne Zuziehung des Schuldners ihn mit der Wirkung geltend machen könnte, wie es der Gläubiger thut, der durch Einziehung der Geldforderung des Schuldners unmittelbar sich selbst wegen seiner Forderung an den Schuldner befriedigt. Es ist zur Zeit der Pfändung des Teilungsanspruches nicht nur durchaus ungewiß, ob der Schuldner bei der Teilung auf seinen Anteil bares Geld oder Geldforderungen zugewiesen erhalten wird, welche der Gläubiger ohne weiteres zur eigenen Befriedigung verwenden könnte, sondern es ist vor allem auch rechtlich nicht ausführbar, dem Gläubiger die Befugnis zur teilweisen Realisierung des Teilungsanspruches, nämlich in Höhe seiner Forderung, einzuräumen. Könnten die Beteiligten selbst auch einzelne Gegenstände von der Teilung ausschließen und so die Teilungsmasse derart beschränken, daß die dem einen von ihnen zufallenden Werte gerade zur Deckung seiner Schuld ausreichten, so würde doch die Überweisung des Teilungsanspruches an den Gläubiger eines Beteiligten in Höhe eines bestimmten Betrages die Befugnis zur Vornahme einer in der erwähnten Weise beschränkten Teilung keineswegs enthalten; die vollständige Teilung aber kann immer nur unter freiwilligem oder nach dem Prozeßgesetze erzwungenem Beitritt aller Beteiligten und insbesondere auch des beteiligten Schuldners geschehen. Hieran ändert auch der Umstand nichts, daß unter Umständen, wie es im gegenwärtigen Falle zutrifft, der ganze Anteil des Schuldners zur Tilgung seiner Schuld nicht zureicht, und daß dies zur Zeit der Pfändung und Überweisung vielleicht schon mit Sicherheit erkannt werden konnte. Die Notwendigkeit der Teilnahme aller Beteiligten an der Teilung folgt aus dem Wesen derselben, als der Aufhebung der Gemeinschaft, von selbst, und wenn zuzugeben ist, daß an Stelle der Beteiligten auch deren Rechtsnachfolger oder Bevollmächtigte die Teilung vornehmen können, so ist dabei doch vorauszusetzen, daß diese Rechtsnachfolger und Bevollmächtigten den Rechtsvorgänger oder Machtgeber in seinem ganzen Recht vertreten; auch eine freiwillige Abtretung des Anteiles an der Gütergemeinschaft in Höhe eines bestimmten Geldbetrages oder die Bevollmächtigung, die Teilung in Höhe eines bestimmten Geldbetrages durchzuführen, würde die Befugnisse des Cessionars oder Bevollmächtigten nicht derartig begrenzen, daß er daraufhin eine wirksame Teilung der Gemeinschaft mit den übrigen Teilnehmern vornehmen könnte. Durch die trotzdem vom Amtsgerichte Diedenhofen am 9. August 1893 verordnete Überweisung des Teilungsanspruches auf Höhe einer bestimmten Summe erlangten nach alledem die Gebrüder M. bezüglich des Rechtes, die Teilung der Gütergemeinschaft P. zu betreiben oder ihre Zuziehung zu dieser Teilung durchzusetzen, keine anderen Befugnisse, als sie nach Artt. 1166 und 882 Code civil ohnehin besaßen. Der Gebrauch dieser Befugnisse erforderte aber die freiwillige oder nach Maßgabe der Prozeßgesetze erzwungene Teilnahme ihres Schuldners an der Auseinandersetzung." ...

---

90. Ist die Gültigkeit eines eigenhändigen Testamentes dadurch bedingt, daß dasselbe an dem nämlichen Tage datiert worden ist, an welchem es errichtet, insbesondere unterschrieben wurde?

II. Civilsenat. Urt. v. 20. Januar 1899 i. S. W. u. Gen. (Kl.) w. Z. (Bekl.). Rep. II. 299/98.

I. Landgericht Saarbrücken.
II. Oberlandesgericht Köln.

Aus den Gründen:

... „Durch die Ausschwörung des dem Beklagten durch das vom Oberlandesgericht mittels Zurückweisung der Berufung aufrecht erhaltene Urteil auferlegten Eides würde festgestellt werden, daß das Datum auf dem streitigen eigenhändigen Testament der Ehefrau des Beklagten, „Fürth, den 22. Mai 1893", von derselben an diesem Tage auf das Testament geschrieben worden ist, während andererseits unbestritten feststeht, daß sowohl der Text als die Unterschrift von der Erblasserin mehrere Tage vorher geschrieben worden sind.

Die Kläger und Revisionskläger bestreiten, wie in den Vorinstanzen, auch für den Fall der Eidesleistung aus diesem Grunde die formelle Gültigkeit des Testamentes, indem sie aufstellen, daß, um der Vorschrift des Art. 970 B.G.B. zu genügen, das eigenhändige Testament an demselben und von demselben Tage datiert werden müsse, an welchem es errichtet, insbesondere unterschrieben wird. Dem kann indes nicht beigepflichtet werden. Aus dem Wortlaute des Art. 970 a. a. O., welcher die Erfordernisse der formellen Gültigkeit des eigenhändigen Testamentes dahin bestimmt, daß dasselbe von der Hand des Testators ganz geschrieben, datiert und unterschrieben sein müsse, ergiebt sich jenes Erfordernis nicht. Insbesondere hat das Gesetz nicht, wie von der Revision darzuthun versucht wird, als Erfordernis der Gültigkeit eines eigenhändigen Testamentes die Einheitlichkeit der Errichtung einschließlich der Datierung der Zeit nach aufgestellt, und dieses Erfordernis ist auch nicht den für die fraglichen Formvorschriften maßgebend gewesenen gesetzgeberischen Gründen zu entnehmen.

Der erkennende Senat hat in dem auch von der Revision bezogenen Urteil vom 16. Juni 1882,

Entsch. des R.G.'s in Civils. Bd. 7 S. 292,

ausgesprochen, daß ein falsches Datum, d. i. ein solches, welches an einem anderen Tage auf das Testament gesetzt worden ist, als das Datum besagt, das eigenhändige Testament ungültig macht. Diese Entscheidung beruht wesentlich auf der Erwägung, daß für den Gesetzgeber bei der Vorschrift, daß die Gültigkeit des eigenhändigen Testamentes auch von dessen Datierung durch den Testator abhängig sein solle — was ursprünglich nach französischem Recht nicht erfordert wurde —, die große Wichtigkeit bestimmend war, welche dem Zeitpunkte der Errichtung eines Testamentes, sowohl bezüglich der Wirksamkeit überhaupt mit Rücksicht auf die persönlichen Verhältnisse des Testators, als auch bezüglich der Wirksamkeit anderen testamentarischen Verfügungen des Erblassers gegenüber beiwohnt. Von diesem Standpunkt aus muß allerdings im Sinne des Gesetzes die Forderung der Notwendigkeit der Datierung auch die Forderung der Richtigkeit des Datums ergeben. Anders verhält sich die Sache in der vorliegenden Frage. Es kann nicht gesagt werden, daß das Datum auf einem eigenhändigen Testament schon um deswillen ein unrichtiges sei, weil es an einem anderen Tage auf das Testament gesetzt worden ist und einen anderen Tag bezeichnet, als denjenigen, an welchem das Testament geschrieben, bezw. unterschrieben ist. Das Datum ist nach Art. 970 a. a. O. ein wesentlicher Teil des eigenhändigen Testamentes, ebenso wie die Unterschrift, und die Zufügung des Datums auf ein bis dahin zwar geschriebenes und unterschriebenes, aber noch nicht datiertes Testament bildet, indem sie ein noch fehlendes Erfordernis erfüllt, den letzten Teil der Testamentserrichtung selbst, durch welche der Wille des Testators, von Todes wegen nach Inhalt der bereits vorhandenen und unterzeichneten Niederschrift zu verfügen, nunmehr in rechtsgültiger Form zum Ausdruck kommt.

Vgl. in dem erörterten Sinne Laurent, Bd. 13 Nr. 209; Entscheidungen des französischen Kassationshofes bei Dalloz, Recueil périodique 1846 Bd. 1 S. 342; Fuzier-Hermann, Code annoté zu Art. 970 Nr. 18. 103." ...

---

91. Verhindert die Signifikation der Cession, wenn einer Gegenforderung des Schuldners an den Cedenten das Erfordernis der Liquidität (Art. 1291 Abs. 1 Code civil) mangelt, nicht bloß die Geltendmachung der compensation légale gegenüber der Klage des Cessionars, sondern auch die der compensation judiciaire?

II. Civilsenat. Urt. v. 7. Februar 1899 i. S. Sch. Ehel. (Bekl.) w. W. (Kl.). Rep. II. 311/98.

I. Landgericht Straßburg.
II. Oberlandesgericht Colmar.

Aus den Gründen:

„Die Revision konnte keinen Erfolg haben.

Die klägerische Forderung, welche ursprünglich dem Karl B. zustand, sowie der Übergang der Forderung auf dessen Ehefrau und, durch notariellen Cessionsakt vom 27. Juli 1895, den verklagten schuldnerischen Eheleuten am 3. August 1895 zugestellt, auf den Kläger sind unbestritten. Die behauptete Gegenforderung der Beklagten für die dem Karl B. in den Jahren 1887, 1890—1893 in ihrem Hause zu teil gewordene Verpflegung, welche die Beklagten gegenüber dem klagenden Cessionar zur Aufrechnung bringen, und hierzu mittels der erhobenen Widerklage berechtigt erklärt zu werden beantragen, wurde von dem Landgerichte dem Grunde nach verneint, indem auch eine nur stillschweigend erfolgte Vereinbarung der Vergütung dieser Verpflegung des Bruders und Schwagers der verklagten Eheleute nicht als erwiesen angesehen wurde. Das Berufungsgericht hat dahingestellt gelassen, ob der behauptete Gegenanspruch erweislich sei, indem es die Zulässigkeit der Aufrechnung dieser Forderung der Beklagten an Karl B. gegenüber dem Cessionar der Hauptforderung verneinte. In der Revisionsinstanz kommt es daher zunächst auf die Prüfung der letzteren Frage an, ob die Aufrechnung mit Recht nicht zugelassen sei. Und zwar ist hierbei nicht von einem Kompensationsvertrage, wie der Vertreter der Revision geltend zu machen versuchte, und überhaupt nicht von einer vertraglich begründeten Verbindung der Hauptforderung mit der erwähnten Gegenforderung auszugehen. In dieser Richtung ist von den Beklagten eine Behauptung in den früheren Instanzen nicht aufgestellt worden, und die Schuldscheine der Beklagten, welche der Klage zu Grunde liegen, datieren vom 1. September 1893 und 2. Februar 1895. Es handelt sich demnach, wie das Berufungsgericht annahm, zunächst lediglich um die Frage der gesetzlichen Befugnis des Schuldners zur Aufrechnung einer ihm an den Cedenten zustehenden Gegenforderung gegenüber dem Cessionar.

Darüber besteht kein Zweifel, daß durch die Cession die übertragene Forderung mit allen Mängeln, die ihr anhaften, auf den Erwerber übergeht, und daß ihr also alle Einreden entgegengesetzt werden können, welche dem Schuldner gegenüber dem Cedenten zustanden; ebenso daß Gegenforderungen an den Cedenten, welche erst nach der Bekanntmachung der Cession entstanden sind, gegenüber dem Cessionar zur Kompensation nicht tauglich sind, wohl aber solche bereits früher entstandenen Forderungen, bei welchen nachweisbar schon vor der Zustellung der Cession die Voraussetzungen zur kraft Gesetzes eintretenden Kompensation gemäß Artt. 1290. 1291 B.G.B. vorlagen. Zu diesen Voraussetzungen gehört das Erfordernis der Liquidität der Gegenforderung. Die von den Beklagten geltend gemachte Gegenforderung war zwar nach ihrer Begründung vor der Eröffnung der Cession der den Gegenstand der Klage bildenden Hauptforderung entstanden; aber das Berufungsgericht hat ohne Rechtsirrtum festgestellt, daß die dem Grunde und Betrage nach ungewisse Forderung völlig illiquid war. Kann hiernach nicht von einer „compensation légale" die Rede sein, so fragt sich nur noch, ob nicht von der compensation judiciaire Gebrauch gemacht werden konnte, wie dies gegenüber dem ursprünglichen Gläubiger, vorbehaltlich der Befugnisse des Gerichtes nach §§ 136. 274 C.P.O., möglich war. Allerdings hat nun der erkennende Senat des Reichsgerichtes in einem in der Sache St. w. L. ergangenen Urteile vom 27. Oktober 1893 (Rep. II. 158/93) die compensation judiciaire mit einer vor der Signifikation der Cession noch illiquiden Gegenforderung des debitor cessus gegenüber dem Cessionar zugelassen. Allein der Senat findet sich veranlaßt, hiervon abzugehen und der von dem Berufungsgerichte seiner Entscheidung zu Grunde gelegten Rechtsansicht beizutreten. Wie der Senat in den in den Entsch. des R.G.'s in Civils. Bd. 12 S. 322 flg. und Bd. 16 S. 372 flg. abgedruckten Entscheidungen ausgesprochen hat, ist nach den Grundsätzen des französischen Rechtes die Liquidität der zur Kompensation zu bringenden Ansprüche nicht lediglich ein prozessuales, sondern ein materiellrechtliches Erfordernis der Kompensation (Art. 1291 B.G.B.). Die von Rechts wegen eintretende und gleich einer Zahlung wirkende Kompensation, von welcher Art. 1290 a. a. O. handelt, kann daher nur stattfinden, wenn beide in Betracht kommende Forderungen liquid sind. Geht die Hauptforderung durch Cession auf eine andere Person über, und erhält das Forderungsrecht dieser letzteren durch die Zustellung der Cession Wirkung gegenüber Dritten (Art. 1690 Abs. 1 B.G.B.), so kann nach Art. 1295 Abs. 2 B.G.B. eine Aufrechnung mit Gegenforderungen des Schuldners an den Cedenten, welche nach der Zustellung der Cession entstanden sind, nicht mehr stattfinden. Dasselbe ist aber auch bei zwar früher begründeten, aber zur Kompensation noch untauglichen Gegenforderungen anzunehmen. Hier ist die von Rechts wegen wirkende Wettschlagung jedenfalls nicht eingetreten; dieselbe kann aber auch durch gerichtliche Liquidstellung in einem Prozesse mit dem Cessionar nicht herbeigeführt werden, weil der Cessionar, dem gegenüber die compensation judiciaire zur Anwendung gebracht werden müßte, nicht Schuldner der Gegenforderung ist. Um eine solche Ausdehnung der compensation judiciaire zu rechtfertigen, müßte man davon ausgehen können, daß schon durch das bloße Gegenüberstehen von Hauptforderung und Gegenforderung die durch spätere Erlangung der Liquidität bedingte Kompensation begründet sei, was mit der Vorschrift des Art. 1291 B.G.B. nicht vereinbar wäre und die Liquidität als ein bloß prozessuales Erfordernis behandeln hieße. Die bloße Existenz einer nicht in rechtlichem Zusammenhange mit der Hauptforderung stehenden illiquiden Gegenforderung des Schuldners berührt also den Bestand der Hauptforderung nicht und läßt diese durch Cession und deren Zustellung auf den Cessionar übergehen, ohne daß letzterem gegenüber die Gegenforderung durch Liquidierung im Laufe des Rechtsstreites zur Kompensation tauglich gemacht und zur Aufrechnung gebracht werden kann. Vgl. Zachariae-Crome, Handbuch des französischen Civilrechts Bd. 2 S. 371, und Larombière, Théorie et Pratique des Obligations t. V. p. 208 Nr. 11 Abs. 2 flg.

Hiernach war das Berufungsgericht berechtigt, auf die Frage der Begründetheit des Vergütungsanspruches der Beklagten für Verpflegung des Karl B. nicht einzugehen." . . .

92. Erlöschen die Hypotheken mit dem Zuschlage in der Subhastation?

II. Civilsenat. Urt. v. 28. Februar 1899 i. S. Fr. u. Gen. (Kl.) w. Stadt Köln (Bekl.). Rep. II. 435/98.

I. Landgericht Köln.
II. Oberlandesgericht daselbst.

Die Entscheidung ist oben unter „Preußisches Recht" Nr. 72 S. 299 abgedruckt.

93. 1. Sind für die Haftbarkeit eines richterlichen Beamten aus seiner Amtsführung im Gebiete des rheinischen Rechtes die Vorschriften des preußischen Allgemeinen Landrechtes maßgebend?
2. Ist der Art. 505 Code de procédure civile noch gegenwärtig gültig, und bezieht er sich auch auf die Thätigkeit des Richters in Ausübung der freiwilligen Gerichtsbarkeit?

II. Civilsenat. Urt. v. 7. März 1899 i. S. preuß. Fiskus (Kl.) w. de N. (Bekl.). Rep. II. 384/98.

I. Landgericht Aachen.
II. Oberlandesgericht Köln.

Bei dem Tode des Gerichtsschreibers D. zu E. stellte es sich heraus, daß derselbe mehrere Unterschlagungen begangen, unter anderem auf das Sparkassenbuch des Entmündigten M. am 17. April 1895 von dessen ausstehenden Geldern den Betrag von 700 ℳ erhoben hatte, nachdem am Mittage desselben Tages der Assessor de N. das Sparkassenbuch in Höhe dieses Betrages in Kurs gesetzt hatte. Von den erhobenen 700 ℳ schickte D. die Summe von 447,50 ℳ an die Stadt D. als fällige Pflegekosten für den Entmündigten M., deckte die Gerichtskosten mit 34,50 ℳ und verwandte den Rest von 218,50 ℳ für sich. Wegen dieses Betrages erhob der Vormund des Entmündigten M. gegen den Justizfiskus Klage. In diesem Prozesse verkündete der Justizfiskus dem Assessor de N. den Streit, worauf sich dieser jedoch nicht erklärte. Durch Urteil des Landgerichts zu Aachen vom 12. Dezember 1896 wurde der Justizfiskus zum Ersatze des Betrages von 218,50 ℳ nebst 5 Prozent Zinsen seit dem 31. Januar 1896 kostenfällig verurteilt. Auf Grund dieses Urteils zahlte der Fiskus an den Kläger im ganzen den Betrag von 286,66 ℳ.

Nunmehr erhob der Justizfiskus gegen den Assessor de N. Klage auf Zahlung der 286,66 ℳ nebst Zinsen, mit der Begründung, daß der Beklagte sich bei der Inkurssetzung des Sparkassenbuches einer Fahrlässigkeit schuldig gemacht und dadurch den dem Fiskus erwachsenen Schaden verursacht habe, den er nach Artt. 1382. 1383 B.G.B. ersetzen müsse. Beide Vorinstanzen haben die Klage abgewiesen, und die vom Fiskus eingelegte Revision wurde zurückgewiesen aus folgenden

Gründen:

... „Obgleich der Wert des Streitgegenstandes nur 286,66 ℳ beträgt, ist die Revision auf Grund des § 70 Abs. 3 des Gerichtsverfassungsgesetzes und des § 39 des preußischen Ausführungsgesetzes zum Gerichtsverfassungsgesetz für zulässig zu erachten. Der erhobene Klaganspruch fällt nämlich unter die in Ziff. 3 des § 39 des letzterwähnten Gesetzes aufgeführten „Ansprüche gegen öffentliche Beamte wegen Überschreitung ihrer amtlichen Befugnisse oder wegen pflichtwidriger Unterlassung von Amtshandlungen". Vgl. über den Sinn dieser allerdings nicht ganz klaren Fassung die Entscheidung des Reichsgerichts vom 22. Februar 1883 in Gruchot's Beiträgen Bd. 28 S. 463.[1]

Die Revision konnte jedoch nicht für begründet erachtet werden.

Zunächst ist die Aufstellung der Revision, daß für die civilrechtliche Verantwortlichkeit auch des in der Rheinprovinz angestellten Staatsbeamten lediglich die Vorschriften der §§ 88—90 A.L.R. II. 10 maßgebend seien, als unrichtig zu bezeichnen. Diese Vorschriften sind in der Rheinprovinz nicht publiziert, und der erkennende Senat hat wiederholt die Anschauung, daß den das sogenannte innere Staatsrecht betreffenden Bestimmungen des Allgemeinen Landrechts auch ohne besondere Publikation in der Rheinprovinz Geltung zuerkannt werden müsse, als ungerechtfertigt zurückgewiesen.

Vgl. Urteil vom 10. Juli 1888, Rep. II. 126/88 (mitgeteilt in der Zeitschrift von Puchelt, Bd. 19 S. 649).

Das Oberlandesgericht ist demnach mit Recht davon ausgegangen, daß für die Beurteilung des in Rede stehenden Schadensersatzanspruches lediglich die in der Rheinprovinz geltenden französischen Gesetze in Betracht zu ziehen sind.

Die angegriffene Entscheidung stützt sich auf den Art. 505 Code de procédure civile, wonach ein richterlicher Beamter nur in den dort angeführten Fällen, deren keiner bei dem Beklagten zutreffe, wegen seiner amtlichen Thätigkeit in Anspruch genommen werden könne. Die Revision zieht nicht in Zweifel, daß der Art. 505 noch gegenwärtig Gültigkeit hat, glaubt aber, daß er nur auf ie Thätigkeit des Richters in der streitigen Gerichtsbarkeit, nicht auch auf die

[1] Vgl. auch Bd. 40 dieser Sammlung Nr. 53 S. 202. D. R.

in der freiwilligen Gerichtsbarkeit, um welche es sich im vorliegenden Falle handle, bezogen werden könne. Die fortdauernde Gültigkeit des Art. 505 ergiebt sich daraus, daß der § 14 des Einführungsgesetzes zur deutschen Civilprozeßordnung nur die prozeßrechtlichen Vorschriften der Landesgesetze aufgehoben hat, jener Artikel aber eine materiellrechtliche Vorschrift über die Haftbarkeit des Richters enthält, welche daher bestehen geblieben und auch durch kein anderes Gesetz beseitigt worden ist. Mit zutreffender Begründung hat auch das Oberlandesgericht angenommen, daß der genannte Artikel sich nicht auf die amtliche Thätigkeit des Richters bei der Urteilsfällung und überhaupt in der streitigen Gerichtsbarkeit beschränke, sondern daß er die Verantwortlichkeit des Richters in Bezug auf seine gesamte Amtsführung, also auch soweit es sich um Ausübung der freiwilligen Gerichtsbarkeit handelt, habe regulieren und diese abweichend von den allgemeinen in den Artt. 1382 flg. B.G.B. für außerkontraktliches Verschulden und Versehen aufgestellten Grundsätzen in engere Grenzen einschränken wollen. Diese Auffassung wird auch ganz allgemein von der französischen Doktrin und Rechtsprechung vertreten. Laurent (t. XX. nr. 444) sagt über die Haftbarkeit des Richters: „L'article 1382 n'est donc pas applicable aux magistrats; ils sont soumis à une responsabilité spéciale beaucoup moins sévère que celle qui pèse sur les hommes en général."

Der Beklagte hat bei der amtlichen Handlung der Wiederinkurssetzung des Sparkassenbuches und Aushändigung desselben an den Gerichtsschreiber die Funktionen des Vormundschaftsrichters ausgeübt. Die auch in der Rheinprovinz geltende preußische Vormundschaftsordnung vom 5. Juli 1875 enthält keine besondere Bestimmungen über die Verantwortlichkeit des Vormundschaftsrichters; es muß daher in dieser Hinsicht auf die Grundsätze des Landesrechts zurückgegangen werden. Dernburg (Vormundschaftsrecht § 22 a. E.) spricht zutreffend aus, daß im Gebiete des französischen Rechtes der Vormundschaftsrichter nur nach den Grundsätzen über prise à partie (Artt. 505 flg. Code de procédure civile) wegen Dolus und grober Fahrlässigkeit in Anspruch genommen werden könne.

Es kann nun allerdings nicht verkannt werden, daß der Art. 505 a. a. O. sich nur auf das Rechtsverhältnis zwischen dem Richter und den Privatpersonen, welche durch seine amtlichen Handlungen betroffen werden, beziehen soll, wogegen es sich im gegenwärtigen Rechtsstreite um das Rechtsverhältnis des angestellten Richters dem Staate gegenüber, welcher ihn angestellt hat, handelt. Allein wenn man den Grund und Zweck der Einschränkung der richterlichen Haftbarkeit ins Auge faßt, welcher wesentlich darin besteht, dem Richter im Interesse der öffentlichen Ordnung seine amtliche Thätigkeit zu erleichtern, so kann man nicht daran zweifeln, daß das französische Recht die im Art. 505 ausgesprochenen Grundsätze auch auf das Rechtsverhältnis des richterlichen Beamten dem Staate gegenüber angewendet wissen will.

Der rechtliche Gesichtspunkt des Mandates und die Vorschrift des Art. 1992 B.G.B. über die Haftbarkeit des Bevollmächtigten gegenüber dem Machtgeber kann für die gegenwärtige Sache nicht in Betracht kommen, weil auf die öffentlichrechtliche Wirksamkeit eines richterlichen Beamten und seine einzelnen Amtshandlungen die Grundsätze der privatrechtlichen Vollmachtserteilung von seiten des Staates nicht angewendet werden können.

Die Abweisung der Klage rechtfertigt sich sonach aus den angeführten Gründen, und es bedarf nicht des Eingehens auf die schließliche eventuelle Feststellung des Oberlandesgerichts, daß es, wenn man auch nach den Artt. 1382. 1383 B.G.B. prüfen wolle, ob eine schuldhafte Schadenszufügung vorliege, an dem ursächlichen Zusammenhange zwischen dem dem Fiskus erwachsenen Schaden und der Wiederinkurssetzung des Buches fehle." . . .

94. 1. Ist die Abtretung einer Mietzinsforderung nach rheinischem Rechte dem Hypothekargläubiger gegenüber wirksam, wenn sie vor der Beschlagnahme des Grundstückes erfolgt ist, und eine Anfechtung auf Grund des Reichsgesetzes vom 21. Juli 1879 nicht als gerechtfertigt erscheint?

2. Welche Befugnisse stehen gegenüber einer derartigen Abtretung dem Eigentümer des vermieteten Hauses zu, der dieses bei der Zwangsversteigerung erworben hat?

3. Welche Bedeutung hat ein dem Anfechtungsbeklagten bezüglich seiner Kenntnis der Benachteiligungsabsicht des Schuldners zu-

geschobener Eid in Ansehung der Frage, ob eine solche Benachteiligungsabsicht vorliegt?

II. Civilsenat. Urt. v. 10. März 1899 i. S. Frankf. Brauereigesellschaft X. (Bekl. u. Widerkl.) w. die Aktienges. J. (Kl. u. Widerbekl.). Rep. II. 353/98.

I. Landgericht Mainz.
II. Oberlandesgericht Darmstadt.

Die Parteien waren beide Gläubiger eines gewissen Sch., der ein in Mainz gelegenes Haus besaß und dieses auf drei Jahre vermietet hatte. Er übertrug seine Mietzinsforderung der Klägerin, um sie wegen ihrer Forderung zu befriedigen. Die Beklagte, der eine Hypothek an dem vermieteten Hause zustand, ließ dieses zwangsweise versteigern und sich bei der Versteigerung zuschlagen. Dann kündigte sie das Mietverhältnis. Die Klägerin erhob Klage mit dem Antrage, festzustellen, daß die Kündigung unwirksam sei; die Beklagte beantragte mittels Widerklage, festzustellen, daß die Abtretung des Mietzinses ungültig, jedenfalls ihr gegenüber unwirksam sei. Das Landgericht wies die Klage und die Widerklage ab; das Berufungsgericht wies die Berufung der Beklagten und Widerklägerin zurück, erklärte dagegen die Klage für begründet. Ein dem Vertreter der Klägerin darüber, ob er nicht die Benachteiligungsabsicht des Schuldners gekannt habe, zugeschobener Eid wurde für unbeachtlich erklärt. Die Revision der Beklagten wurde vom Reichsgericht zurückgewiesen.

Aus den Gründen:

.. „1. Zur Begründung der auf Unwirksamerklärung der Übertragung des Mietzinses gerichteten Widerklage hat die Beklagte in erster Linie geltend gemacht, die Abtretung der Mietzinsforderung seitens des Schuldners Sch. sei ihr gegenüber unwirksam, weil sie zur Zeit der Abtretung bereits Hypothekargläubigerin gewesen sei; jedenfalls könne diese Übertragung nicht über die Zeit der Beschlagnahme des Grundstückes hinaus wirken. In dieser Beziehung wird zunächst auf Art. 123 des hessischen Ausführungsgesetzes zur Civilprozeßordnnng und zur Konkursordnung vom 4. Juni 1879 Bezug genommen, und geltend gemacht, nach dieser Vorschrift dürfe der Mieter nach erfolgter Beschlagnahme nicht mehr an den Schuldner selbst, sondern nur an die Gläubiger oder an den Verwalter der Liegenschaften zahlen; der Forderungsübernehmer könne aber nicht mehr Rechte haben, als der Gläubiger, von dem er seine Rechte ableite. Diese Behauptung erscheint aber nicht als zutreffend. Dem ursprünglichen Gläubiger selbst gegenüber können sehr wohl Beschränkungen bestehen, die im Falle einer vor deren Eintritt vorgenommenen Abtretung der Forderung dem nunmehrigen Gläubiger (Cessionar) gegenüber keine Wirkung äußern. So verhält es sich z. B., wenn eine Forderung mit Arrest belegt worden ist. Die Arrestanlage hindert den Schuldner, an den Gläubiger zu zahlen, dessen Forderung mit Beschlag belegt wurde. War die Forderung aber schon vor Anlegung des Arrestes einem Dritten gegenüber in wirksamer Weise abgetreten, so werden dessen Ansprüche durch das nach § 730 C.P.O. an den Drittschuldner zu erlassende Verbot, an den Schuldner (d. h. den bisherigen Gläubiger des Drittschuldners) zu zahlen, nicht berührt. Übrigens hat auch das Oberlandesgericht bezüglich des Art. 123 des erwähnten Gesetzes, dessen Verletzung die Revision nicht begründen würde, ausdrücklich ausgesprochen, er setze voraus, daß vor der im Art. 121 erwähnten Zustellung eine Übertragung der Mietzinsen nicht stattgefunden habe, und könne, wenn eine solche erfolgt sei, keine Anwendung finden. Die Auffassung des Berufungsgerichtes geht dahin, daß erst durch die in Art. 121 des erwähnten Gesetzes vorgesehene Zustellung der Versteigerungsverfügung dem Eigentümer des mit einer Hypothek belasteten Grundstückes die Befugnis zur wirksamen Abschließung von Pacht- und Mietverträgen, sowie zur Übertragung von Pacht- und Mietzinsen entzogen werde. Daraus wird gefolgert, daß die vorher erfolgte Abtretung von Mietzinsen, ebenso wie der Mietvertrag selbst, nicht kraft Gesetzes den Hypothekargläubigern gegenüber unwirksam sei, sondern nur von diesen Gläubigern angefochten werden könne, falls die gesetzlichen Voraussetzungen hierzu vorlägen. Die dargelegte Auffassung wird in erster Linie auf die Artt. 121. 123 des hessischen Ausführungsgesetzes gestützt, unterliegt aber immerhin der Nachprüfung des Revisionsgerichts, weil das Oberlandesgericht nicht annimmt, dadurch seien die Vorschriften des Bürgerlichen Gesetzbuches geändert worden, sondern von der Ansicht ausgeht, schon nach dem französischen Recht werde der Hypothekarschuldner erst durch die Zustellung der Beschlagnahmeverfügung in dem Rechte, die Früchte des Grundstückes zu beziehen und darüber zu verfügen, beschränkt; die Bestimmungen des Code de procédure civile seien aber durch die erwähnten Vorschriften des hessischen Ausführungsgesetzes ersetzt worden. Ergäbe sich aus den Vorschriften des Bürgerlichen Gesetzbuches oder aus der rechtlichen Natur der Hypothek, daß der Hypothekarschuldner schon vor der Zustellung der Beschlagnahmeverfügung eine Verpachtung oder Vermietung des Grundstückes nicht mehr mit Wirksamkeit für die darauffolgende Zeit treffen könne, oder daß wenigstens eine Übertragung oder Vorauszahlung der Pacht- oder Mietzinsen dem Hypothekargläubiger gegenüber ohne weiteres unwirksam sei, so müßte die angefochtene Entscheidung ungeachtet der Bezugnahme auf die Vorschriften des hessischen Ausführungsgesetzes aufgehoben werden. So verhält es sich aber nicht. Bezüglich der erwähnten Fragen besteht zwar schon seit langer Zeit eine große Verschiedenheit der Meinungen; auch ist anzuerkennen, daß nach der Auffassung, für die sich das Oberlandesgericht entschieden hat, die Interessen der Hypothekargläubiger nur in unvollkommener Weise als gewahrt erscheinen, weshalb in verschiedenen Landesgesetzen besondere Bestimmungen zu ihrem Schutze getroffen worden sind. Die von der Revisionsklägerin behauptete Beschränkung läßt sich aber weder aus den Bestimmungen des Bürgerlichen Gesetzbuches, noch aus der rechtlichen Natur der Hypothek rechtfertigen. Diese letztere enthält nur eine dingliche Belastung des verpfändeten Grundstückes, entzieht aber an sich dem Hypothekarschuldner nicht die Befugnis, dieses zu benutzen und die Früchte zu beziehen oder das Recht hierzu auf Andere zu übertragen. Dies gilt insbesondere auch für Rheinhessen, da hier abweichende Vorschriften nicht vorgesehen worden sind. Erst vom Augenblicke der Zustellung der Versteigerungsverfügung an werden nach Art. 123 des Ausführungsgesetzes die nachher verfallenden Einkünfte und Früchte der in Beschlag genommenen Liegenschaften zu Gunsten der Gläubiger wie die Liegenschaften selbst behandelt, sodaß die Erlöse daraus mit dem Erlöse aus den Liegenschaften selbst zu verteilen sind. Eine nach der erwähnten Zustellung erfolgte Vermietung oder Verpachtung, sowie die nachher bewirkte Übertragung von Miet- und Pachtzinsen der in Beschlag genommenen Liegenschaften ist nach Art. 121 des erwähnten Gesetzes dem die Zwangsvollstreckung betreibenden Gläubiger gegenüber nichtig.

Ob ein vor dieser Zustellung für einen längeren Zeitraum, insbesondere für mehr als neun Jahre, abgeschlossener Pacht- oder Mietvertrag, weil dabei nicht mehr eine bloße Verwaltungshandlung in Frage stehe (vgl. Artt. 595. 1429 Code civil), ebenso wie eine Veräußerung oder Belastung zu behandeln sei, braucht nicht untersucht zu werden, weil im vorliegenden Falle nur eine Vermietung für drei Jahre in Frage steht. Da diese vor Zustellung der Versteigerungsverfügung vorgenommen worden ist, konnte das Oberlandesgericht ohne Rechtsirrtum annehmen, sie sei den Hypothekargläubigern gegenüber wirksam. Dasselbe gilt aber auch von der Übertragung der Mietzinsforderung auf die Klägerin, an deren Vornahme der Vermieter durch das Bestehen einer Hypothek nicht gehindert war. Sie würde der Beklagten nur dann nicht im Wege stehen, wenn sie mit Erfolg angefochten werden könnte.

2. Auch die zur Begründung der Widerklage weiter vorgebrachten Ausführungen, nach denen die Übertragung der Mietzinsforderung auf die Klägerin der Beklagten gegenüber deshalb unwirksam sein soll, weil sie das Grundstück bei der Zwangsversteigerung erworben habe, erscheinen als unhaltbar.

Mit der in dieser Instanz zum ersten Male aufgestellten Behauptung, der Mietvertrag sei der Beklagten gegenüber überhaupt nicht bindend, weil er kein sicheres Datum habe (Art. 1743 Code civil), kann diese schon deshalb keinen Erfolg erreichen, weil sie den Mieter ruhig im Besitze gelassen und auf Grund des Mietvertrages selbst das Mietverhältnis gekündigt hat. Nachdem sie so vorgegangen ist, kann sie überhaupt nicht geltend machen, der Mietvertrag habe sie nicht gebunden. Auch wenn ihre Behauptung richtig wäre, würde übrigens die von der Klägerin erhobene Widerklage auf Ungültigerklärung der Cession und Herausgabe des Mietzinses dadurch nicht gerechtfertigt. Bei dieser Sachlage braucht nicht entschieden zu werden, ob die von der Revisionsklägerin angerufene Bestimmung nicht als eine bloße Beweisvorschrift anzusehen und sonach (ebenso wie Art. 1328 Code civil) durch § 14 Einf.-Ges. zur C.P.O. aufgehoben worden ist. Im übrigen ergiebt sich daraus, daß die Beklagte Eigentümerin des vermieteten Grundstückes geworden und dadurch an die Stelle des Vermieters Sch. getreten ist, keineswegs, daß sie vom Tage des Zuschlages an ungeachtet der Übertragung der Mietzinsforderung auf die Klägerin den Mietzins zu beziehen hatte. Daraus, daß sie das bestehende Mietverhältnis nach Art. 1743 B.G.B. als für sie bindend anerkennen mußte, ergab sich allerdings für sie das Recht, den an den bisherigen Vermieter noch geschuldeten Mietzins zu beziehen. Aber wenn die Übertragung der Mietzinsforderung auf die Klägerin an sich gültig ist und nicht von der Beklagten mit Erfolg angefochten werden kann, konnte sie nicht vom Mieter die Bezahlung des Mietzinses fordern, zu dessen Entrichtung an die Klägerin er mit Rücksicht auf die erfolgte Abtretung der Mietzinsforderung nicht mehr verpflichtet war. Sie hatte ihm gegenüber keine anderen Ansprüche als diejenigen, die dem Vermieter Sch. zugestanden hätten, wenn eine Zwangsversteigerung nicht erfolgt wäre. Die Zwangsversteigerung hat in dieser Beziehung, soweit nicht im Wege der Landesgesetzgebung besondere Vorschriften getroffen worden sind, keine stärkeren Wirkungen als eine freiwillige Veräußerung. Die für die Befugnisse des Konkursverwalters geltenden Grundsätze, die in dessen Stellung und in den besonderen Bestimmungen der Konkursordnung (§§ 17. 18) ihren Grund haben, greifen in Ansehung der Zwangsversteigerung nicht durch. Der Erwerber hat hier vielmehr, sofern er an den Mietvertrag überhaupt gebunden ist, auf die bereits bezahlten oder einem Dritten cedierten Mietzinsen nur dann Anspruch, wenn er sich auf besondere zu seinen Gunsten getroffene gesetzliche Vorschriften berufen kann, oder wenn er in der Lage ist, die Vorauszahlung oder den Abtretungsakt mit Erfolg anzufechten.

3. Soweit die auf § 3 Ziff. 1 des Anfechtungsgesetzes gestützte Anfechtung dieser Abtretung in Frage steht, hat das Oberlandesgericht ausgeführt: daß der Schuldner Sch. in der Absicht, seine Gläubiger zu benachteiligen, gehandelt habe, sei nach den Umständen des Falles nicht anzunehmen; deshalb könne auch die Klägerin von dieser Benachteiligungsabsicht keine Kenntnis gehabt haben, und sei der auf diese Kenntnis bezügliche, dem Vertreter der Klägerin zugeschobene Eid vom Landgerichte mit Recht für unerheblich erklärt worden. Auch die in dieser Beziehung erhobenen Angriffe konnten keinen Erfolg haben. Das Reichsgericht hat zwar in zwei Urteilen vom 24. Oktober 1885 und vom 26. Juni 1893,

Entsch. des R.G.'s in Civils. Bd. 15 S. 368; Jurist. Wochenschr. von 1893 S. 427 Nr. 15, ausgesprochen, daß der Anfechtungsbeklagte als Rechtsnachfolger des Schuldners im Sinne von § 410 C.P.O. anzusehen sei. Aber daraus folgt nur, daß der Anfechtungskläger dem Beklagten den Eid auch über Thatsachen zuschieben darf, welche in Handlungen des Schuldners bestehen oder Gegenstand der Wahrnehmung desselben gewesen sind. Ein solcher Eid ist im vorliegenden Falle nicht zugeschoben worden. Vielmehr wollte die Beklagte durch ihre Eideszuschiebung nur beweisen, daß die Klägerin von der Benachteiligungsabsicht des Schuldners, die sie aus anderen Umständen folgerte, Kenntnis gehabt habe. Aus dem Umstande, daß der Anfechtungsbeklagte unterstellt, der Schuldner habe in der Absicht, seine Gläubiger zu benachteiligen, gehandelt, folgt aber nicht mit Notwendigkeit, daß diese Absicht, was in § 3 Ziff. 1 des Anfechtungsgesetzes vorausgesetzt wird, wirklich vorhanden war. Deshalb konnte das Oberlandesgericht ohne Rechtsirrtum annehmen, diese Absicht sei nicht dargethan, sodaß der bezüglich der Kenntnis derselben zugeschobene Eid unerheblich sei." ...

95. 1. Wird ein Kaufvertrag zwischen Gläubiger und Schuldner dadurch ausgeschlossen, daß er zum Zwecke der Sicherung des Gläubigers für seine Forderungen gethätigt wird, und daß die verkauften Gegenstände im Besitze des Schuldners verbleiben sollen?

2. Zur Prüfung der Frage, ob die Erfordernisse eines Kaufvertrages vorliegen, oder nicht vielmehr eine bloße Pfandbestellung gewollt war.

II. Civilsenat. Urt. v. 28. März 1899 i. S. R. (Bekl.) w. v. d. H. (Kl.). Rep. II. 428/98.

I. Landgericht Düsseldorf.
II. Oberlandesgericht Köln.

Der Beklagte hatte gegen den Kaufmann A. eine Reihe von Mobilien und Geschäftsutensilien pfänden lassen. Der Kläger klagte auf Aufhebung der Pfändung, indem er behauptete, die Gegenstände vorher von A., seinem Schuldner, gekauft zu haben, und zwar zu dem Zwecke, um sich für seine Forderung gegen A. Sicherheit zu verschaffen, und mit der Verabredung, daß die Gegenstände im Besitze des A. verbleiben sollten, um ihm die Fortführung seines Geschäftes zu ermöglichen. Das Landgericht wies die Klage ab, weil der angebliche Kaufvertrag ein bloßer Scheinvertrag sei. Das Oberlandesgericht erkannte jedoch im Sinne des Klägers. Auf eingelegte Revision wurde das Urteil des Oberlandesgerichtes aufgehoben aus folgenden

Gründen:

„Die Revision war für begründet zu erachten.

Wenn auch die Annahme des Oberlandesgerichtes, daß zwischen dem Kläger und seinem Schuldner A. ein ernstlicher Kaufvertrag, nicht ein Scheinvertrag abgeschlossen worden sei, wesentlich auf thatsächlicher Erwägung beruht, so macht doch die Revision mit Recht geltend, daß aus der Begründung dieser Annahme sich rechtliche Bedenken ergeben, welche vom Oberlandesgerichte nicht ausgeräumt und deshalb geeignet seien, zur Aufhebung des Urteiles zu führen.

Dem Oberlandesgerichte ist zwar darin beizustimmen, daß ein ernstlicher Kaufvertrag zwischen Gläubiger und Schuldner an und für sich weder dadurch ausgeschlossen wird, daß derselbe zum Zwecke der Sicherung des Gläubigers für seine Forderungen gethätigt wird, noch auch dadurch, daß die verkauften Gegenstände im Besitze des Verkäufers verbleiben sollen, wie dies auch in dem vom Oberlandesgerichte angezogenen Urteile des Reichsgerichtes,

Entsch. des R.G.'s in Civils. Bd. 13 S. 298,

ausgesprochen ist. Allein in Fällen dieser Art, wo sich mit Rücksicht auf den ausgesprochenen Zweck der Sicherung des Gläubigers im Sinne der Vertragschließenden bloße Pfandbestellung und Kaufvertrag nahe berühren, ist besonders scharf zu prüfen, ob auch objektiv die Erfordernisse eines Kaufvertrages vorhanden sind. Zu diesen Erfordernissen gehört nach Artt. 1582. 1583 B.G.B. vor allem ein bestimmter Kaufpreis. Nun hebt die Revision hervor, daß, wenn der Kaufpreis für die dem Kläger verkauften Mobilien, wie aus dem vorgelegten Schriftstücke vom 3. März 1896 hervorgehe, 35400 *M* betragen habe, die Forderung des Klägers an A. für diesen Betrag mit dem vom Kläger geschuldeten Kaufpreise kompensiert worden und erloschen wäre, sodaß für eine weitere Hypothekenbestellung des A. zu Gunsten des Klägers, wenn nur die vorerwähnte Summe in Betracht komme, gar kein Grund vorgelegen habe. Das Oberlandesgericht stelle aber nicht fest, daß A. dem Kläger mehr geschuldet habe, als den Betrag jenes Kaufpreises, sondern sage: selbst wenn Kläger nur „den Kaufpreis" zu fordern gehabt habe, habe nichts im Wege gestanden, daß er, als vorsichtiger Kaufmann, sich eine weitere Sicherheit durch die Hypothekenbestellung verschafft habe; der über die Hypothekenbestellung erbotene Beweis erscheine daher unerheblich. Bei dieser Erwägung verkennt das Oberlandesgericht allerdings, daß nach Artt. 1289. 1290 B.G.B. die Kompensation zwischen der Forderung des Klägers und seiner Kaufpreisschuld von Rechts wegen eintrat. Hatte der Kläger keine andere Forderung an A., so konnte von einer Hypothekenbestellung desselben keine Rede sein, weil eine Forderung des Klägers nicht mehr bestand. Es könnte daher gerade in dem Umstande, daß trotzdem noch eine Hypothek bestellt wurde, ein erhebliches Moment dafür gefunden werden, daß ein bestimmter Kaufpreis nicht festgesetzt, und überhaupt ein ernstlicher Kaufvertrag nicht beabsichtigt, vielmehr nur unter Umgehung der Vorschriften der Artt. 2074. 2076 B.G.B. eine Faustpfandbestellung gewollt war. Daß etwa vertraglich die gesetzliche Kompensation ausgeschlossen worden sei, was an und für sich zulässig gewesen wäre, ist nicht festgestellt, kann auch nicht als selbstverständlich angenommen werden. Diese Ausschließung würde auch weitere Feststellungen unter den Vertragschließenden zur Voraussetzung haben, in welcher Weise dann später der Kaufpreis getilgt werden sollte, wenn er überhaupt als ein ernstlich gewollter sollte angesehen werden können. Über alle diese Fragen spricht sich das Oberlandesgericht nicht aus. Jedenfalls ist die Ablehnung des Beweisantrages des Beklagten, daß A. gleichzeitig mit dem Verkaufe seines Mobiliars dem Kläger eine Hypothek von 30000 *M* auf seine Grundstücke bestellt habe, nicht genügend begründet und erscheint nicht frei von Rechtsirrtum.

Aus diesem Grunde mußte das angegriffene Urteil aufgehoben werden.

Vgl. Entsch. des erkennenden Senates vom 13. Mai 1890, Rep. II. 69/90 (mitgeteilt in der Juristischen Zeitschrift für Elsaß-Lothringen Bd. 15 S. 463)." . . .

V. Prozeßrecht.

96. **Welche Wirkung hat nach französischem Rechte die Pfändung des Anspruches auf Teilung einer Gütergemeinschaftsmasse? Kann die Überweisung eines solchen Anspruches zur eigenen Einziehung gemäß § 736 C.P.O. wirksam erfolgen?**

II. Civilsenat. Urt. v. 4. November 1898 i. S. M. u. Gen. (Bekl.) w. P. (Kl.). Rep. II. 228/98.

I. Landgericht Metz.
II. Oberlandesgericht Colmar.

Die Entscheidung ist oben unter „Rheinisches Recht" Nr. 89 S. 375 abgedruckt.

---

97. **Darf die durch einstweilige Verfügung angedrohte Strafe noch verhängt werden, wenn die vor Aufhebung der einstweiligen Verfügung begangene Zuwiderhandlung erst nach diesem Zeitpunkte zur Aburteilung gelangt?**

C.P.O. §§ 817. 804. 775.

II. Civilsenat. Beschl. v. 7. Januar 1899 i. S. der Sächs. Vieh-Vers.-Bank (Kl.) w. die Rhein. Vieh-Vers.-Ges. (Bekl.). Beschw.-Rep. II. 233/98.

I. Landgericht Köln.
II. Oberlandesgericht daselbst.

Die obige Frage ist bei Entscheidung über eine weitere Beschwerde gegen einen die Verurteilung aufhebenden Beschluß durch Zurückweisung der Beschwerde verneint worden aus folgenden

Gründen:

„Die Beschwerde konnte nicht für begründet erachtet werden.

Die vom Landgerichte . . . am 31. Mai 1898 erlassene einstweilige Verfügung, durch welche der Beklagten unter Androhung einer Strafe von 1000 ℳ für den Zuwiderhandlungsfall die Veröffentlichung und Verbreitung ihres Geschäftsberichtes und anderer Ausarbeitungen verboten wurde, stand noch in Kraft, als die Beklagte zu Anfang Juni durch Übersendung des Geschäftsberichtes an den Redakteur Z. jenem Verbote angeblich zuwiderhandelte, war aber durch vorläufig vollstreckbares Urteil des genannten Landgerichtes vom 29. Juli 1898 bereits wieder aufgehoben, als das Landgericht durch Beschluß vom 18. November 1898 dem Antrage der Klägerin gemäß die Beklagte zu Strafe verurteilte. Mit Recht ist dieser letzterwähnte Beschluß auf Beschwerde der Beklagten durch den jetzt mit der weiteren Beschwerde angegriffenen Beschluß des Oberlandesgerichtes . . . aufgehoben worden.

Die auf Grund des § 3 des Gesetzes zur Bekämpfung des unlauteren Wettbewerbes vom 27. Mai 1896 erlassene einstweilige Verfügung untersteht, soweit nicht der § 3 selbst Besonderheiten bestimmt, die aber hier nicht in Betracht kommen, den allgemeinen Vorschriften der §§ 814—822 C.P.O.; sie durfte nach § 817 auch in Erlaß eines Verbotes bestehen, für dessen Durchführung der § 775 maßgebend ist, und nach § 815 finden auf die Anordnung und das weitere Verfahren die für Arreste gegebenen Vorschriften der §§ 796—813 entsprechende Anwendung; insbesondere ist, wenn die einstweilige Verfügung durch Beschluß angeordnet ist, auf Widerspruch nach § 804 über die Rechtmäßigkeit der einstweiligen Verfügung durch Urteil zu entscheiden, das nach § 648 Ziff. 5 ohne Antrag für vorläufig vollstreckbar erklärt werden soll.

Ist nun ein solches Urteil ergangen, sei es auch, daß im Tenor nur von Aufhebung der einstweiligen Verfügung gesprochen wird, so wird damit nicht nur die einstweilige Verfügung für die Zukunft außer Kraft gesetzt, sondern auch festgestellt, daß sie von vornherein eine unrechtmäßige war, und letzteres hat zur Folge, daß, wenn die einstweilige Verfügung in Erlassung eines Verbotes bestand, eine Zuwiderhandlung gegen dieses Verbot, auch wenn sie vor dem Aufhebungsurteil begangen ist, nicht mehr verfolgt werden kann; denn auch die Verurteilung zu Geldstrafe oder Haft gemäß § 775 Abs. 1 ist nur ein zur Erzwingung der richterlichen Anordnung dienender Akt (vgl. die in den Entsch. des R.G.'s in Civils. Bd. 38 S. 424 abgedruckte Stelle der Motive zur Civilprozeßordnung), und ein solcher Akt ist eben nicht mehr zulässig.

Zu dem gleichen Ergebnisse führt auch, wie das Oberlandesgericht im Anschluß an die in einer Entscheidung des Reichsgerichtes,

Entsch. des R.G.'s in Civils. Bd. 38 S. 422,

enthaltenen Ausführungen darlegt, der Grundsatz des § 2 Abs. 2 St.G.B., wonach bei der Verschiedenheit der Gesetze von der Zeit der begangenen Handlung bis zu deren Aburteilung das mildeste Gesetz anzuwenden ist. Daß strafrechtliche Grundsätze überhaupt auf den Fall des § 775 zur Anwendung kommen, ist vom Reichsgerichte bereits,

vgl. Entsch. des R.G.'s in Civils. Bd. 36 S. 417,

dargelegt worden; dies gilt jedenfalls von dem Grundsatze des § 2 Abs. 2 St.G.B. Die einstweilige Verfügung steht dem Strafgesetze gleich; wird sie vor der Aburteilung einer unter ihrer Herrschaft begangenen That aufgehoben, so kann eine Verurteilung nicht mehr erfolgen, sowenig die Zuwiderhandlung gegen ein Strafgesetz noch verfolgt werden kann, nachdem das Gesetz aufgehoben worden ist.

Als ein Gesichtspunkt, von dem aus die Verhängung einer Strafe in Fällen der vorliegenden Art gerechtfertigt werden könnte, kann geltend gemacht werden, daß die Aufrechterhaltung der Achtung vor der richterlichen Autorität solches verlange; allein anders als bei gewissen Subordinationsverhältnissen, in denen die Aufrechterhaltung der Zucht es erfordert, daß die Nichtbefolgung eines Befehles auch dann noch bestraft werde, nachdem die Unrechtmäßigkeit des Befehles festgestellt worden ist, liegt die Sache hier: die Strafe, welche auf Nichtbefolgung eines durch einstweilige Verfügung erlassenen Verbotes gesetzt ist, bezweckt nicht die Aufrechterhaltung des von einem Untergebenen dem Oberen geschuldeten Gehorsams, sondern die Förderung des materiellen Rechtes, und darf daher nicht mehr verhängt werden, sobald durch rechtskräftiges oder vorläufig vollstreckbares Urteil ausgesprochen ist, daß die einstweilige Verfügung selbst eine unrechtmäßige sei und daher zur Förderung des materiellen Rechtes nicht diene." ...

98. Inwieweit kann ein Sachverständiger, welcher infolge eines Beweisbeschlusses ein schriftliches Gutachten eingereicht hat, noch abgelehnt werden, wenn das Gericht eine Ergänzung dieses Gutachtens für erforderlich erachtet und zu diesem Zwecke seine Vernehmung anordnet?

VI. Civilsenat. Beschl. v. 19. Januar 1899 i. S. H. (Bekl.) w. St. & K. (Kl.). Beschw.-Rep. VI. 9/99.

I. Kammergericht Berlin.

Gründe:

„Durch den vom Kammergerichte in der Berufungsinstanz erlassenen Beweisbeschluß vom 4. Mai 1898, ergänzt durch den Beschluß vom 25. Juli 1898, ist die Vernehmung mehrerer Zeugen und außerdem angeordnet, daß der Asphaltfabrikant K. darüber als Sachverständiger zu vernehmen, ob das Dach auf dem Pferdestalle der Beklagten von durchaus gutem Material und ordnungsmäßig eingedeckt, nicht geflickt, sondern nur nachgedeckt ist, ob es keine Reparatur im Werte von 220 *M* erfordert, keinen Minderwert von 80 *M* hat, vielmehr durch eine vorgenommene Reparatur vollständig ordnungsmäßig hergestellt ist, ob die Durchlässigkeit eines Pappdaches an einzelnen Stellen ihren Grund nicht in mangelhafter Arbeit oder mangelhaftem Material hat, und ob im vorliegenden Falle die schlechte Zinkeinfassung die Ursache für das Eindringen von Nässe ist. In dem Beweisbeschlusse ist ferner bestimmt, daß der Sachverständige ein schriftliches Gutachten einzureichen habe.

Der Sachverständige ist in dem Termine vom 4. Juli 1898 durch den mit der Erledigung des Beweisbeschlusses beauftragten Richter über das Sachverhältnis unterrichtet und hat die Richtigkeit des abzugebenden Gutachtens auf den von ihm für die Erstattung von Gutachten dieser Art im allgemeinen geleisteten Eid versichert. Er hat sodann ein schriftliches Gutachten eingereicht, welches dem Gerichte am 12. September 1898 zugegangen ist.

In dem darauf folgenden Termine vom 22. Oktober 1898 hat das Kammergericht beschlossen, noch zwei weitere Zeugen über den von den Beklagten angegebenen Zeitpunkt und die Folgen des Durchregnens zu vernehmen und im Falle der Bestätigung der Angaben der Beklagten den Sachverständigen in Ergänzung seines Gutachtens noch darüber zu hören, ob und wie weit er mit Rücksicht auf die von den Zeugen bekundeten Thatsachen sein früheres Gutachten abzuändern habe, insbesondere ob er dabei verbleibe, daß die nicht mit der gehörigen Sorgfalt geschehene Unterhaltung der Zinkeinfassung, bezw. des Mörtelverstriches in erster Linie als Ursache des Durchregnens anzusehen sei.

Die Zeugen sind vernommen, und es ist sodann von dem beauftragten Richter zur Vernehmung des Sachverständigen ein Termin auf den 29. Dezember 1898 anberaumt worden. In dem Termine erklärten Beklagte, daß sie gegen die Vernehmung des Sachverständigen protestierten, weil sie denselben wegen Besorgnis der Befangenheit ablehnten. Infolgedessen unterblieb die Vernehmung.

Das Kammergericht hat darauf durch Beschluß vom 4. Januar 1899 das Ablehnungsgesuch zurückgewiesen, weil unter dem 22. Oktober 1898 nur eine Fortsetzung der früheren Vernehmung des Sachverständigen, nicht aber eine neue Begutachtung angeordnet sei, und Beklagte nicht einmal behauptet haben, daß sie den Ablehnungsgrund nicht vor dem 4. Juli 1898 hätten geltend machen können.

Beklagte haben gegen den Beschluß vom 4. Januar 1899 die sofortige Beschwerde eingelegt und zur Begründung derselben angeführt, daß das Gericht einen neuen Beweisbeschluß erlassen habe, und ihr Ablehnungsgesuch daher rechtzeitig angebracht sei. Überdies seien die demselben zu Grunde liegenden Thatsachen erst nach der ersten Vernehmung des Sachverständigen zu ihrer Kenntnis gelangt, wie durch Beibringung einer eidesstattlichen Versicherung werde glaubhaft gemacht werden. Beklagte haben beantragt, ihrem Ablehnungsgesuche stattzugeben.

Die Beschwerde ist nicht begründet.

Nach § 369 C.P.O. steht die Auswahl der zuzuziehenden Sachverständigen dem Prozeßgerichte zu, falls sich die Parteien nicht über bestimmte Personen als Sachverständige einigen. Den Parteien ist aber zur Wahrung ihrer Interessen das Recht gegeben, den oder die ernannten Sachverständigen aus im wesentlichen denselben Gründen abzulehnen, welche zur Ablehnung eines Richters berechtigen (§ 371 a. a. O.). Auf das Gutachten eines mit Erfolg abgelehnten Sachverständigen darf demnächst selbstverständlich die Entscheidung nicht gestützt werden. Die etwa erfolgte Abgabe des Gutachtens stellt sich also als völlig überflüssig heraus, wenn einem Ablehnungsgesuche später stattgegeben ist. Derartigen unnötigen Beweisaufnahmen will der Gesetzgeber nun dadurch möglichst vorbeugen, daß er die Anbringung eines Ablehnungsgesuches nur vor der Vernehmung des Sachverständigen, und bei schriftlicher Begutachtung nur vor erfolgter Einreichung des Gutachtens zuläßt, wenn nicht glaubhaft gemacht wird, daß der Ablehnungsgrund bis zu diesem Zeitpunkte nicht geltend gemacht werden konnte (Abs. 2 des angef. § 371). Es sollen also unnötige Prozeßhandlungen und insbesondere auch vermieden werden, daß der Sachverständige veranlaßt wird, sich beeidigen zu lassen und ein Gutachten zu erstatten, wenn Ablehnungsgründe gegen ihn vorliegen, und eine Partei ihn ablehnen will und kann.

Nach Abgabe des Gutachtens hat das Gericht sodann zu prüfen, ob die dem Sachverständigen unterbreitete Frage in erschöpfender und überzeugender Weise von ihm erörtert ist, und kann, wenn es dieser Ansicht nicht ist, eine weitere Begründung des Gutachtens anordnen, sodaß, wenn der Sachverständige ein schriftliches Gutachten eingereicht hat, eine schriftliche Ergänzung dieses Gutachtens oder eine Vernehmung des Sachverständigen über den von vornherein für erheblich erachteten Punkt notwendig werden kann. In diesen Fällen handelt es sich aber nur um eine Fortsetzung der früher angeordneten Beweisaufnahme, und es bildet deshalb den Zeitpunkt, bis zu welchem, abgesehen von der erst später erlangten Kenntnis des Ablehnungsgrundes, das Ablehnungsgesuch angebracht sein muß, die frühere Vernehmung des Sachverständigen oder die Einreichung des früheren Gutachtens. Denn sonst würde die Nachlässigkeit der Partei gerade das Resultat herbeiführen, welchem der Gesetzgeber durch die erwähnte Vorschrift des § 371 Abs. 2 C.P.O. möglichst entgegentreten will, nämlich daß ein Gutachten abgegeben ist, welches im Prozesse nicht verwendet werden darf.

In ähnlicher Weise darf nach den Bestimmungen der §§ 43. 44 Abs. 4 a. a. O. ein Richter, bei welchem sich die Partei in eine Verhandlung eingelassen oder Anträge gestellt hat, von ihr wegen Besorgnis der Befangenheit nur abgelehnt werden, wenn sie glaubhaft macht, daß der Ablehnungsgrund erst später entstanden oder ihr erst später bekannt geworden ist. Es soll also auch hier vermieden werden, daß Prozeßhandlungen vorgenommen werden, die infolge eines für begründet erachteten Ablehnungsgesuches später nicht berücksichtigt werden dürfen. Die Vorschriften über die Ablehnung eines Sachverständigen lehnen sich aber, wie sich aus § 371 a. a. O. ergiebt, an diejenigen über die Ablehnung eines Richters an.

Durch den Verlust des Rechtes der Ablehnung eines Sachverständigen werden überdies der Partei erhebliche materielle Nachteile kaum erwachsen. Denn die Partei kann alles, was sie zur Begründung des Ablehnungsgesuches geltend machen konnte, noch bis zum Schlusse der mündlichen Verhandlung, auf welche das Urteil ergeht, vorbringen, um die Unglaubwürdigkeit und Unzuverlässigkeit eines Sachverständigen darzuthun. Das Gericht hat nach § 259 C.P.O. bei Prüfung der Frage, ob der von dem Sachverständigen zu begutachtende Punkt nach dem von ihm abgegebenen Gutachten für wahr zu erachten ist, oder nicht, diese Umstände zu berücksichtigen und kann, wenn es die Bedenken gegen die Unbefangenheit des Sachverständigen für begründet erachtet, immer noch andere Sachverständige vernehmen.

Im vorliegenden Falle hat das Kammergericht in dem Beschlusse vom 22. Oktober 1898 nun nur eine Ergänzung des von dem Sachverständigen eingereichten Gutachtens angeordnet, weil er bestimmte, erst durch die Vernehmung von Zeugen festzustellende Thatsachen in seinem schriftlichen Gutachten nicht berührt hat. Die Beklagten durften demnach den Sachverständigen nach Einreichung seines schriftlichen Gutachtens nur noch ablehnen, wenn sie glaubhaft machten, daß sie den Ablehnungsgrund bis zu der Einreichung jenes Gutachtens nicht hatten geltend machen können."

(Es wird sodann ausgeführt, daß dies nicht in gehöriger Weise glaubhaft gemacht sei.)

99. Voraussetzungen für die Anwendbarkeit des § 690 C.P.O. auf Klagen zur Geltendmachung des Widerspruches gegen die Zwangsvollstreckung in Forderungen.

IV. Civilsenat. Urt. v. 16. Januar 1899 i. S. K. (Kl.) w. O. (Bekl.). Rep. IV. 235/98.

I. Landgericht Insterburg.
II. Oberlandesgericht Königsberg i. Pr.

Der Beklagte hatte wegen einer Forderung gegen den Bruder des Klägers, den Bauunternehmer George K., einen angeblich dem George K. gegen den Gemeindekirchenrat zu Eydtkuhnen zustehende Forderung für geleistete Erd-, Maurer- und Zimmerarbeiten bei dem Neubau des dortigen Pfarrhauses in Höhe von etwa 3500 *M* für sich durch den Beschluß des Amtsgerichtes zu Stallupönen vom 19. Oktober 1897 pfänden und sich zur Einziehung überweisen lassen. Der Kläger verlangte die Freigabe dieser Forderung auf Grund des § 690 C.P.O., indem er geltend machte, daß die Forderung, da der Bruder mit dem Gemeindekirchenrat ausdrücklich als ein mit schriftlicher Vollmacht versehener Bevollmächtigter für den Kläger und in dessen Namen den Bauvertrag abgeschlossen habe, nicht dem Bruder, sondern ihm zustehe. Das Landgericht hat diesen Grund für zutreffend erachtet und den Beklagten verurteilt, in die Aufhebung des Pfändungs- und Überweisungsbeschlusses zu willigen und die gepfändete Forderung des Klägers an den Gemeindekirchenrat zu Eydtkuhnen zur Auszahlung an den Kläger freizugeben. Auf die Berufung des Beklagten hat das Berufungsgericht abändernd auf Abweisung des Klägers erkannt, mit der Begründung, daß der § 690 C.P.O. dem Kläger, da die Pfändung sich auf die Forderung des Bruders, und nicht auf die Forderung des Klägers beziehe, nicht zur Seite stehe.

Auf die Revision des Klägers ist das Berufungsurteil aufgehoben worden aus folgenden

Gründen:

..."Das Berufungsgericht legt den § 690 C.P.O. in betreff seiner Anwendbarkeit auf Forderungen darin zu eng aus, daß es eine vollkommene Einheit der Obligation auch bezüglich der Person des Gläubigers für notwendig erachtet. Wäre diese Annahme richtig, so würde die Anwendbarkeit des § 690 C.P.O. auf Widerspruchsklagen bei der Pfändung von Forderungen auf den Fall beschränkt sein, wenn vor der Pfändung eine Succession in das Gläubigerrecht geschehen wäre; sie würde also wesentlich nur dem Cessionar zur Seite stehen. Dagegen würde sie ausgeschlossen sein, wenn, wie im vorliegenden Falle, der Rechtsgrund und der Gegenstand der Forderung, sowie die Person des Schuldners identisch, und nur die Person des Gläubigers streitig ist. Daß der Gemeindekirchenrat zu Eydtkuhnen die auf Grund des schriftlichen Bauvertrages für den Neubau des Pfarrhauses gelieferten Erd-, Maurer- und Zimmerarbeiten nur einmal, und zwar an den aus dem Vertrage Berechtigten, zu bezahlen hat, kann keinem Zweifel unterliegen, und wenn zwei verschiedene Personen als angeblich Berechtigte die Zahlung für sich beanspruchen, so fordert es die Rechtssicherheit, diesen Streit der Berechtigten zum Austrag zu bringen und nicht den Schuldner mit dem Satze zu beruhigen, daß ihm, wenn er auf Grund der Pfändung an den Pfandgläubiger gezahlt habe, hinterher aber an den eigentlich berechtigten Gläubiger nochmals zahlen müsse, nicht zu helfen sei, da die Forderung des letzteren durch die Zahlung an den ersteren nicht berührt werde. Es ist vielmehr, wie in dem Aufsatze über den Interventionsprozeß in Gruchot's Beiträgen Bd. 28 S. 174 ausgeführt wird, von Folgendem auszugehen:

„Wer als Interventionskläger das sog. volle Eigentum an der gepfändeten Forderung geltend macht, behauptet entweder, daß die Forderung ursprünglich schon ihm zugestanden habe, oder daß dieselbe bereits vor der Pfändung durch Singularsuccession von dem Schuldner auf ihn übergegangen sei. Der verklagte Gläubiger kann dem Kläger das Klagerecht nicht deshalb bestreiten, weil nur eine Forderung des Schuldners an den Drittschuldner gepfändet worden sei, und dem Kläger freistehe, seine vermeintliche Forderung an diesen nötigenfalls im Prozeßwege geltend zu machen. Es ist eben streitig, wem die dem Rechtsgrunde nach individualisierte gepfändete Forderung zustehe, und ob die Pfändung danach rechtsbeständig sei. Zur Lösung dieser Streitfrage ist die Interventionsklage nach § 690 bestimmt."

Auch das Reichsgericht hat in seinen Entscheidungen, die von der Anwendbarkeit des § 690 C.P.O. auf Geldforderungen handeln (z. B. Entsch. des R.G.'s in Civils. Bd. 4 S. 111, Bd. 12 S. 380,

Bd. 31 S. 381) den vom Berufungsgerichte angenommenen Unterschied nicht gemacht, sondern den § 690, wie die beiden letzteren Entscheidungen ergeben, auch dann für anwendbar erachtet, wenn der Interventionsgläubiger behauptet, daß er der ursprünglich Berechtigte sei.

Es ist auch nicht einzusehen, weshalb dann, wenn die aus demselben Rechtsgrunde, gegen denselben Schuldner, in derselben Art und Höhe bestehende Forderung von einem Dritten als dem ursprünglich berechtigten Gläubiger in Anspruch genommen wird, der § 690 C.P.O. nicht anwendbar sein sollte, da doch der Dritte behauptet, daß ihm an dieser Forderung ein die (durch die Zwangsvollstreckung bezweckte) Veräußerung hinderndes Recht zustehe.

Der Abweisungsgrund des Berufungsgerichtes verletzt daher den § 690 C.P.O. Das Berufungsurteil ist deshalb aufzuheben." . . .

100. Sind juristische Personen der Verurteilung zu Strafe gemäß § 775 C.P.O. ausgesetzt, und unter welchen Voraussetzungen?

II. Civilsenat. Beschl. v. 17. Januar 1899 i. S. Rhein. Vieh-Vers. Ges. (Kl.) w. Sächs. Vieh-Vers.-Bank (Bekl.). Beschw.-Rep. II. 209/98.

I. Landgericht Dresden.
II. Oberlandesgericht daselbst.

Aus den Gründen:

„Durch Beschluß des Landgerichtes ... war die Sächsische Viehversicherungsbank in Dresden, eine nach Maßgabe der sächsischen Gesetze als juristische Person eingetragene Genossenschaft auf Gegenseitigkeit, wegen zweier Zuwiderhandlungen gegen das durch die einstweilige Verfügung vom 12. April 1898 erlassene Verbot zu einer Geldstrafe verurteilt worden. Dieser Beschluß wurde durch Beschluß des Oberlandesgerichtes ... auf Beschwerde der Verurteilten aufgehoben. Die weitere sofortige Beschwerde der Gegnerin, auf deren Antrag die einstweilige Verfügung erlassen worden war, kann nicht für begründet erachtet werden.

Das Oberlandesgericht geht zunächst zu Gunsten der Beschwerdeführerin mit Recht davon aus, daß eine gemäß § 775 C.P.O. gegen eine juristische Person erlassene Strafandrohung im Falle der Zuwiderhandlung auf Antrag des Gegners durch Verurteilung der juristischen Person selbst zu Strafe durchgeführt werden muß; denn wenngleich bei der Aburteilung derartiger Zuwiderhandlungen nach der Rechtsprechung des Reichsgerichtes,

vgl. Entsch. des R.G.'s in Civils. Bd. 36 S. 417, Bd. 38 S. 422,

strafrechtliche Grundsätze zur Anwendung kommen, und nach diesen nur gegen physische Personen eine Strafe verhängt werden kann, so folgt doch aus der Parteifähigkeit der juristischen Personen allein schon, daß sie auch der Anwendung der in den §§ 774. 775 C.P.O. geregelten Zwangsvollstreckung ausgesetzt sind, und wenn auch die Strafe der Haft an der juristischen Person selbst nicht vollzogen werden kann, so ist dies doch bezüglich der Geldstrafe möglich.

Dem Oberlandesgerichte ist auch darin beizutreten, daß die Verantwortlichkeit der juristischen Personen in Fällen der erwähnten Art nach denselben Grundsätzen zu beurteilen ist, welche bezüglich ihrer Verantwortlichkeit für unerlaubte Handlungen gelten, und daß nach den Grundsätzen des gemeinen Rechtes, von denen das sächsische Recht in dieser Beziehung nicht abweicht, die juristische Person für die unerlaubten Handlungen derjenigen Personen einzustehen hat, welche verfassungsgemäß zum selbständigen Handeln für die juristische Person berufen sind, vorausgesetzt daß die Handlung bei Ausführung der ihnen übertragenen Geschäfte verübt worden ist.

Vgl. besonders Urteil vom 22. September 1897, abgedruckt im Sächsischen Archiv Bd. 8 S. 347, und Entsch. des R.G.'s in Civils. Bd. 19 S. 348, Bd. 32 S. 144, Bd. 38 S. 183.

Wenn nun das Oberlandesgericht weiter ausführt, daß der Inspektor R., der Hauptagent E. und der Generalagent L., welchen die Zuwiderhandlungen gegen das durch die einstweilige Verfügung erlassene Verbot zur Last fallen, als zu selbständigem Handeln namens der Genossenschaft berufene Personen nicht anzusehen seien, so kann dem nur beigetreten werden, und ebenso ist zutreffend, daß als die verantwortliche Person der nach §§ 53. 54 des Statutes der Genossenschaft zur gerichtlichen und außergerichtlichen Vertretung derselben berufene Generaldirektor anzusehen ist.

Es handelt sich also darum, ob die von den genannten Personen begangenen Handlungen auf ein Verschulden des Generaldirektors oder seines Vertreters zurückzuführen sind, was, wie das Oberlandesgericht zutreffend annimmt, sowohl dann der Fall sein würde, wenn der Generaldirektor die erforderlichen Schritte unterlassen hätte, um der der Genossenschaft verbotenen Verbreitung gewisser Angaben entgegenzutreten, als auch wenn er bei der Auswahl der genannten Agenten unvorsichtig verfahren hätte. Beides ist vom Oberlandesgerichte mit Recht verneint worden. Die Beschwerdeführerin sucht nun zwar, teilweise unter Anbietung neuer Beweise, darzuthun, daß diese Würdigung des Thatsächlichen nicht haltbar sei; indes kann ihr hierin nicht beigetreten werden." . . .

101. Kann die auf Ungültigkeit des Schiedsvertrages beruhende Unzulässigkeit des schiedsrichterlichen Verfahrens von dem durch den Schiedsspruch Verurteilten auf Grund des § 867 (§ 868 Abs. 2) C.P.O. noch geltend gemacht werden, wenn er vor dem Schiedsgerichte, ohne die Unzulässigkeit des Verfahrens zu rügen, die Abweisung der Klage beantragt und eine Widerklage erhoben hatte?

I. Civilsenat. Urt. v. 8. Februar 1899 i. S. L. (Kl.) w. K. & U. (Bekl.). Rep. I. 443/98.

I. Landgericht I Berlin.
II. Kammergericht daselbst.

Der auf Erlassung des Vollstreckungsurteiles zu einem Schiedsspruche gerichteten Klage setzte die Beklagte u. a. den Einwand entgegen, daß die Geschäfte, aus denen der Kläger vor dem Schiedsgerichte geklagt habe, weil reine Differenzgeschäfte, mit den in ihren Bedingungen enthaltenen Schiedsvertragsklauseln ungültig seien, und daher das schiedsrichterliche Verfahren unzulässig gewesen sei. Vor dem Schiedsgerichte hatte sie auf Grund der Behauptung, daß die Geschäfte reine Differenzgeschäfte gewesen seien, den Antrag gestellt, die Klage abzuweisen und den Kläger zur Herausgabe eines an ihn geleisteten Einschusses von 700 *M* zu verurteilen.

Das Landgericht erkannte zu Gunsten des Klägers, das Kammergericht zu Gunsten der Beklagten. Auf die Revision des Klägers wurde das Berufungsurteil aufgehoben, und die Berufung der Beklagten gegen das landgerichtliche Urteil zurückgewiesen, aus folgenden

Gründen:

... „Erfolg haben muß ... die Revision, weil ihr darin beizutreten ist, daß die Art und Weise, in welcher die Beklagte vor dem Schiedsgerichte ihre Rechte wahrgenommen hat, ihrem Bestreiten der Zulässigkeit des schiedsrichterlichen Verfahrens entgegensteht. Dem Reichsgerichte hat eine Reihe von Fällen vorgelegen, in denen gegenüber der Klage auf Erlassung des Vollstreckungsurteiles zu einem Schiedsspruche der Beklagte mit der Einrede gehört wurde, daß die Schuld, zu deren Zahlung er durch den Schiedsspruch verurteilt worden sei, aus Geschäften herrühre, die, als reine Differenzgeschäfte, mit den einen Bestandteil von ihnen bildenden Schiedsvertragsklauseln ungültig seien, und demnach ein nicht zulässiges schiedsrichterliches Verfahren stattgefunden habe. Dabei wurde aber, sofern der Beklagte sich überhaupt auf das schiedsrichterliche Verfahren eingelassen hatte, stets vorausgesetzt, daß bereits vor dem Schiedsgerichte die Einrede des Differenzspieles erhoben worden, und entweder damit ein ausdrückliches Bestreiten der Zulässigkeit der schiedsgerichtlichen Prozedur verbunden gewesen war, oder doch dieses Bestreiten als stillschweigend schon vor dem Schiedsgerichte erfolgt angesehen werden konnte. Wann ein solches stillschweigendes Bestreiten anzunehmen ist, hängt davon ab, von welcher Art, im ganzen genommen, die Stellungnahme des Beklagten vor dem Schiedsgerichte gegenüber der wider ihn erhobenen Klage gewesen ist. Regelmäßig wird es dann unterstellt werden dürfen, wenn der Beklagte sich im wesentlichen darauf beschränkt hatte, der Klage die Ungültigkeit der ihr zu Grunde liegenden Geschäfte entgegenzuhalten und diesen Einwand zu begründen; ein etwa daran geknüpfter Antrag auf Abweisung der Klage konnte dann dahin verstanden werden, daß er auf Ablehnung des vom Gegner begehrten Spruches wegen Unstatthaftigkeit des schiedsrichterlichen Verfahrens gerichtet sein sollte. Im gegenwärtigen Falle hat aber die Beklagte in der Verhandlung vor dem Schiedsgerichte auf ihr Vorbringen den Antrag gestützt, die Klage abzuweisen und den Kläger zur Herausgabe des Einschusses von 700 *M* zu verurteilen. Durch das damit in unzweideutiger Weise an das Schiedsgericht gestellte Verlangen einer sachlichen Entscheidung hat sie klar zu erkennen gegeben, daß sie sich die schiedsrichterliche Erledigung ihres Streites gefallen lassen wollte. Sie hat sich dem schiedsrichterlichen Verfahren unterworfen und kann daher dessen Zulässigkeit im gegenwärtigen Prozesse nicht mehr in Frage stellen." ...

---

102. Hat der gemäß § 354 C.P.O. zur Verhandlung über seine Zeugnisweigerung geladene Zeuge Anspruch auf Entschädigung nach der Gebührenordnung für Zeugen und Sachverständige vom 30. Juni 1878, wenn er in dieser Verhandlung seine Weigerung zurückzieht und sofort als Zeuge vernommen wird?

VI. Civilsenat. Beschl. v. 9. Februar 1899 i. S. L. (Bekl.) w. Lf. Ehel. (Kl.). Beschw.=Rep. VI. 23/99.

I. Kammergericht Berlin.

Gründe:

„Das Kammergericht hat mittels Beweisbeschlusses in betreff verschiedener Parteibehauptungen die Vernehmung des Rechtsanwaltes Dr. B. in L. als Zeugen durch das Amtsgericht daselbst angeordnet. In dem zu seiner Vernehmung vor diesem Amtsgerichte anstehenden Termine verweigerte Rechtsanwalt B. auf Grund des § 348 Ziff. 5 C.P.O. das Zeugnis. Nachdem Beklagter in einem bei dem Kammergerichte eingereichten Schriftsatze das Zeugnisverweigerungsrecht des B. bestritten und beantragt hatte, ihn zur Verhandlung hierüber zuzuziehen, lud das Kammergericht den Rechtsanwalt B. auf den 30. Dezember v. J., auf welchen Tag es schon zuvor Termin zur Verhandlung in der Sache selbst angesetzt hatte, gemäß § 354 C.P.O. zur Verhandlung über die Rechtmäßigkeit der Zeugnisverweigerung mit dem Anfügen, daß der Beklagte die Befugnis zu dieser Weigerung bestritten und Verhandlung darüber beantragt habe. In diesem Termine verzichtete Rechtsanwalt B., nachdem er sich zunächst (wie vor dem Amtsgerichte) über die seine Weigerung veranlassenden Umstände erklärt hatte, auf sein Zeugnisverweigerungsrecht, worauf er sofort von dem

Kammergerichte eidlich zur Sache vernommen worden ist. Als Entschädigung für den ihm als Zeugen durch seine Reise und Abwesenheit von seinem Aufenthaltsorte verursachten Aufwand (§§ 7 flg. der Gebührenordnung für Zeugen und Sachverständige vom 30. Juni 1878) ist der Betrag von 32,70 ℳ festgesetzt. Den Antrag des Beklagten, die Reise- und Aufwandskosten des Rechtanwaltes B. von ihm nicht zu fordern, hat das Kammergericht durch den jetzt von dem Beklagten mit der Beschwerde angefochtenen Beschluß ... zurückgewiesen.

Die Beschwerde ist nach § 17 der Gebührenordnung für Zeugen und Sachverständige und nach § 4 vgl. m. § 79 Ziff. 4 G.K.G. zulässig. Das Interesse des Beschwerdeführers ergiebt sich daraus, daß er zur Tragung der Prozeßkosten verurteilt ist. Die Beschwerde ist auch begründet.

Der von dem Kammergrichte in den Gründen des angefochtenen Beschlusses zunächst betonte Umstand, daß nämlich das Verfahren durch den Widerspruch des Beklagten gegen die Zeugnisverweigerung des Rechtsanwaltes Dr. B. und den entsprechenden Antrag des Beklagten veranlaßt worden sei, kommt rechtlich schon deshalb nicht in Betracht, weil das Verfahren über die Rechtmäßigkeit der Weigerung, der im öffentlichen Rechte wurzelnden Zeugnispflicht zu genügen, ein Offizialverfahren ist, welches nur überhaupt unterbleibt, wenn die Partei auf den Zeugen verzichtet hat (§ 364 C.P.O.). Im vorliegenden Falle war Rechtsanwalt B. zuerst von dem Kläger als Zeuge benannt und sollte nach dem Beweisbeschlusse auch über dessen Behauptungen vernommen werden. Kläger hat auf den Zeugen B. gleichfalls nicht verzichtet. Das Kammergericht hatte also das Verfahren nach § 354 C.P.O. von Amts wegen einzuleiten.

Vgl. Entsch. des R.G.'s in Civils. Bd. 13 S. 414 flg., Bd. 20 S. 379, Bd. 28 S. 437.

In dem durch die Zeugnisverweigerung gemäß § 354 entstehenden Zwischenstreite sind die Prozeßparteien einerseits und der Zeuge andererseits als Parteien anzusehen. Selbst wenn durch die Entscheidung über die Zeugnisverweigerung diese für gerechtfertigt erklärt wird, hat der Zeuge keinen Anspruch auf Entschädigung nach Maßgabe der Gebührenordnung für Zeugen und Sachverständige.

Vgl. Entsch. des R.G.'s in Civils. Bd. 28 S. 437 flg.

Hier ist zudem keine solche Entscheidung erfolgt, weil der Zeuge schließlich auf das Zeugnisverweigerungsrecht verzichtet hat. Auch durch die weitere Erwägung des Kammergerichtes, daß es zufolge dieses Verzichtes die Vernehmung des Zeugen beschlossen habe, und, weil der Zeuge einmal vor dem erkennenden Gerichte erschienen gewesen, von Anwendung des § 340 C.P.O. habe abgesehen werden müssen, wird der angefochtene Beschluß nicht gerechtfertigt. Gemäß § 366 C.P.O. hat der Zeuge nach Maßgabe der Gebührenordnung Anspruch auf Entschädigung für Zeitversäumnis und, wenn sein Erscheinen eine Reise erforderlich macht, auf Erstattung der Kosten, welche durch die Reise und den Aufenthalt am Orte der Vernehmung verursacht werden. Voraussetzung des Anspruches ist hiernach, daß der Zeuge zu seiner Vernehmung als solcher geladen ist und, um dieser Ladung zu folgen, eine Reise an den Ort seiner Vernehmung machen muß.

Vgl. auch Gaupp, Civilprozeßordnung 3. Aufl. S. 752 Bem. I; Petersen, Civilprozeßordnung 3. Aufl. S. 733.

Nur dem geladenen Zeugen steht dieser Anspruch zu. Dies ergiebt sich auch aus der Gebührenordnung, woselbst (§§ 6 flg.) als Bedingung des Anspruches klar ausgedrückt ist, daß der Zeuge, um der an ihn als Zeugen ergangenen Ladung zu genügen, die Reise machen mußte. Bestätigt wird es in den Motiven zur Gebührenordnung, insofern daselbst betont wird, daß der Zeuge, um seiner Zeugnispflicht zu genügen, eine Reise machen mußte. Im vorliegenden Falle hat aber das Kammergericht den Rechtsanwalt Dr. B. nicht zu seiner Vernehmung als Zeugen, sondern nur gemäß § 354 C.P.O. zur Verhandlung über die Rechtmäßigkeit seiner Zeugnisverweigerung geladen, und die Reise des Rechtsanwaltes B. hatte nur in dieser Ladung ihren Anlaß. Unerheblich ist hiernach, ob B. vielleicht schon bei Antritt der Reise entschlossen war, auf die Zeugnisverweigerung zu verzichten, sowie daß das Kammergericht ihn zufolge seines Verzichtes sofort als Zeugen vernommen hat und als solchen selbst zu vernehmen Anlaß hatte.

Demgemäß sind die für den Rechtsanwalt Dr. B. in der fraglichen Berechnung seiner Entschädigung gemäß §§ 7 flg. der Gebührenordnung für Zeugen und Sachverständige festgesetzten 32,70 ℳ dem Beklagten gegenüber außer Ansatz zu bringen."

103. Sind die Hausgesetze der Familien des hohen Adels revisibel?

III. Civilsenat. Urt. v. 10. Februar 1899 i. S. Fürstl. F.'sches Familienseniorat (Bekl.) w. Graf F. (Kl.). Rep. III. 361/98.

I. Landgericht Ulm.
II. Oberlandesgericht Stuttgart.

Gründe:

„Der Antrag des fideikommißberechtigten Klägers ist auf Herausgabe der ihm unstreitig zustehenden Fideikommißgüter gerichtet, und die verklagten Mitglieder des Familienseniorates verweigern die Herausgabe, weil diese Güter durch Beschluß des Familienseniorates auf Grund der Fürstlich und Gräflich F.'schen Hausgesetze sequestriert seien, und ein Grund zur Aufhebung dieser Sequestration nicht vorliege. Sie machen dabei geltend, daß nach den Hausgesetzen das Seniorat allein endgültig darüber zu entscheiden habe, ob einem Mitgliede der Familie die Administration zu entziehen, und wie lange ein solcher Beschluß aufrecht zu erhalten sei.

Das Berufungsgericht legt in dem angefochtenen Urteile die hausgesetzlichen Bestimmungen, insbesondere den Familienrezeß von 1723, dahin aus, daß zwar das Seniorat berechtigt sein solle, selbständig zu prüfen und zu entscheiden, ob nach den Hausgesetzen genügende Gründe für die Verhängung oder Fortsetzung einer Sequestration vorliegen, daß aber damit nicht die endgültige Entscheidung dem Seniorate habe übertragen, sondern die Nachprüfung der Rechtmäßigkeit der Anordnungen und Maßregeln des Seniorates durch die ordentlichen Gerichte zulässig sein sollen. Bei dieser Auffassung der Hausgesetze bedurfte es nicht der Prüfung und Entscheidung, ob eine die weitergehende Zuständigkeit der ordentlichen Gerichte ausschließende autonomische Bestimmung nach dem anzuwendenden Landesrechte zulässig sein würde; die Auslegung selbst aber ist der Nachprüfung des Revisionsgerichtes entzogen. Die Revision macht zwar geltend, daß die F.'schen Hausgesetze revisibel seien, weil sie in dem ganzen Umfange von zwei Bundesstaaten, Bayern und Württemberg, Geltung hätten, und führt insofern aus, daß sie in dem bayerischen Regierungsblatte für das Jahr 1822 S. 1167 veröffentlicht worden seien; in Württemberg aber, wo allerdings die staatliche Bekanntmachung der F.'schen

Hausgesetze unterblieben sei, hätten sie dadurch allgemeine Geltung erlangt, daß im Jahre 1810 ein Teil der F.'schen Besitzungen, in denen ja schon früher die Hausgesetze Geltung gehabt hätten, von Bayern an Württemberg abgetreten worden sei. Die Autonomie des hohen Adels sei zwar in Württemberg aufgehoben worden, aber infolge des Art. 14 der Deutschen Bundesakte durch das württembergische Adelsstatut von 1817 und die sich an dieses schließenden Königlichen Resolutionen wiederhergestellt worden.

Aus dieser Darstellung läßt sich schon folgern, daß die bis dahin erlassenen F.'schen Hausgesetze in Württemberg keinen weiteren Geltungsbereich, als für den von Bayern an Württemberg abgetretenen territorialen Bezirk erlangt haben würden; aber ganz abgesehen davon, sind die in den Familien der Mediatisierten für ihre Familienglieder und Güter erlassenen autonomischen Vorschriften überhaupt nicht revisibel. Als Rechtsnormen mag man sie zwar ansehen können; aber selbst wenn sie in den Gesetzsammlungen mehrerer Bundesstaaten veröffentlicht sein sollten, würden sie doch im Sinne des § 1 der Kaiserlichen Verordnung vom 28. September 1879 damit noch nicht Gesetze sein, die für den ganzen Umfang dieser Bundesstaaten Geltung haben. Landesgesetze werden sie durch diese Veröffentlichung überhaupt nicht, die für sie überhaupt nur insoweit Bedeutung und Wirkung hat, als es in den Gesetzen des betreffenden Landes vorgeschrieben ist. Sie bleiben trotz der Veröffentlichung nur autonomische Rechtsnormen für die Mitglieder und die Güter der betreffenden Familie, Rechtsnormen, die zwar als solche von allen Gerichten für diese zur Anwendung zu bringen sind, aber keinesfalls ein größeres Anwendungsgebiet oder eine größere Bedeutung haben, als sie den Landesgesetzen zukommen, die auf einzelne Landesteile und deren Bewohner beschränkt sind und deshalb der Revision nicht unterliegen. Besonders klar zeigt sich dies in dem vorliegenden Falle, in dem es sich um die Sequestration der gesamten und dennoch nicht umfangreichen Güter dieses Zweiges der F.'schen Familie handelt." . . .

104. Welche Bedeutung hat ein dem Anfechtungsbeklagten bezüglich seiner Kenntnis der Benachteiligungsabsicht des Schuldners zugeschobener Eid in Ansehung der Frage, ob eine solche Benachteiligungsabsicht vorliegt?

II. Civilsenat. Urt. v. 10. März 1899 i. S. Frankf. Brauereigesellschaft X. (Bekl. u. Widerkl.) w. Aktienges. F. (Kl. u. Widerbekl.). Rep. II. 353/98.

I. Landgericht Mainz.
II. Oberlandesgericht Darmstadt.

Die Entscheidung ist oben unter „Rheinisches Recht" Nr. 94 S. 387 abgedruckt.

105. Ist im Falle der Auferlegung eines Eides durch bedingtes Endurteil das Recht des Anwaltes auf die Beweisgebühr nach § 13 Ziff. 4 der Gebührenordnung für Rechtsanwälte dadurch bedingt, daß derselbe in dem Termine zur Ableistung des Eides erschienen war?

II. Civilsenat. Beschl. v. 10. März 1899 i. S. D. & Co. (Kl.) w. K. Ehel. (Bekl.). Beschw.-Rep. II. 61/99.

I. Landgericht Colmar.
II. Oberlandesgericht daselbst.

Aus den Gründen:

„In der Prozeßsache der vorgenannten Parteien ist die Entscheidung durch bedingtes Endurteil von einem dem in New-York wohnenden Inhaber der klägerischen Firma auferlegten Eide abhängig gemacht worden. Die Klägerin hat, obwohl ihr Anwalt in dem Eidesleistungstermine nicht erschienen war, die Aufnahme einer Beweisgebühr auf Grund des § 13 Ziff. 4 der Gebührenordnung für Rechtsanwälte in ihrem Kostenersatzanspruch gegen die Beklagten beansprucht; das Oberlandesgericht hat jedoch diese, vom Landgericht zugebilligte, Gebühr auf Beschwerde der Beklagten von der klägerischen Rechnung in Abgang gebracht.

Die hiergegen von der Klägerin rechtzeitig eingelegte sofortige Beschwerde kann als begründet nicht erachtet werden.

Nach § 13 Ziff. 4 a. a. O. steht die Beweisgebühr dem Rechtsanwalte zu für die Vertretung in dem Termine zur Leistung des durch ein bedingtes Endurteil auferlegten Eides, sowie in einem Beweisaufnahmeverfahren, wenn die Beweisaufnahme nicht lediglich in der Vorlegung der in den Händen der Parteien befindlichen Urkunden besteht. Aus diesem Wortlaut, insbesondere der inhaltlich abweichenden Verfügung bezüglich des Beweises durch Eidesleistung auf Grund bedingten Endurteiles und einem sonstigen Beweisverfahren, ergiebt sich, daß in dem ersteren Falle dem Rechtsanwalte die Beweisgebühr nur unter der Voraussetzung zusteht, daß er in dem Eidesleistungstermin anwesend gewesen ist und seine Partei in demselben vertreten hat." . . .

106. 1. Ist die Einlegung der sofortigen Beschwerde vor der Zustellung der anzugreifenden Entscheidung zulässig?

2. Kann die Einreichung der Berufungsschrift als Einlegung der allein zulässigen sofortigen Beschwerde angesehen werden und deren Notfrist wahren?

III. Civilsenat. Beschl. v. 10. März 1899 i. S. Sch.-J. & K. (Kl.) w. Sch. (Bekl.). Beschw.-Rep. III. 53/99.

I. Landgericht Hannover.
II. Oberlandesgericht Celle.

Gründe:

„Die Zulässigkeit der vom Zeugen S. erhobenen weiteren Beschwerde ist nicht zu beanstanden. Zwar ist ihm, soviel die Akten ergeben, der angefochtene Beschluß bisher nicht zugestellt, obgleich er in diesem Zwischenstreite Partei ist; aber das Reichsgericht hat wiederholt ausgesprochen,

vgl. Entsch. des R.G.'s in Civils. Bd. 40 S. 391,

daß die sofortige Beschwerde auch vor der Zustellung des anzugreifenden Beschlusses erhoben werden könne. Die Beschwerde ist auch begründet.

Durch das Zwischenurteil des Landgerichtes H. vom 25. Juli 1898 wurde die Zeugnisweigerung des Zeugen S. als berechtigt anerkannt. Gegen dieses Zwischenurteil, über dessen Zustellung an den Zeugen die Akten nichts ergeben, wurde von der Klägerin Berufung eingelegt, und zur Verhandlung über diese der Beklagte als Prozeßgegner geladen. Mehrere Monate später, aber vor dem Verhandlungstermine reichte die Klägerin beim Berufungsgerichte einen als Beschwerde bezeichneten und außer mit dem Rubrum des Prozesses mit dem Zusatze „hier gegen den Kaufmann P. S. in H., Zeugen und Beschwerdebeklagten" versehenen Schriftsatz ein, in dem erklärt wurde, daß die als solche nicht aufrechtzuhaltende Berufung als Beschwerde anzusehen sei, da es auch an deren Förmlichkeiten nicht mangele. Zugleich wurde darin der Antrag gestellt, unter Aufhebung des Zwischenurteiles die Zeugnisweigerung für unrechtmäßig zu erklären. In dem zur Verhandlung über die Berufung angesetzten Termine wurde im Einverständnis mit den Parteien beschlossen, daß mündliche Verhandlung nicht stattfinden solle, und einige Wochen später, am 4. Februar 1899, erließ das Oberlandesgericht einen Beschluß, durch den, unter Aufhebung des Zwischenurteiles, die Zeugnisweigerung des Kaufmannes S. für nicht rechtmäßig erklärt wurde. Das Oberlandesgericht führte dabei in formeller Beziehung aus, die sofortige Beschwerde sei, insbesondere nach Bd. 24 S. 395 der Entsch. des R.G.'s in Civils., unbedenklich zulässig, da durch die Einreichung der Berufungsschrift, die als Beschwerdeschrift angesehen werden könne, auch die Notfrist der sofortigen Beschwerde gewahrt worden sei.

Diese Ausführung kann jedoch nicht gebilligt werden. Die Entscheidung in Bd. 24 S. 395 spricht nur aus, daß die Beschwerdeschrift nicht notwendig einen Antrag zu enthalten brauche; dagegen ist schon wiederholt vom Reichsgerichte erkannt worden, daß sowenig die Berufungseinlegung wie die ihr vorhergegangene Einreichung der Berufungsschrift zur Terminsbestimmung oder die Niederlegung einer Abschrift der ersteren bei dem Gerichte nachträglich als Einlegung der Beschwerde gelten könne.

Vgl. Jurist. Wochenschr. von 1886 S. 345, von 1893 S. 158 Nr. 11.

Richtig ist zwar, daß die Bezeichnung als Beschwerde und ein Antrag nicht notwendige Erfordernisse sind, daß es vielmehr in zweifelhaften Fällen genügt, wenn man aus dem Inhalte des Schriftsatzes oder aus sonstigen Umständen folgern kann, die Einlegung dieses Rechtsmittels sei beabsichtigt. Wird aber, wie hier, durch einen Anwalt ausdrücklich die Berufung eingelegt, so kann irgend ein Zweifel nicht entstehen; die Bezeichnung und das ganze Verfahren sind so klar und eigenartig, daß nur die Berufung beabsichtigt sein konnte. Auch unterliegt die Form erheblichen Bedenken. Das eingereichte Original ist nicht für das Gericht, sondern nur vorübergehend für den Vorsitzenden zur Terminsansetzung bestimmt, und die Abschrift wird nicht zur Bescheidung, sondern nur zur Vorbereitung der späteren Verhandlung zu den Akten gegeben. Zu irgend einer Prüfung wird das Gericht dadurch nicht veranlaßt. Es würde daher auch zu praktisch höchst bedenklichen Folgen führen, wenn durch eine mehrere Monate später, lange nach Ablauf der Notfrist, abgegebene Erklärung die meistens rascher Erledigung bedürftige sofortige Beschwerde nachgeschoben werden könnte. Im vorliegenden Falle kommt noch hinzu, daß die Beschwerde mit Recht, aber erst durch einen Zusatz, gegen den Zeugen gerichtet wird, während die Berufungsschrift eine solche Richtung in keiner Weise erkennen läßt.

Der angefochtene Beschluß mußte daher aufgehoben, die Sache selbst aber zur Entscheidung an das Oberlandesgericht zurückverwiesen werden. Denn die Akten ergeben nicht, ob, eventuell wann das vom Landgerichte erlassene Zwischenurteil dem Zeugen von der Klägerin oder dieser vom Zeugen zugestellt worden ist; es fehlt daher an genügenden Anhaltspunkten dafür, ob die am 8. November 1898 eingereichte Beschwerde noch zulässig war."

---

107. Ist der Gerichtsvollzieher bei der Vornahme der Pfändung als Vertreter des Gläubigers anzusehen?

III. Civilsenat. Urt. v. 14. März 1899 i. S. Gem. Sp. (Kl.) w. J. u. Gen. (Bekl.). Rep. III. 320/98.

I. Landgericht Flensburg.
II. Oberlandesgericht Kiel.

Die Entscheidung ist oben unter „Gemeines Recht" Nr. 46 S. 178 abgedruckt.

---

108. Ermittelungspflicht des Richters bezüglich der Verkündigung inländischer Polizeiverordnungen

VI. Civilsenat. Urt. v. 20. März 1899 i. S. B. (Kl.) w. K. (Bekl.). Rep. VI. 6/99.

I. Landgericht Beuthen O.S.
II. Oberlandesgericht Breslau.

Die Klägerin war nach ihrer Behauptung am 21. Januar 1896 vormittags auf dem vor dem Hause des Beklagten zu K. liegenden Bürgersteige über eine glatte Eiskruste gefallen. Sie wollte durch den Fall eine Fußverrenkung erlitten haben und infolge der Verletzung auf die Dauer von 3 Monaten gänzlich erwerbsunfähig und andauernd erwerbsbeschränkt geworden sein. Sie machte den Beklagten für den Schaden verantwortlich, da er die durch die Polizeiverordnung der Stadt K. vom 6. März 1883 ihm als Hauseigentümer auferlegte Verpflichtung zur Reinhaltung des anliegenden Bürgersteiges vernachlässigt habe.

In erster Instanz wurde der Beklagte nur zu einem kleineren Betrage verurteilt, im übrigen die Klage abgewiesen, und die von der Klägerin erhobene Berufung wurde zurückgewiesen. Auf die Revision der Klägerin wurde das Berufungsurteil aufgehoben, und die Sache zur anderweiten Verhandlung und Entscheidung an das Berufungsgericht zurückverwiesen, aus folgenden

Gründen:

„Das Gericht erster Instanz hat die Entschädigungspflicht des Beklagten anerkannt, den ursächlichen Zusammenhang zwischen der Verletzung und einer Minderung der Erwerbsfähigkeit der Klägerin aber nicht für dargethan erachtet. Das Berufungsgericht erachtet einen Anspruch überhaupt nicht für begründet, da der Nachweis der Rechtsgültigkeit der Polizeiverordnung vom 6. März 1883 nicht geführt sei; die Verbindlichkeit einer solchen Verordnung hange auch davon ab, daß sie vor der Anwendung gehörig verkündet worden sei; dieser Nachweis sei aber nicht erbracht, weil der Aushang am Rathause oder an der hierfür bestimmten Stelle nicht nachgewiesen werden könne. Gemäß der vom Regierungspräsidenten zu Oppeln auf Grund des § 5 des Gesetzes über die Polizeiverwaltung vom 11. März 1850 erlassenen Bekanntmachung vom 30. April 1881 sei ein Anschlag oder Aushang zur ordnungsmäßigen Verkündung unter allen Umständen vorgeschrieben, möge die Verkündung im Kreisblatt, oder in einem Stadt- oder Lokalblatt erfolgen. Die zur Zeit der Verkündung bestehende Vorschrift über die Verkündigungsart sei aber die maßgebende. Am Tage des Unfalles sei daher dem Beklagten eine rechtsgültige Verpflichtung zur Reinhaltung des Bürgersteiges nicht auferlegt gewesen, da auch aus Gesetz und allgemeinen Grundsätzen eine solche Verpflichtung nicht abgeleitet werden könne, insbesondere § 82 A.L.R. I. 8 in dieser Beziehung auf die besonderen Polizeigesetze jedes Ortes verweise. Die Revision versucht die Unrichtigkeit der Auslegung der Verordnung vom 30. April 1881 darzuthun und macht eventuell geltend, es würde in Frage kommen, ob nicht in Fällen wie in dem vorliegenden die Wahrscheinlichkeit, daß der Aushang erfolgt sei, als hinreichend für die Bildung der richterlichen Überzeugung anzusehen sei. Endlich sei auch nicht genügend geprüft, ob die Verpflichtung des Grundstücksbesitzers zur Erhaltung des Bürgersteiges in einem für die Passanten ungefährlichen Zustande nicht schon aus der Zweckbestimmung des Bürgersteiges und seinem Verhältnisse zum Grundstück auch dann zu entnehmen sei, wenn der Grundstückseigentümer nicht zugleich Eigentümer des Bürgersteiges sei.

Die Revision war als begründet zu erachten.

Gemäß §§ 5. 6 des Gesetzes über die Polizeiverwaltung vom 11. März 1850 sind die mit der örtlichen Polizeiverwaltung beauftragten Behörden befugt, nach Beratung mit dem Gemeindevorstande hinsichtlich der in § 6 aufgeführten Gegenstände ortspolizeiliche, für den Umfang der Gemeinde gültige Vorschriften zu erlassen und gegen die Nichtbefolgung derselben Geldstrafen bis zum Betrage von 3 Thaler anzudrohen. Gemäß Abs. 2 des § 5 war den Bezirksregierungen vorgeschrieben, über die Art der Verkündigung der ortspolizeilichen Vorschriften, sowie über die Formen, von deren Beobachtung die Gültigkeit derselben abhängt, die erforderlichen Bestimmungen zu erlassen.

Nach der Feststellung des Berufungsgerichtes hat der Regierungspräsident zu Oppeln in einer durch eine neuere Verordnung vom vom 11. Juli 1884 aufgehobenen Verordnung vom 30. April 1881 angeordnet, die Verkündung der von städtischen Polizeiverwaltungen ergehenden Erlasse müsse in denjenigen Städten, in welchen ein Stadt-

oder Lokalblatt als amtliches Organ der städtischen Behörde anerkannt sei, durch dieses, in Ermangelung eines solchen aber durch das Kreisblatt und durch dreitägigen Anschlag — Aushang am Rathause oder an der hierfür bestimmten Stelle — erfolgen. Das Berufungsgericht legt diese Bestimmung dahin aus, ein Anschlag oder Aushang sei zur ordnungsmäßigen Verkündung unter allen Umständen vorgeschrieben.

Die auf Grund der §§ 5. 6 des Gesetzes über die Polizeiverwaltung vom 11. März 1850 und des § 79 des Organisationsgesetzes vom 26. Juli 1880 unter Einhaltung der vorgeschriebenen Formen für den Stadtbezirk K. erlassene Polizeiverordnung vom 6. März 1883 ist von der Polizeiverwaltung K. unterm 15. Mai 1883 in der nach Mitteilung der Polizeiverwaltung der Stadt K. damals zum amtlichen Publikationsorgane bestimmten „K.'er Zeitung" zur amtlichen Kenntnis und Nachachtung gebracht. Der Aushang läßt sich aber in den Akten der Polizeiverwaltung der Stadt K. nicht mehr feststellen, da die bescheinigte Bekanntmachung nicht aufzufinden ist.

Der Wortlaut der Verordnung vom 30. April 1881 ließe wohl die Auslegung zu, daß die beiden Publikationsformen nur für den Fall vorgeschrieben seien, daß nicht ein Stadt- oder Lokalblatt als Amtsblatt bestimmt wäre. Anscheinend spräche die Erwägung hierfür, daß bei der nicht allgemeinen Zugänglichkeit eines Kreisblattes in kleinen Orten die Veröffentlichung in einem wenig gelesenen Blatte nicht zureichend erschiene, während die Veröffentlichung im Lokalblatt mehr Beachtung fände, als der Aushang am Rathause. Aber auch die Auslegung des Berufungsgerichtes ist weder mit dem Wortlaute unvereinbar, noch an sich widersinnig. Als Auslegung einer nicht revisiblen Rechtsnorm ist sie weiterer Nachprüfung entzogen.

Gemäß des in § 265 C.P.O. ausgesprochenen Grundsatzes muß der Richter das im eigenen Staate geltende Recht mit Ausnahme der Gewohnheitsrechte und Statuten kennen. Das Recht des Inlandes bedarf somit keines Beweises. Dem Richter liegt vielmehr die selbstthätige Ermittelungspflicht ob. Diese Ermittelungspflicht erstreckt sich selbstverständlich auf die Publikation des Gesetzes als den die Inkraftsetzung des Gesetzes bedingenden Akt. Eine mit Strafandrohung ausgestattete Polizeiverordnung, also ein auf der Delegation der staatlichen Gesetzgebungsgewalt beruhendes Strafgesetz, fällt aber trotz seines beschränkten Geltungsbereiches nicht unter den Begriff eines Statutes im Sinne des § 265 C.P.O., selbst wenn dieser Begriff nicht streng auf die für einzelne Interessenkreise zulässigen privatautonomischen Festsetzungen zu beschränken und auf sogenannte statutarische Rechte auszudehnen wäre.

Vgl. v. Wilmowski u. Levy, Civilprozeßordnung 7. Aufl. Bd. 1 S. 471 Bem. 2; Seuffert, Civilprozeßordnung 6. Aufl. zu § 265; Gaupp, Civilprozeßordnung 3. Aufl. Bd. 1 S. 586; Entsch. des R.G.'s in Civils. Bd. 21 S. 75; Rosin, Das Polizeiverordnungsrecht in Preußen § 12.

Soweit sich die selbstthätige Erforschungspflicht des Richters erstreckt, kann der Mangel eines Nachweises von seiten der Partei nicht in Betracht kommen. Bezieht sich die Erwägung des Berufungsgerichtes, der Nachweis der Rechtsgültigkeit der Verordnung sei nicht geführt, auf die Parteithätigkeit, so beruht diese Ausführung auf rechtsirrtümlicher Auffassung der Aufgabe des Richters hinsichtlich der Ermittelung der Gültigkeit einer Polizeiverordnung.

Eine nicht gehörig verkündete Polizeiverordnung ist zweifellos nichtig.

Vgl. Rosin, a. a. O. S. 265.

Die gehörig verkündete wird aber nicht dadurch unwirksam, daß der Vermerk der Publikation zu Verlust geht. Damit, daß „die bescheinigte Bekanntmachung," also die mit dem Vermerk des Aushanges versehene, nicht aufzufinden ist, steht noch keineswegs fest, daß am Tage des Unfalles dem Beklagten eine rechtsgültige Verpflichtung zur Unterhaltung des Bürgersteiges nicht auferlegt gewesen sei. Durch die Beseitigung des ausgehängten, mit dem Aushangsvermerk versehenen Exemplars ist aber die Möglichkeit des Nachweises, daß der Vorschrift des Aushanges entsprochen worden, keineswegs ausgeschlossen.

Die Polizeiverordnungen stehen unter der direkten Kontrole der Verwaltung und der indirekten des Strafrichters und des Verwaltungsrichters.

Vgl. Rosin, a. a. O. S. 270—300.

Gemäß § 8 des Gesetzes über die Polizeiverwaltung vom 11. März 1850 ist von jeder ortspolizeilichen Verordnung eine Abschrift an die zunächst vorgesetzte Staatsbehörde einzureichen; gemäß § 9 dieses Gesetzes ist der Regierungspräsident befugt, jede ortspolizeiliche Vorschrift außer Kraft zu setzen. Der Strafrichter aber hat die Rechtsgültigkeit der Verordnung, und damit auch die Frage der gehörigen Publikation zu prüfen. Nach dem Gegenstande der seit 16 Jahren zweifellos in thatsächlicher Wirksamkeit stehenden Verordnung ist nun wohl anzunehmen, daß ihre Anwendung mehrfach der Kognition der Gerichts- und Verwaltungsbehörden unterstellt gewesen, und daß insbesondere Übertretungen derselben mehr als einmal den Gegenstand strafrechtlicher Einschreitung gebildet und demgemäß auch den Strafgerichten Anlaß gegeben haben, die Rechtsgültigkeit der Verordnung zu prüfen und festzustellen. Es muß demnach als sehr wahrscheinlich erachtet werden, daß durch Vernehmung von Beamten und Recherchen bei Verwaltungsbehörden, insbesondere der Regierung zu Oppeln, sowie bei dem Amtsgerichte zu K. und dem Landgerichte zu B., die Einhaltung der erforderlichen Publikationsform noch festgestellt werden kann. Eine Forschung hiernach anzustellen, ist aber Pflicht des Richters. Das Berufungsgericht hat in dieser Beziehung keine weitere Thätigkeit entwickelt, als daß es eine Anfrage an den Magistrat in K. gestellt hat.

Dies kann nach dem Erörterten nicht für genügend erachtet werden. Dieser Mangel führt zur Aufhebung des Urteils, während die weiteren Ausführungen des Berufungsurteiles, daß aus Gesetz und allgemeinen Grundsätzen eine Verpflichtung zur Reinhaltung des Bürgersteiges nicht herzuleiten sei, nicht zu beanstanden waren." ...

---

109. Inwiefern kann eine Eidesweigerung als Beweisgrund für einen Ehescheidungsgrund in Betracht kommen?

VI. Civilsenat. Urt. v. 23. März 1899 i. S. L. Ehefr. (Kl. u. Widerbekl.) w. L. (Bekl. u. Widerkl.). Rep. VI. 11/99.

I. Landgericht Hamburg.
II. Oberlandesgericht daselbst.

Die Klägerin hatte gegen ihren Ehemann in erster Reihe wegen Ehebruches desselben mit der Witwe W. auf Ehescheidung vom Bande, eventuell wegen Mißhandlungen auf zeitweilige Trennung von Tisch und Bett geklagt, der Ehemann Widerklage auf Scheidung vom Bande wegen Ehebruches der Klägerin mit dem M. erhoben. Das Berufungsgericht hielt den Beweis des prinzipalen Grundes der Hauptklage für völlig mißlungen, den des eventuellen für erbracht, endlich den des Grundes der Widerklage für soweit hergestellt, daß es der Klägerin über die Negative einen richterlichen Eid auferlegte. Da der Widerklage gegenüber der behauptete Ehebruch des Beklagten als Grund einer Kompensationseinrede in Betracht kam, und die Klägerin dem Beklagten den Eid darüber zugeschoben hatte, den dieser angenommen hatte, so legte das Berufungsgericht im bedingten Endurteile zugleich dem Beklagten diesen zugeschobenen Eid auf. Die Eidesfolgen waren — soweit hier erheblich — dahin bestimmt, daß, wenn die Klägerin den ihr auferlegten Eid verweigern, der Beklagte aber den ihm auferlegten Eid leisten sollte, unter Abweisung der Klage die Ehe der Parteien wegen Ehebruches der Klägerin mit dem M. vom Bande geschieden werden solle, daß aber, wenn beide Teile die ihnen auferlegten Eide leisten, oder verweigern, oder wenn die Klägerin ihren Eid leisten, und der Beklagte den seinigen verweigern sollte, sowohl die prinzipale Klage, als auch die Widerklage abgewiesen werden solle. Auf Revision der Klägerin ist dieses Urteil vom Reichsgericht aufgehoben, und die Sache ans Berufungsgericht zurückverwiesen worden, aus folgenden

Gründen:

„Die Revisionsklägerin hat das Berufungsurteil wegen der Rechtsfolge angegriffen, welche von demselben an die etwaige Nichtleistung des dem Beklagten auferlegten Eides geknüpft ist, insofern auch für diesen Fall ihre prinzipale, auf den behaupteten Ehebruch des Beklagten gestützte Scheidungsklage abgewiesen ist; sie hat, mit anderen Worten, gerügt, daß das Oberlandesgericht ihre prinzipale Klage unbedingt abgewiesen hat, ohne zu erwägen, ob es nicht durch die etwaige Eidesweigerung des Beklagten von der Richtigkeit der von der Klägerin aufgestellten Behauptung überzeugt werden würde oder wenigstens dieselbe dann für soweit wahrscheinlich halten würde, daß es zu einem der Klägerin aufzuerlegenden richterlichen Überzeugungseide gelangen möchte. Diesem Angriffe konnte der Erfolg nicht versagt werden. Allerdings handelt es sich bei der Eidesauflage an den Beklagten nur um einen von diesem angenommenen zugeschobenen Eid, und ein solcher ist nach § 577 Abs. 2 C.P.O. als Beweismittel für einen Ehescheidungsgrund nicht zuzulassen. Aber dieser Satz betrifft nur die sonstige formelle Beweiswirkung der Eideszuschiebung; hiervon ganz verschieden ist jedoch die Frage, ob, wenn einmal, wie hier, in Ansehung eines Ehebruches als Grundes einer Kompensationseinrede doch auf Ableistung eines zugeschobenen Eides erkannt werden muß, der Richter gehindert ist, bei der Bildung seiner freien Überzeugung über den Ehebruch als Scheidungsgrund im Sinne des § 259 C.P.O. die Thatsache, daß die Partei den ihr zur Last gelegten Ehebruch nicht hat abschwören wollen, mit zu berücksichtigen. Diese Frage ist zu verneinen, wie schon der IV. Civilsenat des Reichsgerichtes laut der Entsch. desselben in Civils. Bd. 34 S. 353 flg. ausgesprochen hat, indem er bei ganz entsprechender Sachlage das damalige Berufungsurteil aus diesem Grunde aufhob. In einer früheren Entscheidung des III. Civilsenates des Reichsgerichtes (Entsch. desselben in Civils. Bd. 17 S. 386 flg.) ist allerdings an diese mögliche Bedeutung einer Eidesweigerung in einem Falle der vorliegenden Art nicht gedacht worden; aber der III. Civilsenat ist eben dort auf diese Seite der Sache nur überhaupt nicht zu sprechen gekommen; nicht etwa hat er positiv eine der späteren Entscheidung des IV. Civilsenates entgegenstehende Ansicht ausdrücken wollen. Freilich mag das Gericht häufig nicht leicht im voraus zu einer endgültigen Meinung darüber gelangen, welche thatsächlichen Schlüsse aus einer solchen Eidesweigerung zu ziehen sein würden; aber es ist auch nicht gehindert, sich bei der Abfassung des bedingten Endurteiles die Bildung seiner Überzeugung insoweit noch vorzubehalten, da nach § 427 Abs. 1 C.P.O. in einem solchen Urteile die Folge der Nichtleistung des Eides nur so genau, als die Lage der Sache es gestattet, festgestellt zu werden braucht." ...

110. Ist nach Abhaltung eines Beweisaufnahmetermines eine Beschwerde darüber zulässig, daß der Rechtsanwalt, welcher sich als Vertreter der einen Partei gemeldet hat, zu diesem Termine nicht zugelassen worden ist, weil er seine Bevollmächtigung nicht nachgewiesen hat?

V. Civilsenat. Beschl. v. 5. April 1899 i. S. E. (Kl.) w. B. Ehel. (Bekl.). Beschw.-Rep. V. 38/99.

I. Landgericht Tilsit.
II. Oberlandesgericht Königsberg.

Gründe:

„In dem vorliegenden, beim Landgerichte zu Tilsit schwebenden Prozesse waren die Rechtsanwälte M. und Dr. Z. als Prozeßbevollmächtigte der Beklagten aufgetreten. Das Landgericht beschloß Beweisaufnahme durch einen beauftragten Richter. In dem Beweisaufnahmetermine meldeten sich die Beklagten und Rechtsanwalt M. als deren Prozeßvertreter. Letzterer wurde vom beauftragten Richter zur Vorlegung der Vollmacht aufgefordert und, als er sich dessen weigerte, bedeutet, daß er in dem Beweisaufnahmetermine als Vertreter der Beklagten nicht zugelassen werde. Rechtsanwalt M. holte, nachdem der Beweisaufnahmetermin abgehalten war, gemäß § 539 C.P.O. die Entscheidung des Prozeßgerichtes ein, welche jedoch zu seinen Ungunsten ausfiel. Das Landgericht nahm an, daß der beauftragte Richter nach §§ 74. 84 Abs. 2 C.P.O. verpflichtet sei, den Mangel der Vollmacht von Amts wegen zu prüfen. Die Beschwerde des Rechtsanwaltes M. gegen diese Entscheidung ist vom Oberlandesgerichte zurückgewiesen worden. Das Oberlandesgericht . . . hält die Anträge, welche beim Prozeßgerichte und in der Beschwerdeinstanz gestellt sind, für gegenstandslos, weil nach Abhaltung des Beweisaufnahmetermines eine Anordnung dahin, daß der Rechtsanwalt M. zu diesem Termine auch ohne Nachweis der Vollmacht zugelassen sei, nicht getroffen werden könne, und abstrakte Entscheidungen bloßer Meinungsverschiedenheiten unzulässig seien. Demnach sei der Beschwerdeführer durch die Entscheidung des Prozeßgerichtes nicht beschwert, und es erübrige sich die Entscheidung der materiellen Frage, ob das Prozeßgericht die §§ 74 Abs. 2. 76. 84 Abs. 2 C.P.O. richtig angewendet habe.

Hiergegen hat der Rechtsanwalt M. in eigenem Namen und als Prozeßbevollmächtigter der Beklagten die weitere Beschwerde eingelegt, in welcher ausgeführt wird, . . . daß auch abstrakte, nur für die Zukunft wirkende Entscheidungen eingeholt werden könnten, daß aber die begehrte Entscheidung auch für den konkreten Fall von praktischer Bedeutung sei, weil sie zu dem Antrage auf Wiederholung der Beweisaufnahme berechtigen könnte.

Die weitere Beschwerde ist . . . unbegründet, weil im vorliegenden Falle eine sachliche Entscheidung, durch welche der Beschwerde abzuhelfen wäre, nicht getroffen werden konnte, vielmehr seitens der Beschwerdeführer eine rein theoretische Entscheidung begehrt wird, während die Gerichte nur konkret wirkende Entscheidungen zu erlassen haben. Für die auf Beschwerden zu treffenden Entscheidungen ergiebt sich, dies im besonderen aus den §§ 534. 538 C.P.O., welche voraussetzen, daß durch die vom Beschwerdegerichte selbst oder auf dessen Anweisung von der unteren Instanz zu treffenden Anordnungen oder durch die Aufhebung der beschwerenden Entscheidung der vom Beschwerdeführer verfolgte Zweck erreicht wird. Im vorliegenden Falle wird darüber Beschwerde geführt, daß der Rechtsanwalt M. zu einem bestimmten Termine, welcher inzwischen längst abgehalten ist, ohne Vorlegung der Vollmacht nicht zugelassen worden ist. Eine Anordnung, den Rechtsanwalt M. zu jenem Termine zuzulassen, ist nicht möglich, und die Aufhebung des vom beauftragten Richter gefaßten Beschlusses wäre völlig zwecklos. Auf ähnlichen Erwägungen beruhen die Erkenntnisse des Reichsgerichtes in dessen Entsch. in Civils. Bd. 29 S. 340 flg., Bd. 36 S. 401 flg. und in der Jurist. Wochenschr. von 1896 S. 588 Nr. 15, 1898 S. 5 Nr. 10, durch welche Beschwerden über Beschlüsse, durch die die Aussetzung des Verfahrens abgelehnt war, deshalb als unzulässig verworfen worden sind, weil nach dem ablehnenden Beschlusse bereits in der Sache selbst erkannt worden war. Zuzugeben ist den Beschwerdeführern freilich, daß in Fällen der vorliegenden Art unter Umständen, deren Vorhandensein der Beschwerdeführer dann aber nachzuweisen hat, die Aufhebung des die Zulassung des Rechtsanwaltes (ohne Nachweis der Bevollmächtigung) ablehnenden Beschlusses einen praktischen Erfolg, nämlich die Wiederholung der Beweisaufnahme unter Zulassung des Rechtsanwaltes, haben **kann**; aber hier ist das Vorliegen solcher besonderen Umstände nicht dargethan, und eine Wiederholung der Beweisaufnahme nicht beantragt; insbesondere ist nicht behauptet, daß durch die Nichtzulassung des Rechtsanwaltes M. eine wesentliche Unvollständigkeit der Beweisaufnahme veranlaßt sei (vgl. § 332 Abs. 2 C.P.O.). Auch in den oben erwähnten Entscheidungen des Reichsgerichtes ist die Zulässigkeit der Beschwerde über die Ablehnung des Antrages auf Aussetzung des Verfahrens, wenn dem ablehnenden Beschlusse vor Erhebung der Beschwerde ein **Versäumnisurteil** gefolgt war, von dem Nachweise abhängig gemacht, daß gegen dieses Urteil der Einspruch eingelegt sei.

Das von den Beschwerdeführern für die Zulässigkeit bloß theoretischer Entscheidungen vorgeführte Beispiel ist nicht geeignet, im Sinne der Beschwerdeführer verwertet zu werden. Wird eine Person auf Beschluß des Gerichtes wegen Ungebühr sofort zur Haft abgeführt (§ 178 G.V.G.), so steht ihr nach ihrer Freilassung die Beschwerde gegen diesen Beschluß nicht zu, da § 183 daselbst die Beschwerde nur in den Fällen der §§ 179. 180. 182 zuläßt.

Vgl. Thilo, G.V.G. S. 253 Anm. 1; Löwe-Hellweg, St.P.O. 9. Aufl. S. 163 Anm. 1; v. Wilmowski u. Levy, C.P.O. 7. Aufl. Bd. 2 S. 1355 Bem. 1 zu § 178 G.V.G." ...

111. Wie ist nach erteiltem Zuschlage die Pfändung einer Eigentümerhypothek oder der bei der Kaufgelderbelegung auf sie entfallenen Hebung zu bewirken?

C.P.O. §§ 730. 744 Abs. 2. 754 Abs. 2.

V. Civilsenat. Urt. v. 12. April 1899 i. S. L. (Bekl.) w. C. (Kl.). Rep. V. 379/98.

I. Landgericht Bromberg.
II. Oberlandesgericht Posen.

Bei der Zwangsversteigerung eines dem Gutsbesitzer M. gehörigen Grundstückes liquidierte die Posener Landschaft, für welche auf ihm Darlehnshypotheken im Gesamtbetrage von 80400 ℳ eingetragen waren, im Kaufgelderbelegungstermin vom 23. Juni 1897 nur einen Betrag von 78229,20 ℳ für sich, indem sie den Rest von 2170,80 ℳ auf den Amortisationsfonds verrechnete. Die hierdurch in gleicher Höhe für den Subhastaten M. zur Entstehung gelangte Eigentümerhypothek kam aus den baar gezahlten Kaufgeldern zum vollen Betrage zur Hebung. Sie wurde aber als Streitmasse hinterlegt, weil auf sie die oben bezeichneten Parteien durch Pfändung und Überweisung Ansprüche erworben zu haben behaupteten, auf Grund deren sie der Auszahlung an M. widersprachen. Im Prozesse handelte es sich dann darum, welcher der beiden Parteien die Streitmasse zugesprochen werden solle. Beide Parteien gründeten ihre Ansprüche auf eine die Eigentümerhypothek (bezw. den für sie zur Hebung gekommenen Betrag) betreffende Pfändungsankündigung vom 23. Juni 1897, welcher sie binnen der gesetzlichen Frist von drei Wochen den gerichtlichen Pfändungsbeschluß hatten nachfolgen lassen. Diese Pfändungsankündigung war nach den getroffenen Feststellungen zugestellt worden:

1. vom Kläger dem Subhastaten M. am 26. Juni 1897, dem Subhastationsrichter während des Kaufgelderbelegungstermines und der Hinterlegungsstelle am 24. Juni 1897;
2. vom Beklagten dem Subhastaten M. am 24. Juni 1897, dem Subhastationsrichter während des Kaufgelderbelegungstermines und der Hinterlegungsstelle am 24. Juni 1897.

Bezüglich der beiden an den Subhastationsrichter während des Kaufgelderbelegungstermines bewirkten Zustellungen stellte das Berufungsgericht ferner fest, daß die Pfändungsankündigung des Klägers früher, als die des Beklagten zugestellt worden sei.

In erster Instanz wurde die Streitmasse unter Abweisung der Klage auf erhobene Widerklage dem Beklagten, in zweiter Instanz auf die Berufung des Klägers diesem zugesprochen. Die hiergegen vom Beklagten eingelegte Revision wurde für begründet erachtet, und das Berufungsurteil aufgehoben.

Aus den Gründen:

... „Beide Vorderrichter nehmen zwar mit Rücksicht darauf, daß jede der Parteien der von ihr ausgebrachten Vorpfändung (Pfändungsankündigung vom 23. Juni 1897) die gerichtliche Pfändung binnen der gesetzlichen Frist von drei Wochen hat nachfolgen lassen (§ 744 Abs. 2 C.P.O.), zutreffend an,

vgl. Entsch. des R.G.'s in Civils. Bd. 17 S. 331,

daß es darauf ankommt, ob die Pfändungsankündigung des Klägers, oder die des Beklagten früher zugestellt worden sei; während aber der erste Richter nur die Zustellung an den Subhastaten M. maßgebend sein läßt, erklärt das Berufungsgericht nur die an den Subhastationsrichter für entscheidend. Mit Recht wird letzteres von der Revision als rechtsirrtümlich angefochten.

Es handelt sich um die Frage, wie nach erteiltem Zuschlage die Pfändung einer Eigentümerhypothek oder der auf sie entfallenen Hebung vor ihrer Auszahlung an den Subhastaten zu bewirken ist.

Diese Frage steht in innerem Zusammenhange mit der durch das Urteil des Reichsgerichtes vom 22. Dezember 1897,

Entsch. desselben in Civils. Bd. 40 S. 395,

entschiedenen. Dort wird ausgeführt, daß nach preußischem Rechte auch der hypothekarische Anspruch eine Geldforderung zum Gegenstande habe, deren Zahlung jedoch nur aus dem Pfandgrundstücke gefordert werden könne. Drittschuldner dieser nur aus dem Grundstücke beizutreibenden Geldforderung sei im Sinne des § 730 C.P.O. der Eigentümer des Grundstückes. Er bleibe der Drittschuldner, auch nachdem die Subhastation des Pfandgrundstückes eingeleitet, und der Zuschlag erteilt worden sei. Denn an die Stelle des Grundstückes trete nunmehr vermöge des Surrogationsprinzipes der Versteigerungserlös, dessen Eigentümer der Subhastat werde. Wie bisher aus dem Grundstücke, so habe er nunmehr aus dem Erlöse die Befriedigung des Hypothekengläubigers zu dulden. Ihm, als dem Drittschuldner im Sinne des § 730 C.P.O., sei daher der Beschluß, durch welchen der Anspruch eines Hypothekengläubigers auf den Versteigerungserlös gepfändet werden solle, zuzustellen.

Es liegt in der Konsequenz dieser Entscheidung, daß die Pfändung einer Eigentümerhypothek, sie mag außerhalb, oder innerhalb eines Subhastationsverfahrens, und letzterenfalls vor, oder nach Erteilung des Zuschlages stattfinden, nur nach Maßgabe des § 754 Abs. 2 C.P.O. bewirkt werden kann, weil für sie ein Drittschuldner nicht vorhanden ist. Denn wenn für den hypothekarischen Anspruch der Grundstückseigentümer als Drittschuldner im Sinne des § 730 C.P.O. deshalb anzusehen ist, weil er es ist, der die Befriedigung dieses Anspruches, sei es aus dem Grundstücke, sei es aus dem an seine Stelle getretenen Erlöse, dulden muß, so würde bei der Eigentümerhypothek der Grundstückseigentümer gegen sich selbst die Befriedigung zu dulden haben. Dies schließt den Begriff des Drittschuldners aus; denn darunter kann nur eine vom Schuldner verschiedene Person verstanden werden.

Das Berufungsgericht meint freilich in der Person des Subhastationsrichters den Drittschuldner erkennen zu sollen, weil der Ersteher an ihn das Kaufgeld zu zahlen habe, und es nun Sache des Richters sei, jedem Interessenten die auf ihn entfallende Hebung auszuantworten. Damit wird aber die Bedeutung der in der amtlichen Stellung des Richters liegenden Verpflichtung verkannt. Denn der

Richter wird dadurch, daß es ihm obliegt, den Versteigerungserlös vom Ersteher entgegenzunehmen und ihn nach Maßgabe des Teilungsplanes an die berechtigten Gläubiger abzuführen, nicht zu deren Schuldner, und keinesfalls zum Schuldner des Schuldners, folglich auch nicht zum „Drittschuldner". Wäre dies der Fall, so würde der Subhastationsrichter, nachdem der Versteigerungserlös an ihn gezahlt ist, Drittschuldner auch dann sein, wenn es sich nicht um eine Eigentümerhypothek handelt, und deshalb führt, wie bereits bemerkt, die Konsequenz der reichsgerichtlichen Entscheidung vom 22. Dezember 1897 mit Notwendigkeit dahin, anzuerkennen, daß es bei einer Eigentümerhypothek einen Drittschuldner im Sinne des § 730 C.P.O. überhaupt nicht giebt. Wenn hiergegen das Berufungsgericht auf die Entscheidung des erkennenden Senates vom 24. November 1897, Rep. V. 337/97, verweist, so ist auch dies nicht zutreffend. Denn in dieser Entscheidung wird ausdrücklich die Frage, ob bei der Eigentümerhypothek nach Zahlung des Versteigerungserlöses an den Subhastationsrichter ein Drittschuldner vorhanden sei, unentschieden gelassen, weil damals die Zustellung sowohl an den Subhastationsrichter wie an den Subhastaten zur entscheidenden Zeit erfolgt war, und es wird nur hinzugefügt, daß, wofern man anzunehmen hätte, daß ein Drittschuldner nach Zahlung der Kaufgelder an den Subhastationsrichter vorhanden sei, mit dem damaligen Berufungsrichter der Zustellung des Pfändungsbeschlusses an letzteren die entscheidende Bedeutung beigelegt werden müsse, solange der gezahlte Betrag nicht zur Hinterlegungsstelle abgeführt sei.

Aber selbst wenn man sich auf den gegenteiligen Standpunkt stellen und mit Rücksicht darauf, daß der hypothekarische Anspruch ein Geldanspruch in dem Sinne ist, daß er durch Zahlung eines bestimmten Geldbetrages befriedigt werden kann, annehmen wollte, daß ein Drittschuldner, wie bei jedem Geldanspruch, vorhanden sein müsse, nämlich ein Drittschuldner in der Person desjenigen, der die Zahlung zu leisten hat, oder — wie man bei der Hypothek sagen müßte — der durch Zahlung das Grundstück von dem hypothekarischen Anspruch auslöst, so würde auch dann der Subhastationsrichter nicht dieser Drittschuldner sein. Denn seine rechtliche Stellung zu den Subhastations-Interessenten bleibt immer nur eine amtliche, mag man der aus ihr hervorgehenden Verpflichtung diesen, oder jenen Inhalt geben. Vielmehr wäre dann anzunehmen, daß der Subhastat in seiner Person die Stellung des Schuldners und des Drittschuldners vereinigt, dergestalt daß an ihn das gerichtliche Verbot aus § 730 Abs. 1 Satz 1 C.P.O. zu ergehen hätte, und zugleich an ihn als den Schuldner das Gebot aus Abs. 1 Satz 2 daselbst, sich jeder Verfügung über die Forderung, insbesondere der Einziehung derselben, zu enthalten. Ob eine solche Auffassung mehr, als die zuerst ausgeführte, im Sinne der reichsgerichtlichen Entscheidung vom 11. November 1887 (Entsch. des R.G.'s in Civils. Bd. 20 S. 365) liegen möchte, kann unerörtert bleiben. Keinesfalls steht diese Entscheidung der Annahme, daß die Pfändung einer Eigentümerhypothek nach § 754 Abs. 2 C.P.O. zu erfolgen habe, entgegen; denn wenn in ihr darauf hingewiesen worden ist, daß die Pfändung von Geldforderungen in §§ 730 flg. C.P.O. geregelt werde, und daß sich § 754 Abs. 2 C.P.O. auf die Pfändung einer solchen überhaupt nicht beziehe, so ist doch gewiß, daß hierbei von Geldforderungen im Sinne persönlicher Ansprüche die Rede ist, nicht aber von hypothekarischen Ansprüchen, und am allerwenigsten von einer Eigentümerhypothek, für die das Bestehen eines persönlichen Anspruches überhaupt nicht in Betracht kommt.

Hiernach ist die zur Entscheidung stehende Frage dahin zu beantworten, daß die Pfändung einer Eigentümerhypothek auch nach Erteilung des Zuschlages und auch nach Zahlung des Versteigerungserlöses an den Subhastationsrichter mit dem Zeitpunkt als bewirkt anzusehen ist, in welchem dem Schuldner (dem Subhastaten und Eigentümerhypothekar) das richterliche Verfügungsverbot zugestellt worden ist.

Daraus folgt dann ohne weiteres, daß es auch für die Pfändungsankündigung nicht darauf ankommen kann, ob und wann dieselbe dem Subhastationsrichter, sondern darauf, ob und wann sie dem Subhastaten zugestellt worden ist. Denn darüber kann kein Zweifel sein, daß auch der Anspruch aus einer Eigentümerhypothek der Verpfändung aus § 744 C.P.O. unterliegen muß, wie denn auch § 754 Abs. 1 C.P.O. ausdrücklich ausspricht, daß „die vorstehenden Bestimmungen" auf die Zwangsvollstreckung in die von ihm in Betracht gezogenen Vermögensrechte entsprechende Anwendung finden sollen.

Hiernach stellt sich die rechtliche Beurteilung des vorliegenden Falles dahin. Beide Parteien haben durch Pfändungsankündigung vom 23. Juni 1897 die Eigentümerhypothek des Subhastaten in Anspruch genommen, und beide Parteien haben dieser Ankündigung den gerichtlichen Pfändungsbeschluß rechtzeitig nachfolgen lassen. Das Vorrecht gebührt also derjenigen Partei, deren Pfändungsankündigung zuerst wirksam geworden, d. h. dem Subhastaten zugestellt worden, ist. Denn diese Partei hat durch die rechtzeitig erfolgte Nachpfändung in Verbindung mit der für sie wirksam erfolgten Vorpfändung ein das Pfandrecht der anderen Partei ausschließendes Vorrecht erworben. Dies trifft zu für den Beklagten. Denn seine Pfändungsankündigung ist dem Subhastaten M. . . . am 24. Juni 1897 zugestellt worden, während die Zustellung der klägerischen Pfändungsankündigung an M. erst am 26. Juni 1897 . . . erfolgt ist. Die Streitmasse würde daher dem Beklagten zuzusprechen sein, wenn nicht zwischen den Parteien noch andere Streitpunkte beständen, die der Erledigung in der Vorinstanz bedürfen." . . .

Register.

Die beigesetzten Zahlen beziehen sich auf die Seiten.

A. Sachregister.

A

F

U

V

B. Gesetzesregister.

1. Reichsgesetze.

a. Allgemeines Deutsches Handelsgesetzbuch.

b. Allgemeine Deutsche Wechselordnung.

c. Deutsche Civilprozeßordnung.

2. Gemeines Recht.

a. Pandekten.

b. Codex.

b. Allgemeine Gerichtsordnung.

c. Einzelne Gesetze und Verordnungen.

Baden.

Bayern.

Hamburg.

Hessen (Großherzogtum).

Sachsen (Königreich).

5. Ausländisches Recht.

Schweiz.

C. Chronologische Zusammenstellung der Entscheidungen.

Zusammenstellung

der

im dreiundvierzigsten Bande

mitgeteilten Entscheidungen

nach

Oberlandesgerichtsbezirken.

Berichtigungen.

Bd. 43 S. 116 Z. 10 v. u. statt „I" lies „VI".
" " " 127 " 14 v. o. statt „185c" lies „185a".
" " " 319 " 7 v. u. statt „34" lies „33".
" " " 346 " 12 v. o. statt „717" lies „719".
" " " 396 " 6 v. o. zwischen „S." u. „M." einzuschieben „Gebr.".

FSC
www.fsc.org
MIX
Papier | Fördert gute Waldnutzung
FSC® C083411

Kolibri 360 GmbH
Ferdinand-Jühlke-Straße 7
99095 Erfurt, Deutschland
produktsicherheit@kolibri360.de